Joachim Zentes / Bernhard Swoboda / Dirk Morschett (Hrsg.)

B2B-Handel: Perspektiven des Groß- und Außenhandels

Joachim Zentes / Bernhard Swoboda / Dirk Morschett (Hrsg.)

B2B-Handel: Perspektiven des Groß- und Außenhandels

Deutscher Fachverlag

Die Deutsche Bibliothek - CIP-Einheitsaufnahme

B2B-Handel: Perspektiven des Groß- und Außenhandels / Hrsg.: Joachim Zentes ; Bernhard Swoboda ; Dirk Morschett. - 1.Aufl.. - Frankfurt am Main : Dt. Fachverl., 2002
(Zukunft im Handel ; Bd. 17)
ISBN 3-87150-798-9

ISSN 1433-8130
ISBN 3-87150-798-9

Umschlag: Tri-Art, Frankfurt am Main
Druck und Bindung: Lengericher Handelsdruckerei, Lengerich

Inhaltsverzeichnis

Viertes Kapitel: B2B-Handel in neuen Branchen und Sektoren

Vorwort

Die künftige Entwicklung des B2B-Handels, so des Groß- und Außenhandels, wird beeinflusst von den politisch-rechtlichen Entwicklungen, den technologischen Entwicklungen und den wettbewerbstrategischen Orientierungen seiner Kunden und Lieferanten.

Die politisch-rechtlichen Entwicklungen schlagen sich in einer zunehmenden Globalisierung der Wirtschaft bzw. der Wertschöpfungsprozesse nieder und eröffnen neue oder weitergehende Möglichkeiten zur Einschaltung von B2B-Händlern, um Absatzmarkt- und Beschaffungsmarktpotenziale auszuschöpfen. Gleichermaßen kann die Liberalisierung/Deregulierung als „Treiber" einer Bedeutungszunahme des B2B-Handels betrachtet werden. Sie zeigt sich einerseits – in einem weitgehenden Sinne – in der Transformation bisheriger sozialistisch-planwirtschaftlicher Systeme in marktwirtschaftliche Systeme, wie dies seit Anfang der neunziger Jahre in den mittel- und osteuropäischen Ländern der Fall ist. Diese politische, wirtschaftliche und soziale Umgestaltung eröffnet B2B-Handelsunternehmen die Option, den Transformationsprozess aktiv mitzugestalten, da ein funktionsfähiger, effizienter B2B-Handel, der in dieser Form in den Ländern nicht existierte, eine wesentliche Voraussetzung zum Aufbau eines marktwirtschaftlichen Gefüges ist.

Neben dieser Form der Liberalisierung ist die sektorale Deregulierung – in den westlichen, marktwirtschaftlich organisierten Ländern der EU – bisher protektionistisch abgeschirmter und in der Folge oftmals monopolistisch-strukturierter Märkte hervorzuheben, so u.a. der Märkte der Transporte bzw. Verkehre, der Telekommunikation, der leitungsgebundenen Energien (Strom, Gas), der Märkte für Wasser und Entsorgung. Für den B2B-Handel eröffnet diese Entwicklung eine fundamentale Perspektive, da in den meisten dieser Bereiche bisher kein privatwirtschaftlich organisierter B2B-Handel existierte.

In Bezug auf die technologische Entwicklung, die hier auf den Bereich der Informations- und Kommunikationstechnologie eingeengt wird, ist vorrangig die Internetentwicklung herauszustellen. Sie dürfte nicht nur zu einem enormen Bedeutungsanstieg der elektronischen Abwicklung von Geschäftsprozessen im Rahmen des B2B-Handels führen, da die Internettechnologie im Gegensatz zu konventionellen Formen des EDI (Electronic Data Interchange), die relativ kostenaufwändig, verhältnismäßig starr gegenüber Veränderungen und nicht-interaktiv sind, einen raschen und kostengünstigen

Zugang für alle interessierten Marktteilnehmer – und damit auch für kleine und mittlere Unternehmen – ermöglicht, sondern auch zu neuen Vertriebsformen bzw. Absatzkanälen, zu neuen Marktplätzen und zu neuen Marktveranstaltungen, die für den B2B-Handel ein erhebliches Potenzial beinhalten.

Als wettbewerbsstrategische Orientierungen der Lieferanten und Abnehmer des B2B-Handels, die hier als Determinanten seiner eigenen Entwicklung betrachtet werden, sind die Tendenz zum Outsourcing und Reengineering hervorzuheben. Der zunehmende Wettbewerbsdruck auf allen Wirtschaftsstufen und Märkten bringt radikale Veränderungen der Wertschöpfungsprozesse mit sich, um alle verfügbaren Effizienzsteigerungspotenziale auszuschöpfen. Im Rahmen derartiger Reengineering-Prozesse zeigt sich eine starke, weiterhin zunehmende Tendenz zum Outsourcing „vorgelagerter" Wertschöpfungsaktivitäten, die nicht zu den Kernkompetenzen des betrachteten Unternehmens gehören. Dies gilt beispielsweise für den Bereich der Beschaffung. So konzentrieren sich Unternehmen z.B. auf die Beschaffung der so genannten A-Artikel und übertragen die Beschaffung der B- und C-Artikel Systemlieferanten im Rahmen von langfristig orientierten Partnerschaften auf kontraktueller Basis. Auch das Streben nach Erzielung von Wettbewerbsvorteilen durch eine möglichst weltweite Beschaffung bedeutet nicht zwangsläufig die Eigendurchführung dieser Aktivitäten. Auch hier kann die (indirekte) Beschaffung über einen spezialisierten B2B-Händler die effizientere Alternative sein. Diese Option kann auch bezüglich absatzorientierter („nachgelagerter") Wertschöpfungsaktivitäten zweckmäßig sein. So eröffnet der (indirekte) Export über einen, in ausländischen Märkten erfahrenen B2B-Spezialisten effektive und auch effiziente Vermarktungspotenziale, die über die eigenen Kernkompetenzen, die sich beispielsweise auf den Inlandsmarkt oder nur auf einige wenige ausländische Märkte beziehen, weit hinaus gehen.

Diese vielfältigen und faszinierenden Fragestellungen werden in dem Sammelwerk aufgegriffen. Aus der Feder von Vertretern wissenschaftlicher und außerwissenschaftlicher Forschungseinrichtungen, von Verbänden und insbesondere aus dem Bereich der Unternehmen des Groß- und Außenhandels, aber auch von neuen „B2B-Akteuren" wird über diese Entwicklungen und in Form von Fallstudien über die konkreten strategischen und operativen Maßnahmen von Unternehmen berichtet.

Im Ersten Kapitel werden die Potenziale, Entwicklungspfade und grundlegenden Strategien diskutiert. Zunächst geht *Zentes* nach einem Überblick über die Determinanten der künftigen Entwicklung auf die grundsätzlichen strategischen Optionen für den

B2B-Handel ein. *Börner* charakterisiert die Bedeutung des Groß- und Außenhandels für die deutsche Wirtschaft und zeigt Strategien zur Stärkung seiner Wettbewerbsfähigkeit aus Sicht des Bundesverbandes des Groß- und Außenhandels auf. *Täger* betrachtet den Wandel im Konsumgütergroßhandel und analysiert hierbei die wesentlichen Entwicklungen in der Branchenstruktur sowie die Veränderungen in den Absatz- und Beschaffungsstrategien. *Müller-Hagedorn/Spork* fokussieren auf den Produktionsverbindungshandel. Sie beschäftigen sich mit der Frage der kritischen Unternehmensgröße in diesem Bereich und mit der Gestaltung des künftigen Leistungsprogramms des PVH. Den wichtigen Einfluss der neuen Informations- und Kommunikationstechnologien, insbesondere des Internet, auf den B2B-Handel analysieren *Rudolph/Busch.* Vor allem der Einsatz des Internet in den verschiedenen Wertschöpfungsaktivitäten des B2B-Handels wird betrachtet, wobei unterschiedliche Geschäftsmodelle des Großhandels aus funktionaler Sicht entwickelt werden. Mit den neu entstehenden Märkten, sowohl regional (so Osteuropa, Asien) als auch vor allem in sektoraler Sicht (so Energie, Gesundheit), die als Folge der Liberalisierung und Deregulierung als neue Geschäftsfelder für Intermediäre auftauchen, beschäftigt sich *Morschett. Swoboda* thematisiert die Internationalisierung als Herausforderung für den Großhandel, stellt die Entscheidungsoptionen dar und beschreibt einzelne Phasen der Internationalisierung im B2B-Handel anhand von Beispielen. Einem Spezialfall des B2B-Handels, die japanischen Generalhandelshäuser Sôgô Shôsha, die sich den gleichen veränderten weltwirtschaftlichen Bedingungen gegenüber sehen wie die europäischen B2B-Händler, widmen sich *Dolles/Hilpert.*

Innovative Konzepte und Best Practices in Groß- und Außenhandelsunternehmen stehen im Mittelpunkt des Zweiten Kapitels. Die Aktivitäten der GEHE Pharma Handel zur Kundenbindung beschreibt *Ossenberg-Engels.* Verschiedene Arten der Kundenbindung werden verdeutlicht, ebenso wie das „integrierte GEHE-Marketing", bei dem den Apotheken als Abnehmern von GEHE ein aus zahlreichen Leistungsbausteinen, teilweise unter Einsatz des Internet, bestehendes, komplexes und individualisiertes Paket geboten wird. *Schwarz/Knörr* beschreiben die Situation des Getränkefachgroßhandels in Deutschland und die hohe Relevanz der Logistik in diesem Bereich. Vor diesem Hintergrund werden die Logistikprozesse des Unternehmens Hövelmann Ahr Getränke Logistik detailliert dargelegt. *Berkemeier/Janz* zeigen den Einsatz neuer Service-Leistungen im Zustellgroßhandel. Hier wird von Bremke & Hoerster u.a. kundenindividuell und über unterschiedliche Kanäle, so Außendienst, Call Center und Internet, eine umfassende Möglichkeit der Bestellabwicklung bereitgestellt. *Zinn* beschreibt aus der Perspektive des Marktführers im Convenience-Markt die komplexen Anforderungen an einen Lieferanten in diesem Marktsegment und die Lösungsansätze von LEKKERLAND-TOBACCOLAND. Mit der Rolle von Verbundgruppen im Großhandel befassen sich *Schade/Havenstein*. Sie stellen die Restrukturierung der CENTRO dar, einer Verbundgruppe von Bosch-Vertragsgroßhändlern im Kfz-Teilegroßhandel, die sich in verschiedenen Entwicklungsphasen an die veränderten Marktbedingungen angepasst hat. Die komplexe Frage des Outsourcing von Beschaffungsaktivitäten an Systemlieferanten ist Thema der Ausführungen von *Berghausen*. Er zeigt aus Sicht der AGIS verschiedene Optionen, so Desktop-Purchasing-Systeme und das komplette Auslagern von Beschaffungsprozessen, auf und analysiert die Auswirkungen auf die Effizienz der Prozesse. Mit den Anforderungen der Beschaffung in Fernost, die z.B. durch die Notwendigkeit von besonderen Marktkenntnissen, eine Reihe kultureller Unterschiede und gesetzlicher Bestimmungen bei Importen eine erhöhte Komplexität aufweist, beschäftigen sich aus Sicht der Markant Trading Organisation *Schwarting/Kraus-Pellens/Gröling*. Dabei wird insbesondere die Rolle von Beschaffungsagenturen in ausländischen Märkten charakterisiert.

Die neueren Entwicklungen des elektronischen B2B-Handels (E-B2B) oder virtuellen Großhandels werden anhand praktischer Fälle im Dritten Kapitel vorgestellt, die dokumentieren, dass diese virtuellen Formen bereits Realität sind. Zunächst beschreibt *Unkelbach* aus Sicht eines Produktionsverbindungshändlers, der Würth-Gruppe, die Perspektiven des Einsatzes der Informations- und Kommunikationstechnologie in der Beziehung zum Kunden und mit dem handwerkguide.com eine bereits realisierte Lösung. Die weiteren vier Beiträge des Kapitels beschäftigen sich mit neuen Intermediären im engeren Sinne, nämlich B2B-Marktplätzen. *Jueptner/Kahmann* charakterisieren die intermediären Leistungen des weltweit führenden B2B-Marktplatzes für die Beschaffung von Einzelhändlern, der WorldWide Retail Exchange. Die CPGmarket.com, eine Beschaffungsplattform in der gleichen Wertschöpfungskette, aber vorgelagert, nämlich in der Beschaffung der Konsumgüterhersteller bei ihren Lieferanten, positioniert, wird im Beitrag von *Barbieux* charakterisiert. Nach diesen beiden Branchenplattformen beschreibt *Gritschke* einen horizontalen Marktplatz, nämlich trimondo.com, ein Joint Venture von Lufthansa AirPlus und der Deutsche Post eBusiness. Diese Plattform bietet im B2B-Handel eine Beschaffungslösung für C- und MRO-Güter an, so Büroartikel, die sich im Wesentlichen auf die Reduktion der Prozesskosten in diesem Bereich konzentriert. Als Lösung einer Verbundgruppe des Großhandels, des Einkaufsbüros Deutscher Eisenhändler E/D/E, wird von *Vogel/Grote* eine Beschaffungsplattform vorgestellt, welche die Sortimente verschiedener Anbieter integriert, v.a. für die Mitglieder der E/D/E als Abnehmer, und die in Form eines Joint Ventures mit der CaContent GmbH realisiert wurde.

Die neu aufkommenden Großhandelsformen bzw. B2B-Handelsformen in deregulierten Sektoren und Branchen bilden den Kern des Vierten Kapitels. Hier werden diese Entwicklungen anhand konkreter Fallbeispiele illustriert. Zunächst wird von *Petersen/Rahn* die Etablierung von Internet-Handelsplattformen zum Handel von Strom am Beispiel der Nordic Powerhouse Click&Trade Exchange beschrieben. Für den Gasmarkt zeigt *Spicker* am Beispiel von Aquila Energy die Entstehung von Energiegroßhändlern auf, die neuen Geschäftsmodelle sowie die Erfolgsfaktoren für diese Händler. Eine andere Form intermediärer Leistungen, nämlich die Broker-Funktion, charakterisiert *v. Bernuth* in seinem Beitrag. Am Beispiel der Energy & More Energiebroker zeigt er die hohen Risiken im liberalisierten Energiemarkt auf und diskutiert, wie das Portfoliomanagement durch einen unabhängigen Broker hier einen Mehrwert für die Energienachfrager bringen kann.

An dieser Stelle möchten wir allen Autoren und auch allen „Helfern" danken, die am Zustandekommen dieses Buches aktiv beteiligt waren. Nicht zuletzt danken wir Frau Heidrun Asmus und Frau Gabriele Thös für die stets engagierte und sehr sorgfältige Fertigstellung des Manuskriptes.

Saarbrücken, im Januar 2002

Joachim Zentes, Bernhard Swoboda und Dirk Morschett

Erstes Kapitel:

Potenziale, Entwicklungspfade und Strategien

Abschnitt A

B2B-Handel: Renaissance des Großhandels

Joachim Zentes

I. Gegenstand und Abgrenzungen

Im betriebswirtschaftlichen Schrifttum – wie auch in der amtlichen Statistik und in Verbands- und Kammerstatistiken – wird Großhandel in einem traditionellen Verständnis – sowohl im institutionellen wie auch im funktionellen Sinne – übereinstimmend abgegrenzt. So sind nach Tietz (1993, S. 10) Großhandlungen [1] dadurch gekennzeichnet, „dass sie in eigenem Namen und für eigene Rechnung oder fremde Rechnung Waren kaufen und diese unverändert oder nach den üblichen Manipulationen an andere Handelsunternehmen, Weiterverarbeiter, gewerbliche Verbraucher oder behördliche Großverbraucher absetzen." Ein weitgehend übereinstimmendes Begriffsverständnis besteht in dieser traditionellen Sichtweise auch bzgl. des „Außenhandels" sowie der Unterscheidung in „Produktionsgüterhandel" und „Konsumgüterhandel" bzw. „Produktionsverbindungshandel" und „Konsumtionsverbindungshandel".

Gemeinsam ist all diesen Formen bzw. Varianten des Großhandels, dass er Transaktionen zwischen Unternehmen und vergleichbaren Institutionen (z.B. Behörden, Bildungsstätten usw.) zum Gegenstand hat und damit dem Business-to-Business-Bereich, der heute meist als „B2B"-Bereich bezeichnet wird, zuzuordnen ist. Abgegrenzt wird dieser Bereich – und damit auch der Großhandel – von Transaktionen zwischen Unternehmen und privaten Verbrauchern (Konsumenten), die als Business-to-Consumer-Bereich bezeichnet werden, analog verkürzt als „B2C"-Bereich.

Kennzeichnend für den B2B-Bereich ist, dass hier Transaktionen anderen Regeln und Gesetzmäßigkeiten folgen als Interaktionen zwischen Unternehmen und Konsumenten, wenngleich sicherlich die Akteure im B2B-Bereich neben ihrer beruflichen Verkäufer- bzw. Käuferrolle auch als Konsumenten „agieren". Dies bringt es mit sich, dass zur Erklärung und Prognose des Ablaufs von Interaktionsprozessen im B2B-Bereich einerseits spezifische Konzepte und Theorien herangezogen werden, andererseits auch auf Erkenntnisse der Konsumentenverhaltensforschung zurückgegriffen werden kann [2].

Tietz/Greipl haben bereits 1994 einen „neuen und erweiterten Definitionsansatz des Großhandels" vorgestellt (vgl. Tietz/Greipl 1994, S. 293ff.; Greipl 2000, S. 146f.). Sie plädieren auf Grund „... der Verschiebung der klassischen Funktionsprofile und sektoralen Tätigkeitsschwerpunkte in Richtung Tertiärisierung" für eine „Anpassung der statistischen Abgrenzungen und der wirtschaftspolitischen Zuordnungen" (Greipl 2000, S. 146). Der Großhandelssektor ist nach diesem funktionssektoralen Konzept „... der Gesamtbereich der intermediären Transaktion von Waren und Diensten": „Der intermediäre Transaktionssektor in der Volkswirtschaft umfasst somit neben dem Großhandel im engeren Sinne, als dem von der Warentransaktion dominierten Dienstleistungsbereich, alle Dienstleistungsbranchen, die intermediär orientiert sind und – integriert, kombiniert und komplementär in bezug auf die Großhandelskernleistung – Serviceaufgaben im Rahmen der gewerblichen Versorgung übernehmen“ (Tietz/Greipl 1994, S. 296, S. 295).

Dieser Denkansatz führt zu einer neuartigen Abgrenzung der Wirtschaftsektoren (vgl. Greipl 2000, S. 147) in

- Produktionsbereich,
- Intermediärer Transaktions- und Servicebereich,
- Konsumentenverbundener Servicebereich,
- Konsumentenbereich und
- Übergewerbliche Servicebereiche.

Diesem Denkansatz wird hier gefolgt, da – wie noch gezeigt wird – gerade die Entwicklungen der modernen Informations- und Kommunikationstechnologien, insbesondere die Internetentwicklung, zu neuen Akteuren/Institutionen bzw. gewerblichen Dienstleistungen sowie intermediär affinen Diensten geführt haben und weiter führen werden, die in einem traditionellen institutionellen Abgrenzungsverständnis, so nach dem Schwerpunktprinzip der amtlichen Statistik, dem „Großhandel“ nicht zugeordnet werden könnten. Dem funktionssektoralen Konzept folgend, sind sie jedoch dem intermediären Transaktions- und Servicebereich zuzurechnen.

In diesem Sinne wird hier von „B2B-Handel“ gesprochen, der den Großhandel im traditionellen Begriffsverständnis einschließt, aber wesentlich darüber hinausgeht. Dies gilt auch aus rechtlicher Sicht. B2B-Handel umfasst aus dieser Perspektive sowohl den Eigenhandel, d.h. der Verkauf erfolgt „im eigenen Namen und auf eigene Rechnung“, den Kommissionshandel („im eigenen Namen und auf fremde Rechnung“) als auch den „Agenturhandel“ und den „Maklerhandel“ („in fremdem Namen und auf fremde Rechnung“) [3].

Oftmals wird – sowohl im Schrifttum als auch in der Handelspraxis – B2B-Handel mit „E-Commerce“ gleichgesetzt und auf die elektronischen Transaktionen bezogen. Dieser Perspektive wird hier nicht gefolgt: Transaktionen zwischen Großhandels- und Einzelhandelsunternehmen, die in „klassischer Form“ (z.B. durch persönliche Interaktionen in Verkaufsgesprächen) ablaufen und bei denen die Übermittlung der Bestelldaten und der Rechnungsdaten in konventioneller Weise (z.B. in „Papierform“) erfolgt, werden ebenso dem B2B-Handel zugerechnet wie Transaktionen, bei denen eine personale Interaktion stattfindet, die Übertragung der Bestelldaten und/oder Rechnungsdaten jedoch über elektronischen Datenaustausch (EDI) abgewickelt wird. Gleichermaßen werden virtuelle Verkaufsaktivitäten gegenüber gewerblichen/institutionellen Abnehmern, die über einen Internet-Plattform-Anbieter, der möglicherweise als Makler tätig wird, als eine Ausprägungsform des B2B-Handels betrachtet.

Wird im Folgenden nur auf diese virtuellen (elektronischen) Interaktionsformen Bezug genommen, so wird von „E-B2B-Handel“ gesprochen. E-B2B-Handel ist dennoch nicht mit „E-B2B-Commerce“ im üblichen Verständnis gleichzusetzen; er stellt nur einen Teilbereich dar. E-B2B-Commerce wird weitergefasst; hierunter werden i.d.R. auch die direkten elektronischen oder virtuellen Verkaufs- bzw. Vertriebsaktivitäten zwischen bspw. Herstellern und Einzelhandelsunternehmen oder Herstellern und Handwerksbetrieben subsumiert, die ohne Einschaltung von Intermediären, z.B. des (institutionellen) Großhandels, erfolgen [4].

II. Determinanten der künftigen Entwicklung

1. Überblick

Die künftige Entwicklung des B2B-Handels wird durch eine Vielzahl von Bestimmungsfaktoren beeinflusst. Überblicksartig können hier

- die politisch-rechtlichen Entwicklungen, die sich in einer zunehmenden Globalisierung der Wirtschaft bzw. der Wertschöpfungsprozesse niederschlagen sowie in einer zunehmenden Liberalisierung bisher regulierter Märkte und damit einhergehend neue Absatzpotenziale und Chancen zur Einschaltung von „B2B-Händlern“ eröffnen, und
- die technologischen Entwicklungen, die sich – wie bereits eingangs erwähnt – in einem Bedeutungsanstieg elektronischer Transaktionen und in dem Aufkommen innovativer Transaktionsformen im Rahmen virtueller Netzwerke sowie in der unternehmensübergreifenden Verknüpfung der Wertketten manifestieren,

als exogene Determinanten herausgestellt werden.

Als endogene, d.h. in wettbewerbsstrategischen und/oder prozessualen Veränderungen von Unternehmen selbst begründete, Determinanten der künftigen Entwicklung des B2B-Handels können die im Zusammenhang mit der oftmals postulierten These der „Rückbesinnung auf Kernkompetenzen“ festzustellende Zunahme des Outsourcing und des Reengineering herausgestellt werden sowie die Konzentrationstendenz [5].

2. Politisch-rechtliche Entwicklung

a) Liberalisierung

Die regional (z.B. in Europa, Nord- und Südamerika, in Asien) und weltweit (z.B. durch die WTO initiierten) erfolgreichen Anstrengungen zur Liberalisierung des grenzüberschreitenden Handels und der Förderung direktinvestiver Engagements durch Abbau diskriminierender Gesetze und Praktiken dürften auch weiterhin zu einem Anstieg des Welthandels, als Ergebnis zunehmend international ausgerichteter beschaffungs- und absatzmarktorientierter Aktivitäten von Unternehmen, führen [6].

B2B-Handelsunternehmen eröffnen sich dadurch naheliegenderweise erhebliche Potenziale, die nachfolgend erörtert werden. Diese Globalisierungsperspektive bezieht sich nicht nur auf die Ausweitung der Beschaffungs- und/oder Absatzreichweite und die verstärkte Ausschöpfung des Potenzials bisheriger Märkte, sondern sie öffnet zugleich die Option der „eigenen Globalisierung“, d.h. der Aufnahme der Geschäftstätigkeit, beispielsweise in Form von Niederlassungen/Tochtergesellschaften, im Ausland, wie dies die so genannten Generalhandelshäuser oder Universalhandelshäuser, z.B. die japanischen Sôgô Shôsha, bereits seit über 100 Jahren erfolgreich tun [7][8].

Liberalisierung kann auch in einem weitergehenden Sinne verstanden werden, so hinsichtlich der Transformation bisheriger sozialistisch-planwirtschaftlicher Wirtschaftssysteme in marktwirtschaftliche Systeme, wie dies seit Anfang der neunziger Jahre in den mittel- und osteuropäischen Staaten der Fall ist. Diese politische, wirtschaftliche und soziale Umgestaltung eröffnet B2B-Handelsunternehmen nicht nur die Option der Internationalisierung im Sinne eines „Going East“, sondern auch eine „entwicklungspolitische“ Perspektive, den Transformationsprozess aktiv mitzugestalten, da ein funktionsfähiger, effizienter B2B-Handel – der in dieser Form in diesen Ländern nicht existierte – eine wesentliche Voraussetzung zum Aufbau eines marktwirtschaftlichen Gefüges ist, ja eine Schlüsselstellung innehat.

b) Deregulierung

Die politisch-rechtlichen Entwicklungen bringen nicht nur eine zunehmende Liberalisierung des grenzüberschreitenden Handels (mit Waren und Dienstleistungen) mit sich, sondern sie schlagen sich auch in einer Deregulierung bisheriger protektionistisch abgeschirmter und in der Folge oftmals monopolistisch-strukturierter Märkte nieder. Herauszustellen sind u.a. die Märkte der Transporte bzw. Verkehre, der Telekommunikation und der leitungsgebundenen Energien (Strom, Gas). Weitere Bereiche werden in vergleichbarer Form in den nächsten Jahren diesem Deregulierungsprozess unterworfen, so Wasser und Entsorgung (z.T. bereits dereguliert), der Gesundheitsbereich usw. (vgl. hierzu Zentes/Swoboda 2000b, S. 50ff.).

Für den B2B-Handel eröffnet diese Entwicklung eine fundamentale Perspektive: In den meisten dieser Bereiche existiert ein (privatwirtschaftlich organisierter) B2B-Handel nicht. Der B2B-Handel steht somit am Anfang, ihm offenbart sich ein völlig neues Bild. Dies kann am Beispiel des liberalisierten Strommarktes verdeutlicht werden. Dort etablierten sich „Energiegroßhändler", die sowohl im konventionellen Sinne („OTC-Handel") als auch im elektronischen Sinne („E-OTC") mit Strom handeln. Abnehmer sind dabei nicht nur gewerbliche/institutionelle oder private Endverbraucher, sondern beispielsweise lokale oder regionale Stromanbieter (z.B. „Stadtwerke") [9].

Die sektorale Deregulierung kann selbst als Bestimmungsfaktor der Globalisierung betrachtet werden. So treten beispielsweise auf dem deutschen Markt der leitungsgebundenen Energien auch neue, ausländische Anbieter auf. Auf Energiebörsen, so auf elektronischen Spotmärkten, interagieren Anbieter und Nachfrager in einem weltweiten System.

3. Technologische Entwicklung

In Bezug auf die technologische Entwicklung, die hier auf den Bereich der Informations- und Kommunikationstechnologie (IuK-Technologie) eingeengt wird, ist vorrangig die Internetentwicklung (einschließlich der Varianten Intranet, Extranet usw.) herauszustellen [10] (vgl. Liebmann/Zentes 2001, S. 242ff.; Swoboda 1998). Sie dürfte nicht nur zu einem enormen Bedeutungsanstieg der elektronischen Abwicklung von Geschäftsprozessen im Rahmen des B2B-Handels führen, da die Internettechnologie im Gegensatz zu konventionellen Formen des EDI (Electronic Data Interchange), die relativ kostenaufwändig, verhältnismäßig starr gegenüber Veränderungen und nicht-interaktiv sind, einen raschen und kostengünstigen Zugang für alle interessierten Marktteilnehmer – und damit auch für kleine und mittlere Unternehmen – ermöglicht, sondern auch zu neuen Vertriebsformen bzw. Absatzkanälen („virtueller Vertrieb"), zu neuen Marktplätzen („virtuelle Märkte") und zu neuen Marktveranstaltungen („virtuelle Auktionen"), die für den B2B-Handel ein erhebliches Potenzial, aber auch die Gefahr der Ausschaltung beinhalten.

Wenngleich die Abschätzung des künftigen Volumens des elektronischen B2B-Handels oder weitergehend des E-B2B-Commerce äußerst schwierig ist – entsprechend weit differieren die vorliegenden Studien zu dieser Frage – wird hier auf eine Schätzung der Boston Consulting Group aus dem Jahre 2000 zurückgegriffen. Danach ergibt sich die in der Übersicht 1 dargestellte Entwicklung.

Übersicht 1: Entwicklung des E-B2B-Commerce

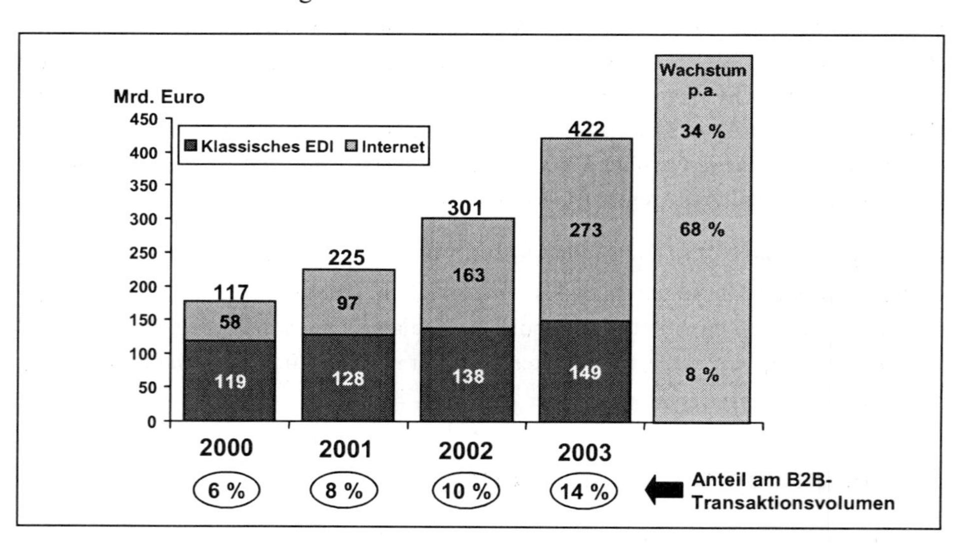

Quelle: Boston Consulting Group 2000, S. 8.

„Das B2B-E-Commerce-Volumen wird von insgesamt 177 Mrd. Euro in 2000 auf 422 Mrd. Euro in 2003 steigen. Haupttreiber ist dabei das Internet. Während der Internet-Handel jährlich um 68 Prozent zunimmt, wächst das klassische EDI nur mit 8 Prozent. Insgesamt werden in 2003 14 Prozent des gesamten Handelsvolumens zwischen Unternehmen elektronisch abgewickelt, gegenüber 6 Prozent in 2000" (Boston Consulting Group 2000, S. 8).

Wie auch Liberalisierung und Deregulierung ist die Internetentwicklung als eine (positiv wirkende) Determinante des Prozesses der zunehmenden Globalisierung zu betrachten (vgl. Zentes/Swoboda 2000b, S. 53).

Die IuK-Technologien bringen nicht nur eine (partielle) Virtualisierung der Geschäftsprozesse mit sich, sie führen auch zu einer verstärkten Vernetzung im Sinne einer Verknüpfung von Wertschöpfungsprozessen über die Grenzen von Unternehmen hinweg. Hier liegt – wie noch zu zeigen ist – ein erhebliches Potenzial für B2B-Handelsunternehmen begründet, durch horizontale und vertikale strategische Allianzen Wettbewerbsvorteile zu erzielen. Die Möglichkeit zur direkten informations- und kommunikationstechnologischen Vernetzung von Anbietern und Abnehmern beinhaltet jedoch auch eine Ausschaltungsgefahr („Desintermediation") [11].

4. Wettbewerbsstrategische Orientierungen

Die Entwicklung des B2B-Handels wird auch beeinflusst durch wettbewerbsstrategische Orientierungen der Lieferanten und Abnehmer, die z. T. als Chancen, z. T. aber auch als Risiken einzustufen sind. Hervorzuheben sind

- die Tendenz zum Outsourcing und Reengineering,
- die Tendenz zur Bildung strategischer Allianzen und Netzwerke sowie
- die Tendenz zur Vorwärtsintegration.

Der zunehmende Wettbewerbsdruck – auf allen Wirtschaftsstufen und Märkten –, der in immer stärkerem Maße Outpacing-Strategien erzwingt [12], bringt radikale Veränderungen der Wertschöpfungsprozesse mit sich, um alle verfügbaren Effizienzsteigerungspotenziale auszuschöpfen. Im Rahmen derartiger Reengineering-Prozesse zeigt sich eine starke, weiterhin zunehmende Tendenz zum Outsourcing „vorgelagerter" Wertschöpfungsaktivitäten, die nicht zu den Kernkompetenzen des betrachteten Unternehmens gehören. Dies gilt beispielsweise für den Bereich der Beschaffung. So konzentrieren sich Unternehmen z.B. auf die Beschaffung der so genannten A-Artikel und übertragen die Beschaffung der B-und C-Artikel Systemlieferanten im Rahmen von langfristig-orientierten Partnerschaften auf kontraktueller Basis [13]. Auch das Streben nach Erzielung von Wettbewerbsvorteilen durch eine möglichst weltweite Beschaffung (Global Sourcing) bedeutet nicht zwangsläufig die Eigendurchführung dieser Aktivitäten. Auch hier kann die (indirekte) Beschaffung über einen spezialisierten B2B-Händler die effizientere Alternative sein [14].

Diese Option kann auch bezüglich absatzorientierter („nachgelagerter“) Wertschöpfungsaktivitäten zweckmäßig sein. So eröffnet der (indirekte) Export über einen in ausländischen Märkten erfahrenen B2B-Spezialisten effektive und auch effiziente Vermarktungspotenziale, die über die eigenen Kernkompetenzen, die sich beispielsweise auf den Inlandsmarkt oder nur auf einige wenige ausländische Märkte beziehen, weit hinaus gehen. Dennoch zeigt sich gesamthaft bezüglich des Outsourcing eine asymmetrische Entwicklung: Der Tendenz zur Auslagerung vorgelagerter Wertschöpfungsaktivitäten steht eine Tendenz zur Vorwärtsintegration gegenüber. Konsum- und Investitionsgüterhersteller versuchen zunehmend, direkten Einfluss auf die privaten oder gewerblichen Endabnehmer zu gelangen, bspw. im Rahmen von Konzepten der „Controlled Distribution“ bzw. „Secured Distribution“, so über firmeneigene Großhandels- bzw. Vertriebsgesellschaften [15]. Dies hat nicht zwangsläufig eine Ausschaltung des B2B-Handels zur Folge, führt jedoch zu strafferen Kontraktformen mit dem B2B-Handel („Vertragsgroßhandel“), oftmals auch zu einer Neuverteilung der Aufgaben innerhalb der Wertschöpfungskette, bei der der B2B-Handel auf logistische Aufgaben beschränkt wird und daher eher die Rolle eines (Logistik-)Dienstleisters übernimmt.

Der zunehmende Wettbewerbsdruck bringt nicht nur ein Reengineering der Wertschöpfungsprozesse mit sich, sondern auch das Bestreben zur Erzielung von Bündelungseffekten, z.B. auf den Beschaffungsmärkten. So zeichnet sich in vielen Wirtschaftssektoren eine Tendenz zur Bildung von strategischen Einkaufsallianzen, im Sinne horizontaler Kooperationen, ab, die intermediäre Funktionen übernehmen, den institutionellen Großhandel jedoch verdrängen [16].

5. Konzentrationstendenz

Neben den angesprochenen Kooperationstendenzen ist sowohl auf der Abnehmerseite als auch auf der Lieferantenseite – aus Sicht des B2B-Handels – eine konzentrative Entwicklung festzustellen, eine Entwicklung, die im Übrigen auch für den Großhandel selbst gilt (Täger 2000, S. 114): „Die Unternehmensstrukturen im Großhandel werden auch künftig von einer großen Zahl von kleinen und mittleren Unternehmen geprägt sein, dagegen wird der Umsatzanteil der so genannten Großunternehmen in diesem Handelszweig mit einem Jahresumsatz von 250 Mio. DM und mehr in den nächsten Jahren noch zunehmen. Entfiel auf diese Gruppe von Unternehmen 1994 noch ein Umsatzanteil von rd. 40 Prozent, so erreichten diese größeren Unternehmen 1998 schon einen entsprechenden Anteil von knapp 45 Prozent. Sowohl ein überdurchschnittlich hohes internes Wachstum als auch ein steigendes externes Umsatz-Wachstum infolge von Fusionsaktivitäten bei den größeren Firmen werden die Unternehmens- und Umsatzstrukturen im Großhandel in den nächsten fünf Jahren verändern".

Die steigende Konzentration der Abnehmer und Lieferanten führt dazu, dass diese Unternehmen Wertschöpfungsfunktionen des B2B-Handels in die eigene Wertschöpfungskette integrieren, eine weitere (potenzielle) Ausschaltungsgefahr.

III. Strategische Grundorientierungen und Optionen

1. Überblick

Die im vorangegangenen Abschnitt aufgezeigten Entwicklungen des exogenen und endogenen Umfeldes deuten auf vielversprechende Zukunftsperspektiven für den B2B-Handel hin. Sicherlich lassen sich aus diesen Entwicklungen nicht nur Chancenpotenziale ableiten, in ihnen sind – wie skizziert – auch Risiken begründet, so die bereits angesprochene Gefahr der Ausschaltung, eine Fragestellung, die – so Müller-Hagedorn (2000, S. 56) – immer wieder von Interesse ist: „Wie steht es mit der Einschaltung des Großhandels in die Warendistribution? Bildet sie sich zurück, bleibt sie mehr oder minder stabil oder gewinnt der Großhandel vielleicht gar an Bedeutung?"

Im Folgenden wird einer proaktiven Sichtweise gefolgt. Erörtert werden in diesem Sinne Strategieoptionen, die möglichst einen Ausbau der gegenwärtigen Wettbewerbsposition ermöglichen sollen. Dies schließt naheliegenderweise nicht aus, dass einzelne Unternehmen des B2B-Handels aus dem Markt ausscheiden werden auf Grund der zu erwartenden Struktureffekte, so des (weiteren) Anstiegs der „kritischen Masse".

Als strategische Optionen werden im Folgenden herausgestellt [17]:

- die Option der Distribution
- die Option des Global Sourcing
- die Option des Global Trade
- die Option des virtuellen Marktplatzes
- die Option der Systemsteuerung
- die Option des Service Providing.

Diese Optionen sind nicht als sich ausschließende Alternativen zu verstehen, sie lassen sich – wie noch gezeigt wird – durchaus kombinieren.

Als strategische Grundorientierungen – im Sinne einer „Querschnittsorientierung", die für alle Optionen gleichermaßen gilt – können herausgestellt werden:

- die Zunahme der Technologisierung
- die Zunahme der Internationalisierung
- die Zunahme der Spezialisierung
- die Zunahme der Kooperation.

Die zunehmende Technologisierung, so im Bereich der Warenprozesstechnologie und insbesondere der Informations- und Kommunikationstechnologie, ist Ausdruck einer wettbewerbsbedingten Professionalisierung aller Unternehmen des B2B-Handels (Täger 2000, S. 15): „Die wachsende Dynamik des Wettbewerbsgeschehens auf den weltweiten Beschaffungs- und Absatzmärkten wird dazu führen, dass der Großhandel in einem weitaus stärkeren Maß als die übrigen Wirtschaftssektoren die modernen Informations- und Kommunikationstechnologien nutzen wird und muss. Eine möglichst hohe Verfügbarkeit an Waren- und Finanzinformationen bildet eine wesentliche Plattform für schnelle Wettbewerbshandlungen der Großhandelsunternehmen, die zunehmend durch eine internationale Aktions- und Reaktions-Verbundenheit charakterisiert sind."

Die zur Aufrechterhaltung oder Steigerung der Wettbewerbsfähigkeit des B2B-Handels erforderliche Professionalisierung wird sich gleichermaßen in einer (weiteren) Intensivierung der Aus- und Weiterbildung der Beschäftigten niederschlagen, der auch heute schon – so bei den Top Playern – ein hoher Stellenwert eingeräumt wird.

Der generelle Trend einer wachsenden Internationalisierung der Produkt- und Dienstleistungsmärkte wird alle Unternehmen des B2B-Handels tangieren, nicht nur diejenigen, die ihre Kernkompetenz in Cross-Border-Transaktionen sehen. Man denke etwa an den Aufbau und Betrieb virtueller Marktplätze als zukünftiges Geschäftsmodell, da das Internet – in der „Natur der Sache" begründet – ein globales Medium ist.

Das sich aus dem Wettbewerbsdruck ergebende Streben nach gleichzeitig hoher Effizienz und hoher Leistungsprogrammqualität bringt eine Tendenz zur Spezialisierung auf bestimmte Produkt- bzw. Dienstleistungsgruppen, Lieferanten- oder Abnehmergruppen, Beschaffungs- oder Absatzmärkte mit sich (vgl. auch Täger 2000, S. 114). Dies gilt insbesondere für kleinere und mittlere Unternehmen; dies schließt jedoch nicht aus, dass auch weiterhin „Universalhandelshäuser" mit einem umfassenden Produkt- und Dienstleistungsprogramm auf globaler Ebene agieren werden. Für die (nummerische) Mehrzahl der Unternehmen des B2B-Handels dürfte die Tendenz einer weiteren Differenzierung in der Funktions- bzw. Arbeitsteilung der Güterdistribution jedoch relevant sein.

Wenngleich Allianzen ein wesentliches Merkmal oder gar ein konstitutives Merkmal einzelner strategischer Optionen sind, beispielsweise im Falle der Option der Systemsteuerung, ist die Tendenz zur Kooperation, hier vorrangig im Sinne horizontaler Kooperationen oder horizontaler Netzwerke, gleichermaßen als nachhaltige Grundorientierung herauszustellen, so auch Tietz (1993, S. 605) bereits im Jahre 1993 mit Blick auf den Großhandel: „Tendenziell nimmt die Kooperationsintensität zu".

2. Distribution als strategische Option

Obwohl die Distribution zu den klassischen Funktionen des Großhandels gehört – sie ist beispielsweise der Funktion der Raumüberbrückung und der Markterschließung zuzuordnen (vgl. hierzu u.a. Barth 1999, S. 29) –, so kann sie dennoch als zukunftsorientierte strategische Option eingestuft werden, insbesondere vor dem Hintergrund der angesprochenen Internationalisierung bzw. Globalisierung.

Die zunehmende Internationalisierung der Absatzaktivitäten von Produktions- und Dienstleistungsunternehmen eröffnet B2B-Handelsunternehmen die Möglichkeit zur Übernahme der inländischen bzw. binnenwirtschaftlichen Vertriebs- bzw. Distributionsaufgaben für ausländische Produzenten (Täger 2000, S. 110): „Eine große Zahl von Märkten für forschungs- und technologieintensive sowie markenbekannte Produkte in Deutschland besitzen für ausländische Hersteller eine herausragende strategische Bedeutung. Aus diesem Grund versuchen viele ausländische Anbieter, auf diesen deutschen Produktmärkten eine Präsenz aufzubauen und damit auch ihre technologische und marketingrelevante Leistungsfähigkeit im intensiven Wettbewerb weiterzuentwickeln."

Aus Sicht der ausländischen Produzenten ist die Einschaltung eines inländischen B2B-Händlers eine Form des Outsourcing, d.h. sie stellt eine Alternative zum Aufbau einer unternehmenseigenen Vertriebs- bzw. Verkaufsorganisation dar. Diese Form des Markteintritts und der Marktbearbeitung kann in unterschiedlichen Varianten mit dem B2B-Handel realisiert werden. Tendenziell dürften kontraktuelle Arrangements zunehmen, d.h. vertraglich geregelte Absatz- bzw. Vertriebskooperationen, bei denen meist mit spezialisierten B2B-Handelsunternehmen (z.B. Fachgroßhandelsunternehmen) Vereinbarungen über eine strategische Markterschließung und ggf. einer weitgehenden Betreuung der Kunden (einschließlich technischer Serviceleistungen) getroffen werden. In der Regel verbleibt bei diesen Arrangements die Verkaufspreishoheit bei den B2B-Händlern, d.h. sie agieren als Eigenhändler. Als Varianten sind aber auch Kommissionärs- oder Agenturverträge möglich.

Wie bereits erwähnt, zeigt sich jedoch auch die Tendenz zur Vorwärtsintegration bei Produzenten, die sich in dem Aufbau eigener Großhandels- bzw. Vertriebssystemen niederschlägt, um dadurch größeren Einfluss auf den (End)Kunden auszuüben. Strategische Allianzen, die B2B-Handelsunternehmen in einem vertikalen Sinne mit (ausländischen) Herstellern eingehen und in denen den Produkten dieser Hersteller eine „Sonderstellung" in den Absatzaktivitäten eingeräumt wird, können aus Sicht dieser Hersteller eine effiziente und zugleich effektive Alternative im Vergleich zu einer integrativen Realisierung sein (vgl. auch Täger 2000, S. 111).

3. Global Sourcing als strategische Option

Die Globalisierungstendenz eröffnet gleichermaßen mit Blick auf die Beschaffungsmärkte eine strategische Option. Auch diese Option ist keineswegs neu; sie ist, zum Teil seit Jahrzehnten oder gar Jahrhunderten, die Kernkompetenz des Einfuhr- bzw. Importgroßhandels. So wird heute schätzungsweise 30 bis 35 Prozent des Importvolumens der deutschen Wirtschaft von Großhandelsunternehmen abgewickelt.

Diesen B2B-Spezialisten, die meist als Pioniere ausländische Beschaffungsmärkte erschließen, bieten die angesprochenen Liberalisierungsschritte im Welthandel enorme Wachstumsmöglichkeiten. Neben der Ausweitung der Beschaffungsreichweite wirkt hier als Positivfaktor die generelle Zunahme der Erschließung von Beschaffungsquellen im Ausland zur Aufrechterhaltung oder Steigerung der Wettbewerbsfähigkeit von insbesondere kleineren und mittleren Unternehmen, die meist nicht über eigene Ressourcen verfügen, um diese Beschaffungsprozesse intern zu realisieren. Hier liegen gleichermaßen, wie im Fall der Option der Distribution, als Treiber neben der Tendenz der Internationalisierung/Globalisierung die Tendenz zum Outsourcing zu Grunde.

Outsourcing der Beschaffung kann auch im Falle von „Großunternehmen" die effizienteste Realisierungsform sein, so bei der erwähnten pioniermäßigen Erschließung neuer (potenzieller) Beschaffungsmärkte durch spezialisierte Importeure, da die Eigendurchführung („make“) höhere Transaktionskosten verursachen würde.

4. Global Trade als strategische Option

Global Trade wird hier nicht im wirtschaftsstatistischen Sinne des Globalhandels verstanden, eine Art des (institutionellen) Großhandels, i.e.S. des Außenhandels, bei der der Bezug und der Absatz der Waren überwiegend aus bzw. in das Ausland erfolgen, sondern im Sinne einer Internationalisierung bzw. Globalisierung des B2B-Handels durch unternehmenseigene Niederlassungen, Akquisition von bzw. Beteiligung an ausländischen Handelsunternehmen oder Gründung von Joint Ventures im Ausland [18]. Diese Internationalisierungsformen führen letztlich zu global dislozierten B2B-Handelsunternehmen.

Auch diese strategische Option wird seit langer Zeit realisiert, vorrangig von den japanischen Sôgô Shôsha. Ihre Tätigkeitsfelder umfassen u.a. [19] (vgl. Eli 1988; Arend-Fuchs/Kabuth/Trocka 2000, S. 11f.):

- Handelsleistungen, so Import, Export, Transithandel, Lagerung, Versicherung, Transport und Informationsweitergabe
- Kompensationsgeschäfte (z.B. Barter, Offset-Geschäfte)
- Finanzierungsgeschäfte und Investment-Banking
- Erschließung und Entwicklung neuer Märkte
- Durchführung großer Entwicklungsprojekte und Anlagenbau.

Die Produkttypen in diesen weltweiten Beschaffungs- und Absatznetzen reichen von chemischen Erzeugnissen über Maschinen bis hin zu Nahrungsmitteln.

Wenngleich sicherlich in den nächsten Jahren nicht der Aufbau von Universalhandelshäusern nach dem Vorbild der Sôgô Shôsha zu erwarten ist, so ist die strategische Option der Globalisierung der B2B-Handelsunternehmen erfolgsträchtig und nachhaltig. Das gleichzeitige Agieren als „Distributor“, beispielsweise in mehreren europäischen Ländern, ist sicherlich ein Wettbewerbsvorteil im Rahmen der Gewinnung z.B. amerikanischer oder asiatischer Produzenten als Allianzpartner. Die distributive Präsenz in mehreren oder gar allen europäischen oder EU-Ländern bietet die Möglichkeit zum Aufbau einer strategischen Gatekeeper-Funktion.

In analoger Weise bietet die beschaffungsmarktseitige Präsenz in mehreren Ländern – oder gar weltweit – die Möglichkeit einer weitestgehenden Spezialisierung auf bestimmte Produktgruppen und/oder Lieferantengruppen, die dem B2B-Handelsunternehmen eine Einzigartigkeit (USP) im Heimatmarkt, auf dem europäischen oder gar Weltmarkt eröffnet. Die Fachkompetenz kann sich dabei nicht nur auf das Produkt- bzw. Lieferanten-Know-how beziehen, sondern auch auf die begleitenden Serviceleistungen in komplexen Importprozessen. Der global operierende B2B-Händler kann damit für Produktions-, Handels- und Dienstleistungsunternehmen zu einem nahezu unentbehrlichen „Zugangs-Lieferanten" für ausländische Produkte werden (vgl. auch Täger 2000, S. 114).

5. Virtuelle Marktplätze als strategische Option

a) EDI und Multi-Channel-Trading

Während die bisher erörterten Optionen seit langem bewährte strategische Muster darstellen, die gewisse Modifikationen, insbesondere aber durch die Veränderungen des Umfeldes eine Verstärkung ihrer Bedeutung und auch ihrer Nachhaltigkeit erfahren – die Globalisierung wirkt hier gleichermaßen als Katalysator –, stellen die virtuellen Vertriebs- bzw. Beschaffungsformen innovative Strategien dar.

Wie bereits im Zusammenhang mit der zunehmenden Bedeutung der IuK-Technologien herausgestellt, bringt das Vordringen der Internettechnologie und verwandter Technologien nicht nur einen verstärkten elektronischen Austausch operativer Daten in traditionellen Geschäftsprozessen mit sich – eine für alle B2B-Handelsunternehmen zur Effizienzsteigerung unabdingbare Voraussetzung zur Aufrechterhaltung der Wettbewerbsfähigkeit, letztlich keine Option –, sondern eröffnet zugleich die Möglichkeit des virtuellen, auch grenzüberschreitenden Vertriebs und Einkaufs. Elektronischer B2B-Handel wird sich zu einem bedeutenden Vertriebskanal und/oder Beschaffungskanal entwickeln, den viele – vielleicht alle – B2B-Handelsunternehmen im Sinne eines „Multi-Channel-Trading" parallel zu ihren traditionellen Kanälen aufbauen und betreiben werden [20].

b) Virtueller B2B-Handel

Die Option des virtuellen Vertriebs bzw. der virtuellen Beschaffung („E-Procurement") wird auch zum Markteintritt neuer Akteure führen, die als „reine" E-B2B-Händler agieren werden. Diese neuen „intermediären Transaktionsspezialisten" werden – wie in Übersicht 2 dargestellt – in temporären und/oder dauerhaften Netzwerken mit einer Vielzahl von Dienstleistern zusammenarbeiten, so mit Logistik-Dienstleistern, Finanzdienstleistern, Zertifizierungs- und Autorisierungsinstitutionen, um gemeinsam die (reale) Wertschöpfung zu erstellen.

Übersicht 2: B2B-Handel in globalen, virtuellen Netzwerken

Einzelhandels-unternehmen (Land A)
Logistik-Dienstleister (Land C)
B2B-Händler (Agent / Makler) (Land B)
Hersteller (Land C)
Informationsstrom (Anfrage, Bestellung usw.)
Warenstrom
Zahlungsstrom

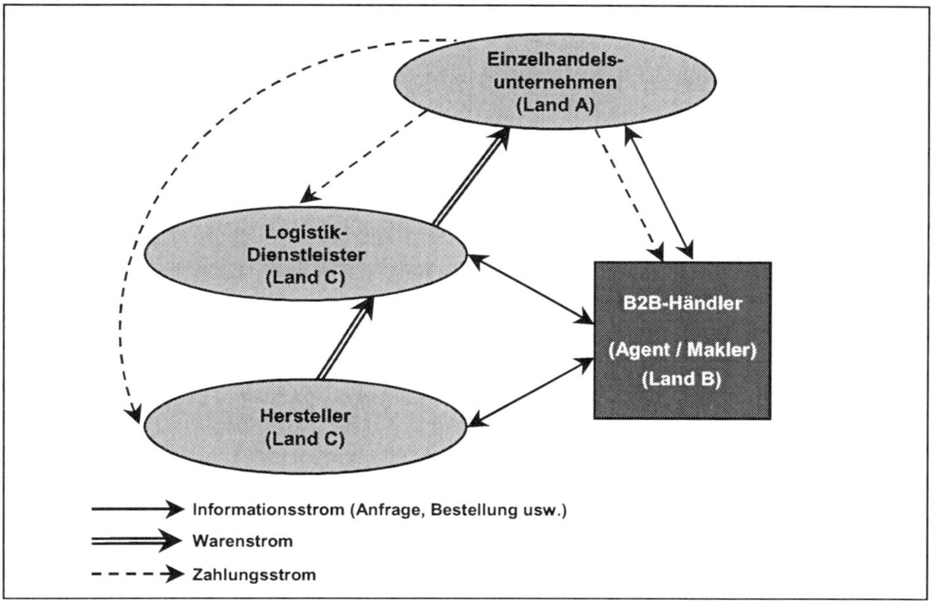

Letztlich dürfte diese Entwicklung zu einem Bedeutungsanstieg des B2B-Handels beitragen; gleichermaßen stellen diese neuen Akteure eine Verschärfung der Konkurrenzsituation für klassische Großhändler dar. In virtuellen Kanälen kann letztlich auch eine potenzielle Ausschaltungsgefahr des Einzelhandels gesehen werden (vgl. hierzu Zentes/Swoboda 2000a).

c) Broker in virtuellen Netzwerken

Neben Multi-Channel-Trading etablierter Handelsunternehmen und neuen virtuellen B2B-Händlern eröffnen die IuK-Technologien auch Optionen für neuartige Geschäftsmodelle. Während die vorgenannten strategischen Optionen zwar die Geschäftsprozesse erheblich verändern und Handelsfunktionen partiell virtualisieren, basieren sie dennoch auf einem klassischen Geschäftsmodell: B2B-Händler bieten ihre Leistungen auf der Basis von Preis- und Konditionensystemen den potenziellen Nachfragern an. Diese bestellen (elektronisch), der B2B-Händler liefert die Ware aus, ggf. über einen Logistik-Dienstleister, erstellt und übermittelt (elektronisch) die Rechnung; der Kunde bezahlt (elektronisch), ggf. über ein Regulierungsinstitut, z.B. eine Factoringgesellschaft.

Neue Geschäftsmodelle basieren auf Transaktionsformen, die als „organisierte Märkte", so als Auktionen, Ausschreibungen, Börsen, letztlich seit langem bekannt sind. Die Regeln und das Procedere dieser „Tauschvorgänge" werden elektronisiert bzw. virtualisiert. Über Internet-Portale, Internet-Plattformen oder über virtuelle Marktplätze werden die Interaktionen abgewickelt.

Als besondere Merkmale sind dabei herauszustellen:

- Die Transaktionsprozesse laufen weltweit ab; auch dies ist eine Dimension der zunehmenden Globalisierung.
- Die Transaktionsprozesse laufen online und damit in Echtzeit ab.

Als Beispiel kann eine Internet-B2B-Auktion herangezogen werden (siehe Übersicht 3). Innerhalb einer vorgegebenen Frist können sich alle oder alle autorisierten Interessenten durch „Mausklick" an der Auktion, die beispielsweise im Aufschlagverfahren oder im Abstrichverfahren („Holländische Auktion") durchgeführt wird, beteiligen. Gleichermaßen lassen sich Ausschreibungen in Form so genannter „reverse auctions" durchführen, bei denen ein oder mehrere Nachfrager (hier gewerbliche und/oder institutionelle Nachfrager) für ihren spezifizierten Bedarf über eine Plattform den günstigsten Anbieter suchen (siehe Übersicht 4) [21]. In analoger Form laufen elektronische bzw. virtuelle Börsen, so Warenbörsen, ab.

Übersicht 3: Beispiel für Internet-B2B-Auktionen

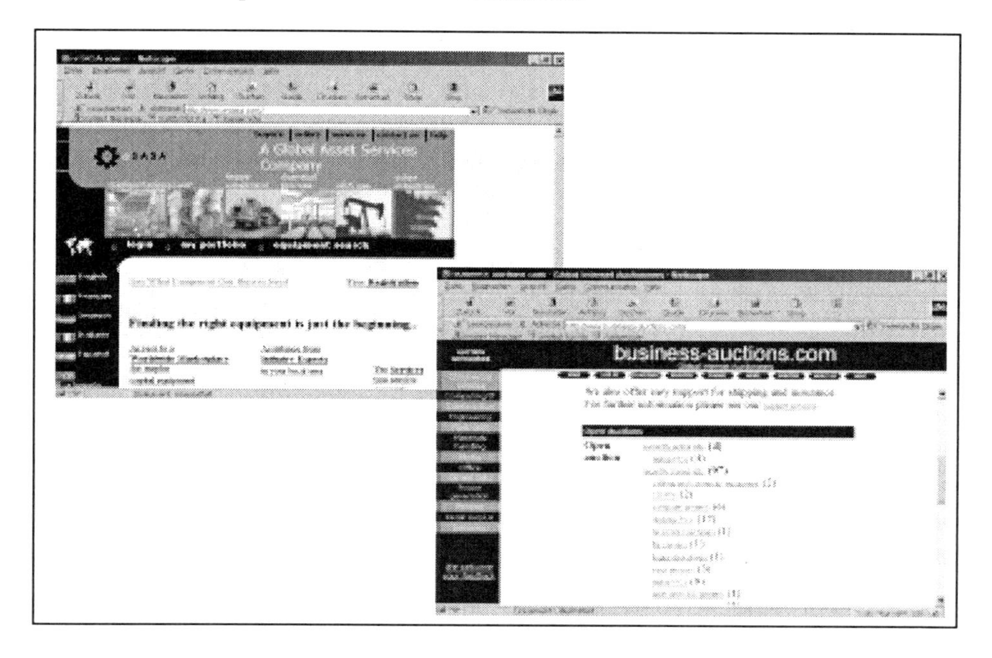

Übersicht 4: Beispiel einer reverse auction

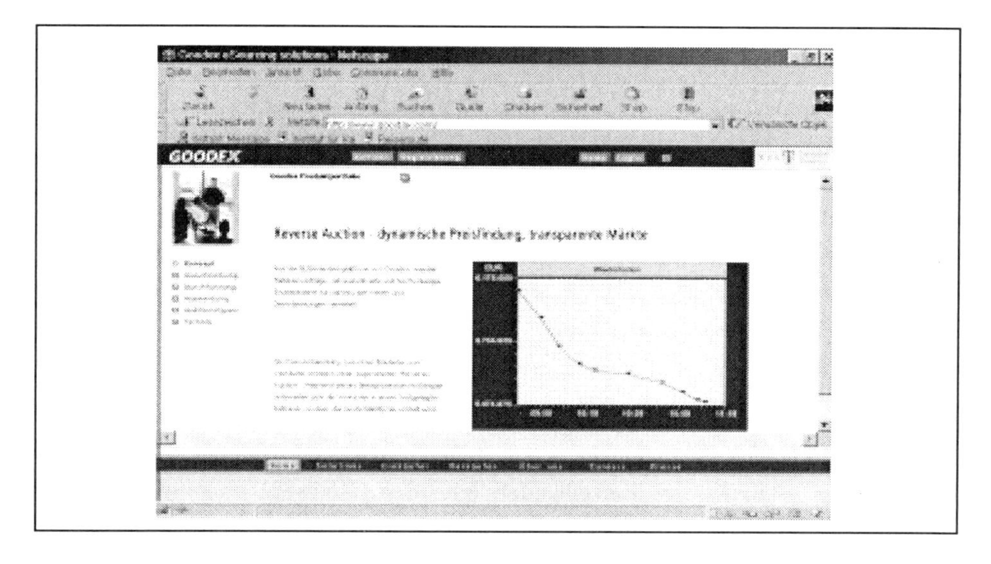

In dem hier betrachteten Zusammenhang stellt sich die Frage, wer als „Marktplatz-Anbieter" oder als „Portal-Anbieter" agiert und damit die Rolle des Intermediärs übernimmt. So bietet gerade der E-Commerce Industrie-, Handels-, Dienstleistungs- und Einzelhandelsunternehmen, Behörden usw., d.h. den Kunden des B2B-Handels, die Möglichkeit, sich dieser Technologie und den sich hieraus ergebenden Verfahren und Prozessen „in eigener Regie" zu bedienen, beispielsweise über proprietäre Portale Auktionen oder Ausschreibungen durchzuführen (vgl. auch hierzu Picot/ Reichwald/Wigand 2001, S. 377ff.)

Eine weitere Alternative der Institutionalisierung kann als „Broker-Modell" bezeichnet werden (siehe Übersicht 2). Hier treten neue Akteure auf, welche die (fokale) Rolle des Netzwerkkoordinators übernehmen. Diese Form findet sich in so genannten Branchenmarktplätzen, d.h. in offenen Systemen für Zulieferer, Hersteller und Händler einer Branche oder bei „reinen" Plattform-Anbietern, die im Grenzfall nur die technische Infrastruktur bereitstellen, nicht aber in die Koordination des Transaktionsprozesses (einschließlich der logistischen und zahlungsmäßigen Abwicklung) eingeschaltet sind (vgl. Zentes/Swoboda 2001, S. 374ff.).

Die Übernahme der fokalen Rolle in einem virtuellen Netzwerk, in dem u.a. Nachfrager, Hersteller, Logistik- und Finanzdienstleister interagieren und eine Markttransaktion kollaborativ abwickeln, ist hier die im Vordergrund stehende strategische Option. Gerade diese Entwicklung verdeutlicht die Zweckmäßigkeit des – eingangs erwähnten – von Tietz/Greipl propagierten erweiterten Definitionsansatzes und damit des funktionssektoralen Konzeptes.

6. Systemsteuerung als strategische Option

Neben der neuen Aufgabe bzw. Funktionalität des B2B-Handels als Koordinator in virtuellen Netzwerken besteht auch weiterhin, ja verstärkt, die strategische Option der Systemsteuerung, d.h. der Übernahme der Funktion des „Systemkopfes" in strategischen Allianzen. Diese Rolle übernimmt der klassische Großhandel bekanntermaßen seit langer Zeit, so in Freiwilligen Ketten und Freiwilligen Gruppen, die als vertikale Allianzen einzustufen sind. Dies gilt in analoger Weise für Großhandels-initiierte Franchisesysteme, in denen der Großhändler als Franchisegeber auftritt. Die Aufgabe der Systemsteuerung übernimmt zunehmend auch die Großhandelsstufe der (horizontalen) Einkaufsgemeinschaften des Einzelhandels oder des Handwerks, so die Genossenschaftsgroßhandlungen.

Die Position des Systemkopfes ist auch der Ausgangspunkt für weitergehende Steuerungs-, Koordinations- und Bündelungsaktivitäten. So entwickeln sich Systemgroßhandlungen bzw. Systemzentralen zu Einkaufskontoren, die als komplexe Gebilde von regional und z.T. auch national tätigen, inhabergeführten Großhändlern und national und auch international operierenden Einzelhandelsfilialunternehmen agieren. Diese Kontore expandieren oftmals selbst auf internationaler Ebene; sie entwickeln sich zu so genannten Mega-Kontoren [22] [23].

Wenngleich die Option der Systemsteuerung in einzelnen Branchen in breitem Maße praktiziert wird und einen hohen strategischen und operativen Reifegrad erreicht hat, so im Food- und Nearfood-Handel, so besteht noch erhebliches Potenzial in anderen Branchen, das erst ansatzweise ausgeschöpft wird. Gerade die modernen IuK-Technologien ermöglichen durch elektronischen Datenaustausch eine weitgehende Verknüpfung der Wertschöpfungsketten, so zwischen dem B2B-Handel und dem Einzelhandel oder dem Handwerk. Dies gilt vorrangig für den Bereich des Supply Chain Managements. Der B2B-Handel hat hierdurch u.a. die Möglichkeit, im Rahmen von Vendor Managed Inventory (VMI)-Konzepten auf der Basis eines elektronischen Austauschs der Abverkaufs- bzw. Verbrauchsdaten ein, für den angeschlossenen Händler/Handwerker weitestgehend bestandsloses System der Warenwirtschaft bzw. Materialwirtschaft zu realisieren [24]. Diese Just-in-Time-Belieferung der angeschlossenen Partner bildet ein zentrales Instrument der Kundenbindung; sie ermöglicht gleichzeitig weitergehende betriebswirtschaftliche Dienstleistungen, so im Bereich des Rechnungswesens, der Finanzierung usw. [25] [26].

7. Service Providing als strategische Option

a) Ausgewählte Dimensionen des Service Providing

Serviceleistungen gehören sicherlich zu den genuinen Aufgaben des B2B-Handels, was sich bereits in den traditionellen Katalogen der Funktionen des (Groß-)Handels niederschlägt. Wenn hier die Option des Service Providing als eine eigenständige strategische Perspektive eines B2B-Händlers herausgestellt wird, dann rückt die Dienstleistung als Kern der Wertschöpfung in den Mittelpunkt.

Service Providing als strategische Option umfasst nicht nur traditionelle gewerbliche Dienstleistungen, sondern auch die vielfältigen und in ihrer Bedeutung sicherlich zunehmenden intermediär-affinen Dienste, was dem funktionssektoralen Konzept des B2B-Handels entspricht.

Das breite – und sich dynamisch entwickelnde – Spektrum der Wertschöpfungsaktivitäten eines B2B-Händlers als Service Provider umfasst u.a.

- den B2B-Händler als Distributionslogistiker,
- den B2B-Händler als Merchandiser und
- den B2B-Händler als Zertifizierer/Auditierer.

b) Distributionslogistik als Wertschöpfungsschwerpunkt

Die Option der Distributionslogistik steht in engem Zusammenhang mit der vorne diskutierten strategischen Positionierung und Profilierung als Distributor für – vorrangig – ausländische Hersteller. Sie zielt in einem proaktiven Sinne darauf ab, in Märkten in die Wertschöpfungskette eingeschaltet zu werden oder zu bleiben, in denen ein massives Vordringen herstellergesteuerter Vertriebssysteme festzustellen ist, mit der Konsequenz, dass die Vermarktung direkt zwischen den (inländischen oder ausländischen) Produzenten und den gewerblichen oder institutionellen Abnehmern erfolgt und der B2B-Handel hauptsächlich logistische Funktionen (z.B. Lagerhaltung, Feinverteilung) und ggf. After-Sales-Service-Aufgaben (z.B. technischer Kundendienst) übernimmt. Dabei wird – auch wenn der B2B-Händler im rechtlichen Sinne als Eigenhändler operiert – die Preisgestaltung faktisch auf die Produzenten-Abnehmer-Interaktion verlagert, d.h. der B2B-Händler wird in seiner Preisgestaltung weitestgehend oder vollständig beschränkt [27].

Diese distributionslogistische Profilierung ist i.d.R. mit einer Sortimentsspezialisierung verbunden, die eine hohe Professionalität und damit eine effiziente operative Abwicklung ermöglicht. Dieser Wettbewerbsvorteil des B2B-Handels ist die Basis der Outsourcing-Entscheidungen der ihn einschaltenden Produzenten. Die logistische Kernkompetenz, in der sich die klassische Raum- und Zeitüberbrückungsfunktion des (Groß-)Handels ausdrückt, wird meist um weitere Servicekomponenten erweitert, so um Merchandisingaufgaben am Point-of-Sale (des Einzelhandels) [28].

Die Professionalisierung als Distributionslogistiker kann es durchaus zweckmäßig erscheinen lassen, dass auch der B2B-Händler selbst Wertschöpfungsaktivitäten – mindestens partiell – outsourct, indem er beispielsweise für bestimmte Transporte unternehmensfremde Frachtführer einschaltet und/oder (temporär) auf externe Lagerhaltungsdienstleistungen zurückgreift.

In die Rolle eines Distributionslogistikers können klassische Großhändler auch gedrängt werden, indem sie ihre ursprünglich genuine Funktion des Verkaufs (als Eigenhändler) schrittweise einbüßen. Ein derartiges reaktives Vorgehen – was in bestimmten Märkten durchaus eine auch nachhaltige Überlebensstrategie darstellen kann – bringt für den B2B-Händler ein verändertes Konkurrenzumfeld mit sich. In dieser Rolle konkurriert er – oftmals auch als „Edelspediteur" bezeichnet – mit Logistik-Dienstleistern, so Speditionen, Paketdiensten usw.

c) Merchandising Service als Wertschöpfungsschwerpunkt

Auch diese strategische Option, die als Grundmodell bereits seit über 50 Jahren bekannt ist und auch erfolgreich praktiziert wird, so in Form der Regalhändler (Rack Jobber) [29], wird hier als zukunftsorientierte Perspektive herausgestellt, da sie – sowohl vom Standpunkt der Hersteller (= Lieferanten des B2B-Handels) als auch vom Standpunkt des Einzelhandels bzw. des Handwerks (= Abnehmer des B2B-Handels) – Ausdruck einer Outsourcing-Strategie darstellt. Sie findet sich im übrigen in ähnlicher Form auch in der Industrie selbst, so bei den Modul- und Systemlieferanten in der Automobilindustrie (vgl. hierzu auch Sieber 1997).

B2B-Händler, die als Merchandiser agieren, sind auf genau abgegrenzte Sortimente spezialisiert, für die sie vom Einkauf, über die Disposition bis zur Regalpflege, so bei ihren Einzelhandelskunden, bzw. „Magazinpflege", so bei ihren Handwerkskunden, eine Full Service-Betreuung übernehmen. Diese Aufgabe üben sie im Eigenhändlerkonzept, auf Agenturbasis oder als „reiner" Dienstleister aus, d.h. ohne Einschaltung in das Warengeschäft [30] [31].

Der Option des Merchandising Service wird auch die Übernahme der Funktion des Systemlieferanten für eine bestimmte Warengruppe oder einen bestimmten Sortimentsbereich zugerechnet. Sie zeichnet sich dadurch aus, dass der B2B-Händler beschaffungsseitig eine Warengruppe – bspw. für seine Einzelhandelskunden – voll abdeckt, ohne in die laufende Disposition und/oder Regalpflege eingeschaltet zu sein.

Aus Sicht des belieferten Einzelhandels (oder auch des Handwerks) ergeben sich bei Einschaltung eines Service Merchandisers bzw. Systemlieferanten Vorteile, so bei sehr tiefen Sortimenten innerhalb bestimmter Warengruppen, die in eher kleinen Mengen abgesetzt (oder verbraucht) werden, und in komplexen Beschaffungsmarktsituationen, die durch eine Vielzahl von Lieferanten bei gleichzeitig weltweiter Streuung gekennzeichnet sind. Diese Vorteile können in besseren Einkaufspreisen bzw. -konditionen im Vergleich zu direktem Bezug begründet sein oder – selbst bei höheren Einkaufspreisen im Vergleich zu Direktbezug – in geringeren Transaktionskosten und einer Reduzierung der (internen) Komplexität der Beschaffungsprozesse (siehe Übersicht 5).

Übersicht 5: Outsourcing von Beschaffungsleistungen

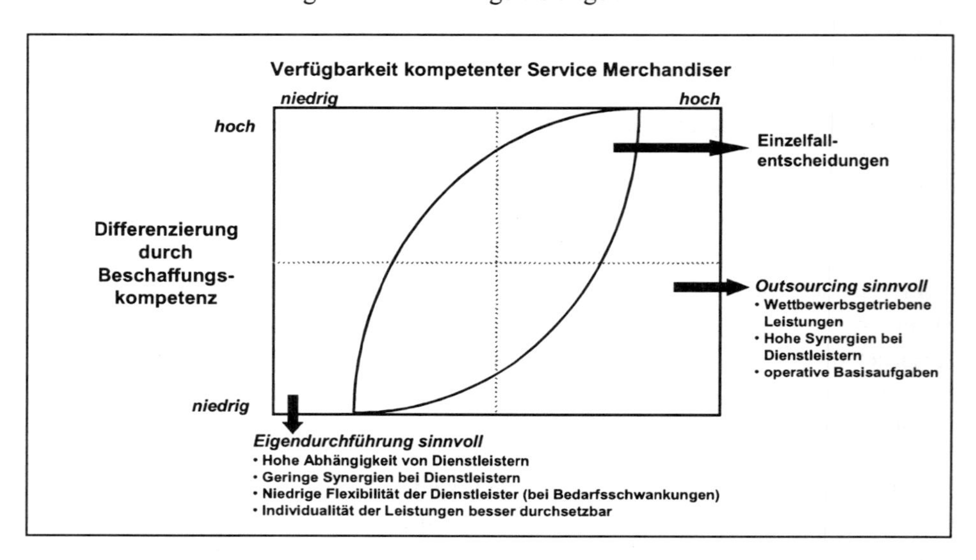

Quelle: in Anlehnung an Pirk/Türks/Mayer 1998, S. 259.

Operiert der Einzelhändler oder Handwerker als Agent, dann liegt ein weiterer Vorteil in der Abwälzung des Warenrisikos. Ein derartiges Warenrückgaberecht kann jedoch auch dann eingeräumt werden, wenn der Einzelhändler oder der Handwerker Eigentümer an der Ware wird (vgl. Tietz 1993, S. 528). Eine Tendenz zu derartigen „Serviceleistungen" der Lieferanten, die eine fundamentale Veränderung der Zahlungsströme und damit auch der Finanzierung mit sich bringen, zeichnet sich als „FOB-Customer"-Zahlungskondition ab (vgl. Zentes 2001, S. 22; Swoboda 2001, S. 157ff.; Swoboda/Janz 2001): Erst bei (Ab-)Verkauf eines Artikels an den Endverbraucher (Konsumenten im Einzelhandel) wird den jeweils beteiligten Wertschöpfungspartnern (Hersteller oder Service Merchandiser, oder auch Logistik-Dienstleister) der vorher vereinbarte Betrag (Einkaufspreis bzw. Dienstleistungspreis) elektronisch angewiesen [32].

Diese Zahlungsart bzw. dieses Zahlungssystem, das auch als „Pay on Scan" bezeichnet wird, ist mit einem Rückgaberecht (des Handels) bzw. einer Rücknahmeverpflichtung (des Herstellers) der Ware gekoppelt.

d) Zertifizierung/Auditierung als Wertschöpfungsschwerpunkt

Ein neuartiger Wertschöpfungsschwerpunkt resultiert aus dem Entstehen virtueller Märkte, bei denen ein B2B-Händler die fokale Rolle des Netzwerkkoordinators (Brokers) übernimmt. So stellt sich beispielsweise bei global ausgerichteten Ausschreibungen (reverse auctions), die über Internet-Portale abgewickelt werden, die Frage der Qualität, Zuverlässigkeit usw. der teilnehmenden Anbieter. Diese Problematik kann reduziert bzw. ausgeschaltet werden, wenn als Bieter nur bekannte und bewährte („gelistete") Lieferanten zugelassen werden. Da der ökonomische Reiz einer Internet-Auktion oftmals gerade in der möglichen Ausdehnung der Lieferantenbasis gesehen wird und die Auktion daher offen ablaufen soll, ergibt sich für die ausschreibenden Unternehmen die Problematik der Evaluierung neuer Lieferanten, ggf. in weit entfernten Regionen.

Diese komplexe, oftmals langwierige und auch kostenintensive Lieferantenbeurteilung, die ggf. nicht als Basis zum Aufbau einer langfristigen Beziehung dient, sondern nur singulären Charakter hat, so bei Beschaffung von Nicht-Handelsware, kann in vielen Fällen durchaus günstiger durch externe Institutionen durchgeführt werden, so durch in diesen Ländern agierende B2B-Händler, die in ihrem Kerngeschäft bspw. als Importeure tätig sind. Gleichermaßen können sich neue Unternehmen als Anbieter einer derartigen Zertifizierungs- bzw. Auditierungsleistung etablieren. Die Auditierung ist dabei ggf. nicht nur auf Qualitäts- und Umweltaspekte bezogen und auf die Einhaltung bestimmter Standards und Normen (z.B. DIN ISO) ausgerichtet, sondern sie kann auch die Einhaltung der vom Abnehmer vorgegebenen ethischen Normen (z.B. der Kernnormen der Internationalen Arbeitsorganisation ILO, so keine Kinderarbeit und menschenwürdige Arbeitsbedingungen) umfassen.

Als Anbieter derartiger Serviceleistungen können sicherlich auch die Broker selbst auftreten, die so ihr Leistungsprogramm erweitern bzw. diversifizieren.

Diese strategische Option verdeutlicht erneut das Entstehen neuer und das Zusammenwachsen mit bisherigen Transaktions- und Servicebereichen zu einem umfassenden B2B-Handel als intermediärer Transaktionsbereich. Diese Entwicklung wird gleichermaßen beeinflusst durch die z.T. bereits angesprochenen innovativen Zahlungs- und

Finanzierungsformen bzw. Institutionen. So entstehen beispielsweise neben den bereits etablierten, aber sich gleichermaßen in ihren Funktionalitäten wandelnden Factoring- und Zentralregulierungsinstitutionen – auch hier treten neue Player auf – „Autorisierungsinstitutionen" im Rahmen elektronischer Zahlungsprozesse („Cyber Cash"), die weitergehende Funktionen eines Clearing-Houses bezüglich der gesamten Wertschöpfungskette übernehmen und dem B2B-Handel zuzurechnen sind.

IV. Ausblick

Die aufgezeigten politisch-rechtlichen und technologischen Entwicklungstendenzen und die darauf basierenden strategischen Optionen verdeutlichen die Zukunftsperspektiven des B2B-Handels bzw. die künftige, z.T. neue Rolle der Intermediäre. Wenngleich in diesen Entwicklungen auch die Gefahr einer Desintermediation liegt, so dürfte in einer „saldierten" Betrachtung die Bedeutung des Wirtschaftssektors „intermediärer Transaktions- und Servicebereich" zunehmen.

Anmerkungen

[1] Vgl. zu den Definitionen im Einzelnen Liebmann/Zentes 2001, S. 5ff., und die dort angegebene Literatur.
[2] So lassen sich Erkenntnisse aus dem Industriegütermarketing heranziehen (vgl. hierzu umfassend Backhaus 1999) und Erkenntnisse aus der Konsumentenverhaltensforschung (vgl. hierzu umfassend Kroeber-Riel/Weinberg 1999).
[3] Der Bereich des Fremdgeschäftes („in fremdem Namen und auf fremde Rechnung") wird in der Wirtschaftsstatistik der Handelsvermittlung zugeordnet.
[4] Dieser Aspekt ist auch in Prognosen bzw. Schätzungen der künftigen Bedeutung des elektronischen B2B-Transaktionsvolumens zu berücksichtigen; oftmals wird dabei auch nicht zwischen „klassischem EDI" und Internet-Transaktionen unterschieden.
[5] Vgl. hierzu auch Zentes 2001, da viele Entwicklungen, die den B2B-Handel betreffen, auch für Verbundgruppen relevant sind.
[6] Vgl. hierzu Liebmann/Zentes 2001, S. 95ff., und die dort angegebene Literatur.
[7] Vgl. zur Entwicklung der Generalhandelshäuser den Beitrag von Dolles/Hilpert in Abschnitt H dieses Kapitels; vgl. auch Arend-Fuchs/Kabuth/Trocka 2000, S. 10ff.
[8] Die Internationalisierung bzw. Globalisierung von B2B-Handelsunternehmen charakterisiert Swoboda im Abschnitt G dieses Kapitels.
[9] Vgl. zu diesen Basisoptionen den Beitrag von Morschett in Abschnitt F dieses Kapitels; zum Energiegroßhandel auch die Beiträge von Spicker und von v. Bernuth im Vierten Kapitel.
[10] Die technologische Entwicklung trägt gleichermaßen zur Entwicklung von neuen Produkten und Dienstleistungen bei, die das eigentliche Leistungsprogramm der B2B-Handelsunternehmen darstellen. Auf diesen Aspekt der Sortimentsdynamik, der aus Forschungs- und Entwicklungsaktivitäten resultiert, vorrangig der Hersteller, wird hier nicht näher eingegangen.
[11] Vgl. zur Ausschaltungsgefahr des Großhandels Müller-Hagedorn/Spork 2000.
[12] Outpacing-Strategien zielen auf eine Kombination von Kostenführerschaft und Qualitätsführerschaft ab; vgl. hierzu Zentes/Swoboda 1997, S. 247f., und die dort angegebene Literatur.
[13] Vgl. zum Outsourcing an Systemlieferanten den Beitrag von Berghausen im Zweiten Kapitel.
[14] Vgl. zum Outsourcing der globalen Beschaffung den Beitrag von Schwarting/Kraus-Pellens/Gröling im Zweiten Kapitel.
[15] Vgl. zum Vordringen herstellergesteuerter Großhandels- und Vertriebssysteme Täger 2000, S. 111.
[16] Vgl. zur Entwicklung von Einkaufsallianzen Zentes 2001 sowie weitere Beiträge in dem Sammelwerk „Perspektiven der Zentralregulierung".
[17] Vgl. zu den Zukunftsperspektiven des Großhandels umfassend Tietz 1993.

[18] Vgl. zu den Internationalisierungsstrategien Tietz 1993, S. 655ff., Liebmann/Zentes 2001, S. 251ff., und den Beitrag von Swoboda in Abschnitt G dieses Kapitels.

[19] Vgl. auch den Beitrag von Dolles/Hilpert in diesem Kapitel.

[20] Vgl. zu Multi-Channel-Konzepten Zentes/Schramm-Klein 2001.

[21] Vgl. hierzu und insbesondere zu den Auswirkungen virtueller Allianzen auf die Verbundgruppen bzw. die Kooperationslandschaft Zentes/Swoboda 2001a.

[22] Vgl. zu dieser Entwicklung bereits Tietz 1993, S. 622; vgl. auch das Fallbeispiel von Hampl 1998.

[23] Diese Entwicklung zeichnet sich gleichermaßen in Verbundgruppen ab; vgl. hierzu Olesch 1998.

[24] Vgl. zu diesen modernen Formen des Supply Chain Managements Liebmann/Zentes 2001, S. 581ff., sowie den Beitrag von Unkelbach im Dritten Kapitel.

[25] Konzepte dieser Art werden gegenwärtig u.a. im Autoteilehandel entwickelt; vgl. hierzu den Beitrag von Schade/Havenstein im Zweiten Kapitel.

[26] Neben der „systemkopfgesteuerten" Zusammenarbeit auf dem Gebiet des Supply Chain Managements lassen sich gleichermaßen kooperative Formen des Marketing herausstellen, so eine Standardisierung des Außenauftritts bzw. der Corporate Identity, wie dies in Freiwilligen Ketten des Food-Handels und beispielsweise des Elektro-/Elektronik-Großhandels bereits der Fall ist. Vgl. hierzu auch bereits Zentes 1992 sowie den Beitrag von Schade/Havenstein im Zweiten Kapitel.

[27] Im rechtlichen Sinne kann der B2B-Händler in diesen Fällen auch auf der Ebene eines Agenturvertrages operieren.

[28] Diese Form findet sich u.a. im Getränkegroßhandel und im Großhandel mit Kühl- und Tiefkühlprodukten, z.B. im Großhandel mit Molkereiprodukten. Die logistische Kernkompetenz kennzeichnet auch den Großhandel mit Presseerzeugnissen und Büchern, den Tabakwarengroßhandel, den pharmazeutischen Großhandel; vgl. hierzu die Beiträge von Zinn und Ossenberg-Engels im Zweiten Kapitel.

[29] Vgl. hierzu umfassend Tietz 1993, S. 527ff. Die Terminologie ist in der Literatur nicht einheitlich; so wird teilweise zwischen Rack Jobbern und Service Merchandisern unterschieden, teilweise werden die Bezeichnungen synonym verwendet. Oftmals wird der Service Merchandiser auch als Broker bezeichnet. Hier wird Merchandising Service bzw. der Service Merchandiser in einem übergeordneten Sinne verstanden. Darunter werden sowohl Eigenhändlerkonzepte, Agenturkonzepte und „reine" Dienstleistungskonzepte verstanden.

[30] Rack Jobber werden oftmals auch in den Räumen des Einzelhandels selbst als Einzelhändler tätig, indem sie auf den dort angemieteten Flächen im eigenen Namen und auf eigene Rechnung tätig werden und dem Einzelhandel als Miete eine umsatzabhängige Provision zahlen; vgl. hierzu Tietz 1993, S. 528. Insofern kann über diese Option auch eine „Vorwärtsintegration", d.h. eine Vertikalisierung als „B2C"-Händler, erfolgen, eine strategische Ausrichtung, die in der Betrachtung ausgeklammert bleibt, da hier nur B2B-Optionen diskutiert werden.

[31] Die unter dem Aspekt der Distributionslogistik beispielhaft erwähnten B2B-Handelsformen können teilweise auch als Ausprägungen des Merchandising Service-Konzeptes betrachtet werden, so der Tabakwarengroßhandel oder der Großhandel mit Presseerzeugnissen, die z.B. eine Bewirtschaftung der entsprechenden Abteilungen eines Lebensmitteleinzelhandelsunternehmens, z.B. eines SB-Warenhauses, übernehmen.

[32] Vgl. Zentes 2001, S. 22, und Swoboda 2001, S. 157ff. Diese Zahlungsart basiert letztlich auf der seit langem bekannten Form eines Konsignationslagers.

Abschnitt B

Die heutige und zukünftige Bedeutung des Groß- und Außenhandels

Anton Börner

I. Der Groß- und Außenhandel als Dienstleister

1. Einführung

Jährlich werden in der Bundesrepublik Deutschland im Groß- und Außenhandel Waren im Wert von 1,8 Billionen Euro umgesetzt, davon 600 Mrd. Euro im Binnengroßhandel. Der Handel ist hierbei das Bindeglied zwischen Anbietern und Abnehmern von Gütern und Dienstleistungen aller Art. Egal ob es sich um Rohmaterialien, Halbfabrikate oder fertige Investitions-, Verbrauchs- und Konsumgüter handelt, der Großhandel spielt in allen Wertschöpfungsketten eine bedeutsame Rolle.

Übersicht 1: Umsatz im Großhandel/Anzahl der Beschäftigten

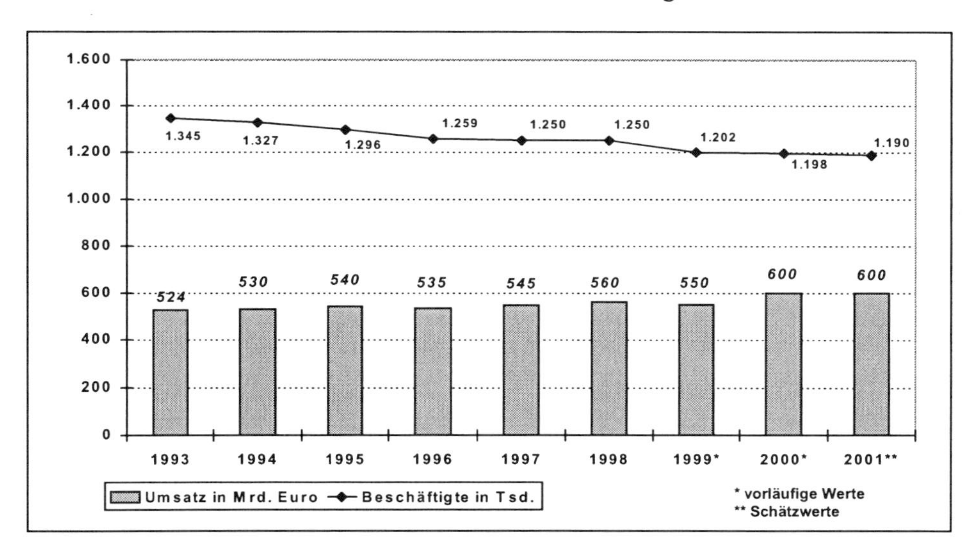

Mit seiner Überbrückungs-, Finanzierungs- und Vermittlungsdienstleistung ist der Groß- und Außenhändler neben den konjunkturellen Zyklen der einzelnen Branchen auch stark von den konjunkturellen Schwankungen der vor- und der nachgelagerten Branchen abhängig, zusätzlich zur technologischen und strukturellen Entwicklung. Wechselnde Kundenbedürfnisse und Veränderungen bei den Produktanforderungen in den Absatz- und Beschaffungsstrukturen stellen das Auf und Ab des Groß- und Außenhandels dar. Chancen und Gefahren sind rasch zu erkennen, Risikofreude und Kenntnis der ständig wechselnden Kundenbedürfnisse sind vonnöten.

Die Herausforderung des zunehmenden globalen Wettbewerbs kann der Handel nur meistern, indem es ihm gelingt, durch zukunftsorientierte Unternehmensstrategien deutlich wahrnehmbare Marktleistungen zu schaffen, die ihm selbst, seinen Lieferanten und Abnehmern einen deutlichen Mehrwert verschaffen.

Umbruch und Aufbruch in Gesellschaft und Wirtschaft, globaler Wettbewerb, Öffnung und Liberalisierung von Märkten, Deregulierung einerseits und wachsende Bürokratisierung andererseits, Innovationsbereitschaft und Partnerschaft – der Groß- und Außenhandel sieht sich konfrontiert mit einer wachsenden Zahl von Herausforderungen.

2. Die Rolle des Groß- und Außenhandels

Der Groß- und Außenhändler übernimmt eine Vielzahl von Funktionen, die alle das Ziel haben, Produkte und Dienstleistungen möglichst effektiv und effizient an die Abnehmer heranzubringen. Der Handel verringert so die Anzahl der Schnittstellen auf dem Weg vom Hersteller zum Endabnehmer. Dadurch trägt der Groß- und Außenhandel zur Effizienzsteigerung und Kostensenkung innerhalb der Wertschöpfungskette bei.

Die damit verbundene Wertschöpfung ist jedoch noch nicht in das Bewusstsein der Öffentlichkeit getreten, obgleich Handel und Dienstleistung zusammengenommen mittlerweile eine höhere Wertschöpfung als die Industrie haben.

Beim deutschen Großhandel wächst die Wertschöpfung kontinuierlich, da sich sein Aufgabengebiet nicht nur auf die Warenverteilung und auf die damit unmittelbar verbundenen Tätigkeiten wie Sortimentsgestaltung, Lagerhaltung oder Finanzierung beschränkt. Es werden vielfältige Service-Leistungen angeboten. Sie reichen von technischer Beratung über Förderungsmaßnahmen, Verkäuferschulung bis hin zu Verarbeitungsleistungen und Montagearbeiten. Im nationalen und internationalen Wettbewerb müssen die deutschen Groß- und Außenhandelsunternehmen ständig ihre Kompetenz in den Bereichen Transport, Logistik, Beratung und in weiteren Dienstleistungen beweisen und ausbauen.

Je globaler und differenzierter die Aufgaben werden, um so mehr Funktionen ergeben sich für den deutschen Groß- und Außenhändler, der zunehmend Transaktionsspezialist für Waren und Dienstleistungen ist. Er ist es, der Märkte erschließt, verknüpft, vernetzt, stimuliert und qualifiziert. Mit seiner Überbrückungs-, Qualitäts- und Steuerungsfunktionen schafft er Wohlfahrtseffekte in globalen Strukturen.

Die Mengenumgruppierung und Konfektionierung ist längst nur noch ein Teil der Groß- und Außenhandelsfunktion. Die kundengerechte Wertschöpfung in Form der Beratung, des Engineering, des Design, der Finanzierung, der Logistik, der Umweltaktivitäten, der Schulung, des Marketing, der Erstellung von Vertriebssystemen, der Zertifizierung, der Markterkundung oder des Quick-Response sind Ausdruck und Formen des großhändlerischen Leistungsprofils. Dem Groß- und Außenhandel kommt daher eine Schlüsselstellung in der deutschen Wirtschaft zu.

Übersicht 2: Umsatzgewicht der einzelnen Großhandelsbereiche

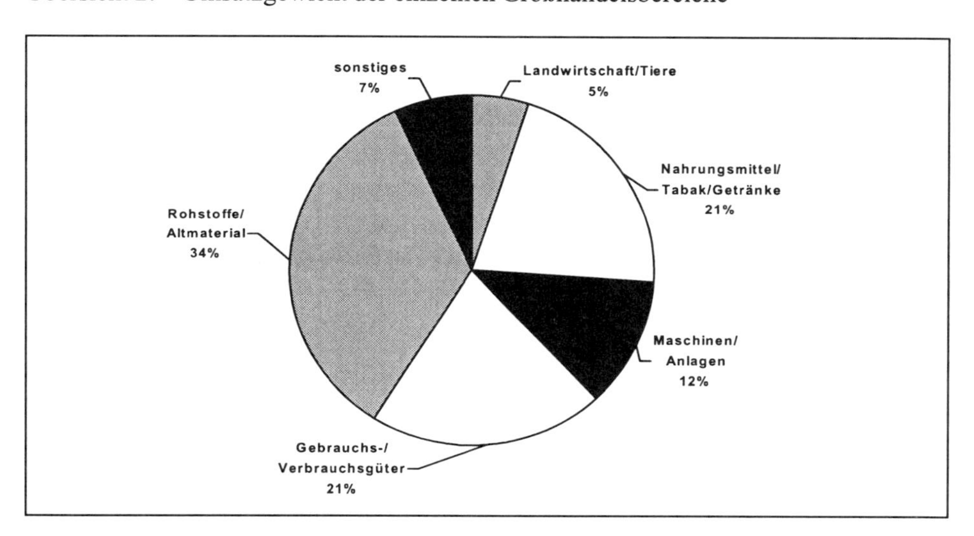

Die Tätigkeitsfelder des Groß- und Außenhandels sind verschieden:

- So gibt es den *Rohwarenhandel*, der größtenteils durch wenige und weltweit tätige Handelsfirmen abgewickelt wird. Hierbei geht es um den Warenhandel von Produkten wie Rohöl, Erze und Edelsteine.
- Im *Produktionsverbindungshandel* werden Zulieferteile und Halbfabrikate für Industrie und Gewerbe bewegt, die teilweise sehr spezielle Bereiche abdecken.
- Im *Industriegüterhandel* finden vor allem der Import und Export von Maschinen und Anlagen statt, die häufig mit umfassenden Beratungs- und Servicedienstleistungen sowie einem Ersatzteillager kombiniert werden.
- Im Bereich des *Konsumgüterhandels* tritt der Großhandel mit dauerhaften Gebrauchsartikeln und Verbrauchsgütern, beispielsweise in den Bereichen der

Nahrungsmittel und Heimelektronik, direkt zwischen Hersteller und Einzelhändler. Diese Vertriebsstufe ist in der Regel regional organisiert und stellt rund 40 Prozent des gesamten Großhandelsumsatzvolumens dar.

- Im *Transithandel*, der mittlerweile einer Größenordnung von über 25 Prozent des Exporthandels entspricht, wickeln Händler von einem dritten Land aus Handelsgeschäfte zwischen zwei ausländischen Staaten ab, wobei der Warenverkehr direkt zwischen den beiden ausländischen Staaten durchgeführt wird und der Außenhändler die gesamte organisatorische und logistische Leistung erbringt.
- Neben diesen klassischen Handelsgebieten, die für manche Händler auch eine spezielle Lieferantenbindung beinhalten können, gibt es zahlreiche *Mischfunktionen*, bei denen Produzenten gleichzeitig als Großhändler, nämlich durch den Vertrieb ihrer eigenen Waren, in Erscheinung treten, sowie Großhändler als Einzelhändler, die in von ihnen selbst kontrollierten Absatzkanälen den Weg der Ware bis zum Endverbraucher ebnen.

3. Die Funktionen des Groß- und Außenhandels

a) Sortimentsgestaltung

Hauptfunktion des Groß- und Außenhändlers ist, Produkte und Dienstleistungen für bestimmte Zielgruppen bedarfsgerecht vorzubereiten und zusammenzustellen. Eine genaue Kenntnis der Absatz- und Beschaffungsmärkte ist vonnöten. Neben der genauen Kenntnis über die verschiedenen Lieferanten und die wichtigsten Konkurrenten muss der Groß- und Außenhändler ein sehr detailliertes Wissen über die Bedürfnisstruktur seiner Abnehmer besitzen. Von diesem ist seine Einkaufsplanung und Sortimentsgestaltung im Wesentlichen abhängig. Händler sind bei der Produktgestaltung die wichtigsten Impulsgeber. Beispielsweise geschieht dies im Mode- und Konsumgüterbereich sowie im technischen Bereich, indem die Großhändler bei der Verfeinerung und Veredelung des Warenangebotes und der Produktverbesserung als Dienstleister mitwirken.

b) Logistik und Transportwesen

Das Logistik- und Transportwesen ist *die zentrale Funktion* des Groß- und Außenhandels. Hierbei geht es primär um die Steuerung und das Timing der Informations- und Warenflüsse zwischen Lieferanten und Abnehmern. Die Optimierung der Lagerhaltung, Kommissionierung von Waren sowie die Just-in-Time-Organisation von Transporten gehören mittlerweile zu den Kernkompetenzen im Groß- und Außenhandel [1]. Hierzu gehören ein rechnergesteuertes Warenwirtschaftssystem und eine Informationsverarbeitung rund um die Uhr.

Je nach Warenart werden unterschiedliche Technologien eingesetzt, unterschiedlichste Verkehrsträger, von Containerschiff über Eisenbahnwagon und Lkw, miteinander kombiniert und im Zeitablauf exakt aufeinander abgestimmt. Hierbei muss die Qualität der Waren, insbesondere im Nahrungsmittel- und High-Tech-Bereich, ständig gewährleistet bleiben. Logistik und Transport erfordern daher eine hohe Verantwortung und Sachkenntnis des jeweiligen Groß- und Außenhandelsunternehmens, um reibungslos und rasch die vielfältigen Bedürfnisse der Abnehmer zu befriedigen.

c) Disposition, Lagerhaltung und Preisfunktion

Abnehmer beziehen bei einem Groß- und Außenhändler meistens bedeutend kleinere Minimalmengen und dies zu günstigen Preisen, als sie diese direkt bei einem Hersteller einkaufen könnten. Dies wird durch die Stückelung größerer Verpackungseinheiten und durch eine den individuellen Anforderungen angepasste Kommissionierung ermöglicht.

Der Vertrieb erfolgt über ein eigenes Vertriebsnetz. Der Groß- und Außenhändler muss frühzeitig Bedürfnisse seiner Abnehmer erkennen, um den genauen Bedarf zu ermitteln, eine entsprechende Lagerhaltung zu planen und zu disponieren. Dabei wirkt der Händler bei seiner Planung angebots- und nachfrageglättend, indem er saisonal untersciedliche sowie kurzfristige Bedarsspitzen in seiner Lagerhaltung einplant. Mit dieser Zeitüberbrückungsfunktion werden Preisausschläge und Währungschwankungen geglättet, so dass das Warenangebot und die Preise verlässlich und berechenbar bleiben. Der Handel wirkt somit inflationsglättend.

d) Garantie und Finanzierung

Für seine Abnehmer ist die Qualitätsgarantie des Groß- und Außenhändlers von ausschlaggebender Bedeutung. Die genaue Kenntnis der Ware und der Produkte sowie der Produktionsprozesse ermöglicht es dem Groß- und Außenhändler, die Qualität nicht nur besser zu kontrollieren und zu beurteilen, sondern sie auch auf Grund der engen Lieferantenbindung zu beeinflussen. Neben der Reklamationsabwicklung zwischen Lieferant und Abnehmer spielt die Frage der Produkthaftung und die Übernahme von

Garantieleistungen durch den Groß- und Außenhändler gerade bei Produkten ausländischen Ursprungs eine erhebliche Rolle für deren Vermarktung [2].

Mit rund 100 Milliarden Euro Debitorenbeständen ist der deutsche Groß- und Außenhandel ein erheblicher Financier der Abnehmer, die teilweise sehr großzügige Zahlungsziele haben. Daneben übernimmt der Groß- und Außenhandel ein nicht unerhebliches Finanzierungsrisiko durch die mit der Warenhaltung verbundenen Risiken, neben dem Wertverlust auch die Preis-, Währungs- und Transportrisiken.

e) Internationaler Handel

Der Groß- und Außenhandel schafft im Laufe der langjährigen Zusammenarbeit ein umfassendes Beziehungsnetz mit Kunden und Lieferanten. Hierbei sind auch das persönliche Auftreten, die kommunikative und fachliche Kompetenz sowie die Zuverlässigkeit der Geschäftspartner entscheidend. Insbesondere im Außenhandel sind neben besonderen Sprachkenntnissen auch eine genaue Kenntnis der jeweiligen Kulturen, der unterschiedlichen Rechtsordnungen und der dortigen Geschäftsgepflogenheiten von Bedeutung. Dieses Gleichgewicht wird meist dadurch erreicht, indem auf lange Jahre hinweg eine dauerhafte Vertrauensbasis aufgebaut wird, die alle beteiligten Partner gleichermaßen von dem Geschäft profitieren lassen (Win-Win-Situation).

Übersicht 3: Vermittlungs- und Überbrückungsaufgaben des Großhandels

Angebot	Sortimentsgestaltung
Raum	Logistik und Transport
Zeit	Disposition und Lagerhaltung
Qualität/Finanzierung	Garantie und Debitoren, Zahlungsziele
Kommunikation	Internationaler Handel

II. Der Groß- und Außenhandel im veränderten Umfeld

1. Zunahme der Anforderungen

Im Zeitalter der Globalisierung hat sich auch das Aufgabenfeld und Selbstverständnis des Groß- und Außenhändlers stark verändert. Beschäftigten sich beispielsweise die traditionellen Handelshäuser in den Hansestädten ausschließlich mit dem Import von „exotischen" Waren wie Tee, Kaffee, Baumwolle, Seide und Porzellan und dem anschließenden Weiterverkauf, so muss der heutige Groß- und Außenhändler sehr viel mehr die Qualität seiner Waren durch eigene Dienstleistungen optimieren. Der bloße Einkauf und der anschließende Weiterverkauf der Waren würde keinesfalls mehr genügen.

Das wirtschaftlich veränderte Umfeld ist durch die Faktoren globaler Wettbewerb, neue Technologien sowie höhere Anforderungen an das Management durch erhöhten Kostendruck und eine erhöhte Risikoabsicherung geprägt. Die seit vielen Jahren voranschreitenden Globalisierungsprozesse haben insbesondere den Groß- und Außenhandel stark erfasst. Neue Technologien, Spezialisierung und weiter fortschreitende Arbeitsteilung steigern den internationalen Handel.

2. Internationale Arbeitsteilung und Welthandel

Die weltweit großen Unterschiede hinsichtlich Ausbildungsstand und Lohnniveau führen zu einer ständigen Verlagerung von Wirtschafts- und Produktionsstandorten. In vielen Fällen bieten sich gerade Entwicklungs- und Schwellenländer auf Grund ihrer geringeren Stückkosten an, um neue Absatzmärkte und Produktionsorte zu schaffen.

Für den Groß- und Außenhandel bedeutet diese Entwicklung, dass immer wieder neue Handelspartner und Transportwege ausfindig gemacht und erschlossen werden. In einer komplexer werdenden Welt ist ein höherer Spezialisierungsgrad nötig, der wiederum vom Groß- und Außenhandel erbracht wird, um komparative Kostenvorteile auszuschöpfen. Auf diese Weise werden ständig neue Problemlösungsansätze entwickelt und angewandt, so dass immer mehr Waren und Dienstleistungen importiert und exportiert werden. Rund ein Viertel des Bruttoinlandproduktes wird im Export erwirtschaftet. Die Bundesrepublik Deutschland ist die zweitgrößte Außenhandelsnation, mit einem Exportvolumen von 552 Milliarden US-Dollar pro Jahr. Auf der Importseite werden Waren im Wert von 500 Milliarden US-Dollar jährlich eingeführt. Auch hier befindet sich die Bundesrepublik Deutschland deutlich vor Japan, Großbritannien und Frankreich.

Nach dem Scheitern der Ministerkonferenz in Seattle im November 1999 hat die 4. WTO-Ministerkonferenz im November 2001 das multilaterale Handelssystem nachhaltig gestärkt und den Startschuss zu einer neuen Welthandelsrunde gegeben. Künftig werden Entwicklungsländer stärker in das Welthandelssystem einzubinden sein, indem ihnen ein faires Angebot zur Marktöffnung gemacht wird. Die Weltwirtschaft würde um mehr als 600 Milliarden US-Dollar wachsen, wenn der Abbau der bestehenden

Handelsschranken in den Bereichen Landwirtschaft, Waren und Dienstleistungen um ein Drittel gelingt. Fielen alle Handelsschranken, würde die Weltwirtschaft, nach Robert Stern von der Universität Michigan, sogar um 2.000 Milliarden US-Dollar wachsen. Bedauerlicherweise werden die Handelsfragen häufig von sachfremden Themen belastet, so dass die eigentlichen Wohlstandseffekte verpuffen. Mit einer neuen Welthandelsrunde, die gerade im Agrar- und Dienstleistungssektor eine Öffnung mit sich bringen sollte, könnte das Welthandelssystem dauerhaft gestärkt werden.

3. Transparenz der Märkte und globaler Wettbewerb

Die Konzentration auf drei Weltwährungen (US-Dollar, Yen und Euro) sowie die sich stets weiter vernetzende Weltwirtschaft führen zu immer rascheren Handelsbewegungen. Neueste Entwicklungen in der Telekommunikation und im Internethandel tragen zusätzlich dazu bei, dass sich der Austausch von Waren und Dienstleistungen immer rascher und flexibler vollzieht. Die Absatz- und Beschaffungsmärkte sind in keiner Weise mehr statisch. Auf rasch wechselnde und sich zunehmend individualisierende Kundenbedürfnisse kann auf diese Weise sehr viel schneller reagiert werden.

Die rasche Verlagerung von Produktionsstandorten in die Nähe zu den Absatzmärkten können ein Gefüge von Handelsbeziehungen und Warenströmen stark verändern, so dass Groß- und Außenhandelsunternehmen sich auf ständige Veränderungen einrichten müssen.

Hinzu kommt, dass beispielsweise Speditionsunternehmen auf die anspruchsvoller gewordenen Kundenwünsche reagieren und eben nicht nur den Warentransport von A nach B anbieten, sondern als hochspezialisierte Logistikunternehmen integrale Komplettlösungen für Transport, Lagerhaltung, Versand, Feinverteilung sowie deren gesamte Organisation übernehmen.

Unternehmen der New Economy können zwar elektronische Marktplätze im Internet aufbauen, die Zukunft gehört allerdings den Unternehmen, die den Internethandel um den gesamten nachgelagerten Bereich von Verpackung, Versand, Fakturierung bis zur Reklamation der gehandelten Güter ergänzen können.

Die Globalisierung des Wettbewerbes mit all ihrer Komplexität und Dynamik erhöht selbstverständlich auch die Anforderungen an Management und Mitarbeiter im Groß- und Außenhandelsbereich. Die Anforderungen an Produkt- und Anwendungskenntnisse, ausgeklügelte Logistiksysteme sowie ein außerordentlich gutes Finanz- und Risikomanagement sind künftig nicht mehr wegzudenken. Großhandels- und Außenhandelsunternehmen bieten daher zunehmend neben dem eigentlichen Warenein- und -verkauf logistische Komplettlösungen und die entsprechende Veredelung der Waren an.

4. Neue Technologien

Das Schlagwort „Globalisierung" erhält letztlich durch die fortschreitende Technologisierung eine weitreichende Bedeutung. Denn durch neue Technologien werden neue Produkte geschaffen, die traditionelle Produkte und Branchen verändern oder durch andere ergänzen und ggf. ersetzen können. Dieser Wandel bedeutet für den Groß- und Außenhandel eine immense Chance in einem unermesslichen Markt.

Einfache Arbeitsabläufe können zunehmend durch Maschinen und Computer ersetzt bzw. optimiert werden. Dies galt bisher insbesondere für manuelle und mechanische Arbeitsabläufe, zunehmend auch für anspruchsvolle administrative Aufgabenbereiche. Diese Veränderungen wirken sich auf den Arbeitsmarkt aus, besonders durch die Schaffung von vielfältigen, interessanten und anspruchsvollen Tätigkeiten. Im Ergebnis führt ein rasches und zuverlässiges Informationsmanagement gerade im Handel zu einem erhöhten Wettbewerbsvorteil, der von kleineren Unternehmen gleichermaßen genutzt werden kann wie von Großkonzernen.

Im B2B-Handel führt eine weltweite Vernetzung des Groß- und Außenhändlers mit Abnehmern, Lieferanten sowie Logistik- und Finanzpartnern zu einer Optimierung der Geschäftsabläufe. Selbst ganze Logistik- und Transportabläufe lassen sich durch Einsatz der Telekommunikationsmöglichkeiten elektronisch planen, steuern und überwachen. So sind beispielsweise jederzeit Informationen über Ort und Status einer Sendung abrufbar (Tracking and Tracing). Für den Groß- und Außenhändler sind hierbei nicht mehr die eigenen Transport- und Lagerkapazitäten für die Nutzung von Wettbewerbsnischen entscheidend, sondern einzig und allein die Fähigkeit, entsprechend komplexe Abläufe zu steuern und zu koordinieren. Dank neuen Technologien, sowohl im Bereich des elektronischen Handels als auch im Bereich der Lager- und Transportbewirtschaftung, hat sich das Aufgabenspektrum des Groß- und Außenhändlers gewandelt.

III. Strategien zur Stärkung der Wettbewerbsfähigkeit

1. Mehrwert durch Kompetenzerweiterung

Groß- und Außenhändler sind mit ihren Aufgaben und Leistungen Teil eines ganzen Wertschöpfungssystems und im Wettbewerb gefordert, dieses durchgängig zu verbessern. Die Wettbewerbsposition des Groß- und Außenhändlers definiert sich nicht nur gegenüber seinen Mitbewerbern, sondern gerade auch gegenüber Abnehmern und Lieferanten. Neben der klassischen Nutzenkalkulation ist auch ständig zu hinterfragen, ob die heute angebotenen Leistungen auch noch künftig nachgefragt werden, und ob ein genügender Mehrwert dargestellt werden kann. Eine genaue Kenntnis der Kundenbedürfnisse muss um weitere Kompetenzen erweitert werden [3]. Neben der Optimierung der spezialisierten Sortimente und Dienstleistungen muss der Groß- und Außenhändler bereit sein, mit der richtigen Strategie auch zusätzliche Funktionen zu übernehmen. Hierzu gehören beispielsweise kundenindividuelle Verpackungen und Auszeichnungen (Labeling, Strichcode).

Eine bessere Koordination der einzelnen Wertschöpfungsstufen gewährleistet dauerhaft die Schaffung von Kundennutzen. Hierbei geht es vor allem darum, den Weg vom Produzenten zum Endabnehmer zu beschleunigen und zu verbilligen. Denn jede Schnittstelle birgt die Gefahr von Reibungs-, Zeit-, Produktivitäts- und Qualitätsverlusten. Die Hauptaufgabe des Groß- und Außenhändlers ist es hierbei, diese Schnittstellen zu Verbindungs- und Verknüpfungsstellen zu machen, so dass ein Mehrwert entsteht.

Groß- und Außenhandelsunternehmen entwickeln sich zunehmend zu Marketing- und Vertriebsorganisationen. Kundenbedürfnisse, Kundennutzen und Kundenzufriedenheit stehen daher zunehmend im Zentrum ihres Handelns. Wenige, aber dafür gezielte Marketingmaßnahmen können positive Ergebnisse erzielen. Dabei wird es zunehmend schwieriger, sich ausschließlich mit Produkten und Preisen am Markt zu behaupten. Der Groß- und Außenhändler muss daher zunehmend sein Know-how, seine spezifischen Produktkenntnisse und seine kommerziellen Kompetenzen vermarkten können. Der Gesamtumfang des Dienstleistungsangebotes, der um das Produkt herum gruppiert wird, wird über seine Marktposition entscheiden. Der Groß- und Außenhändler wird in Zukunft noch stärker seinen Einfluss auf Produkte und Sortimente geltend machen. Hierbei tritt der Händler mit seiner Kompetenz als Kommunikator und Vermittler zwischen Kundenbedürfnissen und Lieferantenangebot in Erscheinung. Die Vermittlerrolle des Groß- und Außenhändlers besteht gerade darin, Marktbedürfnisse und Herstellerkapazitäten nicht nur zu kennen, sondern auch miteinander in Übereinstimmung zu bringen.

Groß- und Außenhändler arbeiten nicht nur mit ihren Abnehmern eng zusammen und unterhalten hier eine starke Kundenbeziehung, sondern bauen gerade auch zu ihren Lieferanten eine feste „Kundenbeziehung" auf. Dieser Faktor ist gerade bei Gütern mit einem „Markennamen" von Bedeutung. Zugleich schafft der Großhandel in vielen Bereichen selbst eine Handelsmarke. Darüber hinaus sind bei der Auswahl der Lieferanten eine hohe Zuverlässigkeit bezüglich Qualität, Lieferzeiten und Terminen entscheidend. Klare Ziele und Wünsche sind erfolgreich zu kommunizieren. Meist wollen auch Lieferanten wie Kunden akquiriert und behandelt werden. Der Groß- und Außenhändler ist daher an einer dauerhaften und für beide Seiten zufriedenstellenden Partnerschaft interessiert. Der Handel wird immer bemüht sein, seinen Mehrwert gegenüber alternativen Vertriebswegen aufzuzeigen. In einer engen Kooperation können beispielsweise Prozesskosten gesenkt und innovative Produkte und Dienstleistungen weiter entwickelt werden.

Um die zahlreichen Lieferantenbindungen zu systematisieren, ist ein systematischer Vergleich (Benchmarking) für den Händler ein adäquates Instrumentarium zur Positionierung der eigenen Wettbewerbsposition. Ein starkes Vertrauensverhältnis zum und eine hohe Verlässlichkeit des Lieferanten können erhebliche Kostenersparnisse im Bereich der Lagerhaltung und bei der Bereitstellung eines optimalen Sortimentes gewährleisten. Eine systematische Beschaffungspolitik sowie die Bildung von Einkaufskooperationen stellen das Instrumentarium dar, um die Kosten im Wareneinkaufsbereich zu senken.

2. Kosten-Nutzen-Analyse

Abgesehen von Materialkosten sind im Groß- und Außenhandel fast alle Kosten Fix- bzw. Gemeinkosten. Offertanfragen, Auftragsabwicklung, Lagerhaltung und Kommissionierung sowie Versand bzw. Transport verursachen die größten Kosten. Mittels einer Prozesskostenrechnung können diese Kostenarten leistungsabhängig erfasst und zugeordnet werden. Sind die Kostentreiber erst einmal erfasst, können auch Produktivitätssteigerungen vorgenommen werden. Mit Hilfe einer solchen Prozesskostenrechnung lassen sich die Gemeinkosten den einzelnen Kundengruppen, den Produkt- oder Marktsegmenten zuordnen. Dies ist für die Gewinnanalyse entscheidend, denn unrentable Aufträge und Produkte können auf diese Weise rasch erkannt und optimiert werden.

Auch die Infrastrukturkosten sind keine gegebene Größe und sollten regelmäßig kritisch hinterfragt werden, denn Raummieten, Betriebs- und Unterhaltskosten stellen einen gewichtigen Aufwandsfaktor dar. Da sich zahlreiche Aufgaben und Prozesse automatisieren und optimieren lassen, ist auch der Nutzen der jeweiligen Infrastruktur gerade in einem härteren Wettbewerb ständig zu überprüfen. Dabei ist insbesondere die Frage wichtig: „Was darf ein Produkt aus Sicht des Marktes kosten?“ und weniger die rein kalkulatorische Feststellung: „Was wird ein Produkt kosten?“

Die Hauptfunktion des Groß- und Außenhandels liegt aber in der Logistik. Für jedes Marktsegment und jedes Produkt ist der wirtschaftlichste Weg vom Lieferanten zum Endverbraucher zu finden. Dabei geht es eben nicht nur um die Optimierung von Transporten und Lagerhaltung, sondern um eine ganzheitliche Betrachtung der Logistikfunktion, die den gesamten Waren-, Informations- und Geldfluss beinhaltet. Ein funktionierendes Logistiksystem schafft deutliche Wettbewerbsvorteile. So kann es beispielsweise sinnvoll sein, den Bereich Waren und Logistik aus Kostengründen an spezialisierte Transport- und Logistikfirmen zu übergeben. Die Kooperation mit anderen Firmen bei der Verteilung der Produkte an die Abnehmer kann ebenfalls zu erheblichen Einsparungen führen.

3. Finanzierung und Risikomanagement

Da der Groß- und Außenhandel für seine Kunden eine wichtige Funktion bei der Zwischenfinanzierung und Risikoabsicherung übernimmt, muss er sich selbst risikogerecht finanzieren können. Der Händler ist deshalb in der Regel bestrebt, sein Risiko auf ein Performance-Risiko zu reduzieren. Er bürgt für den erfolgreichen Geschäftsablauf (Performance) durch die Steuerung und Überwachung sämtlicher logistischer Prozesse.

Erfolgreiche Groß- und Außenhandelsunternehmen benötigen daher eine gesunde Eigenmittelbasis, da Fremdkapital künftig markt- und risikogerecht zu verzinsen sein wird. Die Finanzierungskosten für Handelsunternehmen mit schwacher Eigenkapitalbasis werden künftig spürbar steigen. Risiken sind in einem dynamischen Handelsprozess keine gleichbleibende Größe, so dass regelmäßige Risikoüberprüfungen der Partner sowie Währungsrisiken ständig abzuwägen sind. Risikoreiche Transaktionen sind kaum zu vermeiden, wenn andererseits interessante Margen realisiert werden sollen.

Eine sinnvolle und realistische Risikooptimierung kann mit modernen Finanzinstrumenten meistens gut abgesichert werden, das Debitorenrisiko meist durch eine Kreditversicherung, das Zahlungsrisiko durch ein Akkreditiv oder eine Garantie und Währungs- und Zinsschwankungen mit Swaps.

Übersicht 4: Absicherung von Risiken im Großhandel

Risikobereich	**Maßnahmen**
Lagerbestände	an Nachfrage ausrichten, versichern
Kunden	Kreditpolitik, Bonitätsprüfung, Debitorenmanagement, Factoring, Exportversicherung, Rückstellungen, Akkreditiv, Inkasso, Garantien
Zinserhöhungen	Caps, Swaps u.a.
Lieferanten (Beschaffung)	Einkaufspolitik, Verträge, Performance-Prüfung (Qualität, Termine), Akkreditiv, Garantien
Währungen	Futures, Swaps, Devisenoptionen
Länder	Kreditlimite, Versicherungen, Akkreditive, Garantien, Rückstellungen
Verlust von Aktiva	Sachversicherungen
Verlust von Know-how	Personalversicherungen (Key People)

In ihrer traditionellen Risikofunktion geben Groß- und Außenhändler ihren Abnehmern und Lieferanten häufig Kredit und tragen selbst die Verantwortung für ihre Refinanzierung. Diese Außenstände müssen daher plausibel strukturiert bzw. mit angemessenem Risikokapital unterlegt werden. Kapitalgeber gehen zunehmend dazu über, die Risiken zu strukturieren, in Risikoportfolios zu bündeln und diese Risiken auf mehrere Parteien zu verteilen. Wenn künftig Handelsrisiken breiter gehandelt werden, werden zunehmend auch Risiken versicherbar, die sonst niemand übernehmen könnte. Mit den Veränderungen im Bankensektor, und insbesondere im Fremdkapitalgeschäft, wird der Handel künftig über neue Möglichkeiten der Risikoabsicherung verstärkt nachdenken müssen. Sobald Fremdkredite auf Grund der Vorschläge des Baseler Ausschusses für Bankenaufsicht (Basel II) in Abhängigkeit von der Bonität des Unternehmens mit einer entsprechenden Eigenkapitalquote hinterlegt werden müssen, wird sich der Druck auf die Kreditfunktion des Handels noch weiter verschärfen. Denn bereits heute ist die Finanzierungsfunktion des Großhandels eine bedeutsame Größe im Wirtschaftsleben.

Übersicht 5: Eigenkapitalmodell des BGA

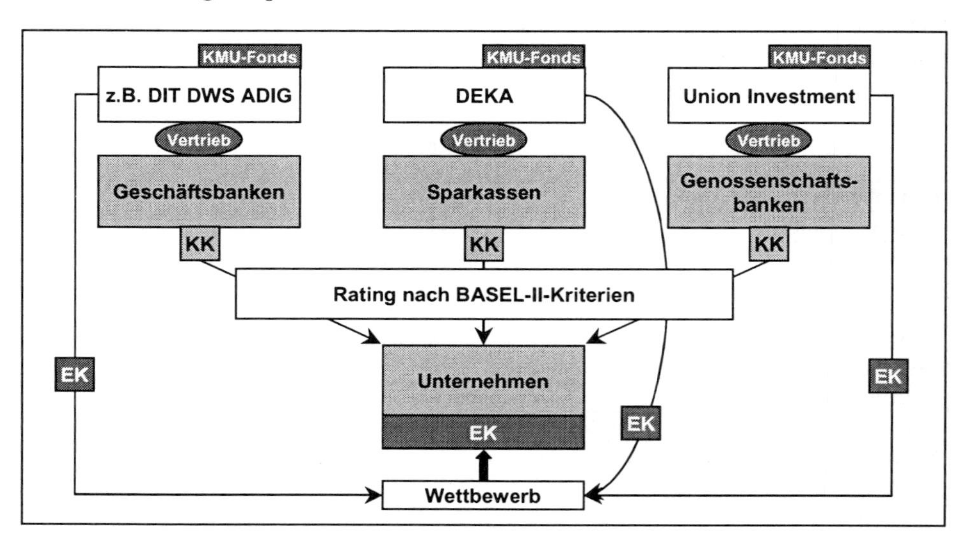

Mit seinem *Eigenkapitalmodell* hat der Bundesverband des Deutschen Groß- und Außenhandels e. V. einen Lösungsweg vorgeschlagen, der künftig die Eigenkapitalproblematik mittelständischer Unternehmen in Deutschland lösen kann.

Durch branchenübergreifende Fonds, die beispielsweise von den banknahen Fondsgesellschaften aufgelegt werden und über die Banken als Vertriebsstufe den Unternehmen angeboten werden, könnte Eigenkapital gesunden und wirtschaftsstarken Unternehmen zugeführt werden. Bei einer angenommenen Erhöhung der Eigenkapitalbasis von beispielsweise 20 auf 40 Prozent würden sich die Kosten für das Fremdkapital so reduzieren, dass die höheren Kosten für die Beteiligung aufgefangen werden könnten. Im Endeffekt würde sich das betreffende Unternehmen aber deutliche Marktvorteile verschaffen und ein verbessertes Wachstum ermöglichen, weil eine verbesserte Bonität eine deutlich stärkere Ausgangslage für neue Geschäftsfelder schafft.

Neben zahlreichen Fragen des Managements, des Logistik- und Transportwesens, des Abbaus internationaler Handelsbarrieren, der Ausweitung des Tätigkeitsprofils des Groß- und Außenhändlers ist die Finanzierungsfrage das Kernproblem der nahen Zukunft, zu dessen Lösung Wirtschaftsverbände, Banken und Politik bereits an einem gemeinsamen Strang ziehen. Der Groß- und Außenhandel hat auch in dieser Frage eine

Vorreiterrolle übernommen, in gewohnter Weise im Dienste aller mittelständischer Unternehmen, egal ob dies nun Hersteller, Händler oder Handwerker sind.

Anmerkungen

[1] Vgl. hierzu auch die Beiträge von Ossenberg-Engels und Schwarz/Knörr im Zweiten Kapitel dieses Sammelwerkes.

[2] Vgl. hierzu beispielsweise den Beitrag von Schwarting/Kraus-Pellens/Gröling im Zweiten Kapitel dieses Sammelwerkes.

[3] Vgl. hierzu auch den Überblick über die strategischen Optionen des B2B-Handels im Beitrag von Zentes in Abschnitt A dieses Kapitels.

Abschnitt C

Konsumgütergroßhandel im Wandel

Uwe Christian Täger

I. Zur Abgrenzung des Großhandels mit Konsumgütern

Mit der zunehmenden Intensität des Wettbewerbs und insbesondere des Preiswettbewerbs sowie der Veränderungen in der Arbeits- bzw. Funktionsteilung der deutschen und europäischen Warendistribution in den letzten 25 Jahren haben sich die Unternehmensstrukturen im Großhandel mit Konsumgütern mehr oder weniger erheblich verändert.

Ein Großteil des Einzelhandels als der wichtigste Abnehmer und Marktpartner hat seine Beschaffungsstrategien und -strukturen grundlegend geändert und teilweise den traditionellen Großhandel mit Konsumgütern ausgeschaltet. Hauptsächlich kleine Unternehmen des Facheinzelhandels und des Handwerks sowie Unternehmen der Dienstleistungssektoren nehmen mit kleineren Bezugsmengen den Großhandel mit Konsumgütern in Anspruch. Diese meist inhabergeführten Unternehmen verfügen vielfach nicht über das entsprechende Beschaffungsvolumen, um direkt von den in- und ausländischen Produzenten beliefert zu werden.

Im Folgenden umfasst der Großhandel mit Konsumgütern alle Unternehmen, die in *autonomer Regie* überwiegend Güter für den privaten (End-)Verbrauch ohne wesentliche Ver- und Bearbeitung an gewerbliche Abnehmer zum Zwecke des Weiterverkaufs und für betriebliche Zwecke absetzen. Diese sich an die amtliche Statistik anlehnende Definition des Konsumgütergroßhandels bezieht auch alle rechtlich selbstständigen, aber wirtschaftlich abhängigen Großhandelsunternehmen von Herstellern oder Einzelhandelsunternehmen ein, die zwar im Eigentum eines großhandelsfremden Unternehmens sind, aber unter dessen „Kontroll"-Regie ihre Aktivitäten auf der Großhandelsstufe ausüben [1]. Von den rund 110.000 Unternehmen des Großhandels sind rund 30 Prozent Vertriebsgesellschaften, die in überwiegender Funktion den Absatz für in- oder ausländische Produktionsunternehmen übernehmen.

Nach Schätzungen des ifo Instituts können von den in der amtlichen (Unternehmens-)Statistik ausgewiesenen 40.000 Unternehmen des Konsumgütergroßhandels nach diesen Strategie- und Kontrollkriterien rund 12.000 Unternehmen anderen Wirtschaftsstufen bzw. -sektoren zugeordnet werden. Viele dieser herstellergesteuerten Unternehmen sind im Eigentum ausländischer Unternehmen und haben hauptsächlich die *Funktion von Vertriebsgesellschaften* für den deutschen Absatzmarkt, d.h. ohne wesentliche Be- und Verarbeitung setzen diese ausländischen Vertriebsgesellschaften die Konsumgüter ihres (Mutter- und Haupt-)Unternehmens an gewerbliche Abnehmer in Deutschland und z.T. auch in anderen europäischen Ländern ab.

Im Folgenden wird vom *Konsumgütergroßhandel im engeren Sinn* gesprochen, wenn nur die autonomen, nicht-kontrollierten Großhandelsunternehmen behandelt werden, der *Konsumgütergroßhandel im weiteren Sinn* umfasst alle Unternehmen, die auf der Großhandelsstufe überwiegend Konsumgüter in ihrem Warenangebot haben.

Tabelle 1: Jährliche Wachstumsraten ausgewählter Branchen des Großhandels von 1995 bis 2001 (nominal)

	1995	**1996**	**1997**	**1998**	**1999**	**2000**	**2001***
51 GH (einschl. Handel m. KFZ)	1,3	-2,1	3,1	0,6	0,1	0,8	-1,5
51.2 landw. Grundstoffe	-0,6	2,9	3,8	-8,1	-6,0	8,2	6,1
51.3 Getränke und Tabakwaren	1,1	-1,1	-0,4	-1,5	-2,9	-0,2	1,8
51.4 Gebrauchs- und Verbrauchsgütern	1,2	-3,3	0,0	1,8	2,5	14,3	-4,2
51.5 Rohstoffe, Halbwaren, Reststoffe	2,1	-3,3	5,0	-0,5	1,3	9,3	-1,4
51.6 Maschinen und Ausrüstungen	1,0	-4,0	0,3	9,0	1,7	8,5	-5,5

* aufgelaufene Werte bis einschließlich November 2001

Quelle: Statistisches Bundesamt 2002 sowie Berechnungen des ifo Instituts.

In der amtlichen Unternehmensstatistik können zwei Branchen des Konsumgüterhandels neben Zweigen des Produktionsverbindungshandels unterschieden werden (siehe Tabelle 1). Während der Großhandel mit Nahrungsmitteln, Getränken und Tabakwaren im Zeitraum von 1995 bis 2001 aufgrund der Ausschaltungstendenzen in der Distribution von Lebensmitteln etwas geringere Wachstumsraten aufweist, zeigt der Großhandel mit Gebrauchs- und Verbrauchsgütern ein etwas höheres Wachstumsniveau. Dabei spielen die verstärkten Importaktivitäten bei diesen Großhandelsunternehmen eine wesentliche Rolle.

II. Grundsätzliche Entwicklungslinien

Die hohe Wettbewerbs- und Strukturdynamik im Großhandel mit Konsumgütern hat ihre Bestimmungsgründe vor allem

- in der zunehmenden Europäisierung und Internationalisierung der Warendistribution,
- im Vordringen von Kooperationen des Einzelhandels,

- im Aufbau von Dienstleistungsangeboten im Großhandel sowie
- in der verstärkten Bedeutung von Informations- und Kommunikationstechnologien.

Die beispielhaft angeführten Einflussfaktoren stehen in einer engen wechselseitigen Beziehung untereinander im Hinblick auf den Strukturwandel im Großhandel mit Konsumgütern. Der *beschleunigte Transfer von Marktinformationen* zwischen Anbietern und Nachfragern durch die modernen Informations- und Kommunikationsstrukturen hat wesentlich zur Europäisierung und Internationalisierung der deutschen Warendistribution beigetragen. Andererseits haben das hohe Niveau der Funktionserfüllung und die hohe Wettbewerbsintensität auf der Großhandelsstufe dazu geführt, dass nur sehr wenige ausländische Großhandelsunternehmen den Eintritt in den deutschen Handel gewagt haben. Allerdings haben ausländische Venture Capital-Unternehmen vereinzelt größere deutsche Großhandelsfirmen übernommen, bei denen der sog. Generationswechsel im Eigentum mit Schwierigkeiten verbunden waren (so z.B. im Großhandel mit Elektroartikeln).

Zur *Europäisierung und Internationalisierung* des deutschen Konsumgütergroßhandels: Die zunehmende Arbeitsteilung in der Produktion und Vermarktung von Konsumgütern hat zu einer wesentlichen Erweiterung der (relevanten) Markträume geführt. Der Großhandel in seiner originären Marktfunktion, „der räumlichen und zeitlichen Überbrückung", hat in Form von verschiedenen Betriebstypen (vgl. Täger 1995) diese Herausforderungen im internationalen Handel mit Konsumgütern angenommen, in dem er sich mehr und mehr als wichtiger Gatekeeper für neue und kostengünstige Produkte auf den Binnenmärkten positionierte. Diese Neuorientierung findet in intensiver Konkurrenz zu den großen Markenherstellern von Konsumgütern statt, die aus Gründen des zunehmenden Kostenwettbewerbs verstärkt niedrigpreisige ausländische Produkte als *Handelsware* in ihr Produktangebot aufgenommen haben. Der Anteil der Handelsware hat sich bei den inländischen Produzenten von Konsumgütern auf durchschnittlich 30 Prozent des Umsatzes erhöht. In der Bekleidungsindustrie erreicht bei einigen Herstellern der Anteil der Handelsware eine Größenordnung von bis zu 90 Prozent, so dass diese Unternehmen in der amtlichen Statistik als Großhandelsunternehmen eingestuft werden.

Die *Heranführung und Anbindung eines Großhandelsunternehmens an ausländische Märkte* erfordern einen erheblichen Umfang und Einsatz von qualifiziertem Personal und sonstigen Investitionen, die von kleineren Unternehmen häufig nicht getragen werden können. Aus diesem Grund übernehmen grenzüberschreitende Handelsfunktionen spezialisierte Handelsunternehmen, die sich in ihren Funktionen auf bestimmte Produkte (z.B. Weine, Schuhe) und Ländergruppen (z.B. Ostasien, Südamerika) konzentrieren. Dabei spielt der Aufbau von langfristigen und „belastbaren" Marktbeziehungen zu den Lieferanten und Abnehmern in den jeweiligen Auslandsmärkten eine herausragende Rolle, um die Risiken in der Qualität der Produkte und in der Logistik soweit wie möglich zu mindern. Diese Risiken sind z.B. bei Textil-, Bekleidungs- und Ledererzeugnissen relativ hoch.

Vordringen von Kooperationsgruppen

Als Lieferanten des Facheinzelhandels und des Handwerks haben die verschiedenen Typen der Einkaufskooperationen in den letzten Jahren an *distributionspolitischer Bedeutung* gewonnen. Das Vordringen war teilweise mit einer Ausschaltung von einzelnen Großhandelsunternehmen in den Belieferungen oder mit einem rückläufigen Bestellvolumen im Konsumgütergroßhandel verbunden. Infolge dieser Entwicklung haben viele Unternehmen ihr Leistungs- und Konditionsprofil mit dem Ziel verändert, mit langfristig wirkenden Bindungsstrategien insbesondere die größeren Abnehmer nicht zu verlieren. Neben kostengünstigen Warenangeboten und einer sicheren und schnellen Logistik sind Angebote an absatzfördernden Marketinginstrumenten und Aktionen der Verkaufsförderung wesentliche Elemente eines derartigen „Bindungs"-Programms (vgl. Lachner/Täger 1997).

Um sich gegenüber den Kooperationsgruppen zu behaupten, haben hauptsächlich die größeren Unternehmen des Konsumgütergroßhandels ihre Programmangebote *für die Schulung der Mitarbeiter* ihrer Abnehmer ausgeweitet, so z.B. im Hausrats- sowie GPK-Bereich. Viele kleinere Einzelhandels- und Handwerksunternehmen, die sich nicht an eine Kooperationsgruppe langfristig binden wollen, nehmen diese Angebote verstärkt in Anspruch. Ihre Teilnahme an derartigen Veranstaltungen ist mit keinen Verpflichtungen verbunden. Die herstellergesteuerten Schulungen der bekannten Hersteller von Markenprodukten dagegen geben nur einen beschränkten Einblick in die Vielfalt neuer Produkte.

Das Programmangebot an Dienstleistungen beeinflusst zunehmend die Wettbewerbspositionierung eines Großhandelsunternehmens in der Distribution von Konsumgütern. Neben den marketingrelevanten Instrumenten (wie z.B. Werbehilfen, Sonderaktionen und -verkäufe) stoßen betriebswirtschaftliche und technische Dienstleistungen auf eine relativ hohe Akzeptanz bei den kleineren Abnehmern. Um die Bestell- und Lieferprozesse zu optimieren, bilden exklusive Informationsdienste eine wesentliche Plattform, um akquisitorische Potenziale gegenüber wichtigen Abnehmern aufzubauen. Allerdings sind die hierbei anfallenden Kosten im Hinblick auf die Wirkungen der damit aufgebauten Dienstleistungen fortlaufend zu prüfen.

Die zunehmende Implementierung und Nutzung *von neuen und modernen Informations- und Kommunikationsdiensten* in der Warendistribution haben zweifelsohne zu einer höheren Wettbewerbsflexibilität in der Warendistribution geführt. Die Aktions- und Reaktionszeiten zwischen den Marktteilnehmern haben sich verkürzt, so dass der Entscheidungsdruck im Großhandel erheblich zugenommen hat. Andererseits hat sich die Transparenz über Marktinformationen des Produktangebots und der Produktnachfrage erhöht. Vor diesem Hintergrund muss der Großhandel in seiner Mittlerstellung seine Waren- und sonstigen Leistungsangebote noch stärker als bisher mit unternehmensindividuellen Präferenzen verbinden, um nicht allein dem Kostenwettbewerb ausgesetzt zu werden. Dabei spielen Präferenzen einer schnellen und sicheren Belieferung auf der Grundlage von effizienten Informations-Netzwerken eine ausschlaggebende Rolle. Eine solche Strategie baut auf einem stetigen Transfer von Informationen auf, wozu eine leistungsfähige Hard- und Software-Infrastruktur bei den beteiligten Unternehmen notwendig ist.

Tabelle 2: Jährliche Wachstumsraten ausgewählter Branchen des Einzelhandels von 1995 bis 2001 (nominal)

		1995	**1996**	**1997**	**1998**	**1999**	**2000**	**2001***
52	**EH (ohne EH mit KFZ)**	**1,2**	**0,2**	**-1,2**	**1,0**	**0,7**	**2,2**	**2,8**
52.1	Waren versch. Art	1,8	-0,5	-1,2	1,1	1,3	1,0	4,6
52.11.1	Nahrungsmittel, Getränke u. Tabak	0,0	-0,3	0,5	3,5	2,5	3,2	4,5
52.11.2	sonstige Waren versch. Art	11,0	0,9	-6,1	-3,3	-0,5	-0,4	9,9
52.2	Fach-EH m. Nahrungsmitteln	7,8	-1,0	-2,1	-1,3	-7,0	-1,4	-0,2
52.42	Bekleidung	-1,1	-1,1	-1,9	-1,4	-0,1	-0,5	-0,5
52.43	Schuhe und Leder	2,9	0,3	-2,3	-0,2	0,6	1,2	1,3
52.44	Möbel, Einrichtungsgegenstände	-6,6	-1,6	-2,6	3,9	-2,2	-2,1	-0,9
52.46	Bau- und Heimwerkerbedarf	4,3	0,6	2,4	1,6	-1,2	7,4	-3,4
52.47	Bücher, Zeitschriften, Bürobedarf	3,3	-1,2	-1,2	3,3	3,1	3,0	3,6
52.61	Versandhandel	-0,4	1,7	-2,0	-0,5	-0,6	0,7	-0,8

* aufgelaufene Werte bis einschließlich August 2001

Quelle: Statistisches Bundesamt 2001b sowie Berechnungen des ifo Instituts.

Diese Entwicklungen im Konsumgütergroßhandel stehen insgesamt in einem engen Zusammenhang mit den strukturellen Veränderungen in den verschiedenen Einzelhandelsbranchen und mit dem Wandel in den Verbrauchs- und Einkaufsverhaltensweisen der Verbraucher. Die ungünstige Umsatzentwicklung im Facheinzelhandel mit Bekleidung und mit Möbeln bzw. Einrichtungsgegenständen hat zweifelsohne auch zu Ausschaltungstendenzen der entsprechenden Großhandelszweige geführt, während die leicht überdurchschnittlich positive Entwicklung im Einzelhandel mit Waren verschiedener Art (Hauptrichtung Nahrungs- und Genussmitteln) Impulse für Fachgroßhandel mit Nahrungsmitteln und mit preisniedrigen Konsumgütern ausgelöst hat (siehe Tabelle 2).

III. Größenstrukturen

1. Überblick

Im Folgenden sollen anhand der Daten der amtlichen Unternehmens- und Handelsstatistik die Größenstrukturen

- des Großhandels mit Nahrungsmitteln, Getränken und Tabakwaren und
- des Großhandels mit Gebrauchs- und Verbrauchsgütern

nach der Zahl der Unternehmen und ihren Umsätzen analysiert werden. Als Größenkriterium werden Größenklassen von Jahresumsätzen herangezogen. Auch wenn in den hierzu genutzten amtlichen Statistiken eine große Zahl von Kleinst-Unternehmen enthalten ist, geben diese Totalerhebungen über die auf der Großhandelsstufe agierenden Unternehmen mit Konsumgütern einen doch umfassenden Einblick in die (Umsatz-)Größenstruktur dieser beiden Wirtschaftszweige des Konsumgütergroßhandels.

2. Größenstruktur des Großhandels mit Nahrungsmitteln, Getränken und Tabakwaren

Von den insgesamt 18.700 Unternehmen dieser Branche haben 1999 knapp 48 Prozent einen Jahresumsatz von weniger als 1 Mio. DM (siehe Tabelle 3). Diese Gruppe von Kleinst-Unternehmen, auf die ein Umsatzanteil von gut 1 Prozent des Branchenumsatzes von knapp 300 Mrd. DM entfiel, üben die Funktion eines Großhandels oftmals im Nebengewerbe aus. Infolge ihrer relativ geringen Umsatzgröße konzentrieren sie ihre Aktivitäten auf die Erfüllung nur weniger Großhandelsfunktionen und beschränken ihr Angebot auf wenige Produkte.

Tabelle 3: Strukturen des Großhandels mit Nahrungsmitteln, Getränken und Tabakwaren nach Umsatzgrößenklassen 1999

Jahresumsatz von ... bis unter ... DM	Anz. der Untern.	Umsatz in Mio. DM	in Prozent Anzahl	kumuliert	Umsatz	kumuliert
32.500 – 50.000	529	21,70	2,8	2,8	0,0	0,0
50.000 – 100.000	1.232	90,05	6,6	9,4	0,0	0,0
100.000 – 250.000	2.222	372,49	11,9	21,3	0,1	0,2
250.000 – 500.000	2.371	868,48	12,7	34,0	0,3	0,5
500.000 – 1 Mio.	2.596	1.893,07	13,9	47,8	0,6	1,1
1 Mio. – 2 Mio.	2.607	3.736,57	13,9	61,8	1,2	2,3
2Mio. – 5 Mio.	2.898	9.280,81	15,5	77,3	3,1	5,4
5 Mio. – 10 Mio.	1.559	10.942,00	8,3	85,6	3,6	9,1
10 Mio. – 25 Mio.	1.373	21.462,49	7,3	92,9	7,2	16,2
25 Mio. – 50 Mio.	585	20.617,71	3,1	96,1	6,9	23,1
50 Mio. – 100 Mio.	338	23.103,58	1,8	97,9	7,7	30,8
100 Mio. – 250 Mio.	255	39.792,90	1,4	99,2	13,3	44,1
250 Mio. und mehr	143	167.668,59	0,8	100,0	55,9	100,0
Insgesamt	**18.708**	**299.850,42**	**100,0**		**100,0**	
nur Unternehmen mit Umsätzen größer 1 Mio. DM						
Jahresumsatz von ... bis unter ... DM	**Anz. der Untern.**	**Umsatz in Mio. DM**	**in Prozent Anzahl**	**kumuliert**	**Umsatz**	**kumuliert**
2 Mio. – 5 Mio.	2.898	9.280,81	40,5	40,5	3,2	3,2
5 Mio. – 10 Mill	1,559	10.942,00	21,8	62,3	3,7	6,9
10 Mio. – 25 Mio.	1.373	21.462,49	19,2	81,5	7,3	14,2
25 Mio. – 50 Mio.	585	20.617,71	8,2	89,7	7,0	21,2
50 Mio. – 100 Mio.	338	23.103,58	4,7	94,4	7,9	29,2
100 Mio. – 250 Mio.	255	39.792,90	3,6	98,0	13,6	42,7
250 Mio. und mehr	143	167.668,59	2,0	100,0	57,3	100,0
Insgesamt	**7.151**	**292.868,07**	**100**		**100**	

Quelle: Statistisches Bundesamt 2001c und Berechnungen des ifo Instituts.

Derartige kleine Großhandelsunternehmen im Bereich der Nahrungs- und Genussmittel sind vor allem im Spirituosen- sowie im Obst- und Gemüsebereich anzutreffen. Die Unternehmen zeichnen sich durch eine hohe Personenprägung ihrer Marktbearbeitung aus, woraus eine hohe Handlungs- und Wettbewerbsflexibilität resultiert. Ihre branchenpolitische Bedeutung ist allerdings als gering einzuschätzen.

Werden nur die Großhandelsunternehmen mit einem Jahresumsatz von 1 Mio. DM und mehr betrachtet, so zeigt sich folgender Sachverhalt: Während auf die rund 7.000 kleineren Unternehmen mit einem Jahresumsatz von 1 bis unter 10 Mio. DM ca. 8 Prozent des Branchenumsatzes entfielen, konnten die mittelgroßen 2.300 Unternehmen mit einem Jahresumsatz von 10 bis unter 100 Mio. DM ca. 22 Prozent des Branchenumsatzes auf sich vereinen. Diese Gruppe von mittleren (Familien-)Unternehmen ist häufig in der sog. Feinlogistik für bestimmte Frischprodukte auf lokalen und regionalen Absatzmärkten tätig. Mit einer hohen Lieferzuverlässigkeit und -schnelligkeit bedienen sie einen Stamm von gewerblichen Abnehmern im Einzelhandels- und Gastronomiebereich sowie von Großverbrauchern, z.B. Kantinen. Um ihre z.T. ungünstige Markt- und Nachfrageposition gegenüber den größeren Mitbewerbern soweit wie möglich zu mindern, haben sich viele dieser mittelständischen Großhandelsfirmen den in ihrer Branche tätigen Kooperationsgruppen angeschlossen.

Als *Großunternehmen* werden Unternehmen mit einem Jahresumsatz von mehr als 100 Mio. DM angesehen. Diese Gruppe von knapp 400 Unternehmen besitzt einen Marktanteil von rund 70 Prozent, Unternehmen mit einem Jahresumsatz von mehr als 250 Mio. DM sogar einen Umsatzanteil von 56,5 Prozent. Unter diesen Unternehmen ragen die als Großhandelszentren agierenden Verbundgroßhandlungen der Einzelhandelskooperationen Rewe, Edeka, Spar und Markant heraus, die für die Belieferung und das Marketing ihrer kooperativ angeschlossenen Mitgliedsunternehmen zuständig sind. Darüber hinaus verfügen diese auf der Großhandelsstufe agierenden Unternehmen häufig über ein regionales Filialsystem von Lebensmittel-Filialgeschäften, die nach einer einheitlichen Preis- und Produktstrategie geführt werden.

3. Größenstruktur des Großhandels mit Gebrauchs- und Verbrauchsgütern

In der Größenstruktur der Unternehmen dieser Branche ergeben sich ähnliche Ergebnisse wie im Großhandel mit Nahrungs- und Genussmitteln (siehe Tabelle 4). Auf die kleinen und mittleren Unternehmen (bis unter 100 Mio. DM Jahresumsatz) entfallen gut 41 Prozent, auf die großen Unternehmen mit einem Jahresumsatz von 100 Mio. DM und mehr knapp 59 Prozent des Umsatzes des Großhandels mit Gebrauchs- und Verbrauchsgütern. Die etwas geringere Umsatzkonzentration des Großhandels mit Non-Food-Gütern im Vergleich zum Großhandel mit Nahrungs- und Genussmitteln kann vermutlich vor allem darauf zurückgeführt werden, dass die hohe Intensität des Wettbewerbs in der Distribution von Nahrungs- und Genussmitteln in den letzten Jahren zu größeren Unternehmenseinheiten auch auf der Großhandelsstufe geführt hat. Die damit verbundene Degression der Betriebskosten und Verstärkung der Nachfrageposition und -macht der umsatzstarken Großhandelsfirmen gegenüber den Herstellern im Ernährungsgewerbe hatte zur Folge, dass die Hersteller ihr Absatzmarketing gegenüber der Endnachfrage, d.h. gegenüber den Konsumenten, erhöht und verfeinert haben, um die Akzeptanz und damit die Nachfrage der Verbraucher nach ihren Produkten im Handel zu stimulieren.

Tabelle 4: Strukturen des Großhandels mit Gebrauchs- und Verbrauchsgütern nach Umsatzgrößenklassen 1999

Jahresumsatz von ... bis unter ... DM	**Anz. der Untern.**	**Umsatz in Mio. DM**	**in Prozent**			
			Anzahl	**kumuliert**	**Umsatz**	**kumuliert**
32.500 – 50.000	1.302	53,51	4,1	4,1	0,0	0,0
50.000 – 100.000	2.748	201,77	8,6	12,6	0,1	0,1
100.000 – 250.000	4.981	830,94	15,5	28,2	0,3	0,4
250.000 – 500.000	4.490	1.618,25	14,0	42,2	0,5	0,9
500.000 – 1 Mio.	4.625	3.318,99	14,4	56,6	1,1	2,0
1 Mio. – 2 Mio.	4.182	5.962,97	13,1	69,7	2,0	4,0
2Mio. – 5 Mio.	4.198	13.348,12	13,1	82,8	4,4	8,4
5 Mio. – 10 Mio.	2.123	15.015,11	6,6	89,4	5,0	13,4
10 Mio. – 25 Mio.	1.806	28.125,24	5,6	95,0	9,4	22,8
25 Mio. – 50 Mio.	765	26.659,83	2,4	97,4	8,9	31,7
50 Mio. – 100 Mio.	418	29.200,70	1,3	98,7	9,7	41,4
100 Mio. – 250 Mio.	253	38.762,14	0,8	99,5	12,9	54,3
250 Mio. und mehr	151	137.464,33	0,5	100	45,7	100
Insgesamt	**32.042**	**300.561,89**	**100,0**		**100,0**	
nur Unternehmen mit Umsätzen größer 1 Mio. DM						
Jahresumsatz von ... bis unter ... DM	**Anz. der Untern.**	**Umsatz in Mio. DM**	**in Prozent**			
			Anzahl	**kumuliert**	**Umsatz**	**kumuliert**
2 Mio. – 5 Mio.	4.198	13.348,12	43,2	43,2	4,6	4,6
5 Mio. – 10 Mill	2.123	15.015,11	21,9	65,1	5,2	9,8
10 Mio. – 25 Mio.	1.806	28.125,24	18,6	83,7	9,7	19,6
25 Mio. – 50 Mio.	765	26.659,83	7,9	91,5	9,2	28,8
50 Mio. – 100 Mio.	418	29.200,70	4,3	95,8	10,1	38,9
100 Mio. – 250 Mio.	253	38.762,14	2,6	98,4	13,4	52,4
250 Mio. und mehr	151	137.464,33	1,6	100,0	47,6	100,0
Insgesamt	9.714	288.575,47	100		100	

Quelle: Statistisches Bundesamt 2001c und Berechnungen des ifo Instituts.

Der hohe Grad der *Konzentration* im Großhandel mit Gebrauchs- und Verbrauchsgütern zeigt sich darin, dass die Gruppe der Großunternehmen mit einem Jahresumsatz von 250 Mio. DM und mehr im Jahr 1999 rund 46 Prozent des gesamten Branchenumsatzes besitzt. Diese Gruppe umfasst rund 150 Unternehmen, die in den letzten Jahren zahlreiche kleine und große Unternehmen des Handels übernommen und in ihr Distributionssystem integriert haben. Darüber hinaus haben diese Unternehmen mit einem Netz von regional und lokal agierenden *Zweigniederlassungen* ihr Umsatzwachstum auch hauptsächlich durch verstärkte Importaktivitäten forciert. Um sich im Spannungsfeld zwischen den markenaktiven Konsumgüterherstellern und Kooperationsgruppen des Einzelhandels zu behaupten, haben diese Großunternehmen des Konsumgütergroßhandels vor allem ihre Logistiksysteme weiterentwickelt und in diesen Funktionsbereichen ihre Leistungsfähigkeit erhöht.

IV. Transnationale und internationale Aktivitäten des Konsumgütergroßhandels

Schon seit Jahrzehnten ist der Großhandel mit Konsumgütern auf europäischen und außereuropäischen Absatz- und Beschaffungsmärkten aktiv. Für viele Produktgruppen, wie z.B. für den Bereich der exotischen Südfrüchte, für Kakao, Tee und Tabak haben importierende Unternehmen die Pionierfunktion aufgrund ihrer langjährigen *produkt- und länderspezifischen Kenntnisse* übernommen. Mit zunehmender Intensität des Preiswettbewerbs für bestimmte Konsumgüter, z.B. im Textil und Bekleidungsbereich oder bei Hausrats- und Do-it-yourself-Produkten, haben sich in den letzten zwanzig Jahren zahlreiche Fachgroßhandelsfirmen herausgebildet, die sich auf den *Import* dieser preisgünstigen Konsumgüter und deren „Fein"-Distribution im Binnenmarkt spezialisiert haben. Die meist kleinen und mittleren Firmen, die ihren Sitz häufig in den größeren See- und Umschlagshäfen und in den Ballungsräumen haben, sind wichtige Lieferanten für die Groß- und Filialunternehmen des Einzelhandels geworden, die vielfach nicht über die „innovatorischen" Beschaffungs- und Logistiksysteme verfügen, um schnell modische und kundenadäquate Produkte bei ausländischen Lieferanten aufzuspüren und schnell in das Regal zu bringen.

Tabelle 5: Struktur des Binnengroß- und Außenhandels mit Konsumgütern nach Zahl der Unternehmen, Umsatz und Beschäftigten 1998

	Anzahl der Unternehmen		**Umsatz**		**Beschäftigte**	
	Anz.	**in %**	**in Mio.**	**in %**	**Anzahl**	**in %**
Nahrungsmittel, Getränke, Tabak	**11.620**	**100,00**	**232.428**	**100,00**	**225.566**	**100,00**
♦ Binnengroßhandel	11.204	96,42	219.912	94,62	221.428	98,17
♦ Außenhandel	416	3,58	12.516	5,38	4.138	1,83
- Einfuhr	53	0,46	1.967	0,85	635	0,28
- Ausfuhr	124	1,07	2.262	0,97	1.220	0,54
Gebrauchs- und Verbrauchsgüter	**20.955**	**100,00**	**230.146**	**100,00**	**329.139**	**100,00**
♦ Binnengroßhandel	17.980	85,80	187.894	81,64	284.848	86,54
♦ Außenhandel	2.975	14,20	42.252	18,36	44.291	13,46
- Einfuhr	2.605	12,43	38.512	16,73	40.617	12,34
- Ausfuhr	332	1,58	2.719	1,18	3.248	0,99

Quelle: Statistisches Bundesamt 2000b und Berechnungen des ifo Instituts.

Von den rund 11.600 meist kleineren Unternehmen des *Großhandels mit Nahrungsmitteln, Getränken und Tabakwaren* sind allerdings nur gut 400 Unternehmen schwerpunktmäßig, d.h. mit über 50 Prozent ihres Jahresumsatzes im Außenhandel aktiv. Von den knapp 21.000 Unternehmen des *Großhandels mit Gebrauchs- und Verbrauchsgütern* (bzw. Non-Food-Gütern) sind gut 14 Prozent im Außenhandel tätig, das sind knapp 3.000 Firmen. 87 Prozent dieser Unternehmen sind von ihren Umsatzaktivitäten her überwiegend auf den Import von Gebrauchs- und Verbrauchsgütern konzentriert. Dies zeigt, dass der spezialisierte Konsumgütergroßhandel mehr und mehr die Funktion des Gatekeepers für ausländische Produkte übernommen hat (siehe Tabelle 5).

Der Umsatzanteil dieser auf *den Import* spezialisierten Unternehmen des Gebrauchs- und Verbrauchsgütergroßhandels hat sich von 1994 bis 1998 von rund 14,8 Prozent auf 16,7 Prozent des Branchenumsatzes erhöht. Die auf den *Export* dieser Produktgruppe spezialisierten Großhändler sind mit einem Unternehmensanteil von 1,6 Prozent und mit einem Umsatzanteil von 1,2 Prozent am gesamten Großhandel mit Gebrauchs- und Verbrauchsgütern geringfügig. Der Auslandsabsatz der deutschen Konsumgüterindustrie wird nur marginal von Unternehmen des Konsumgütergroßhandels übernommen. Die auf wichtigen Auslandsmärkten agierenden Vertriebs- und Tochtergesellschaften der deutschen Konsumgüterhersteller weisen in der Regel eine *höhere Effizienz der Marktbearbeitung* auf als die ausländischen Vertriebssysteme des deutschen Konsumgütergroßhandels. Für die Distribution auf den ausländischen Absatzmärkten werden in der Regel die in dem jeweiligen Auslandsmarkt agierenden „einheimischen“ Groß- und Einzelhandelssysteme genutzt und eingesetzt, die schon über langjährige Lieferbeziehungen zu den verschiedenen Abnehmergruppen und über die notwendigen detaillierten Marktkenntnisse verfügen.

Insgesamt kann festgestellt werden, dass der deutsche Konsumgütergroßhandel sich sowohl von der Zahl der Unternehmen als auch von seinem Umsatzvolumen *überwiegend auf die Binnenhandelsdistribution* konzentriert. Zwar haben nahezu alle Unternehmen des Konsumgütergroßhandels ausländische Marktpartner, das Volumen der grenzüberschreitenden Tätigkeit ist bei den meisten Unternehmen relativ gering. Rund 3.400 Unternehmen sind von ihrem Aktivitäts- und Umsatzschwerpunkt im Außenhandel und hier überwiegend im Import von Gebrauchs- und Verbrauchsgütern engagiert. Diese Gruppe von inhabergeführten Unternehmen ist häufig auf bestimmte Produktgruppen, auf wenige ausländische Beschaffungsmärkte und Abnehmergruppen im Inland spezialisiert. Ihre komparativen Wettbewerbsvorteile liegen in der hohen Produkt- und Fachkompetenz hinsichtlich der ausländischen Lieferanten, der kostensparenden Durchführung der Logistik und der im Ausland vorzunehmenden Qualitätskontrolle sowie der Kenntnis über die inländische Marktakzeptanz der relevanten Importgüter.

Der Unternehmenstyp des grenzüberschreitenden Großhändlers mit Konsumgütern steht in einem sich mehr und mehr verschärfenden *Konkurrenzkampf mit den Großunternehmen des Einzelhandels*. Derartige Großabnehmer und Kooperationsgruppen des Konsumgütereinzelhandels bauen ihre ausländischen Beschaffungs- bzw. Einkaufskontore immer stärker aus, um mit einer möglichst großen Nähe auf den für sie wichtigen Beschaffungsmärkten mit einer hohen Beschaffungsflexibilität agieren zu können. Aber auch die großen ausländischen Lieferanten von preisgünstigen Konsumgütern sowie von bekannten Markenwaren haben in Deutschland zahlreiche Vertriebsgesellschaften auf der Großhandelsstufe gegründet, um direkt ihre Abnehmer im Einzelhandel ansprechen und beliefern zu können. Diese Entwicklung wird dazu führen, dass der importierende Fachgroßhandel mit Konsumgütern seine Leistungsfähigkeit hauptsächlich im verstärkten Angebot von Dienstleistungen und einem innovativen Warenangebot suchen wird.

V. Absatz- und Beschaffungsstrategien

Im Folgenden sollen einige wesentliche Strategien auf der Distributionsstufe des Großhandels mit Konsumgütern dargestellt werden, die sich aufgrund der schon erwähnten *hohen Struktur- und Wettbewerbsdynamik* herausgebildet haben. Dabei sollen auch die verschiedenen Typen von Kooperationen des Groß- und Einzelhandels einbezogen werden, da diese Formen der betrieblichen Zusammenarbeit die Funktions- und Arbeitsteilung in der deutschen und europäischen Warendistribution in den letzten Jahren maßgeblich beeinflusst haben.

Konzentration auf „Kern-Funktionen und Produktgruppen“

Die Ausweitung des Waren- und sonstigen Leistungsangebots hat bei einigen Unternehmen des Konsumgütergroßhandels häufig dazu geführt, dass das Kernsortiment an Produkten nicht mehr mit der notwendigen Fachkompetenz und dem notwendigen absatzwirtschaftlichen Engagement vermarktet wurde. Mit der wieder eingeführten Konzentration auf diejenigen Produktgruppen und Handelsfunktionen, die für die grundlegende Positionierung des Unternehmens im regionalen und lokalen Markt von ausschlaggebender Bedeutung sind, wird versucht, Marktterrain bzw. –anteile zurückzugewinnen. Diese „Sicherungs“-Strategie der *Konzentration der Ressourcen* auf unternehmenspolitisch wichtigen Geschäftsfeldern trägt wesentlich zur Erhöhung der Leistungsfähigkeit der kleineren Unternehmen bei, die sich aus Gründen ihrer beschränkten finanziellen und personellen Ressourcen keine zu risikoreichen Diversifikationsaktivitäten leisten können.

Kooperative Beschaffungsstrategien

Um die z.T. beträchtlichen größenspezifischen Nachteile in der Beschaffung und Logistik der kleinen und mittleren Unternehmen soweit wie möglich zu mindern, haben sich in einem verstärkten Maß diese meist inhabergeführten Unternehmen neuen und den schon bestehenden Kooperationen des Konsumgüterhandels angeschlossen. Dabei spielen die verschiedenen Formen der Selbstverpflichtungen zum Bezug von Waren und Dienstleistungen eine zunehmende wettbewerbs- und unternehmenspolitische Bedeutung. Nur diejenigen Kooperationen können eine hohe Markteffizienz für ihre Mitgliedsunternehmen ausüben und nachweisen, denen eine relativ hohe Entscheidungsautonomie z.B. in der Beschaffung zuerkannt wird, um schnell und flexibel im Wettbewerb agieren zu können.

Aufbau von langfristigen Distributionsketten

Der Konsumgütergroßhandel als Mittler zwischen in- und ausländischen Produktionsunternehmen und dem Einzelhandelsunternehmen musste aus Gründen des verschärften Distributionswettbewerbs mehr und mehr Funktionen dieser Unternehmen übernehmen, um insbesondere die räumliche und zeitliche Distribution zu rationalisieren. Damit verbunden ist der Aufbau einer Infrastruktur zum Transfer der notwendigen Daten und zur kostengünstigen Logistik. Um diese Investitionen mit einer möglichst hohen Rentabilität zu versehen, verpflichten sich die Marktteilnehmer einer solchen Distributionskette zur Nutzung der Infrastruktur. Dabei darf die genuine unternehmenspolitische Handlungsfreiheit der Marktteilnehmer nicht spürbar eingeschränkt werden, um spürbare Beschränkungen des Leistungswettbewerbs zwischen den Unternehmen zu verhindern.

Qualifizierung des Fachpersonals

Es hat sich deutlich gezeigt, dass das Wettbewerbs- und Leistungsprofil von Unternehmen des Konsumgütergroßhandels in einem engen Zusammenhang mit der fachlichen Qualifikation des Personals steht. Aus dieser Erkenntnis heraus sind auch die Weiterbildungsaktivitäten vieler Unternehmen erfolgt, insbesondere die „Promotoren“ von Dienstleistungsangeboten mit einem hohen fachlichen Know-how auszustatten.

Outsourcing von Funktionen

Im Zuge der weiter verfeinerten Arbeitsteilung in der Warendistribution und des steigenden Kosten- und Wettbewerbsdrucks haben viele Unternehmen des Konsumgütergroßhandels einige Funktionen ganz oder teilweise an andere Unternehmen übertragen, um vor allem damit Kosten zu mindern oder eine bessere qualitative Erfüllung der Funktion zu erreichen. Dies gilt insbesondere für die Übertragung von *Logistikfunktionen* auf Unternehmen des Speditionsgewerbes oder von Werbe- und Informationsfunktionen auf spezialisierte Unternehmen der Informations- und Kommunikationstechnologie-Branche.

Insgesamt haben diese Strategien wesentlich dazu beigetragen, dass vor allem die kleineren inhabergeführten Unternehmen ihre Leistungs- und Wettbewerbsfähigkeit *in den Kernbereichen und -funktionen* erhöhen konnten. Ursächlich für diesen „Strategiewandel“ waren die Strukturentwicklungen auf den vorgelagerten Beschaffungs- und Produktionsmärkten sowie auf den nachgelagerten Handels- und Absatzmärkten.

VI. Künftige Entwicklungslinien

Der Großhandel mit Konsumgütern wird seine bisherige „Schlüssel“-Funktion in der binnen- und außenwirtschaftlichen Warendistribution sichern können, wenn die kleineren und größeren Unternehmen die Impulse aus dem Beschaffungs- und Absatzwettbewerb noch intensiver als bisher für ihre Wettbewerbsstrategien verarbeiten. *Tendenzen der Ausschaltung* werden vor allem für die kleineren Großhandelsunternehmen relevant, die nur über geringe Ressourcen für eine z.T. kostenintensive Umstellung ihrer Waren- und Dienstleistungsprofile verfügen können. Die zunehmende Einführung und Nutzung z.B. von *E-Commerce* sind wichtige Voraussetzungen, um als leistungsfähiger Marktpartner im deutschen und europäischen Distributionssystem akzeptiert zu werden. Dabei sind die vielfältigen und wechselseitigen Wirkungen einer Neuorientierung in einem Funktionsbereich eines Großhandelsbereichs auf die übrigen Bereiche zu berücksichtigen, um der Gefahr von „Insel“-Lösungen im Unternehmen zu begegnen. Sowohl die zunehmende Implementierung von neuen Informations- und Kommunikations-Diensten als auch die verstärkte Europäisierung z.B. von Beschaffungsaktivitäten haben erhebliche Wirkungen auf die fachliche Qualifizierung des Personals.

Vor diesem Hintergrund werden folgende künftige Entwicklungen im Großhandel mit Konsumgütern gesehen:

- Schärfung *eines eigenständigen Waren- und Dienstleistungsprofils* mit Hinblick auf die künftigen Anforderungen der Marktbeteiligten in der Beschaffung und im Absatz: Um nicht eine jederzeit austauschbare Waren-„Leistung" anzubieten, sind die Unternehmen des Konsumgütergroßhandels aus Gründen des horizontalen Wettbewerbs gezwungen, exklusive Leistungsprofile weiter zu entwickeln und zu „verfeinern". Dabei sind sowohl die abzusehenden Anforderungen wichtiger Abnehmer als auch die *Profile wichtiger Konkurrenten* im In- und Ausland zu beobachten und für die eigenen Strategien auszuwerten.
- Um eine möglichst hohe *Wettbewerbswirkung bzw. -effizienz* bei den Marktbeteiligten bzw. –partnern zu erzielen, sind die Handelsfunktionen mit einer hohen Fachkompetenz und Kosten-Fühligkeit zu erfüllen. Dies erfordert vielfach eine Konzentration auf wenige "Kern"-Funktionen, von denen eine hohe akquisitorische Wirkung auf wichtige Abnehmer ausgeht.
- Stärkung der *Informations- und Logistikdienste*, da mit diesen Instrumenten gegenüber den Abnehmern eine hohe unternehmensindividuelle Präferenzwirkung verbunden ist. Die absatzwirtschaftliche Leistungsfähigkeit des Großhandelsunternehmens in der Distribution wird entscheidend davon abhängen, inwieweit die Abnehmer z.B. im Einzelhandel mit Handwerk durch die verstärkte Nutzung dieser Dienste eine Kostenrationalisierung erwarten können.
- Der Aufbau eines *produkt- und betriebstypenspezifischen Dienstleistungsangebots* wird eine wesentliche Plattform für das kleinere Unternehmen des Konsumgütergroßhandels sein, um sich gegenüber den Großunternehmen mit seinen z.T. erheblichen Kostenvorteilen in der Beschaffung abzusetzen. Der Aufbau und die Weiterentwicklung eines solchen Dienstleistungsangebots tragen wesentlich zur Kundenbindung bei, wenn dies zu einer merklichen Arbeits- und Kostenentlastung bei den jeweiligen Abnehmern führt.

Anmerkungen

[1] Vgl. hierzu die methodischen Erläuterungen zur statistischen Abgrenzung des Unternehmens im Großhandel in Statistisches Bundesamt 1995, S. 14.

Abschnitt D

Produktionsverbindungshandel im Wandel

Lothar Müller-Hagedorn und Sven Spork

I. Problemstellung

Trotz seiner Bedeutung kommt dem Großhandel und damit auch dem Produktionsverbindungshandel nicht die Aufmerksamkeit in der Wissenschaft zu, die er von der Zahl der Betriebe, der Beschäftigten, seinem Umsatz und den betriebswirtschaftlichen Herausforderungen verdient. Bevor im vierten Abschnitt auf für den Produktionsverbindungshandel aktuelle strategische Fragestellungen eingegangen wird, erscheint es angezeigt, zunächst kurz den Produktionsverbindungshandel zu charakterisieren (Abschnitt II) und einige Informationen über seine Entwicklung nach den Daten der amtlichen Statistik darzulegen (Abschnitt III). Im vierten Abschnitt werden zwei Fragen gestellt: Wann sind Unternehmen aus dem Produktionsverbindungshandel von ihrer Unternehmensgröße her zu klein für den Wettbewerb bzw. wann müssen sie wachsen? Verfügen die Unternehmen gegenüber ihren Abnehmern über eine hinreichend profilierte Marketingpolitik?

II. Produktionsverbindungshandel – zur Abgrenzung eines schwer fassbaren Wirtschaftsbereiches

In der Literatur findet man zeitweilig neben dem Begriff Produktionsverbindungshandel die ähnlich klingende Bezeichnung Produktionswarengroßhandel. So hat beispielsweise Seyffert vorgeschlagen, innerhalb des Binnengroßhandels in Produktionswarengroßhandlungen und Konsumwarengroßhandlungen zu unterscheiden (vgl. Seyffert 1972, S. 148). Die Produktionswarengroßhandlungen versorgten Landwirtschaft, Industrie, Handwerk und andere gewerbliche Verwender mit Rohwaren, Halb- und Teilfabrikaten, Maschinen und sonstigen Fertigwaren für Produktionszwecke, die Konsumwarengroßhandlungen beliefern Einzelhandlungen. In diesen Umschreibungen wird auf

- die Art der Güter,
- ihren Verwendungszweck beim Abnehmer und
- auf die Abnehmergruppen Bezug genommen.

Die Unterteilung der Waren in solche für den Konsum und in solche für die Produktion erweist sich jedoch für die Unterscheidung von Großhandelsbetrieben als ungeeignet. Bestimmte Waren werden nicht nur als Konsumwaren an den Einzelhandel geliefert, sondern sie können gleichzeitig auch für Produktionszwecke abgesetzt werden. Bürobedarf und Autoersatzteile sind markante Beispiele hierfür. Selbst bei Nahrungs- und Genussmitteln ist zu beobachten, dass sie einerseits für den Konsum der privaten Haushalte bereitgestellt werden, dass sie aber andererseits an Fleischereibetriebe (z.B. Gewürze) oder an Kantinen ausgeliefert werden. Es ist deshalb nicht angebracht, bestimmte Waren einer ausschließlichen Verwendung für eine Produktion oder für den Konsum zuzuordnen. Der Versuch, auf Grund einer Warentypologie zu einer Typologie der Großhandlungen in Produktionswaren- und Konsumwarengroßhandlungen im oben definierten Sinne zu gelangen, scheitert deswegen (vgl. auch Tietz 1993, S. 403).

In neueren Definitionen kommt deswegen der Art des Abnehmerkreises vorrangige Bedeutung zu. Schon Tietz nannte den Rohstoff- und Produktionsverbindungshandel neben dem Konsumgütergroßhandel als Hauptform des Großhandels (vgl. Tietz/Schoof 1970, S. 31). Der Konsumgütergroßhandel setze schwerpunktmäßig an Einzelhandlungen und ausgewählte Dienstleistungsgewerbe ab, z.B. an das gastronomische Gewerbe. Der Rohstoff- und Produktionsverbindungshandel diene als Bindeglied zwischen den verschiedenen Zweigen des produzierenden Gewerbes oder der Landwirtschaft. Als Gliederungskriterium wird hier eindeutig der Abnehmerkreis in den Vordergrund geschoben. Diese Einteilung findet sich auch in den Berichten des Ifo-Instituts (vgl. z.B. Batzer/Greipl 1974, S. 79f.; Batzer/Lachner/Täger 1991, S. 22-27). Auch die amtliche Statistik unterteilt sowohl den Binnengroßhandel wie den Einfuhrhandel nach Produktions- und nach Konsumtionsverbindungshandel. Schließlich findet sich die abnehmerorientierte Sicht auch in der Definition von Engelhardt/Kleinaltenkamp, die auch hier als Ausgangspunkt verwendet werden soll: Beim Produktionsverbindungshandel handelt es sich um "alle Unternehmen, die schwerpunktmäßig Güter beschaffen, um sie unverändert bzw. nach sog. ‚handelsüblichen Manipulationen' an Organisationen weiterzuveräußern, die damit ihrerseits Güter für die Fremdbedarfsdeckung erstellen oder die sie selbst wiederum unverändert bzw. nach ‚handelsüblichen Manipulationen' an solche Organisationen verkaufen. Dies gilt unabhängig davon, ob die genannten Aufgaben im Rahmen eines direkten oder indirekten Distributionssystems wahrgenommen werden" (Engelhardt/Kleinaltenkamp 1988, S. 5).

Die Definition weist insgesamt drei Merkmale auf:

1. Im Vergleich zu den früheren Definitionen wird deutlich, dass jetzt eindeutig auf die Art der Abnehmer abgestellt wird. Als solche werden Organisationen genannt, die mit den erworbenen Gütern ihrerseits Güter erstellen oder sie mehr oder minder unverändert weiterveräußern. So liegt ein Wechsel von der ursprünglich an der stofflichen Substanz der gehandelten Waren orientierten Einteilung (Seyffert 1972,

S. 149, später so auch Lerchenmüller 1995, S. 23f.) zu der abnehmer- bzw. verwendungsorientierten Betrachtung vor. Kennzeichen des Produktionsverbindungshandels ist also, dass es sich bei den Abnehmern um Organisationen handelt, die die erworbenen Güter im Rahmen ihres Geschäftsbetriebes verwerten. Mithin handelt es sich nicht nur bei den Rohstoffhändlern (z.B. Erze, Metalle, chemische Grundstoffe, Kaffee) um Produktionsverbindungshandel, sondern auch bei jenen Händlern, die in bedeutendem Maße beispielsweise andere Unternehmen mit Bürobedarf beliefern, also mit Gütern, die auch dem privaten Konsum dienen können. Die zunehmende Orientierung auf den Abnehmer einer Leistung findet ihre Rechtfertigung darin, dass die Gegebenheiten beim Abnehmer zu einem zentralen Gesichtspunkt zur Ausgestaltung der eigenen Unternehmenspolitik werden müssen. Sie ist getragen von der Vermutung, dass eine Geschäftspolitik für Produktionsverbindungshändler andere Gesichtspunkte einbeziehen muss als die für Konsumtionsverbindungshändler.

2. Zum zweiten weisen Engelhardt/Kleinaltenkamp in ihrer Definition daraufhin, dass die gehandelten Güter im Betrieb nicht verändert werden, es sei denn es handele sich um handelsübliche Manipulationen. Dieses Merkmal wird generell als Kennzeichen des Handels und mithin auch des Großhandels herangezogen. Allerdings wird immer unklarer, wie weit die handelsüblichen Manipulationen reichen, die Grenzlinie zwischen Industrie und Handel wird immer unschärfer. Betriebspolitisch ist in der Tat zu fragen, ob die Grenzen einer bislang als handelsüblich angesehenen Manipulation nicht überschritten werden sollten und so das traditionelle Bild vom Produktionsverbindungshandel modifiziert werden sollte. Hierauf wird in Abschnitt IV zurück zu kommen sein.

3. Schließlich wird in der obigen Definition davon abgesehen, die Selbstständigkeit des Produktionsverbindungshandels zu einem bestimmenden Merkmal zu erheben. Bekanntlich gibt es Unternehmungen, die wirtschaftlich und rechtlich vollkommen selbstständig sind, während andere in entsprechender Abhängigkeit von einigen zentralen Lieferanten stehen. Engelhardt und Kleinaltenkamp weisen darauf hin, wenn sie von der Einbettung eines Handelsbetriebes in ein direktes oder indirektes Distributionssystem sprechen. Es mag Fragestellungen geben, bei denen es gerade darauf ankommt zu analysieren, welche Gründe für eine Selbstständigkeit sprechen, warum also die Koordination über den Markt gewählt wird. Dies erfordert dann Definitionen, die zwischen abhängigen und unabhängigen Betrieben unterscheiden. Werden dagegen betriebspolitische Problemstellungen erörtert, wie z.B. zum Leistungsprogramm, zur Preispolitik oder zur Lagerhaltung, dann sind solche

Überlegungen im Regelfall unabhängig davon, ob der Betrieb von einem Lieferanten abhängig ist oder nicht, und es kann mithin auf eine entsprechende Eingrenzung in der Definition verzichtet werden. Dies gilt auch für die folgenden Ausführungen.

III. Zum empirischen Erscheinungsbild des Produktionsverbindungshandels – sichtbarer Wandel?

1. Defizite in der statistischen Abbildung des Produktionsverbindungshandels

Die Aufgabe, anhand empirischer Daten ein Bild vom Produktionsverbindungshandel und seiner Entwicklung in Deutschland zu zeichnen, ist nicht ganz ohne Schwierigkeiten zu bewerkstelligen. Insbesondere ist nicht unmittelbar zu klären, welches Zahlenwerk die Situation des Wirtschaftsbereiches am treffendsten beschreibt, was durch das folgende Beispiel verdeutlicht wird: Während die Umsatzsteuerstatistik für das Jahr 1998 für den Großhandel mit chemischen Erzeugnissen (Klasse 51.55 gem. WZ 93, vgl. Statistisches Bundesamt 1994, S. 326) eine Unternehmensanzahl von 2.397 angibt, liegt der Wert gemäß der Großhandels-Jahreserhebung bei 1.822. Verschiedene statistische Abgrenzungen und Erhebungsweisen führen hier zu deutlich unterschiedlichen Ergebnissen (vgl. Müller-Hagedorn/Schuckel 1997, S. 110-140). Kontrastiert man zudem die Ergebnisse der amtlichen Statistik mit Statistiken von Fachverbänden aus dem Bereich des Produktionsverbindungshandels, so ergeben sich z.T. noch erheblichere Diskrepanzen: Gemäß einer Schätzung des Verbandes Chemiehandel (VCH) waren im Chemikalien-Groß- und Außenhandel im Jahr 1998 180 Firmen tätig (vgl. VCH 2001). Zwar wird dabei explizit darauf verwiesen, dass Vertriebsfirmen der chemischen Industrie nicht in die Schätzung eingegangen seien, diese Einschränkung wird aber vermutlich nicht in vollem Umfang die Differenz zu den Zahlen der amtlichen Statistik erklären können. Das Beispiel weist auf zweierlei Probleme hin:

- Die verfügbaren Daten sind nur schwerlich dazu geeignet, ein tatsächlich verlässliches Bild von der Situation im Produktionsverbindungshandel zu zeichnen.
- Noch schwerer als eine reine Deskription wird es demzufolge fallen, basierend auf der Analyse von empirischen Daten Trends zu ermitteln, die als repräsentativ für den Wirtschaftsbereich oder für eine spezielle Branche innerhalb dessen gelten können, und daraufhin Prognosen zu stellen oder Empfehlungen geben zu wollen.

Bleibt man beim Beispiel des Chemiehandels und fragt man nach dem in der Branche getätigten Umsatz, so weist die Umsatzsteuerstatistik für 1998 etwa 37 Mrd. DM Umsatz aus, laut VCH wurden 1998 etwa 13,3 Mrd. DM umgesetzt (jeweils ohne Umsatzsteuer). Das ergibt im ersten Fall einen Durchschnittsjahresumsatz je Unternehmen von rund 15,5 Mio. DM, im zweiten Fall von etwa 74 Mio. DM, mithin betrüge die durchschnittliche Unternehmensgröße gemessen am Umsatz etwa das Fünffache des Wertes aus der Umsatzsteuerstatistik, woraus sich dann auch andere betriebspolitische Konsequenzen für die Unternehmen der Branche ergäben.

Unter diesen durch die amtliche Statistik auferlegten Einschränkungen soll der Versuch gemacht werden, einige zentrale Elemente der Entwicklung des Produktionsverbindungshandels bzw. wichtiger Branchen empirisch gestützt zu untersuchen.

2. Status quo und Entwicklung des Produktionsverbindungshandels

Explizite Berücksichtigung findet die Einteilung des Großhandels in Produktionsverbindungshandel und Konsumtionsverbindungshandel in der Großhandelsstatistik des Statistischen Bundesamtes, die auf einer jährlich durchgeführten repräsentativen Erhebung basiert.

Tabelle 1: Die Zusammensetzung des Großhandels (GH) gemäß der HGZ von 1993

	Unternehmen	**Arbeitsstätten**	**Beschäftigte**	**Umsatz 1992 in Mrd. DM**
	am 30.04.1993 [Anzahl]			
Binnen-GH	98.808	120.254	1.213.550	817,2
Davon: *PVH*	*63.052 (64%)*	*77.194 (64%)*	*723.216 (60%)*	*453,9 (55%)*
KVH	35.756 (36%)	43.060 (36%)	490.334 (40%)	363,3 (45%)
Einfuhrhandel	12.464	15.624	185.806	169,2
Davon: *PVH*	*5.814 (47%)*	*7.665 (49%)*	*92.459 (50%)*	*88,2 (52%)*
KVH	6.650 (53%)	7.959 (51%)	93.347 (50%)	81,0 (48%)
Ausfuhrhandel	5.105	5.548	40.746	76,0
Globalhandel	1.773	1.962	17.133	37,5
Σ Außenhandel	19.342	23.134	243.685	282,6
Gesamter GH	118.150	143.388	1.457.235	1.099,8

Quelle: Statistisches Bundesamt 1995, S. 54; eigene Berechnungen.

Diese wiederum fußt auf der Handels- und Gaststättenzählung (HGZ), die letztmalig im Jahr 1993 durchgeführt wurde und in der ebenfalls die beiden Arten des Großhandels unterschieden werden. Kennzeichen des Produktionsverbindungshandels ist hier, dass der Großhandelsumsatz weniger als zur Hälfte mit dem Einzelhandel getätigt wird (vgl. Statistisches Bundesamt 1995, S. 14). Zentrale Ergebnisse der jüngsten verfügbaren Totalerhebung sind in Tabelle 1 wiedergegeben. Während sich im Bereich des Einfuhrhandels der Produktionsverbindungshandel (PVH) und der Konsumtionsverbindungshandel (KVH) hinsichtlich der angegebenen Indikatoren in etwa die Waage halten, ist im Bereich des Binnengroßhandels eine größere wirtschaftliche Bedeutung des Produktionsverbindungshandels zu erkennen.

Nimmt man den Binnengroßhandel und den Einfuhrhandel zusammen, so erweist sich der Produktionsverbindungshandel mit fast 70.000 Unternehmen, rund 85.000 Arbeitsstätten, über 815.000 Beschäftigten und einem Umsatz von deutlich über 500 Mrd. DM als ein bedeutender Wirtschaftszweig. Er dominiert den Großhandel.

Neben dieser punktuellen Betrachtung ist hier besonders die Entwicklung über einen längeren Zeitablauf von Interesse. Dabei die Zeit vor 1993 einzubeziehen, ist nicht nur wegen der Deutschen Wiedervereinigung, sondern auch wegen der Umstellung der Systematik der Wirtschaftszweige in der amtlichen Statistik auf die NACE-Gliederung mit Problemen verbunden (vgl. Lambertz 1995).

Tabelle 2: Die Zusammensetzung des deutschen Binnengroßhandels in 1979 und 1985 (alte Bundesländer)

	Unternehmen	**Arbeitsstätten**	**Beschäftigte**	**Umsatz 1978 in Mio. DM**
	am 31.03.1979 [Anzahl]			
Binnen-GH	83.141	101.798	1.012.876	448.426
Davon: *PVH*	*54.775 (66%)*	*66.810 (66%)*	*578.447 (57%)*	277.288 (62%)
KVH	28.366 (34%)	34.988 (34%)	434.429 (43%)	171.139 (38%)
	am 29.03.1985 [Anzahl]			**1984 in Mio. DM**
Binnen-GH	89.098	104.821	993.870	644.560
Davon: *PVH*	*54.805 (62%)*	*64.505 (62%)*	*547.504 (55%)*	*379.780 (59%)*
KVH	34.293 (38%)	40.316 (38%)	446.366 (45%)	264.780 (41%)

Quelle: Statistisches Bundesamt 1981, S. 133, und 1987, S. 116; eigene Berechnungen.

Zieht man die beiden zuvor durchgeführten Handels- und Gaststättenzählungen heran, so zeigt sich – für das frühere Bundesgebiet und beschränkt auf den Binnenhandel – das Bild, wie es in Tabelle 2 zu sehen ist. Im Produktionsverbindungshandel stagniert die Zahl der Unternehmen, die Zahl der Arbeitsstätten geht leicht und die der Beschäftigten stärker zurück; der Konsumtionsverbindungshandel konnte nicht nur in relativ stärkerem Maße seinen Umsatz ausbauen, auch hinsichtlich der anderen Parameter konnte er durchweg Zuwächse verzeichnen. Insofern fällt es auf diesem Aggregationsniveau schwer, allgemeine Trendaussagen zu machen: Einzig der von 1979 bis 1993 rückgängige Umsatzanteil des Produktionsverbindungshandels fällt auf. Ein aussagekräftiger Vergleich der absoluten Zahlen scheitert an den schon angesprochenen Veränderungen.

Geringere Vergleichbarkeitsprobleme ergeben sich für die Zeit nach 1993. In Tabelle 3 werden die Ergebnisse der repräsentativen Großhandels-Jahreserhebung von 1994 mit denen der jüngsten verfügbaren Erhebung von 1998 verglichen. Anhand der Zahlen wird deutlich, in welchem Ausmaß der Produktionsverbindungshandel in diesem Zeitraum gegenüber dem Konsumtionsverbindungshandel an Bedeutung gewonnen hat: Neben einem geringeren Rückgang der Unternehmensanzahl und einem wesentlich stärkeren Umsatzwachstum fällt besonders das Wachstum in der Beschäftigung ins Auge, während im Konsumtionsverbindungshandel hier nun ein Rückgang zu konstatieren ist.

Tabelle 3: Kennzahlen zum Binnengroßhandel (ohne Kfz-Handel) 1994-1998

	Unternehmen		**Beschäftigte**		**Umsatz in Mio. DM**	
	1994	**1998**	**1994**	**1998**	**1994**	**1998**
Binnen-GH	76.283	65.256	1.103.950	1.164.758	777.018	982.574
Davon: *PVH*	*49.290*	*44.843*	*673.260*	*774.944*	*424.772*	*590.275*
KVH	26.993	20.413	430.690	389.814	352.246	392.299
	Veränderung 1994-1998					
Binnen-GH	-14,46 %		+5,51 %		+26,45 %	
PVH	*-9,02 %*		*+15,10 %*		*+38,96 %*	
KVH	-24,38 %		-9,49 %		+11,37 %	

Quelle: Statistisches Bundesamt 1996, S. 44, und 2000, S. 50; eigene Berechnungen.

Folgende Ergebnisse sollen festgehalten werden:

- Mit 44.843 für das Jahr 1998 ist die Zahl der Unternehmen im Binnen-Produktionsverbindungshandel so niedrig wie nie zuvor; sie hat sich deutlich verringert.
- Mit 774.944 ist die Zahl der Beschäftigten im Binnen-Produktionsverbindungshandel so groß wie nie zuvor.

In Übersicht 1 wird der Binnen-Produktionsverbindungshandel in Gruppen aufgeschlüsselt, wobei die Gruppen folgendermaßen abgegrenzt werden:

51.2 Großhandel mit landwirtschaftlichen Grundstoffen und lebenden Tieren
51.3 Großhandel mit Nahrungsmitteln, Getränken und Tabakwaren
51.4 Großhandel mit Gebrauchs- und Verbrauchsgütern
51.5 Großhandel mit Rohstoffen, Halbwaren, Altmaterial und Reststoffen
51.6 Großhandel mit Maschinen, Ausrüstungen und Zubehör
51.7 sonstiger Großhandel.

Es zeigt sich, dass die zuvor in Tabelle 3 erkannte Entwicklung des gesamten Produktionsverbindungshandels nicht einheitlich für alle Gruppen gilt: die Gruppen 51.3 und 51.5 verbieten zu sagen, dass in allen Bereichen die Zahl der Unternehmen zurückgegangen ist.

Übersicht 1: Entwicklung des Binnen-Produktionsverbindungshandelsvon 1994 bis 1998 in einzelnen Großhandelsgruppen

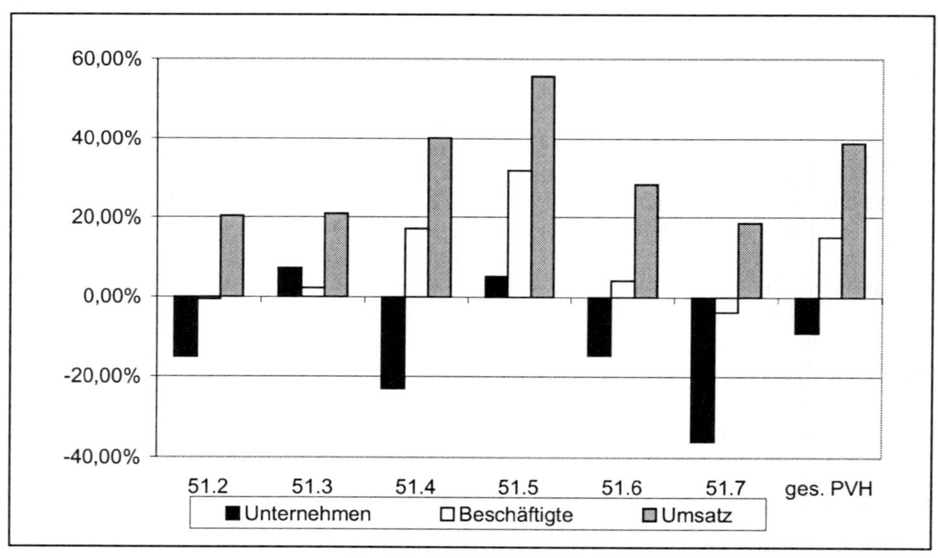

Quelle: Statistisches Bundesamt 1996, S. 42-44, und 2000, S. 48-50; eigene Berechnungen.

In fast allen Bereichen hat es einen Zuwachs an Beschäftigten gegeben, nur der Bereich „sonstiger Großhandel" steht dem entgegen. Das Umsatzwachstum fiel unterschiedlich aus.

Die Unterschiede in der Entwicklung legen es nahe, die empirische Untersuchung auf spezielle Branchen zu fokussieren, was jedoch den Rahmen dieses Beitrags sprengen würde. Immerhin machen die Zahlen deutlich, dass die durchschnittliche Betriebsgröße gewachsen ist, da einem gestiegenen Umsatz eine kleinere Zahl von Unternehmen gegenübersteht. Dies bestärkt das Interesse an der in Abschnitt IV aufzuwerfenden Frage nach einer Mindest-Betriebsgröße.

Eine eingehendere Untersuchung von Teilbereichen des Produktionsverbindungshandels anhand von Zahlen der amtlichen Statistik wird zudem dadurch erschwert, dass die beiden Großhandelsarten in der Großhandelsstatistik nur auf Gruppenebene („Dreisteller-Ebene") der sortimentsorientierten Klassifikation unterschieden werden. Somit sind Aussagen über die Aufteilung in Produktionsverbindungshandel und Konsumtionsverbindungshandel in genauer gefassten Branchen, die in der Statistik als Klassen oder Unterklassen ausgewiesen werden, deutlich schwieriger zu machen. Gleiches gilt für die Umsatzsteuerstatistik: In ihr wird gänzlich auf eine Einteilung in Produktionsverbindungshandel und Konsumtionsverbindungshandel verzichtet. In beiden Fällen ist man gezwungen, am Sortiment festgemachte Branchen in Gänze der einen oder der anderen Großhandelsart zuzurechnen. So soll auch für die nachfolgend anzustellenden Untersuchungen hinsichtlich der Konzentration im Produktionsverbindungshandel vorgegangen werden.

3. Zur Entwicklung der Konzentration im Produktionsverbindungshandel

In Anlehnung an eine Studie von Linkert werden die drei Gruppen 51.2, 51.5 und 51.6 (Abgrenzungen siehe oben) dem Produktionsverbindungshandel zugeschrieben, weil die Sortimentsschwerpunkte als Branchen-Abgrenzungskriterium eine überwiegende Tätigkeit in diesem Bereich nahe legen (vgl. Linkert 1998). Auch in Veröffentlichungen des Statistischen Bundesamtes findet sich mittlerweile diese vereinfachte Zuordnung (vgl. Grillmaier 2001, S. 184). Wie zudem aus Tabelle 4 hervorgeht, sind die Branchen von einem deutlichen Übergewicht des Produktionsverbindungshandels gegenüber dem Konsumtionsverbindungshandel gekennzeichnet, so dass die Vereinfachung vertretbar erscheint.

Tabelle 4: Bedeutung des Produktionsverbindungshandels in den einzelnen Großhandelsgruppen in 1998 (beschränkt auf den Binnengroßhandel)

	Großhandels-Gruppe					
	51.2	**51.3**	**51.4**	**51.5**	**51.6**	**51.7**
Anteil des PVH an Unternehmensanzahl	75 %	53 %	49 %	91 %	79 %	63 %
Anteil des PVH am Umsatz	86 %	56 %	45 %	80 %	67 %	47 %

Quelle: Statistisches Bundesamt 2000a, S. 48-50; eigene Berechnungen.

Sie ist insofern erforderlich, als dass für eine Untersuchung der Konzentrationsentwicklung auf die vergleichsweise detaillierten Größenklassenangaben der Umsatzsteuerstatistik zurückgegriffen werden soll. Hierfür wurde für ausgesuchte Branchen der Gini-Koeffizient als Konzentrationsmaß berechnet. Da hinsichtlich der Konzentrationsentwicklung ein längerer Untersuchungszeitraum wünschenswert ist, werden im Folgenden nur solche Branchen berücksichtigt, bei denen vor und nach der Umstellung der Wirtschaftszweigsystematik von 1993 eine weitgehend vergleichbare Klassifikation und Zuordnung vorgenommen wurde (gem. Statistisches Bundesamt 1994, S. 628-631) und bei denen über den entsprechenden Zeitraum klassierte Daten verfügbar sind. Zudem beschränken sich die Untersuchungen auf die Bereiche 51.5 und 51.6. Für diese beiden Großhandels-Gruppen wird zunächst in Übersicht 2 der gegenwärtige Stand der relativen Konzentration anhand der Lorenzkurven und des zugehörigen Gini-Koeffizienten gezeigt.

Übersicht 2: Relative Umsatzkonzentration im Produktionsverbindungshandel 1999

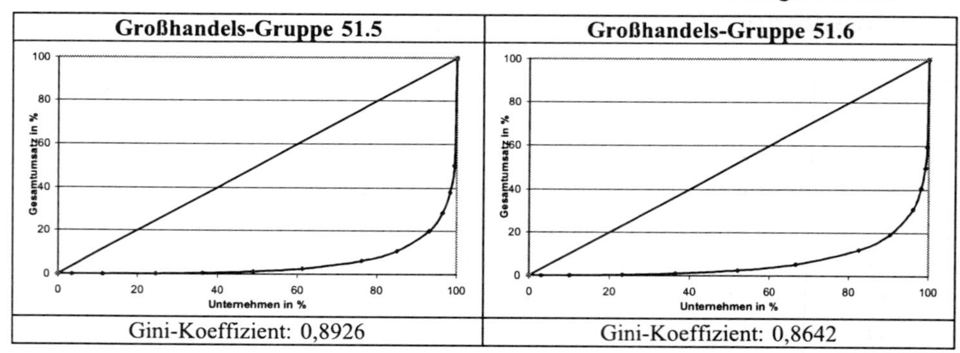

Quelle: Statistisches Bundesamt versch. Jg. (hier: 2001, S. 36); eigene Berechnungen.

Zieht man die Gini-Koeffizienten des gesamten Großhandels für 1999 (0,9126 in der Abteilung 51) und insbesondere des bekanntermaßen hoch konzentrierten Lebensmitteleinzelhandels (0,9434 in der Gruppe 52.1 „Einzelhandel mit Waren versch. Art (in

Verkaufsräumen" (in 1998)) als Vergleich heran, so liegt die Konzentration im Produktionsverbindungshandel hinter diesen deutlich zurück. Ein differenziertes Bild ergibt sich bei der Untersuchung der Konzentrationsentwicklung in einzelnen Branchen, wie sie in Tabelle 5 vorgenommen wird: Es zeigt sich, dass sich die jeweiligen Branchen sowohl hinsichtlich des Ausgangs-Niveaus (N) der Konzentration wie auch in Bezug auf den Trend (T) der Konzentrationsentwicklung unterscheiden und dass sich bei letzterem – entgegen der üblichen Annahme einer stetig zunehmenden Konzentration – sogar Beispiele für eine leicht rückläufige Entwicklung finden lassen.

Tabelle 5: Gini-Koeffizienten in Branchen des Produktionsverbindungshandels von 1980 bis 1998 (Ordnungszahl der WZ 1979 in Klammern)

1980	1986	1992	1998	N	T
51.51 GH mit festen Brennstoffen und Mineralölerzeugnissen (405)					
0,9074	0,8955	0,9193	0,9210	↑	→
51.52 GH mit Erzen, Eisen, Stahl, NE-Metallen und Halbzeug (406)					
0,8685	0,8557	0,8497	0,8499	↑	↓
51.53 GH mit Holz, Baustoffen, Sanitärkeramik und Anstrichmaterial (407)					
0,7443	0,7685	0,8234	0,8323	↓	↑
51.55 GH mit chemischen Erzeugnissen (404)					
0,8765	0,8812	0,9119	0,8903	↑	→
51.61 GH mit Werkzeugmaschinen (416 41)					
0,7876	0,7986	0,7919	0,7788	↓	↓
51.62 GH mit Baumaschinen (416 42)					
0,7907	0,7865	0,8281	0,8378	↓	↑
51.64 GH mit Büromaschinen und -einrichtungen (416 44)					
0,7837	0,8088	0,8692	0,9111	↓	↑
51.66 GH mit landwirtschaftlichen Maschinen und Geräten (416 2)					
0,7392	0,7379	0,7607	0,7559	↓	→

Quelle: Statistisches Bundesamt versch. Jg.; eigene Berechnungen.

Die Berechnung der Konzentration auf der Basis von Umsatzgrößenklassen ist nicht unproblematisch, so dass die Ergebnisse der Tabelle 5 allenfalls als Tendenzaussagen interpretiert werden dürfen. Dennoch weisen sie zum einen erneut auf ein sehr facettenreiches Erscheinungsbild des Produktionsverbindungshandels hin und halten zum anderen dazu an, nach den Ursachen für geringe oder hohe bzw. für zunehmende, weitgehend konstante oder gar rückläufige Konzentration in den jeweiligen Branchen zu fragen. Damit wird zudem die grundsätzliche Frage aufgeworfen, welchen betriebspolitischen Herausforderungen sich der Produktionsverbindungshandel gegenüber sieht, womit sich der folgende Abschnitt beschäftigen wird.

IV. Ökonomische Herausforderungen für den Produktionsverbindungshandel

1. Unternehmensgröße und Leistungsprogramm als strategische Gestaltungsoptionen

Die grundsätzliche Aufgabenstellung für den Produktionsverbindungshandel ist die des gesamten Großhandels: zum einen haben die der Wirtschaftsstufe zugehörigen Unternehmen Wettbewerbsbeziehungen mit anderen Großhändlern der Branche zu meistern (*horizontaler* Wettbewerb). Zum zweiten aber – und dies macht die zentrale Besonderheit der Großhandelsstufe aus – stehen die Unternehmen zusätzlich in einem *vertikalen* Wettbewerb, weil sowohl Lieferanten als auch Abnehmer Absatz- respektive Beschaffungsfunktionen nur solange dem Großhändler übertragen werden, wie dieser sie effizienter erfüllen kann als sie selbst (vgl. Müller-Hagedorn 1997, S. 435). Um in beiden Dimensionen des Wettbewerbs bestehen zu können, erscheinen zwei Fragestellungen für das Management des Produktionsverbindungshandels zentral:

- Ist die Größe des Unternehmens ausreichend, um die den Lieferanten und Nachfragern angebotenen Leistungen mit der erforderlichen Effizienz erbringen zu können?
- Sind die von dem Unternehmen angebotenen Leistungen geeignet, Lieferanten und Kunden gleichermaßen auch zukünftig an das Unternehmen zu binden?

Die beiden Fragen können nicht völlig unabhängig voneinander beantwortet werden: Aktivitäten verlangen nach bestimmten strukturellen Voraussetzungen, Strukturen wiederum erlauben Aktivitäten oder aber lassen diese nicht zu. Da sich aber Art und Ausmaß der Interdependenzen zwischen Struktur und Prozessen nur unternehmensindividuell bestimmen lassen, wird von der Verbundenheit beider Fragestellungen im Folgenden abstrahiert. Es wird nach Bedingungen gefragt, unter denen ein Unternehmen des Produktionsverbindungshandels jede der beiden Fragen für sich positiv beantworten kann.

2. Zum Zusammenhang von Unternehmensgröße und -erfolg

Der Frage nach einer hinreichenden Unternehmensgröße kann sich auf zweierlei Weise genähert werden: Zum einen lässt sich empirisch untersuchen, ob aus Größe Vorteile erwachsen und wie groß diese Vorteile ggf. sind. Zum anderen ist theoretisch zu überlegen, wo die Ursachen für Economies-of-Scale liegen können. Beide Ansätze sollen in der gebotenen Kürze verfolgt werden.

Die bisherigen Ausführungen zum Erscheinungsbild des Produktionsverbindungshandels haben dessen Vielfalt deutlich gemacht. Insofern ist man bei der empirischen Untersuchung der Unternehmensgröße als einem möglichen Erfolgsfaktor auf eine branchenspezifische Vorgehensweise angewiesen. Nachfolgend wird stellvertretend auf den Holzhandel als ein Beispiel aus dem Bereich des Produktionsverbindungshandels Bezug genommen. Der Mittelstandscharakter lässt sich der verhältnismäßig geringen Umsatzkonzentration im Holzhandel [1] entnehmen, wie sie die zugehörige Lorenz-Kurve im linken Teil der Übersicht 3 im Vergleich mit der des Großhandels (gesamt) und des Lebensmitteleinzelhandels ausweist.

Übersicht 3: Konzentration und ökonomischer Erfolg im Holzhandel

Konzentration im Holzhandel, im Großhandel und im Lebensmitteleinzelhandel	Verteilung des betriebswirtschaftlichen Betriebsergebnisses im Holzhandel
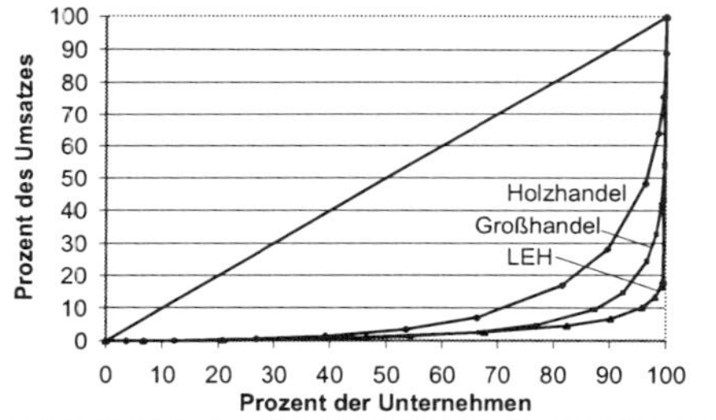	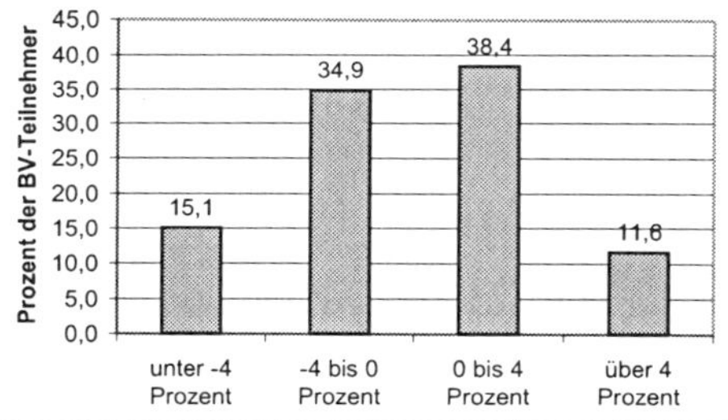
Quelle: Statistisches Bundesamt versch. Jg. (hier: 2000 und 2001); eigene Berechnungen.	Quelle: Betriebsvergleich des Instituts für Handelsforschung, 1999.

Der rechte Teil der Übersicht 3 weist zudem aus, dass der ökonomische Erfolg innerhalb der Holzhandels-Branche durchaus streut: Nimmt man das betriebswirtschaftliche Betriebsergebnis gemäß des Betriebsvergleichs des Instituts für Handelsforschung als Gradmesser des Erfolgs, so zeigt sich, dass sich Unternehmen mit positivem und solche mit negativem Ergebnis etwa hälftig aufteilen. Mit anderen Worten: Der Erfolg oder Misserfolg im Holzhandel ist keine Frage der bloßen Zugehörigkeit zur Branche, sondern hängt von unternehmensspezifischen Voraussetzungen ab, wobei zu klären ist, ob eine dieser Voraussetzungen in der Unternehmensgröße liegen kann. Obgleich sich nämlich die Konzentration im Holzhandel auf relativ niedrigem Niveau bewegt, hat sie doch stetig zugenommen, wie der Blick auf die Entwicklung des Gini-Koeffizienten über die letzten 20 Jahre zeigt, welche in Übersicht 4 erkennbar ist.

Übersicht 4: Konzentrationsentwicklung im Holzhandel (51.53.2 und 51.53.3 gem. WZ 93; 407 1 gem. WZ 79 [2])

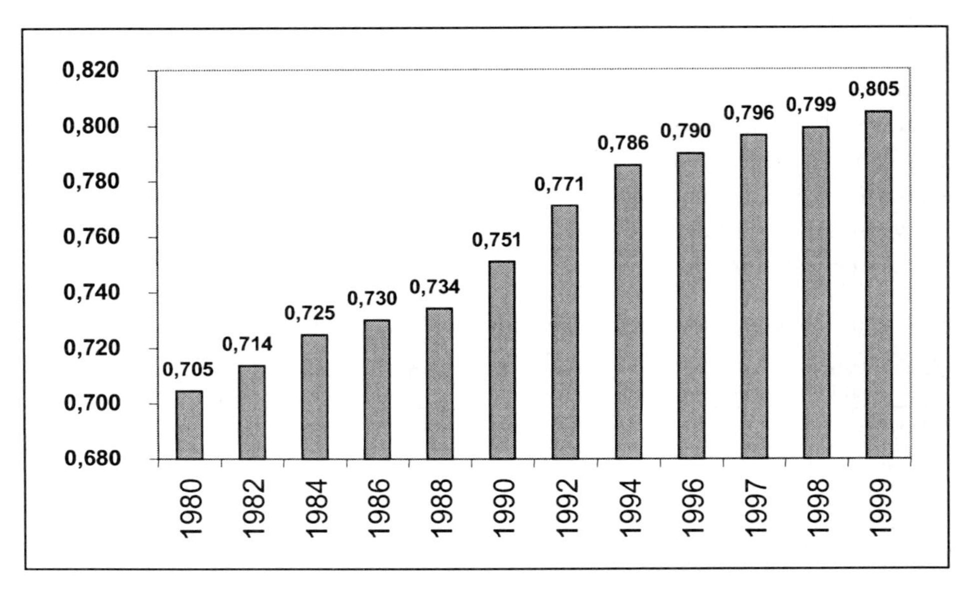

Quelle: Statistisches Bundesamt versch. Jg.; eigene Berechnungen.

Ein erster Hinweis darauf, dass die Unternehmensgröße Einfluss auf den ökonomischen Erfolg im Holzhandel hat, ist der Verteilung von erfolgreichen und nicht erfolgreichen Unternehmen in einzelnen Größenklassen zu entnehmen. Diese stellt sich basierend auf den Daten des Betriebsvergleichs so dar, wie es dem linken Teil der Übersicht 5 zu entnehmen ist. Zudem wird im rechten Teil der Übersicht in einem Streudiagramm eine Trendgerade geschätzt, um den Zusammenhang zwischen Unternehmensgröße und wirtschaftlichem Erfolg genauer bestimmen zu können. Das Diagramm stellt nur auf die kleineren Unternehmen (unter 10 Mio. DM Umsatz) ab und verzichtet aus Gründen der Geheimhaltung bewusst auf die Beschriftung der Umsatzachse. Der Zusammenhang ist nicht sonderlich stark, allerdings werden die Parameter der Regressionsgeraden anhand einer entsprechenden Analyse, von deren expliziter Darstellung hier abgesehen werden soll, als durchaus signifikant ausgewiesen.

Übersicht 5: Hinweise auf einen Zusammenhang zwischen Unternehmensgröße und ökonomischem Erfolg im Holzhandel

Alle Unternehmen		
	Betriebswirtschaftliches Betriebsergebnis	
Umsatz	**Negativ**	**Positiv**
0-10 Mio. DM	62 %	38 %
10-20 Mio. DM	53 %	47 %
über 20 Mio. DM	28 %	72 %

Unternehmen bis 10 Mio. DM Umsatz

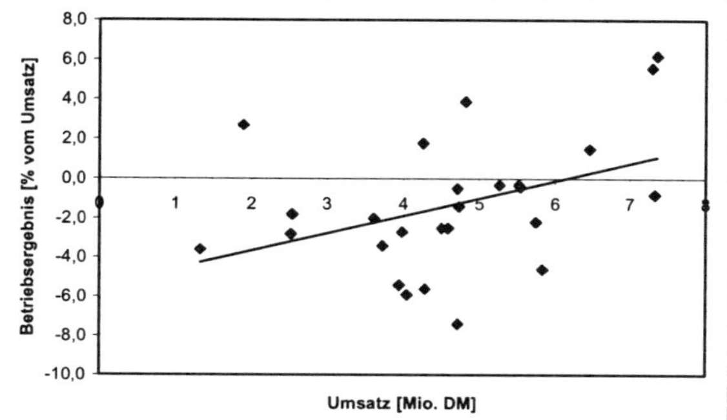

Betriebsergebnis [% vom Umsatz]
8,0
6,0
4,0
2,0
0,0
-2,0
-4,0
-6,0
-8,0
-10,0
1 2 3 4 5 6 7
Umsatz [Mio. DM]

Quelle: Betriebsvergleich des Institut für Handelsforschung 1999; eigene Berechnungen.

Aus dem Blickwinkel der Empirie finden sich also konkrete Hinweise, dass Unternehmensgröße einen, wenngleich natürlich nicht den einzigen, Erfolgsfaktor darstellt. Insofern ist auch davon auszugehen, dass sich der stete Trend der Konzentrationszunahme im Holzhandel fortsetzen wird, obwohl anzumerken ist, dass auch die Kooperation – häufig als Gegenstück zur Konzentration genannt – geeignet sein kann, Größenvorteile zu realisieren.

Um zu klären, inwieweit Economies-of-Scale für ein spezielles Unternehmen tatsächlich zu erzielen sind und wie sie konkret aussehen können, bedarf es der theoretischen Analyse. Vorteile erwachsen den großen Unternehmen möglicherweise aus besseren Konditionen, die ihnen von der Industrie eingeräumt werden, wobei es sich um normale Mengenrabatte handeln kann oder um Zugeständnisse, die der größere Kunde „erpressen" kann. Ein Anreiz, die Konditionen zu verbessern, besteht immer dann, wenn auf Seiten der Industrie hohe Gewinne vorliegen oder Kostensenkungspotenziale denkbar erscheinen. Konzentration kann auch ein Abwehrmittel sein, wenn man beobachtet, dass auf Seiten der Lieferanten verhandlungsmächtige Partner entstehen. Daneben können Economies-of-Scale aber auch darin bestehen, dass größere Betriebe niedrigere Stückkosten erzielen können oder dass sie Verfahren einsetzen können, die kleineren Betrieben nicht möglich sind. Da auch diese Diskussion branchenspezifisch zu führen ist, kann sie hier nicht vertieft werden. Ansätze für solche Größenvorteile können aber u.a. in den folgenden Punkte liegen:

- Fertigungstechniken für die Anarbeitung, die bestimmte Leistungen erst ermöglichen oder die sich erst ab einer gewissen Größe effizient einsetzen lassen (Problem der kritischen Masse)
- erleichterter Einsatz von Steuerungssystemen für Warenwirtschaft und Sortimentsgestaltung zur kostengünstigeren oder marktgerechteren Unternehmenspolitik
- Formen der Werbung, die bei kleineren Unternehmen zu große Streuverluste mit sich brächten
- Ausstellungsflächen, die den Erwartungen der Nachfrager entsprechen und einen Vorteil gegenüber der Konkurrenz darstellen
- leichtere Rekrutierung von Fachpersonal
- bessere Fremdfinanzierungsmöglichkeiten
- Reduktion der Sicherheitsbestände.

Die genannten Aspekte sind bewusst allgemein gewählt und können als Anhaltspunkte dienen, das Potenzial einer gesteigerten Unternehmensgröße auch in anderen Branchen zu untersuchen.

3. Zur strategischen Ausrichtung des Leistungsprogramms

Das Leistungsprogramm einer Handelsunternehmung wird dadurch gekennzeichnet, welche Funktionen das Unternehmen übernimmt und in welcher Form diese Funktionen übernommen werden. Den zahlreichen Handelsfunktionenkatalogen kommt infolge dessen nicht nur eine deskriptive Funktion zu, sie dienen als Denkschema zur Ausgestaltung des Leistungsprogramms eines Handelsunternehmens. Neben der Unternehmensstruktur sind die aus der jeweiligen Funktionsübernahme erwachsenden Prozesse eines Produktionsverbindungshändlers entscheidend für dessen wirtschaftlichen Erfolg. Ausschlaggebend dafür, dass die Prozesse zum Erfolg beitragen, ist ihre Ausrichtung an den Bedürfnissen der Kunden. Insofern ist es die zentrale Aufgabe, die Bedürfnisse von aktuellen und potenziellen Kunden zunächst zu erkennen und anschließend festzulegen, wie diesen Bedürfnissen zu entsprechen ist. Übersicht 6 veranschaulicht diesen Gedanken, indem in Spalte 1 mögliche Bedürfnisdimensionen aufgelistet sind und in den Spalten 2 und 3 die Konsequenzen für zu übernehmende Handelsfunktionen bzw. für die Ausgestaltung einzelner Prozesse angesprochen werden.

Übersicht 6: Mögliche Bedürfnisse von Kunden und ihre Konsequenzen für Handelsfunktionen und Prozesse

Bedürfnisse	Handelsfunktionen	Prozesse
Interesse an Informationen über neue Produkte	Markterschließungsfunktion	Vertrieb/Beratung
Interesse an Management-Know-how	Sicherungsfunktion	Beratung
Interesse an vereinfachter Belieferung – Sortimente	Überbrückungsfunktion	Auslieferungslogistik, Kommissionierung
Interesse an exklusiver Ware	Sortimentsfunktion	Handelsmarken, Exklusivitätsrechte
Interesse an schneller Belieferung	Überbrückungsfunktion	Auslieferungslogistik, Lagerhaltung
Interesse an Abverkaufshilfen	Markterschließungsfunktion	Vertrieb
Reduktion des Warenrisikos	Sicherungsfunktion	
Anpassung der Ware	Sachgüteraufbereitungs-funktion	Produktion
Kapitalbereitstellung		Finanzierung

Quelle: Müller-Hagedorn 2001, S. 477.

Da kein genereller Katalog von Bedürfnissen vorliegt, müssen die Bedürfniskategorien branchen-, wenn nicht sogar unternehmensspezifisch angepasst werden. Eine sehr detaillierte Studie diesbezüglich wurde von Tietz/Greipl (1994) vorgelegt, in der sowohl die Intensität der Übernahme zahlreicher Leistungskomponenten als auch die diesen Leistungskomponenten von den Kunden beigemessene Bedeutung in verschiedenen Branchen des Großhandels empirisch erhoben wurde. Beispielhaft zeigt Tabelle 7 auszugsweise die dort für das Jahr 1992 ermittelte Bedeutung unterschiedlicher Logistikdienstleistungen für den Großhandel mit Rohstoffen und für den Großhandel mit technischem Bedarf als zwei Beispielen des Produktionsverbindungshandels. Es ist anzumerken, dass hier nicht die Urteile von Kunden erhoben wurden, sondern dass Großhändler selbst die Profilierungsmöglichkeiten im Markt durch die jeweiligen Dienstleistungen eingeschätzt haben.

Das Beispiel verdeutlicht erneut die fehlende Pauschalisierbarkeit „des" Produktionsverbindungshandels hinsichtlich der ihm gegenüber bestehenden Anforderungen, indem zwischen den beiden Branchen zum Teil deutliche Unterschiede bestehen.

Tabelle 6: Die Bedeutung der Logistikdienstleistungen des bayerischen Großhandels als Profilierungsinstrument nach Branchen 1992

Logistikaktivitäten	Großhandel mit... Rohstoffen	Technischem Bedarf
Die Lagerhaltung		
♦ auf Zentralgroßhandelsebene	1,89	1,26
♦ auf Regionalgroßhandelsebene	3,56	2,35
Der Transport vom eigenen Zentrallager		
♦ zum lokalen/regionalen Lager des eigenen Unternehmens	4,07	3,16
♦ Zum Lager des Kunden	2,13	2,50
♦ Zum Verbrauchs- bzw. Verkaufspunkt	1,75	1,79
Die Streckenbelieferung des Kunden	2,44	3,45
Die Lagerung von Ersatzteilen		
♦ auf Zentralgroßhandelsebene	4,77	3,10
♦ auf Regionalgroßhandelsebene	4,86	3,77
Der Transport von Ersatzteilen zum Verbrauchs- bzw. Verkaufspunkt	4,85	3,26

Angaben in Mittelwerten einer 5er-Skala (1 = sehr wichtig; 5 = nicht wichtig)
Quelle: Tietz/Greipl 1994, S. 68-69.

In vielen Fällen wird es nicht leichtfallen, Veränderungen bei den Kundenbedürfnissen explizit zu erheben, aber entsprechende Untersuchungen sollten zum unverzichtbaren Bestandteil der Marketingpolitik gehören. Daneben können Bedürfnisse der Kunden aus deren Faktorstruktur oder aus den Beschaffungs-, Produktions-, Absatz- und Finanzierungsprozessen abgeleitet werden. Hierbei ist der Kundenbegriff auf beide Marktseiten des Produktionsverbindungshandels auszuweiten: Neben dem Absatzmarkt besteht die Kundschaft des Großhändlers gleichermaßen aus dessen Lieferanten, für die er Distributions- und ggf. Veredelungsleistungen erbringt, welche mittels der Großhandelsspanne entgolten werden (vgl. Müller-Hagedorn/Spork 2000, S. 59-62). Die Anforderungen beider Marktseiten zu erkennen und ihnen in effizienterer Weise gerecht werden zu können, als es den Lieferanten und Abnehmern selbst möglich wäre, ist ein bedeutsamer Erfolgsfaktor für den Produktionsverbindungshandel, um im vertikalen Wettbewerb bestehen zu können.

Daneben allerdings verlangt der horizontale Wettbewerb danach, gegenüber den Unternehmen der eigenen Wirtschaftsstufe, bestehend aus anderen Produktionsverbindungshändlern, aber auch aus Handelsvermittlungen, Logistikdienstleistern usw., einen Wettbewerbsvorteil auf- und auszubauen. Auf Grund von begrenzten Ressourcen verlangt der Aufbau einer solchen Unique Selling Proposition eine Schwerpunktsetzung im betrieblichen Leistungsprogramm, die sich in bestimmten Betriebsformen des Produktionsverbindungshandels niederschlägt (vgl. hierzu Mathieu 1989). Den folgenden Typen scheint dabei eine besondere Bedeutung zuzukommen: der Sortimenter, der logistische Dienstleister und der Anarbeiter. Deren Leistungsprofil wird anhand von Übersicht 7 verdeutlicht.

Übersicht 7: Mögliche Leistungsprofile von Produktionsverbindungshändlern

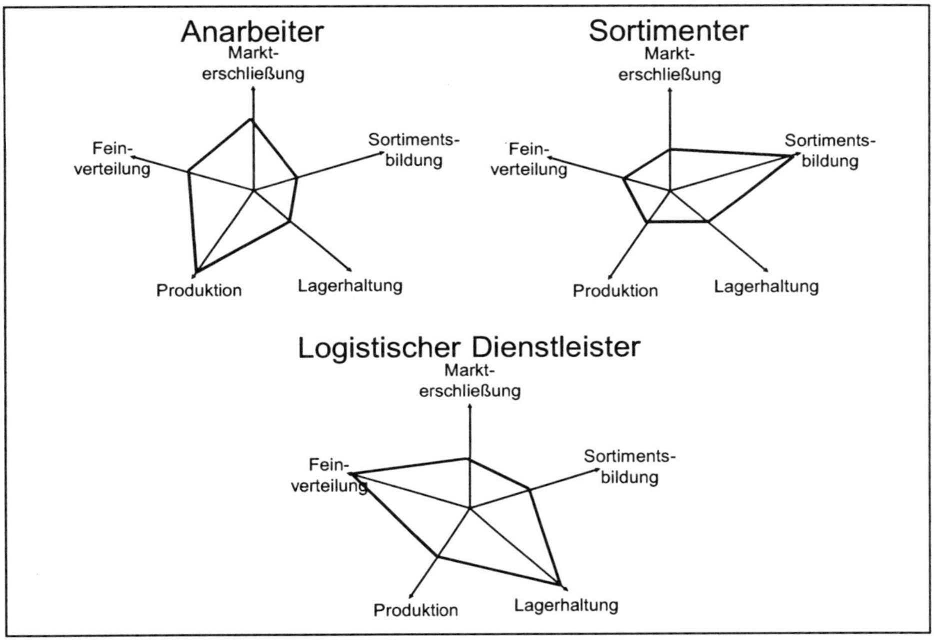

Anarbeiter
Markt-erschließung
Sortiments-bildung
Lagerhaltung
Produktion
Fein-verteilung

Sortimenter
Markt-erschließung
Sortiments-bildung
Lagerhaltung
Produktion
Fein-verteilung

Logistischer Dienstleister
Markt-erschließung
Sortiments-bildung
Lagerhaltung
Produktion
Fein-verteilung

Quelle: in Anlehnung an Müller-Hagedorn 1999, S. 34.

Bei dem *Sortimenter* steht die Sortimentsbildung im Vordergrund. Dem Kunden werden Waren- und Dienstleistungsbündel angeboten, die eine gemeinsame Beschaffung bei einem Großhändler nahe legen. So kann beobachtet werden, dass einzelne Herstellbetriebe dem Produktionsverbindungshandel ihr gesamtes C-Teile-Management übertragen haben, weil diese Waren einen relativ kleinen Wert repräsentieren, ihre eigenständige Beschaffung jedoch mit großen (Prozess-)Kosten verbunden wäre. Hier kann auch eine besonders ausgeprägte Kenntnis der Beschaffungsmärkte einen Wettbewerbsvorteil des Großhandels darstellen, der einen Kunden veranlasst, sich vom Großhandel beliefern zu lassen. Die Exklusivität von Marken, sei es nun, dass ein exklusives Vertriebsrecht für eine Herstellermarke eingeräumt wird oder sei es eine Handelsmarke des Großhändlers, unterstützt ein solches Konzept. Mit der Sortimentsbildung geht dann auch die Übernahme der Lagerhaltung einher.

Ein Produktionsverbindungshändler kann aber auch die Logistik ins Zentrum des eigenen strategischen Konzeptes stellen und sich als *logistischer Dienstleister* profilieren. Hier stehen die schnelle Verfügbarkeit von Waren und die günstige Zustellung im Vordergrund. Solche Händler sind gehalten, über besonders niedrige Lager- und/oder Transportkosten zu verfügen, um so in der Lage zu sein, den Abnehmern logistische Leistungen besonders günstig anzubieten. Die effiziente Gestaltung der Logistikfunktion, sei es nun die Lagerhaltung oder sei es die Auslieferung, hat vermutlich die Entstehung größerer Unternehmenseinheiten maßgeblich mit vorangetrieben. Aber auch in der engen Verzahnung der eigenen Aktivitäten mit anderen Logistikdienstleistern oder Transport-Subunternehmern ist ein wesentlicher Erfolgsfaktor zu sehen.

Der *Anarbeiter* übernimmt verschiedene Funktionen, die ursprünglich von den Nachfragern oder ggf. auch von den Lieferanten erbracht wurden (vgl. hierzu vertiefend Schmäh 1996; Schmäh 1999). Dies können Manipulationen an der Ware sein (Zuschneiden von Teilen im Stahlhandel), es können aber auch Dienstleistungen sein, wie z.B. die Übernahme der Warenwirtschaft. Besonders die Anarbeitung von Vorprodukten, zum Teil aber auch Tätigkeiten, die vollständig der Produktion zuzurechnen sind und damit deutlich über „handelsübliche Manipulationen" als klassisches Abgrenzungskriterium des Handels im funktionellen Sinn hinausgehen, prägen heute Teile des Produktionsverbindungshandels. Sie sind insbesondere dort von Bewandtnis, wo der Händler ob seiner Bündelungsfunktion Größenvorteile in der Produktion gegenüber den vor- und nachgeschalteten Wirtschaftsstufen erzielen kann. Als Folge dessen kann es hier kaum gelingen, eine klare Grenze zwischen Handels- und Industriebetrieben zu ziehen. Zudem sind hier industriebetriebliche Managementkompetenzen, bspw. hinsichtlich der Produktionsprogrammplanung und -steuerung, von großer Bedeutung, so dass etwa an die Mitarbeiterauswahl und -ausbildung andere als die sonst im Großhandel üblichen Anforderungen gestellt werden.

Eine grundsätzliche Positionierung von Produktionsverbindungshändlern kann anhand von drei Dimensionen erfolgen, und zwar

- dem Warenkreis,

- dem Ausmaß an Manipulationen an den abzusetzenden Waren und
- dem Ausmaß an angebotenen Dienstleistungen.

Von zentraler Bedeutung ist zunächst die Breite und Tiefe des Warenangebotes, wie sie sich auch in klassischen Betriebstypenbezeichnungen des Großhandels (etwa Sortimentsgroßhandel, Spezialgroßhandel) wiederfindet. Viele Großhandlungen führen immer noch ein Sortiment, das sich an einem traditionellen branchenorientierten Warenkreis orientiert (z.B. Stahl). Es ist aber auch denkbar, dass die Funktion, die die Ware übernehmen soll, in den Vordergrund gerückt wird. So könnte ein Holzhändler, der Parkett anbietet, auch textile Fußbodenbeläge in sein Sortiment aufnehmen. Der Großhandel für Bodenbeläge würde den Großhändler für Parkett ersetzen oder ergänzen. Schließlich ist denkbar, dass durch das Sortiment unterschiedliche Bedarfskreise bei den Kunden bedient werden. Der Begriff „Malerbedarfsgroßhandel" deutet schon an, dass hier der gesamt Bedarf, der bei einem Maler aufkommt, berücksichtigt werden soll.

Daneben ist das Ausmaß der Dienstleistungen ein Kriterium, die unmittelbar mit dem Warengeschäft einhergehen und die im Regelfall auch über den Preis der Ware entgolten werden. Traditionelle Beispiele hierfür sind eine Verkaufsausstellung, die produktbezogene Beratung, die Bevorratung der Waren beim Händler und die Zustellung. Darüber hinaus ist aber auch an weitere Dienstleistungen zu denken, die heute gern als sog. *Value Added Services* bezeichnet werden, also Dienstleistungen, die über das klassische Handelswarengeschäft mit seiner Informations- und seiner Logistikkomponente hinausgehen. Hierzu gehören die Durchführung von Schulungen und Lehrgängen oder die vollständige Übernahme von Dispositionstätigkeiten des Kunden wie etwa im Falle des C-Teile-Managements. Bezüglich dieser dritten Komponente muss die Erstellung der Leistung nicht in jedem Fall durch den Händler selbst erfolgen, es ist ebenso eine Fremdvergabe denkbar. In dem Fall bündelt der Händler nicht nur den Warenfluss, sondern in gleicher Weise das Dienstleistungsangebot, dem sich seine Kunden gegenübersehen, und kann damit seinen Wettbewerbesvorteil schaffen mittels eines One-Stop-Shopping-Angebotes, das über das bloße Handelswarenangebot hinausgeht.

Schließlich kann die dritte Dimension, die das Ausmaß der physischen Veränderung an der Ware erfasst, von besonderer Bedeutung sein. Im traditionellen Fall begnügt sich der Händler mit der idealtypischen Aufgabe des Handelns mit der von Dritten bezogenen Ware. Insbesondere im Stahlhandel sind aber schon seit längerem Tätigkeiten der Anarbeitung üblich. So wie traditionelle Branchengrenzen an Bedeutung verloren haben, kann es auch für einen Produktionsverbindungshändler sinnvoll sein, Produktionstätigkeiten entweder von den Lieferanten oder von den Kunden in das eigene Unternehmen zu verlagern. Dies setzt natürlich voraus, dass die Angesprochenen die Vorteilhaftigkeit eine solchen Verlagerung erkennen. Stellenweise wird sogar von einem Trend zur eigenen Produktion im Produktionsverbindungshandel gesprochen.

V. Fazit

Die Welle der Konzentration hat nach dem Konsumgüterhandel nun den Produktionsverbindungshandel erreicht. Die Statistiken weisen aus, dass die Zahl der Unternehmen in vielen Bereichen zurückgeht, dass die Unternehmensgrößen anwachsen. Aber die Verhältnisse unterscheiden sich in einzelnen Branchen.

Unabhängig von der Zugehörigkeit zu einer Branche ist zu prüfen, inwieweit Größe Vorteile verschafft und insofern ein Zwang zu internem oder externem Wachstum vorliegt. Im Prinzip lebt der Produktionsverbindungshandel von der Nähe zu seinen Kunden, auch in räumlicher Hinsicht, was zunächst die Beschränkung auf angestammte Räume nahe zu legen scheint. Aber Größe kann mit Vorteilen in mehreren Bereichen verbunden sein. Es wurde gezeigt, wie das Vorhandensein solcher Größenvorteile anhand von Ergebnissen aus Betriebsvergleichen oder anhand theoretischer Überlegungen überprüft werden kann.

Der steigende Wettbewerb, verstärkt durch Umsatzstagnation und den Eintritt ausländischer Anbieter, erfordert, die Unternehmensprozesse noch stärker auf die Bedürfnisse der Kunden auszurichten. Dies geht mit einer weiteren Profilierung des Unternehmens einher. Hierfür kommen verschiedene strategische Konzepte in Frage, die vor dem Hintergrund der individuellen Wettbewerbssituation bewertet werden müssen. Es wurde ein dreidimensionaler Rahmen vorgeschlagen, in dem sich jedes Unternehmen positionieren muss:

1. traditioneller branchenbezogener Warenkreis – funktionsorientierter Warenkreis – kundenbezogener Warenkreis
2. reiner Händler – Händler mit Anarbeitung – Händler mit Produktion
3. Händler mit reduzierter Dienstleistung – volle Ausübung der klassischen Handelsfunktionen – „Value Added Services“.

Anmerkungen

[1] Herangezogen wurden hierfür die beiden Unterklassen 51.53.2 „Großhandel mit Roh- und Schnittholz“ sowie 51.53.3 „Großhandel mit sonstigen Holzhalbwaren sowie Bauelementen aus Holz“ gemäß der Wirtschaftszweigsystematik von 1993.

[2] Die Klasse 407 1 wurde gemäß der Wirtschaftszweigsystematik von 1979 abgegrenzt als „Großhandel mit Holz und Holzhalbwaren, Bauelementen aus Holz“.

Abschnitt E

Großhandel und E-Commerce: Eine Bestandsaufnahme

Thomas Rudolph und Sebastian Busch

I. Der Großhandel im Umbruch

1. Das Internet als Herausforderung für den Großhändler

Durch das Aufkommen elektronischer Handelsvermittler mit Großhandelsfunktion (elektronische Marktplätze) gelangt der Großhandel heute wieder verstärkt in die Aufmerksamkeit der Handelsbetriebslehre. Neue, auf dem Internet basierende Handelsunternehmen ziehen heute große Aufmerksamkeit auf sich, sowohl in der Presse als auch in einer Reihe wissenschaftlicher und kommerzieller Marktstudien (vgl. Bogaschewsky/Müller 2001; Lenz/Ohlen/Arni 2001; Fraunhofer IAO 2000; Conextrade 2001). Diese große Aufmerksamkeit erklärt sich aus den Gewinnversprechungen der betroffenen Unternehmen. Im Folgenden soll kritisch untersucht werden, ob diese elektronischen Marktplätze tatsächlich andere Funktionen und Dienstleistungen bereitstellen als traditionelle Großhändler. Die kritische Frage ist, ob das Aufkommen des E-Commerce als eine Chance, eine Bedrohung oder eine Bereicherung für den traditionellen Großhandel zu verstehen ist.

2. Heutige Ausprägungen des Großhandels

Die Definition und Abgrenzung des Großhandels ist in wissenschaftlichen Abhandlungen ein zentrales Thema. Neben Klassifizierungen von Großhandelsunternehmen nach institutionellen, funktionellen oder branchenbezogenen Kriterien wird regelmässig die Frage aufgeworfen, in welcher Form der Großhandel als Intermediär tatsächlich Mehrwert schafft. Im Folgenden werden einige der häufig verwendeten Ansätze zur Abgrenzung vorgestellt.

Falk/Wolf verwenden die folgende Definition: "Großhandel im institutionellen Sinne umfasst die Betriebe, die ausschliesslich oder überwiegend Großhandel im funktionellen Sinne betreiben. Solche Betriebe, die sich also mit ihren Leistungen nicht an den Letztverbraucher, sondern an Wiederverkäufer, Weiterverarbeiter oder Großverbraucher als Marktpartner wenden, werden als Großhandelsbetriebe bezeichnet." (Falk/Wolf 1992, S. 8).

Während Großhändler und Handelsvermittler beide Großhandelsfunktionen wahrnehmen, handeln Großhändler im eigenen Namen, Handelsvermittler im fremden Namen. Die Handelsvermittlung beschränkt sich in den meisten Fällen auf dispositive Tätigkeiten, die im direkten Zusammenhang mit Geschäftsanbahnung und Kaufabschluss stehen; das Leistungsspektrum des Großhandels ist in der Regel wesentlich breiter gefasst. In Abschnitt II werden die vom Großhandel wahrgenommenen Funktionen im Detail vorgestellt.

Allgemein betrachtet, besteht die Funktion des Großhandels in erster Linie in der Bereitstellung von Besitz-, Zeit- und Ortsnutzen (vgl. Lambert/ Stock 1993, S. 89ff.). Ein Beispiel für diese Funktionen des Großhandels ist ein Cash-and-Carry-Großhändler. Dieser kauft Ware von Herstellern und bietet sie in kleineren Losen seinen Kunden zum Verkauf. Hierbei nimmt er unter anderem Lagerhaltungsfunktionen wahr, welche seinem Kunden erlauben, auf kostspielige eigene Lagerbestände zu verzichten (Besitznutzen). Der Einkauf des Großhändlers erfolgt zeitlich unabhängig vom Verkauf an die Kunden: letztere können ihre Bedürfnisse zu einer ihnen günstigen Zeit erfüllen (Zeitnutzen). Obschon Kunden die Ware in diesem spezifischen Fall die Ware beim Großhändler abholen, liegt die Filiale des Großhändlers näher bei ihrem Domizil als im hypothetischen Fall eines Direkteinkaufs (Ortsnutzen).

Besonders hohen Wert schafft der Großhandel, wenn die Branche durch hohe Fragmentierung auf der Nachfrageseite gekennzeichnet ist und die gehandelten Produkte einen geringen Wert haben. Verstärkt wird dieser Effekt, wenn die Liefereinheiten klein sind. Bei Erzeugnissen wie Zigaretten oder Presseartikeln treffen diese Eigenschaften beispielsweise in hohem Maße zu; in derartigen Branchen sind als Folge dessen auch die Großhändler stärker vertreten als in anderen Branchen.

Klassifizierungen des Großhandels lassen sich nach einer Reihe von Kriterien aufstellen. Batzer/Lachner/Meyerhöfer (1991, S. 50f.) zählen die folgenden Ausprägungen des Großhandels auf:

- *Landhandel*: Handel mit Erzeugnissen der Land- und Forstwirtschaft
- *Rohstoffhandel*: Handel mit Roh-, Hilfs- und Betriebsstoffe sowie bestimmten Zwischenprodukten
- *Produktionsverbindungshandel* (Produktionszwischenhandel): Handel zwischen den verschiedenen Produktionsstufen
- *Konsumgütergroßhandel*: Mittler zwischen der Konsumgüterindustrie und dem Einzelhandel (einschliesslich Großverbrauchern)
- *Außenhandel* (grenzüberschreitend) und *Binnenhandel* (auf das Inland beschränkt)

- *Lagergroßhandel* (Großhandel betreibt eigene Lager) und *Streckengroßhandel* (Großhandel übernimmt nur die dispositiven Handelsfunktionen)
- *Zustellgroßhandel* (Belieferung) vs. *Thekengeschäft* (Abholung; "Residenzgroßhandel").

Diese Klassifizierungen veranschaulichen die Vielfalt der Ausprägungen bei Großhandelsunternehmen

Nicht nur das angebotene Funktionsspektrum der hier aufgezählten Arten von Großhändlern differiert stark, sondern auch die räumliche, organisationale und operative Geschäftsgestaltung des Großhändlers.

3. E-Commerce im Großhandelsbereich

Einige Großhandelsunternehmen – etwa der Residenzgroßhandel (Cash-and-Carry-Großhandel) – sind durch ihre räumliche Nähe zum Kunden geprägt und auf physische Lager angewiesen, um ihre Überbrückungsfunktion wahrzunehmen. E-Commerce-Lösungen werden für diese Unternehmen höchstens in Teilbereichen Unterstützung bieten können.

Seit dem Aufkommen der ersten internetbasierten Handelsunternehmen wird regelmäßig die These geäussert, dass E-Commerce den Großhandel in der bisherigen Form verdrängen könnte. Im Rahmen dieses Beitrags wird der Begriff E-Commerce wie folgt definiert: E-Commerce ist die Vorbereitung, Abwicklung und Durchführung von Transaktionen mittels elektronischer Netzwerke. Analog zum Handel im allgemeinen wird zwischen Business-to-Consumer-E-Commerce und Business-to-Business-E-Commerce unterschieden (vgl. Kleinaltenkamp 1994).

Unter den verschiedenen Ausprägungen des Business-to-Business-E-Commerce nehmen elektronische Marktplätze (E-Marktplätze) an Bedeutung zu; sie sind diejenige Ausprägung von E-Commerce-Unternehmen, welche die größte funktionale Übereinstimmung mit traditionellen Großhandelsunternehmen aufweisen. Elektronische Marktplätze sind Unternehmen, welche Kunden und Lieferanten ermöglichen, ihre Geschäfte über einen zentralen Ansprechpartner abzuwickeln. Sie nehmen Funktionen wahr, welche traditionell vom Großhandel wahrgenommen wurden. Insbesondere in der Lieferantenselektion und Markterschließung bieten internetbasierte Lösungen einen erheblichen Mehrwert für Handelsunternehmen. Nicht nur in der Handelsbranche haben sich E-Marktplätze etabliert, sondern heute dringt die Abwicklungen von Geschäften über derartige Marktplätze auch schon in Branchen vor, in welchen bisher keine Unternehmen als Mittler fungierten. Die Baubranche ist ein Beispiel hierfür.

Während in Zeitungsberichten überwiegend die Abwicklung von Auktionen hervorgehoben wird, ist das tatsächlich von E-Marktplätzen angebotene Leistungsspektrum weit breiter. E-Marktplätze ermöglichen ihren Kunden, Daten über gemeinsame Projekte auszutauschen (z.B. Termine, Ansprechpartner, E-Mail-Korrespondenz), Investitionsgüter zu kaufen, Marktinformationen einzuholen oder begleitende Finanzdienstleistungen zu erhalten. Aus derartigen Zusatzgeschäften erzielte Gewinne können einem E-Marktplatz beispielsweise ermöglichen, seinen Kunden günstigere Bedingungen für Transaktionen anzubieten. Elektronische Marktplätze sind in diesem Sinne als Netzwerke zu verstehen, welche eine Koordinationsfunktion zwischen einer Reihe von Dienstleistern ausüben. Insbesondere zählen die im Folgenden genannten Unternehmen zu diesen Dienstleistungsunternehmen:

- *Komplementäre Websites* sind Internetseiten, welche auf den Marktplatz verweisen. Üblicherweise richten sich diese an Kunden in derselben Branche. Solche Links können besonders zur Kundenakquisition sehr hilfreich sein. Ihren Ursprung fand die Praxis der Querverweise auf andere Websites im internetbasierten Einzelhandel mit dem Austausch von Werbeflächen unter Internethändlern oder mit Informationsportalen, welche sich an ein breites Publikum richten.
- *Branchenplattformen* sind verschiedene Arten von Industriekonsortien, welche formell oder informell organisiert sein können. Diese Plattformen basieren in der Regel nicht selbst auf dem Internet, sondern sind politische oder wirtschaftliche Interessenverbände von Unternehmen, beispielsweise Handelskammern oder Berufssowie Branchenverbänden.
- Mit dem Begriff *Content Providers* sind Unternehmen bezeichnet, welche Informationen zur Verfügung stellen. Die meisten Zeitschriften und Zeitungen bieten Online-Versionen ihrer Inhalte gegen Entgelt an. Ebenso sind Nachrichten der meisten Nachrichtenagenturen (z.B. Reuters) und Pressedienste (z.B. PR Newswire) online erhältlich. Durch Informationen, welche von derartigen Content Providers bereitgestellt werden, können E-Marktplätze ihre Inhalte wesentlich auf ihre Zielgruppe anpassen.
- *Wirtschaftsinformationsdienste* existierten ebenfalls schon lange bevor das Internet aktuell wurde. Agenturen wie Dun & Bradstreet im US-amerikanischen Raum oder Bürgel Wirtschaftsinformationen in Deutschland liefern Informationen, welche die

Bewertung und Bonitätsprüfung von Geschäftspartnern ermöglichen. Durch diese Informationen können auch kleine, geografisch beschränkte Unternehmen mit Geschäftspartnern handeln, mit welchen sie ohne weitere Informationen auf Grund unabschätzbarer Risiken keine Geschäfte eingehen würden.

- *Finanzdienstleister* sind Banken ebenso wie Verrechnungsstellen der Kreditkarten- und Leasingunternehmen. Der Einbezug derartiger Dienstleister ermöglicht die Bezahlung komplexer Güter oder Dienstleistungen auf dem elektronischen Marktplatz. Hierbei kommen die technischen Vorteile des Internet besonders zum Tragen: Traditionell erforderte es großen Aufwand, für komplexe Produkte Kreditfinanzierungen oder Leasingverträge auszuarbeiten. Das Internet ermöglicht es, Zahlungsbedingungen automatisch zu berechnen und dabei eine Vielzahl von Details über die gehandelten Produkte und käuferspezifische Konditionen in die Kalkulation einfliessen zu lassen. Die Abwicklung derartiger "automatisierter" Verfahren zur Einbindung der Finanzdienstleister ist noch nicht sehr verbreitet, bietet aber erhebliches Potenzial.
- *Logistikunternehmen* sind unerlässliche Partner elektronischer Marktplätze in Branchen, welche den Handel mit Gütern betreffen. Dies liegt zum einen daran, dass in derartigen Branchen jedes auf dem Internet abgeschlossene Geschäft auch von der Auslieferung der Produkte begleitet werden muss. Andererseits ist das Speditions- und Logistikgewerbe eine Branche, welche selbst erhebliche Kostenvorteile aus der Internettechnologie schöpfen kann. Der Kurierdienst Federal Express baute beispielsweise einen Online-Marktplatz für Speditionsdienstleistungen auf, urgentfreight.com. Neben dem Abfragen der Position einzelner Lieferungen bietet das Internet Speditionen beispielsweise die Möglichkeit, basierend auf Satellitennavigationssystemen in einzelnen Lastwagen eine dynamische Routenplanung auf einem zentralen Rechner ablaufen zu lassen.

4. Elektronische Marktplätze

Elektronische Marktplätze sind in der Regel keine Großhandelsunternehmen. Großhändler kaufen und verkaufen auf eigene Rechnung Waren und übernehmen dadurch einen großen Teil der aus Lagerhaltung sowie Angebots- und Nachfrageschwankungen resultierenden Risiken. Elektronische Marktplätze dagegen treten in den meisten Fällen als reine Handelsvermittler auf. Sie schaffen Transparenz zwischen Anbietern und Nachfragern in klar definierten Märkten. Zudem setzen sie naturgemäss weniger auf persönliche Kontakte zu Anbietern und Nachfragern als dies bei Großhändlern der Fall ist. Durch die Schwerpunktsetzung auf das Internet als Schnittstelle zu Kunden und Lieferanten sind elektronische Marktplätze darauf angewiesen, entweder im hohen Maß standardisierte Transaktionen abzuwickeln oder das Aushandeln der Geschäftskonditionen den Geschäftsparteien zur direkten Abwicklung ausserhalb des elektronischen Marktplatzes zu überlassen. Während die Vermittlung der Geschäfte selten auf Rechnung des elektronischen Marktplatzes erfolgt, gewährleistet die Technologie in vielen Fällen doch den direkten, nicht-anonymen Kontakt zwischen den Beteiligten. Übersicht 1 veranschaulicht diese Klassifizierung.

Übersicht 1: Typologie bestehender E-Marktplätze

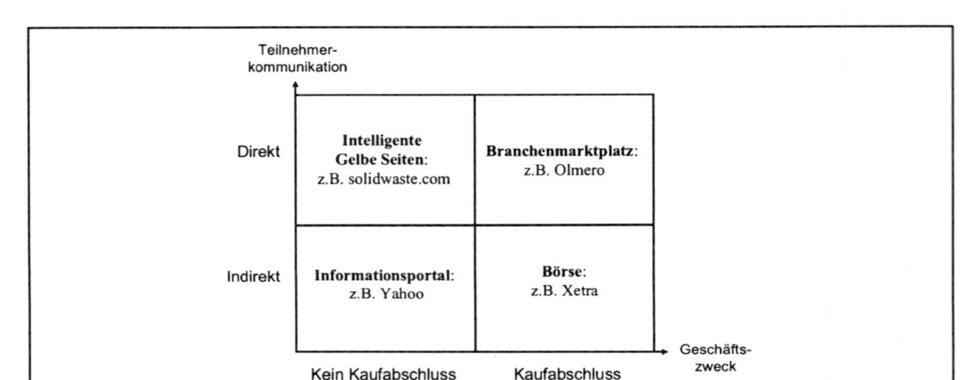

Die in Übersicht 1 gezeigte Typologie bestehender elektronischer Marktplätze basiert auf einer Klassifizierung nach den Dimensionen Teilnehmerkommunikation und Geschäftszweck. Diese Achsen wurden gewählt, da sie eine aussagekräftige Kategorisierung der heute vorhandenen Angebote von elektronischen Marktplätzen erlauben. Im Verhältnis zu bisherigen Klassifizierungsansätzen ermöglicht der vorgestellte Ansatz, einerseits der Vielfalt der Ausprägungsformen elektronischer Marktplätze besser Rechnung zu tragen, indem auch Marktplätze einbezogen werden, welche ihren Angebotsschwerpunkt auf die Geschäftsanbahnung und damit nicht auf den Geschäftsabschluss legen. Andererseits geht die hier verwendete Klassifizierung stärker vom Status Quo der Anwendung elektronischer Marktplätze aus, im Gegensatz zu dem verbreiteten Modell von Kaplan/Sawhney (2000), welches einen weiter fortgeschrittenen Anwendungsstand und eine höhere Integration der Technologie annimmt, als es derzeit in den meisten europäischen Unternehmen der Fall ist. In diesem Sinne gehen die hier vorgestellten Fallbeispiele von einer Verwendungssituation von E-Marktplätzen für die situative Beschaffung von Sekundärgütern sowie für die Informationseinholung und tuative Beschaffung von Sekundärgütern sowie für die Informationseinholung und Vorbereitung auf diese Beschaffungsprozesse aus.

Mit dem Begriff Teilnehmer werden hier sowohl Anbieter bezeichnet, welche Güter und Dienstleistungen auf elektronischen Marktplätzen anbieten, als auch Kunden, welche Leistungen der Anbieter über elektronische Marktplätze beziehen. Im Fall einer indirekten *Teilnehmerkommunikation* sind sich die Teilnehmer nicht namentlich bekannt; sie wickeln ihre Verhandlungen oder Geschäfte ausschließlich mit dem Marktplatz ab. Im Fall einer direkten Teilnehmerkommunikation lernen sich die Teilnehmer im Lauf der Geschäftsanbahnung kennen, tauschen also Kontakt- und Identitätsinformationen aus. Dadurch gelingt es, eher komplexe Transaktionen abzuwickeln.

Die Dimension *Geschäftszweck* erfasst die Frage, ob der E-Marktplatz den Abschluss von Kaufabschlüssen (allgemeiner gefasst: Vertragsabschlüssen) erlaubt. Einige elektronische Marktplätze unterstützen die Teilnehmer in Phasen der Vertragsanbahnung, nicht aber beim tatsächlichen Abschluss von Geschäften.

Marktplätze, welche direkte Teilnehmerkommunikation sowie Verkaufsabschlüsse ermöglichen, sind in der Regel *Branchenmarktplätze,* welche sich auf eine beschränkte Anzahl komplexer Geschäftsabläufe innerhalb einer Branche konzentrieren. Auf Grund der Komplexität derartiger Geschäftsbeziehungen ist in der Regel die Möglichkeit zum Treffen individueller Absprachen zwischen den Teilnehmern erforderlich. Dies setzt voraus, dass die Geschäftsbeziehungen nicht auf anonymer Ebene stattfinden. Über die Kontaktaufnahme hinaus muss ein Branchenmarktplatz Funktionalitäten anbieten, die es dem Kunden ermöglichen, aus einem Geschäft einen echten Mehrwert zu gewinnen. Der schweizerische Baumarktplatz Olmero bietet beispielsweise ein Modul zur Vergabe von Bauaufträgen, welches auf die spezifischen Anforderungen der schweizerischen Baubranche zugeschnitten ist und es ermöglicht, den zeitraubenden Prozess des Ausschreibens und der Selektion von Angeboten in dieser Branche weitestgehend zu automatisieren. Somit liegt die Wertschöpfung des Marktplatzes in der Geschäftsanbahnung. Die Markterschließung besteht in diesem Fall darin, einem Unternehmen, das eine Ausschreibung durchführt, einen Marktüberblick über in Frage kommende Geschäftspartner zu ermöglichen und den Kontakt zu diesen zu erlauben.

Ein Beispiel für den Fall einer *Börse*, auf welcher anonym bleibende Parteien Geschäfte abschliessen, ist Xetra, das elektronische Handelssystem der Deutschen Börse AG. Der Betrieb von Börsen im funktionalen Sinn beschränkt sich jedoch nicht auf den

Aktienhandel. Ein Geschäftsbereich des amerikanischen Energieversorgers Dynegy (siehe dynegydirect.com) ermöglicht Kraftwerken, Energieversorgern und anderen Unternehmen aus dem Energiebereich, Strom, Erdgas und weitere Ressourcen auf einem Spotmarkt zu handeln. Im Grundprinzip unterscheidet sich die Funktionsweise eines solchen Markts kaum von einem Aktienmarkt: Standardisierte Produkte wechseln zu einem Preis den Eigentümer, welcher ausschließlich durch Angebot und Nachfrage bestimmt wird. Die Käufer und Verkäufer bewahren dabei ihre Anonymität; Folgegeschäfte werden ebenfalls über den Marktplatz, nicht auf dem direkten Weg abgewickelt.

Ebenfalls indirekt kommunizieren die Geschäftsparteien, wenn sie ein reines *Informationsportal* nutzen, um sich über Marktentwicklungen zu informieren. Yahoo ist ein Beispiel hierfür. Obschon kein reiner E-Marktplatz sondern ein branchenübergreifendes Portal, erlaubt Yahoo, ohne Preisgabe der eigenen Identität Marktauskünfte einzuholen. Im Gegensatz zu den vorangegangenen Beispielen erfordert der Kontakt mit einem derartigen Informationsportal in der Regel keinen aufwändigen Identifikationsprozess der Teilnehmer. Die Gewährleistung der Anonymität und der weitestgehende Verzicht auf die Möglichkeit zum direkten Vertragsabschluss führen dazu, dass derartige Informationsportale nicht die Möglichkeit haben, durch Kommissionen für Vertragsabschlüsse Umsätze zu generieren. Sie verlassen sich in der Regel weitgehend auf Einkünfte aus Anzeigen.

Besonders im Bereich von indirekten Gütern (Güter, welche nicht direkt in den Produktionsprozess eingehen) haben Käufer und Verkäufer häufig direkten Kontakt, da es sich dabei oft um Spot-Transaktionen ohne Rahmenverträge handelt. Marktplätze in diesem Bereich entsprechen oft einem Branchenbuch (deshalb die Bezeichnung *"intelligente gelbe Seiten")* mit einigen benutzerfreundlichen Zusatzfunktionen. Beispiele hierfür sind der internationale Marktplatz für die Entsorgungsbranche solidwaste.com oder der Beschaffungsdienst des Schweizer Bauportals bauonline.ch. Hier liegt die Aufgabe des Vermittlers in der Schaffung eines Kontakts zwischen Anbieter und Nachfrager, welche in der Folge direkt ihre Geschäftskonditionen aushandeln. Die Bezahlung des E-Marktplatzes erfolgt in dieser Situation meist durch eine Kommission auf das Handelsvolumen. Ein großes Problem für diese Art von E-Marktplätzen besteht in der Gefahr, dass Käufer und Verkäufer den Intermediär nach der Herstellung des ersten Kontakts ignorieren und Folgegeschäfte vereinbaren, ohne den E-Marktplatz hinzuzuziehen.

Das hier vorgestellte Modell zur Klassifizierung verdeutlicht das breite Spektrum der Ausgestaltungsmöglichkeiten für elektronische Marktplätze. Die Entscheidung für eine bestimmte Teilnehmerkommunikationsstrategie erfordert eine Reihe von marketingrelevanten Entscheidungen.

Ein Branchenmarktplatz, welcher den Kontakt zwischen Kunden ermöglicht und ihnen erlaubt, komplexe Geschäfte abzuschließen, kann dabei eine Datenbank mit einer Fülle von wertvollen Informationen über seine Kunden aufbauen. Dies ermöglicht eine akkurate Beantwortung der Frage, welche zusätzlichen Dienstleistungen für diesen Kundenkreis interessant sein könnten. Die Zusammenarbeit mit weiteren elektronischen Marktplätzen oder der schrittweise Ausbau des eigenen Dienstleistungsangebots bietet sich somit an.

Im Fall eines elektronischen Branchenbuchs kann ebenfalls auf einen Ausbau der Breite und Tiefe der Kundenbeziehungen abgezielt werden: auch hier sind die Teilnehmer einander sowie dem Marktplatz bekannt. Da auf dieser Art von Marktplätzen keine Geschäfte abgeschlossen werden, sondern nur der Kontakt zwischen Teilnehmern ermöglicht wird, müssen andere Einnahmequellen erschlossen werden. Hierzu zählt gezielte Werbung, welche sich an den oft klar definierten Kundenkreis eines derartigen industriespezifischen Marktplatzes richtet.

II. Funktionale Betrachtung des Großhandels

1. Überblick über die Großhandelsfunktionen

Funktional betrachtet besteht die Aufgabe des Großhandels in der Erbringung von Dienstleistungen sowohl für Anbieter als auch für Nachfrager von Gütern. Im Interesse der Anschaulichkeit wird im Folgenden, soweit nicht anders erwähnt, beispielhaft von der Situation eines Großhändlers ausgegangen, welcher bei Herstellern Waren bezieht und diese idealtypisch an Einzelhändler vertreibt. Dies ist allerdings nur eine von verschiedenen Rollen des Großhandels. In einigen Fällen beliefern traditionelle Großhändler nicht immer den Einzelhandel, sondern industrielle Großkunden (z.B. Bauunternehmen im Fall des Baustoffgroßhandels).

Übersicht 2: Mehrwertschaffende Funktionen des Großhandels

Für den Hersteller erbrachte Dienstleistungen
- Marktabdeckung
- Vertriebskontakt
- Lagerhaltung
- Bestellabwicklung
- Marktinformation
- Kundensupport

vom Großhändler bereitgestellte Funktionen

Für den Einzelhandel erbrachte Dienstleistungen
- Markterschließung
- Sortimentsbildung
- Feinverteilung
- Finanzdienstleistungen
- Kommissionierung und Kundenservice
- Beratung und technischer Support

Ergebnis?

Mehrwert (ausgedrückt in Margen des Großhändlers)

Quelle: in Anlehnung an Rosenbloom 1987, S. 26.

Die Aufgabe des Großhandels besteht im Erbringen von Dienstleistungen für Hersteller und den Einzelhandel. Im Folgenden werden die Leistungen, welche der Großhandel für Anbieter und für Abnehmer erbringt, anhand von Beispielen vorgestellt. Der Frage, inwiefern heute schon internetbasierte Anwendungsfälle für einzelne Funktionen denkbar sind, kommt dabei besondere Aufmerksamkeit zu.

2. Für Hersteller erbrachte Dienstleistungen

Übersicht 3 veranschaulicht, dass sich nahezu alle herstellerseitigen Funktionen des Großhandels durch internetbasierte Lösungen ergänzen lassen.

In sehr vielen Großhandelsbranchen werden derartige Anwendungen des Internets bereits heute praktiziert. Der Übergang von "traditionellen" zu "internetbasierten" Lösungen ist zudem in vielen Bereichen fliessend. Die meisten der angeführten Anwendungsbeispiele für E-Commerce-Lösungen basieren darauf, dass bestehende Dienstleistungen, welcher der Großhandel für Anbieter erbringt, durch das Internet unterstützt werden. Im Pharmagroßhandel ermöglicht eine Online-Ordererfassung beim Kunden dem Großhändler, seine eigenen Bestellungen bei der pharmazeutischen Industrie basierend auf diesen Daten zu automatisieren. Im Fall eines HiFi-Großhändlers, welcher Reklamationen für Kunden abwickelt, kann gemeinsam mit Herstellern von Markenprodukten ein Internetportal aufgebaut werden, welches dem Kunden den Ablauf einer Reklamationsabwicklung erklärt. Hierdurch werden wiederum alle beteiligten Handelsstufen von der Bearbeitung von Routineanfragen entlastet.

Die Beispiele veranschaulichen, dass es im Großhandel bereits heute eine Reihe von Ansatzpunkten für die Anwendung des Internet gibt. Zugleich wird jedoch offensichtlich, dass die Realität des Großhandels von einer nahtlosen und umfassenden Integration durch das Internet weit entfernt ist. Eine Verdrängung traditioneller Großhandelsprozesse und -strukturen durch neue, auf das Internet vertrauende Unternehmen ist auf Grund der heterogenen Branchenstrukturen, in welchen Großhändler agieren, auch nur in wenigen Fällen denkbar. Jedoch nutzt bereits heute eine Reihe von Großhandelsunternehmen regelmässig das Internet, um die Zusammenarbeit mit Lieferanten und Abnehmern zu verbessern und den Ablauf bestimmter Arbeitsschritte zu vereinfachen.

Übersicht 3: Für Hersteller erbrachte Dienstleistungen sowie Anwendungsmöglichkeiten von E-Commerce

Funktion	Aufgaben des Großhandels	Konventionelles Beispiel	Anwendungsmöglichkeit des E-Commerce
Marktabdeckung	Marktforschung; Einholen von Information; Knüpfen von Kontakten zu Einzelhändlern.	Automobilhersteller übergibt die Bearbeitung des Markts Schweiz an einen Generalimporteur (GH).	Online-Informationsplattform ermöglicht Datenaustausch zwischen Hersteller und Importeur.
Vertriebskontakt	Bereitstellung eines dichten Vertriebsnetzes; Realisierung von Größeneffekten.	Hersteller von Spezialmaschinen lagert seinen Vertrieb exklusiv an einen Partner (GH) aus.	Vertriebsinformationssystem verbessert Kommunikation zwischen Hersteller und Vertriebsnetz des Großhandels.
Lagerhaltung	Gewährleisten der Verfügbarkeit von Waren; Übernahme des Bestandsrisikos.	Cash-and-Carry-Großhandel stellt kontinuierliche Warenverfügbarkeit über Lager sicher.	Einzelhändler bestellen online beim Cash-and-Carry-Großhandel; Ermöglichung von Direktbelieferung durch den Hersteller (drop ship).
Bestellabwicklung	Ausführen der administrativen Aufgaben mit Kundenkontakt.	Pharma-GH unterhält eigenes Bestellsystem für Apotheken.	Pharma-GH verlagert Bestellabwicklung auf das Internet.
Marktinformation	Übermitteln von "Feedback" aus den Vertriebskanälen an den Hersteller.	GH unterstützt den Hersteller bei Produktentwicklung und Preiskalkulation.	E-Mail und Online-Marktforschung erleichtern informellen und formellen Informationsfluss.
Kundensupport	Abwicklung von Wartung und Serviceleistungen.	HiFi-Großhändler wickelt Reklamationen und Garantiefälle ab.	Kunden-Informationsportal erleichtert Vorabklärungen.

3. Für den Einzelhandel erbrachte Dienstleistungen

Am Beispiel von unterschiedlichen Einzelhandelsbranchen werden in Übersicht 4 Anwendungsmöglichkeiten des Internet bei Dienstleistungen, welche sich an den Einzelhandel richten, vorgestellt.

Selbstverständlich ist der Einzelhandel nicht in allen Fällen der alleinige Kunde des Großhandels. Die Beschränkung auf diese Konstellation in den hier aufgeführten Fallbeispielen dient der Anschaulichkeit.

Übersicht 4: Für den Einzelhandel erbrachte Dienstleistungen sowie Anwendungsmöglichkeiten von E-Commerce

<table>
<tr><th>Funktion</th><th>Aufgaben des Großhandels</th><th>Konventionelles Beispiel</th><th>Anwendungsmöglichkeit des E-Commerce</th></tr>
<tr><td>Markterschließung</td><td>Ermöglichung des Zugangs zu intransparenten oder spezialisierten Beschaffungsmärkten.</td><td>Großhändler hält Ersatzteile für breites Spektrum antiker Automobile auf Lager.</td><td rowspan="2">Großhändler stellt einen stets aktuellen Online-Katalog seines Sortiments zusammen.</td></tr>
<tr><td>Sortimentsbildung</td><td>Zusammenführen des Angebots unterschiedlicher, geografisch verstreuter Hersteller.</td><td>Großhandel mit Textilien, Sportartikeln oder Spielwaren bietet eigenes Sortiment an, ggf. auch eigene Marken.</td></tr>
<tr><td>Feinverteilung</td><td>Anbieten kleinerer Mengen als direkt vom Hersteller verfügbar.</td><td>Großhandel im Bereich Büroartikel/Geschenke liefert Kleinmengen an kleine Schreibwarenläden.</td><td>Großhändler informiert ergänzend im Internet über Verfügbarkeit, Lieferbedingungen etc.</td></tr>
<tr><td>Finanzdienstleistungen</td><td>Angebot von Dienstleistungen zur Finanzierung der Ware.</td><td>Einzelhändler bezahlen Ware erst nach dem Verkauf an Endkunden.</td><td>Durch Online-Tools kann die Prüfung der Kreditlinie in den Bestellvorgang integriert werden.</td></tr>
<tr><td>Kommissionierung und Kundenservice</td><td>Großhandel übernimmt Garantie- oder Lieferleistungen für den Einzelhandel.</td><td>Konsumenten können im Einzelhandel gekaufte Computer zur Reparatur an Großhändler senden.</td><td>"Tracking" des Zustands des retournierten Geräts im Internet.</td></tr>
<tr><td>Beratung und technischer Support</td><td>Großhändler bietet Einzelhändlern Unterstützung in Logistik und Marketing.</td><td>Marketingorganisation im HiFi-Bereich entwickelt Promotionen und Events für Einzelhändler.</td><td>Transparentere Darstellung der Leistungen, welche dem Einzelhandel geboten werden.</td></tr>
</table>

Die Beispiele zeigen, dass viele der Funktionen, welche der Großhandel wahrnimmt, sowohl für den Anbieter (siehe Übersicht 3) als auch für den Einzelhändler (Kunden; siehe Übersicht 4) eine Dienstleistung bedeuten. So entbindet die Lagerhaltungsfunktion des Großhandels sowohl den Anbieter als auch den Einzelhändler von der Notwendigkeit, Kapital und Flächen in kostspielige Lager zu investieren. Zudem vereinfacht das Lager eines Großhändlers diesem, Kommissionierungs- und Serviceaufgaben wahrzunehmen. Da viele Leistungen des Großhandels in ähnlicher Form miteinander verflochten sind, fällt es schwer, das Internet als eine Bedrohung der gesamten Existenz des Großhandels zu verstehen. Im Gegenteil: bei den hier aufgezeigten Anwendungsmöglichkeiten des Internet handelt es sich um punktuelle Entlastungen des Großhandels sowie des Einzelhandels. So werden beispielsweise Telefonanrufe durch den Kontakt per E-Mail ergänzt, Marktinformationen schneller ausgetauscht und Routinearbeiten durch automatisierte Systeme ausgeführt.

III. Strategische Optionen für E-Commerce im Großhandel

1. Überblick über die strategischen Optionen

Wie an der Aufzählung der erbrachten Dienstleistungen aufgezeigt, besteht die Kerntätigkeit des Großhandels im Einkauf und im Verkauf von Gütern und Dienstleistungen. Abhängig von der konkreten Situation der Branche, der Konjunktur sowie von situativen Bedingungen sind hierbei unterschiedliche Schwerpunkte für den Großhandel relevant. Das Internet ist bereits heute für den Großhandel bei der Erledigung einer Vielzahl von Aufgaben relevant. Angesichts der Selbstverständlichkeit, mit welcher die meisten Geschäftspartner ebenfalls ihre Geschäftsprozesse durch das Internet ergänzen lassen, sollten Großhandelsunternehmen heute einige Grundsatzentscheidungen darüber treffen, für welche Zwecke und in welchem Ausmaß sie das Internet in ihre eigene Strategie einzubinden planen.

2. Positionierungsentscheidung als Voraussetzung

Um in seinem Marktsegment erfolgreich zu sein, muss ein Großhändler – sei es ein Großhändler im traditionellen Verständnis oder ein internetbasierter Intermediär – eine klare Positionierungsentscheidung treffen. Positionierung bezeichnet das konsequente Verfolgen einer Nutzenstrategie. In den meisten Branchen lassen sich drei unterschiedliche Nutzenstrategien unterschieden: die *Kostenführerschaft*, die *Produktführerschaft* und die *Problemlösungsstrategie* (vgl. Rudolph 2000).

Die Leitlinien einer Nutzenstrategie werden immer aus der Unternehmensstrategie bestimmt. Eine kritische Analyse der Kernkompetenzen des Unternehmens ist Grundlage für die Entwicklung einer Nutzenstrategie.

Ein Geschäftsmodell beantwortet auf ganzheitliche Weise die Frage, wie ein Leistungsversprechen beim Verkauf von Waren und Dienstleistungen realisiert werden soll (vgl. Rudolph 2000, S. 26). Das profilschaffende Element hierbei besteht in der Erkennung der Kernkompetenzen des Unternehmens und in der ganzheitlichen Ausrichtung der gesamten Funktionskette hin auf diese Nutzenstrategie, gemäss dieser Kernkompetenzen.

Übersicht 5: Entscheidungsfaktoren bei der Wahl einer Nutzenstrategie

Wirtschaftliche Entwicklung

Beispiel: Gesunkenes Einkommen fördert Nachfrage nach niedrigpreisiger Ware.

Liberalisierung der Märkte

Beispiel: Dominanz ausländischer Massenanbieter.

Neue Konsumentenbedürfnisse

Beispiel: Trend zu kleineren Wohnungen.

Neue Informations- und Kommunikationstechnologien

Beispiel: Eigene Kompetenz in der Informationstechnologie.

Die vorgestellten Nutzenstrategien lassen sich nicht kombinieren. Eine klare Entscheidung für eine der drei Strategien ist notwendig, um sich am Markt ein eindeutiges Profil zu geben.

Die Entscheidung für eine Nutzenstrategie hängt von einer Vielzahl von Faktoren ab. Diese lassen sich aus den treibenden Kräften ableiten. Insbesondere gehören dazu (siehe Übersicht 5):

- Die *Liberalisierung der Märkte:* Die Rahmenbedingungen auf dem Beschaffungsmarkt, also die Struktur und die Sortimentsschwerpunkte der Anbieter, spielen hier eine besondere Rolle.
- Die *wirtschaftliche Entwicklung* und die Positionierung gegenüber der Konkurrenz. Eine Analyse der Angebots- und Dienstleistungsschwerpunkte anderer Großhändler ist Voraussetzung, um eine eindeutige eigene Positionierung zu erreichen.
- *Neue Konsumentenbedürfnisse* und daraus resultierende Änderungen der aktuellen Marktanforderungen. Hierzu zählen Veränderungen in der Nachfrage des Detailhandels nach bestimmten Produkten und Dienstleistungen. Gute Kenntnis der Beschaffungs- und der Nachfragemärkte erlauben eine realistische Einschätzung, ob die angepeilte Strategie sich auf gewinnbringende Weise durchführen lässt.
- *Neue Informations- und Kommunikationstechnologien*, welche die unternehmenseigenen personellen, technologischen und finanziellen Ressourcen ergänzen. Diese Ressourcen bestimmen Art und Umfang der Dienstleistungen, welche ein Großhändler wahrnehmen kann.

Bei der Entscheidung für eine Geschäftsstrategie bieten diese Kriterien den Rahmen. Dieser muss mit den Inhalten aus der individuellen Unternehmenssituation ausgefüllt werden.

3. Geschäftsmodelle des Großhandels aus funktionaler Sicht

a) Überblick

Je nach der gewählten Nutzenstrategie (Kostenführerschaft, Produktführerschaft oder Kundenpartnerschaft) kommt es darauf an, sich gegenüber den Kunden durch unterschiedliche Leistungsschwerpunkte zu profilieren. Im Folgenden werden die Voraussetzungen zur Umsetzung jeder dieser Nutzenstrategien sowie Beispiele erfolgreicher Internet-Händler, welche diese Strategien verfolgen, vorgestellt.

b) Kostenführer

Die Kostenführer unter den elektronischen Marktplätzen sind heute insbesondere in der Lebensmittelbranche zu finden. Die Marktplätze WorldWide Retail Exchange and GlobalNetX-change sind weltweite Handelsplattformen für den Einkauf im Einzelhandel. Gestützt von einer breiten Basis teilnehmender Handels- und Konsumgüterunternehmen, versprechen elektronische Marktplätze wesentliche Vereinfachungen im Beschaffungsprozess. Durch die Beschränkung auf einen einzigen Marktplatz, verglichen mit dem Einkauf bei einer Reihe von Lieferanten, können Handelsunternehmen Transaktionskosten, welche mit der Vorbereitung und Durchführung des Einkaufs verbunden sind, sparen. Zudem bündeln diese Marktplätze die Nachfrage mehrerer Handelsunternehmen und erlauben somit den Marktteilnehmern, günstigere Einkaufspreise zu realisieren.

Übersicht 6: Profilierungsschwerpunkte des Kostenführers

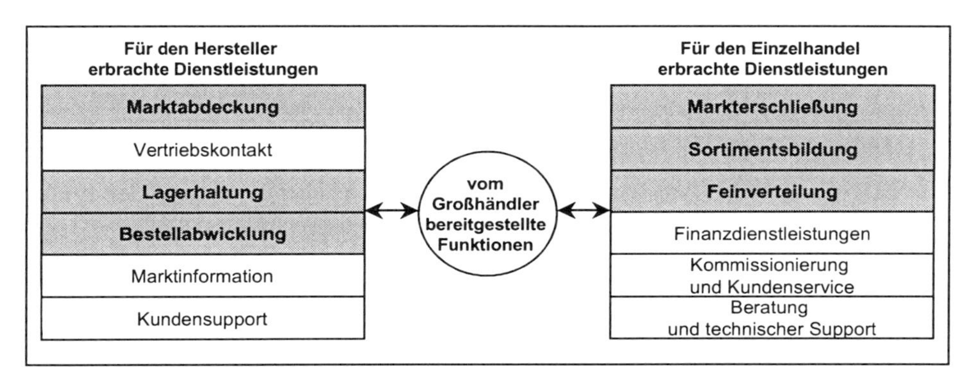

Der Kostenführer verfolgt eine konsequente Discountstrategie. Die Aufgabe dieses Intermediärs besteht darin, Effizienzpotenziale entlang der gesamten Wertschöpfungskette zu finden. In einer durch Druck auf die Margen charakterisierten Branche können sich Intermediäre als erfolgreiche Kostenführer etablieren, wenn sie bei geringem Dienstleistungsangebot den Marktteilnehmern Effizienzgewinne versprechen können. Die Beziehung des Kostenführers zum Hersteller beruht häufig auf der Übernahme von Funktionen, welche für den Hersteller mit hohen Kosten verbunden sind und in welchen sich Größeneffekte realisieren lassen. Hierzu gehören die *Marktabdeckung* und die *Lagerhaltung*. Die effiziente Beherrschung der eigenen Logistikprozesse und Beherrschung der Kosten in allen Unternehmensbereichen ist eine wesentliche Voraussetzung für den Erfolg als Kostenführer, welcher darauf abzielt, seine eigenen Kosten so gering wie möglich zu halten, um sie an den Kunden weitergeben zu können. Das vorrangige Ziel dabei ist das Ausschöpfen von Kostensenkungspotenzialen, nicht das Angebot einmaliger Leistungen. Potenzial zur Kostenreduktion auf der Nachfrageseite besteht in erster Linie in der Schwerpunktsetzung bei der *Sortimentsbildung* sowie bei den logistikbezogenen Aktivitäten der *Markterschließung* und der *Feinverteilung*. Ein auf Kostenführerschaft orientierter Großhändler sollte seine Prozessbeherrschung in diesen Bereichen optimieren.

Kostenführer im traditionellen Großhandel profilieren sich vorwiegend durch hohe Handelsvolumina bei niedrigen Margen und geringem Personal- und Verwaltungsaufwand. In jedem Fall profiliert sich ein Kostenführer nicht durch die Tiefe oder Breite seines Dienstleistungsangebots, sondern durch die effiziente und kostengünstige Beherrschung der wichtigsten Geschäftsabläufe. Um eine Kostenführerstrategie im Internet umzusetzen, kann ein elektronischer Marktplatz jedoch die offline von ähnlichen Unternehmen genutzten Stärken analog anwenden und beispielsweise den Schwerpunkt darauf setzen, Kosteneinsparungen auf der Beschaffungsseite zu realisieren sowie dem Einzelhandel eine eigene Kollektion aus preisgünstigen Eigenmarken anzubieten. Flexible Importbestimmungen sind Voraussetzung für eine derartige Strategie, ebenso wie ein hinreichend großes preissensibles Marktsegment. Das Geschäftsmodell eines solchen Internet-Handelsunternehmens könnte unter diesen Voraussetzungen durchaus seinem Offline-Äquivalent entsprechen.

c) Produktführer

Ein Produkt profiliert sich nicht über den Preis, sondern über die Qualität seiner – zum Teil exklusiv vertriebenen – Produkte und Dienstleistungen.

Übersicht 7: Profilierungsschwerpunkte des Produkt-/Dienstleistungsführers

Für den Hersteller erbrachte Dienstleistungen
Marktabdeckung
Vertriebskontakt
Lagerhaltung
Bestellabwicklung
Marktinformation
Kundensupport

vom Großhändler bereitgestellte Funktionen

Für den Einzelhandel erbrachte Dienstleistungen
Markterschließung
Sortimentsbildung
Feinverteilung
Finanzdienstleistungen
Kommissionierung und Kundenservice
Beratung und technischer Support

Wie auch für Betreiber der anderen Geschäftsmodelle ist für den Produktführer die Markterschließung essentiell. Um die Produktführerschaft zu erzielen, geht es allerdings nicht nur darum, Kontakt zu Lieferanten herzustellen, sondern auch das *Zusam-*

menstellen eines unverwechselbaren Sortiments ist eine der wichtigsten Herausforderungen. In vielen Fällen treten Produktführer nicht als Großhändler, sondern als Anbieter von Markenartikeln auf. Beispiele für eine solche Strategie sind die Textil-"Manipulanten" Fischbacher (Schweiz) und Sahco Hesslein (Deutschland). Diese besitzen eine während ihrer lang andauernden Geschäftstätigkeit aufgebaute Lieferantenkompetenz, welche ihnen erlaubt, eigene Sortimente hoher Qualität zusammenzustellen. Qualitativ hochwertige Produkte erfordern einen guten Kundenservice und ein hohes Niveau der Beratung und des technischen Supports für Kunden, auch wenn sich der Produktführer damit nicht profiliert.

Im Gegensatz zum Kostenführer setzt der Produktführer den Schwerpunkt seiner Marketingaktivitäten auf die Qualität des angebotenen Leistungsportfolios. Dies erfordert enge Beziehungen zu Lieferanten, nicht zuletzt um aktuelle Entwicklungen im Markt zu kommunizieren, um Lieferanten insbesondere bei der Weiterentwicklung ihres Produktangebots zu unterstützen.

Neben der *Markterschließung* und *Sortimentsbildung* ist die *Lagerhaltung* ein wichtiger Profilierungsfaktor des Produktführers. Dem Produktführer geht es hierbei nicht primär um die Effizienz, sondern um die Versorgungssicherheit. Käufer von hochpreisigen, qualitativ hochwertigen Produkten erwarten die Möglichkeit zur Nachbestellung oder Ersatzteillieferung über Jahre hinaus. Dies ist im E-Commerce ebenso wichtig wie im traditionellen Großhandel. Obwohl ein Großhändler, welcher nur im Internet tätig ist, in den meisten Fällen kein Interesse und keine Möglichkeit hat, ein eigenes Lager zu betreiben, kann es dennoch Bestandteil seines Geschäftsmodells sein, seinen Kunden ihre Lagerhaltung zu erleichtern.

d) Problemlöser

In der Automobilindustrie zeichnet sich heute die Tendenz zur Entstehung elektronischer Marktplätze mit Problemlöserfunktion ab. Der elektronische Marktplatz Covisint bietet den drei großen US-amerikanischen Automobilherstellern und weiteren Produzenten weltweit die Möglichkeit, sich mit ihren Lieferanten zusammenzuschliessen und beispielsweise Projektdaten auf einem effizienten Weg online auszutauschen. Für Lieferanten bietet dies zugleich Chancen und Gefahren. Einerseits ist es Lieferanten möglich, Zeit und Koordinationsaufwand einzusparen, indem Phasen des Verhandlungsprozesses und Dokumentmanagements automatisiert werden. Andererseits müssen diese Zulieferer aufmerksam bleiben, um nicht die Kontrolle über ihre eigenen Kernkompetenzen zu verlieren.

Der Problemlöser stellt den Dienstleistungsaspekt in den Mittelpunkt seines Geschäftsmodells. Nicht nur langjährige Beziehungen zu den Kunden, sondern auch die Bereitschaft und Kompetenz, komplexe Beschaffungsprobleme des Kunden zu lösen, sind die besonderen Leistungen des Problemlösers. Diese können erreicht werden durch weitgehende Unterstützung des Kunden bei der Sortimentsentwicklung, durch Partnerschaft in Bereichen wie Service und Recycling oder durch direkte Kommissionierung an den Endkunden.

Die *Sortimentsbildung* ist von besonderer Bedeutung für den Problemlöser, da das angebotene Sortiment den spezifischen Bedürfnissen der Kundengruppe entsprechen muss. Zudem liegt ein Schwerpunkt einer Problemlöserstrategie auf der Ergänzung des Sortiments durch *Finanz-, Kommissionierungs- und andere Dienstleistungen.* Eine umfassende *Kundenberatung*, welche auch besondere Wünsche des Kunden erkennt, ist Voraussetzung für die Umsetzung einer Problemlösungsstrategie.

Übersicht 8: Profilierungsschwerpunkte des Problemlösers

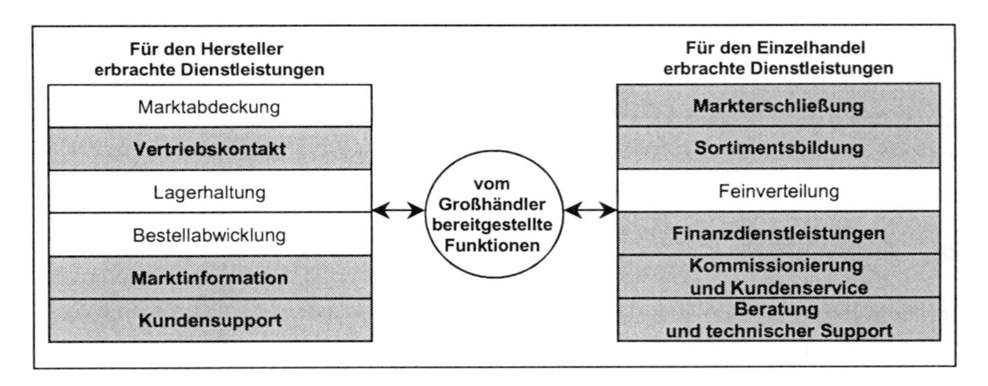

Die aktuellen Entwicklungen in den Informations- und Kommunikationstechnologien legen für einige traditionelle Großhändler eine Verlagerung hin zu einer Problemlösungsstrategie nahe. Durch Innovationen wie Online-Abfragen der Lagerbestände und der Transportflüsse lassen sich Leistungen entwickeln, welche nicht einfach durch Produktqualität oder preisliche Ausgestaltung der Konditionen ersetzt werden können. Im Bereich der elektronischen Marktplätze bedeutet das Verfolgen einer Problemlösungsstrategie, Dienstleistungsangebote eng auf die Kunden zuzuschneiden und individuelle Lösungen anzubieten. Das Verfolgen einer Problemlösungsstrategie gestaltet sich für internetbasierte Großhändler schwieriger als für die meisten traditionellen Großhändler, da sie dabei vor der Herausforderung stehen, engen Kundenkontakt und einen internetgestützten Auftritt in Verbindung zu bringen. Im Fall des Automobilmarktplatzes Covisint war dementsprechend eine sehr enge Zusammenarbeit mit den Marktführern unter den Abnehmern (Automobilherstellern) erforderlich.

Bei der Ausarbeitung effektiver Problemlösungen in Kooperation mit Kunden ist die Entwicklung gänzlich neuer Dienstleistungen möglich. Covisint bietet den Teilnehmern die Möglichkeit, sowohl in der Abwicklung von Einkaufs- und Logistikprozessen als auch in Bereichen wie computergestützter Teamarbeit und Dokumentenaustausch zusammen zu arbeiten. Diese neuen Problemlösungsfähigkeiten haben das Potenzial, die Zusammenarbeit innerhalb einer Branche nachhaltig neu zu gestalten.

IV. Fazit

Die meisten Anbieter internetbasierter Dienstleistungen und Güter für Unternehmen nehmen traditionelle Großhandelsfunktionen wahr, auch wenn sie nicht Großhändler sind. Dies wird offensichtlich, wenn man das Leistungsspektrum so genannter elektronischer Marktplätze demjenigen von Großhandelsunternehmen gegenüberstellt. Oftmals bietet das Internet die Möglichkeit, traditionell vom Großhandel angebotene Leistungen neu zu kombinieren, ohne dass allerdings ein Eigentumsübertrag stattfindet.

Besonders gute Entwicklungsperspektiven bestehen für elektronische Marktplätze in Geschäftsfeldern, in welchen zuvor keine Großhandelsbetriebe aktiv waren. Dies trifft beispielsweise auf die Vergabe von Bauaufträgen zu. Hier existierte ohne das Internet keine zentrale Anlaufstelle, um zwischen den beteiligten Unternehmen der Baubranche zu vermitteln.

In einigen Branchen, in welchen zuvor bereits Handelsvermittler tätig waren, erleichtert das Internet deren Arbeit. Im Stromhandel unter Großverbrauchern und Elektrizitätsversorgern existierten bereits vor dem Aufkommen des Internet Handelsvermittler. Diese können heute, indem sie auf internetbasierte Markttechnologien zurückgreifen, wesentlich schneller auf Marktveränderungen reagieren. Dies trifft in mehr oder weniger starker Form auf die meisten Großhändler zu – das Internet wurde zu einem wichtigen Informationsmedium für den Großhandel, oft in einem noch stärkeren Ausmaß als für die Endkunden. Vor dem Hintergrund der gesamten Dienstleistungspalette, welche der Großhandel erbringt, überrascht das nicht. Einige der klassischen Großhandelsfunktionen lassen sich durch das Internet nicht ersetzen (Lagerhaltung, Feinverteilung). Weitere Funktionen finden im Internet eine sehr gute Ergänzung.

Die Chancen, welche das Internet für Großhändler bietet, bestehen heute hauptsächlich in der Bereitstellung von Funktionen zur Unterstützung einzelner Arbeitsabläufe. Großhändler nutzen, ebenso wie Einzelhändler, die Informations- und Navigationsfähigkeiten des Internets zur Erledigung ihrer Aufgaben und zur Verbesserung ihres Dienstleistungsangebots. Während Großhändler bislang ihre Kommunikation mit Lieferanten über Telefon und Fax abwickelten, bietet sich heute E-Mail als Medium für die informelle Kommunikation an. Rückfragen bei Anbietern können durch die Nutzung geschützter Bereiche auf der Homepage der Anbieter erledigt werden. Eigene Homepages und Internet-Angebote bieten für Großhändler mit einem fragmentierten Kundenstamm ebenfalls die Möglichkeit, ihre Kundenkontakte zu automatisieren und Routinearbeiten zu vereinfachen.

Gefahren ergeben sich in erster Linie durch die erhöhte Markttransparenz für Nachfrager und Kunden des Großhandels, welche durch das Internet erreicht wird. Besonders bei der Akquisition von Neukunden müssen Großhändler proaktiv vorgehen: Durch eigene Internetauftritte und eine klare Kommunikation der eigenen Dienstleistungen muss potenziellen Kunden gezeigt werden, auf welche Weise der Großhandel Mehrwert schafft, und dass sowohl Online-Komponenten (z.B. Bestellabwicklung im Internet) als auch Offline-Komponenten (z.B. persönliche Betreuung bei Sonderwünschen) zusammenspielen müssen, um den Kundenbedürfnissen optimal zu begegnen.

Abschnitt F

Neue B2B-Märkte durch Liberalisierung und Deregulierung

Dirk Morschett

I. Einführung

Der Großhandel befindet sich derzeit in einer Phase des Wandels, wobei sich neue Herausforderungen aus Veränderungen der Rahmenbedingungen ergeben. Von hoher Relevanz ist eine Reihe politisch-rechtlicher Entwicklungen. So kann man feststellen, dass durch weltwirtschaftliche Entwicklungstendenzen neue Märkte entstehen – Ländermärkte und Branchen, in denen bislang kein Großhandel existierte, öffnen sich [1].

Ein erster wesentlicher Einflussfaktor ist die *Liberalisierung*. So ist einerseits eine Liberalisierung von Ländermärkten und des Außenhandels festzustellen, die in verschiedenen Entwicklungsphasen seit dem 2. Weltkrieg zunimmt. Zugleich findet eine verstärkte *regionale Integration* statt. Länderblöcke wie die EU und die NAFTA öffnen sich intern wesentlich schneller als an ihren (gemeinsamen) Außengrenzen (vgl. Zentes/Swoboda 2000b, S. 47).

Bei einer sektoralen Betrachtung zeigt sich, dass in vielen Bereichen, in denen früher und teilweise bis heute durch staatliche Eingriffe Marktmechanismen verhindert wurden (so z.B. im Gesundheitswesen und in der Energiewirtschaft), eine *Deregulierung* festzustellen ist. Teilweise als Konsequenz aus der multilateralen Liberalisierung und auch der regionalen Integration werden Sektoren bzw. Branchen dem Wettbewerb geöffnet, was deren bisherige Marktstrukturen deutlich verändert.

Beide Entwicklungen haben bedeutende Auswirkungen auf Handelsaktivitäten, v.a. im Groß- und Außenhandel.

II. Liberalisierung als Einflussfaktor auf die Entstehung neuer B2B-Märkte

1. Überblick

Die zunehmende Liberalisierung des Welthandels hat sich in den letzten Jahrzehnten vor allem im Zuge der GATT/WTO-Verhandlungen weiterentwickelt. Als Ergebnis zeigte sich ein enormer Anstieg des Welthandelsvolumens und zugleich des Bestands an Direktinvestitionen (vgl. Zentes/Swoboda 2000b, S. 46f.).

Parallel zu dieser Entwicklung, die in erster Linie auf eine multilaterale, allgemeine Liberalisierung abzielt, vollzieht sich eine zum Teil gegenläufige Entwicklung, so der Abschluss regionaler Integrationsabkommen, die durch eine hohe Intra-Liberalität und eine im Vergleich dazu relative Abschottung gegenüber Dritten gekennzeichnet sind (vgl. Dieckheuer 1998, S. 487; Zentes/Swoboda 2000b, S. 47).

Zusätzlich ergaben sich seit Ende der achtziger Jahre Liberalisierungsimpulse durch die politische und wirtschaftliche Öffnung der ehemaligen Ostblockstaaten hin zum Westen und durch die Entwicklung Chinas und anderer südostasiatischer Staaten (vgl. Koch 1998, S. 45-57). Diese Ost-Öffnung wurde möglich durch die Perestroika in der ehemaligen UdSSR, die ab Mitte der achtziger Jahre einsetzte. Der Transformationsprozess der mittel- und osteuropäischen Staaten führte zugleich zur Entstehung neuer Märkte für den Großhandel, der dort moderne Marktstrukturen mitentwickelt (vgl. Zentes/Swoboda 1998a, S. 10f.).

Diese Entwicklungen sind miteinander verbunden und begünstigen sich langfristig gegenseitig. So wird einerseits die regionale Integration oft nur als Vorstufe zu einer weiteren Öffnung gesehen. Die geplante Freihandelszone zwischen NAFTA, Mercosur und anderen ist ein Beispiel dieser Entwicklung. Andererseits waren die Liberalisierung der osteuropäischen Märkte und die dadurch angestoßenen Transformationsprozesse der erste Schritt dieser Märkte in die westliche Gemeinschaft. Mittlerweile haben sich viele dieser Reformstaaten der EU angenähert und Beitrittsverhandlungen für einige von ihnen sind bereits aufgenommen worden (vgl. Herzog 2000, S. 6f.).

2. Öffnung neuer Regionen und Länder

Der Transformationsprozess in den mittel- und osteuropäischen Staaten, der Ende der achtziger Jahre begonnen hat, hält immer noch an. Grundsätzlich zeigt sich dabei, dass je konsequenter die begonnenen Strukturreformen durchgeführt wurden, desto stabiler ist nun die gesamtwirtschaftliche Entwicklung. Als Reformvorreiter kann man Polen, Ungarn, die Tschechische Republik, Estland und Slowenien ansehen. Der Kreis dieser Staaten umfasst auch die erste Runde der EU-Beitrittsverhandlungen. Auf dem Weg zur Liberalisierung und Transformation finden sich auch eine zweite Reihe von Staaten. Lettland, Litauen, die Slowakei, Kroatien, Bulgarien und Rumänien haben sich langsamer entwickelt als die Reformvorreiter; auch mit ihnen wurden jedoch bereits Beitrittsverhandlungen aufgenommen (vgl. Herzog 2000, S. 6f.).

Vor diesem Hintergrund treten Großhandelsunternehmen aller Branchen in die mittel- und osteuropäischen Staaten ein. So ist z.B. eine schnelle Expansion der Metro Cash & Carry-Gruppe in den osteuropäischen Raum zu beobachten (siehe Übersicht 1). Seit der Liberalisierung dieser Märkte ist die Metro in fast allen Staaten dort als Pionier im Bereich des Abholgroßhandels aufgetreten und hat für die Abnehmer – kleine und mittelständische Unternehmen aller Branchen sowie Gastronomiebetriebe – diese Beschaffungsmöglichkeit erst eröffnet.

Übersicht 1: Marktpräsenz der Metro Cash & Carry in Osteuropa

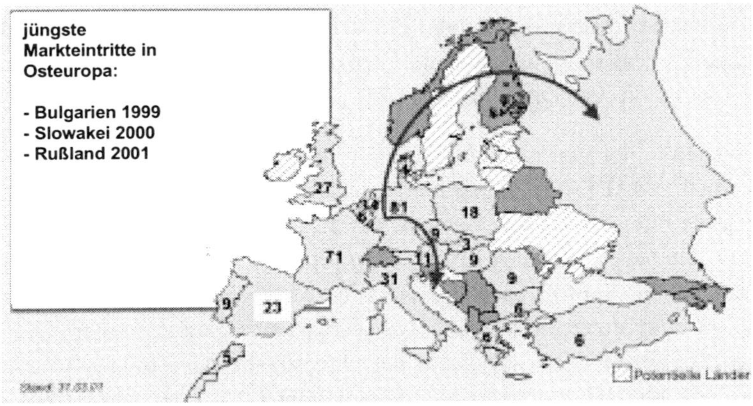

Quelle: in Anlehnung an Metro 2001, S. 18.

Dabei sind hier verschiedene Einflussfaktoren der Liberalisierung relevant: Der interne Transformationsprozess führt zu Wirtschaftswachstum. Bislang bestehen keine ernsthaften Konkurrenten, so dass ein enormes Marktpotenzial vorhanden ist. Zugleich vereinfacht die Liberalisierung des Außenhandels dieser Länder die internationale Warenbeschaffung für eintretende Großhändler. Durch den geplanten EU-Beitritt wird dieser Faktor noch an Bedeutung gewinnen.

Eine ähnliche strategische Stoßrichtung, die ebenfalls die Konsequenz einer wirtschaftspolitischen Liberalisierung darstellt, ist der Eintritt zahlreicher Großhandelsunternehmen aller Branchen in den chinesischen Markt. Hier wird einer weiterer Schub in diesen Markt nach dem WTO-Beitritt Chinas zu Beginn des Jahres 2002 erwartet.

Weitere Beispiele der Internationalisierung von Großhandelsunternehmen, die teilweise aus Liberalisierungsmaßnahmen und Transformationsprozessen entstehen, sind im Beitrag von Swoboda [2] dargestellt.

3. Regionale Integration

Bei der Regionalisierung handelt es sich um die Entstehung verschiedenster Integrationen, die von partiellen Kooperationsabkommen bezüglich der Zusammenarbeit bei Einzelvorhaben, über Präferenzabkommen und Assoziierungsabkommen bis hin zu den Formen Freihandelszone, Zollunion, Gemeinsamer Markt, Wirtschaftsunion und vollständige politische Integration reichen. Bei der Betrachtung der Integration als einen dynamischen Prozess sind alle genannten Abkommen und Handelsverträge Schritte in Richtung Integration (vgl. Ohr 1989, Sp. 775f.; Zentes/Swoboda 2001b, S. 230).

Die wichtigsten regionalen Integrationsabkommen sind die EU in Europa, ASEAN in Südostasien, die NAFTA in Nordamerika und der Mercosur in Südamerika. Dabei weiten sich die Integrationsabkommen oft aus. Ein Beispiel ist das schnelle Wachstum der EU mit der bevorstehenden Erweiterung um eine Reihe osteuropäischer Länder (vgl. Herzog 2000, S. 6f.). Auch der nord- und südamerikanische Kontinent sollen langfristig zu einer einzigen Freihandelszone zusammengefasst werden. Die NAFTA stellt einen Schritt zur Verwirklichung der „Free Trade Area of the Americas" dar, innerhalb derer alle subregionalen Handelsabkommen bis zum Jahre 2005 integriert werden sollen (vgl. Hansen-Kuhn 1996; Zentes/Swoboda 2001b, S. 396).

Vor dem Hintergrund regionaler Integrationsabkommen wie der NAFTA nimmt die Präsenz bisher nur national agierender Großhändler in den neu entstehenden geografischen Märkten, die nun mit wesentlich geringeren Handelshemmnissen zu erreichen und bzgl. derer die administrativen Prozesse deutlich vereinfacht sind, schnell zu. So nahm der Warehouse Club-Betreiber Costco Wholesale im Jahre 1992 (im Jahr der Unterzeichnung der NAFTA-Verträge) seine Geschäftstätigkeit mit einer ersten Verkaufsstelle in Mexiko auf; bis zum Jahre 2000 wurde bis auf 19 Verkaufsstellen expandiert. Durch die bereits vor der NAFTA bestehende, relativ weitgehende Integration mit Kanada (in einer Freihandelszone) ist Costco dort bereits seit längerem tätig, so dass das Unternehmen den Schwerpunkt seiner Geschäftstätigkeit mittlerweile von der USA auf die gesamte NAFTA erweitert hat (vgl. Costco 1998, S. 6; Costco 2000, S. 4f.).

Nachdem die ASEAN in den achtziger Jahren eine deutliche Integrationsbewegung begann, die durch die Asienkrise unterbrochen wurde, deutet sich zu Beginn des Jahres 2002 mit der Vereinbarung einer Freihandelszone eine neue Liberalisierungswelle an, die auch hier eine relativ hohe Intra-Liberalität mit sich bringen wird.

Die intensivste Form der regionalen Integration ist bei der Europäischen Union zu beobachten. Seit die Kommission der Europäischen Gemeinschaft 1985 das so genannte „Weißbuch zur Vollendung des Binnenmarktes" vorlegte, das eine Auflistung der Maßnahmen enthielt, die zur Realisierung eines Binnenmarktes nötig waren, beschleunigte sich die Integration wesentlich. Die 1987 mit der Einheitlichen Europäischen Akte beschlossenen Weiterentwicklungen der EG zu einem gemeinsamen Markt bildeten den Rahmen zur Durchsetzung des Binnenmarktprogramms. Die Mitgliedsländer der Gemeinschaft einigten sich nicht nur darauf, die Warenkontrollen an den Binnengrenzen vollständig abzuschaffen, sondern auch auf Maßnahmen, die eine weitergehende Integration über einen gemeinsamen Markt hinaus ermöglichen, so in Richtung einer Wirtschafts- und Währungsgemeinschaft (vgl. Zentes/Swoboda 2001b, S. 142f.). Groß- und außenhandelsrelevante Aspekte ergeben sich vor allem durch den freien Waren- und Dienstleistungsverkehr (Artikel 7a EG-Vertrag). Der freie Warenverkehr erleichtert die internationale Unternehmenstätigkeit des Großhandels in den meisten Sektoren. Gleichzeitig wird ein Teil des gesamten deutschen Außenhandels nun zum (EU-)Binnenhandel; durch administrative Vereinfachungen entsteht eine Bedrohung für Außenhandelsunternehmen, da die Funktionen nun vereinfacht im eigenen Unternehmen durchgeführt werden können. Zugleich werden durch den enormen Anstieg der Warenströme diese Tendenzen mehr als kompensiert (vgl. u.a. Dieckheuer 1998, S. 499-504). Der freie Dienstleistungsverkehr tangiert u.a. die Transportbranche. Diese Branche, die in der Vergangenheit in den jeweiligen Mitgliedstaaten stark reguliert war, wird wesentlich von den Entwicklungen einer Gemeinsamen Verkehrspolitik beeinflusst (siehe Abschnitt III.4).

Die Entstehung der EU hat bereits seit Mitte der achtziger Jahre einen Internationalisierungsschub im Großhandel mit sich gebracht (vgl. Tietz 1993, S. 74f.). Zugleich sind viele der im folgenden Abschnitt beschriebenen sektoralen Deregulierungsmaßnahmen auf die Entwicklung der EU zurückzuführen und Teil des Programms zu einem freien Binnenmarkt.

III. Sektorale Deregulierung als Einflussfaktor auf die Entstehung neuer B2B-Märkte

1. Überblick

Wie vorne angedeutet wurde, öffnen sich nicht nur Ländermärkte, auch in den bereits marktwirtschaftlich orientierten Ländern findet eine weitere Öffnung bisher regulierter Branchen statt.

Die Gründe dafür, dass diese Sektoren in der Vergangenheit reguliert waren, sind unterschiedlich. So wurden Sektoren oftmals reguliert, wenn die Bedingungen eines natürlichen Monopols vorliegen, so bei Leitungsnetzen in der Energiewirtschaft (vgl. EU-Kommission 2001, S. 2). Andere Gründe lagen darin, dass in einem bestimmten Wirtschaftsbereich freier Wettbewerb zu volkswirtschaftlich oder gesellschaftspolitisch unerwünschten Konsequenzen führen könnte [3] (vgl. Stein 2001, S. 10).

Übersicht 2: Sektorale Deregulierung in Deutschland/Europa

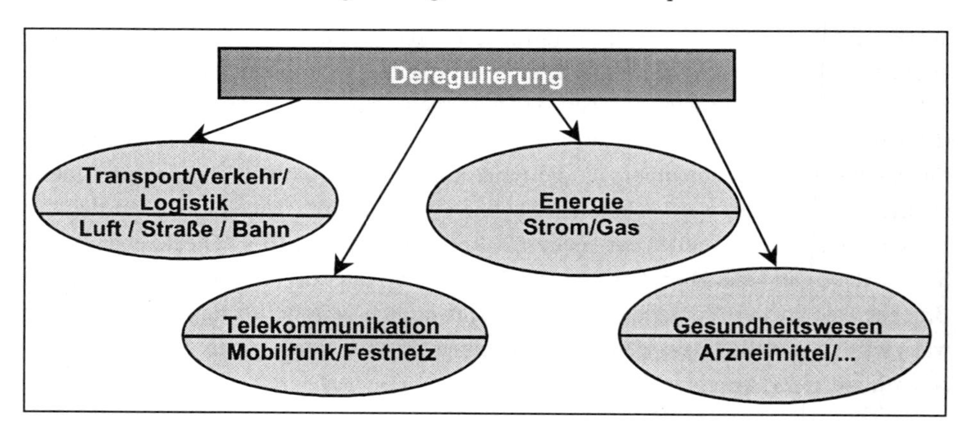

Quelle: Zentes/Swoboda 2000b, S. 50.

Unter Deregulierung versteht man dabei die Aufhebung von einschränkenden Bestimmungen, um die Möglichkeit marktwirtschaftlichen Handelns zu erhöhen und durch mehr Wettbewerb zu höherer Produktivität beizutragen. Eine sektorale Deregulierung zeigt sich derzeit (weltweit) in vielen Branchen. Eine Deregulierungswelle wurde u.a. durch das Ziel eines einheitlichen und freien Binnenmarktes in Europa ausgelöst (vgl. Marquis, S. B1). Einer der Sektoren, der – mit relativ langen Übergangszeiten – in den letzten beiden Jahrzehnten dereguliert wurde, ist der Verkehrsmarkt. Weitere Bereiche sind z.B. die Telekommunikation, Energie und der Gesundheitsmarkt (vgl. o.V. 2001b).

Die Muster der ablaufenden ökonomischen Prozesse nach einer Deregulierung und die sich daraus ergebenden Konsequenzen sind jeweils sehr ähnlich. So intensiviert sich in der Regel der Preiswettbewerb; dramatische Preissenkungen sind meist die Konsequenz. Gleichzeitig verbessert sich die angebotene Leistung. Durch die Öffnung der Märkte treten neue Player, nationale wie internationale, in die Märkte ein, was die oftmals bestehenden Überkapazitäten der mono- oder oligopolistischen Zeit noch verstärkt. Der Abbau der Überkapazitäten intensiviert den Wettbewerb weiter und oftmals müssen selbst etablierte Player das Feld räumen. Partnerschaftsstrategien und/oder Akquisitionsstrategien unter den verbleibenden Playern sind ebenfalls oftmals eine Konsequenz (vgl. Zentes/Swoboda 2000b, S. 50f.).

Zugleich verändern sich in den deregulierten Branchen meist die vertikalen Marktstrukturen. In den monopolistischen Märkten entstandene integrierte Konzerne, die – so im Energiemarkt – die Wertschöpfungskette oder große Teile davon kontrollierten, werden durch neue Marktteilnehmer auf den verschiedenen Stufen der Wertschöpfungskette ersetzt bzw. ergänzt. So entstehen Unternehmen im Bereich des Service Providing für die B2B-Märkte (z.B. Zählerwesen) und neue Intermediäre, so Großhandelsunternehmen eher traditioneller Prägung sowie Börsen, Marktplätze u.Ä. (vgl. Curtius 2000, S. 629; Ruhland 2000, S. 931).

2. Der Markt für Strom

a) Liberalisierung im Strommarkt

Ein Ziel in der Europäischen Union ist die rasche Vollendung eines gemeinsamen europäischen Energiemarktes (vgl. Marquis 2001, S. B1). Dazu legt die EU-Elektrizitätsrichtlinie (96/92/EG), die am 19. Februar 1997 in Kraft trat, Mindestziele für den Grad der Marktöffnung fest (30 Prozent bis zum Jahre 2000, 35 Prozent bis 2003), wodurch zunächst die größten Abnehmer die Möglichkeit haben, ihren Versorger frei zu wählen. Mit den Richtlinien wird das Ziel verfolgt, die Elektrizitätsmärkte durch die schrittweise Einführung des Wettbewerbs zu öffnen und so die Effizienz im Energiesektor und die Wettbewerbsfähigkeit der europäischen Wirtschaft insgesamt zu verbessern (vgl. EU-Kommission 2001, S. 2f.). Die vollständige Öffnung der Energiemärkte wird von der EU-Kommission als ein „Schlüsselfaktor für die Verbesserung der Wettbewerbsfähigkeit Europas“ (EU-Kommission 2001, S. 2) angesehen, u.a. weil in Europa die Energiekosten einen bedeutenden Anteil an den Produktionskosten ausmachen.

Durch die vorher gültigen Bedingungen war jedes Elektrizitätsversorgungsunternehmen auf sein eigenes, durch Konzessions- und Demarkationsverträge gegen direkten Wettbewerb abgesichertes, aber gleichzeitig auch im Hinblick auf eine Ausweitung der eigenen geschäftlichen Aktivitäten durch regionale Diversifizierung begrenztes, Versorgungsgebiet fixiert (vgl. Schmitt 2000, S. 39), so dass effizienzsteigernder Wettbewerb verhindert wurde.

Besondere Anstrengungen verlangt die Deregulierung deshalb, weil in den meisten Ländern die Monopole in der Vergangenheit die physischen Netze für Stromtransport aufgebaut haben und der Netzbetrieb als ein natürliches Monopol angesehen wird (vgl. EU-Kommission 2001, S. 2). Der Zugang zu diesen Netzen muss damit – wie auch im Gas- und Telekommunikationsmarkt – auch für neu entstehende Wettbewerber möglich sein, um nicht die Monopolsituation auch langfristig beizubehalten. Im Rahmen der Richtlinien haben die Mitgliedstaaten die Wahl zwischen dem Netzzugang Dritter auf der Grundlage veröffentlichter, standardisierter Tarife, die für alle Kunden gelten („geregelter Netzzugang“), und einem System, das auf Verhandlungen zwischen den Parteien mit der Veröffentlichung der wesentlichen Geschäftsbedingungen („Netzzugang auf Vertragsbasis“) basiert.

Um unfaire Wettbewerbsvorteile von integrierten Konzernen, die alle Wertschöpfungsstufen abdecken, zu vermeiden, sind diese verpflichtet, ihre verschiedenen Geschäftsaktivitäten zu entflechten. Es ist darüber hinaus vorgesehen, dass ein unabhängiger Übertragungsnetzbetreiber benannt wird, um sicherzustellen, dass hinsichtlich der Netznutzung keine Diskriminierung erfolgt (vgl. EU-Kommission 2001, S. 4).

Preisvolatilität und internationaler Wettbewerb als Konsequenz

Derzeit ist festzustellen, dass die meisten westeuropäischen Märkte Überkapazitäten bei der Stromproduktion aufweisen, die unter den regulierten Marktbedingungen entstanden sind (vgl. Niegsch/Straßberger 2001, S. B2).

Übersicht 3: Preisvolatilität am Beispiel der Strom-Spotmarktpreise an der LPX (Zeitraum vom 5. März 2001 bis zum 19. August 2001)

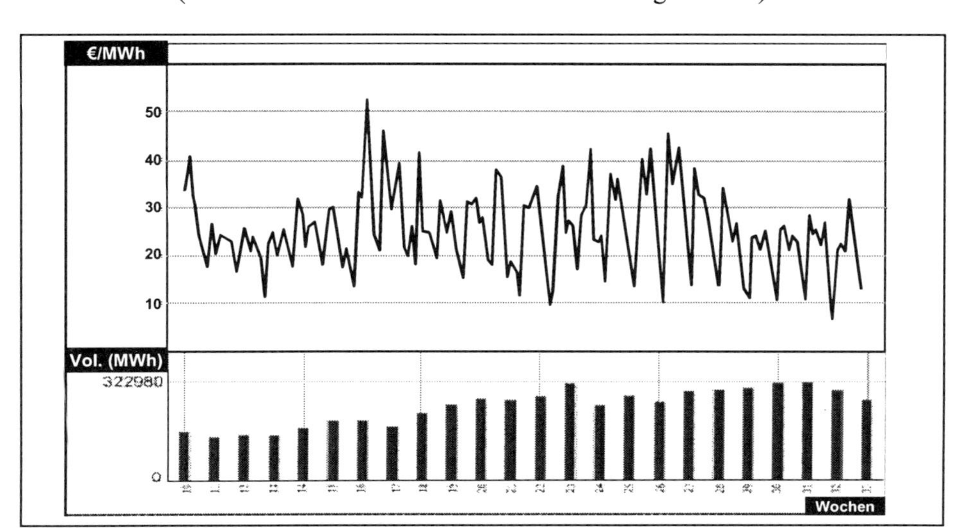

Quelle: Leipzig Power Exchange 2001.

Neben den allgemeinen Wettbewerbskräften im deregulierten Markt ist der Abbau dieser Überkapazitäten ein Aspekt, der die Preisvolatilität im Strommarkt erhöhen wird. Durch die Kapazitätsreduktion wird sich die Wahrscheinlichkeit von Angebotsengpässen erhöhen, z.B. auf Grund von Kraftwerksausfällen, die das Stromangebot verknappen (vgl. Schroeter 2001, S. B5). Extreme Wettersituationen oder die klimatisch bedingte Änderung des Wasserangebotes in den Wasserkraftwerken der Alpenländer führen schon heute zu signifikanten Änderungen des Spotmarktpreises (vgl. Curtius 2000, S. 627). Das zeigt sich beispielsweise an den Spotmarktpreisen an der LPX (siehe Übersicht 3). Diese zunehmende Volatilität der Strompreise erhöht das Risiko beim Ein- und Verkauf von Strom (vgl. Scheib/Remmler 2001, S. B6).

Die Deregulierung und gleichzeitige Liberalisierung der Märkte führt zugleich dazu, dass ausländische Unternehmen die Bedeutung des deutschen Marktes erkannt haben und selbst in diesen Markt eintreten. Deutschland ist der größte Strommarkt der EU mit rund 44 Millionen Kunden und rd. 500 Mrd. KWh Stromabsatz. Bis Mitte 2001 haben sich bereits 100 ausländische Unternehmen als Marktteilnehmer am deutschen Strommarkt etabliert. Insgesamt sind rd. 900 Unternehmen in allen Wertschöpfungsstufen aktiv (vgl. Marquis 2001, S. B1). Damit verstärkt sich mit fortschreitender Deregulierung und Liberalisierung der Märkte auch in der europäischen Stromwirtschaft die Internationalisierung.

b) Entstehung des Stromhandels – Groß- und Einzelhandel

Durch die Liberalisierung ist in der Energiebranche ein „starker Trend zum Unbundling der unterschiedlichen Wertschöpfungsstufen festzustellen“ (Curtius 2000, S. 629). Dabei sind vielfältige Unternehmenstypen entstanden, die ihre Entsprechung auch in anderen Branchen finden. Diese reichen von integrierten Energieversorgungsunternehmen bis zum unabhängigen Stromeinzel- oder -großhändler, wobei die spezifischen Eigenschaften der Ware Strom (z.B. hohe Volatilität, Nichtspeicherbarkeit) die Strukturen beeinflussen: Strom muss zum Produktionszeitpunkt verkauft sein [4] (vgl. Curtius 2000, S. 626-628).

Übersicht 4: Alte und neue Wertschöpfungskette in der Stromwirtschaft

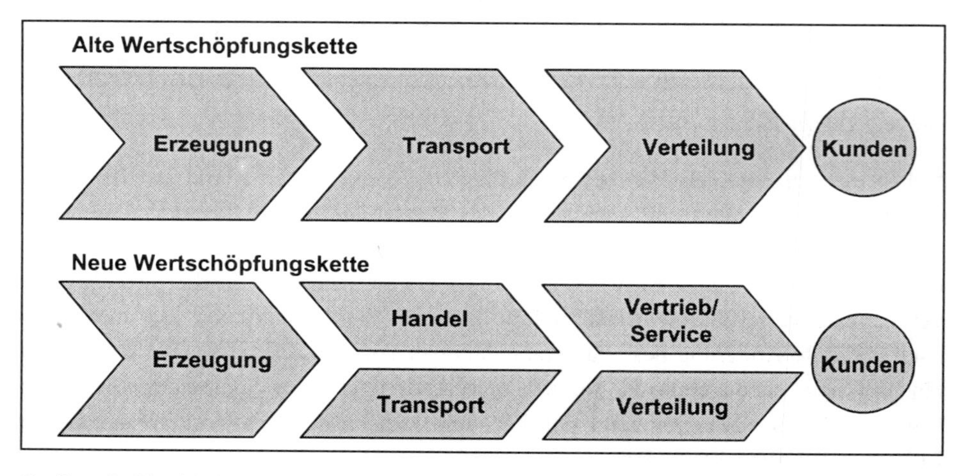

Quelle: Ruhland 2000, S. 931.

Somit kann eine Veränderung der Wertschöpfungskette festgestellt werden. Die alte Wertschöpfungskette wurde um den getrennten Handel und den Vertrieb/Service erweitert. Beide Wertschöpfungsstufen waren vorher integraler Bestandteil von Transport und Verteilung (siehe Übersicht 4). Zugleich kann man Einzel- und Großhandel unterscheiden. Ein erheblicher Teil der Stromversorgung in Deutschland, insbesondere von privaten Haushalten, wird von den Stadtwerken getragen, deren Beitrag zur Stromerzeugung jedoch deutlich geringer ist. Damit sind die Stadtwerke seit jeher Energie-

Einzelhändler, die in Deutschland Strom zu über 80 Prozent von Vorlieferanten beziehen (vgl. Curtius 2000, S. 629; Ruhland 2000, S. 930).

Mit der Liberalisierung des europäischen Strommarktes gewinnt der Strom(groß)handel zunehmend an Bedeutung. Er kann zu einer kostengünstigeren und sicheren Beschaffung beitragen und im europäischen Markt den Ausgleich von Angebot und Nachfrage fördern (vgl. NordicPowerhouse 2001). Hier sind

- Standardprodukte
  (so standardisierte Bänder (Jahres-, Monats- und Wochenbänder) für Grundlast (Base) und Spitzenlast (Peak)) und
- nicht-standardisierte Produkte
  (so Block- oder Bandprodukte für bestimmte Tages-/ Saisonzeiten)

als „Handelsware" zu unterscheiden (vgl. Kom-Strom 2001).

Für Stromgroßhandelsgesellschaften entsteht ein weites Betätigungsfeld. Sie bilden das Zwischenglied zwischen Kraftwerks- und Vertriebsgesellschaften bzw. Weiterverteilern und Stadtwerken. Viele Erzeugergesellschaften und Vertriebsorganisationen, insbesondere die kleineren, werden sich auf ihr Kerngeschäft beschränken und keine eigenen Handelsabteilungen aufbauen. Sie werden sich spezialisierter Händler bedienen oder mit anderen Unternehmen (horizontal) kooperieren und gemeinsame Handels- oder Einkaufsgesellschaften gründen. Beispiele sind Interargem, ein Zusammenschluss der Stadtwerke Bielefeld, Hameln, Minden, Ravensburg, und Entega, die Handelsgesellschaft der Stadtwerke Mainz AG und der HEAG (vgl. Curtius 2000, S. 629). Seit 1998 begannen auch die meisten großen europäischen Verbundunternehmen und einige amerikanische und skandinavische Konzerne mit Erfahrung in liberalisierten Strommärkten, Stromhandelsbereiche aufzubauen und intensiv in den Großhandel mit Strom einzusteigen (vgl. Curtius 2000, S. 626).

Eine der markantesten Veränderungen auf den liberalisierten Strommärkten ist somit die große Zahl der neu gegründeten Unternehmen, die weder über Erzeugungskapazitäten noch über Transport- und Verteilnetze verfügen. Ihr Geschäft besteht im Wesentlichen aus dem Handel mit Energie, einem der interessantesten strategischen Geschäftsfelder in diesem Bereich (vgl. Kasseborn 2000, S. 910; Schmitt 2000, S. 42). Beispiele sind Unternehmen wie Aquila [5] und Trianel (vgl. Curtius 2000, S. 629).

Der Großhandel kann dabei für seinen „Auftraggeber" primär die Zielrichtung einer Beschaffungs- bzw. (nationalen und internationalen) Sourcingfunktion, aber auch die Zielrichtung der Distribution aufweisen [6].

B2B-Handel zur Beschaffung von Strom

Grundlage des beginnenden Stromhandels war der Handel zur Optimierung der Strombeschaffung der regionalen Energieversorger bzw. der Stadtwerke (vgl. Curtius 2000, S. 626). Durch den Wettbewerb entsteht die Notwendigkeit, Handelsfunktionen bezüglich der Versorgung aufzugreifen. Für regionale Energieversorgungsunternehmen genügt die „Vollstromversorgung" durch einen einzelnen Vorlieferanten nicht mehr zum Erhalt der Wettbewerbsfähigkeit. Vielmehr legen sich diese ein Beschaffungsportfolio an und versuchen es – auch unter Risikoaspekten – zu optimieren (vgl. Petersen/Rademacher 2000, S. 644). Ein klassisches Einkaufsportfolio kann über unterschiedliche Kanäle, so über bilaterale Verträge, den OTC-Markt oder Strombörsen erstellt werden. Die Eigenerzeugung wird i.d.R. in das Portfolio integriert. Zudem wird in diese Planung der Weiterverkauf von Überschussmengen integriert, da hierdurch das Ergebnis verbessert werden kann (vgl. Petersen/Rademacher 2000, S. 644).

Die Bewirtschaftung eines solchen Portfolios kann z.B. durch ein integriertes Energieversorgungsunternehmen vorgenommen werden. Da – ähnlich wie bei der Vermögensverwaltung durch Banken – bei diesen die Gefahr besteht bzw. vom Kunden gesehen wird, dass die Beratung bzw. das Portfoliomanagement einseitig zu Gunsten der konzerneigenen Produkte ausfällt, haben sich hier auch bereits unabhängige Unternehmen (Händler und/oder Broker) gebildet, die *Portfoliomanagement* als Dienstleistung anbieten (vgl. Curtius 2000, S. 630), so z.B die Energy & More Energiebroker [7].

Großhändler bzw. Broker als Intermediäre übernehmen oftmals das Portfoliomanagement für ihre Abnehmer. Darunter versteht man die Bewirtschaftung eines Energieportfolios für eine Stadtwerksgesellschaft oder auch einen großen Industriekunden. Das Energie verbrauchende oder verteilende Unternehmen hat einen Strombedarf (bzw. ein Stromangebot), der mehr oder weniger exakt prognostiziert werden kann. Der Portfoliomanager übernimmt die Aufgabe, diesen Bedarf v.a. unter Kosten- und Risikoaspekten optimal zu beschaffen (vgl. Curtius 2000, S. 630).

Der Übergang von einer rein beratenden Funktion hin zu einer intermediären (Großhandels-)Funktion ist hierbei fließend. So bietet z.B. die E.ON Energie AG unterschiedliche Möglichkeiten des Portfolio-Managements (vgl. Curtius 2000, S. 630):

1. *Beratung*: Hierbei betreibt der Kunde ein eigenes Handels-Portfolio und lässt sich dabei von der E.ON Energie beraten.
2. *Portfoliooptimierung*: Hierbei beauftragt der Kunde die E.ON Energie mit dem Management seines Beschaffungsportfolios auf seine Rechnung.
3. *Portfoliomanagement* zum Festpreis: Hierbei beauftragt der Kunde die E.ON Energie mit der Bereitstellung der benötigten Mengen zu fixen Preiskonditionen.

Eine Aufgabe der Stromgroßhändler ist es dabei also, kleineren Abnehmern, wie z.B. Stadtwerken, die gleichen Managementinstrumente zur Verfügung zu stellen wie Konzernen (z.B. RWE). Ohne eine eigene Handelsabteilung aufzubauen, können sich die Stadtwerke so zu wettbewerbsfähigen Preisen mit Strom eindecken und damit ihre Unabhängigkeit sichern. Dabei sind sowohl die Abwicklung des Handels für die Abnehmer (Agenturgeschäft im Strombezug und -verkauf) als auch Eigenhandel mögliche Realisierungsformen (vgl. Schroeter 2001, S. B5).

Ein Beispiel für einen solchen Stromhändler ist das Leipziger Unternehmen Kom-Strom AG. Seine Aufgabe ist es, den an Kom-Strom beteiligten und anderen interessierten Stadtwerken den Zugang zum Stromhandel zu ermöglichen. Mitte 2001 hatte Kom-Strom mit 13 Aktionären ein Handelsvolumen von rd. 3,8 TWh unter Vertrag. Für dieses Strom-Portfolio (mit unterschiedlichen Bedarfsprofilen) wickelt Kom-Strom Bezug und Verkauf ab. Dabei kann die Rolle der einzelnen Marktteilnehmer wechseln. So sind die Stadtwerke in der Regel Abnehmer der Stromhändler. Unter Umständen können diese jedoch auch Kraftwerksreserven am Markt anbieten, wenn entsprechend hohe Preise dies kurzfristig attraktiv erscheinen lassen (vgl. Schroeter 2001, S. B5).

Eine andere Form des B2B-Handels, eher in Form von Brokern, entsteht durch das *Pooling* von Nachfragemengen, u.a. gewerblicher Nachfrager. Die Leipziger Get AG bildet als Dienstleister solche Pools für Strom (und Gas). Beim Pooling wird die Nachfrage von vielen Kunden, u.a. gewerblichen, zu einer Nachfragegemeinschaft gebündelt. Diese Gemeinschaft stellt eine große Nachfragemenge dar, die es ermöglicht, einen noch günstigeren billigeren Strompreis am Markt zu erzielen. Die Pools werden dabei durch professionelle Strombroker gemanagt. Diese übernehmen die Verhandlungen mit den Stromversorgern (für jeweils einen Pool) und die Prüfung der jeweiligen

Verträge (vgl. Get AG 2001). Durch die Bündelung der Nachfrage von privaten Haushalten und gewerblichen Kunden sind diese Pool-Organisatoren gleichzeitig B2C- und B2B-Intermediäre.

B2B-Handel als Distributionsfunktion

Mit einer primären Distributionsfunktion können Stromgroßhändler z.B. als Folge der internationalen Vertriebsstrategien von Energieerzeugern auftreten. Im Rahmen der Internationalisierungsstrategien und auf Grund der Kundenwünsche von international tätigen Industrieunternehmen, die ihre Strombeschaffung über ein einziges Unternehmen abwickeln wollen, dehnen sich die Vertriebsaktivitäten, z.B. von E.ON Energie, über die angestammten Versorgungsgebiete aus. Der Transport der Eigenerzeugung genügt hier nicht und ist auf Grund von (Leitungs-)Engpässen im europäischen Verbundnetz und der daraus resultierenden hohen Transportgebühren nicht wettbewerbsfähig. Eine Aufgabe der Großhändler, die eingeschaltet werden, liegt dabei darin, in den europäischen Zielmärkten des Vertriebs „liquide Handelsportfolios" aufzubauen und zu betreiben, aus denen die erforderlichen Vertriebsmengen bedient werden können (vgl. Curtius 2000, S. 628).

c) Börsen und Marktplätze als neue Intermediäre im Strommarkt

Im Zuge der Entwicklung wettbewerblich orientierter Energiemärkte haben sich in den Ländern der EU mittlerweile verschiedene Marktformen herausgebildet. Als Beschaffungsquellen sind dabei u.a. die Strombörsen (so in Deutschland die European Energy Exchange EEX in Frankfurt oder die Leipzig Power Exchange LPX, in den Niederlanden die Amsterdam Power Exchange APX) entstanden (vgl. Schroeter 2001, S. B5). Neben diesen Börsen und dem bilateral ausgerichteten, traditionellen OTC-Handel („Over-the-Counter") finden sich zusätzlich in den letzten Jahren auch eine große Anzahl elektronischer und internetbasierter Handels- und Transaktionsplattformen wie Intercontinental Exchange oder Nordic Powerhouse Click&Trade [8] (vgl. Ellwanger u.a. 2001, S. 4; Schroeter 2001, S. B5).

Das Prinzip ist hier, dass Angebot und Nachfrage nach einer Handelsware wie bei allen Märkten zusammengeführt werden. Die Handelsware ist in diesem Fall Strom, die Rolle der Akteure (Anbieter oder Nachfrager) kann wechseln. Im Gegensatz zu einer Strombörse, an der für standardisierte Güter ein reines Preismatching erfolgt, sind auf den Marktplätzen der Preis und die Ware (z.B. auch individuelle Lastprofile) verhandelbar. Die aus dem internetunterstützten Verhandlungsprozess resultierenden Abschlüsse sind heute noch meist bilaterale Verträge, die Ergänzung der angebotenen Dienstleistung der Intermediäre durch Funktionen wie Clearing oder Abrechnung sowie die Erfassung mess- und abrechnungstechnischer Daten ist jedoch zu erwarten (vgl. Petersen/Rademacher 2000, S. 644f.). Neben ihrer Basisfunktion, dem Markt, bieten die neuen Intermediäre, also die B2B-Transaktions- oder Handelsplattformen, bereits heute weitere Dienstleistungen an. Dazu zählen die Bereitstellung von Marktinformationen, insbesondere Echtzeit-Preise, die Risikobewertung von Portfolios mit Risikokennzahlen oder auch die Bewertung von Marktteilnehmern in Bezug auf ihre Kreditwürdigkeit (vgl. Ellwanger u.a. 2001, S. 6).

Auf Grund der Schnelligkeit, Flexibilität und des einfacheren sowie kostengünstigeren Zugangs sehen viele Experten dabei die Zukunft des Energiehandels im Internet. Schätzungen zufolge werden im Jahr 2004 zwischen 75 und 90 Prozent des gesamten Stromgroßhandels über internetbasierte Plattformen gehandelt. Ein Vorteil der internetbasierten Marktplätze liegt in der höheren Liquidität, die durch den einfachen Zugang zu diesen Plattformen zustande kommt. In Deutschland haben dabei derzeit die internetbasierten Transaktionsplattformen für die gewerblichen Kunden eine hohe Bedeutung. Hier schreiben die Kunden ihren Bedarf aus und Versorgungsunternehmen unterbreiten ihre Angebote. Dabei gibt es bereits ein ausreichendes Angebot an Marktplätzen, so strommarkt.de, enyco, kilowatthaandel, energymore und netstrom (vgl. Ellwanger u.a. 2001, S. 4, S. 7; Schroeter 2001, S. B5).

3. Der Markt für Gas

Der Gasmarkt entwickelt sich sehr ähnlich zum Strommarkt [9]. Hier trat am 10. August 1998 die EU-Erdgasrichtlinie (98/30/EG) in Kraft, die ebenfalls Mindestziele für den Grad der Marktöffnung festlegt (20 Prozent bis 2000, 28 Prozent bis 2003), wodurch auch hier zunächst die größten Abnehmer die Möglichkeit haben, ihren Versorger frei zu wählen (vgl. EU-Kommission 2001, S. 2f.). Auch im Gasmarkt wird als Folge der Liberalisierung ein deutlich verschärfter Preiswettbewerb erwartet (vgl. Bergmann 2001, S. 42). So besteht zwar noch eine weitgehende Bindung der Gaspreise an den Ölpreis. In den USA wurde jedoch eine Loslösung des Gaspreises vom Ölpreis vorgenommen (vgl. Burkhardt 2001, S. 213), die auch für die europäischen Länder vorausgesehen wird (vgl. Binder u.a. 2000, S. 831; Trimble 2001, S. 21).

Gleichzeitig zeigt sich in den Konsequenzen des Preiswettbewerbs ein Unterschied zum Strommarkt: Während dort die Preissenkungen im Endkundenmarkt v.a. auf der stark fragmentierten Erzeugerstufe getragen werden mussten, ist eine Verschiebung der Preissenkungen auf die (wenigen und großen) Förderunternehmen im Gasmarkt unwahrscheinlicher. Intensiver wird deshalb der Verteilungsbereich, also u.a. die Handelsstufe, von der Preisreduktion betroffen sein (vgl. Binder u.a. 2000, S. 832). Dadurch werden erhebliche Umbrüche im Markt erwartet. Von den heute 700 Unternehmen in der deutschen Gaswirtschaft werden vermutlich nicht mehr als 100 überleben (vgl. Binder u.a. 2000, S. 830).

Gleichzeitig steigt auch in diesem Markt durch die Deregulierung das *Beschaffungsrisiko*. So hatte die unter der Regulierung bestehende Struktur die Sicherheit des Angebots garantiert, sowohl langfristig als auch kurzfristig (vgl. Bergmann 2001, S. 42).

Unbundling

Die Gesetzgebung verlangt, wie auch bei Strom, ein Unbundling in den Gasversorgungsunternehmen. Es ist vorgesehen, dass auch beim Erdgas die Netzbetreiber in rechtlich selbstständigen Gesellschaften geführt werden (vgl. Burkhardt 2001, S. 214). „Wird diese Entflechtung konsequent zu Ende gedacht, sind nur noch Handelsunternehmen mit Ein- und Verkaufsverträgen und Transportunternehmen, die die Netze besitzen, am Markt tätig“ (Burkhardt 2001, S. 214).

Zurzeit erlebt die gesamte westeuropäische Gaswirtschaft eine Phase des Strukturwandels in Folge der EU-Richtlinie. Die Gaswirtschaft passt sich dabei an die neue Wettbewerbsumgebung an. Dieser Prozess beinhaltet auch hier oft die Auflösung der integrierten Wertschöpfungskette u.a. in die Bereiche Transport, Beschaffung und Marketing (vgl. Bergmann 2001, S. 42). Dabei ist die Frage der Tendenz zur Integration bzw. zur Desintegration von Wertschöpfungsketten eine Frage des Ausgangspunktes. Legte man in Deutschland schon frühzeitig Wert auf eine Arbeitsteilung zwischen den Erzeugern/Ferngasunternehmen und den Endverteilern, wuchsen in anderen Staaten zentrale, das gesamte Spektrum zwischen Erzeugung/Förderung des Gases, über Verteilung bis hin zur Gestellung der Anwendungstechnik im Haushalt abdeckende Energieversorger (so z.B. British Gas) (vgl. Burkhardt 2001, S. 213; Bergmann 2001, S. 42).

Die Aufspaltung des Gasgeschäfts in Transport und Handel bringt zugleich Änderungen im gesamten Spektrum des Gasmarktes. So wird eine „Logistikfunktion“ geschaffen. Neben der Ware (Gas) muss auch zugleich die benötigte Transportkapazität bestellt werden (vgl. Burkhardt 2001, S. 214). Durch die hohe Bedeutung der Durchleitungskapazitäten bilden sich unabhängige „Logistikdienstleister" für Gas, die auch in Deutschland die physische Erfüllung der Lieferverträge durch einen kostenoptimierten Transportweg sicherstellen (vgl. Binder u.a. 2000, S. 832).

Handel

Auch im Gasmarkt entsteht auf der Beschaffungsseite ein Großhandel. Dabei sind die Regionalversorger und Stadtwerke, die den (margenintensiven) Endkundenkontakt übernehmen, seit jeher Energie-Einzelhändler, die in Deutschland Gas fast vollständig von Vorlieferanten beziehen (vgl. Ruhland 2000, S. 930; Binder u.a. 2000, S. 831). Die Belieferung dieser Einzelhändler wird dabei i.d.R. nicht vom Erzeuger selbst, sondern von einer Großhandelsstufe übernommen [10].

Die Bedeutung des Handels wird dabei wichtiger, weil sich durch die Deregulierung eine stärkere Bedeutung von kurzfristigen Angebots- und Nachfrageschwankungen ergeben wird. Bislang wurde in ganz Europa Gas auf der Basis von langfristigen Verträgen verkauft. Obwohl auch nach der Deregulierung diese weiterhin eine wichtige Rolle spielen werden, scheint es wahrscheinlich, dass das Marktvolumen für kurzfristige Kontrakte deutlich ansteigen wird (vgl. Trimble 2001, S. 20). Durch die Entstehung des Gas/Gas-Wettbewerbs können sich die Gasversorgungsunternehmen (also die Einzelhandelsstufe) nicht mehr langfristig ihres Marktanteils und damit ihrer (auch zu beschaffenden) Liefervolumina sicher sein. Das bedeutet, dass sich Vorteile dadurch ergeben können, einen Teil des Bedarfs erst kurz vor der entsprechenden Nachfrageperiode zu kaufen. Durch die Notwendigkeit, tägliche Lieferungen und Abnahmen aus den Pipeline-Systemen auszubalancieren, wird sich ein kurzfristiger Markt ergeben durch Gasversorgungsunternehmen, die überschüssige Mengen an einem Tag verkaufen und an anderen Tagen aufkaufen, um Lieferengpässe an ihre Kunden und damit Vertragsstrafen zu vermeiden (vgl. Trimble 2001, S. 20).

Durch die Deregulierung werden die Regional- und Ortsgesellschaften auf neue Formen der Beschaffung, im Sinne eines erweiterten und diversifizierten Erdgasbezugs, zurückgreifen (vgl. Binder u.a. 2000, S. 832). Sie müssen, wenn sie kurzfristigere Lieferungen in Anspruch nehmen wollen, eigenes Personal zum Handeln einstellen, um Spotmengen kaufen oder auch verkaufen zu können und den Transport zu organisieren. Unternehmen, die dies nicht wollen (oder nicht die erforderliche Unternehmensgröße dazu aufweisen), werden die Vermittlungsdienste von Großhändlern oder anderen intermediären Dienstleistern in Anspruch nehmen (vgl. Burkhardt 2001, S. 215).

Eine der wesentlichen Funktionen dieser Dienstleister ist das *Portfoliomanagement*. Vor diesem Hintergrund kann zusätzlich der Einsatz der physischen Kapazitäten, wie Gasspeicher, optimiert werden. Dazu zählt auch die Abwicklung der Transportgeschäfte im Hochdrucknetz. Dies schließt die Optimierung der Durchleitung ein, die Kosten reduzieren und Synergieeffekte nutzbar machen soll. Die gesamte Optimierung der Gasbeschaffung und das Management der Bezugsverträge sind originäre Großhandelsaufgaben (vgl. Dudenhausen/Döhrer/Gravert-Jenny 1999, S. 302f.).

Für eine Großhandelsstufe zeigt sich eine geeignete Marktsituation im Gasmarkt. Im Unterschied zur Stromwirtschaft, bei der eine relativ große Zahl von Stromerzeugern die Erzeugungsstufe eher fragmentiert erscheinen lässt, ist die Position bei Gas unterschiedlich. Während einerseits gegenüber den großen Erdgasproduzenten in Russland, Norwegen, Algerien und den Niederlanden die Erdgasnachfrage zu bündeln ist, um über große Abnahmemengen zu langfristig günstigen und kalkulierbaren Bezugskonditionen zu kommen, wurde von den (zahlreichen) Stadtwerken und Regionalgasversorgern die Wettbewerbsaufgabe übernommen, Erdgas als Heiz- und Basisenergie gegen andere etablierte Energiearten zu verkaufen (vgl. Bergmann 2001, S. 42; Burkhardt 2001, S. 213). Eine Zwischenstufe zwischen den „Einzelhändlern" und den Produzenten scheint also eine sinnvolle Wertschöpfungsaktivität.

4. Der Markt für Logistikleistungen

Auch der Markt für Logistikleistungen hat weltweit, insbesondere in der EU, eine starke Liberalisierung erfahren. Insbesondere der Binnenmarkt und die Gemeinsame Verkehrspolitik wirken wesentlich auf die Gestaltung von logistischen Dienstleistungen ein (vgl. Ihde 2001, S. 99-102; Stein 2001, S. 5). Im Verkehrsbereich bestand von je her eine hohe nationale Regelungsdichte. Heute werden Verkehrs- und Transportleistungen als Gegenstand der Dienstleistungsfreiheit begriffen und deshalb liberalisiert (vgl. Stein 2001, S. 10, S. 5).

Eine bedeutsame Liberalisierung für die Logistik war die vollständige Aufhebung aller Kontingenterfordernisse für grenzüberschreitende Transporte durch die EU zum 1.1.1993 und die eingeführte Gemeinschaftslizenz, die vom Niederlassungsstaat des jeweiligen Unternehmens erteilt wird und einschränkungslos zu Transporten auf dem

Binnenmarkt berechtigt. Seit dem 1.7.1998 ist außerdem die Kabotage, also der Transport ausschließlich in einem anderen Mitgliedstaat als dem Heimatstaat des Transporteurs, freigegeben (vgl. Stein 2001, S. 12).

Durch die Deregulierung des Güterverkehrs ergaben sich in den letzten Jahren tiefgreifende Veränderungen, die dem üblichen Muster der Deregulierung entsprechen (vgl. Zentes/Swoboda 2000b, S. 51):

- Die Freigabe der Preise, die über Jahrzehnte in den meisten europäischen Staaten reguliert waren, hat zu dramatischen Preisreduktionen geführt; dies bei zugleich steigenden Kosten für Energie (Treibstoff) und Personal.
- Deutliche Effizienzsteigerungen waren festzustellen, u.a. durch eine bessere Transportauslastung.
- Neue, ausländische Anbieter sind auf den jeweiligen inländischen Märkten aufgetreten, eine Folge u.a. der Aufhebung des Kabotage-Verbotes.
- Etablierte Player sind massenweise vom Markt verschwunden; zugleich traten neue Anbieter auf. Es kam zu Akquisitionen und Fusionen; neue Strategische Allianzen beherrschen heute die Szene.

Neue Intermediäre

Eine höhere Effizienz im Transportmarkt auf Grund einer besseren Transportauslastung durch eine Abnahme von Leerfahrten ist eine Konsequenz der Liberalisierung, wenngleich mit der Nutzung der neuen Freiheiten ein erheblicher Koordinationsaufwand verbunden ist. Eine Folge der notwendigen Koordination ist das Entstehen von Intermediären, die die Nachfrage nach Frachtkapazität durch die Verlader und das Angebot durch Logistikdienstleister in Übereinstimmung bringen.

Elektronische Marktplätze zählen seit ca. 1999 zu den Hauptthemen der E-Commerce-Diskussion. Mittlerweile hat sich die Logistik als das Marktsegment mit der größten Marktplatzdichte entwickelt (vgl. Bretzke 2001). „Transportmarktplätze im Internet sind in der Regel horizontale Transaktionsplattformen, bei denen viele Anbieter von Transportkapazität (Frachtführer oder Spediteure) auf viele Nachfrager (Verlader oder Spediteure) treffen" (Bretzke/Ploenes/Gesatzki 2001, S. 4).

Eine Barriere ihrer Entwicklung liegt jedoch darin, dass komplexere Dienstleistungsprojekte vermutlich auf absehbare Zeit auf der Grundlage von langfristigen Rahmenverträgen abgewickelt werden. Weiterhin kann die Nutzung von kurzfristigen Transaktionen auf einem Marktplatz für einen Verlader, selbst wenn er gut vergleichbare Dienstleistungen (z.B. Stückgutlinienverkehre) einkauft, risikoreich sein. So kann er als Alternative langfristig benötigte Kapazitäten zu langfristig fixen Preisen und damit sicher kalkulierbar einkaufen – anstatt sich dem Risiko schwankender „Börsenpreise" auszusetzen (vgl. Bretzke 2001). Auf der Basis dieser Nachteile zeigt sich, dass heute noch 70 Prozent der Verkehrsleistung der Logistikdienstleister innerhalb von Rahmenverträgen abgewickelt werden. Sieht man jedoch zugleich, dass das Marktvolumen alleine des westeuropäischen Logistikmarktes insgesamt bei ca. 500 Mrd. Euro liegt und – wegen der Zunahme des Outsourcing – der Markt der so genannten Third Party Logistics (der im Wesentlichen für Transportmarktplätze relevant ist) seinen Anteil am Gesamtmarkt in den nächsten fünf Jahren auf 65 Prozent steigern soll (vgl. HypoVereinsbank 2000, S. 12), so zeigt sich, dass auch der Markt für Spotkäufe und -verkäufe in den nächsten Jahren durchaus attraktive Größenordnungen für Intermediäre bereithält. Zugleich dürfte die Effizienz der Transaktionsabwicklung über das Internet sowie der billige und einfache Zugang die Liquidität dieser Märkte weiter erhöhen und damit ebenfalls zu einer Erhöhung des Spot-Anteils beitragen.

Übersicht 5: Erwarteter Nutzen von Transportmarktplätzen für die Logistikdienstleister

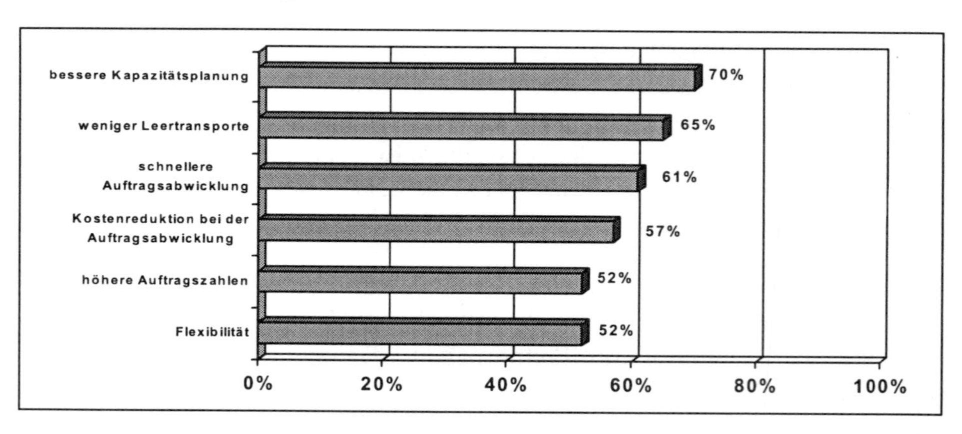

Quelle: Dietz 2001, S. 42.

Für die weitere Entwicklung ist – trotz der genannten Einschränkungen – zu beachten, dass eine hohe Notwendigkeit der Koordination von Frachten und Transportkapazitäten besteht. Transportmärkte sind stark fragmentierte Märkte, in denen die Betreiber elektronischer Handelsplattformen weniger den Wettbewerb von Anbietern und Nachfragern zu fürchten haben, die den direkten Kontakt zu ihren Marktpartnern auf eigenen Webseiten suchen (vgl. Bretzke 2001). Daher sehen sowohl Logistikdienstleister als auch Verlader erhebliche Vorteile von Transportmarktplätzen, die u.a. in einer besseren Kapazitätsplanung und weniger Leerfahrten liegen (siehe Übersicht 5). Die Marktplätze erfüllen damit in erster Linie klassische intermediäre Funktionen, nämlich das Matching von Angebot und Nachfrage (vgl. hierzu ausführlich Alt 1997, S. 195-209).

Übersicht 6: Beispiele führender Transportmarktplätze im Internet

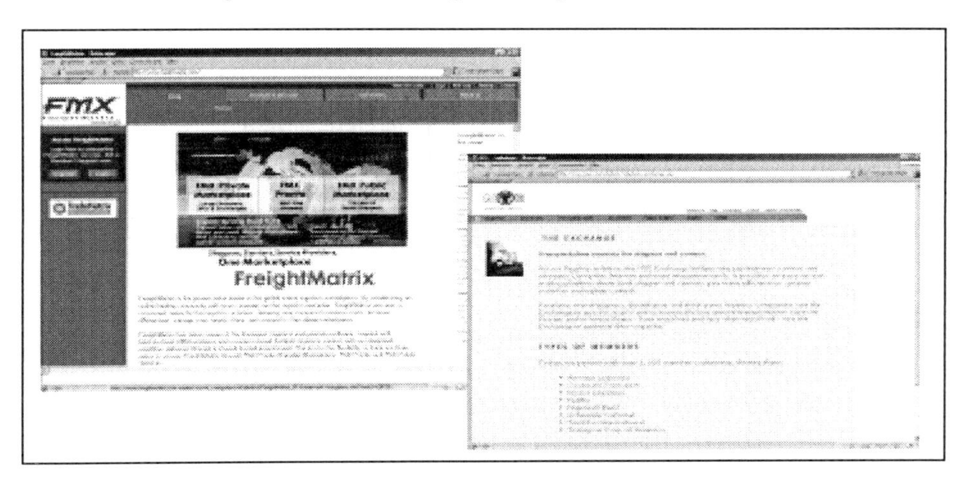

Dabei gibt es unterschiedliche Marktmodelle der Marktplätze. Börsen koordinieren das Zusammentreffen vieler Anbieter und Nachfrager. Der Koordinationsmechanismus durch den permanenten Abgleich von Angebot und Nachfrage über eine Vielzahl von Marktteilnehmern eignet sich v.a. für Standardtransporte, wie etwa Teilladungen palettierter Güter und Containerfracht. Bei spezialisierten Transporten, so z.B. komplexeren Transportleistungen oder Gefahrgütern, wird eher auf Auktionen zurückgegriffen. Durch genau spezifizierte Leistungsanfragen in Ausschreibungen (Reverse Auctions) wendet sich hierbei ein Nachfrager von Transportleistungen an einen u.U. begrenzten Kreis von Logistikdienstleistern, wobei der Bieter mit dem besten Angebot den Zuschlag erhält. Empirisch sind Reverse Auctions häufig bei Verhandlungen von Rahmenkontrakten für bestimmte Frachtvolumina anzutreffen (vgl. Bretzke/Ploenes/Gesatzki 2001, S. 8).

Als Beispiele für Transportmarktplätze sind Freightmatrix.com, NTE, GloMap (Fracht- und Laderaumbörse für den Seehandel) und GF-X (Vermittlung von Lufttransporten) zu nennen.

Einer der erfolgreichsten Marktplätze ist Freightmatrix. Dies ist ein horizontaler Marktplatz, der in das größere Netzwerk der i2-Marktplatzumgebung Tradematrix eingebunden ist. In der Tradematrix sind vertikale Marktplätze (so MyAircraft oder HomeElectronicMatrix) und horizontale Marktplätze (so für Transportleistungen) zusammengeführt (vgl. Bretzke/Ploenes/Gesatzki 2001, S. 22). Die Benutzer der Freightmatrix können sowohl auf öffentlichen als auch auf privaten Teilmarktplätzen tätig werden, wobei der Nutzerkreis privater Marktplätze durch den Initiator einer Transaktion beschränkt wird. In der Freightmatrix werden sowohl standardisierte Spotmarktleistungen als auch komplexe Rahmenkontrakte vermittelt. Neben dem Ein- und Verkauf von Transportdienstleistungen bildet Freightmatrix auch eine Plattform für eine übergreifende Zusammenarbeit zwischen Carrieren und Verladern auf der Prozessebene. Dabei werden Orderprozesse, Tracking & Tracing, Controlling usw. durch standardisierte Schnittstellen vereinfacht. Elektronisches Dokumentenmanagement und eine automatisierte Zahlungsabwicklung sorgen in dieser Umgebung für eine reibungslose Abwicklung der Transaktionen. Zugleich wird der Marktplatz durch die Kompetenz von i2 als Anbieter von Supply Chain Management-Software in seinem Funktionsumfang bestimmt (vgl. Bretzke/Ploenes/Gesatzki 2001, S. 22).

5. Der Markt für Gesundheitsprodukte

Ein anderer, bisher noch eher abgeschirmter Markt wird ebenfalls in den nächsten Jahren dereguliert werden – der Gesundheitsmarkt. So entfallen in Deutschland rund zehn Prozent des BIP auf den Gesundheitssektor, der auf unterschiedlichen Ebenen noch stark bzw. vollkommen reguliert ist. Aber auch hier zeichnen sich die gleichen Deregulierungsschritte und die gleichen Muster des Ablaufs der entsprechenden Prozesse und ihrer Konsequenzen ab (vgl. Zentes/Swoboda 2000b, S. 51).

Betrachtet man die Ebene des Großhandels, so sind hier – neben einer weiteren Verschärfung des Wettbewerbs – verschiedene Entwicklungen zu erwarten. So besteht zwar bereits ein funktionierender und äußerst professionell arbeitender Großhandel für Arzneimittel. Marktführer in Europa ist das Unternehmen GEHE, das v.a. Apotheken beliefert, mit einem Marktanteil von ca. 22 Prozent und einem Umsatz über 15 Mrd. Euro im Jahr 2000 [11].

Wichtige Veränderungen sind aber einerseits im Bereich der nicht-apothekenpflichtigen Sortimente und andererseits in der Marktstruktur, konkret der Einteilung in Groß- und Einzelhandel (Apotheken) für das apothekenpflichtige Sortiment, zu erwarten.

So ist bereits heute die Aufnahme von nicht-apothekenpflichtigen Arzneimitteln (OTC-Produkte) in das Sortiment von Verbrauchermärkten, Lebensmittel-Discountern, Drogeriemärkten und Tankstellen zu beobachten, ein Trend, der sich – u.a. auf Grund der Gesundheitsorientierung in der Bevölkerung – in den nächsten Jahren weiter fortsetzen wird (vgl. Schlitt 1999a, S. 44; Schlitt 1999b, S. 18; Zentes/Swoboda 2000b, S. 52). Dies tangiert unmittelbar die Sortimentspolitik der Großhändler, die traditionell diese Vertriebskanäle beliefern (so z.B. Lekkerland-Tobaccoland für den Tankstellenmarkt), und die sich jetzt auch mit diesen neuen Sortimenten verstärkt auseinandersetzen müssen. Zugleich führt die Komplexität des OTC-Sortiments dazu, dass spezialisierte Großhändler als „Systemlieferanten" auftreten, die als Full Service-Provider [12] auch das Category Management im Einzelhandel übernehmen. Dies kann am Beispiel des Unternehmens Diedrichs Markenvertrieb (DMV) gezeigt werden. Der Einzelhandel bekommt über DMV durchschnittlich das Sortiment von 30 bis 40 Lieferanten aus einer Hand, was ihm eine deutliche Einsparung an administrativen Kosten bringt und die Gefahr von Überbeständen und Out-of-Stocks verringert. Dabei werden Großhandels- und Agenturaktivitäten angeboten. Als Großhandelspartner führt DMV Orderservice und Auslieferung aus (optional Regalpflege und Key Account Management). Als Agenturpartner ist nur der Orderservice Standard (optional Auslieferung und Regalpflege). DMV ist bei einigen Handelsunternehmen Category Captain und bietet dabei als neutraler Dienstleister Herstellern und Einzelhändlern einen Nutzen, so durch bedarfsgerechte Disposition und nachfrageorientierte Regale (vgl. Biehl 2001, S. 40).

Eine weitere großhandelsrelevante Entwicklung könnte sich ergeben, wenn das Mehrbesitzverbot von Apotheken gelockert oder aufgehoben wird (vgl. Oschmann/Rosmanith 1997, S. 26). In diesem Fall ist es möglich, dass auch in Deutschland und anderen europäischen Ländern Apothekenketten mit zahlreichen Filialen entstehen; ein Phänomen, das in Großbritannien heute schon zu beobachten ist. So haben dort Ketten wie Moss/Alliance UniChem, Boots und Phoenix jeweils mehrere hundert Outlets. Großhandelsrelevant ist dabei nicht nur die Nachfragekonzentration durch diese Ketten, sondern auch die Eigentumsstruktur. So gehört die größte britische Kette, Lloydspharmacy, mit über 1.300 Apotheken seit 1997 zu GEHE. Auch in anderen Ländern sind großhandelskontrollierte Apothekenketten (im Sinne einer „controlled distribution“) zu finden. Mit AFM in Bologna und Cremona (Italien) und Inpharma (Tschechien) ist GEHE seit 1999 auch in Kontinentaleuropa mit eigenen Apotheken vertreten (vgl. Gehe 2001).

6. Die Entstehung komplementärer Märkte

Aus den oben dargestellten Märkten entsteht zugleich eine abgeleitete Nachfrage nach komplementären Gütern und Serviceleistungen oder sie nimmt zumindest an Bedeutung zu. Auch hier finden sich zunehmend Großhändler und andere Intermediäre.

Ein Beispiel dafür sind Wetterinformationen. Vorne wurde die Entstehung bzw. die Strukturveränderung des Energiehandels beschrieben, so die Preisvolatilität und die Bedeutung des Risikomanagements. Der Verbrauch von Energie hängt sehr stark vom Wetter ab. Er ist eng an Kaltlufteinbrüche, Änderungen der Lichtverhältnisse, Stürme und Niederschlag gekoppelt. Auch die Energieproduktion hängt, so bei Wasser- und Windkraft, vom Wetter ab. Deshalb sind Wettervorhersagen in der Energiewirtschaft unerlässlich geworden. Service Provider wie die MC-Wetter GmbH bieten als eine Dienstleistung an, die Daten von meteorologischen Messstationen aufzukaufen und diese sowie detaillierte Vorhersagen aller relevanten Wetterelemente, so Niederschläge, Temperatur, Windstärken, Sonnenstrahlung, für Energieversorger und Energiehändler zur Verfügung zu stellen, um sie beim Risikomanagement zu unterstützen (vgl. MC-Wetter 2001).

Ein anderes Beispiel für eine solche abgeleitete Nachfrage ist der Markt für Transporthilfsmittel. So kann man – teilweise als Konsequenz der Frachtmarktplätze – hier Anbieter und Intermediäre finden, die Leistungen und Produkte für Transportdienstleister im B2B-Geschäft anbieten bzw. vermitteln. So beschäftigt sich die BesTrado AG mit der Vermittlung von Transporthilfsmitteln wie Europaletten und Gitterboxen auf einem elektronischen Marktplatz in Form von Reverse Auctions (vgl. Bretzke/Ploenes/Gesatzki 2001, S. 20). Dies stellt eine E-Commerce-basierte Weiterentwicklung von bereits bisher bestehenden Dienstleistungen, die sich mit der Organisation von Auslieferung und Rückführung von Transporthilfsmitteln beschäftigten, dar.

IV. Fazit und Ausblick

Durch die Liberalisierung der Weltwirtschaft und eine zunehmende sektorale Deregulierung sind in den letzten Jahren neue Märkte für Großhändler oder andere Intermediä-

Ihr Ratgeber im Zeitalter des
One-to-one-Marketing!
Roland Mattmüller (Hrsg.)
NEU

Versandhandel – Starten Sie jetzt!

In den letzten Jahren hat sich der Versandhandel zunehmend zur Konkurrenz des stationären Einzelhandels entwickelt. Immer mehr Konsumenten nutzen zusätzlich zum gewohnten Einkauf die Vorteile der Versandbestellung. Die Handels-Revolution, die das Internet ausgelöst hat, wird diese Dynamik noch unterstützen. Viele Unternehmen nutzen daher den Versandhandel als ergänzenden Absatzweg. Der Erfolg gibt ihnen Recht.

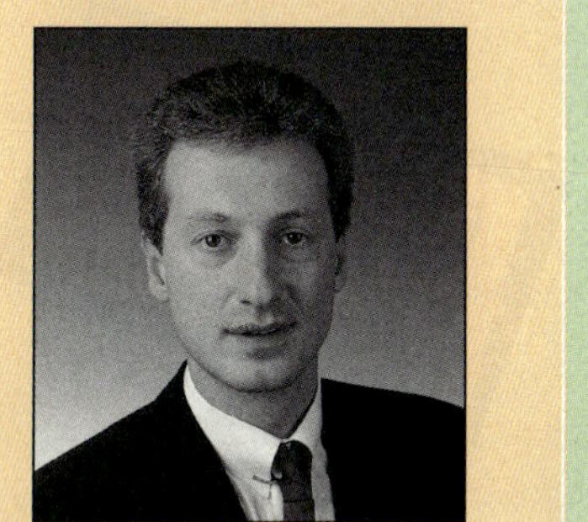

„Versandhandels-Marketing“ ist ein Top-Ratgeber für alle, die sich einen umfassenden Einblick über diese Vertriebsform verschaffen wollen!

Prof. Dr. Roland Mattmüller ist Professor für Betriebswirtschaft, insbesondere Marketing und Handel an der EUROPEAN BUSINESS SCHOOL, Wissenschaftliche Hochschule, Schloss Reichartshausen. Ferner ist er Sprecher des Instituts für Marketing-Management und -Forschung e. V. (IMMF).

re entstanden. Weitere Länder und/oder Sektoren werden diesem Trend folgen. So ist z.B. eine Richtlinie zur Postliberalisierung in Vorbereitung (vgl. o.V. 2001b).

Zugleich werden sich – basierend auf den Erfahrungen in anderen Ländern und Sektoren – hier die Strukturen schneller verändern, als dies in traditionellen Großhandelsbranchen in der Vergangenheit der Fall war, oder die entsprechenden Märkte werden gleich auf einem anderen Entwicklungsniveau beginnen. So ist der Handel mit standardisierten Energieprodukten sehr schnell in Börsenform institutionalisiert worden; die Nutzung des Internet, so durch die entsprechenden Energie-Marktplätze, ist in sehr frühen Entwicklungsstadien des Marktes bereits eine Selbstverständlichkeit. Andere deregulierte Branchen werden diesem Beispiel folgen.

Anmerkungen

[1] Vgl. hierzu auch den Abschnitt „Politisch-rechtliche Entwicklung" im Beitrag von Zentes in Abschnitt A dieses Kapitels.
[2] Vgl. hierzu den Beitrag von Swoboda in Abschnitt G dieses Kapitels
[3] So muss z.B. die nationale wie auch Europäische Verkehrspolitik auch gemeinwirtschaftliche Aufgaben bewältigen. Die Sozialpflichtigkeit der nationalen Eisenbahnen (Tarife, Betriebs- und Beförderungspflichten) führt z.B. zu Aufgaben, die von einer rein auf wirtschaftliche Effizienz ausgerichteten Verkehrspolitik nur unzureichend erfüllt werden können (vgl. Stein 2001, S. 10).
[4] Zwar können Termin- und Hedgegeschäfte eingesetzt werden, aber die Zusammenhänge sind wesentlich komplexer als bei vielen anderen Handelsprodukten (vgl. Curtius 2000, S. 626-628).
[5] Vgl. zu den Aktivitäten von Aquila den Beitrag von Spicker im Vierten Kapitel.
[6] Vgl. hierzu auch die Darstellung der strategischen Grundorientierungen und Optionen des Großhandels im Beitrag von Zentes im Ersten Kapitel.
[7] Vgl. hierzu den Beitrag von v. Bernuth in Abschnitt C des Vierten Kapitels.
[8] Vgl. zum Click&Trade-Börsenhandelsservice von Nordic Powerhouse den Beitrag von Petersen/Rahn in Abschnitt A des Vierten Kapitels.
[9] Vgl. hierzu detailliert den Beitrag von Spicker in Abschnitt B des Vierten Kapitels.
[10] Siehe hierzu auch die entsprechende Übersicht im Beitrag von Spicker im Vierten Kapitel.
[11] Vgl. hierzu auch den Beitrag von Ossenberg-Engels in Abschnitt A des Zweiten Kapitels sowie Ossenberg-Engels 2001.
[12] Vgl. zu diesen strategischen Optionen auch den Beitrag von Zentes in Abschnitt A dieses Kapitels.

Abschnitt G

Internationalisierung als strategische Option des Großhandels: Synopse der Entwicklungsalternativen

Bernhard Swoboda

I. Internationalisierung als Herausforderung für den Großhandel

1. Einführende Synopse

Die Internationalisierung wird spätestens seit den neunziger Jahren als Begriff ebenso häufig wie unterschiedlich gebraucht. Inhaltlich wird darunter sowohl ein Trend der (Welt-)Wirtschaft subsumiert als auch eine einzelwirtschaftliche, d.h. gesamtunternehmerische Strategie, die in ihrer Tragweite den Geschäftsfeld- oder Wettbewerbsstrategien übergeordnet ist. Man erwartet, dass das Internationale Management nicht nur Daten bereitstellt, etwa die Situation auf den Europäischen (Großhandels-)Märkten beschreibt, sondern auch Entscheidungs- und Entwicklungshilfen für die Wahl der Ländermärkte, der Transaktions- bzw. Markteintrittsformen oder der Koordinationsoptionen gibt und das differenziert nach gering internationalisierten, multinationalen oder sogar global organisierten Unternehmen. Die Palette der Betrachtungsperspektiven ist beachtlich und die Relevanz des Themas für den Großhandel ebenso. Dies stützen nicht zuletzt sechs BGA-Unternehmenstage, die zwischen den Jahren 1992 bis 1998 mit einer Ausnahme der Internationalisierung bzw. Globalisierung gewidmet waren. Auch hier deuten die Themen – „Zukunft gestalten", „Freier Welthandel", „Europäische Union", „Globalisierung der Wirtschaft", „Internationaler Wettbewerb" oder „Globaler Wettbewerb" – die Breite der relevanten Fragestellungen an [1].

Für die Betrachtung der Internationalisierung als strategische Option des Großhandels in diesem Beitrag erscheint zunächst die Feststellung relevant, dass die Internationalisierung zu den nachhaltigen Entwicklungen der Wirtschaft im Allgemeinen und des Großhandels im Besonderen zählt. Sie setzt Wachstumspotenziale frei und eröffnet neue Chancen. Gleichzeitig stellt sie die Unternehmen vor die große Herausforderung, sich auf die veränderte Situation einzustellen, um nicht den Anschluss zu verpassen [2]. In diesem Sinne verstärkt dieser Megatrend die durch den Strukturwandel in der Warendistribution verursachten Ein- und Ausschaltungstendenzen von meist kleineren Unternehmen der Großhandelsdistribution und verschärft die Intensität und die Dynamik des Wettbewerbs auf der Großhandelsstufe erheblich [3].

Gerade heute spielt für viele Großhandelsunternehmen die Europäische (Währungs-) Union mehr oder weniger direkt eine wichtige Rolle [4]. Vor allem für größere Unternehmen des Großhandels gehören internationale Beschaffungs- und Absatzaktivitäten zum Tagesgeschäft (vgl. Täger 2000, S. 108). Für beide Gruppen wird die Internationalisierung zukünftig eine andere Qualität gewinnen, so alleine auf Grund der weitergehenden Entwicklung der Absatz- und Beschaffungsaktivitäten vieler Unternehmen der Gewerblichen Wirtschaft. Bei eher stagnierenden oder schwach wachsenden Heimatmärkten bedeutet Internationalisierung i.d.R. eine Verstärkung des Verdrängungswettbewerbs – auf den Stufen des Großhandels und der Großhandelskunden – und einen wachsenden Zwang zu grenzüberschreitenden Aktivitäten, auch für Unternehmen, die bisher nur regional oder national operierten. Da die Internationalisierung in der Zukunft – begünstigt durch wirtschaftliche und politische Integrationsprozesse, verbunden mit einem weiteren Abbau von tarifären und nicht-tarifären Handelsschranken – sich noch verstärken dürfte, bilden diese Rahmenbedingungen den Ansatzpunkt der folgenden Betrachtung.

Darauf aufbauend wird einer offensiven Sichtweise der Internationalisierung als strategische Option des Großhandels gefolgt. Argumenten, dass das kompetitive Umfeld die meisten mittelständischen Großunternehmen in ihrer Entwicklung relativ beeinträchtigt, ist insofern nur bedingt zuzustimmen, da Untersuchungen zeigen, dass eine bestimmte Unternehmensgröße nicht die Internationalisierung per se limitiert; sondern es durchaus auch sehr kleine Unternehmen mit beachtlichen Auslandsengagements gibt (vgl. OECD 1997a, OECD 1997b). Wichtiger ist, dass es bei einer Auslandstätigkeit nicht darauf ankommt, die ursprünglich für den Heimatmarkt entwickelten Leistungen in den Zielmärkten „zu übertragen". Vielmehr ist ein systematisches Vorgehen erforderlich. Insofern ist es ein Ziel der Ausführungen, die Optionen von Großhandelsunternehmen in internationalen Märkten einer systematisierenden Bestandsaufnahme zuzuführen. Damit wird eine Perspektive eingenommen, der die pauschale Überlegung zu Grunde liegt, dass auch Großhandelsunternehmen (international) wachsen wollen und daher nicht nur die Weichen für die Internationalisierung frühzeitig, sondern strategisch stellen sollten.

2. Situation des Großhandels in Europa

Die Situation des Großhandels stellt sich in den einzelnen europäischen Ländern z.Z. sehr unterschiedlich dar. Sie hängt dabei stark von der Entwicklung der Absatzmärkte einerseits – der Produktion für den Produktionsverbindungshandel und des Einzelhandels oder der privaten Nachfrage für den Konsumtionsverbindungshandel – und von den Konzentrationsprozessen auf diesen Absatzmärkten andererseits ab.

Eine der wenigen aktuellen Publikationen zur Situation des Großhandels in einzelnen Ländern Westeuropas ist die von Linkert (1998), die auf einer Studie der Europäischen Kommission beruht. Danach gab es Mitte der neunziger Jahre in der Europäischen Union 1,2 Millionen Großhandels- und Handelsvermittlungsunternehmen (das ist jedes zwölfte Unternehmen) mit insgesamt rund 7 Millionen Beschäftigten (das sind gut fünf Prozent aller Beschäftigten) und einem Umsatz von zwei Billionen ECU (siehe Übersicht 1). Diese Unternehmen trugen mit rund 235 Milliarden ECU zum Bruttoinlandsprodukt der EU bei, das sind vier Prozent des gesamten Bruttoinlandsproduktes. Von den insgesamt 4,7 Millionen Unternehmen des Handels in der EU ist fast jedes vierte ein Großhandels- oder Handelsvermittlungsunternehmen. Diese Unternehmen beschäftigen fast ein Drittel der Erwerbstätigen im Handel und erwirtschaften gut ein Drittel des Beitrages des Handels zum Bruttoinlandsprodukt der EU.

Übersicht 1: Bedeutung des Handels in der Europäischen Union (nicht landwirtschaftliche Wirtschaft = 100)

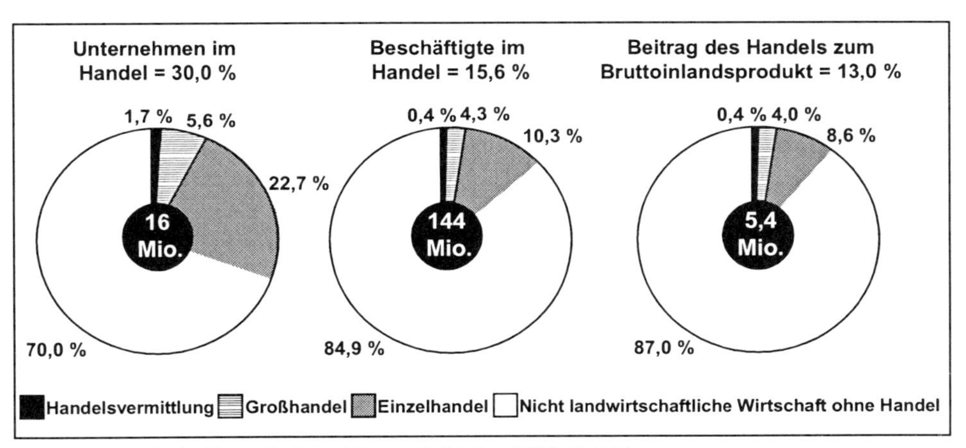

Quelle: Europäische Kommission, zitiert nach Linkert 1998, S. 167.

Bezüglich der einzelnen Länder ist zunächst hervorzuheben, dass die Hälfte der Großhandels- und Handelsvermittlungsunternehmen in der EU sich auf die Länder Italien (22 Prozent), Deutschland (17 Prozent) und Großbritannien (12 Prozent) konzentrieren (siehe Übersicht 2). Legt man allerdings die Bevölkerungsanteile der Mitgliedstaaten zu Grunde, dann ergibt sich ein anderes Verteilungsbild. In den bevölkerungsreichen Ländern Europas, Deutschland, Frankreich, Großbritannien und Italien, liegt die Zahl der Unternehmen, bezogen auf 10.000 Einwohner bei etwa 20, teilweise sogar niedriger; in Schweden und Luxemburg liegt die Dichte der Unternehmen dagegen doppelt so hoch und in Belgien und Dänemark sogar fast dreimal so hoch.

Der Anteil der Handelsvermittlungsunternehmen – mit im Durchschnitt zwei Beschäftigten – an den Großhandels- und Handelsvermittlungsunternehmen schwankt in den Ländern zwischen 5 bis 45 Prozent, wobei Länder wie Spanien, Schweiz, Island, Schweden, Norwegen und Irland am Ende (unter 10 Prozent) rangieren, während Italien mit rund 45 Prozent die Spitze hat, gefolgt von Finnland, Portugal, Deutschland, Belgien, Griechenland, Niederlande und Österreich mit über 25 Prozent. Betrachtet man wie in Übersicht 2 alleine den Großhandel, dann entfallen 75 Prozent der hier Beschäftigten in der EU auf fünf Länder, Deutschland (rund 23 Prozent), Frankreich, Italien und Großbritannien (jeweils rund 14 Prozent) und Spanien (rund 9 Prozent).

Übersicht 2: Verteilung auf die Länder der Europäischen Union

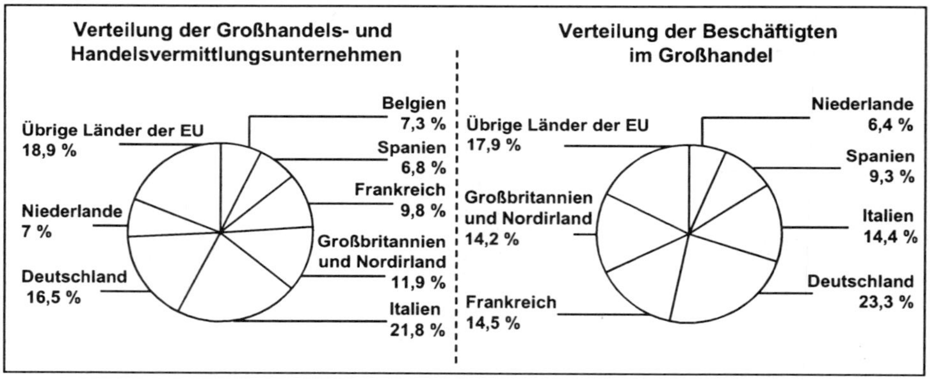

Verteilung der Großhandels- und Handelsvermittlungsunternehmen

Übrige Länder der EU 18,9 %
Niederlande 7 %
Deutschland 16,5 %
Belgien 7,3 %
Spanien 6,8 %
Frankreich 9,8 %
Großbritannien und Nordirland 11,9 %
Italien 21,8 %

Verteilung der Beschäftigten im Großhandel

Übrige Länder der EU 17,9 %
Großbritannien und Nordirland 14,2 %
Frankreich 14,5 %
Niederlande 6,4 %
Spanien 9,3 %
Italien 14,4 %
Deutschland 23,3 %

Quelle: Europäische Kommission, zitiert nach Linkert 1998, S. 168.

Zugleich ist die Größe der Großhandelsunternehmen, gemessen anhand der durchschnittlichen Anzahl der Beschäftigten, sehr unterschiedlich. Die durchschnittliche Anzahl der Beschäftigten in Europa beträgt sieben. Die durchschnittlich größten Unternehmen finden sich in Irland mit 15 Beschäftigten, gefolgt von Österreich, Deutschland, Schweiz und Frankreich mit über zehn Beschäftigten. Die im Durchschnitt kleinsten Unternehmen gibt es in Griechenland, Belgien, Schweden, Island, Dänemark, Portugal, Norwegen, Großbritannien und Luxemburg (von drei bis sechs Mitarbeiter). Insgesamt betrachtet, sind in den südlichen Ländern Unternehmen mit einem unter dem Durchschnitt liegenden Personalbestand beheimatet. Betrachtet man die Verteilung der Beschäftigten nach Größenklassen der Unternehmen in den Ländern, so lassen sich deutliche Strukturunterschiede erkennen. Die Streuung zwischen den Ländern wird am deutlichsten bei kleinen und großen Unternehmen (siehe Übersicht 3).

Übersicht 3: Anteil der Beschäftigten in kleinen und großen Unternehmen in der EU

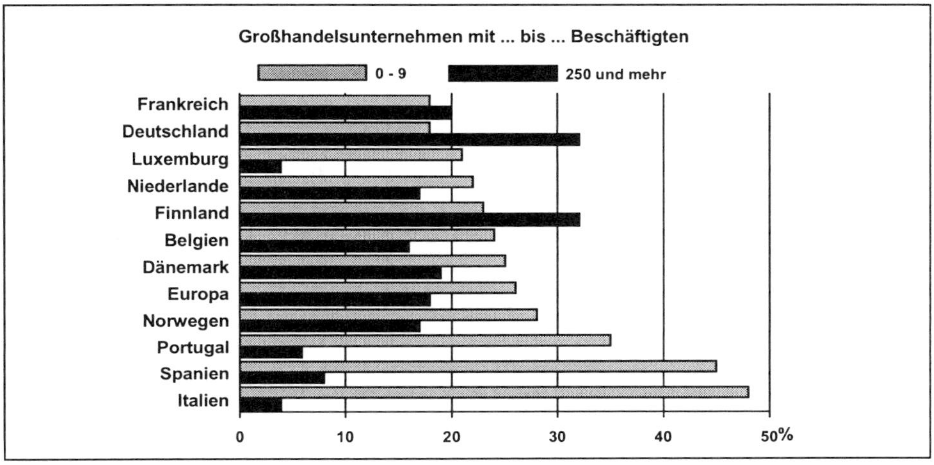

Großhandelsunternehmen mit ... bis ... Beschäftigten

0 - 9
250 und mehr

Frankreich
Deutschland
Luxemburg
Niederlande
Finnland
Belgien
Dänemark
Europa
Norwegen
Portugal
Spanien
Italien

0 10 20 30 40 50%

Quelle: Europäische Kommission, zitiert nach Linkert 1998, S. 169.

Im Konsumtionsverbindungshandel hat bereits eine beachtliche Konzentration stattgefunden, so dass die 75 größten Unternehmen rund zehn Prozent des Großhandelsumsatzes im EU-Raum auf sich vereinigen. Vor allem in den südeuropäischen Ländern dominiert der Konsumtions- gegenüber dem Produktionsverbindungshandel. Demgegenüber sind im Produktionsverbindungshandel eher vertikale Konzentrationstendenzen bedeutend. Sie betreffen vor allem die nordeuropäischen Länder, in denen der Produktionsverbindungshandel den Konsumtionsverbindungshandel dominiert.

II. Rahmenbedingungen der Internationalisierung

1. Bedeutung der Auslandsmärkte für den Großhandel

Ein erheblicher Teil vor allem der größeren deutschen Unternehmen des Großhandels ist im Außenhandel engagiert (vgl. Tabelle 1) (vgl. auch Täger 2000, S. 107; BGA 2000, S. 62ff.). Von den rund 70.000 „funktionsechten" Unternehmen des Großhandels sind rund 8,5 Prozent im Außenhandel tätig, d.h. über die Hälfte ihres Jahresumsatzes werden mit Unternehmen im Ausland abgewickelt. Knapp 12 Prozent des Großhandelsumsatzes entfielen auf diese Gruppe von meist größeren und spezialisierten Großhandelsunternehmen.

Tabelle 1: Art und Unternehmensstruktur des Großhandels

	Unternehmen		**Beschäftigte**		**Umsatz**	
	Anzahl	**%**	**Anzahl**	**%**	**Mio. DM**	**%**
Binnengroßhandel insgesamt	65.256	91,5	1.164,8	93,2	982,6	88,2
- Produktionsverbindungshandel	44.483	62,8	774,9	62,0	590,3	53,0
- Konsumptionsverbindungshandel	20.413	28,6	389,8	31,2	392,3	35,2
Außenhandel insgesamt	6.098	8,5	85,1	6,8	131,8	11,8
- Einfuhrgroßhandel	4.370	6,1	68,1	5,4	95,9	8,6
- Produktionsverbindungshandel	2.892	4,1	46,0	3,7	77,0	6,9
- Konsumptionsverbindungshandel	1.478	2,1	22,1	1,8	18,9	1,7
- Ausfuhrgroßhandel	1.518	2,1	14,0	1,1	23,2	2,1
- Globalhandel	210	0,3	3,0	0,2	12,7	1,1
Großhandel insgesamt (ohne KfZ)	71.354	100,0	1.249,8	100,0	1.114,3	100,0

Quelle: Statistisches Bundesamt 2000a und Berechnungen des ifo Instituts.

„Im allgemeinen treiben Binnengroßhandlungen auch Außenhandel, und Außenhandlungen sind oft im Binnenhandel tätig, d.h. die Abgrenzungen sind nicht unproblematisch“ (Tietz 1993, S. 580). So haben Unternehmen mit einem Schwerpunkt im Absatz an inländische Unternehmen in den letzten Jahren ihre Lieferkontrakte mit ausländischen Unternehmen intensiviert, was dazu führt, dass der Anteil der Güter im Großhandel mit ausländischem Ursprung deutlich zugenommen hat. Zugleich werden Unternehmen mit einem Schwerpunkt im Absatz im Inland auch selbst absatzseitig im Ausland tätig, was dazu führt, dass der Anteil der Auslandsverflechtung steigt.

Die zukünftige Entwicklung hängt von vielfachen Einflußfaktoren ab. Besonders relevant für die Optionen des Großhandels erscheinen Strömungen im weiteren und näheren Umfeld sowie Entscheidungen in den Unternehmen selbst. Dies bedeutet beispielsweise:

- Entwicklungen des weiteren unternehmerischen Umfeldes wirken z.B. in Form von Tendenzen der Liberalisierung und Deregulierung [5] determinierend.
- Entwicklung im näheren Umfeld betreffen das Verhalten bisheriger oder potenzieller Kunden des Großhandels. Hierzu gehören ebenso das Verhalten bisheriger oder potenzieller Lieferanten.
- Inwiefern Unternehmen diese Umfeldentwicklungen aufgreifen oder proaktiv gestalten, hängt von deren Entscheidungen bezüglich der internationalen Engagements

auf der Absatz- und Beschaffungsseite ab. Insofern sind die Strömungen interdependent, wobei die Entscheidungen letztendlich kanalisierend wirken.

2. Umfeldentwicklungen als Determinanten der Internationalisierung

Die zunehmende Liberalisierung des Welthandels, so im Zuge der GATT/WTO-Verhandlungen, führte in den letzten Jahrzehnten zu einem enormen Anstieg des Welthandelsvolumens (vgl. Tabelle 2). Der Weltaußenhandel stieg von rund 280 Milliarden US-Dollar im Jahre 1970 auf über 6 Billionen US-Dollar im Jahre 2000. Genauso beachtlich fiel der Anstieg des Bestandes an Direktinvestitionen aus, von 480 Milliarden US-Dollar im Jahre 1980 auf über 4 Billionen US-Dollar im Jahre 2000. Da hier Teile der kooperativen Engagements unberücksichtigt sind, ist der tatsächliche Wert noch höher. Alleine der Außenhandel der Bundesrepublik Deutschland stieg von 313 Mrd. Euro im Jahre 1990 auf rund 600 Mrd. Euro im Jahre 2000. Ähnlich stark wuchsen die Direktinvestitionen im Ausland.

Tabelle 2: Entwicklung des Weltaußenhandels und der Direktinvestitionen in Mrd. US-Dollar

	1970	1980	1990	2000
Weltaußenhandel	280	1.998	3.494	6.186
Bestand an Direktinvestitionen	--	480	2.133	4.088*

* Daten 1998

Quelle: Statistisches Bundesamt 2001a, www.wto.org und United Nations 1999.

Parallel zu dieser Entwicklung, die auf eine multilaterale Liberalisierung abzielt, vollzieht sich eine zum Teil gegenläufige Entwicklung, so der Abschluss regionaler Integrationsabkommen (z.B. EU, NAFTA, AFTA, MERCOSUR). So entfielen im Jahre 2000 rund 350 der 600 Mrd. Euro des Außenhandels der Bundesrepublik Deutschland auf Versendungen innerhalb der EU, wobei 60 Prozent dieser Versendungen auf die vier wichtigsten deutschen Handelspartner Frankreich, Großbritannien, Italien und Niederlande entfielen. Ganz ähnlich sieht die Außenhandelssituation innerhalb der NAFTA aus. Die Internationalisierung begünstigen des weiteren Tendenzen der Deregulierung und die Informations- und Kommunikationstechnologien, wie sie u.a. von Morschett und Zentes im Ersten Kapitel dieses Buches beschrieben werden (vgl. auch Zentes/Swoboda 2000b, S. 40ff.). Für den deutschen Großhandel entscheidend ist, dass

- die deutschen Außenhandelswarenströme vor allem in Westeuropa anfallen, aber die Länder Mittel- bzw. Osteuropas aufholen, so gehört Polen zu den Top-Ten der Handelspartner Deutschlands, und dass
- sich die Direktinvestitionsströme nach Übersee richten, und hier schwerpunktmäßig nach Nord-Amerika. Zugleich gewinnt Asien, nicht nur als Aktivitätsfeld der kostengünstigen Produktion oder Beschaffung, sondern auch zunehmend als Aktivitätsfeld von Absatzbemühungen, an Bedeutung.

3. Kunden- und Lieferantenverhalten als Determinanten der Internationalisierung

Die Kunden und ihr Verhalten haben eine beachtliche Relevanz für die Internationalisierung des Großhandels. Ein zunehmender Wunsch nach differenzierten und preiswerten Produkten fördert sicherlich die Internationalisierung des Großhandels ebenso wie die Konzentration der Kunden auf nationale Großhandlungen.

Wie Täger (2000, S. 110) hervorhebt, besitzen viele kleine Unternehmen der Industrie, des Handwerks und des Handels auf Grund ihrer geringen Personalkapazitäten sowie ihrer lokalen und regionalen Informationseinbindung nur eine unzureichende Transparenz über das in den letzten Jahren vergrößerte Waren- und Neuheitsangebot auf den ausländischen Produktmärkten. Somit hat ein zunehmender Teil des Fachgroßhandels mit einer verstärkten Aufnahme von ausländischen Lieferanten und kostengünstigen Bezugsquellen im Ausland für ihre vorwiegend mittelständisch strukturierten Abnehmer ein z.T. erheblich erweitertes Warenangebot entwickelt, das mehr und mehr der Internationalität des Angebots Rechnung trägt. Mit der Übernahme der manchmal recht kostenintensiven Importfunktionen in wettbewerbssensiblen Produktbereichen tragen viele Unternehmen des Fachgroßhandels zur spürbaren Verbesserung der Leistungs- und Wettbewerbsfähigkeit der kleinen und mittleren Unternehmen bei, die mitunter erheblichen wirtschaftlichen Beschränkungen in der Ausübung eigener Importaktivitäten unterliegen.

Lieferanten haben insofern eine Relevanz für den Großhandel, als ihr steigendes Interesse am deutschen Markt sich positiv auswirkt. Ist es nicht vorhanden oder ist es so hoch, dass damit intensive, eigene Auslandsaktivitäten der Lieferanten verbunden werden, dann kann dies kontraproduktiv für den deutschen Großhandel wirken.

Auch hier erkennt Täger (2000, S. 110f.) eine hohe Attraktivität von Märkten für forschungs- und technologieintensive sowie markenbekannte Produkte in Deutschland, so dass sie für ausländische Hersteller eine hohe strategische Bedeutung haben. Aus diesem Grund versuchen viele ausländische Anbieter, auf diesen deutschen Produktmärkten eine Präsenz aufzubauen und damit ihre technologische und marketingrelevante Leistungsfähigkeit im intensiven Wettbewerb weiterzuentwickeln. Da zugleich der Aufbau und die Führung einer firmeneigenen Absatz- bzw. Vertriebsorganisation i.d.R. mit erheblichen Kosten verbunden sind, bildet die gezielte Einschaltung von Fachgroßhandelsunternehmen und -systemen eine kostenreduzierende Option. Oft wird daher in diesem Bereich eine langfristige Zusammenarbeit mit einer meist kleineren Zahl von Fachgroßhandelsunternehmen vereinbart, so in Form von vertraglich geregelten Absatzkooperationen.

4. Strategisches Handeln als Grundlage der Internationalisierung

Interdependent mit den günstigen Rahmenbedingungen sind die Strategien der Unternehmen zu sehen. Der Aufbau von Niederlassungen oder Kooperationen mit Unternehmen im Ausland sind nur zwei denkbare Alternativen. Grundsätzlich ist zwischen Global Sourcing-Aktivitäten und Global Trading-Aktivitäten zu unterscheiden.

Wie angedeutet, hat sich ein erheblicher Teil der Unternehmen des Großhandels auf Grund der Nachfrage von meistens kleineren Unternehmen nach spezifischen Vor- und Handelsprodukten aus dem Ausland schon immer in einem beachtlichen Maße im Außenhandel engagiert. Zudem hat eine wachsende Anzahl von z.T. sehr flexibel agierenden Großhandelsunternehmen verstärkt die Funktion von Pionier-Unternehmen auf ausländischen (Beschaffungs-) Märkten mit dem Ziel übernommen, vor allem neue oder bisher nicht bekannte Produkte für den inländischen Bedarf „zu entdecken" und diese mit einem entsprechenden Dienstleistungsangebot auf dem Heimatmarkt anzubieten. Mit vielen dieser neuartigen Produkte (wie z.B. im Bereich der Geschenkartikel oder Lebensmittel) wurde auch eine positive Nachfrageentwicklung bei den entsprechenden inländischen Abnehmergruppen angestoßen (vgl. Täger 2000, S. 110). Schließlich suchen sich viele Großhandelsunternehmen ein neues Leistungsprofil im Ausland. Im Zuge der räumlichen Ausweitung vieler Produktmärkte und der damit verbundenen Internationalisierung der Absatzmärkte vieler Unternehmen der Gewerblichen Wirtschaft, die etwa in den stark steigenden Exportvolumen zum Ausdruck kommen, eröffnen sich für den Großhandel neue Optionen. Im Gegensatz zu den saturierten westeuropäischen Märkten, erscheinen hier die mittel- und osteuropäischen Märkte interessant.

Insgesamt polarisieren die internationalen Aktivitäten des Großhandels gegenwärtig enorm. Unternehmen bieten national an und beschaffen international, andere stehen vor der Entscheidung zur erstmaligen Aufnahme der Auslandstätigkeit und wieder andere realisieren bereits eine multinationale Großhandelstätigkeit.

5. Internationales Akzeptanz- und Verdrängungspotenzial

Wie angedeutet, können aus den beschriebenen Entwicklungstendenzen pauschal allgemeingültige Schlussfolgerungen für alle Unternehmen des Großhandels abgeleitet werden (siehe Übersicht 4). Im konkreten Fall sind sie an der jeweiligen Branchensituation, im Zweifel an der individuellen Unternehmenssituation zu spiegeln [6].

Übersicht 4: Akzeptanz- und Verdrängungspotenzial des Groß- und Außenhandels

Gegenstand	*positiv/Zunahme*	*negativ/Abnahme*
	Akzeptanzpotenzial	
Umfeld-entwicklungen	Internationalisierung, so EU und Ostöffnung	Blockbildung Europa, Amerika und Fernost
Kunden	mehr Preisbewusstsein, mehr Differenzierung	eher nationale Orientierung beim Kauf
Lieferanten	mehr Interesse des Auslandes am deutschen Markt	Beschränkung von Herstellern auf Binnenmärkte
interne Bedingungen	Niederlassungen im Ausland; Kooperation mit ausländischen Unternehmen	Abbau oder Verzicht auf Aufbau von Auslandspräsenzen
	Verdrängungsgefahr	
Umfeld-entwicklungen	Außenhandelsliberalisierung, so GATT und WTO	Protektionismus / nicht-tarifäre Hemmnisse; Transportrestriktionen
Kunden	Förderung der Direktbeschaffung von Auslandswaren im Sortiment oder Verarbeitungsprogramm	Ablehnung von Auslandswaren
Lieferanten	intensive Aktivität ausländischer Hersteller in Deutschland	Ausbau des Herstellergroßhandels und Kundengroßhandels
interne Bedingungen	Abbau von Herstellergroßhandel und Kundengroßhandel	Ausbau von Herstellergroßhandel und Kundengroßhandel
	Gesamtentwicklung	
	Marktanteilszunahme, insb. bei großen etablierten Unternehmen	

Quelle: in Anlehnung an Tietz 1993, S. 586.

Mit Tietz (1993, S. 585) können jedoch die wichtigsten Tendenzen zusammengefasst werden: „Zu den wichtigsten Tendenzen dürfte die strukturelle Polarisierung zwischen innergemeinschaftlichem Handel und sonstigem Außenhandel gehören. In beiden Bereichen wird die Zahl der Exporteure und Importeure zunehmen. Gleicherweise werden die Internationalisierung und die Multinationalisierung deutscher Unternehmen im Ausland wachsen. Hersteller und Einzelhändler werden ihre eigenen Großhandelstätigkeiten ausbauen und damit den institutionellen Großhandel weiter konkurrenzieren."

III. Optionen der Internationalisierung

1. Gründe bzw. Motive im Rahmen der Entscheidung zum Going Abroad

Die allgemeinen Gründe für das Going Abroad von Unternehmen sind dezidiert erforscht und empirisch breit aufgespannt. Freilich werden die Begründungen i.d.R. im nachhinein erfragt, was methodisch insofern problematisch ist, als Unternehmen nach dem Markteintritt durchaus ihre Motive nicht mehr nachvollziehen können, wenn etwa die Ziele der Auslandstätigkeit an die Marktgegebenheiten angepasst wurden.

Für den Handel liegen diesbezüglich nur wenige Erkenntnisse vor. Sie lassen sich dennoch ursächlich mit den genannten Rahmenbedingungen verbinden.

In Verbindung mit den GATT-Regelungen der achtziger und neunziger Jahre stehen die verstärkten (beschaffungsmarktorientierten) Globals Sourcing-Bestrebungen des Handels. Darüber hinaus fördern die strategische (Neu-)Orientierung des Handels und die zunehmenden vertikalen und horizontalen sowie internationalen Kooperationen die Beschaffung auf globalen Märkten (vgl. Zentes 1998a, S. 133ff.). Kostendruck und Kundenwünsche bilden sicherlich die wichtigsten Motive der internationalen Beschaffungsaktivitäten.

Demgegenüber wurde das verstärkte (absatzmarktorientierte) Going International des Handels im Wesentlichen ausgelöst durch die europäische Binnenmarktinitiative in den achtziger Jahren, die zur Schaffung der Europäischen Währungsunion führte, sowie durch die Öffnung der mittel- und osteuropäischen Staaten Ende der achtziger Jahre. Diese Veränderungen eröffneten Handelsunternehmen Wachstumspotenziale, die auf den inländischen Märkten nicht mehr gegeben waren. So kristallisieren sich das

Marktpotenzial im Gastland und die Marktsättigung im Stammland als die wichtigsten Motive für die Erschließung westeuropäischer und osteuropäischer Märkte heraus [7].

Hinsichtlich der Analyse der strategischen Optionen des Großhandels in internationalen Märkten sind – neben den Zielen bzw. Motiven des Going Abroad – zwei Perspektiven von Bedeutung:

- die Entscheidungen, die Großhandelsunternehmen hier treffen müssen, und
- die Alternativen der Entwicklung des Großhandels in internationalen Märkten.

Die erste, klassische Perspektive zeigt auf, welche Optionen in der Gestaltung der Auslandsaktivitäten bestehen und zugleich entschieden werden müssen. Demgegenüber ermöglicht die zweite Perspektive einen weitergehenden Blick über die längerfristigen Entwicklungsmöglichkeiten und -stufen des Großhandels im Ausland. Diese evolutorische Sicht wird nachfolgend breiter ausgeführt.

2. Entscheidungsoptionen für den Großhandel

a) Wettbewerbsvorteile als Zielgröße

Unterstellt man ein weitgehend rationales Vorgehen von Unternehmen in internationalen Märkten, dann kann die Bestrebung nach der Realisierung von Wettbewerbsvorteilen in das Zentrum der Aktivitäten gestellt werden. Wettbewerbsvorteile können dabei durch die Verlagerung unterschiedlicher Wertschöpfungsaktivitäten ins Ausland erzielt werden. Ausgehend von den Wertschöpfungsaktivitäten des Großhandels sind optional folgenden Entscheidungen zu treffen:

- Festlegung der Leistungen bzw. Wertschöpfungsaktivitäten fürs Auslandsgeschäft
- Auswahl geeigneter, attraktiver Ländermärkte
- Wahl der Transaktions- bzw. Betätigungsformen
- Integration bzw. Koordination der internationalen Aktivitäten.

Die Entscheidungen sind interdependent und hängen mit den beschriebenen Umfeldentwicklungen zusammen. Wie Übersicht 5 zeigt, werden oftmals die strategischen Entscheidungen von Erwartungen der Vor- und Nachteile im Wettbewerb geleitet, wobei den Erwartungen eine Abschätzung der eigenen Kompetenzen und die der Konkurrenz zu Grunde liegt. Freilich ist dieses eine komplexe und daher zu konkretisierende Darstellung. So zeigt eine Reihe von Untersuchungen zur Internationalisierung mittelständischer Unternehmen, dass diese nicht immer strategisch – gemäß der idealtypischen Lehrbuchmeinung – vorgehen [8].

Übersicht 5: Ein Modell des strategischen Entscheidungsverhaltens

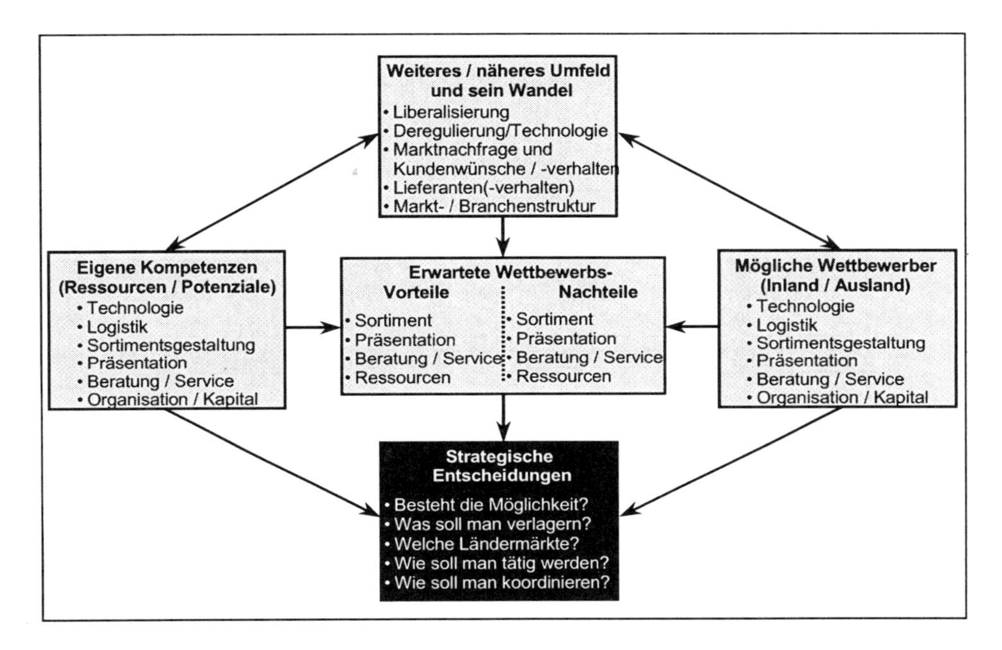

b) Synopse der strategischen Entscheidungen

Eine Behandlung der Entscheidungsalternativen von Großhandelsunternehmen in internationalen Märkten kann auf Grund ihrer Komplexität und Interdependenz an dieser Stelle lediglich synoptisch erfolgen. Der Versuch einer Synopse kann an den Wettbewerbsvorteilen von Unternehmen ansetzen. Wettbewerbsvorteile im Ausland können dabei grundsätzlich durch die Wahl der zu verlagernden Wertschöpfungsaktivität, die Wahl der Ländermärkte, der Transaktions- bzw. Betätigungsform und der Koordination erzielt werden.

Geht man beispielsweise von den exemplarisch unterschiedenen Wertschöpfungsfunktionen des Großhandels in Übersicht 6 aus [9], dann können diese unterschiedlich in Auslandsmärkten umgesetzt werden.

Ein national tätiges Großhandelsunternehmen beschafft möglicherweise in Asien, wobei es hier ein eigenes Einkaufsbüro nutzt, um den eigenen Kunden den Zugang zu neuen oder kostengünstigeren Produkten zu eröffnen. Ein anderes Unternehmen vermag möglicherweise nicht selbst im Ausland einzukaufen, verfügt aber über Kontraktbindungen zu einem Partner, die es ihm gestatten, Produkte schnell an seine Kunden zu liefern, so dass darin ein wichtiger Wettbewerbsfaktor des Unternehmens liegt [10].

Übersicht 6: Wertschöpfungsgeleitete internationale strategische Entscheidungen

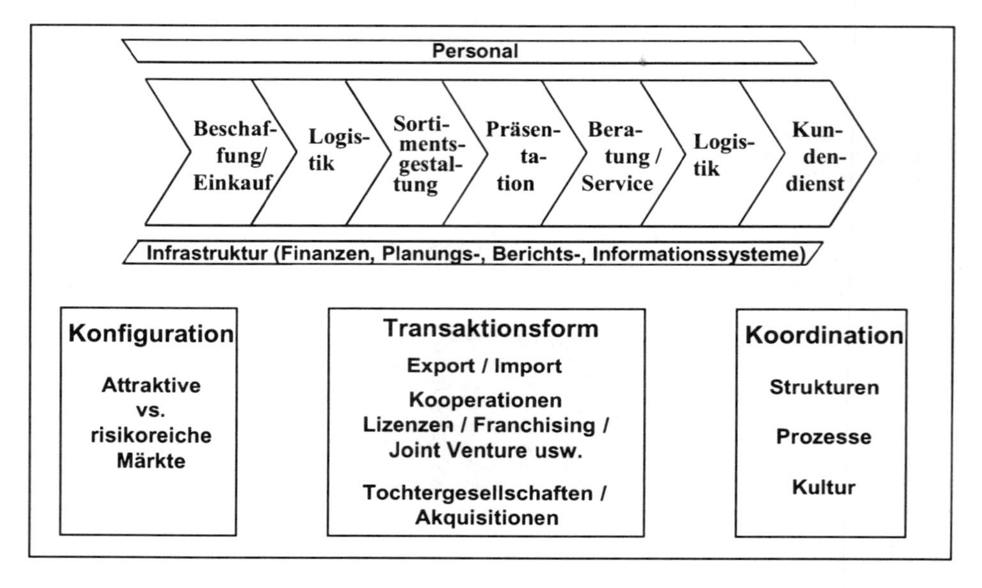

Das Sortiment, als eine wesentliche Grundfunktion des Großhandels, kann ebenfalls lediglich für den Inlandsmarkt oder für einen Auslandsmarkt gebildet werden. Koppelt man diese mit der Präsentationsfunktion – etwa traditionell per Katalog –, so entsteht hier möglicherweise die Option eines internationalen Angebotes. Elektronische Kataloge bzw. Pages oder stationäre Geschäfte bilden die Optionen einer zu spezifizierenden Auslandstätigkeit. Beratung und Service, wie die Informationssammlung für Kunden über internationale Produktmärkte, die Übernahme der Vorfinanzierung oder des Delkredere, wie auch von Garantie und Serviceleistungen bilden weitere Beispiele von Wertschöpfungsaktivitäten, die in ausgewählten Ländern mit unterschiedlichen Transaktionsformen und unterschiedlich koordiniert vorgenommen werden können. Ähnliches gilt für die Entscheidungen bezüglich der Logistikfunktionen wie Lagerhaltung, Kommissionierung und Feinverteilung oder den Kundendienst (inkl. Kundenbindung).

Im Einzelfall ist die Analyse der einzelnen Wertschöpfungsfunktionen notwendig. An dieser Stelle soll der Verweis auf das „Internationalisierungsgebirge“ verdeutlichen, dass in Abhängigkeit von den ins Ausland übertragenen Wertschöpfungsaktivitäten die internationale Gestalt des Unternehmens unterschiedlich aussieht (siehe Übersicht 7) (vgl. Kutschker/Bäurle 1997, S. 103ff.). Das Gebirge – welches allerdings die Transaktionsformen bzw. den Grad der vertikalen Integration ausklammert – macht deutlich, dass sich die Gestalt der internationalen Unternehmung im Zeitverlauf ändern, d.h. schrumpfen oder wachsen, kann. In einer dynamischen Sichtweise kann die Internationalisierung zwar unterschiedliche Formen annehmen, die aber in charakteristische Phasen der Entwicklung konsolidierbar sind.

Übersicht 7: Internationalisierungsgebirge des international tätigen Großhandels

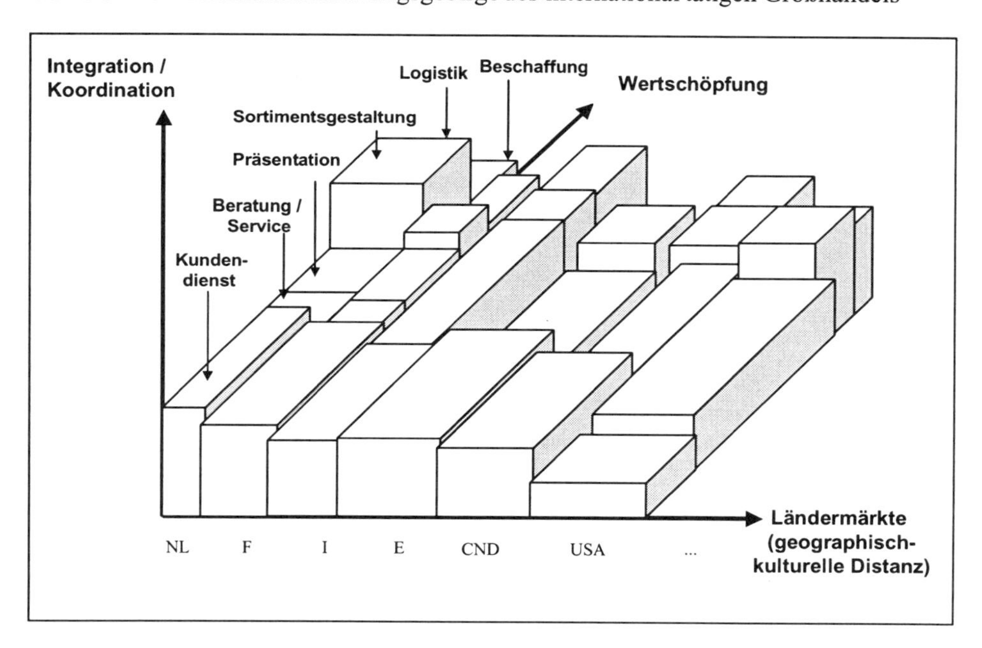

3. Phasen der internationalen Entwicklung

a) Evolutionsphasen der Internationalisierung im Überblick

Die internationalen Optionen sowie die Internationalisierung selbst kann als ein dynamischer, in Stufen verlaufender Prozess begriffen werden, der sich nach der Intensität der Aktivitäten im Ausland gliedert [11]. Mit einem zunehmenden Internationalisierungsgrad steigen die Aktivitäten im Ausland (siehe Übersicht 8). Parallel, und dies ist wesentlich, steigen die Anforderungen an die Kapital- und Managementleistung, d.h. dass gerade mit einer wachsenden Internationalisierung die Anforderungen bezüglich den strukturellen, prozessualen und kulturellen Koordinationsaufgaben enorm steigen.

Übersicht 8: Evolutionsphasen der Internationalisierung des Großhandels

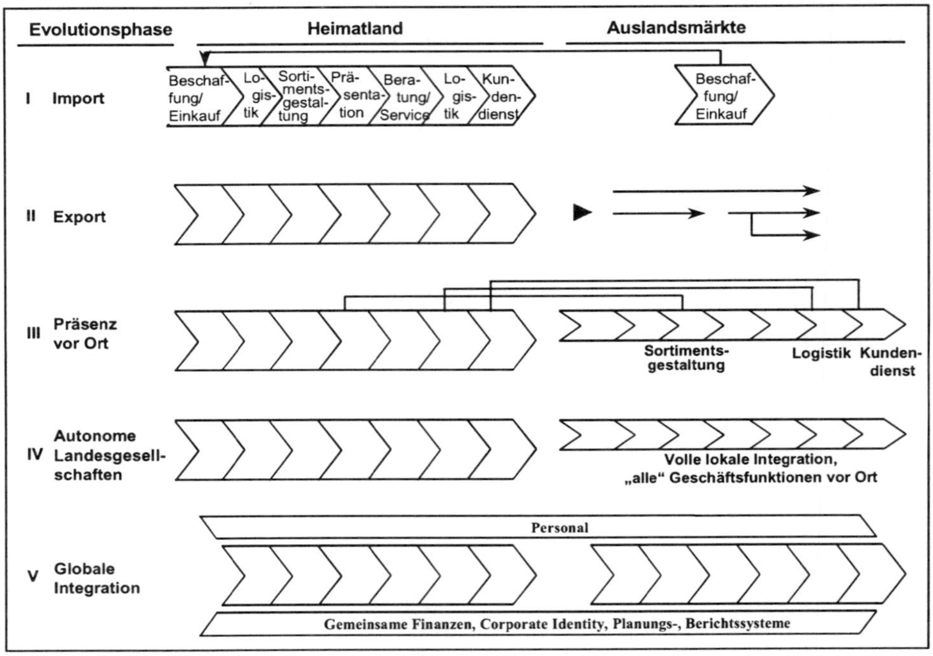

Evolutionsphase
Heimatland
Auslandsmärkte
I Import
Beschaffung/ Einkauf
Logistik
Sortimentsgestaltung
Präsentation
Beratung/ Service
Logistik
Kundendienst
Beschaffung/ Einkauf
II Export
III Präsenz vor Ort
Sortimentsgestaltung
Logistik
Kundendienst
IV Autonome Landesgesellschaften
Volle lokale Integration, „alle" Geschäftsfunktionen vor Ort
V Globale Integration
Personal
Gemeinsame Finanzen, Corporate Identity, Planungs-, Berichtssysteme

Quelle: in Anlehnung an Krubasik/Schrader 1990, S. 18.

Eine erste Phase kann, wie angedeutet, darin bestehen, dass die internationale Aktivität sich auf die Beschaffung von Produkten im Ausland und deren Distribution im Heimatmarkt erstreckt. Am Anfang einer absatzseitigen Auslandstätigkeit – welche mit der internationalen Beschaffung verbunden werden kann – kann, muss aber nicht die Aufnahme von direkten und/oder indirekten Exporten stehen. In einer dritten Phase ist ein Unternehmen mit eigenen Mitarbeitern, Büros, Showrooms im Auslandsmarkt präsent, um etwa die Märkte, Kunden usw. besser einschätzen zu können, während die Produkte weiterhin im Schwerpunkt exportiert bzw. importiert werden. In der vierten Phase liegt eine lokale Integration der Aufgaben im Ausland im Rahmen einer eigenen Tochtergesellschaft vor, die die wesentlichen Wertschöpfungsaktivitäten im Auslandsmarkt abbildet. Die globale Integration kann als weitestgehende Stufe der multinationalen Unternehmenstätigkeit gekennzeichnet werden, bei der die Wertschöpfungsfunktionen entweder länderspezifisch standardisiert oder auch differenziert vollzogen werden. Managementaufgaben wie die Personalführung, die Finanzierung, die Corporate Identity oder die Planungs- und Berichtssysteme werden global weitgehend einheitlich gestaltet.

Die Übergänge zwischen den Phasen können unterschiedliche Begründungen haben. Eine Marktsättigung im Inland oder bestehende Geschäftsbeziehungen mit Partnern im Ausland können einen Anstoß für die Aufnahme von Exporten bilden. Steigende Marktvolumina können zur Entsendung eigener Mitarbeiter oder zur Einrichtung eigener Gesellschaften vor Ort führen. Die Qualität der weiterhin vorhandenen Exporte vom Stamm- in das Gastland verändert sich nun: An Stelle der bisher allein exportierten Endprodukte werden Know-how und Serviceleistungen von Deutschland aus, später im Extremfall alle benötigten Leistungen ins Ausland übertragen, was auch zu einer gleichmäßigen Auslastung der Beschäftigung im internationalen Unternehmensverbund beiträgt. Im Zeitablauf kann die Unternehmung schließlich ihre Stellung im Gastland so gefestigt haben, dass dieser Standort auch als Basis für Aktivitäten in Drittländer dienen kann; auf Grund des erzielten Marktvolumens werden hier Erweiterungsinvestitionen vorgenommen. Einen relativ sehr großen Schritt bildet die Entwicklung zu einer globalen Integration, als letzte Stufe der multinationalen Unternehmenstätigkeit.

Wie hervorgehoben, handelt es sich hierbei um eine heuristische Differenzierung, die aber die Palette der potenziellen Entwicklungen der Unternehmen des Großhandels aufzuzeigen und zugleich die Anforderungen an die Unternehmen anzudeuten in der Lage ist.

b) Phase I: Global Sourcing

Global Sourcing-Tendenzen resultieren gerade in den letzten Jahren aus dem Beststreben von Großhandelsunternehmen, insbesondere den vielen kleinen Kunden der Industrie, des Handwerks und des Handels spezifische Waren aus den ausländischen und internationalen Produktmärkten zugänglich zu machen (vgl. Täger 2000, S. 110).

Die strategischen Optionen für den Fachgroßhandel liegen hier darin, dass durch die Aufnahme von ausländischen Lieferanten und kostengünstigen Bezugsquellen aus dem

Ausland nicht nur ein erhebliches Warenangebot entwickelt werden kann, sondern auch eine Profilierungsmöglichkeit im Wettbewerb entsteht. Für den Großhandel besteht hierin ein wesentlicher Wettbewerbsfaktor, neben den häufig diskutierten Kompetenzen in Beratung, Service und Logistik. Entsprechend viele Beispiele ließen sich hier anführen [20]. Mit der vollständigen oder teilweisen Übernahme der Importfunktionen in wettbewerbssensiblen Produktbereichen (wie z.B. Textil- und Bekleidungsartikel) können Unternehmen des Fachgroßhandels ferner zur Verbesserung der Leistungs- und Wettbewerbsfähigkeit der kleinen und mittleren Kundenunternehmen beitragen.

Idealtypisch sollte dabei eine Exklusivposition angestrebt werden. Ein flexibles Agieren als Pionier-Unternehmen auf ausländischen Beschaffungsmärkten mit dem Ziel, vor allem neue oder bisher nicht bekannte Produkte für den inländischen gewerblichen Bedarf zu entdecken und diese auf dem Heimatmarkt anzubieten, kann eine potenzialreiche, internationale Bestrebung der Sortimentsentwicklung bilden. Sie kann zum Anstoßen einer positiven Nachfrageentwicklung bei den entsprechenden inländischen Abnehmergruppen führen.

Eher einer passiven Strategieoption entspricht das „Warten“ auf Anbieter, die ihre Produkte in dem möglicherweise attraktiv erscheinenden deutschen Markt zu etablieren versuchen. Da man hier die Aktivität aus der Hand gibt, besteht durchaus die Gefahr, dass die Lieferanten eine geringere Kundentreue an den Tag legen oder (mittelfristig) den Aufbau einer firmeneigenen Absatz- bzw. Vertriebsorganisation anstreben.

c) Phase II: Export

Einfacher als dem Einzelhandel stehen dem Großhandel die Möglichkeit offen, den direkten oder indirekten Export einzusetzen und gegebenenfalls an den Anfang der Internationalisierungsaktivitäten zu stellen.

Die grundsätzlichen strategischen Optionen können beim Export darin gesehen werden, dass eine schnelle Penetration ausländischer Märkte möglich wird. Aus einer prozessualen Sicht können hier Markt-Know-how gesammelt und komplementäre Effekte zwischen verschiedenen Märkten genutzt werden. Ferner kann im günstigen Falle eine Marktposition und ein positives Image aufgebaut werden.

Andererseits erlaubt eine derartige Marktbearbeitung eine vergleichsweise schwache Kundennähe und Entfaltung der Wertschöpfungsaktivitäten. Zugleich sind die Lerneffekte bescheiden. Die unterschiedlichen Kulturen der Kunden oder der Märkte werden in diesem Bereich ebenfalls nicht vollends transparent. Dennoch zeigen Untersuchungen, dass für den Exporterfolg zunehmend die Formen der Integration bzw. Koordination der Aktivitäten an Bedeutung gewinnen, so die strukturellen Organisationsmaßnahmen und die auslandsorientierte Gestaltung der Unternehmensprozesse (vgl. Calof/Beamish 1995, S. 115ff.). Faktisch können auch die Kosten der Koordination und Adaption beachtliche Ausmaße annehmen.

Obwohl insgesamt der Export sicherlich gegenwärtig keinen Schwerpunkt der Tätigkeiten des Großhandels bildet, dürfte seine Rolle im Zuge des Katalogverkaufs oder zukünftiger Internet-Auftritte zunehmen. Zugleich hat er im fortgeschrittenen Stadium der Internationalisierung eine Relevanz. Als ein Beispiel dieser dynamischen Relevanz des Exports für die Auslandstätigkeit des Großhandels, durchaus auch bei weltweit tätigen Unternehmen, kann die Firma Häfele, mit rund einer Milliarde DM Umsatz, 2.500 Mitarbeitern und 30.000 Artikeln aus einer Hand Marktführer im Großhandel mit Bau- und Möbelbeschlägen sowie elektronischen Baubeschlägen herangezogen werden. Die Niederlassungen auf allen Kontinenten arbeiten außerhalb der jeweiligen Länder bzw. Niederlassungen mit dem traditionellen Katalog („Der Große Häfele") und jüngst auch Online-Katalog. Zugleich zeigt dieses Beispiel die internationale Verflechtung der Aktivitäten auf, denn Häfele erwirtschaftet faktisch zwei Drittel seines Gesamtumsatzes im Ausland und zwar mit Tochtergesellschaften in 25 Ländern sowie Verkaufsbüros bzw. Showrooms in weiteren Ländern.

d) Phase III: Präsenz vor Ort

Die Präsenz vor Ort ist die häufigste Form einer frühen Internationalisierung im Großhandel. Wie beschrieben ist man z.B. mit eigenen Außendienstmitarbeiter und Servicebüros im Auslandsmarkt präsent, während die Produkte (oft im Schwerpunkt) exportiert bzw. importiert werden.

Die Kernoption besteht dabei darin, dass diese Form der Präsenz vor Ort noch vergleichsweise schnelle Markteintritte erlaubt, bei relativ überschaubaren Risiken des Engagements, allerdings auch bei einer eher langsamen Marktpenetration. Unternehmen können Markt-Know-how sammeln, eine Marktposition und ein positives Image aufbauen, bei einer parallelen Reduzierung der Markteintrittskosten. Zugleich erwachsen aus einer Präsenz vor Ort vergleichsweise beachtliche Anforderungen an die Führung bzw. Koordination der Aktivitäten. Untersuchungen zu den Aktivitäten mittelständischer Industrieunternehmen belegen relativ deutlich die Erfolgsrelevanz von

Organisationsstrukturen, Prozessen und der Unternehmenskultur (vgl. hierzu Swoboda 2002b).

Auch hier wählen in einer dynamischen Sicht selbst bereits weltweit präsente Unternehmen diese Phase als Einstieg in neue bzw. kritische Märkte. So wird etwa die in 79 Ländern der Welt tätige Würth AG diese Form der Internationalisierung für den für die jüngere Zukunft geplanten Eintritt in die Vereinigten Arabischen Emirate wählen. Einem vielfach bewährten Muster folgend, werden zunächst einige wenige Außendienstmitarbeiter eingestellt, geschult und einem unternehmenserfahrenen Geschäftsführer, der idealtypisch aus der Region kommt, unterstellt. Die am Anfang in derartigen Ländern von Würth belieferten Branchen sind traditionell beispielsweise die Automobilwerkstätten und die Eisenverarbeitende Industrie [12].

e) Phase IV: Autonome Landesgesellschaften

Eine autonome Landesgesellschaft umfasst die Übertragung der Wertschöpfungsaktivitäten an eine Tochtergesellschaft im Ausland, welche die wesentlichen Wertschöpfungsfunktionen im Auslandsmarkt abbildet und damit in der Lage ist, vergleichbare Wertschöpfungsleistungen wie im Heimatmarkt anzubieten. Freilich lassen sich alleine in dieser Evolutionsphase unterschiedliche Internationalisierungsgrade abbilden. Ein Großhandelsunternehmen, welches etwa in Mittel- oder Osteuropa eine eigene Tätigkeit aufbaut, gehört genauso in diese Stufe wie Unternehmen, die beispielsweise europaweit agieren und somit zu den Marktführern zählen.

Ein Beispiel eines derartigen, regional begrenzten Unternehmens ist Eurofer, welche sich als Einkaufsverbund bezeichnet, i.e.S. allerdings aus der Saarbrücker Firma Klaus Baubeschläge hervorging und auf Grund der Kapitalverflechtung auch mehrheitlich Klaus gehört, der die heute neun selbstständig firmierenden Unternehmen kontrolliert. Ähnlich wie Häfele dem Baugroßhandel zuzuordnen [13], konzentrieren sich die Aktivitäten von Klaus auf Bau- und Möbelbeschläge. Die Lieferung erfolgt etwa zu gleichen Teilen an Schreinereibetriebe, Metallverarbeitende Betriebe sowie kleinere und größere Industriebetriebe. Die standardisierte Koordination umfasst vor allem die Wertschöpfungsfunktion des Einkaufs und der Logistik. Demgegenüber sind die marktorientierten Funktionen – auch auf Grund unterschiedlicher internationaler Normen – eher dezentral organisiert, was u.a. in der unterschiedlichen Firmierung der Unternehmen zum Ausdruck kommt.

Ein weiteres, weitergehendes Beispiel bilden die autonomen Landesgesellschaften im Fall der GEHE AG [14]. Das Stuttgarter Unternehmen, welches zur Haniel Gruppe gehört, ist mit 126 Niederlassungen der größte Pharmagroßhändler in Europa. Eine enorme Kernkompetenz des Unternehmens liegt in der Logistik bzw. der Feindistribution. Die Internationalisierung wird vor allem Europaweit vollzogen und zugleich mit einer umfassenden horizontalen und vertikalen, wie auch lateralen Diversifikation verbunden. Beispielsweise engagierte sich Gehe auf der Einzelhandelsebene bei der britischen Apothekenkette Lloydspharmacy, bei AFM in Bologna und Cremona sowie der tschechischen Kette Inpharma. Mit derzeit ca. 1.500 Apotheken ist Gehe marktführend im europäischen Raum und plant zudem weitere Markteintritte. Mit der Übernahme bzw. Beteiligung an Großhandelsunternehmen treibt Gehe das europäische Wachstum im Großhandel voran, so etwa in Norwegen oder in den Niederlanden.

b) Phase V: Globale Integration

Die globale Integration kann als weitestgehendste Stufe der internationalen Unternehmenstätigkeit gesehen werden. Lediglich einige der großen multinationalen Unternehmen der Industrie haben diese Form der Auslandstätigkeit bereits vollständig erreicht. Idealtypisch kann diese Phase durch ein Streben nach standardisierten, weltweiten Aktivitäten gekennzeichnet werden. Faktisch handelt es sich hier um eine global koordinierte Aktivität flankierender Aufgaben wie Personalführung und/oder Finanzierung. Ein Unternehmen strebt in dieser Phase die effiziente, global einheitliche Gestaltung dieser Aktivitäten an. Die Anforderungen der globalen Aktivitäten und auch der bearbeitete Märkte bilden die Herausforderung für die Unternehmensführung.

In der Großhandelslandschaft sind die größten Unternehmen der Branche auf dem Weg in diese Richtung. Ein gutes Beispiel hierfür sind die zu beobachtenden massiven Aktivitäten der METRO AG in der Cash-and-Carry-Sparte [15]. Die ehrgeizigen Ziele sehen vor, im Cash-and-Carry-Bereich – ausgehend von den gegenwärtig rund 45 Mrd. DM Umsatz – pro Jahr um acht bis zehn Prozent zu wachsen und zwar durch Auslandsexpansion. Innerhalb der nächsten zehn Jahre soll sich der Umsatz weltweit auf fast 120 Milliarden DM annähernd verdreifachen. Bei multinationalen Unternehmen unterscheiden sich die Entscheidungen wesentlich von den Aktivitäten in den anderen Phasen:

- Während die primären Wertschöpfungsaktivitäten unterschiedlich gestaltet werden, sind die flankierenden Wertschöpfungsaktivitäten weitgehend standardisiert, so im Rahmen der Mitarbeiterführung, der zentralen Finanzierung und Corporate Identity. Gerade kürzlich wurde eine Bündelung des Einkaufs – zunächst bei Importwaren und Handelsmarken – beschlossen, wodurch sich Metro Konditionenverbesserungen im dreistelligen Millionenbereich verspricht. Die über die Internetplattform GNX erzielten Konditionenverbesserungen zwischen acht bis zwölf Prozent stimmen zuversichtlich. Zudem wird die Qualitätssicherung europäisiert und die Suche nach international einsetzbaren Warenwirtschaftssystemen intensiviert.

- Die Wahl der Ländermärkte zeigt in Richtung Osteuropa und vor allem in Richtung Übersee, z.B. USA und Südostasien. So eröffneten die ersten Cash-and-Carry-Märkte in Russland im November 2001. Gleichzeitig bereitet sich Metro auf den Eintritt in Nordamerika vor. Bemerkenswert ist ein grundlegender Wandel des Prinzips, dass Märkte, in denen der frühere Partner SHV präsent ist, nicht zu betreten sind. Damit sind Länder wie Thailand oder die Philippinen nicht länger tabu für Metro.
- Die Transaktionsformen des Wachstums liegen in den schnellen Optionen der Internationalisierung, der Eigengründung und Akquisition sowie z.T. der Kooperation. Vor allem soll ein neues, weitgehend standardisiertes Konzept umgesetzt werden, das so genannte Junior-Konzept, welches Märkte in der Größe von 6.000 bis 10.000 qm – gegenüber den traditionellen 13.000 qm – vorsieht.
- Die Strukturen und Prozesse des Unternehmens werden zunehmend auf den globalen Wettbewerb ausgelegt. Nicht nur die Unternehmensleitung denkt global. Auch die Unternehmenskultur wandelt sich, was beispielsweise zum Ausdruck kommt in der Verwendung der englischen Sprache in Steuerungsmeetings und Fortbildungsseminaren.

IV. Erweiterung der Position in globalen Netzwerken als zukünftiger Erfolgsfaktor

1. Erfolgsrelevanz von Kollaboration und Kooperation

In der neueren wettbewerbsstrategischen Betrachtung bzw. Forschung wird der Erfolg international tätiger Unternehmen zunehmend in Verbindung gebracht mit einer zentralen Position in internationalen Netzwerken. Die Vielfalt von internationalen Beziehungen zu Partnern, Lieferanten oder Kundengruppen wird als ein originärer, nur schwer kopierbarer Wettbewerbsvorteil gesehen, der den Eintritt in neue Ländermärkte ebenso erleichtert wie die Einführung neuer Produkte oder die Reaktion auf die günstigsten Faktorbedingungen in unterschiedlichen (Beschaffungs-)Märkten. Auch für den Großhandel dürfte zukünftig die Position in (internationalen) Netzwerken eine zunehmende Erfolgsrelevanz gewinnen. Entsprechende Tendenzen sind im nationalen Bereich seit längerem erkennbar [16].

Kollaborative Netzwerküberlegungen finden sich in den intensiv diskutierten Partnerschaften zwischen Handel und Herstellern, die vor dem Hintergrund eines zunehmenden Wettbewerbs und Kostendrucks sowie eines veränderten Kundenverhaltens in der Frage nach der Optimierung von Schnittstellen im Zuge eines erfolgreichen Supply Chain Managements münden. Im Zuge einer Vorwärtsintegration zeigt sich dies beim Tabakwaren-Fachgroßhandel-Verbund, DTV, bei dem die Mitgliedschaft eine gesicherte Wettbewerbsposition und längerfristige Existenzchancen ermöglichen soll. DTV bezeichnet sich als Fachgroßhändler mit mittlerer Sortimentsbreite und -tiefe und als Spezialist für alle Bereiche der Tabakwaren. In der Konzentration der Kompetenz auf diesen Bereich und im konsequenten Ausbau zusätzlicher Dienstleistungen (wie Beratung, Platzierung und Information) sieht man die entscheidenden Erfolgsfaktoren.

Kooperative Engagements haben ferner in Form von Verbundgruppen des Großhandels eine lange Tradition und eine zunehmende internationale Relevanz. Beispiele von zwei leistungsstarken Verbänden verdeutlichen dies [17]:

- Die Hagener NORDWEST Handel AG ist seit über 80 Jahren im Produktionsverbindungsgroßhandel tätig und umfasst mit mehr als 600 Anschlusshäusern einen europaweiten Marketingverbund. Die NORDWEST Handel AG übt im Rahmen des Zentralregulierungsgeschäftes die Mittlerrolle zwischen den Mitgliedsunternehmen und Vertragslieferanten. Zudem ist NORDWEST im Streckengeschäft tätig. Als eine Form des Eigengeschäftes beschafft die NORDWEST Handel AG in eigenem Namen Ware für die angeschlossenen Unternehmen, die dann direkt vom Lieferanten zu Anschlussfirma fließt.
- Das Wuppertaler Einkaufsbüro Deutscher Eisenhändler GmbH (E/D/E) ist mit rund 1.500 Mitgliedsfirmen im europäischen Hartwarenhandel tätig und macht einen Umsatz von fünf Milliarden DM [18]. Die Aktionsbereiche des E/D/E sind nicht nur die Beschaffung, sondern auch weitere Dienstleistungen für Produktionsverbindungshändler. So kann beispielsweise über ein elektronisches Shopsystem (eproc) die Abwicklung des C-Teile-Managements durchgeführt werden. E/D/E steht den Anschlussunternehmen in Verkaufsraum-, Ausstellungs- und Lagerpla-

nung sowie der Betriebsberatung zu Seite. Der Anfang 2001 entwickelte System-Container, kurz „Conty", ermöglicht die Organisation des C-Artikel Managements auf Baustellen. I.e.S. ist es ein Container-Shop, welcher den Gedanken des Konsignationslagers aufgreift. Angesiedelt auf einer Baustelle, bekommt der Kunde ein auf seine Bedürfnisse zugeschnittenes Sortiment im Bereich der C-Artikel in dem übersichtlichen Regalsystem im Container präsentiert. Die Übernahme eines PVH-Vertriebskonzeptes ermöglicht E/D/E durch die Entwicklung der Handwerkstadt, wohinter sich ein übertragbares, franchiseähnliches Konzept für den regional orientierten PVH verbirgt. Dies bedeutet einen einheitlichen Unternehmensauftritt aller angeschlossenen Firmen sowie eine speziell auf die Kunden aus Handwerk und Industrie zugeschnittene Ausrichtung der Kompetenzen und Leistungen. Weitere Entlastungen werden z.B. in den Bereichen Sortimentsgestaltung, Warenpräsentation und Vermarktung geboten. Die spezielle Zusammenstellung der Sortimentsstruktur der Handwerkstadt sichert eine hohe Lieferfähigkeit und schnelle Unterstützung durch die Industrie, denn den Systempartnern wird Prioritäten bei der Belieferung eingeräumt. Auf der anderen Seite erhalten die Hersteller auf diese Weise Informationen über das Kaufverhalten der Kunden und können schneller auf Marktveränderungen reagieren. Weiter bietet das Konzept die Unterstützung bei der Vorbereitung von Hausmessen, Aktionstagen oder Informationsveranstaltungen an.

2. Neue Herausforderungen durch Virtualisierung und Time Management

Die Relevanz der Internationalisierung und speziell der starken Position in internationalen Netzwerken wird vollends deutlich durch Tendenzen der Virtualisierung. Neue Herausforderungen durch virtuelle Märkte entstehen gerade im internationalen Bereich dadurch, dass hier Kunden vor allem zukünftig verstärkt in der Lage sein werden, Produkte direkt bei Herstellern oder neuen (virtuellen) Handelsunternehmen zu beziehen. Die Rolle des Großhandels wird sich – ähnlich wie die des Einzelhandels [19] – in diesen Bereichen zukünftig wohl ändern.

Die Auswirkungen sind in einzelnen Branchen, so dem Multimedia-Großhandel, sicherlich weitreichender zu erwarten als in anderen Branchen. Internet-Plattformen wie Napster, Audiogalaxy usw. belegen, dass die Distribution von CDs oder Filmen in Form von DVDs ebenso möglich ist wie die der kostenlosen Softwareprogramme durch diverse Hersteller. Freilich werden Unternehmen wie Vitrex Multimediagroßhandel, Erfurt, nicht bereits heute, aber sicherlich verstärkt in der Zukunft mit derartigen Tendenzen konfrontiert werden.

Die Technologie erleichtert schließlich auch neuen Konkurrenten den Zugang zu Großhandelsfunktionen. So sieht Stinnes Logistics, auf Grund des unzureichenden Marktbezugs und der ineffizienten Logistik im Bereich Glaswaren, eine Chance für ein eigenes Großhandelsgeschäft, welches sich vor allem an die über den Großhandel beschaffenden Fachgeschäfte richtet. Da es sich bei diesen Gütern um Saisonwaren handelt, verfügen direkteinkaufende Handelsunternehmen über einen Zeitvorteil. Hier setzt Stinnes an, indem dem Fachhandel ermöglicht werden soll, über das Internet direkt die gewünschte Ware des Produzenten auszuwählen und von Stinnes geliefert zu bekommen. Das Portal soll in der nahen Zukunft als importal.de online gehen.

Gerade das letztgenannte Beispiel zeigt relativ klar, welche Bedeutung zukünftig die Virtualisierung und die Schnelligkeit gewinnen werden. Im internationalen Bereich zählen Timing, Zeit oder das dynamische Time Management zu den vor allem in jüngster Zeit verstärkt diskutierten, da zunehmend bedeutenden Phänomenen des Managements von internationalen Unternehmen (vgl. hierzu Swoboda 2002b).

V. Zusammenfassung und Ausblick

Wie eingangs hervorgehoben, können Herausforderungen der Internationalisierung aus verschiedenen Perspektiven heraus betrachtet werden. Der Beitrag sollte die strategischen Optionen der Internationalisierung für den Großhandel aufzeigen und zugleich eine Synopse der Entwicklungsalternativen geben.

Die drei betrachteten Perspektiven, so die Rahmenbedingungen der Internationalisierung, die strategischen Entscheidungs- und Entwicklungsoptionen sowie letztendlich eine netzwerkintegrative Perspektive sollten die Palette von Sichtweisen synoptisch abdecken. Wie Übersicht 9 nochmals verdeutlicht, sind die einzelnen Sichtweisen interdependent.

Zusammenfassend kann jedoch festgehalten werden, dass die Bedeutung der Auslandsmärkte für den Großhandel nicht nur deutlich zunimmt und auch zukünftig zunehmen wird – auf der Beschaffungs- und Absatzseite. Vor allem wurde deutlich, dass die Internationalisierung dann eine Chance für Großhandelsunternehmen bietet, wenn es ihnen gelingt, die Weichen für die Internationalisierung frühzeitig und vor allem strategisch zu stellen. Das Fernziel sollte in der Erweiterung der Position in globalen Netzwerken bilden.

Übersicht 9: Betrachtungsebenen der internationalen Optionen des Großhandels

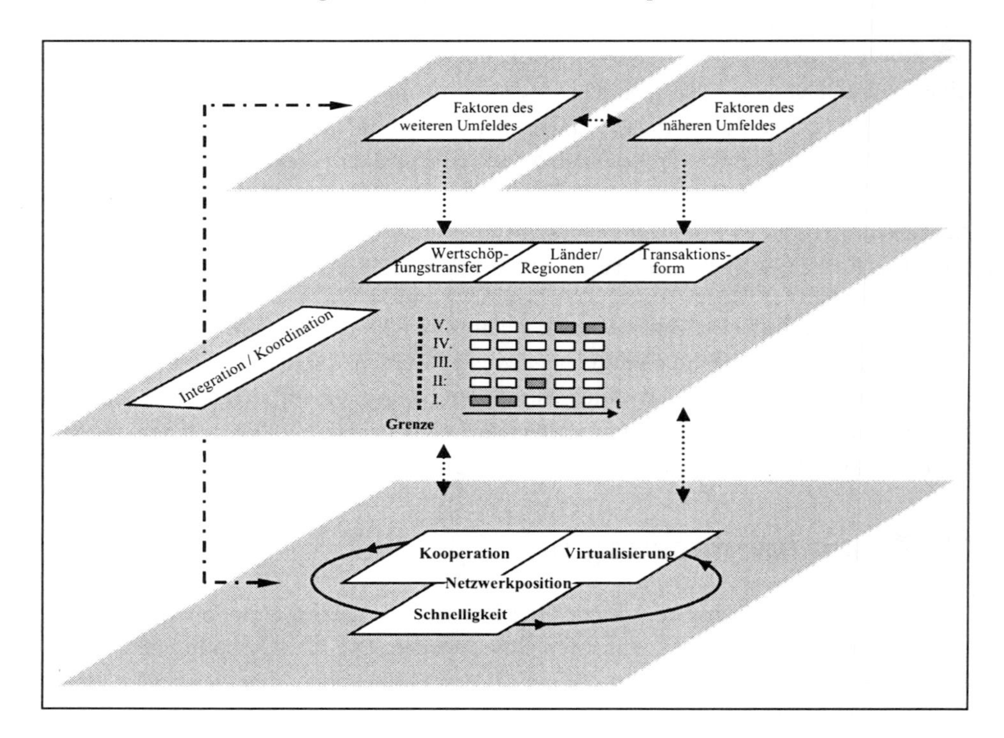

Anmerkungen

[1] Siehe den Überblick bei Spary 2000, S. 201ff.

[2] Vgl. Stihl 2000, S. 108, und zu Globalisierungsbetroffenheit, insbesondere mittelständischer Unternehmen siehe Wrona (1999).

[3] Vgl. Täger 2000, S. 108, und zum Strukturwandel des mittelständischen Großhandels Schmidt/Freund (1995) sowie BBE-Unternehmensberatung (1999).

[4] Vgl. Friedrich 2000, S. 118, sowie mit den Auswirkungen des Euro auf das strategische Exportgeschäft Institut für Außenwirtschaft (1998).

[5] Vgl. hierzu auch den Beitrag von Morschett in Abschnitt F dieses Kapitels.

[6] Für eine Kurzanalyse der strategischen Herausforderungen der nachfolgend exemplarisch aufgegriffenen Großhandelsbranchen siehe Tietz/Greipl 1994, S. 203ff., oder auch BBE-Unternehmensberatung (1999).

[7] Vgl. Zentes 1998b, S. 161f., mit Motiven des Einzelhandels.

[8] Zu verweisen sich allerdings darauf, dass mittelständische Unternehmen nicht per se das Streben nach Wettbewerbsvorteilen in internationalen Märkten anstreben. Vielmehr spielen oft weniger rationale Ziele, so die Wünsche des Unternehmenseigners und andere weiche Faktoren eine Rolle, so Swoboda 2000, S. 107ff., und Swoboda/Meyer 1999. Zur strategischen Planung im Großhandel Russi 1993.

[9] Vgl. zu den Wertschöpfungsfunktionen des Großhandels den Beitrag von Rudolph/Busch in Abschnitt E dieses Kapitels und bereits Tietz/Greipl 1994, S. 45ff.

[10] Vgl. zu den Entscheidungen im Überblick Zentes/Swoboda 2001b.

[11] Vgl. zu weiteren Modellen etwa Meissner/Gerber 1980, S. 217ff., Meissner 1995, Zentes/Swoboda 2001c, S. 236ff., oder jüngst Swoboda 2002a. Hier wird einem Vorschlag von Krubasik/Schrader 1990, S. 17ff., gefolgt.

[12] Vgl. zur Würth-Gruppe den Beitrag von Unkelbach im Dritten Kapitel dieses Sammelwerkes.

[13] Zur umfassenden Situationsanalyse des Baustoffhandels siehe Dohet-Gremminger 1997, S. 113-178, und als Überblick über die Unternehmen die Internet-Adressen www.haefele.de oder www.eurofer.de und www.klaus-sb.de.

[14] Zur umfassenden Situationsanalyse des Pharmagroßhandels siehe Dohet-Gremminger 1997, S. 179-232. Zu GEHE siehe den Beitrag von Ossenberg-Engels im Zweiten Kapitel dieses Buches.

[15] Vgl. zur Funktion des Cash-and-Carry-Großhandels bereits Tietz/Rothhaar (1988), S. 162ff. Die Beschreibung der Aktivitäten von Metro wurde entnommen aus der Lebensmittel-Zeitung vom 28.9.2001, S. 1, 3, 12; 5.10.2001, S. 1, 4, 12, 28 sowie 2.11.2001, S. 33-37.

[16] Vgl. z.B. Koster 1996, S. 30ff., der am Beispiel des Süßwaren-Großhandels aufzeigt, dass hier der kooperierende Großhandel dominiert, oder Stuhldreier/Ellerkmann 2000. Zu internationalen Kooperationen Swoboda 2000, S. 107ff.

[17] Vgl. weitere Ausführungen und Beispiele in Zentes/Swoboda 2001d und Zentes/Swoboda 1998b.

[18] Vgl. hierzu und zum weitergehenden Dienstleistungsangebot des CaTradeNet auch den Beitrag von Vogel/Grote im Dritten Kapitel dieses Sammelwerkes.

[19] Vgl. Zentes/Swoboda 2000a, S. 687ff., und zum Internet-Einsatz im Großhandel die umfassende Untersuchung von Hudetz 2000a, S. 18, und Hudetz 2000b, S. 263ff.

Abschnitt H

Sôgô Shôsha im Zeitalter der Restrukturierung der japanischen Wirtschaft

Harald Dolles und Hanns Günther Hilpert

I. Sôgô Shôsha: Entwicklung, Bedeutung und Merkmale

Der Business-to-Business-Handel (B2B-Handel) in Japan und vor allem der Außenhandel von japanischen Unternehmen ist durch intermediäre umsatzstarke Generalhandelshäuser (jap.: Sôgô Shôsha) charakterisiert, die außerhalb ihres operativen Kernbereiches im Binnen- und Außenhandel immer auch als Investoren, als Dienstleister und zuweilen als industrielle Produzenten tätig sind. Sie haben seit den Anfängen der Industrialisierung Japans zu Ende des 19. Jahrhunderts der einheimischen Industrie den Zugang zu den Weltmärkten geebnet und den Zugriff auf strategisch bedeutsame Rohstoffe und Technologie vermittelt [1]. Dabei übernahmen sie für ihre Lieferanten und Abnehmer nicht nur eine reine Außenhandelsfunktion, sondern boten gleichzeitig auch begleitende Dienstleistungen wie Finanzierung, Versicherung, Transport und Logistik, Marktforschung und Marketing an. Durch dieses breite Spektrum an Aktivitäten und ihre beträchtlichen Kapazitäten in der Informationsbeschaffung und -verarbeitung für ihre Kunden haben die Sôgô Shôsha, gestützt auf ihr weltweites Vertretungsnetzwerk, den Aufstieg Japans zur führenden Industrienation außenwirtschaftlich begleitet und wesentlich vorangetrieben.

Nach offizieller Lesart zählen die 17 Mitgliedsunternehmen des Japan Foreign Trade Council zu den Sôgô Shôsha. Im Blickpunkt des Interesses der Wirtschaft und der Medien stehen indes immer nur die neun großen Generalhandelshäuser. Dies sind:

- Mitsui & Co., Ltd. (Mitsui Bussan)
- Mitsubishi Corporation (Mitsubishi Shôji)
- Itochu Corporation (Itôchû)
- Sumitomo Corporation (Sumitomo Shôji)
- Marubeni Corporation (Marubeni)
- Nisshô Iwai Corporation (Nisshô Iwai)
- Tomen Corporation (Tomen)
- Nichimen Corporation (Nichimen)
- Kanematsu Corporation (Kanematsu).

Letzteres hat allerdings in den letzten Jahren große Teile ihres Geschäftsvolumens verloren, häufte große Verluste an und konnte im Jahr 2000 nur durch Interventionen der Mitsubishi Bank dem Insolvenzverfahren entgehen. Die im Zuge der Reorganisation vorgenommenen Maßnahmen wirken sich einschneidend auf das Dienstleistungsangebot aus, so dass im Falle von Kanematsu nur noch eingeschränkt von einem Generalhandelshaus gesprochen werden kann.

B2B-Handelsunternehmen, die sich auf den internationalen Handel und die Übernahme spezifischer Außenhandelsrisiken spezialisiert haben, finden sich in vielen Volkswirtschaften. Sôgô Shôsha sind mit Einschränkung (so existieren auch die südkoreanischen Handelskonglomerate) jedoch nur in Japan entstanden und aus entwicklungsökonomischer Sicht untrennbar mit dem Wirtschafts und Sozialsystem Japans verbunden. Als wesentliche weitere Differenzierungsmerkmale können die Unternehmensgröße und der geringe Spezialisierungsgrad angeführt werden [2].

Sôgô Shôsha als Antwort auf Marktunvollkommenheiten im Außenhandel

Die Sôgô Shôsha sind integraler Bestandteil des japanischen Wirtschafts- und Sozialsystems. Sie sind *zentrale Schaltstelle* der engen und hoch komplexen Zulieferer- und Distributionsnetzwerke der produzierenden Unternehmen (ryûtsu keiretsu und seisan keiretsu) und spielen eine tragende Rolle innerhalb der horizontalen Unternehmensgruppen Japans (kinyû keiretsu) und in dem traditionellen Zusammenspiel des „eisernen Dreiecks" aus Politik, Ministerialbürokratie und Wirtschaft [3]. Die Edo- und die Meiji-Zeit in Japan – die Jahre zwischen 1600 und 1912 – boten durch ihre Veränderungen den politischen, wirtschaftlichen und geistigen Boden, aus dem die Zaibatsu (Finanzcliquen, Vorgängerorganisationsform der Keiretsu) emporwuchsen. In der Spinn- und Webereibranche, Düngemittel-, Seiden-, Zucker- und Hanfindustrie nahm während dieser 300 Jahre die Bildung von Kartellen und Unternehmen mit monopolartigem Charakter auffällig zu. Familienunternehmen wie Mitsui (Gründer: Mitsui Sokubei), Sumitomo (Sumitomo Masatomo) und Mitsubishi (Iwasaki Yatarô), um die drei einflussreichsten Zaibatsu zu nennen, wuchsen zu riesiger Größe heran, deren Einflusssphären im Laufe der Zeit weite Bereiche der Industrie, des Finanzwesens und vor allem des Handels umfassten. Hinzu kam, dass Japan als industrieller Nachzügler aufgrund seiner geografischen isolierten Lage, der Sprache und zahlreicher weiterer Schwierigkeiten mit sehr hohen Transaktionskosten im Außenhandel belastet war.

Die Sôgô Shôsha bildeten anfangs des letzten Jahrhunderts eine Lösung dieses Transaktionskostenproblems. Sie stellten eine Verbindung zu den Absatz- und Beschaffungsmärkten im Ausland her und verschufen dank ihres koordinierten Vorgehens der japanischen Industrie Preisvorteile auf der Einkaufs- und der Beschaffungsseite. Als enger Partner der japanischen Industrieunternehmen ging ihre Funktion sehr bald über die eines reinen Intermediärs im Außenhandel hinaus. Sie wurden aktiv in der Außenhandelsfinanzierung und -versicherung, in der Informationsbeschaffung und -verarbeitung, in der Exportberatung sowie im Auslandsmarketing. Darüber hinaus engagierten sich die Sôgô Shôsha zwecks langfristiger Absatzsicherung mit Investitionen in der Warendistribution im Ausland (sowie in Japan selbst). Zur langfristigen Sicherung der Importe Japans investierten sie in die Rohstoff- und Energieexploration und in den Bergbau. Mit all ihren Aktivitäten konnten sie ihren japanischen Geschäftspartnern das Auslandsgeschäft *integriert aus einer Hand* vermitteln und damit erhebliche Verbundvorteile realisieren. Die japanische Industrie wiederum wurde in die Lage versetzt, sich auf ihre Kernkompetenz, die industrielle Fertigung, zu konzentrieren [4].

Die Sôgô Shôsha als Unternehmensgiganten

Gemessen am Umsatz zählen die Sôgô Shôsha zu den größten Unternehmen der Welt.

Tabelle 1: Unternehmenskennzahlen der Sôgô Shôsha (Stand: 31.3.2000)

Sôgô Shôsha	**Handels-umsätze in Mio. US-$**	**Jahres-überschuss in Mio. US-$**	**Zahl der Mitarbeiter (Japan/Ausland)**	**Zahl der Niederlassungen (Japan/Ausland)**
Mitsui Bussan	128.162	346	7.159/3,543	34/89
Mitsubishi Shôji	127.309	253	7.556/3,437	45/117
Itôchû	114.408	-1,302	5.254/2,200	19/150
Sumitomo Shôji	103.457	-340	5.436/2,756	34/158
Marubeni	96.438	154	5.344/2,398	27/154
Nisshô Iwai	68.692	-96	2.964/1,754	32/136
Tomen	27.008	-890	1.702/1,072	17/42
Nichimen	26.961	-28	1.418/n.a.	15/94
Kanematsu	13.264	-117	785/n.a.	n.a.

Quelle: Geschäftsjahresberichte der Sôgô Shôsha.

In den jährlichen Ranglisten des Forbes-Verlages finden sich die fünf umsatzstärksten Generalhandelshäuser Mitsubishi Corp., Mitsui & Co., Ltd., Itôchu Corp., Sumitomo

Corp. und Marubeni Corp. unter den 15 größten Unternehmen weltweit (siehe Tabelle 1). Zusammengefasst zeichnen die Umsätze der neun großen Sôgô Shôsha für rund 17 Prozent des japanischen Bruttoinlandsprodukts (1997).

Die Sôgô Shôsha als Full Service Provider [5]

Als weiteres Charakteristikum ist der geringe Spezialisierungsgrad der Sôgô Shôsha zu nennen: Außenhandelsunternehmen sind in aller Regel spezialisiert auf bestimmte Produkte, Märkte oder Dienstleistungen. Nicht so die Generalhandelsgesellschaften Japans [6]: Bei einer Angebotsbreite von 20.000 bis 30.000 Artikeln, umfasst ihr Handelsspektrum alles von Rohstoffen, Energie, Lebensmitteln, Textilien, Bekleidung, Chemie, Maschinen, Anlagen, Fahrzeugen bis zu Konsumartikeln, oder in den Worten von Marubeni gefasst: „everything from mineral water to satellites". Über den reinen B2B-Handel hinaus bieten die Sôgô Shôsha zahlreiche weitere begleitende Serviceleistungen an, wie die Organisation und Koordination von Projekten, Handelsfinanzierung, Versicherungen, Distributionslogistik oder Marketingservices. Als globale B2B-Handelsunternehmen halten sie neben eigenen Tochtergesellschaften im Ausland auch Kapitalbeteiligungen in der Rohstoff- und Energieerzeugung, in der Telekommunikation, im Medienbereich, im Einzelhandel und im verarbeitenden Gewerbe sowohl im In- als auch im Ausland.

Die Sôgô Shôsha sind nicht nur an allen wichtigen Handelsplätzen der Erde vertreten, sondern auch in wichtigen neuen Märkten (z.B. China, Indochina, Zentralasien, Ferner Osten Russlands), wo sie als Gatekeeper für japanische Unternehmen neue Geschäftsmöglichkeiten erkunden oder in der Rohstoffexploration tätig sind. Aufbauend auf ihrer Größe und globalen Präsenz zielen die Sôgô Shôsha in ihren Geschäftsaktivitäten auf Skalenerträge, Verbundvorteile, Synergieeffekte und Lerneffekte. Typischerweise zeichnen sich die von den Sôgô Shôsha durchgeführten Transaktionen durch

- ausgeprägte Standardisierung,
- hohe Umschlagshäufigkeiten,
- hohe Volumina und
- hohe Umsätze

aus. Daneben existieren Geschäftsaktivitäten mit hohen Margen und hoher Wertschöpfung, die sich durch einen hohen Komplexitätsgrad auszeichnen, so z.B. der Import von Luxuskonsumgütern nach Japan, der Handel mit Spezialmaschinen oder die Organisation von Infrastrukturprojekten. Trotz dieses breiten Angebotsspektrums bleibt als kritisches Merkmal die Verbundenheit und die enge, langfristig angelegte Zusammenarbeit mit japanischen Unternehmen, für die sie kollektiv durch Informationsbeschaffung, die Diversifizierung von Risiken und zuweilen auch mittels Finanzierung die Transaktionskosten im Außenhandel systematisch herabsetzen [7].

Angesichts ihrer engen Verflechtung mit der Industrie und den Finanzinstitutionen Japans kann es nicht verwundern, dass der „Big Bang" der Bubble-Economy auch die Sôgô Shôsha erfasste. In diesem Beitrag wird zunächst darauf eingegangen, mit welchen strukturellen Herausforderungen die Sôgô Shôsha durch das Ende der Bubble-Economy und die nun über zehn Jahre andauernde Rezession in Japan konfrontiert sind (Abschnitt II). Auf diese Entwicklungen haben die Sôgô Shôsha mit unterschiedlichen Strategien reagiert, wodurch sich das Bild einer homogenen Phalanx japanischer Generalhandelshäuser zunehmend aufzulösen scheint. Abschnitt III zeigt die zentralen Wettbewerbsstrategien der einzelnen Sôgô Shôsha auf, bevor ein abschließender Ausblick in Abschnitt IV gegeben wird.

II. Strukturelle Herausforderungen

1. Überblick

Das zu Anfang dieses Beitrags skizzierte Bild des Generalhandelshauses der japanischen Wirtschaft beschreibt die Aktivitäten und Strukturen der Sôgô Shôsha, wie es sich bis etwa Mitte bis Ende der achtziger Jahre darstellte. Seitdem befinden sich jedoch die Außenwirtschaftsstrukturen Japans in einem tiefen Umbruch und die japanische Wirtschaft durchläuft seit Beginn der neunziger Jahre eine bislang nicht überwundene Strukturkrise. Aus diesen Entwicklungen sind den Sôgô Shôsha existenzbedrohende Herausforderungen erwachsen, welche die künftige Entwicklung des B2B-Handels in Japan beeinflussen. Analytisch sind aus Sicht der Sôgô Shôsha drei Anpassungserfordernisse zu unterscheiden: Erstens der fortschreitende Verlust ihres Kerngeschäftes als Intermediär der japanischen Wirtschaft mit dem Ausland, zweitens der sektorale Wandel in Japans Außenhandel und im Welthandel und drittens notwendige Restrukturierungsmaßnahmen zur Bewältigung der unternehmerischen Entscheidungen aufgrund der spekulativen Übertreibungen der achtziger und frühen neunziger Jahre.

2. Fortschreitende Erosion des Kerngeschäfts

Wachsende Auslandsumsätze der japanischen Unternehmen führten dazu, dass aus Kostengründen sowie markt- und wettbewerbsstrategischen Überlegungen heraus direkte eigene Kontakte zu den Kunden und Lieferanten im Ausland aufgebaut wurden. Indem die japanische Industrie auf diese Art und Weise zunehmend ihr internationales Export- und Einkaufsgeschäft internalisierte, und dann in einem zweiten Schritt auch ihre Produktion und F&E internationalisierte, brach den Sôgô Shôsha, als traditioneller Außenhandelsmittler japanischer Unternehmen, ihr Kerngeschäft weg. Dieser Trend verstärkte sich in den neunziger Jahren, als der Druck zur Auslagerung lohnintensiver Fertigungsprozesse zunehmend auch die kleinen und mittleren Unternehmen Japans (Kûdôka) erfasste. Durch die technologischen Entwicklungen im Bereich der Informations- und Kommunikationstechnologien (Internet) wurde es im Laufe der neunziger Jahre für Japans Unternehmen nochmals einfacher, die traditionellen Generalhandelshäuser bei ihren Auslandsaktivitäten zu umgehen.

3. Sektoraler Wandel im Welthandel

Das Gewicht der Warengruppen, bei denen traditionell der Schwerpunkt der Handelsaktivitäten der Sôgô Shôsha liegt – Rohstoffe, Energie, Eisen und Stahl, Metalle, Nahrungsmittel, Maschinenbau und Chemie – ist in Japans Außenhandel wie auch im Welthandel relativ gesehen, teilweise gar in absoluten Werten, rückläufig. In den Wachstumssektoren (IuK, Medizintechnik, Biotechnologie) sind, vielleicht mit Ausnahme von Umweltschutzprodukten, die Sôgô Shôsha nur unterdurchschnittlich vertreten. Im Außenhandel mit High-Tech-Produkten vermochten sie nie richtig Fuß zu fassen. Diese sektorale Verschiebungen in Verbindung mit der fortschreitenden Internationalisierungstendenz der japanischen Unternehmen sind dafür verantwortlich, dass seit Mitte der achtziger Jahre die Bedeutung der Sôgô Shôsha als Intermediär im Außenhandel der japanischen Wirtschaft zunehmend schwindet. Von 1985 bis 1999 hat sich ihr Anteil an Japans Außenhandel mehr als halbiert. Nach Angaben des Japan Foreign Trade Council beliefen sich die relativen Anteile im Jahre 1999 nunmehr nur noch auf 19,5 Prozent auf der Export- und 32,1 Prozent auf der Importseite [8].

4. Bewältigung der Folgen der Bubble Economy

Ausgelöst durch den Zusammenbruch der Vermögenswertespekulation Japans zu Beginn der neunziger Jahre ist die Wirtschaft Japans in eine bislang noch nicht überwundene Phase der konjunkturellen Stagnation und wirtschaftlichen Restrukturierung eingetaucht. Während die Unternehmen Japans in der Periode hoher wirtschaftlicher Wachstumsraten bis zu Ende der achtziger Jahre in einer von systemischer Stabilität und sicheren Rahmenbedingungen geprägten Umwelt agieren konnten, ist das betriebliche Entscheidungs- und Aktionsfeld nunmehr von Instabilität und Unsicherheit gekennzeichnet: So ist zu Beginn des 21. Jahrhunderts in Japan die Wirksamkeit der Makropolitik aufgrund der allgemeinen deflationären Tendenzen und der Bankenschuldenkrise stark eingeschränkt. Die zukünftige Entwicklung des regulatorischen Umfeldes auf den B2B-Handel in Japan ist ungewiss.

Tabelle 2: Bilanzkennziffern der Sôgô Shôsha

Sôgô Shôsha	**Eigenkapitalrendite (31.3.2000) in %**	**Verschuldungsgrad netto (31.3.2000) in %**	**Umsatzanteil 2000 relativ zum Umsatz 1990 in %**	**Risikopositionen* zum 31.3.2000 in Mrd. JPY**
Mitsui Bussan	5,38	400	72,4	262,4
Mitsubishi Shôji	0,6	410	75,3	366,2
Itôchû	n.a.	1.200	59	451,8
Sumitomo Shôji	5,8	390	55,5	424,4
Marubeni	0,61	1.030	53,8	581,5
Nisshô Iwai	5,9	1.420	54,6	455
Tomen	n.a.	n.a.	42,4	n.a.
Nichimen	n.a.	n.a.	46,3	n.a.
Kanematsu	n.a.	n.a.	24,1	n.a.

* Risikopositionen setzen sich zusammen aus Investitionen in Indonesien, Korea, Rußland, Thailand und der VR China, aus Investitionen in Grundstücken und Immobilien, sowie aus Venture Capital Investitionen im Informations- und Kommunikationssektor.

Quelle: Selbstauskünfte der Unternehmen an die Presse (Bôeki Kishakai, Mai 2000) und Jahresberichte.

Das bislang vorherrschende Keiretsu-System der betrieblichen Liefer- und Leistungsbeziehungen befindet sich im Umbruch, mit gravierenden Auswirkungen für die Sôgô Shôsha, die zunehmend aus dem Geschäft gedrängt werden. Die Finanzierungsbedingungen haben sich aufgrund der Rationierung der Bankenkredite zum Teil dramatisch verschlechtert. Hinzu kommt, dass vor dem Hintergrund dieses schwierigen japanischen Umfeldes zahlreiche Unternehmen und Branchen in Folge von Globalisierung und/oder der technologischen Fortschritte in der Informations- und Kommunikationstechnologie in ihrer Existenz bedroht sind und selbst in einem Prozess einschneidenden organisatorischen Wandels stehen. Da sich die Sôgô Shôsha an der Aktien- und Immobilienspekulation der achtziger Jahre aktiv beteiligt hatten und zudem im Zuge der Asienkrise hohe Verluste erlitten haben, sind auch sie von einer Schuldenkrise, teilweise gar von Liquiditätsengpässen betroffen. Es zeigt sich nun, dass der bis 1991 anhaltende Boom der Heisei-Periode die sich bereits vorher andeuteten strukturellen Probleme der Sôgô Shôsha nur vorübergehend überdecken konnte.

Tabelle 2 illustriert die derzeitige prekäre Lage der Sôgô Shôsha. Bei rückläufigem Geschäftsvolumen über die neunziger Jahre hinweg, sind zu Beginn des ersten Jahrzehnts des 21. Jahrhunderts, der Verschuldungsgrad und die Risikopositionen hoch, während die Eigenkapitalrendite zumeist gering bleibt.

III. Anpassungsstrategien

1. Überblick

Auf die oben genannten Herausforderungen haben die Sôgô Shôsha höchst unterschiedlich reagiert. Die Krise ist zugleich ein Anstoß für einen organisatorischen und strukturellen Wandel der Generalhandelshäuser. Aufgrund der gewählten verschiedenen Spezialisierungsstrategien löst sich das einstige Bild einer homogenen Phalanx der Sôgô Shôsha zunehmend auf. Einzelne Unternehmen sehen sich inzwischen nicht mehr als Generalhandelshaus, sondern als Investment Holding. Zu diesen Unterschieden lassen sich auch parallele wettbewerbsstrategische Reaktionsmuster erkennen [9]: Erstens die Tendenz zu einem stärkeren Engagement im japanischen Binnenhandel, zweitens zunehmende Direktinvestitionen im Ausland, drittens Ausbau der Servicefunktionen und Investitionen in E-Commerce, und viertens die Konsolidierung und Konzentration auf das Kerngeschäft.

2. Vertikale Integration in den Binnenhandel

Während die Sôgô Shôsha in der zurückliegenden Dekade einen starken Bedeutungsverlust in ihrer Funktion als Intermediär im In- und Exporthandel hinnehmen mussten, konnten sie sich in Japans Binnenhandel relativ gut behaupten und ihren Einfluss sogar teilweise vergrößern. So nahm der Anteil des Binnenhandels an den Gesamtumsätzen der Sôgô Shôsha in den neunziger Jahren deutlich zu (1980: 40,8 Prozent; 1999: 46,3

Prozent) [10]. Durch das wachsende Interesse der Sôgô Shôsha, sich auch verstärkt im japanischen Binnenhandel zu engagieren, wirken sie aktiv am laufenden „revolutionären" Strukturwandel im japanischen Groß- und Einzelhandel (ryûtsû kakumei) mit. Dieser ist gekennzeichnet durch sinkende Umsätze und Preise, einen breiten Bereinigungsprozess im Groß- und Einzelhandel und durch Effizienzverbesserungen in technologischer sowie organisatorischer Hinsicht [11]. Durch ihre Finanzkraft, ihre Handels-Expertise und ihr internationales Netzwerk sind die Sôgô Shôsha in diesem Prozess der Umgestaltung den zahlreichen kleineren Handelsunternehmen meist überlegen. Ihre Investitionen im Bereich E-Commerce setzten die Sôgô Shôsha auch wettbewerbsstrategisch ein [12]. So sind sie Wegbereiter eines verstärkten Einsatzes von Informations- und Kommunikationstechnologien im japanischen Binnen-B2B-Handel. Beispielsweise bauen die fünf großen Sôgô Shôsha ein integriertes Bestellsystem (EDI) für Eisen- und Stahlprodukte auf. Daneben vergrößern sie im japanischen B2B-Handel ihre Marktanteile, indem sie kleinere Großhandelskonkurrenten aus dem Markt drängen und streben darüber hinaus durch Beteiligungen an Einzelhandelsketten und durch Innovationen im Produktionsverbindungshandel (Supply Chain Management) die Kontrolle über die gesamte Distributionskette an.

Ausschöpfen von Rationalisierungspotenzialen

Synchron zum laufenden Konzentrationsprozess setzen die Sôgô Shôsha abgeleitet aus ihrer internationalen Expertise technisch und organisatorisch effizientere Formen der Warenbeschaffung, Logistik und Finanzierung im Handel durch. Hierbei setzten sie verstärkt auf den Einsatz moderner Informations- und Kommunikationstechnologien. Zu diesen technologischen Innovationen treten abwicklungstechnische Verbesserungen im Handel, indem von nicht mehr zeitgemäßen Geschäftspraktiken Abstand genommen wird. So ersetzen einfache rationale Preis- und Konditionierungspraktiken zunehmend die traditionellen Rückgaberechte des Einzelhandels, entfallen Schritt für Schritt die Personalentsendungspraktiken der Hersteller und Großhändler in den Einzelhandel und es wird sich immer mehr an kaufmännischen Effizienzkriterien orientiert, anstatt in Aufbau und die Pflege langfristiger Geschäftsbeziehungen zu investieren.

Verstärkend wirkt dabei, dass auch große Supermarktketten und Discounter zur Zeit dabei sind, ihre Einkaufsmethoden zu ändern, um ihre Einkaufskosten, deren Anteil am Umsatz ca. 65 Prozent beträgt, zu senken. Supermarktketten gehen im Zuge dieser Entwicklung dazu über, Erzeugnisse, darunter auch Importware, von außerhalb ihres bisherigen Großhandelsnetzes zu beziehen. Der Standortwechsel der Discounter von den bislang bevorzugten Stadtzentren in die Vororte mit mehr Raum führt dazu, dass in diesen Fällen z.T. sogar das Lagerrisiko getragen wird, das vormals vom Großhandel übernommen wurde.

Expansion im Großhandel

Ausgehend von dem scharfen Konzentrationsprozess im Großhandel unterliegt auch die traditionelle Spartenstruktur des Großhandels, die von einer starken Zersplitterung der Einkaufsmengen auf eine Vielzahl kleiner Dispositionszentralen gekennzeichnet ist, einem starken Ausleseprozess. Um im Wettbewerb zu bestehen, müssen die für den Einzelhandel operierenden Einkaufszentralen größer und leistungsfähiger werden und zunehmend auch das Importangebot berücksichtigen. In dieser Umbruchsphase können die Sôgô Shôsha ihre Wettbewerbsvorteile ausspielen und ihre Marktposition im japanischen Großhandel weiter ausbauen. Ein Beispiel für eine erfolgreiche proaktive Anpassungsstrategie ist die Expansion des Mitsubishi-Tochterunternehmens Ryôshoku Corporation im Lebensmittelgroßhandel, das ein landsweites Netzwerk regionaler Distributionszentralen aufgebaut und und von dort zahlreiche Lebensmittelsupermarkt-Ketten mit Importwaren beliefert.

Kapitalbeteiligung an Einzelhandelsketten

Über den Großhandel engagieren sich einige Sôgô Shôsha auch im Einzelhandel Japans und beteiligen sich am Grundkapital von Convenience Stores und Fachmärkten, so Itôchû an Family Mart, Mitsubishi an Lawson und Sumitomo an Seiyû, Mammy Mart und Summit. Diese strategischen Kapitalbeteiligungen erfolgen vor dem Hintergrund, dass Convenience Stores, Fachmärkte und sonstige Supermärkte diejenigen Einzelhandelstypen in Japan sind, die im laufenden Strukturwandel expandieren, Marktanteile gewinnen und die traditionellen Handelsformen (Gemischtwarenhandel, Fachgeschäfte) verdrängen. Durch die neuen Vertriebsformen verändern sich auch die Abhängigkeitsstrukturen im traditionellen, ursprünglich durch viele Zwischenstufen gekennzeichneten Handel. Convenience Stores und Fachmarkt-Ketten verfügen inzwischen über eine große Einkaufsmacht, sie sind dazu übergegangen, den Großhandel als Zwischenstufe ganz oder teilweise auszuschalten und ihre Waren aus dem Ausland direkt zu importieren. Insofern sind diese Kapitalbeteiligungen für die Sôgô Shôsha auch eine strategische Defensivmaßnahme, um nicht aus dem Außenhandelsgeschäft gedrängt zu werden. In zweiter Linie zielen die Sôgô Shôsha mit ihren Kapitalbeteiligungen an dem Einzelhandel mittelfristig auf die Kontrolle über die gesamte Distributions-Wertschöpfungskette [13].

3. Zunehmende Direktinvestitionen im Ausland

Auf die sinkenden Margen und Umsätze in ihren Handelsgeschäften reagierten die Sôgô Shôsha bereits in den späten achtziger Jahren mit einer aktiven Investitionsstrategie im In- und Ausland, mit dem Ziel zu diversifizieren und die Rentabilität zu erhöhen. Im Ausland investierten die Sôgô Shôsha in so unterschiedliche Bereiche wie Rohstoffe und Energie, Infrastrukturprojekte, verarbeitende Industrie, Handel und sonstige Dienstleistungen.

Direktinvestitionen im verarbeitenden Gewerbe

Für die im asiatischen Ausland tätigen japanischen Unternehmen des verarbeitenden Gewerbes ist eine gedeihliche Zusammenarbeit mit einem lokal gut vernetzten japanischen Generalhandelshaus zuweilen von ganz erheblicher marktstrategischer Bedeutung. Die Sôgô Shôsha verfügen durch ihre langjährige Im- und Exporttätigkeit vor Ort vielfach über eine profunde Kenntnis des lokalen Umfeldes, sie halten Kontakte zu den Spitzen der Politik und Wirtschaft und kennen die Vertriebskanäle vor Ort. Durch ihre lokale Marktkenntnis können sie derartige Markteintrittsbarrieren für japanische Investoren im erheblichen Umfang senken. Die Sôgô Shôsha beschränken sich in ihren Auslandsaktivitäten daher nicht nur auf die Rolle der reinen Handelsmittler, sondern fungieren auch als industrielle Co-Investoren in den Bereichen Informationsvermittlung, Beratung, Finanzierung, Versicherung und Risikoübernahme. Durch Marktforschung, Marktplanung und Kontaktanbahnung bereiten sie die Markterschließung und Marktbearbeitung ihrer industriellen (vorwiegend japanischen) Geschäftspartner adäquat vor und treiben sie zügig voran. Sie erschließen günstige Bezugsquellen und entwickeln Absatzmöglichkeiten im Gastland selbst oder für den Export in Drittmärkte.

Diese industriebezogenen Auslandsengagements haben aus Sicht der Sôgô Shôsha auch eine defensive Komponente. Durch aktives Begleiten der japanischen Kunden in das Ausland sichern sie sich Anteile am zukünftigen Export- und Importgeschäft der sich internationalisierenden japanischen Industrie. Durch die Kapitalbeteiligungen erhalten sie einen Anteil am Gewinn der neu etablierten Auslandstöchter mit (im Vergleich zum reinen Handelsgeschäft zumeist) höheren Margen.

Mit diesen investitionsbegleitenden Dienstleistungen wurden die japanischen Generalhandelshäuser in den achtziger und neunziger Jahren zum Organisator und Promotor der Internationalisierung des verarbeitenden Gewerbes Japans. Lag der regionale Fokus dieser Strategie in den achtziger Jahren auf Südostasien, so war es in den neunziger Jahren die Volksrepublik China. Angesichts der Asienkrise und dem insgesamt eher ernüchternden Chinageschäft der japanischen Industrie müssen die Investitionen aus heutiger Sicht allerdings eher enttäuschen, da sich der Markt nicht wie prognostiziert entwickelt hat.

Zudem existieren für die Generalhandelshäuser zwei grundsätzliche Probleme. Erstens verfügen die Sôgô Shôsha selbst nicht über das erforderliche industrielle Knowhow. Zweitens sind mittel- bis langfristig die Strategien des industriellen (japanischen) Partners, des einheimischen Partners und des Handelshauses nicht notwendig miteinander kompatibel, so dass Zielkonflikte entstehen.

Direktinvestitionen in Infrastrukturprojekte

Profitabler als die industriellen Engagements entwickelten sich für die Sôgô Shôsha in den zwei zurückliegenden Dekaden hingegen der Geschäftsbereich der Projektorganisation und -koordination von Infrastrukturprojekten. Die Entwicklungs- und Schwellenländer Südostasiens sowie die Volksrepublik China haben angesichts ihrer hohen wirtschaftlichen Wachstumsraten und großen Bevölkerungen einen schier unermesslichen Bedarf an neuer physischer Infrastruktur in den Bereichen der Energieerzeugung, des Transportwesens, der Telekommunikation und der Versorgung (Elektrizität, Wasser). Ausgestattet mit der vorliegenden Erfahrung in der Erschließung von Rohstoff- und Energiequellen in Ländern der Dritten Welt und unterstützt durch die günstigen Entwicklungshilfekredite Japans, waren die Sôgô Shôsha in den achtziger Jahren Pioniere des privatwirtschaftlichen Engagements im Infrastruktursektor für BOT- und BOO-Projekte [14].

Die Kernkompetenz der Sôgô Shôsha in Infrastrukturprojekten liegt bei der Lösung von Finanzierungsfragen, der Projektkoordinierung und der Projektorganisation. In den achtziger Jahren griffen die Sôgô Shôsha bei der Finanzierung, der Auswahl der technischen Ausstattung und den Anlagenkomponenten noch weitgehend auf japanische Geschäftspartner zurück. In den neunziger Jahren globalisierten sie das Infrastrukturgeschäft und kooperierten eng mit nordamerikanischen und europäischen Anlagebauern, die sie oftmals aufgrund der technologischen Leistungsfähigkeit und preislichen Wettbewerbsfähigkeit vorzogen.

Direktinvestitionen in den Handel

Zum verstärkten Binnenhandelsengagement in Japan treten die Auslandsinvestitionen im Handel. Hervorzuheben sind die Investitionen der Sôgô Shôsha in den Außen- und Binnenhandel der Volksrepublik China, bedingt und gefördert durch den unterstellten Modellcharakter des Unternehmenstyps eines Generalhandelshauses für eine Volkswirtschaft im nachholenden Wachstums- und Industrialisierungsprozess in den Augen der chinesischen Wirtschaftsplaner. So wurden Mitsubishi und Nichimen ausgewählt, zusammen mit chinesischen Partnerfirmen als chinesische Generalhandelshäuser Import- und Exportgeschäfte zu betreiben. Die Dongling Trading Cororation, an der Mitsubishi mit einem Anteil von 27 Prozent beteiligt ist, zählt inzwischen zu einen der umsatzstärksten chinesischen Unternehmen. Marubeni erhielt als erstes und bislang einziges Auslandsunternehmen die Erlaubnis, mit einem chinesischen Partner (First Department Store of Shanghai) einen spartenübergreifenden, landesweiten Großhandel aufzubauen. Itôchu errichtet mit seinem japanischen Partner Itô Yokado Kaufhäuser in den chinesischen Ballungszentren [15].

4. Diversifizierung in neue Geschäftsfelder

Umsichtiger als in den achtziger Jahren, in denen die Sôgô Shôsha massiv in den Aktien-, Grundstücks- und Immobilienmärkten Japans investierten, verliefen die Diversifizierungsaktivitäten der neunziger Jahre. Heute sind die Generalhandelshäuser aktiv in der Telekommunikation, in der Raumfahrt, im Mediensektor und im Bereich der Finanzdienstleistungen (als Händler in den internationalen Devisen- und Warenmärkten, in der Projektfinanzierung, im Leasing von Flugzeugen, Maschinen und Fahrzeugen, im Venture Capital Geschäft in Japan). Gegenwärtiger strategischer Fokus aller Sôgô Shôsha ist die New Economy. Hierfür wurden eigenständige Geschäftsbereiche gegründet, deren Anteil am Umsatz allerdings noch gering ist. In Japans E-Commerce spielen die Sôgô Shôsha heute eine wichtige Rolle.

5. Konsolidierung und Unternehmenskooperationen

In Folge der Fehlspekulationen während der Bubble-Economy in Japan und ungenügenden Maßnahmen zum Überwinden der Schwierigkeiten sind die Sôgô Shôsha gegen Ende der neunziger Jahre zum Teil in erhebliche finanzielle Schieflagen geraten. Die Unternehmen Kanematsu und Tomen konnten beispielsweise ihrem Schuldendienst nicht mehr nachkommen und waren nur durch durchgreifende Sanierungsmaßnahmen zu retten. Aber auch die anderen Generalhandelshäuser waren unter dem Druck von Gläubigern und Finanzmärkten zu einschneidenden Konsolidierungsmaßnahmen gezwungen, wie z.B. die drastische Reduzierung der Niederlassungen im In- und Ausland, den Verkauf unrentabler Geschäftseinheiten und teilweise sogar die Entlassung von Stammhausmitarbeitern.

Dieser Druck zur Erhöhung der Rentabilität zwang die Sôgô Shôsha noch stärker zur Fokussierung ihrer Geschäftsaktivitäten. Zur Angebotsbündelung wurden vielfach auch Geschäftsbereiche zusammengelegt. Beispielsweise haben Mitsubishi Shôji und Nisshô Iwai ihre Stahlhandelsgesellschaften fusioniert. Des Weiteren hat Nisshô Iwai von Nichimen die Bereiche Baumaterialien, Papier sowie einzelne IT-Tochterunternehmen übernommen. Auffällig ist, dass der klassische Außenhandelsanteil am Umsatz der Sôgô Shôsha immer mehr schrumpft. Tatsächlich spezialisieren sie sich die zunehmend in Bereiche außerhalb des B2B-Handels und sind immer weniger echte Handelsunternehmen. Am weitesten fortgeschritten ist dieser Wandel bei Itôchû, das nunmehr die unternehmerischen Schwerpunkte in der New Economy, im Mediensektor, im Finanzsektor, im Einzelhandel, im Konsumgütermarketing und in der Rohstoffexploration setzt. Im Zuge des aktuellen Veränderungsprozesses werden sich die Sôgô Shôsha möglicherweise in Holdingunternehmen umwandeln. Die Holdingstruktur ist zwar in Japan rechtlich zulässig, aber für die Sôgô Shôsha aus steuerlichen Gründen (bislang) nicht vorteilhaft.

IV. Schlussfolgerungen und Ausblick

Der laufende Strukturwandel ist noch nicht abgeschlossen und die Herausforderungen an das Management der Sôgô Shôsha werden im Zuge der laufenden Liberalisierung, Deregulierung und Modernisierung der japanischen Wirtschaft weiter zunehmen. Es bleibt ungewiss, ob die Sôgô Shôsha und gegebenenfalls wie viele der verbliebenen acht Generalhandelshäuser den gegenwärtigen Strukturwandel bewältigen können. Aber man sollte die Sôgô Shôsha nicht unterschätzen. Sie haben in der Vergangenheit mehrmals ihre Fähigkeit zur Flexibilität und Anpassungsfähigkeit auch unter widrigen Bedingungen unter Beweis gestellt. Zudem sind die Sôgô Shôsha – im Unterschied zu den vielen Unternehmen aus Japans geschützten Branchen – mit der Realität des marktwirtschaftlichen Wettbewerbs gut vertraut. Sie haben gelernt, sich auf Auslandsmärkten gegen internationale Konkurrenz zu behaupten, was ihnen auch auf dem japanischen Inlandsmarkt gelingen sollte. Und obgleich der Stellenwert der Handelstätigkeit zukünftig wohl zurückgehen wird, so wird doch die Quelle der Wettbewerbsfähigkeit der Sôgô Shôsha ihre weltweite Präsenz und ihre intime Kenntnis der internationalen Märkte bleiben.

Anmerkungen

[1] Vgl. zur Entwicklung der Industrialisierung Japans und zur Rolle der Sôgô Shôsha u.a. Dolles 1997, Hall 1968, Hirschmeier 1964, Itôchû Shôji Chôsabuhen (Ed.), Nakatani 1998, Müller 1984, Pauer 1995, Yamanaka 1989.

[2] Für eine Begriffsbestimmung der Sôgô Shôsha anhand ihrer betriebswirtschaftlichen Funktionen siehe Eli 1979, Yoshihara 1982, Kojima/Ozawa 1984 und Young 1986.

[3] Zur ausführlichen Darstellung der verscheidenen Keiretsu-Formen in Japan vgl. Dolles 1997, Dolles 1999 und Hilpert 1994 sowie die dort angegebene Literatur.

[4] Auf Grund dieser zentralen Rolle in Japans Außenhandel und Industrialisierung trägt die Sôgô Shôsha-Studie von Kojima und Ozawa den bezeichnenden Titel „ Japan's General Trading Companies – Merchants of Economic Development“ (Kojima/ Ozawa 1984).

[5] Vgl. zu dieser strategischen Option für B2B-Händler auch den Beitrag von Zentes in Abschnitt A dieses Kapitels.

[6] Vergleiche hierzu die deutsche Übersetzung der japanischen Begriffe "sôgô" = synthetisch, umfassend, synergetisch; und "shôsha" = Handelsgesellschaft.

[7] Für eine institutionenökonomische Analyse der Sôgô Shôsha, siehe Roehl (1983), insb. S. 376-423.

[8] Siehe Japan Foreign Trade Council 2000.

[9] Die Ausführungen dieses Abschnittes beruhen, sofern nicht anderweitig belegt, auf den Selbstauskünften der Sôgô Shôsha in Geschäftsberichten, Newslettern, Internet-Informationen sowie aus Mitteilungen in Interviews in den Unternehmenszentralen durch Hanns Günther Hilpert im Sommer 2000.

[10] Die Anteilsziffer für 1980 ist entnommen aus Abaco 1993, S. 75, der durchschnittliche Anteil für das Jahr 1999 wurde errechnet aus den Eigenangaben der Sôgô Shôsha in ihren Geschäftsberichten. Der wachsende Umsatzanteil des Binnenhandels an den Gesamtumsätzen ist partiell auch auf die rückläufigen Auslandsumsätze zurückzuführen.

[11] Für einen Überblick des laufenden Strukturwandels im japanischen Binnenhandel, siehe u.a. Bartlett 1998; Hilpert u.a. 1998, S. 19-54.

[12] Siehe hierzu eingehend Nakatani 2001, insbes. S. 75-103, 143-160.

[13] Vgl. hierzu auch die Darstellung der „controlled distribution“ im Beitrag von Zentes in diesem Kapitel.

[14] BOT = Build-Operate-Transfer; BOO = Build-Operate-Own: Die Projektverantwortung und das Projektrisiko liegen in den Händen eines privaten Konsortiums, welches entweder die Anlage errichtet, für einen vorab vereinbarten Zeitraum betreibt und dann den lokalen Behörden übergibt (BOT) oder über die gesamte Lebensdauer der Anlage hält und betreibt (BOO).

[15] Siehe Hilpert 2002.

Zweites Kapitel:

Innovative Konzepte und Best Practices

Abschnitt A

Kundenbindung durch Exzellenz in Marketing und Logistik: Die GEHE Pharma Handel GmbH

Jürgen Ossenberg-Engels

I. Einleitung

GEHE ist auf einem Markt tätig, der in vielfacher Hinsicht besondere Kennzeichen aufweist. Die schnelle und zuverlässige Belieferung der Apotheken mit Arzneimitteln ist Voraussetzung für die flächendeckende Versorgung der Bevölkerung und liegt damit im öffentlichen Interesse. Wenn die Apotheken nicht die Möglichkeiten hätten, sich kurzfristig mit jedem gewünschten Arzneimittel zu versorgen, könnten die Ärzte nicht mehr das Arzneimittel verschreiben, welches gerade dem Patienten in seiner individuellen Krankheit am vorteilhaftesten zu helfen verspricht. Zur gleichen Zeit herrscht ein erheblicher Kosten- und Wettbewerbsdruck, der zu einer Perfektionierung der Logistik und einer Oligopolisierung der Branche geführt hat.

Der pharmazeutische Großhandel betreibt ein typisches Business-to-Business-Geschäft. Hierbei ist die Anzahl der potenziellen Kunden limitiert. Der Erfolg ist abhängig von der Kundenstruktur sowie von der Qualität und Intensität der Kundenbeziehungen. Hieraus ergibt sich logischerweise die große Bedeutung der Kundenbindung.

GEHE ist der älteste pharmazeutische Großhandel Deutschlands. Franz Ludwig Gehe hat mit der Entwicklung von Fertigarzneimitteln diese Form des Spezialgroßhandels für Arzneimittel erfunden und damit einen großen Beitrag zur preisgünstigen Arzneimittelversorgung der Bevölkerung geleistet. Die GEHE ist heute europaweit tätig und europäischer Marktführer. In Deutschland hält GEHE mit einem Marktanteil von 20 Prozent die zweite Position. Auf dem deutschen Markt beläuft sich der Marktanteil der ersten drei Anbieter auf 65 Prozent, was den Oligopolisierungsgrad der Branche verdeutlicht.

II. Markt- und Kundenstruktur

Der Arzneimittelmarkt ist in vielen Teilen ein atypischer Markt. Die Kunden bzw. Patienten wählen ihre verschreibungspflichtigen Arzneimittel nicht selbst aus, sondern beziehen sie auf Grund eines Rezeptes ihres Arztes. Der Preis wird i.d.R. auch nicht vom Patienten bezahlt, sondern von der Krankenkasse vergütet. Die Apotheke wiederum ist verpflichtet, genau das verschriebene Arzneimittel abzugeben. Eine Substitution ist – noch – nicht möglich.

Hieraus folgt die Notwendigkeit der raschen Verfügbarkeit eines sehr umfangreichen Sortiments. Insgesamt sind in Deutschland über 225.000 unterschiedliche Arzneimittel verschreibungsfähig, die in der Apotheke verlangt werden können.

Übersicht 1: Der Markt des Pharmagroßhandels – Beispiel Deutschland

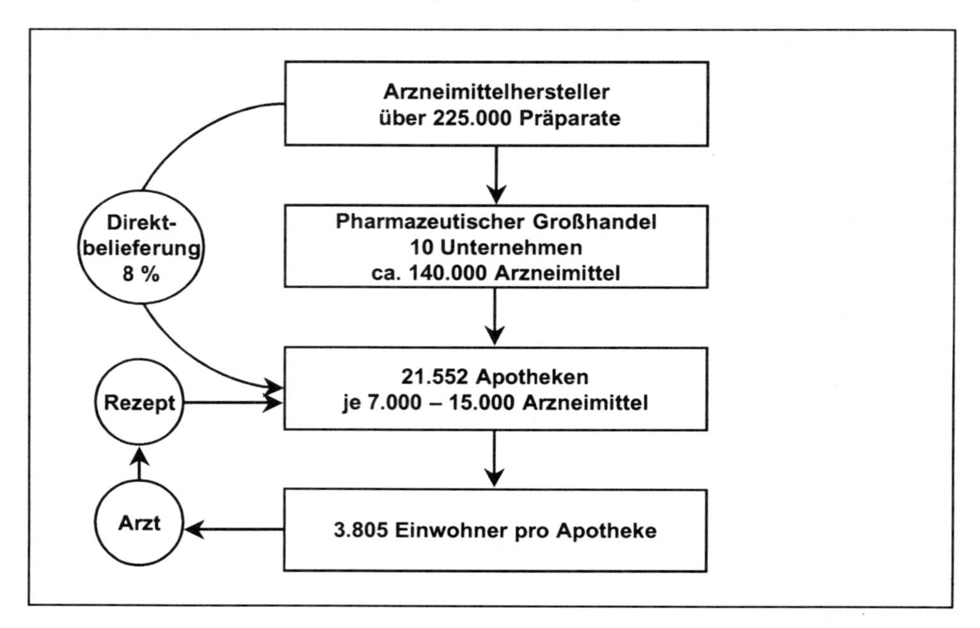

Der pharmazeutische Großhandel sorgt dafür, dass alle 21.552 Apotheken Deutschlands in der Lage sind, jedes beliebige Arzneimittel sofort oder binnen kürzester Frist verfügbar zu haben. Damit sichert der pharmazeutische Großhandel, dass die Lagerbestände sowie die Beschaffungs- und Lagerkosten reduziert werden. Die einzelnen Apotheken verfügen je nach Standort über ein Lager von 7.000 bis 15.000 unterschiedlichen Präparaten. Der Großhandel allerdings muss ein wesentlich umfangreicheres Lager unterhalten. Bei der GEHE Pharma Handel GmbH sind dies bundesweit ca. 140.000 unterschiedliche Arzneimittel.

Sowohl die Apotheken als auch der pharmazeutische Großhandel arbeiten im Wesentlichen nachfrageorientiert. Dies bedeutet, dass die fehlerfreie, rasche und zuverlässige Erfüllung der Kundenwünsche erfolgsentscheidend ist. Ein Patient, der das verschriebene Arzneimittel in seiner Apotheke nicht sofort oder zumindest nicht kurzfristig erhält, wechselt die Apotheke und verlangt dieses Arzneimittel bei einer der Konkurrenzapotheken in der Nachbarschaft.

Die Verfügbarkeit der Arzneimittel ist also einer der Erfolgsfaktoren für die Apotheken. Ebenso verhält es sich in der Beziehung des Großhandels zu den Apotheken als seinen Kunden.

Um den Einkauf rationell zu gestalten und die Großhandelsrabatte zu optimieren, beziehen heute die meisten Apotheken bei einem Hauptgroßhändler den Großteil der benötigten Arzneimittel als Erstlieferant. Hierbei handelt es sich meist um 60 bis 80 Prozent ihres Einkaufsvolumens. Der Rest sowie alle auftretenden Defekte – hierunter werden Arzneimittel verstanden, die vom Erstlieferanten nicht kurzfristig geliefert werden können – werden an den Zweitlieferanten vergeben. In einigen Fällen existieren auch noch Drittlieferanten, bei denen bestimmte Defekte und ggf. Artikel zu Sonderkonditionen bezogen werden. Diese Bezüge machen jedoch nur einen geringen Teil des Einkaufsvolumens aus, etwa fünf bis zehn Prozent.

Der Durchschnittsumsatz der Apotheken (alte Bundesländer) betrug im Jahr 2000 1,21 Mio. Euro (ohne Mehrwertsteuer). Hierbei belief sich das großhandelsrelevante Einkaufsvolumen auf ca. 0,81 Mio. Euro im Jahr oder ca. 67.000 Euro im Monat. Wenn dieses Volumen zu 70 Prozent an den Erstlieferanten, zu 25 Prozent an den Zweitlieferanten und zu 5 Prozent an den Drittlieferanten vergeben wird, dann ergeben sich die folgenden Durchschnittsumsatzgrößen:

- für den Erstlieferanten 46.900,- Euro pro Monat
- für den Zweitlieferanten 16.750,- Euro pro Monat
- für den Drittlieferanten 3.350,- Euro pro Monat.

Daraus geht klar hervor, dass die Position eines Erstlieferanten die engste und intensivste Kundenbeziehung darstellt. Hier werden die höchsten Umsätze und Deckungsbeiträge erzielt, sofern nicht überdimensionierte Rabattzugeständnisse gemacht werden. Der Erstlieferant profitiert ebenfalls von den Umsatzzuwächsen der Apotheke. Er hat also zuerst die Chance, die Geschäftsbeziehungen mit dem Kunden weiter auszubauen. Aus diesen Gründen ist es immer sinnvoll, diese Position des Erstlieferanten anzustreben, sie zu halten und weiterzuentwickeln.

III. Kundenbindung im Pharmahandel

Die Sicherung der Position beim Kunden sowie die Kundenbindung sind von existentieller Bedeutung für den pharmazeutischen Großhandel. Die Neukundengewinnung ist hierzu keine vernünftige Alternative, da die Gewinnung eines neuen Kunden ausgesprochen zeit- und kostenaufwändig ist und außerdem meistens mit überdurchschnittlichen Rabattzugeständnissen bezahlt werden muss. Die GEHE sieht aus diesem Grund in der Kundenbindung die Priorität.

Um Kundenbindung zu erreichen, muss soweit wie möglich sichergestellt werden, dass die Kunden etwaigen Kundengewinnungs-Angeboten der Konkurrenz widerstehen. Das können Lockangebote mit Rabatten oder überhöhte Leistungszusagen sein. Außerdem ist unbedingt zu vermeiden, dass die Kunden auf Grund von Unzufriedenheit mit den gebotenen Leistungen Kontakte mit anderen Lieferanten suchen.

GEHE hat die Möglichkeiten zur Verhinderung des Lieferantenwechsels bzw. der Bindung ihrer Kunden systematisch ausgebaut und entwickelt. Hierbei liegen die nachstehenden Überlegungen zu Grunde.

Die Bereitschaft der Apotheken, ihrem Großhandelslieferanten treu zu bleiben, hängt von den folgenden Kriterien ab:

- von den generellen Wechselbarrieren, die vom Lieferanten nicht oder kaum zu beeinflussen sind
- von der Attraktivität des Lieferanten im Vergleich zu potenziellen Wettbewerbern
- von der Zufriedenheit der Kunden mit den gebotenen Leistungen.

Bei den Wechselbarrieren kann es sich um endogene sowie um exogene Barrieren handeln.

Endogene Wechselbarrieren sind die gelernten oder angeeigneten Einstellungen der Apothekerinnen und Apotheker. Traditionell wünschen sich Apotheker langfristige, von gegenseitigem Vertrauen geprägte Beziehungen zu ihren Lieferanten. Eine Befragung von GEHE ergab 1998, dass die meisten Apotheken langfristige Beziehungen zum Großhandel unterhalten. Die durchschnittliche Dauer der Geschäftsbeziehungen zwischen Apotheke und Pharmagroßhandel beträgt ca. elf Jahre.

Diese Einstellung verändert sich jedoch mit stärker werdendem wirtschaftlichen Druck. Langjährige Lieferantenbeziehungen werden heute immer häufiger gekündigt, um vermeintlich günstigere Einkaufskonditionen zu erzielen.

Exogene Wechselbarrieren sind technische und administrative Hindernisse, welche einen Lieferantenwechsel erschweren. Hierbei geht es um die Veränderung von Datensätzen, um die Veränderung von Belieferungszeiten sowie die Anpassung der Geschäftsprozesse an den neuen Lieferanten.

Die Lieferanten-Attraktivität ist für den pharmazeutischen Großhandel das entscheidende Kriterium der Kundenbindung. Hierbei handelt es sich nicht um die absolute Beurteilung des jeweiligen Großhandels, sondern immer um den Vergleich mit den relevanten Wettbewerbern. Wenn diese Wettbewerber Zweit- oder Drittlieferanten sind, dann können die Lieferanten-Attraktivitäten recht gut und auch einigermaßen objektiv verglichen werden.

Schwieriger wird es, wenn der Apotheker die Leistungen eines anderen Lieferanten noch nicht ausprobiert hat. Dann bildet er sich eine Vorstellung von der Attraktivität auf Grund von Versprechungen, vom Hörensagen, von Aussagen Dritter, von der Werbung oder anderen meinungsprägenden Faktoren.

Die Attraktivität des pharmazeutischen Großhandels bezieht sich insgesamt auf drei Bereiche, wobei der Apotheker je nach Kundentyp seine Priorität auf einen oder maximal zwei dieser Attraktivitätsbereiche legt:

- Die *Preisattraktivität* besagt, dass zu denjenigen Lieferanten die Beziehungen aufrecht erhalten werden, welche im Vergleich zu anderen die günstigsten Preise bieten. Wegen der bestehenden Preisspannenverordnung kann der Pharmagroßhandel die Preise nicht verändern, jedoch Rabattangebote machen.
- Die *Leistungsattraktivität* vergleicht die Qualität der Großhandelsleistungen zwischen den Lieferanten.
- Die *Beziehungsattraktivität* bezieht sich auf die Sympathie und die Intensität der persönlichen Kontakte zwischen Großhandel und Apotheken.

Übersicht 2: Kundenbindungsmodell des Pharmagroßhandels

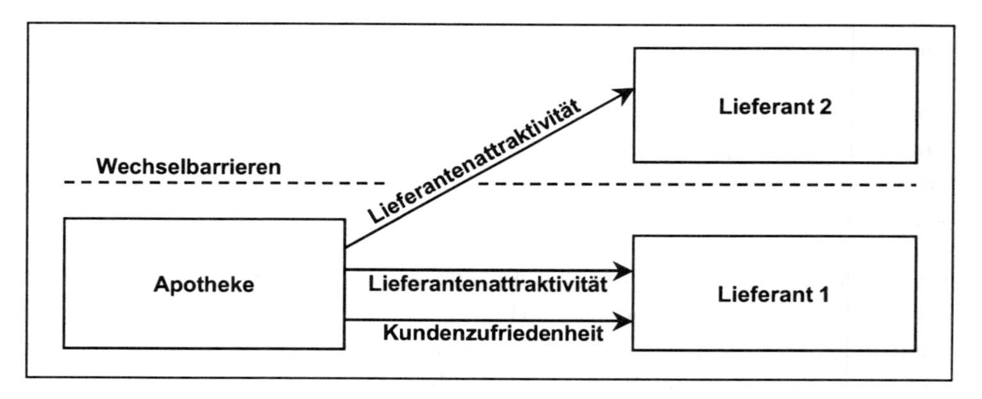

Der Kunde wird immer nur dann an den Lieferanten gebunden, wenn die Attraktivität bei diesen genannten Bereichen im Vergleich zu dem interessantesten potenziellen neuen Lieferanten wesentlich höher ist. Die GEHE hat daher die Attraktivitätsbereiche im Hinblick auf die potenziellen Wettbewerber gezielt ausgebaut.

Durch gezielten Aufbau der Attraktivitäten wird die Position der GEHE gegenüber anderen Lieferanten der gleichen Apotheke abgesichert. In diesem Fall kann der Apotheker die tatsächlichen Leistungen vergleichen. Trotzdem ist dieser Leistungsvergleich nicht immer fair, da die Ausgangssituation des Erstlieferanten anders ist als die des Sonderangebots- oder Defektlieferanten. Es werden jedoch immer tatsächliche Leistungen verglichen, wobei der Erstlieferant einen klaren Vorteil hat. Anders ist es, wenn der Apotheker die Leistungen des möglichen neuen Lieferanten noch gar nicht in Anspruch genommen hat, sondern nur von den angeblichen „Traum-Leistungen“ gehört hat. Durch Multiplikatoren und kommunikative Maßnahmen wird eine Attraktivität wahrgenommen, die möglicherweise gar nicht in dieser Form vorhanden ist.

Dieses Beispiel zeigt, dass Lieferanten-Attraktivität niemals objektiv bewertet wird, sondern immer auch vom Meinungsumfeld und der kommunikativen Wahrnehmung „nach dem Kauf“ bzw. während der Kundenbeziehungen abhängig ist. Dadurch wird die Kundenbeziehung bestätigt und gefestigt sowie die Wahrnehmung der Wettbewerbs-Attraktivität relativiert.

Wenn die Kunden durch relativ attraktive Einkaufskonditionen an den Großhandel gebunden sind, dann nennt man dies bei GEHE *Preis- oder Smartbindung*. Die Attraktivität der Leistung erweist sich im Nutzen des Apothekers. Beruht die Kundenbindung auf diesem Kundennutzen, spricht GEHE von *Nutzenbindung*. Die attraktive Qualität der Beziehungen schafft Sympathie und damit Präferenzen für einen bestimmten Lieferanten. Wenn die Kundenbeziehung auf solchen emotionalen Präferenzen begründet ist, dann sprechen wir von *Präferenzbindung*. Als Instrumente der Kundenbindung haben sich also die Smartbindung, die Nutzenbindung und die Präferenzbindung herausgebildet.

Diese Kundenbindungsinstrumente sind jedoch nur unter bestimmten Bedingungen wirkungsvoll. Einerseits müssen sie für die Kunden wichtig sein. Andererseits muss jede einzelne der eingesetzten Maßnahmen von den Kunden als ausgezeichneter Beitrag zu den eigenen Zielen wahrgenommen werden. Wichtigkeit und Kundenbewertung werden mit dem Zufriedenheits-Index gemessen.

Die subjektiven Einstellungen der Apotheker gegenüber dem Großhandel sowie zur Attraktivität seiner Leistungen und der Art und Weise der Beziehungspflege sind bei den einzelnen Kunden unterschiedlich. Ebenso unterschiedlich sind objektive Merkmale wie z.B. Umsatz oder Standort.

Übersicht 3: Möglichkeiten der Kundenbindung im pharmazeutischen Großhandel

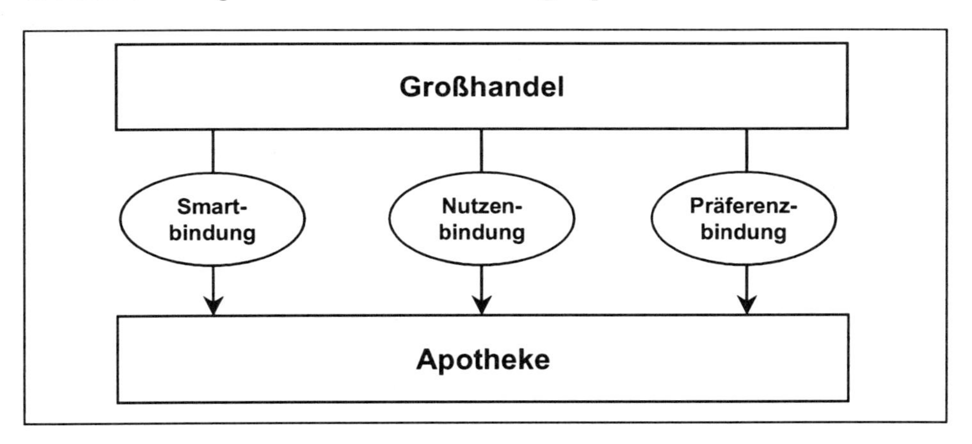

Auf Grund subjektiver und objektiver Merkmale müssen Kundenbindungsmaßnahmen individuell zugeordnet werden. Es kommt darauf an, dass die richtigen Instrumente zur richtigen Zeit bei den richtigen Kunden zum Einsatz kommen. Sie haben nur dann Erfolg, wenn sie entweder einzigartig sind oder aber zumindest in den Augen der Kunden gegenüber den gleichen oder ähnlichen Maßnahmen des Wettbewerbs einen wesentlichen Vorteil besitzen. Diese Forderung zwingt zur Fokussierung auf einige wenige, wichtige Maßnahmen und gleichermaßen zur permanenten Innovation.

IV. Smartbindung

Die Preispolitik in Form der Konditionengestaltung ist kein typisches Instrument zur Kundenbindung. Typisch ist ihr Einsatz bei der Gewinnung von Neukunden. Auf Grund der extrem engen Kalkulationsgrenzen muss hier sehr vorsichtig vorgegangen werden. Rabatte reduzieren den Rohertrag und damit den Deckungsbeitrag pro Kunde erheblich. Sie machen häufig andere, kostenträchtige Kundenbindungsmaßnahmen unmöglich und belasten die Geschäftsverbindung.

Konditionengestaltung ist jedoch für die wachsende Zahl der „Smart-Buyer“ unter den Apothekern ein wichtiges Argument zur Aufrechterhaltung einer Geschäftsbeziehung. Sie möchten die Sicherheit haben, dass sich ihr Lieferant permanent um sie bemüht und ihnen die günstigsten Konditionen anbietet. GEHE hat daher den monatlichen Angebotsdienst „Guter Monat“ entwickelt, der für nicht verschreibungspflichtige Produkte genau diese Preisgünstigkeit bietet und diese stellvertretend für das Gesamtsortiment signalisiert. Die Natural- und Bar-Rabattangebote dieses Angebotsdienstes sind während seiner Gültigkeitsdauer branchenführend.

Für GEHE-Kunden, welche den Business-to-Business-Onlinedienst GEHE-Point nutzen, besteht die Möglichkeit, noch günstigere Sonderangebote zu erhalten. Hier können Kunden nämlich täglich wechselnde Sonderangebote zu einzigartigen Höchstrabatten ordern.

Die Smartbindung funktioniert, indem die Kunden ihre Konditionen bzw. Einkaufspreise mit denen der Kollegen vergleichen. Über den Vergleich sucht er eine Bestätigung für die richtige Lieferantenwahl. Sonderangebote sind immer dann eine Bestätigung, wenn sie wirklich die aktuell günstigsten Preise sind.

Ähnlich verhält es sich beim Angebot von Eigenmarken der GEHE im Bereich Vitamine und gesunde Ernährung. Hier erhält der Kunde Produkte von hoher Qualität zu einzigartigen Niedrigpreisen. Auch diese Angebote sind Instrumente zur Smartbindung.

Ein wichtiges Ziel der Kundenbindung ist die permanente Erhöhung des Einkaufsvolumens sowie die Ausschöpfung des Einkaufspotenzials, um damit den Kundenwert zu erhöhen. Das Ziel der GEHE ist es, am Wachstum der Kunden zu partizipieren. Hierbei kann Konditionengestaltung durchaus nützlich sein. Mit dynamischen, ganz auf die Situation der Apotheke abgestimmten Rabattmodellen, werden den Kunden auf ihre zusätzlichen Einkaufsvolumina überdurchschnittlich hohe Steigerungsrabatte gewährt und damit die zusätzlichen Umsätze belohnt.

Die Erfahrung zeigt, dass Preismaßnahmen zur Kundenbindung in vielen Fällen unerlässlich sind, aber immer vom Wettbewerber sehr rasch nachgeahmt werden können. Daher liegt hier nicht die Quelle für wirklich dauerhaftes Kundenbindungspotenzial. Der pharmazeutische Großhandel und insbesondere die GEHE kann den Apotheken durch andere Maßnahmen wesentlich höheren Nutzen vermitteln, welche die Beträge von Rabatten weit übersteigen.

V. Nutzenbindung

1. Überblick

Die Nutzenbindung bezieht sich auf den eigentlichen Inhalt der Geschäftsbeziehung zwischen pharmazeutischem Großhandel und der Apotheke. Der Kundenbindungsansatz lautet hier: Jedem Kunden soll der Nutzen geboten werden, der für ihn besonders wichtig und im Vergleich zum Wettbewerb überlegen ist. Die negativen Folgen eines Fortfalls dieses Nutzens im Falle eines möglichen Lieferantenwechsels sollen vom Kunden wesentlich höher bewertet werden als der mögliche durch einen Lieferantenwechsel erwartete Nutzen. Es geht hier also um die Einschätzung des Differenzialnutzens aus der Sicht des Kunden.

Wenn hier von Nutzen gesprochen wird, dann sind darunter sämtliche Faktoren zu verstehen, welche in den Augen des Apothekers wichtig für seine Arbeit und den Erfolg der Apotheke sind. Hierbei handelt es sich zunächst um den durch die Kernleistung vermittelten *Grundnutzen*. Das sind die Logistikleistungen des Großhandels, nämlich schnelle, pünktliche, zuverlässige und fehlerfreie Lieferung der bestellten Waren. Darüber hinaus vermittelt die GEHE durch vielfältige ergänzende Dienstleistungen einen weitergehenden *Zusatznutzen*. Der Grundnutzen wird von allen Wettbewerbern vermittelt, er ist großhandelstypisch. Beim Zusatznutzen sind Differenzierungen möglich.

2. Kundenbindung durch Grundnutzen

Die Logistikleistungen des pharmazeutischen Großhandels als Grundleistungen sind in der gesamten Branche weitgehend perfektioniert. Die Belieferung der Apotheken erfolgt mehrfach täglich binnen kürzester Zeit mit einer minimalen Fehlerquote. Diese hohen Leistungen sind inzwischen selbstverständlicher Standard geworden. Hier bestehen zwischen den Wettbewerbern nur geringe Abweichungen.

Die Logistikleistung des Großhandels ist also nicht mehr Motivationsfaktor, sondern eher Hygienefaktor bei der Beurteilung der Geschäftsverbindung. Durch die zuverlässige Erbringung dieser Leistungen kann die Bindung nicht wesentlich verbessert, sondern nur durch die Vermeidung von Fehlern die Gefährdung der Geschäftsbeziehung verhindert werden.

Die folgenden Leistungsdaten der GEHE kennzeichnen das Niveau der gebotenen Logistikleistungen:

Die Kommissionierung der Aufträge wird in den GEHE-Niederlassungen zu 55 Prozent von Kommissionierautomaten vorgenommen. GEHE ist hier Technologieführer. Das Logistikzentrum Weiterstadt weist mit knapp 80 Prozent den höchsten Automatisierungsgrad des Pharmagroßhandels in Deutschland aus. Automatisierung bedeutet Reduktion von Personalkosten und vor allem Sicherung einer Fehlerquote von praktisch 0,0 Prozent.

Die Auftragsannahme wird ebenfalls weitgehend automatisiert vorgenommen. Hier liegt die Quote der Aufnahme durch Datenfernübertragung inzwischen bei 94 Prozent. Die Kommissionierungszeiten vom Eingang des Auftrages bis zur Bereitstellung zum Versand sind denkbar kurz. Sie bewegen sich zwischen 25 und 45 Minuten.

Die typische GEHE-Niederlassung hat etwa das folgende Mengengerüst:

- 80.000 Zeilen pro Tag
- 15 Zeilen pro Rechnung
- 2,1 Artikel pro Zeile
- 26,- Euro Umsatz pro Zeile
- Durchschnittspreis pro Artikel 11,- Euro.

Diese Logistikleistungen gewährleisten, dass die Apotheken „ihren“ Großhandel praktisch als verlängerte eigene Lagerhaltung nutzen können. Vor allem aber sichern sie den Apotheken die Möglichkeit, ihren Patienten alle Arzneimittel kurzfristig zur Verfügung zu stellen. Diese Möglichkeit sichert die Freiheit der ärztlichen Verschreibung und im übrigen auch den raschen Beginn der individuell richtigen und erfolgreichen Arzneimitteltherapie.

Kundenbindung wird durch die perfekte Abstimmung der Warenwirtschafts-Prozesse der Wertschöpfungspartner Pharmazeutischer Großhandel und Apotheke erreicht. Alle Maßnahmen, die im Sinne eines Supply Chain Managements Logistik und Warenwirtschaftsprozesse koordinieren, erhöhen die Effizienz und die Kundenbindung. Es geht hier um wichtige Details wie Füllung und Beschriftung der Lieferboxen, Artikelfolge auf den Lieferscheinen, Verfalldatenangaben, aber auch um größere noch nicht realisierte Maßnahmen wie Inventory Management oder Efficient Consumer Response.

Mit der Einführung der *B2B-Plattform* GEHE-Point ist der GEHE ein Quantensprung in der tagtäglichen Zusammenarbeit zwischen Großhandel und Apotheken gelungen. Die Apotheken, welche diese intranetbasierte Kommunikationsform nutzen, haben zu „ihrem“ Großhandel ein entsprechend enges Verhältnis, weil sie mit ihm wesentlich intensiver verbunden sind. Sie können z.B. die Lagerbestände des Großhandels einsehen, zusätzliche Informationen und Angebote nutzen, sämtliche Rechnungen in papierloser Form erhalten – Archivierung inklusive.

3. Kundenbindung durch Zusatznutzen

a) Zusatznutzen als Instrument der Kundenbindung

Alle Leistungen, welche nicht direkt mit der Belieferung der Waren verbunden, aber dennoch für den Erfolg der Apotheke wichtig sind, werden als Zusatzleistungen angesehen. Sie bieten der Apotheke einen entsprechenden Zusatznutzen. In diesem Bereich des Zusatznutzens sind Differenzierungsmöglichkeiten zum Wettbewerb und damit gute Möglichkeiten zur Kundenbindung gegeben.

Zusatzleistungen schaffen immer dann Kundenbindung, wenn die Apotheke hierdurch einen einzigartigen Nutzenvorteil erhält, der ihr in dieser Form von den anderen Großhändlern nicht geboten wird. Voraussetzung hierfür ist natürlich, dass diese Zusatzleistung für die betreffende Apotheke wirklich wichtig ist und dann auch möglichst individuell angepasst wird.

Die Wünsche und Anforderungen der Apotheker stellen die Basis für die Entwicklung von Zusatzleistungen dar. GEHE hat daher umfangreiche Befragungen bei Apotheken durchgeführt, um die vom Großhandel erwarteten Leistungen zu erfahren.

Tabelle 1: Erwartungen an den pharmazeutischen Großhandel

Leistung	**Anteil der Befragten**
Schnelle, pünktliche und zuverlässige Lieferung	100 %
Informationen über Markt und Gesundheitswesen	75 %
Verkaufsförderung in der Apotheke	60 %
Sortiments- und Platzierungsberatung	52 %
Patienteninformationen	48 %
Schulung Apothekenpersonal	46 %

Quelle: GEHE-Befragung.

Möglichkeiten zum Angebot von Zusatznutzen ergeben sich also in allen Bereichen, welche nicht apothekerliche Kernkompetenz sind und für den Erfolg der Apotheke große Bedeutung haben. Hierzu gehören z.B. Leistungen für das Apothekenmarketing und betriebswirtschaftliche Unterstützung für das Unternehmen Apotheke und eine Fülle weiterer Ansatzpunkte für innovative Angebote, die den Apotheken individuellen Nutzen bieten.

Diese Überlegungen haben bereits in den achtziger Jahren dazu geführt, dass GEHE als erster Großhändler Apothekenmarketing entwickelt und in Deutschlands Apotheken eingeführt hat.

Diese Zusatzleistungen können nur dann effizient als Instrument zur Kundenbindung genutzt werden, wenn sie nach vorheriger Prüfung der Präferenzen des Apothekers angeboten und eingesetzt werden. Nur dann entfalten sie den gewünschten Nutzen- und Bindungseffekt.

b) Kundenbindung durch Apothekenmarketing

Apotheker, die ihre Apotheke nach Marketinggesichtspunkten führen und entsprechende Marketinginstrumente einsetzen, haben einen nachweisbar größeren Erfolg auf ihrem lokalen Markt. Sie erzielen Umsatz- und Ertragssteigerungen durch die Verbesserung ihrer Zielgruppen- und Indikationskompetenz sowie durch ihre verbesserten Angebote im Sichtwahl- und Freiwahlbereich. Darüber hinaus profitieren sie von der erhöhten Kundenfrequenz, welches wiederum eine Steigerung des Rezeptumsatzes zur Folge hat.

Es liegt auf der Hand, dass der Wert von Kunden, welche die Marketingunterstützung der GEHE nutzen, auf absehbare Zeit steigt. Hierfür sind die beiden folgenden Effekte maßgeblich:

1. Erstens wird durch die enge Zusammenarbeit beim Apothekenmarketing die Bindung zwischen dem Kunden und GEHE verstärkt und damit die Position der Apotheke als Stammkunde gefestigt.
2. Zweitens entfalten marketingorientierte Apotheken eine Wachstumsdynamik, die in den meisten Fällen das Marktwachstum übersteigt. GEHE als Erstlieferant profitiert von diesem Wachstum. Der Umsatzanteil bei diesen Kunden erhöht sich relativ und absolut.

GEHE bietet alle Marketingleistungen im Modulsystem an. Sie werden für die einzelnen Apotheken individualisiert. GEHE setzt sich für die profilierte Individualapotheke ein. Daher besteht das Ziel des Apothekenmarketing darin, eine eindeutige Profilierung vor Ort zu den Wettbewerbsapotheken zu erreichen. Auf Wunsch stehen GEHE-Marketingberater zur Verfügung, die bei der optimalen Profilierung behilflich sind.

Eine Profilierung kann nach unterschiedlichen Kriterien vorgenommen werden. Es bieten sich z.B. folgende Möglichkeiten an:

- Profilierung nach Apothekenzielgruppen, wie z.B. Berufstätige oder Senioren
- Profilierung nach Sortimenten, wie z.B. Homöopathie oder Naturarzneimittel
- Profilierung nach Indikationen, wie z.B. Diabetes oder Rheuma.

Das GEHE-Apothekenmarketing hat einen Namen: *Gesundheit XXL*. Damit wird signalisiert, dass dieses Marketingangebot so umfassend ist, dass es für jede Apotheke jede Marketingunterstützung bietet. Die Botschaft für den Kunden lautet: Das komplette Leistungsangebot für die Gesundheit aus der Apotheke.

Neben Aktionsangeboten, Kundenzeitschriften, Handzetteln usw. bietet GEHE mit Gesundheit XXL noch mehr, nämlich das individualisierte Marketing für jede Apotheke. GEHE-Kunden erhalten individualisiertes Apothekenmarketing wie z.B. individualisierte Sonderangebote mit entsprechenden Werbemitteln und themenbezogenen Schaufensterdekorationen. Dieses sind Leistungen, welche der einzelne Apotheker nur mit einem leistungsfähigen Partner zu wirtschaftlich vertretbaren Kosten erhalten kann.

Übersicht 4: Integriertes GEHE-Marketing

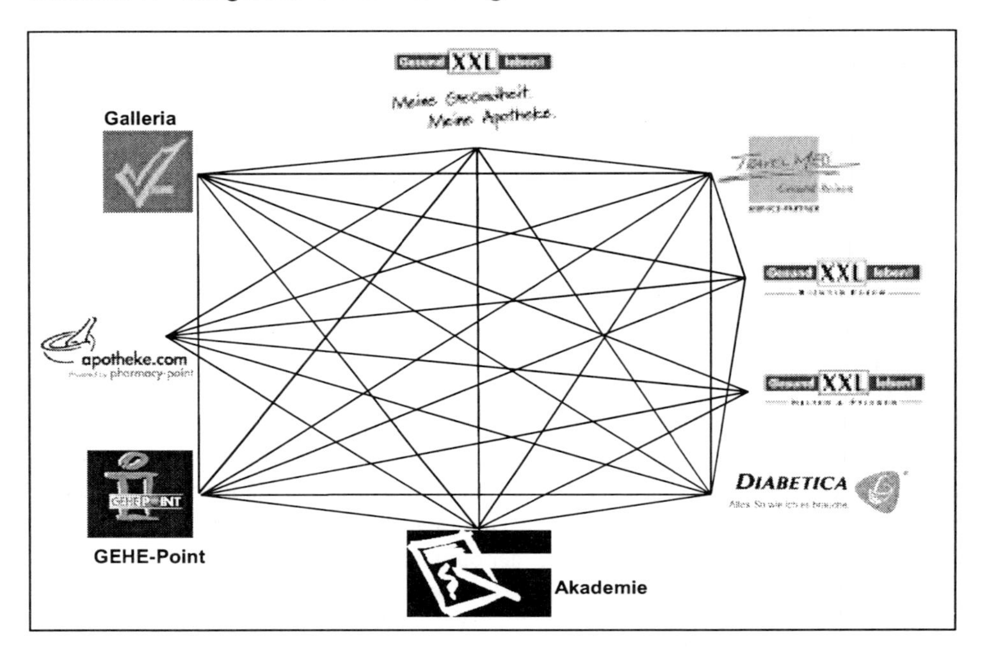

Mit GEHE-Point, der B2B-Plattform für GEHE-Kunden, können alle Marketingmaßnahmen bequem geplant und sämtliche Module individuell angefordert werden. Es können mit GEHE-Point auch individuelle Platzierungsoptimierungen vorgenommen werden. Dies bedeutet für die Apotheken Zeit- und Kosteneinsparungen, auf die man nicht verzichten möchte.

Mit apotheke.com bietet GEHE ihren Kunden ein Portal zu den Endverbrauchern und damit ein einzigartiges Marketinginstrument. apotheke.com ist das erste Apothekenportal der Branche. Es hat damit auch den größten Bekanntheitsgrad und die größte Teilnehmerzahl. Nahezu die Hälfte aller deutschen Apotheken ist hier mit ihren speziellen Angeboten vertreten. Die Apotheken haben auch die Möglichkeit, ihren Kunden in apotheke.com einen Reservierungs-Service für Arzneimittel anzubieten, auf ihre besonderen Profilierungen hinzuweisen und mit Verbrauchern zu kommunizieren.

Für die Apotheken ist apotheke.com vor allem ein Kundenbindungsinstrument. Es werden aber über die Apotheken-Suchfunktion auch neue, zusätzliche Kunden angesprochen. Hierfür ist wiederum die genaue Angabe der besonderen profilbildenden Angebote und Dienstleistungen wichtig.

c) Kundenbindung durch Einbindung in den Marketingkreislauf

Über diese direkten Vorteile des Apothekenmarketing hinaus werden GEHE-Kunden in den Marketingkreislauf eingebunden. GEHE hilft ihren Kunden, von der Nachfrage zu profitieren, welche durch Kommunikationsmaßnahmen geschaffen wurde.

Übersicht 5: Einbindung der Apotheken in den Marketingkreislauf

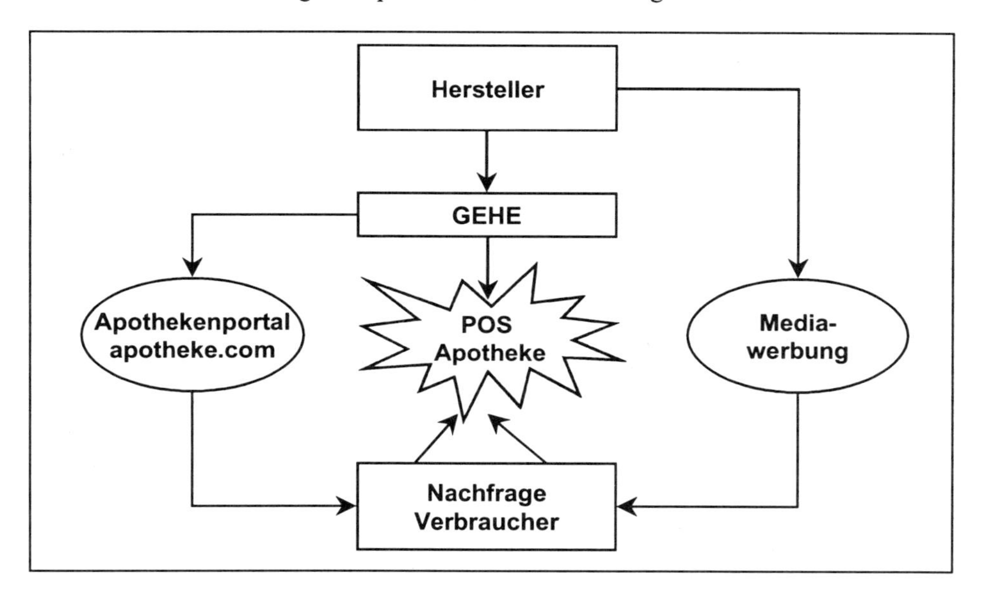

Diese Nachfrage wird klassisch von den Herstellern von Arzneimitteln und Gesundheitsprodukten durch Werbung generiert. GEHE unterstützt die Apotheken dabei, diese durch Werbung geschaffene Nachfrage in Apothekenumsätze umzusetzen. Dies geschieht durch die richtigen Verkaufsförderungsmaßnahmen zur richtigen Zeit. Das GEHE-Category Management bietet den GEHE-Kunden zeitlich und inhaltlich die auf die Mediaschaltungen der Hersteller abgestimmten Aktionen. Diese Aktionen sind vollständig auf die individuelle Apotheke und die zu erwartende Nachfrage abgestimmt. Sie umfassen neben dem Produktangebot kommunikative Maßnahmen für

Schaufenster und Verkaufspunkt auch Warenplatzierung und Produktinformationen. Diese Leistungen binden übrigens auch die Hersteller an GEHE, da auf diese Weise die Effizienz der Werbeinvestitionen wesentlich erhöht wird.

Zusätzlich geht GEHE neue Wege. GEHE kommuniziert die Marke „Gesundheit XXL" auch an Endverbraucher und damit an potenzielle Apothekenkunden. Somit positioniert GEHE die Apotheken bei den Verbrauchern als Stätte der Gesundheit und Gesundheitsberatung. Gesundheit XXL kommuniziert, dass die Verbraucher in der Apotheke mehr als nur Arzneimittel erwarten können. Alle Verkaufsförderungsaktionen der GEHE tragen das Zeichen „Gesundheit XXL". Sie werden damit zu einem Qualitätsmerkmal für die Apotheke.

Das wichtigste Kommunikationsmedium für „Gesundheit XXL" ist das GEHE-Apothekenportal apotheke.com. Durch das Wiedererkennen dieses Zeichens in der Apotheke wird der Marketingkreislauf geschlossen. Diese Marke hat beim Verbraucher Präferenzen aufgebaut, und die Entscheidung für die Wahl der Apotheke wird dadurch positiv beeinflusst. Die gelernte Positionierung kann sodann in der Apotheke wiederum bestätigt werden.

d) Kundenbindung durch Weiterbildung

Apotheken sind moderne Serviceunternehmen, die vom Wissen, den kommunikativen Fähigkeiten sowie dem Ausbildungsniveau des dort arbeitenden Fachpersonals abhängig sind. Das pharmazeutische Fachwissen ist genauso wie der Informationsbedarf der Apothekenkunden und die Marktgegebenheiten einem rascher werdenden Wandel unterworfen. Entsprechend hoch ist der Bedarf für Vermittlung von Wissen und Weiterbildung für Apotheker und Apothekenmitarbeiter.

GEHE nutzt diese Tatsache, um auf der Basis von Lehr- und Trainingsbeziehungen die Bindungen der Apotheken an ihren Großhandel zu festigen. Voraussetzung hierfür ist, dass Qualität das wichtigste Merkmal aller Weiterbildungsveranstaltungen ist. Zusätzlich werden Differenzierungsmerkmale zu den Weiterbildungsangeboten des Wettbewerbs geboten.

GEHE bündelt ihre Weiterbildungsaktivitäten in der GEHE-Akademie, welche Seminare für Apothekenleiter und Apothekenmitarbeiter anbietet. Alle Teilnehmer an GEHE-Seminaren erhalten die GEHE-Akademiecard. Mit dieser Akademiecard werden die in den Seminaren aufgebauten Beziehungen fortgesetzt und ausgebaut. Die Teilnehmer erhalten Informationen zu den sie speziell interessierenden Themen und Terminen. Sie werden bei allen Seminaren als „Stammkunden“ empfangen und als besonders wichtiger Teilnehmer behandelt.

Imagebildend für die GEHE-Akademie sind Foren und Kongresse, welche jeweils innovative Weiterbildungsthemen aufgreifen und das Bewusstsein schaffen, dass die GEHE-Akademie immer die richtigen Themen zur richtigen Zeit aufgreift.

Innovation beweist GEHE aber auch bei den Lehrmethoden. GEHE ist der erste pharmazeutische Großhandel, der E-Learning für die Weiterbildung von Apothekerinnen und Apothekern einsetzt. Auch dieses ist ein wichtiger Faktor für die Kundenbindung. Die Konsequenz ist, dass die Kunden von ihrem Großhandel immer wieder interessante, neue Angebote erwarten, welche sie anderen Lieferanten niemals zutrauen. Das ist ein wichtiger Grund, die Geschäftsbeziehung mit GEHE nicht zu verändern, sondern weiter auszubauen.

GEHE hat noch einen anderen Ansatz für Kundenbindung durch Weiterbildung entdeckt: Die *Pharmaziestudenten*. Hier kann man zwar noch nicht von „Kunden“-bindung sprechen, weil die Zielgruppe noch gar nicht Kunde sein kann. Aber es werden doch potenzielle Kunden an die GEHE gebunden, und dieses ist neu.

Pharmaziestudenten erhalten an den Universitäten eine erstklassige pharmazeutische Ausbildung. Leider können sie von diesem pharmazeutischen Wissen in der öffentlichen Apotheke nur einen kleinen Teil tatsächlich verwenden. Dagegen ist betriebswirtschaftliches und kommunikatives Wissen für die angehenden Apotheker von größtem Wert. Dies ist allerdings nicht Bestandteil ihres Studiums. GEHE hat daher begonnen, speziell für diese Studenten ein Programm zu entwickeln, welches ihnen im Laufe eines Intensivseminars den Einstieg in das Managementwissen für Apotheken ermöglicht.

Dieses Angebot heißt Wirtschaftsseminar für Pharmazeuten. Unter dem Namen WIS hat es sich zu einer inzwischen bekannten und anerkannten Fortbildungsinstitution an deutschen Universitäten entwickelt. Studenten, welche das WIS absolviert haben, erhalten ein von künftigen Arbeitgebern sehr geschätztes Zertifikat. Außerdem werden sie Mitglied im WIS-Club. Dieser WIS-Club bietet Informationen, Einladungen, Zusammenkünfte und vor allem einen nicht unwesentlichen Know-how-Vorsprung vor anderen Pharmaziestudenten. Wenn sie dann schließlich selbst Apothekenleiter sind, ist ihnen GEHE als pharmazeutischer Großhandel bereits gut vertraut.

VI. Präferenzbindung

Die Basis für jede Form der dauerhaften Kundenbindung ist die Beziehungsebene. Die persönliche Beziehung ist auch im Zeitalter des Internet durch nichts zu ersetzen. Beziehungen werden durch telefonische und schriftliche Kommunikation gepflegt, die persönliche Begegnung ist jedoch die intensivste und gleichzeitig teuerste Form der Beziehungspflege. Sie wird von den Kundenmanagern der GEHE, dem Außendienst, wahrgenommen.

Der Außendienst bestimmt zunächst den Umfang der für die einzelnen Kunden zur Verfügung stehenden persönlichen Zeit und die Form der Bindungsmaßnahmen. Dies geschieht auf Grund der persönlichen und geschäftlichen Situation des Kunden und der bei diesem Kunden verfolgten Umsatz- und Renditeziele. Dabei spielen alle Faktoren eine Rolle, welche die Erfolgs- und Wachstumschancen der Apotheke direkt oder indirekt beeinflussen. Sämtliche Daten werden vom Data Warehouse der GEHE verwaltet und stehen jederzeit dem Außendienst wieder zur Verfügung.

Je ähnlicher die Grund- und auch die Zusatzleistungen des Großhandels vom Kunden wahrgenommen werden bzw. je weniger er an Zusatzleistungen interessiert ist, um so wichtiger wird die persönliche Beziehung als entscheidende Möglichkeit zur Bildung von Präferenzen. Auch hier muss immer wieder die Frage gestellt werden, welchen Stellenwert die persönliche Beziehung zu seinem Großhandel für ihn hat und ob er möglicherweise den erwarteten Nutzen einer neuen Lieferantenbeziehung so hoch bewertet, dass er dafür den Wegfall der persönlichen Beziehung in Kauf nimmt.

Persönliche Beziehungen dürfen nicht nur existieren, sondern sie müssen unersetzlich gemacht werden. Dies geschieht nicht mit ungeplanten Routinekontakten, sondern nur mit Beziehungen, an denen der Kunde engagiert mitarbeitet. Die Grundlage hierfür ist immer das partnerschaftliche persönliche Gespräch. Der Außendienst kann für den Kunden vielfältige Funktionen ausüben: er kann neben der Funktion als Gesprächspartner für den Kunden auch Coach, Informant oder aber Berater sein. Auf jeden Fall ist er *Gatekeeper* zu den individuellen Leistungen der GEHE, und zwar zu den Zusatzleistungen und den besonderen Angeboten der Beziehungspflege.

Für die Beziehungspflege stehen je nach individuellem Interesse eine Vielzahl von Möglichkeiten zur Verfügung. Zunächst ist die Teilnahme an Veranstaltungen von allgemeinbildendem Charakter wie Kaminabende oder Diskussionsrunden mit Gesundheitspolitikern möglich. Es werden aber auch sportliche Events veranstaltet, die ein Umfeld bieten, in dem persönliche Kontakte intensiviert werden.

Eine ganz besondere Maßnahme zur Bildung von persönlichen Präferenzen zur Kundenbindung ist der VIP-Club, der Kunden mit großem Einkaufsvolumen offen steht. Mitglieder dieses Clubs erhalten eine Reihe exklusiver Leistungen vom Geburtstagsservice bis zum Jahreskongress „Forum Futurum“. Trotz nicht geringer Teilnahmepreise ist dieser Kongress ein beliebter und begehrter Treffpunkt für die Mitglieder des VIP-Clubs.

Kundenbindung betrifft nicht nur die Beziehung zwischen GEHE und dem Apothekenleiter, sondern auch zwischen GEHE und den Apotheken-Mitarbeitern. Es werden daher Apotheker mit ihrem gesamten Team in die GEHE-Niederlassungen eingeladen. Dabei wird großer Wert darauf gelegt, dass die GEHE-Mitarbeiter die Mitarbeiter der Apotheken kennenlernen. Die persönlichen Kontakte derjenigen Menschen, die täglich miteinander arbeiten, ohne sich zu sehen, tragen ganz wesentlich zur Kundenbindung bei. Die Bildung von persönlichen Präferenzen basiert nicht auf Routine, sondern auf der immer wieder neuen Gestaltung der Interaktion. Kreativität und Innovation ist auch für die persönlichen Beziehungen wichtig.

VII. Individualisierung

Sämtliche dargestellten Maßnahmen der Kundenbindung sind nur dann sinnvoll, wenn sie gezielt und individuell eingesetzt werden. Das ist zunächst eine Frage der Kosten. Sie müssen immer im Verhältnis zur Steigerung des Kundenwertes und des Ertrages der Kundenbeziehung gesehen werden.

Hierbei spielen der gegenwärtige Umsatz mit dem Kunden einerseits sowie das mögliche Umsatzpotenzial des Kunden andererseits eine Rolle. Die aus Umsatz und Umsatzpotenzial entstehenden Kundencluster geben grundsätzliche Hinweise auf die zu verfolgenden Kundenbindungs-Strategie.

Für die Kundenbindung sind die Cluster 1 und 4 in besonderem Maße relevant. Die Kunden in Cluster 1 sind zu binden und weiter intensiv zu umwerben. Schließlich besteht hier die Chance, durch Kundenbindung den Umsatz wesentlich zu erhöhen. Hier sollten nicht nur persönliche Präferenzen geschaffen, sondern vor allem Marketingzusatzleistungen eingesetzt werden. Mit diesen Maßnahmen wird der Wunsch des Apothekers, sein Marktpotenzial durch geeignete Maßnahmen auszuschöpfen, unterstützt und die Basis für ein höheres Einkaufsvolumen geschaffen.

Übersicht 6: Kundencluster und Kundenbindungsstrategien

Umsatz / Potenzial	hoch	gering	kein Umsatz
groß	**(1)**	**2**	**3**
klein	**(4)**	**5**	**5**

Die Kunden in Cluster 4 sind als Cash Cows sehr wertvolle Kunden, die jedoch kaum Wachstumspotenzial besitzen. Diese Kunden müssen durch geeignete Maßnahmen abgesichert werden. Hier werden daher vor allem Maßnahmen zur Präferenzbindung eingesetzt. Alle anderen Möglichkeiten der Bindung durch Zusatznutzen werden nur gezielt angeboten.

Kundenbindung wird immer dann erreicht, wenn diejenigen Bindungsmaßnahmen eingesetzt werden, welche dem Kunden einen hohen subjektiven Nutzen bieten. Die subjektive Einschätzung des Nutzens im Vergleich zu Angeboten des Wettbewerbs ist für die Stabilität der Bindung wichtig. Dieser subjektive Nutzen muss maximiert werden. Dies kann aber nur der Außendienst vor Ort tun. Nur er kennt die Motivation des Kunden, sein persönliches und berufliches Umfeld und die Angebote des lokalen Wettbewerbs.

VIII. Management der Kundenbindung

Für das Management der Kundenbindung ist jeder einzelne Außendienst-Mitarbeiter als Kundenmanager selbst verantwortlich. Er plant und kontrolliert die Erträge der

Kundenbeziehungen sowie die für die Stabilität der Beziehungen und ihres Ausbaus erforderlichen Maßnahmen. Er wird hierbei von einem Vertriebs- und Regionalleiter unterstützt.

Voraussetzung für das Management der Kundenbindung ist eine möglichst komplette Datenstruktur jedes Kunden. Alle relevanten Kundendaten werden vom Database-Management verwaltet.

Die Umsatz- und Ertragsplanung jedes Kunden nimmt der Außendienst auf Grund dieser Daten vor. Diese Jahresziele werden in einzelne Besuche und Besuchsziele heruntergebrochen. Auf diese Art und Weise ergibt sich eine klare Gesprächs- und Bindungsstrategie für jeden einzelnen Kunden.

Alle geplanten Daten werden täglich aktualisiert, und der Außendienst hat selbstverständlich auch auf diese Informationen jederzeit Zugriff. Er kann bei Abweichungen des Bestellverhaltens des Kunden sofort eingreifen. Auf diese Art und Weise stellt er selbst fest, inwieweit die Bindungsmaßnahmen in Anspruch genommen und akzeptiert werden. Auch hier kann er bei Bedarf kurzfristig Hilfestellung geben oder die Bindungsmaßnahmen verändern.

Kundenbindung ist ein Prozess, der individuell gesteuert werden muss. Kundenbindung ist aber auch eine innovative Aufgabe. Alle Instrumente der Kundenbindung können sich im Lauf der Zeit verschleißen. Dies ist der Fall, wenn sich die Marktgegebenheiten ändern oder aber wenn bestimmte Maßnahmen vom Wettbewerb nachgeahmt werden.

Die Attraktivität und Wirksamkeit von Kundenbindungsmaßnahmen lebt von ihrer Exzellenz und von ihrer Exklusivität. Daher lässt GEHE diese Attraktivität der Kundenbindungsinstrumente regelmäßig von unabhängigen Institutionen überprüfen. Dieses kann eine Bestätigung der bestehenden Maßnahmen sein oder aber auch zur ihrer Modifizierung führen.

Diese regelmäßige Überprüfung führt zu ständiger Innovation von Maßnahmen zur Kundenbindung. Kundenbindung lebt und verändert sich in dem Maß, wie sich die Einstellungen der Kunden, ihr Umfeld und der Wettbewerb verändern. Die Quellen der Innovation allerdings können nur dort gesucht werden, wo das Ziel aller Bemühungen ist: *beim Kunden.*

Abschnitt B

Logistikkompetenz als Wettbewerbsvorteil: Die Hövelmann Ahr Getränke Logistik

Helmut Schwarz und Eva Knörr

I. Überblick: Der Getränkehandel

1. Getränkefachgroßhandel

Der einheitliche Obergriff Getränkefachgroßhandel steht als eine allgemeine Branchenbezeichnung für eine Vielzahl von Betrieben unterschiedlicher Betriebsgrößen, Mitarbeiterzahlen, Produkt- und Dienstleistungsangebote, Lieferanten- und Kundenstrukturen sowie Liefergebiete. Dabei versteht sich der Getränkefachgroßhandel als logistischer Dienstleister für die produzierende Industrie, die Abnehmer im Lebensmittelhandel sowie in der Gastronomie. Er stellt die Beschaffungs-, Lager- und Distributionslogistik für alle Getränkegebinde einschließlich Sortierung und Rückführung aller Mehrweggebinde (Pfandleergut) gleichermaßen für Hersteller und Handel zur Verfügung.

So übernimmt er im Sinne der klassischen Großhandelsfunktionen eine Lager-, Transport- sowie Zeitüberbrückungsfunktion. Es findet eine bedarfsgerechte und kundenspezifische Kommissionierung in den jeweiligen Bestelleinheiten des Handels und der Gastronomie mit anschließender Belieferung statt. Darüber hinaus unterstützt der Getränkefachgroßhandel seine Kunden beim Verkauf, die Hersteller bei der Umsetzung ihrer Marketingstrategien, konzipiert marktorientierte Einrichtungs- und Betriebsführungsmodelle für die Gastronomie und Getränkeabholmärkte und bietet Absatzfinanzierungskonzepte für Gastronomiebetriebe in Zusammenarbeit mit den Herstellern. Weiterhin übernimmt der Getränkefachgroßhandel den Informationsaustausch bezüglich statistischer Daten mit Herstellern und Abnehmern.

2. Getränkemarkt Deutschland

Als marktbeeinflussende Faktoren des Getränkehandels zeigen sich die demografische und gesellschaftliche Entwicklung. So wird beispielsweise die Zahl der Verbraucher in Deutschland nach Angaben von Eurostat im Jahr 2010 etwa um zwei Millionen höher sein als heute – 25 Prozent aller Konsumenten in Deutschland werden jedoch 60 Jahre und älter sein. Dieser Tatbestand wirkt sich – entsprechend der Konsumgewohnheiten im Getränkebereich dieser Altersgruppe – positiv auf den Handel mit Wein und Spirituosen aus.

Die fortschreitende Konzentration auf Ebene aller Wirtschaftstufen ist ein weiterer charakteristischer Einflussfaktor, der die Marktstrukturen im Getränkebereich nachhaltig prägt. Die Zahl der Getränkefachgroßhändler ist seit mehreren Jahren rückläufig – so hat sich nach Angaben des Statistischen Bundesamtes die Zahl der Unternehmen mit mehr als 10 Beschäftigten von 5.145 im Jahre 1993 auf 3.597 im Jahre 1998 verringert. Die gleichzeitige Erhöhung der Zahl der Beschäftigten bestätigt die Konzentrationstendenz – insbesondere vor dem Hintergrund sich verschärfender Wettbewerbsbedingungen – auch auf dieser Wirtschaftsstufe. Der Druck auf den Getränkefachgroßhandel, als Bindeglied zwischen Hersteller und Handel, wird in Zukunft weiter zunehmen. Folgende Abbildung veranschaulicht das Spannungsfeld, welchem der Getränkefachgroßhandel ausgesetzt ist.

Übersicht 1: Spannungsfeld des Getränkefachgroßhandels

Konzentrationstendenz der Industrie

Veränderung des traditionellen LEH

Getränkefach-großhandel

Aufkommen neuer Vertriebskanäle

Veränderung des Konsumentenverhaltens

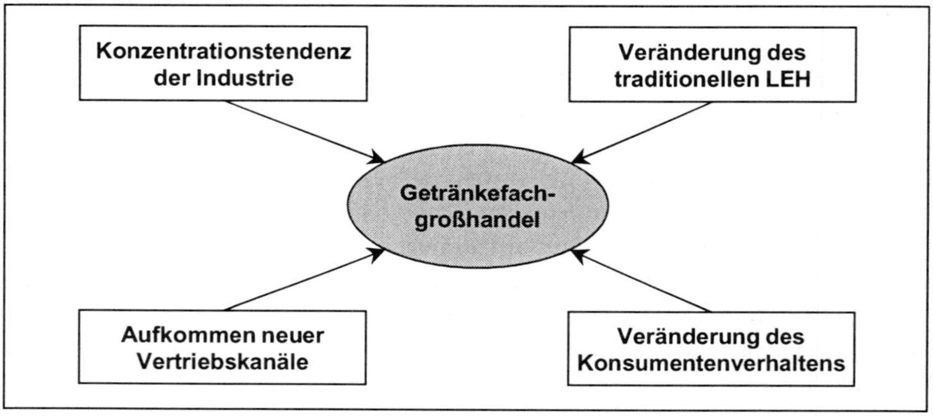

Das Branchenumfeld des Getränkefachgroßhandels ist durch

- die zunehmende horizontale Konzentration in der Industrie,
- die zunehmende vertikale Integration, so durch industrieeigene Handelskonzepte,
- die Tendenz zur „Inhouse-Logistik" einiger Handelsunternehmen,
- den Wandel des traditionellen Lebensmitteleinzelhandels durch den Anstieg der integrierten und angegliederten Getränkemärkte sowie der Kiosksysteme und
- ein verändertes Konsumentenverhalten auch auf Grund veränderter demografischer Veränderungen gekennzeichnet.

Insbesondere vor dem Hintergrund sinkender Margen der Getränkefachgroßhändler im Mehrweggeschäft, des stetig wachsenden Anteils an Einwegflaschen – so hat sich der Absatzanteil der PET-Einwegflaschen bei Wassergebinden nach Angaben der GfK zwischen 1999 und 2000 mehr als verdreifacht – sowie der sich verschlechternden Bedingungen der Kapitalbeschaffung steht der Getränkefachgroßhandel zunehmend der Gefahr der Ausschaltung – beispielsweise durch Übernahme durch inländische und in zunehmenden Maße auch ausländische Getränkehersteller – gegenüber.

So werden sich in diesem Kontext, aber auch auf Grund der steigenden Anforderungen der Kunden sowie der Diversifikation des Produktprogramms, die Anforderungen im Bereich der Getränkelogistik in den nächsten Jahren weiter verstärken. Diese sind im Wesentlichen in der nachfolgenden Übersicht dargestellt.

Übersicht 2: Anforderungen an einen Getränkelogistiker

- **Lieferung des Vollsortiments aus einer Hand**
- **Klar gegliederte Preispolitik, bezogen auf die unterschiedlich strukturierten Absatzstellen**
- **Termin- und bedarfsgerechte Belieferung der Absatzstätten**
- **Sicherstellung der Lieferbereitschaft auch in Saisonspitzen**
- **Ausgewogene Sortimentspolitik**
- **Lieferung von frischer Ware unter Einhaltung von Mindesthaltbarkeitsdaten (MHD) und garantierten Restlaufzeiten**
- **Komplette Rückführung des Leergutes aus dem Handel**
- **Sortierung des zurückgeführten Leergutes**
- **Erstellung von Zentral- und Sammelrechnungen zur Entlastung der rückwärtigen Dienste**
- **Datenträgeraustausch bis hin zur Datenfernübertragung**
- **Rationelle Betreuung von Zentralen und deren Absatzstätten durch einen qualifizierten Außendienst**
- **Erstellung von aussagefähigen Statistiken**

Damit die gestellten Anforderungen auch unter kostenoptimalen und wettbewerbsfähigen Gesichtspunkten erfüllt werden, ist es notwendig, alle Leistungsreserven im Warenfluss durch stetige Verbesserung des Auslastungsgrades der eingesetzten Ressourcen organisatorisch und informatorisch zu nutzen.

Im Folgenden wird die Thematik der Getränkelogistik am Beispiel des Getränkefachgroßhändlers „Hövelmann Ahr Getränke Logistik" dargestellt.

II. Die Hövelmann Ahr Getränke Logistik

Das Großhandelsunternehmen Hövelmann Ahr Getränke Logistik in Oberhausen ist eine hundertprozentige Tochter der RheinfelsQuellen H. Hövelmann Getränke und Brunnenbetriebe in Duisburg-Walsum. Diese Unternehmensholding wird gebildet aus den Produktionsgesellschaften der RheinfelsQuellen H. Hövelmann GmbH & Co. KG und dem Getränkelogistiker Bier Hövelmann GmbH & Co. KG.

Die Bier Hövelmann ist einer der führenden Getränkelogistiker in Europa und distribuiert bundesweit. Sie unterhält ein Netz aus Verlegerkooperationen, d.h. mehrere Getränkefachgroßhändler bzw. Getränkelogistiker übernehmen über das gesamte Bundesgebiet verteilt die Distribution. Durch dieses Partnerschaftsmodell wird die Logistikkompetenz von der Zentrale über den Absatzmarkt bis zum Verbraucher gebündelt.

Wesentliche Säule dieses Partnerschaftsmodells ist die physische Auslieferung über die fünfzigprozentige Tochter Gelos Getränke Logistik & Gastronomie Service GmbH in Ottendorf/Okrilla bei Dresden sowie die hundertprozentige Tochter Hövelmann Ahr Getränke Logistik in Oberhausen.

Auf dem mittlerweile 75.000 qm großen Grundstück in Oberhausen wurden seit 1983 in mehreren Bauabschnitten insgesamt über 21.000 qm Hallenflächen für die Lagerung von Vollgut, Kommissionierung sowie für die Leergutsortierung errichtet.

Das bei der Firma Hövelmann Ahr zu distribuierende Getränkesortiment besteht aus etwa 1.500 Artikeln (davon ca. 95 Prozent Mehrweg- und 5 Prozent Einweganteil) von etwa 100 Brauereien sowie 60 Mineralbrunnenbetrieben bzw. Herstellern von Erfrischungsgetränken und Säften. Das Liefergebiet erstreckt sich dabei über Nordrhein-Westfalen und die Randzonen der daran angrenzenden Bundesländer.

Täglich werden im Durchschnitt 100.000 Getränkekisten auf Paletten sowohl durch den eigenen Fuhrpark als auch von Speditionsunternehmen an das Lager geliefert. Dementsprechend werden auch 100.000 Getränkekisten, in der Saisonspitze bis zu 170.000 Kisten, auf Paletten bereitgestellt und an über 500 Getränkeabsatzstätten des organisierten Lebensmittelhandels innerhalb von Nordrhein-Westfalen ausgeliefert.

Der Umsatz 1999 stieg mit 195 Mitarbeitern um 14 Prozent auf 219 Mio. DM. So wurden insgesamt 104 Mio. Kasten an Voll- und Leergut im Rahmen der Vollgut-Auslieferung an Kunden, der Warenbeschaffung von Herstellern, der Leergut-Rückführung von Kunden sowie der Leergut-Sortierung und Rückführung an Hersteller in Oberhausen umgeschlagen. Dies entspricht einer durchschnittlichen Umschlagsmenge von ca. 420.000 Getränkekisten bzw. 10.500 Paletten pro Tag; in der Saisonspitze sind bis zu 640.000 Kisten bzw. 16.000 Paletten pro Tag zu bewältigen. Nur ein hoher Grad an logistischer Kompetenz ermöglicht ein erfolgreiches Agieren des Getränkefachgroßhandels innerhalb der Getränkedistribution.

III. Strategische Notwendigkeit der Logistikkompetenz

Vor dem Hintergrund des sich wandelnden Marktumfeldes – gekennzeichnet durch zunehmend globalen Wettbewerb, Übernahme logistischer Funktionen sowohl von Herstellern als auch Abnehmern sowie zunehmender Innovationsbereitschaft sowie Partnerschaft – sieht sich der Getränkefachgroßhandel mit einer steigenden Zahl an Herausforderungen konfrontiert. Strategische Konzepte sind zu erstellen, um der Gefahr einer Ausschaltung des Großhandels aus der Warendistribution vorzubeugen. Dabei ist es erforderlich, die Dynamik der Marktpartner auf vor- und nachgelagerter Stufe in die Analyse einzubeziehen und bedarfsgerechte Produkt- und Dienstleistungsprogramme anzubieten. So sind flexible logistische Prozesse, die mit Hilfe entsprechender Informationsinfrastrukturen gesteuert werden, – insbesondere vor dem Hintergrund der Komplexitätserhöhung durch zunehmende Produktdiversifikation – unabdingbar.

Während noch bis Ende der achtziger Jahre Bier und alkoholfreie Getränke überwiegend in Pool-Einheitskasten und -flaschen abgefüllt wurden, existieren heute allein bei den Brauereien durch

- Individualisierung der 20 x 0,5 l Bierkiste und der
- Diversifizierung durch neue Artikel, wie beispielsweise Mixgetränke unterschiedlicher Geschmacksrichtungen und/oder Gebinde,

insgesamt 210 herstellereigene Individual-Getränkekästen für die über 300 bei Hövelmann gelisteten Bier-Mehrweg-Artikel.

Da auf Handelsseite eine Leergut-Sortierung bestenfalls nach Stapelbarkeit der unterschiedlichen Gebinde vorgenommen wird, ist es Aufgabe des Getränke-Logistikers, das zurückgeführte Leergut

- mengen- und (pfand-)wertmäßig zu erfassen,
- dem Handel die Pfandbeträge zu vergüten,
- nach Herstellern zu separieren und innerhalb eines Herstellers nach Kistenform, Farbe, Gebinde bzw. Pfandsatz zu sortieren sowie
- das sortierte Leergut zu palettieren und bis zur Rückführung an den jeweiligen Hersteller auf entsprechend großen Blocklagerplätzen zwischenzulagern.

Produktdiversifikation und Gebindevielfalt sowie die Heterogenität der Kundenstrukturen und damit einhergehende Vielfalt individueller Kundenanforderungen bedingen die Notwendigkeit des Einsatzes von Getränkefachgroßhändlern bzw. Getränkelogistikern. Eine ungebündelte Belieferung des Handels durch die jeweiligen Hersteller hätte einen erheblichen Mehraufwand für den Handel und Hersteller zur Folge. So müsste der Handel beispielsweise mehrmals pro Tag Wareneingangskontrollen durchführen und die Leergut-Sortierung selbst übernehmen. Die Lagerung der Waren, die Logistik der Belieferung des Handels sowie Leergutrückführung würden in den Aufgabenbereich der Hersteller fallen.

In dem kontinuierlichen Ausbau der horizontalen sowie vertikalen Logistikkompetenz – unterstützt durch ein flächendeckendes Kooperationsnetz lokal ansässiger Getränkelogistiker – ist für jeden Getränkelogistiker eine strategische Notwendigkeit zu sehen, um weiterhin erfolgreich im Wettbewerb bestehen zu können. Nur so kann der vom Markt vorgegebenen Serviceleistung bei sinkenden Margen der Getränkelogistiker und gleichzeitiger Forderung von Hersteller und Handel nach kostengünstiger Optimierung der Warenwirtschaft entsprochen werden. Das folgende Kapitel gibt einen Überblick über die Ausgestaltung der operativen Abläufe der Getränkelogistik bei Hövelmann Ahr.

IV. Operative Prozesse der Getränkelogistik – Planung eines modernen Getränkelagers

1. Organisatorische Maßnahmen

Mit dem Neubau des Getränke-Logistikzentrums in Oberhausen wurden drei ehemalige Betriebsstätten des Unternehmens zusammengeführt. Durch die Integration der Bernhard Ahr Getränke Logistik in die Getränke Hövelmann Gruppe wurden die Absatzkanäle gesichert und weiter ausgebaut. Einige Prozesse sind im Folgenden beschrieben (vgl. hierzu auch Schwarz 2000).

Prozessoptimierung

Bereits mit der Planung des Neubaus, aber auch bei den späteren Erweiterungen der Hallenflächen, wurde besonderes Augenmerk auf die organisatorische Optimierung aller Betriebsabläufe gelegt:

- Organisation des Wareneingangs- und Warenausgangs
- Lagerung der Getränkepaletten sowohl im Blocklager als auch im Regallager
- Kommissionierung der Getränkekisten
- Bereitstellung der Auslieferungstouren
- Fahrzeugbe- und -entladung
- Steuerung der Fahrzeuge auf dem Betriebsgelände
- Leergutsortierung und -lagerung.

Mit der Zielsetzung

- optimale Warenbeschaffung und Auslieferung,
- Minimierung der LKW-Hofstandzeiten,
- kontinuierliche Auslastung der Stapelfahrer und Kommissionierer in der Vollguthalle,
- Schaffung rationeller Betriebsabläufe im Vollgut wie auch im Leergut und
- Festlegung der Verantwortungsbereiche

wurde in Oberhausen das im Folgenden beschriebene Konzept realisiert.

Optimierte Fahrzeugabfertigung

Um die Abfertigungszeiten der Fahrzeuge auf dem Betriebsgelände zu optimieren, werden für die Be- und Entladung der LKW Dieselstapler mit Doppel-Palettenklammern eingesetzt. Dadurch können pro Be-/Entladevorgang bis zu sechs Paletten gleichzeitig bewegt werden. Entsprechend sind die LKW mit speziellen Getränkeaufbauten (Top Timer) ausgestattet, die eine Be- bzw. Entladung von der Seite ermöglichen.

Um lange Transportwege für die Dieselstapler bei der Ein- und Auslagerung der Getränkepaletten zu vermeiden, ist über die gesamte Hallenfront eine Pufferzone mit zwölf WE/WA-Blöcken mit jeweils acht reversiblen Palettenrollenbahnen mit je 14 Paletten pro Bahn installiert worden. Die damit geschaffene Warenbereitstellungskapazität von 1.344 Palettenplätzen entspricht ca. 60.000 Getränkekisten, die durch die Reversierbarkeit der Rollenbahnen sowohl für die Einlagerungen als auch für die Bereitstellung der Auslieferungstouren genutzt werden können.

Zwischen den einzelnen WE/WA-Blöcken befinden sich große Blocklagerplätze für schnellstdrehende Artikel. Auf diese Stammplätze können sortenreine Paletten direkt von der Hofseite durch die Dieselstapler ein- bzw. ausgelagert werden.

Für den Palettentransport innerhalb der Halle, wie

- Abfahren der Wareneingangspaletten aus den WE-Kanälen auf die Block- bzw. Regallagerplätze,
- Bereitstellung der Auslieferungstouren in die WA-Kanäle und
- Umlagerungen von der Reservezone in die Kommissionierzone,

werden wendige Elektrostapler mit einer Tragfähigkeit von 1,6 t eingesetzt. Hieraus ergeben sich eine Reihe von Vorteilen:

- Die Staplerwege zwischen den WE/WA-Blöcken und den LKW-Ladespuren sind kurz.
- Zusätzliches Rangieren der LKW auf dem Vollgutverladehof entfällt. Fahrzeuge, die Vollgut vom Hersteller ans Lager bringen und anschließend für eine Auslieferungstour eingesetzt werden, verbleiben in der Ladespur. Sie werden aus einem naheliegenden Warenausgangsband wieder beladen.

- Es besteht eine kontinuierliche Auslastung der Hallenstaplerfahrer und Kommissionierer, da über die gesamte Betriebszeit sowohl Einlagerungsaufträge aus den WE-Bändern abgefahren als auch Auslagerungsaufträge (sortenreine und manuell kommissionierte Paletten) in die WA-Bänder bereitgestellt werden können.
- Noch vor der Ankunft der LKW auf dem Hof erfolgt eine früh- bzw. rechtzeitige Bereitstellung der Auslieferungstouren in den WA-Bändern. Eine nicht rechtzeitig bereitgestellte Auslieferungstour bedeutet zusätzliche Standzeiten für den LKW.
- Die Ausnutzung der vorhandenen Lagerflächen ist optimal, da durch den Einsatz der E-Stapler nur geringe Verkehrswege benötigt werden.
- Ein Verschmutzen der Ware durch Staub und/oder Dieselabgase in der Halle wird vermieden.

Um den Verkehr auf dem Betriebsgelände in Fluss zu halten, wurden an allen markanten Punkten auf dem Gelände, wie

- Hofeinfahrt/Hofausfahrt,
- Leerguteingang/Leergutausgang und
- Vollguteingang/Vollgutausgang,

Kartenlese-Terminals aufgestellt. Kommt beispielsweise ein Fahrzeug von einer Auslieferungstour mit Leergut von einem Kunden zurück, meldet sich der Fahrer mittels einer Fahrzeugkarte am Schrankenterminal bei der Hofeinfahrt an. Von dort aus wird er über eine Anzeige auf einem Display entweder direkt in eine Ladespur an der Leerguthalle, oder – falls alle Ladespuren bereits besetzt sind – in eine Wartezone vor der Leerguthalle geleitet. Im zweiten Fall wird der Fahrer über eine Anzeigetafel bei Freimeldung einer Ladespur aufgerufen. Sobald sich der Fahrer in der vorgesehenen Ladespur befindet, meldet er sich erneut über einen Kartenleser im LG-Eingangsbereich an. Nach Beendigung der LG-Entladung und der LG-Eingangskontrolle wird dem Fahrer auf dem Display des Kartenleseterminals sofort die nächste Ladespur, z.B. im Vollgutausgang, angezeigt. Im Vollgutausgang wiederholt sich der oben geschilderte Vorgang. Nach einer Verladekontrolle erhält der Fahrer seine Liefer- sowie Begleitpapiere und meldet sich an der Ausfahrtschranke ab.

Auf einem Bildschirm in der Fahrzeugdisposition kann der momentane Ladezustand der auf dem Hof befindlichen Fahrzeuge kontrolliert und somit der Verkehrsfluss durch entsprechende Koordination der Staplerfahrer sichergestellt werden.

2. Verbesserung des Informationsflusses

Große Rationalisierungsreserven liegen auch in der informatorischen Anbindung der manuell bedienten Flurförderzeuge an ein EDV-unterstütztes Lagerplatzverwaltungssystem – dem Einsatz von Datenfunk zur Steuerung der Flurförderzeuge. Hierdurch wird der wegeoptimierte Einsatz, z.B. die Durchführung des räumlich nächstgelegenen Transportauftrages, und damit eine erhebliche Steigerung des Auslastungsgrades aller im Materialfluss eingesetzten Betriebsmittel erreicht.

Bereits mit dem Einzug in das neue Logistikzentrum wurden sämtliche Block- und Regallagerplätze, selbst die Stammplätze neben den Palettenrollenbahnen, durch ein EDV-unterstütztes Lagerplatzverwaltungssystem gesteuert. Bei jedem Wareneingang werden folgende Artikeldaten erfasst und in der EDV gespeichert:

- Artikelnummer und Artikelbezeichnung
- Gebinde, Inhalt
- Einlagerungsdatum
- Anzahl Kisten pro Palette (Palettenfaktor)
- Mindesthaltbarkeitsdatum (MHD)
- Name des Fahrers, der die Ware beschafft hat.

Die Ein- bzw. Auslagerungen erfolgen dabei streng nach dem first in-first out-Prinzip (fifo), um somit stets die Frische der Ware garantieren zu können.

Um neben den bereits erwähnten organisatorischen Maßnahmen eine weitere Verbesserung des Auslastungsgrades der eingesetzten Flurförderzeuge (Stapler und Kommissionierer) zu erreichen, Leerfahrten zu minimieren sowie eine zeitaktuelle Verwaltung der Block- und Regallagerplätze zu gewährleisten, wurde im Jahre 1991 eine Stapler- und Kommissioniererssteuerung mittels Datenfunk installiert.

Steuerung des Vollgut-Eingangs

Kommt ein Fahrzeug mit Vollgut vom Hersteller auf den Hof, wird zunächst die Ladung kontrolliert. Der Wareneingang wird mit den o.g. Artikeldaten erfasst und für jede Wareneingangspalette ein Palettenetikett, das in der folgenden Übersicht darstellt ist, ausgedruckt.

Übersicht 2: Palettenetikett

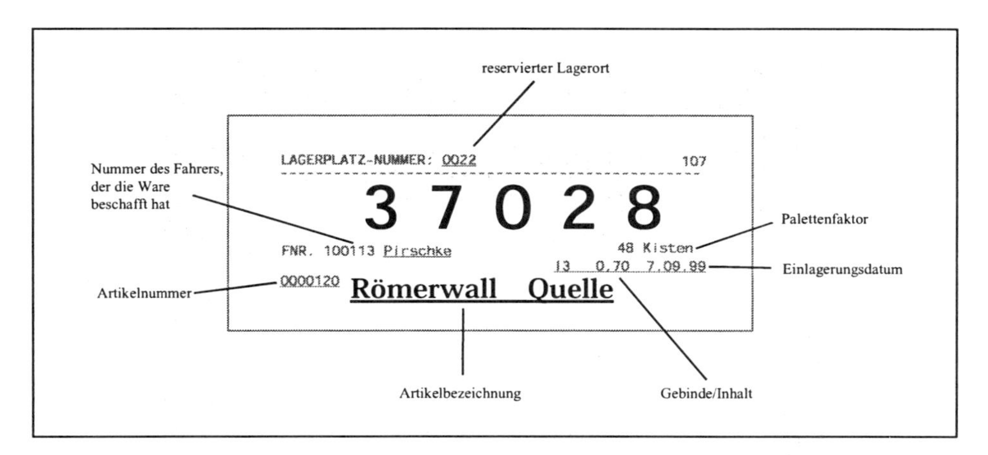

Mit der Erfassung des Wareneingangs wird gleichzeitig ein entsprechend großer Platz im Lager nach folgenden Kriterien elektronisch reserviert (chaotische Lagerhaltung):

- Aus der Anzahl der Paletten eines Artikels folgt die notwendige Größe des Lagerortes.
- Anschließend wird festgestellt, ob auf einem Lagerort, auf dem der gleiche Artikel bereits gelagert wird, noch die entsprechende Anzahl an Paletten dazu gelagert werden kann.

Eine Zulagerungsmöglichkeit besteht nur dann, wenn das MHD der bereits eingelagerten Ware mit dem MHD der dazugelagerten Ware übereinstimmt. Um eine schnelle Umschlagshäufigkeit der Blocklagerplätze zu gewährleisten und ein Verstauben der bereits eingelagerten Ware zu vermeiden, wird trotz gleichem MHD nur eine maximale Zulagerungsmöglichkeit von sieben Tagen durch die EDV zugelassen. Bei der Entladung des Fahrzeuges klebt der Fahrer die Wareneingangsetiketten auf die Paletten; die Hofstaplerfahrer verbringen die Paletten in die Wareneingangsbänder bzw. bei schnelldrehenden Artikeln direkt auf die Blocklagerplätze neben den Wareneingangsbändern. Der Füllstand der einzelnen Wareneingangskanäle wird dabei vom Lagerverwaltungsrechner nachgehalten, so dass jederzeit über einen Bildschirm im Lagerbüro der Belegungsgrad der Wareneingangskanäle bekannt ist. Die in den Wareneingangskanälen befindlichen Paletten werden von Elektrostaplern abgefahren. Hierfür sind alle Hallenstapler mit Datenfunkgeräten ausgestattet.

Übersicht 3: Datenfunkgerät

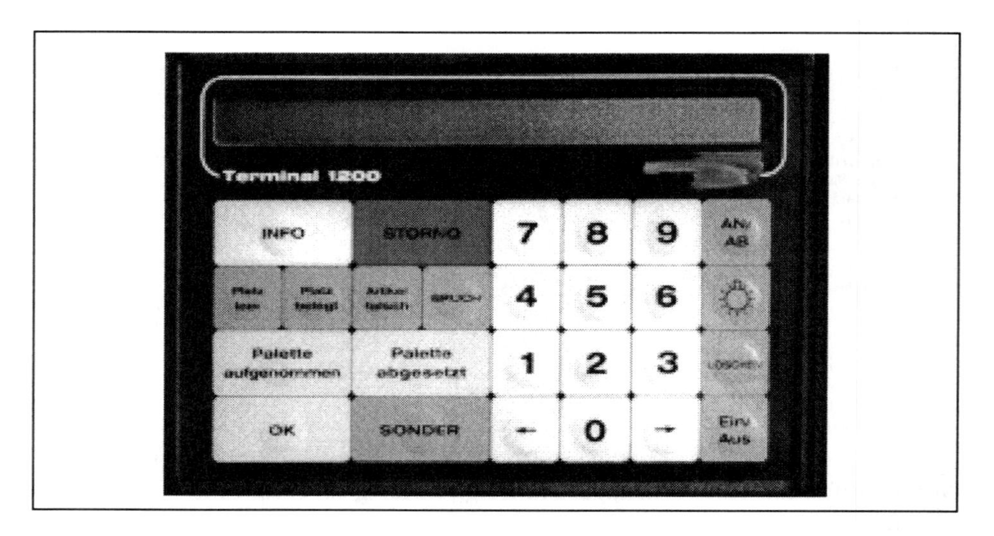

Die Datenfunkgeräte sind über den Lagerverwaltungsrechner (LVR) mit der Zentral-EDV (Host) verbunden. Nachdem der Wareneingang in der Disposition erfasst wurde, übermittelt der Host alle im System befindlichen Palettenfahraufträge an den Lagerverwaltungsrechner.

Einlagerung

Steht nun eine Wareneingangspalette in der Palettenrollenbahn zur Einlagerung bereit, bekommt ein Staplerfahrer den Wareneingangskanal auf seinem Terminal angezeigt. Nach Eingabe der Palettennummer überprüft der Datenfunkrechner die Nummer auf Plausibilität (Modulo 11-Verfahren). Wird die Palettennummer akzeptiert, werden dem Staplerfahrer die Artikeldaten (Artikelbezeichnung/Gebinde/Inhalt) sowie der Ziellagerort auf dem Display angezeigt. Das Absetzen der Palette am Zielort muss wiederum mit einer am Lagerort befindlichen Prüfziffer quittiert werden. Dadurch wird der Lagerbestand sekundengenau aktualisiert.

Konnte die Palette nicht ordnungsgemäß eingelagert werden, muss dies über entsprechende Funktionstasten am Terminal (Platz leer, Platz belegt, Bruch, Artikel falsch) negativ bestätigt werden. Bei Bruch oder im Falle falscher Artikel werden diese Paletten durch einen Lagerverantwortlichen überprüft und nach Korrektur dem System wieder zugeführt.

Steuerung des Vollgut-Ausgangs – Abwicklung der Kundenaufträge

Alle eingehenden Kundenbestellungen werden in der Auftragsannahme am Bildschirm mit

- Kundennummer,
- gewünschtem Liefertermin (Datum, teilweise Uhrzeit),
- Artikelnummer und
- Anzahl Kisten bzw. Paletten

erfasst.

In der Fahrzeugdisposition werden die Kundenaufträge gesichtet, nach Dringlichkeit (d.h. Warenannahmezeit der Kunden) sortiert und anschließend mit einer Tournummer versehen. Mit Eingabe der Tournummer werden die Aufträge über den Host an den Datenfunkrechner übergeben und nach aufsteigender Tournummer an die im System angemeldeten Staplerfahrer und Kommissionierer verteilt.

Kontrolle

Nachdem alle Positionen eines Auftrages gepackt worden sind, werden elektronisch Palettenbereitstellungsplätze zugewiesen. Die dort abgestellten Paletten werden von einem Lagerverantwortlichen kontrolliert (Sorten- und Mengenkontrolle). Nach der Kontrolle werden über ein mobiles Terminal je nach Auftragsgröße bzw. Palettenanzahl ein oder mehrere Warenausgangskanäle vergeben und Auslagerungsaufträge an die Stapelfahrer verteilt. Hierbei wird der Lagerbestand zeitgenau aktualisiert.

Nachdem alle sortenreinen Paletten eines Kundenauftrags durch die Staplerfahrer in die Palettenrollenbahnen ausgelagert wurden, werden über Datenfunk auch die dazugehörigen kommissionierten Paletten in dem vorgegebenen Warenausgangskanal bereitgestellt. Sobald die letzte Palette eines Kundenauftrages in den Warenausgangskanal gesetzt wurde, wird in der Fahrzeugdisposition eine Kundenfertigmeldung ausgedruckt. Die Ware steht nun zur Verladung bereit; sobald ein Fahrzeug mit entsprechender Ladekapazität verfügbar ist, wird es durch die Staplerfahrer beladen. Eine Kopie der Kundenfertigmeldung dient dabei den Staplerfahrern als Ladebeleg.

3. Logistik-Controlling

Der Wirkungsgrad der organisatorischen sowie informatorischen Maßnahmen zur Rationalisierung der Betriebsabläufe ist von dem Logistik-Controlling abhängig. Die elektronisch gespeicherten Betriebs- und Leistungsdaten müssen ausgewertet, analysiert und stetig auf Schwachstellen hin untersucht werden. Betriebsabläufe passen sich dabei den veränderten Marktbedürfnissen an. Nur diejenigen Dienstleister, die sich trotz Forderung nach sinkenden Logistikkosten diesen Anforderungen stellen, haben zukünftig eine Chance im Wettbewerb zu bestehen.

Leistungskennzahlen

Auf Grund des verbesserten Informationsflusses durch den Einsatz von Datenfunk konnte das Unternehmen Hövelmann Ahr sowohl bei den Staplerfahrern als auch bei den Kommissionierern eine Verbesserung des Auslastungsgrades um jeweils 15 bis 20 Prozent verzeichnen. Mit Einführung eines darauf aufbauenden Leistungsentlohnungssystems (Stundenlohn plus Prämie) hat sich die Effizienz dieser beiden Berufsgruppen nochmals um 10 bis 15 Prozent erhöht, so dass bereits nach kurzer Anlaufphase eine Leistungssteigerung von insgesamt 30 bis 35 Prozent erzielt wurde.

Die Leistungssteigerung bei den Staplerfahrern ist im Wesentlichen auf folgende Punkte zurückzuführen:

- Durch die wegeoptimierte Verteilung aller Palettenfahraufträge (Ein-, Aus-, Umlagerungen) auf die im System angemeldeten Stapler hat sich das Verhältnis zwischen Last- und Leerfahrten von 50:50 auf 70:30 verbessert.
- Leerlaufzeiten (Zeiten ohne Fahraufträge) werden frühzeitig erkannt und bereits im Vorfeld durch Freigabe neuer Fahraufträge vermieden (permanente Auslastung der Staplerfahrer).
- Durch die zeitnahe Bestandsführung können freie Lagerplätze sofort wieder mit neuen Wareneingängen belegt werden.

Bei den Kommissionierern haben sich die Wartezeiten für den Nachschub bei Fachleermeldungen auf ein Minimum reduziert. Packfehler bzw. Artikelvertauschungen liegen unter der 0,2 Prozent-Marke.

Zur Steuerung und Planung des Personaleinsatzes werden täglich folgende Mengen- und Leistungskennzahlen ausgewertet:

- Anzahl manuell gepackter Kisten und Positionen pro Kommissionierer
- Kommissionierleistung in Kisten pro Stunde
- Anzahl erledigter Palettenfahraufträge pro Staplerfahrer (unterteilt nach Ein-, Aus-, Umlagerungen)
- Staplerleistung in Paletten pro Stunde
- Rüst- und Nebenzeiten
- Zeiten ohne Auftrag (Leerlaufzeiten)
- sonstige Zeiten (Batteriewechsel/Fegen/Aufräumen).

Zusätzlich zu den Mengen- und Leistungsdaten werden monatlich die Stückkosten, wie

- Personal- und Betriebskosten pro kommissionierter Kiste und
- Personal- und Betriebskosten pro transportierter Palette

ermittelt. Abweichungen im Vergleich zu Vormonats-/Vorjahreswerten bzw. zum Plan werden analysiert und gegebenenfalls entsprechende Maßnahmen ergriffen.

4. Leergut-Sortieraufkommen

Bei einem Absatz von 24,5 Mio. Getränkekisten (inkl. Einweganteil von 5 Prozent = 1,225 Mio. Einheiten) wurden in 1999 insgesamt 27,5 Mio. Getränke-Mehrwegkasten an Hövelmann zurückgeführt. Die Mehrrückgabe von 4,2 Mio. Kasten Pfandleergut (+ 18 Prozent) resultiert im Wesentlichen aus

- der Direktbelieferung der Hersteller an die Absatzstätten des Lebensmittelhandels ohne entsprechende Mengen an Leergut wieder zurückzunehmen,
- der Verlagerung der Leergutströme zwischen den einzelnen Vertriebsstufen (organisierter Lebensmittelhandel, Getränke-Abholmärkte, Tankstellen, Kioske etc) sowie
- der Rückgabe von nicht gelisteten Kasten- und Pfandgebinden (Fremdkisten) an den Getränkelogistiker.

Dadurch entstehen höhere Personalkosten, größere Kapitalbindung und zusätzliche Transportkosten für die Rückführung dieses Mehr-Leergutes an die Hersteller.

Dabei weist der Mineralwasserbereich im Gegensatz zu den Brauereien eine geringere Komplexität auf. So findet bei den Mineralbrunnenbetrieben die Brunneneinheitskiste (GdB-Kiste) auch heute noch in hohem Maße Verwendung. Französische, belgische und italienische Brunnengetränke weisen seit Einführung der PET-Flaschen bereits einige Individualgebinde auf. Deutsche Mineralbrunnenbetriebe führen derzeit teilweise neben den bewährten Glasflaschen in der Brunneneinheitskiste weitere Gebinde für PET-Flaschen auf dem Markt ein.

Einsatz von automatischen Leergut-Sortieranlagen

Vor dem Hintergrund des enorm angestiegenen Leergutsortieraufkommens ist der Einsatz von Leergut-Sortieranlagen unabdingbar geworden.

Tabelle 1: Leergutrückgaben und Sortieranteil in 1998

	%-Anteil von Gesamt	Leergutrücknahme 1998 in Mio. Kasten	Sortenreines Leergut		Unsortiertes Leergut	
			in Mio. Kasten	in %	in Mio. Kasten	in %
1. Mineralbrunnenbetriebe und Hersteller von Erfrischungsgetränken						
Brunneneinheitskiste 12 x 0,7/0,75	54,80	13,30	12,60	95,00	0,70	5,00
Individualkisten	7,00	1,70	-	-	1,70	100,00
Gesamt	61,80	15,00	12,60		2,40	
2. Brauereien						
Individualkisten 20 x 0,5 l	29,20	7,10	0,10	1,40	6,96	98,00
Individualkisten 24 x 0,33 l	3,30	0,80	-	-	0,80	100,00
sonstige Individualkisten	1,60	0,40	-	-	0,40	100,00
Gesamt	34,10	8,30	0,14		8,16	
3. Safthersteller						
Individualkisten	4,10	1,00	-	-	1,00	100,00
Gesamt Leerguteingang in 1998	100,00	24,30	12,70	52,30	11,60	47,70

Von den insgesamt 27,5 Mio. Kasten Leergut kommen etwa 14,3 Mio. Kasten (= 52 Prozent) sortiert aus dem Handel zurück. Aus Tabelle 1 ist ersichtlich, dass es sich bei dem sortenreinen Leergut fast ausschließlich um Brunneneinheitskisten handelt. Bei annähernd 48 Prozent der zurückgenommenen Leergutmenge handelt es sich um Individualkisten und -gebinde (z.B. 20 x 0,5 l, 24 x 0,33 l, 6 x 1,5 l).

Für die Sortierung dieser Gebinde hat die Maschinenbauindustrie vollautomatische Leergutsortieranlagen entwickelt, die aus folgenden Komponenten bestehen:

- Palettenrollenbahnen für die Aufgabe des unsortierten Leergutes
- Palettendrehtische
- Ent-Palettierer zur Vereinzelung der Leergutkasten
- Palettenmagazine für die leeren Paletten
- Kastenerkennung und -verfolgung
- Staurollenbahnen für die automatisch aussortierten Kasten
- Füllstandsanzeige für die Staurollenbahnen
- Ausschleusung und Palettierung des sortierten Leergutes
- Palettenrollenbahnen und -abnahmeplätze für das sortierte Leergut.

Die erforderlichen Investitionen für solche Anlagen belaufen sich – je nach Automatisierungsgrad, Sortierleistung und Sortiertiefe – auf drei bis fünf Mio. DM.

Solche vollautomatischen Anlagen werden von Getränke-Logistikern bisher nur vereinzelt eingesetzt. Die mit der Installation einer solchen Anlage verbundenen Investitionen sind für viele Unternehmen unwirtschaftlich. Daher erfolgt die Leergutsortierung noch überwiegend manuell. Zur Erleichterung des Sortieraufwandes für die Mitarbeiter wurden schwerkraftgetriebene Kastenrollenbahnen in der Leerguthalle installiert. Auf diesen Rollenbahnen wird das eingehende Leergut vereinzelt, nach Herstellern sortiert und anschließend sortenrein auf Paletten wieder gestapelt.

V. Fazit und Ausblick

Der Beitrag zeigt durch die Darstellung der kompletten logistischen innerbetrieblichen Prozesskette zum einen auf, wie die logistischen Probleme im Rahmen einer völligen Neukonzeption von Lagern bewältigt werden können und somit ein wesentlicher Beitrag zum Ausbau der logistischen Kompetenz geleistet wird. Gleichzeitig werden dabei die hohen Anforderungen im Bereich der Getränkelogistik aufgezeigt, die auf Grund der Anforderungen der Kunden aber auch der Diversifikation des Produktprogramms in den nächsten Jahren weiter verstärken werden. Zunehmend werden dann flexible logistische Prozesse, die automatisch über entsprechende Informationsinfrastrukturen gesteuert werden, unabdingbar werden, um weiterhin erfolgreich im Wettbewerb bestehen zu können. Es ist unschwer zu erkennen, dass bereits heute eine Vielzahl an Informationsinfrastrukturen bestehen und bedarfsgerechte Lösungen zur Ausschöpfung von Optimierungspotenzialen bieten.

Die Heterogenität der Formen des Getränkefachgroßhandels bedingen jedoch eine hohe Zahl an spezifischen Lösungsansätzen – Insellösungen – , die wiederum auf unterschiedliche informationstechnische Lösungen der Hersteller sowie Abnehmer treffen. Die Herausforderung besteht folglich darin, kompatible Lösungsansätze zu schaffen, um die Warenbewegung von der Produktion über die gesamte logistische Kette zu optimieren und nachvollziehen zu können. So besteht im Bereich des Getränkehandels die Forderung nach der Ergänzung der bestehenden EAN-Codierung durch „EAN 128“, welche der Automatisierung des warenbegleitenden Informationsflusses von Umverpackungen zu Individualkisten beispielsweise und Transporteinheiten dient. Solche branchenübergreifende Standards leisten einen Beitrag zur eindeutigen Identifizierung der Handelspartner, zu kürzeren Reaktionszeiten, geringeren Logistikkosten sowie zur Vermeidung von Systembrüchen und letztendlich einen Beitrag zur Befriedigung der steigenden Anforderungen der Kunden.

Abschnitt C

Neue Service-Konzepte im Zustellgroßhandel: Der Großverbraucher-Lieferservice von Bremke & Hoerster

Reinhard Berkemeier und Markus Janz

I. Der Großverbraucher-Lieferservice als strategisches Wettbewerbsinstrument der Bremke & Hoerster-Gruppe

1. Das Unternehmen

Im Jahre 1864 gründete Josef Bremke in Hüsten, dem heutigen Neheim-Hüsten, das erste Lebensmittelgeschäft der Familie Bremke. Heute zählt die Bremke-Unternehmensgruppe zu den zwanzig größten Lebensmittelanbietern in Deutschland. Insgesamt beschäftigt die Unternehmensgruppe rund 7.000 Mitarbeiter und Mitarbeiterinnen.

Aus einem modernen Warenverteilzentrum werden mehr als 350 Verkaufsstellen mit Lebensmitteln aller Art versorgt. Mit einer eigenen LKW-Flotte beliefert Bremke & Hoerster 260 selbstständige Einzelhandelskaufleute, deren Märkte hauptsächlich unter "Ihre Kette" und "Markant" firmieren. Neben den selbstständigen Einzelhändlern werden auch über 60 filialisierte Combi- und Friz-Supermärkte sowie 34 famila-SB-Warenhäuser mit Lebensmitteln des täglichen Bedarfs, Molkereiprodukten sowie Obst und Gemüse versorgt. Ein Sortiment von 10.000 Artikeln wird täglich an die Märkte ausgeliefert. Der Wareneinkauf erfolgt weltweit bei über mehr als 1.000 Geschäftpartner und Lieferanten.

Darüber hinaus betreibt das Unternehmen an seinem Stammsitz in Arnsberg einen Cash-and-Carry-Markt als Einkaufsstätte für gewerbetreibende Kunden wie die Gastronomie oder das Hotelgewerbe.

Die Märkte der Bremke-Unternehmensgruppe sind schwerpunktmäßig im Sauer- und Siegerland, im Ruhrgebiet und am Niederrhein zu finden, aber auch in den Bundesländern Sachsen, Sachsen-Anhalt, Brandenburg und Thüringen. In einem Wettbewerbsumfeld mit allen namhaften Wettbewerbern ist Bremke & Hoerster heute sogar in der Lage, seine Marktposition auszubauen.

Der GV-Service (Großverbraucher-Lieferservice) repräsentiert ein eigenständiges Geschäftsfeld innerhalb der Bremke & Hoerster Unternehmensgruppe mit eigener Umsatz- und Rentabilitätsverantwortung. Entstanden Ende 2000, wurde das Geschäftsfeld am 1. Oktober 2001 in eine eigenständige Gesellschaft, die GV Service GmbH & Co.

KG, überführt. Das Liefergebiet des Unternehmens erstreckt sich grob auf die Region zwischen Dorsten, Paderborn und Siegen.

Zu den Kunden des Großverbraucher-Services von Bremke & Hoerster zählen vor allem Gastronomiebetriebe, Imbissbetriebe, Kioske, Bäckereien, öffentliche Einrichtungen wie Krankenhäuser, Kindergärten oder Pflegestätten sowie kleinere Unternehmen wie Arzt- oder Rechtsanwaltspraxen. Bremke & Hoerster ist im Rahmen der Beschaffung für den GV-Service der Intergast-Einkaufsgemeinschaft für Gastronomiebetriebe der Markant Deutschland angeschlossen. Dies garantiert dem Unternehmen zum einen eine Qualität, die den hohen Anforderungen in der Gastronomie genügt, und zum anderen das Angebot eines Sortiments, das auf die Bedürfnisse der Großverbraucher-Kunden zugeschnitten ist.

2. Die strategische Stoßrichtung des GV-Service

Als jüngste Tochter der Bremke & Hoerster-Unternehmensgruppe unterstreicht der GV-Service nachdrücklich das Unternehmensprofil „Bremke & Hoerster - das moderne Traditionsunternehmen". Analog zu dem bestehenden Versorgungsweg SB-Großmarkt können die Aktivitäten des GV-Service von allen gewerblichen Großverbrauchern im Auslieferungsgebiet in Anspruch genommen werden.

Der Lieferservice umfasst das komplette Sortiment des Cash-and-Carry-Marktes inklusive der kompletten Frische- und Tiefkühlsortimente. Auf Grund der Besonderheiten der Tiefkühlauslieferung zählt gerade die Einbeziehung dieses Bereiches zu den Wettbewerbsvorteilen des Unternehmens. Rund 30 Prozent der Auslieferungen sind Tiefkühlprodukte.

Auf Grund der erwarteten Änderung der Gesetzgebung, wonach künftig für tiefgekühlte Produkte oder für Frischwaren wie Fleisch die Einhaltung einer durchgängigen Kühlkette auch für Gastronomen und andere Großverbraucher bis an den Ort des Verbrauchs gefordert werden soll, erwartet Bremke & Hoerster, dass die Nachfrage nach diesem Service, der eine solche geschlossene Kühlkette auch bis vor die Haustür der Kunden garantieren kann, deutlich steigen wird.

Das Unternehmen sieht diesen Großverbraucher-Lieferservice daher als sehr relevanten strategischen Wettbewerbsfaktor, in den weiter investiert wird, da die Hauptkonkurrenz einen solchen Service nicht anbietet und bei einer Verschärfung der Gesetzeslage die

Abholung von tiefgekühlten und frischen Produkten aus einem Cash-and-Carry-Markt für die Gastronomen problematisch bzw. unmöglich werden könnte.

Ursprünglich bestand der Service aus einer klassischen Außendienstlösung. Als derzeit modernstes Medium unterstützt das Internet die traditionellen Handelsroutinen. Jederzeit vollen Überblick bietend, stellt der GV-Service mit dieser Kommunikationsplattform allen Großverbrauchern einen zeitgemäßen, schnellen und komfortablen Service zur Verfügung.

Ziel ist es, eine Größenordnung von 50 Prozent des Bestellvolumens zukünftig über Internet und Call Center abzuwickeln. Langfristig soll der Außendienst jeweils die Hälfte der Umsätze konventionell und über elektronische Medien verbuchen. Gleichwohl wird nicht primär erwartet, dass durch das Angebot des Internet-Services Neukunden gewonnen werden. Dies bedeutet, dass der Service im Wesentlichen zur Vereinfachung bzw. Effizienzsteigerung des Kundenbetreuungsprozesses, zur stärkeren Kundenbindung und zur Entlastung des Außendienstes von operativen Aufgaben dient, wodurch v.a. Kosteneffekte erreicht werden.

Auch werden die Außendienstmitarbeiter weiterhin den Kunden besuchen, auch wenn dieser über Internet bestellt. Die Besuche werden seltener, dafür aber effektiver, und werden sich auf eher strategische bzw. konzeptionell beratende Fragestellungen konzentrieren. Als langfristiges Ziel wird ein wesentlich erhöhter Umsatz pro Außendienstmitarbeiter im Vergleich zum Status Quo (ca. 50 Prozent über dem Durchschnitt) durch die Integration des Internet in die Geschäftsprozesse erwartet.

II. Die technologische und prozessuale Umsetzung als Erfolgsfaktor

1. Grundstruktur des Großverbraucher-Service

Der GV-Service verfügt heute über vier Außendienstmitarbeiter, die in regelmäßigen Abständen die Kunden besuchen und u.a. bei diesen Besuchen deren Bestellungen aufnehmen können.

Übersicht 1: Grundstruktur des Lieferservices

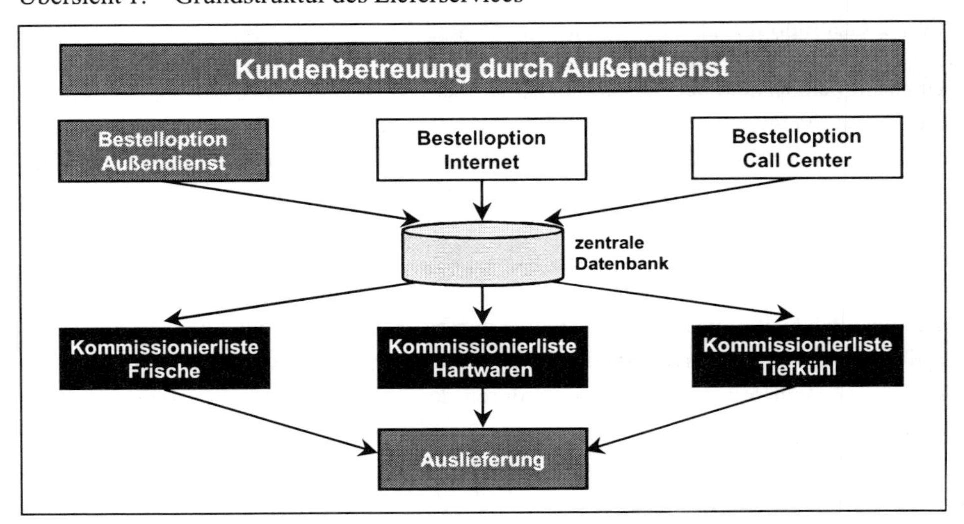

Die Idee der Automatisierung der Bestellung ist u.a. daraus entstanden, dass es zunehmend notwendig wurde, den Außendienst von den operativen Aufgaben wie Bestellaufnahme zu entlasten, um ihm mehr Zeit für die Kundenbetreuung zu geben, für persönliche Gespräche und Beratung. Daher wurden für die Kunden mit der Einrichtung eines Call Centers und eines Internetshops zwei alternative Bestellmöglichkeiten geschaffen. Insbesondere die Internetlösung ist mittlerweile fester Bestandteil in der Philosophie des Unternehmens.

Kernelement des GV-Services ist die so genannte Shop-Datenbank. In diese Datenbank fließen alle Bestellungen, die konventionell, über die Außendienst-Laptops, das Call Center sowie über das Internet erfasst werden, ein, und es werden entsprechende Kommissionierlisten generiert, die an den Kommissionierbereich weitergeleitet werden.

Bis zum heutigen Zeitpunkt wird die Kommissionierung bzw. die Auslieferung der Produkte zu 100 Prozent aus dem einzigen Cash-and-Carry-Markt von Bremke & Hoerster abgewickelt.

Auf Grund des erwarteten, starken Wachstums, das bereits jetzt die Kommissionierung aus dem Cash-and-Carry-Markt zunehmend erschwert, ist für Anfang 2002 der Aufbau eines eigenen Lagers für schnelldrehende Produkte (ca. 600 Artikel) am gleichen Standort in Arnsberg geplant.

Die Mindestbestellmenge für eine Lieferung im Rahmen des Großverbraucher-Services beträgt 150 Euro. Damit erreicht das Unternehmen ein Volumen pro Bestellung, das es ermöglicht, den Service profitabel bzw. kostendeckend anzubieten.

Der Großverbraucher-Lieferservice von Bremke & Hoerster ist einer der wenigen Serviceleistungen dieser Art, die das ISO DIN EN 9001:2000 Prozess-Zertifikat erhalten haben.

2. Die Shop-Datenbank als zentrale Komponente

Die Shop-Datenbank basiert heute weitgehend auf einer Individuallösung, die Schnittstellen zum Warenwirtschaftssystem hat. Zukünftig ist eine volle Anbindung an das SAP R3-System geplant.

In der Shop-Datenbank ist das komplette Sortiment des GV-Services hinterlegt. Für jedes Produkt sind die kompletten Stammdaten verfügbar sowie eine Beschreibung der Artikel, Abbildungen zu den Artikeln und die EAN-Nummer.

Der Kunde wird in der Shop-Datenbank i.d.R. mit seinem Namen, seiner Adresse sowie seiner Telefonnummer erfasst. Weiterhin ist die Kundennummer des Kunden hinterlegt. Über diese Kundennummer können sich die Kunden in Verbindung mit einem Passwort in den Internetshop einloggen. Auch der Außendienstmitarbeiter bzw. der Call Center-Mitarbeiter kann über Eingabe der Kundennummer auf die kundenspezifische (wegen individueller Preise bzw. Konditionen) Benutzeroberfläche des Bestellsystems gelangen.

Die Preishinterlegung ist einer der interessantesten Teilbereiche der Shop-Datenbank. Zunächst werden in der Datenbank tagesaktuelle Preise gepflegt. Da die Preise einzelner Produkte täglich wechseln können, muss sichergestellt werden, dass sowohl bei einer Call Center-Bestellung, im Internetshop als auch bei Bestellaufnahme durch den Außendienst ständig die tagesaktuellen Preise angezeigt werden.

Übersicht 2: Preis- und Konditionenhinterlegung in der Datenbank

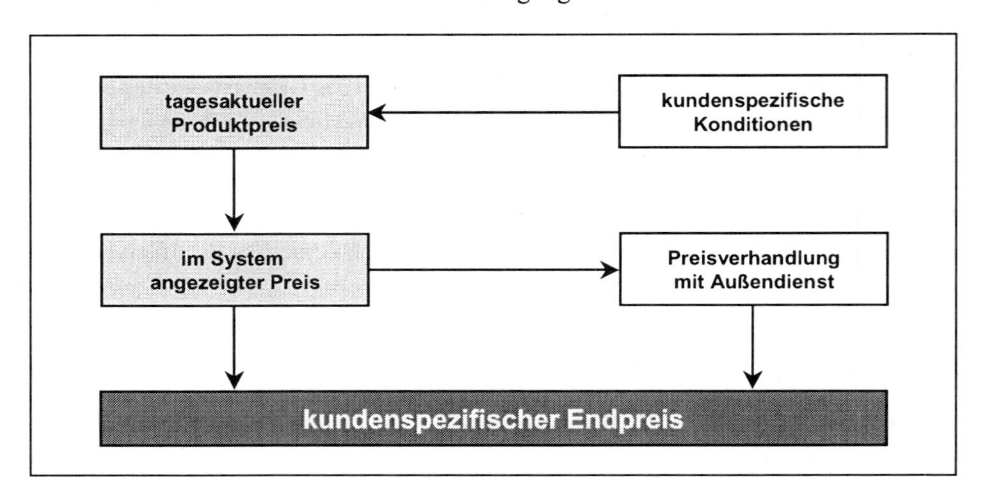

Auch erfolgt die Preishinterlegung kundenspezifisch, d.h. für jeden Kunden, für den eine Bestellung aufgenommen wird, werden die spezifischen Preise für das Produkt angezeigt. Diese Preise können bei den Großverbrauchern variieren je nach Umsatzvolumen, strategischer Relevanz und der Loyalität des Kunden gegenüber dem Unternehmen.

Weiterhin können, wenn die Bestellung vom Außendienstmitarbeiter abgewickelt wird, Preisänderungen auf Grund von Verhandlungen vor Ort direkt eingegeben und damit ins System übernommen werden.

Im Zusammenhang mit dem Internetshop und der Call Center-Oberfläche ist die Anzeige der tagesaktuellen Preise unproblematisch, da hier direkt auf dem System gearbeitet wird, in dem die Preise gepflegt sind. Der Außendienstmitarbeiter muss jedoch die entsprechenden Preisaktualisierungen auf seinem Laptop über eine Synchronisation der Daten mit denen aus der Shop-Datenbank vornehmen.

Hierzu kann er jeden Morgen, bevor er zu den Kunden fährt, seinen Laptop an die Shop-Datenbank anschließen und bekommt automatisch eine Synchronisation der tagesaktuellen Preise auf seinen Laptop gespielt. Er kann diese Synchronisation aber auch von unterwegs aus über die Infrarotschnittstelle des Laptops zum Handy oder beim Kunden vor Ort über dessen Internetzugang vornehmen.

3. Die Bestellabwicklung

a) Überblick

Heute kann der Kunde bis 21 Uhr seine Bestellung bei Bremke & Hoerster abgeben, um am nächsten Tag seine Ware zu erhalten. Um Eilbestellungen bzw. Umsatzverluste so gering wie möglich zu halten, werden Kunden i.d.R. einen Tag vor einem regulären Anlieferungstermin angerufen und an ihre Bestellung erinnert bzw. die Bestellung wird dann über die Call Center-Mitarbeiter direkt aufgenommen.

Übersicht 3: Die Auftragsabwicklung

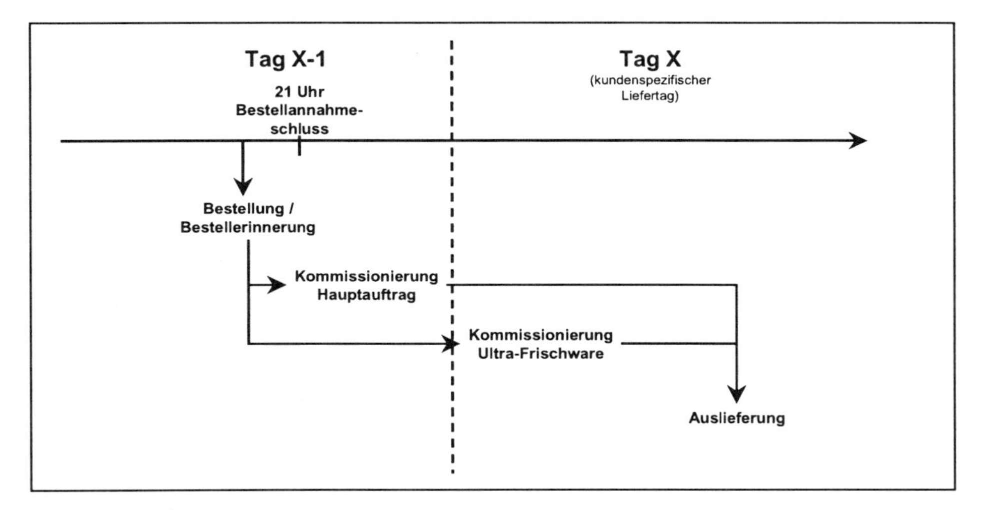

Kommissioniert werden die bestellten Produkte i.d.R. noch am gleichen Tag, direkt nach dem Bestelleingang. Eine Ausnahme bilden hier Produkte, die tagesfrisch morgens im Cash-and-Carry-Markt angeliefert werden. Diese werden dann ebenfalls erst am Morgen vor der Auslieferung dem Kundenauftrag zukommissioniert, um dem Kunden die bestmögliche Qualität bzw. Frische der Produkte zu bieten.

b) Bestellerfassung durch den Außendienst

Um die Entlastung der Außendienstmitarbeiter von der Bestellabwicklung voranzutreiben, hat Bremke & Hoerster ein Provisionssystem als Anreiz für den Außendienst entwickelt, den Kunden von der Nutzung des Call Centers oder des Internetshops zu überzeugen. So erhält jeder Außendienstmitarbeiter, der einen Kunden davon überzeugen kann, das Call Center zu nutzen, eine erhöhte Umsatzprovision (ca. 0,2 Prozentpunkte), die über eine spezielle Provisionsformel für den Außendienst errechnet wird. Für die Nutzung des Internets erhält der Außendienstmitarbeiter sogar ca. 0,3 Prozentpunkte mehr an Provision verrechnet, da der Aufwand der Bestellerfassung noch geringer ist. Diese Provisionsformel berücksichtigt aber auch die Spanne, die der Außendienstmitarbeiter erzielt und relativiert somit das Bestreben, über Preisnachlässe den persönlichen Umsatz zu erhöhen.

Die Erfassung der Bestellung beim Kunden vor Ort geschah klassischer Weise durch Eintrag auf einem Bestellschein. Seit Beginn des Jahres 2001 sind die Außendienstmitarbeiter hierfür mit Laptopgeräten ausgestattet. Die Bestellung kann nun über ein Handy mit entsprechender Infrarotschnittstelle oder über einen Internet-Anschluss beim Kunden vor Ort direkt in das Warenwirtschaftssystem bzw. in die für diesen Service entwickelte Shop-Datenbank übermittelt und dort bearbeitet werden.

Übersicht 4: Bestellerfassung über den Außendienst

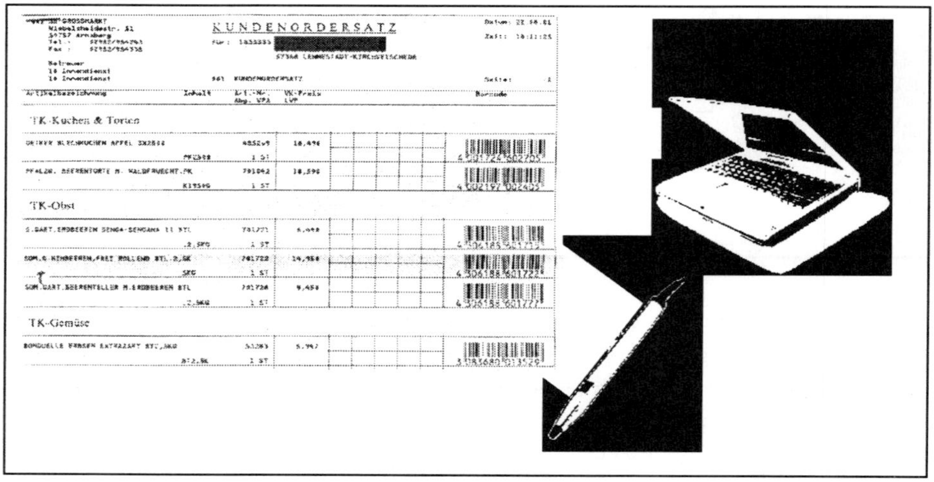

Ein wichtiger Vorteil der Laptop-gestützten Lösung ist für den Außendienstmitarbeiter, dass er dem Kunden vor Ort gleichzeitig neue Produkte bzw. Aktionsprodukte präsentieren kann. Hierzu ist im System eine spezielle Aktionsliste hinterlegt, die gleichzeitig alle Neuprodukte umfasst und über welche diese Produkte im Überblick gebündelt präsentiert werden können.

Die Laptops für die Erfassung der Bestellungen im Rahmen der Außendienstlösung sind mit einem Scanner ausgestattet. Dadurch kann der Außendienstmitarbeiter die Bestellung vor Ort auch direkt über das Einscannen der leeren Produktpackungen beim Kunden erfassen.

Weiterhin ist eine Erfassung über einen speziellen Ausdruck des kundenspezifischen Ordersatzes (vgl. Abschnitt c)) möglich. Hierzu kann sich der Außendienstmitarbeiter die komplette Liste aller Produkte, die der Kunden bisher gekauft hat, vor seinem Besuch ausdrucken lassen. Diese Liste enthält zu jeder Position auch einen speziellen Strichcode, den der Mitarbeiter vor Ort beim Kunden einscannen kann, wenn dieser ein entsprechendes Produkt bestellen will. Somit wird der Zeitaufwand für die Eingabe der Bestellung wesentlich verringert.

c) Die Funktionalitäten des Bestellsystems

Der funktionale Aufbau der Benutzeroberflächen der drei Bestellsysteme Außendienstlösung, Call Center-Oberfläche und Internetshop ist im Wesentlichen identisch.

Übersicht 5: Funktionalitäten der Bestelloptionen

Funktion	Außendienstlösung	Internetshop	Call Center-Lösung
Produktsuche (Volltext, EAN, Artikelnummer)	✓	✓	✓
Kundenspezifische Einkaufsliste	✓	✓	✓
Kundenspezifische Warenkörbe	✓	✓	✓
simultane Anzeige von Produkten und aktuellem Warenkorb		✓	
Aktionsliste inkl. Neuprodukte	✓	✓	✓
Produktbilder und Beschreibungen	✓	✓	✓
Handscanner-Bestellerfassung	✓		
manuelle Preisänderung	✓		

Alle drei Bestellsysteme enthalten die Möglichkeit, nach Produkten zu suchen. Hierbei kann sowohl eine Volltextsuche, eine Artikelnummernsuche sowie eine Suche nach EAN-Nummern genutzt werden. Zu vielen Produkten ist eine Produktbeschreibung in der Shop-Datenbank hinterlegt. Dies ist vor allem bei Produkten wie bspw. Wein relevant, wo der Kunde bspw. auch Bewertungen zu bestimmten Weinen einsehen und abrufen kann.

Im Internetshop hat der Kunde die Möglichkeit, in der Produktliste die einzelnen Produkte anzuklicken und dadurch eine Abbildung sowie eine Beschreibung des Produktes abzurufen. Die gleichen Möglichkeit hat der Außendienst- und der Call Center-Mitarbeiter, um den Kunden vor Ort oder telefonisch über bestimmte Produkteigenschaften informieren zu können.

Übersicht 6: Funktionalitäten / Benutzeroberflächen

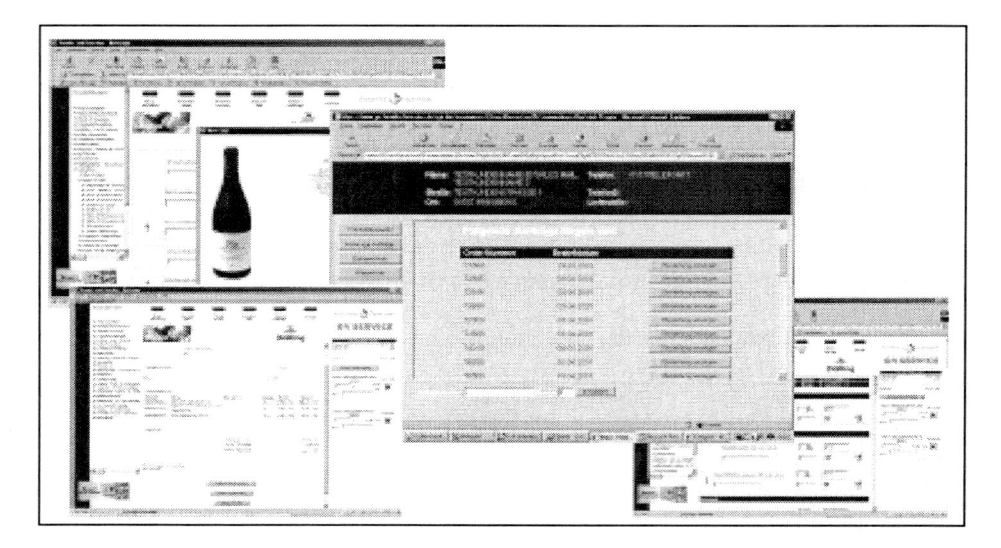

Der aktuelle Warenkorb wird im Internetshop permanent auf der rechten oberen Bildschirmseite angezeigt. Dies ist insofern von Vorteil, als der Kunde somit nicht zwischen der Anzeige der Produktliste und seinem aktuellen Warenkorb hin und her springen muss, sondern beide Informationen gleichzeitig auf dem Bildschirm geboten bekommt. Im Warenkorb wird der aktuelle Warenwert ausgewiesen, wobei die MwSt. nach dem ermäßigten Steuersatz und dem vollen Steuersatz von 16 Prozent gesondert ausgewiesen wird. Ebenso wird der Pfandwert bspw. bei Getränkeflaschen gesondert ausgewiesen.

Eine der Kernfunktionalitäten des Bestellsystems basiert auf dem kundenspezifischen Ordersatz, der in der Shop-Datenbank hinterlegt ist. Dieser Ordersatz enthält alle Artikel, die ein Kunde je bei Bremke & Hoerster gekauft hat. Somit repräsentiert dieser Ordersatz quasi die persönliche Einkaufsliste des Kunden.

Wann immer ein Kunde einen Artikel kauft, der noch nicht auf dieser Einkaufsliste ist, wird er hinzugefügt. Gleichzeitig kann ein Kunde oder auch der Außendienstmitarbeiter bestimmte Artikel von dieser Einkaufsliste löschen, wenn klar ist, dass es sich dabei um eine einmalige Bestellung gehandelt hat.

Ein Kunde oder der Außendienstmitarbeiter kann diese persönliche Einkaufsliste aufrufen. Er bekommt alle Produkte, die der Kunde schon einmal gekauft hat, mit tagesaktuellen Preisen versehen, aufgelistet und kann daraus dann eine Bestellung generieren.

Eine weitere Funktionalität des Bestellsystems ist, dass ein Kunde, der im Internetshop einkauft, seine alten Bestellungen bzw. seine alten Warenkörbe aufrufen kann. Bestellt der Kunde in regelmäßigen Abständen die gleichen Produkte, so kann er einfach die alte Bestellung übernehmen.

Hierbei ist das System so flexibel gestaltet, dass es die tagesaktuellen Preise aller Bestellpositionen ausweist. Ferner ist es möglich, dass der Kunde bestimmte Positionen der alten Bestellung eliminiert oder die Bestellmengen einzelner Positionen verändert. Somit wird der Aufwand der Bestellgenerierung für den Kunden minimiert.

Für jeden Kunden sind im System mögliche Liefertage hinterlegt. Der Kunde kann dann für jeden Auftrag einen dieser für ihn möglichen Liefertermine auswählen.

Besonders deutlich wird die Flexibilität des Systems in Bezug auf die Preisdarstellung bei Getränken, die in verschiedenen Gebindegrößen angeboten werden. So wird i.d.R. in der Produktübersicht zunächst ein Komplettgebinde wie bspw. ein Kasten Coca-Cola mit einem entsprechenden Flaschenpreis, wenn der Kunde das gesamte Gebinde kauft, angezeigt. Wählt der Kunde die Option, einzelne Flaschen aus diesem Gebinde zu kaufen, so erhöht sich automatisch der Preis, da Einzelflaschen teurer sind als der durchschnittliche Preis einer Flasche, wenn der Kunde das Gebinde kauft.

Eine Besonderheit des Außendienst-Bestellsystems – im Gegensatz zur Call Center- und Internetlösung – ist diejenige, dass der Außendienstmitarbeiter hier Preise, die das System vorgibt, manuell ändern kann. Dadurch wird es dem Außendienstmitarbeiter möglich, mit dem Kunden vor Ort über Preise zu verhandeln – was gerade bei Großkunden in diesem Bereich üblich ist – und bestimmte ausgehandelte Preise direkt in das System als kundenindividuelle Preise zu übernehmen.

Es erfolgt allerdings in diesem Zusammenhang auch eine Kontrolle des Außendienstes, da im System automatisch der generierte Umsatz und die Deckungsbeiträge, die dabei erzielt wurden (verschlüsselt) dokumentiert sind.

Hat der Kunde seine Bestellung abgeschlossen, so wird eine Auftragsnummer generiert und der Kunde kann sich den entsprechenden Auftrag ausdrucken lassen. Diese Auftragsbestätigung enthält das gewählte Lieferdatum sowie das Datum des Bestelleingangs und die Uhrzeit.

4. Der Fulfilment-Prozess

a) Die Kommissionierung

Kommissioniert wird für den Großverbraucherservice heute komplett aus dem Cash-and-Carry-Markt des Unternehmens heraus. Im Laufe des Jahres 2002 wird jedoch am gleichen Standort ein eigens für den Lieferservice konzipiertes Auslieferungslager entstehen, aus dem dann schnelldrehende Artikel, die heute bei der Kommissionierung die Abläufe im Cash-and-Carry-Markt auf Grund des stark steigenden Volumens beeinträchtigen, kommissioniert werden.

Die Kommissionierung erfolgt über Rollbehälter, die durch den Laden geschoben werden. Nach dem Durchlauf durch den Laden werden die Rollbehälter in den Warenausgang gefahren und dort gelagert. Enthält ein solcher Behälter frische Produkte, so wird der gesamte Kundenauftrag inkl. der Hartwaren in einem speziellen Kühlbereich gelagert. Tiefkühlprodukte werden separat kommissioniert und direkt in spezielle Tiefkühlrollenbehälter eingelagert.

Die Kommissionier- bzw. Pickliste, die hierfür aus der Shop-Datenbank generiert wird, ist i.d.R. in die drei Bereiche Hartwaren, Tiefkühlprodukte sowie Frischeprodukte aufgeteilt. Jeder Teilbereich wird dann separat kommissioniert. Auf der Pickliste sind die Produkte in einer bestimmten Reihenfolge gemäß der Anordnung bzw. dem Regalplatz im Cash-and-Carry-Markt sortiert. Der Gang und der Regalplatz, in dem sich das Produkt befindet, sind auf der Liste entsprechend vermerkt. Dieses Picklistensystem wird jedoch nun durch ein Online-Kommissioniersystem ersetzt. Bei diesem System werden die über die Außendienst-Laptops oder über das Internet eingehenden Bestellungen direkt in der Datenbank verarbeitet und auf MDE-Geräte im Markt (bzw. in Zukunft im Auslieferungslager) aufgespielt. Mit diesen MDE-Geräten können die Kommissionierer dann die Aufträge kommissionieren, wobei auch hier der Standort des Produktes im Markt jeweils angezeigt wird. Die Funk-MDE-Geräte informieren die Kommissionierer über Artikel, Menge, Gangnummer sowie Kommissionierebene. Das System gibt dabei eine optimale Kommissionierstrategie vor, bei der dem Kommissionierer die zu pickenden Artikel so angezeigt werden, wie sie vom Kommissionierweg und Gewicht ideal zu sammeln sind. Auch kann dann eine Kontrolle der Kommissionierung direkt beim Vorgang selbst erfolgen, da die Produkte, die kommissioniert werden, nach der Entnahme aus dem Regal direkt eingescannt werden können.

Stellt ein Kommissionierer fest, dass ein Produkt, das ein Kunde bestellt hat, nicht mehr verfügbar ist, kann er sich sofort mit dem Call Center-Mitarbeiter in Verbindung setzen. Dieser ruft den Kunden an und informiert ihn über das ausgegangene Produkt und kann ihm über das System direkt Alternativvorschläge unterbreiten. Gerade diese Möglichkeit ist aus Sicht des Unternehmens mit Blick auf das angestrebte Serviceniveau sehr wichtig, da gerade die Kunden aus der Gastronomie auf die pünktliche Lieferung der bestellten Produkte bzw. adäquater Alternativen in hohem Maße angewiesen sind.

Einige Produkte, die im GV-Service einen besonders hohen Umschlag haben und regelmäßig von einer großen Anzahl an Kunden bestellt werden, werden direkt im Warenausgangsbereich des GV-Service gelagert und müssen somit nicht erst aus dem Cash-and-Carry-Markt kommissioniert werden.

Im Bereich der Kommissionierung der Ultrafrischprodukte (bei Obst und Gemüse) wurde auf Grund des steigenden Warenumschlags ein System eingeführt, bei dem die Produkte, die für die Auslieferung über den GV-Service bestimmt sind, bereits auftragsspezifisch vorkommissioniert am Cash-and-Carry-Markt angeliefert werden und dann nur noch an die Warenausgangstore durchgeschoben werden müssen. Hierfür werden die am Vortag eingehenden Bestellungen bzw. die Obst- und Gemüsepositionen an das Warenverteilzentrum des Unternehmens in Werl, von dem aus der gesamte Cash-and-Carry-Markt versorgt wird, übermittelt. Dort werden diese Bestellungen dann tourenspezifisch (auf Rollcontainer, die alle Aufträge einer Ausliefertour umfassen) und auf den Containern kundenauftragsspezifisch kommissioniert und so am nächsten Morgen am Cash-and-Carry-Markt angeliefert. Gerade diese Erleichterung im strategischen Segment der Frischeprodukte hat zu erheblichen Effizienzsteigerungen und über die Beschleunigung der Auslieferung zu einer erhöhten Kundenorientierung geführt. Weiterhin kann so eine sehr hohe Frischequalität der Produkte garantiert werden, da somit in jedem Fall nur frisch aus dem Verteilzentrum angelieferte Waren für die Auslieferung an die Großverbraucherkunden verwendet werden.

b) Die Tourenplanung und Auslieferung

Kleinere Kunden werden i.d.R. einmal pro Woche beliefert, mittlere Kunden zwei- bis dreimal pro Woche. Für Großkunden ist die Vereinbarung einer täglichen Anlieferung möglich.

Die Auslieferungstage für den jeweiligen Kunden werden im Vorhinein festgelegt, d.h. es gibt fest zugeordnete Wochentage, an denen ein bestimmter Kunde beliefert werden kann. Diese Auslieferungstage werden i.d.R. vom Unternehmen festgelegt, um eine optimale Tourenplanung bzw. Auslastung zu erreichen. Jedoch können die Kunden auch Wunschliefertage angeben, die – wann immer es geht – berücksichtigt werden.

Zurzeit erfolgt die Auslieferung der Tiefkühlprodukte zum Teil über spezielle Tiefkühl-Rollcontainer, die mit Trockeneis gekühlt werden, und zum Teil über einen Tiefkühl-LKW. Der Einsatz von Tiefkühl-LKW für die Auslieferung wird sich ebenfalls in der nächsten Zeit erhöhen, zumal, wie bereits erwähnt, gerade in der Auslieferung von Tiefkühlprodukten ein wesentlicher Wettbewerbsvorteil des Unternehmens liegt.

III. Weiterentwicklung vor dem Hintergrund wettbewerbsstrategischer Überlegungen

Die zentrale Weiterentwicklung des GV-Services wird in der nahen Zukunft darin liegen, dass ein Distributions- und Kommissionierlager am Standort in Arnsberg direkt neben dem Cash-and-Carry-Markt eingerichtet wird. Mit einer Ausweitung des Services bzw. mit einer Ausweitung der Volumina, die über diesen Service abgewickelt werden, ist eine solche Lösung notwendig, um die bestehenden Abläufe im Cash-and-Carry-Markt sowie das Bestandsmanagement im Markt von der Abwicklung des Lieferservices räumlich und prozessual zu trennen. Dies ist gerade für schnelldrehende Produkte, die im Rahmen des GV-Lieferservices hohe Volumina erreichen, von Relevanz.

Konsequenterweise werden eben solche Produkte in Zukunft über das eigene Lager abgewickelt, wohingegen langsamdrehende Artikel weiterhin aus dem Cash-and-Carry-Markt heraus kommissioniert werden können. Insofern wird hier ein optimaler Ausgleich zwischen der Nutzung vorhandener Ressourcen und der notwendigen Schaffung eigener Kapazitäten, die auf die spezifischen Prozessabläufe zugeschnitten sind, erreicht.

Zurzeit umfasst der Lieferservice einen Fuhrpark von vier LKW und ebensoviele Außendienstmitarbeiter. Das Unternehmen plant, den Service in den nächsten Jahren stark auszubauen und rechnet damit, dass innerhalb eines Jahres pro Quartal ein zusätzlicher Außendienstmitarbeiter hinzukommen wird. Der Umsatz soll bis zum Jahre 2004 im mittleren zweistelligen Millionenbereich liegen.

Das Unternehmen will in naher Zukunft auch ein Prognosesystem aufbauen, das die Nachfragemengen zuverlässig abzuschätzen hilft. Heute kommt es oft zu Problemen, da über den GV-Service immer größere Mengen aus den Regalen des Cash-and-Carry-Marktes entnommen werden und es zu Out-of-Stock-Situationen im Markt kommt.

Diesem Problem wird dergestalt entgegengewirkt, dass die Leiter des Cash-and-Carry-Marktes und des GV-Services i.d.R. einmal pro Woche die aktuellen Bedarfe auf der Basis ihrer Erfahrungen prognostizieren und somit die erwarteten Abgänge über den GV-Service auch in die Bedarfsplanung des Cash-and-Carry-Marktes einfließen.

Eine automatische Nachlieferung bestimmter Produkte an einzelne Kunden, die in regelmäßigen Abständen bestellt werden, erscheint aus Sicht des Unternehmens gegenwärtig nicht sinnvoll. Dies widerspricht auch der Unternehmensphilosophie, dem Kunden gerade auch Neuheiten aus dem Sortiment bzw. aktuelle Sortimentsentwicklungen zu präsentieren. Die einzigen Betriebe, für die dies langfristig angestrebt wird, sind die Gastronomiebetriebe in den zur Bremke & Hoerster-Gruppe gehörenden SB-Warenhäusern famila, die ein sehr regelmäßiges und vorhersehbares Bestellverhalten aufweisen und ohnehin über die aktuellen Sortimente des Unternehmens informiert sind.

Weiterhin wird das Unternehmen in Zukunft verstärkt Kooperationen mit lokalen Spezialitäten- und Delikatessenhändlern eingehen, um das eigene Sortiment auszubauen und damit attraktiver zu gestalten, was den Lieferservice an sich auch aufwertet. Gerade diese sind aber i.d.R. nicht in der Lage, eine Kundengruppe wie sie Gastronomen darstellen adäquat zu bedienen. Insofern liegt eine Nutzendimension für diese Kooperationspartner in der Erweiterung ihres Kundenstammes bzw. Marktes.

Der Kunde kann die Produkte genau wie das „normale" Sortiment aus dem Cash-and-Carry-Markt bestellen und erhält auch lediglich eine einzige Rechnung. Allerdings ist z.B. im Internetshop klar kenntlich gemacht, dass es sich um Produkte aus dem Angebot des angeschlossenen Kooperationspartners handelt. Insofern entsteht hier auch ein Marketing- bzw. Werbeeffekt für den Kooperationspartner.

Die Abwicklung der Logistik funktioniert in diesem Zusammenhang dergestalt, dass der jeweilige Partner die Produkte einen Tag vor der Auslieferung an den Kunden bei Bremke & Hoerster anliefert.

IV. Bewertung des Konzeptes mit Blick auf die Marktsituation im Zustellgroßhandel

Dieser Lieferservice stellt insofern einen interessanten Ansatz dar, als im Gegensatz zu vielen Heimlieferdiensten auf Endkonsumentenebene einige der Probleme, die in diesem Zusammenhang entstehen, relativiert werden. So ist zum einen die Anzahl der Auslieferungspunkte wesentlich geringer, da es sich um Großverbraucher handelt. Zum anderen liegen – auch auf Grund dieser Tatsache – die bestellten Mengen bzw. der Warenwert pro Bestellung wesentlich höher. So hat Bremke & Hoerster zwar für die Bestellung einen Mindestbestellwert von 150 Euro vorgegeben, in der Realität liegt die durchschnittliche Höhe der Bestellungen jedoch bei ca. 500 Euro. Somit kann bereits heute profitabel gearbeitet werden.

Übersicht 7: Prozessbewertung – Stärken-/Schwächenanalyse

Stärken	Schwächen
♦ umfasst das komplette Sortiment, inkl. Frische- und Tiefkühlprodukte ♦ hohe Mengen pro Bestellung ♦ gelungener Ausgleich zwischen persönlicher Betreuung und Automatisierung von Standardaufgaben ♦ erhöhte Effizienz durch Kommissionierung der Schnelldreher aus eigenem Lager ♦ flexibles System für den Außendienst ♦ Flexibilität des Systems in Bezug auf Preishinterlegung	♦ Abstimmungsbedarf mit dem Bereich des Cash-and-Carry-Marktes ♦ Nachahmung durch finanzstarke Konkurrenz bei verschärfter Gesetzeslage

Zu den Stärken des Großverbraucher-Lieferservices von Bremke & Hoerster gehört sicherlich zunächst, dass diese Serviceleistung das komplette Sortiment eines Cash-and-Carry-Marktes und damit die kompletten Bedürfnisse der Großverbraucherkunden abzudecken vermag.

Weiterhin ist das System nicht darauf ausgelegt, die persönliche Kundenbetreuung vor Ort durch eine automatisierte Lösung zu ersetzen, sondern strebt eben einen optimalen Ausgleich zwischen persönlicher Kundenbetreuung vor Ort und Automatisierung von operativen Standardaufgaben an. In diesem Zusammenhang ist auch auf die Flexibilität des Systems bei der Bestellaufnahme sowohl über den Internetshop als auch vor allem in Bezug auf die Handhabung der Außendienstlösung hinzuweisen. Dies schließt auch die große Flexibilität in Bezug auf die Preisgestaltung und die Preisdarstellung im Zusammenhang mit dem Lieferservice ein, die gerade für das Großverbraucher-Geschäft von besonderer Relevanz ist.

Übersicht 8: Strategische Wettbewerbsfaktoren des Großverbraucher-Lieferservice

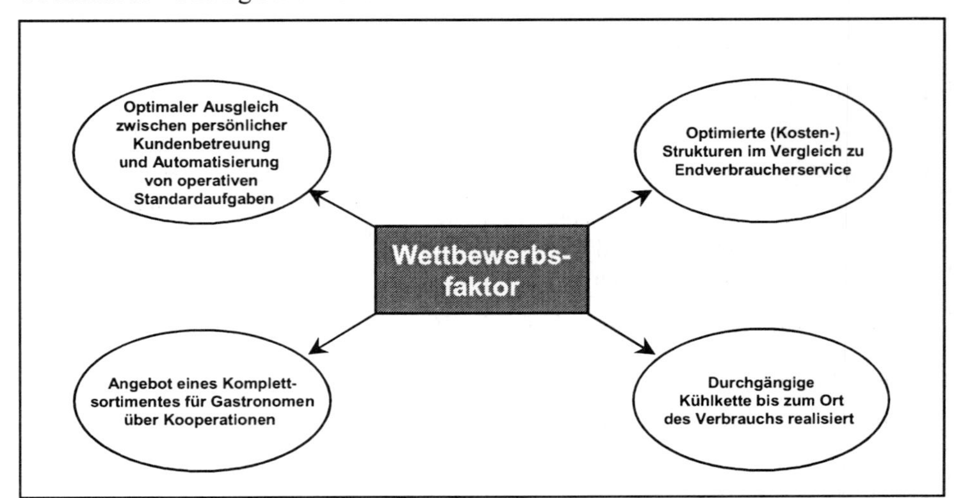

Die Zukunftspotenziale bzw. die Chancen des Lieferservices liegen sicherlich in zwei Bereichen. Zum einen kann eine veränderte Gesetzeslage in Bezug auf die Garantie einer durchgängigen Kühlkette bis zum Ort des Verbrauches ein Faktor sein, der das Volumen, das über diesen Lieferservice abgewickelt werden kann, in Zukunft weiter nach vorne bringen kann.

Ein Wettbewerbsfaktor, der sich zum zentralen Erfolgsfaktor des Lieferservices entwickeln kann, ist die Forcierung von Kooperationen mit Anbietern von Spezialsortimenten, die sich wegen eines u.U. sehr komplexen Handlings oder geringen Mengen nicht in den Sortimenten eines Cash-and-Carry-Marktes finden. Hier kann Bremke & Hoerster im Bereich GV-Service ein im Sinne eines professionellen Category Managements einzigartiges Profilierungssortiment solcher Spezialartikel aufbauen, sich somit langfristig von der Konkurrenz abgrenzen und den Service aus Kundensicht noch wesentlich attraktiver gestalten, als dies heute schon der Fall ist.

Als eine interessante wettbewerbsstrategische Überlegung kann dieser Lieferservice auch für Einzelhändler von Interesse sein, die bisher vorwiegend oder ausschließlich im Endkonsumentenbereich tätig sind. Gerade Einzelhändler, die im SB-Warenhaus- und Großflächenbereich tätig sind, verfügen nämlich bereits heute über einen verdeckten Anteil an B2B-Handel, da nämlich auch in den SB-Warenhäusern viele Großverbraucher Produkte einkaufen und diese dann für die weitere Verarbeitung in Restaurant- oder Gastronomiebetrieben nutzen.

Insofern wäre es auch für solche Einzelhändler durchaus interessant, dieses Großverbraucherpotenzial in Zukunft über das Angebot eines ähnlichen Lieferservices besser und systematisch auszuschöpfen. Haben sich in den Überlegungen der meisten Einzelhändler Lieferservices an Endkonsumenten als nicht profitabel herausgestellt, so wäre gerade das Angebot eines Lieferservices für das Segment dieser Großkunden eine überlegenswerte Option für SB-Warenhaus-Betreiber.

Zusammenfassend repräsentiert das Konzept des Großverbraucher-Lieferservice von Bremke & Hoerster somit ein strategisch wichtiges Serviceelement für das Unternehmen. Bremke & Hoerster kann als nur regional vertretener Anbieter langfristig sicher nur schwer in einem reinen Preiskampf gegen die zum Teil sogar international agierenden Wettbewerber bestehen. Der Vorteil des Unternehmens liegt somit klar in seiner Kundennähe und in der Möglichkeit, sehr individuell auf die Wünsche der Kunden einzugehen. Diese Kunden- bzw. Serviceorientierung erscheint aus Sicht des Unternehmens als Profilierungsmöglichkeit gegenüber dem Wettbewerb wesentlich geeigneter als eine überwiegende Preisfokussierung.

Der Lieferservice, die Art wie er, unterstützt durch moderne Informationstechnologien, umgesetzt wird und die Integration mit der Betreuung der Kunden durch den Außendienst erzeugen heute ein extrem hohes Maß an Kundenorientierung und Kundenbindung und ist somit ein wichtiger Baustein in der Unternehmensstrategie, die auch weiterhin auf Wachstum in diesem umkämpften Markt setzt.

Abschnitt D

Fokussierung auf einen spezialisierten Wachstumsmarkt: Die LEKKERLAND-TOBACCOLAND-Gruppe

Wolfgang Zinn

I. Das Unternehmen LEKKERLAND-TOBACCOLAND

1. Profil

Durch den Zusammenschluss zur LEKKERLAND-TOBACCOLAND GmbH & Co. KG (L-T) ist 1999 aus zwei Sortimentsfachgroßhändlern der Full Service-Spezialist für alle strategischen Convenience-Absatzkanäle entstanden. Mit Tabakwaren, Süßwaren, Getränken, Snacks, Convenience-Sortimenten, Telefonkarten und Nonfood bietet L-T seinen Kunden "alles aus einer Hand". Die Bündelung von Sortimenten, Systemen, Know-how und Dienstleistung macht das Unternehmen heute zum Handelspartner für mehr als 70.000 Tankstellen-Shops, Kioske, Tabakwarenfachgeschäfte, Getränkefachmärkte, Kaufhäuser, Lebensmittelmärkte, Bäckereien, Kantinen und Convenience-Stores in Deutschland.

Sowohl LEKKERLAND als auch tobaccoland haben den Convenience-Trend frühzeitig erkannt und den Markt mit innovativen Konzepten von der ersten Stunde an geprägt. Ziel war und ist es, für die Handelspartner im Markt mehr zu sein als ein reiner Warenlieferant. Ein vielschichtiges Serviceangebot unterstützt sie in allen Belangen des Shopgeschäftes. Durch strategische Allianzen wird L-T seine Vorreiterrolle in diesem europäischen Wachstumsmarkt weiter ausbauen.

Wachstumsmarkt Convenience

Der Trend zum Convenience-Kauf bei den Verbrauchern entwickelt sich nach wie vor positiv. So ergab beispielsweise eine Untersuchung des Marktforschungsinstituts Wiegner & Weber und Lekkerland, dass 1990 noch 77 Prozent der Verbraucher dem Convenience-Shop ablehnend gegenüberstanden, während diese Zahl 1998 bereits auf 64 Prozent gesunken war. Eine aktuelle Studie schätzt das Umsatzvolumen auf derzeit 40 Milliarden DM und prognostiziert ein Anwachsen auf 60 Milliarden DM innerhalb der nächsten zehn Jahre (vgl. Eigenstetter 2001, S.5).

Doch woher rührt das Bedürfnis nach Convenience-Kauf bei den Verbrauchern? Auer/Koidl definieren Convenience als *bequem* und *verfügbar*, wobei „beide Elemente zu gleichen Teilen und zur gleichen Zeit, und zwar aus Sicht des Kunden zutragen kommen“ (vgl. Auer/Koidl 1997, S. 14). Zum einen auf Grund gestiegener Mobilität, zum anderen auf Grund eines hohen Frustrationsgrades im klassischen Lebensmitteleinzelhandel (LEH) verlangt der Kunde sowohl auf Produkt- als auch auf Service-Ebene nach bedingungsloser Orientierung an seinen Bedürfnissen. Hierzu zählen sowohl Öffnungszeiten, Lage und Nähe, Erreichbarkeit, Parkplatzsituation, Kaufabwicklung und das angebotene Sortiment. Diese Aspekte zählen zu den rationalen Faktoren von Bequemlichkeit. Sie sindjedoch um emotionale Faktoren zu ergänzen, die für den Konsumenten den persönlichen Vorteil von Convenience darstellen. Diese sind beispielsweise der Wunsch nach spontaner Kommunikation, Freundlichkeit und daraus resultierender Zwanglosigkeit. Genauso wichtig ist für den Verbraucher aber auch die Freiheit von Zwängen wie etwa Haushaltsorganisation und Vorratshaltung von Bedeutung.

Der typische Convenience-Käufer ist männlich und unter 40 Jahre alt. Diese Struktur wird sich rein demografisch betrachtet bis zum Jahr 2020 verändern. Dann werden die heute jungen „gelernten" Convenience-Kunden auch als ältere Menschen dort einkaufen, während gleichzeitig die jungen Konsumenten nachwachsen. Doch auch soziokulturelle Entwicklungen wie weiter steigende Mobilität auf der einen und Wunsch nach persönlichem Kontakt auf der anderen Seite werden dem C-Store weitere Kundenpotenziale einbringen.

Der Convenience-Store

Das Spektrum der Absatzkanäle im Convenience-Markt ist breit gefächert: Kioske, Kantinen, Bäckereien, Tabak- und Süßwarenfachgeschäfte, Getränkefachmärkte und Lebensmitteleinzelhandelsgeschäfte zählen ebenso dazu wie Tankstellen-Shops oder daraus abgeleitete neuere Convenience-Store-Typen. Ihre Organisations- und Beschaffungsstruktur reicht von nationalen Systemen bis hin zum einzelnen Shop-Betreiber. So profitieren Tankstellen-Shops, die zu einer Mineralölgesellschaft gehören, von der hohen Professionalität und einem einheitlichen Markenauftritt der gesamten Kette, während Kioske häufig als Individualkonzept in ihrem Auftritt bunt, vielfältig und sehr unterschiedlich sind. Genauso heterogen wie sich dieser Markt darstellt, sind die Bedürfnisse seiner Akteure. Zu wissen, was sie wollen, ihnen rund um alle Fragen des Shop-Geschäftes optimale Leistung, maßgeschneiderte Konzepte, wettbewerbsfähige Sortimente und erstklassigen Service zu bieten, ist Bestandteil des Erfolgskonzeptes von L-T.

Managementstrukturen

Um jedem Handelspartner vor Ort gerecht zu werden und ihm den entscheidenden Wettbewerbsvorsprung zu verschaffen, hat L-T seine Organisation auf die Interessen der einzelnen Kundengruppen ausgerichtet: Die nationalen Kunden werden in den Sparten Tabakwaren und Food/Nonfood von jeweils eigenen, zentralen Key Account-Bereichen betreut. Zu diesen Systemkunden zählen Mineralölgesellschaften, Kaufhaus- und Warenhausketten, Einkaufsverbände, Tabakwarenfacheinzelhandelsketten sowie Baumarkt- und Drogerieketten. Zunehmend beliefert L-T auch Großhändler und Filialisten des Lebensmitteleinzelhandels mit Tabakwaren. Die Verträge mit diesen Kunden werden zentral verhandelt und geschlossen. Die jeweiligen Key Account-Bereiche sind dafür verantwortlich, die gewünschten Standards der Systemkunden national einheitlich umzusetzen. Dazu gehört auch die zentrale Koordination der Außendienstmitarbeiter, die die Outlets der Systemkunden betreuen. Sie arbeiten bundesweit nach definierten Abläufen und garantieren ein national einheitliches Auftreten sowie die flächendeckende Umsetzung der Systemkundenvorgaben.

Die Zentrale steuert ebenso alle Vertriebs-, Marketing- und Serviceaktivitäten für die regionalen Handelspartner. Ihre Betreuung liegt allerdings in den Händen der Niederlassungen, die als Profit Center für die operativen und vertrieblichen Aufgaben in den entsprechenden Gebieten verantwortlich sind. Unter Vorgabe nationaler Vereinbarungen und Leistungsstandards ermöglicht ihnen diese Struktur, schneller auf lokale und regionale Bedürfnisse der Kunden zu reagieren.

2. Service

Sich im Convenience-Markt zu etablieren und Konsumenten langfristig zu binden, erfordert durchdachte Konzepte und profunde marktbezogene Kenntnisse rund um Sortimente und deren Präsentation. Genau hier setzt das Beratungs- und Servicepaket an, das L-T seinen Handelspartnern zur Verfügung stellt.

Beratungsangebot

Ziel der Beratungsleistung ist der Aufbau einer ertragsstarken Sortimentsstruktur bei den Kunden, die bestmöglich auf die jeweilige Absatzschiene und den Standort abgestimmt ist. In diese Arbeit fließen sowohl Shop- und Sortimentsanalysen ein als auch das Space Management.

Die Außendienstmitarbeiter sind für die Kunden im täglichen Kontakt die ersten Ansprechpartner. Sie beantworten Fragen zu effizientem Ladenlayout, Sortimenten, zur Warenplatzierung und -anordnung sowie zur Regalbestückung. Das Fachwissen, das die Außendienstmannschaft für die Beratung benötigt, erhält sie in monatlichen, national einheitlichen Schulungen. Diese beschäftigen sich mit allen relevanten Themen des Shopgeschäftes, aktuellen Trends, Neuheiten, Markt- und Verbraucherdaten.

Serviceleistungen

Genauso wie der Verbraucher von Convenience absolute Kundenorientierung erwartet, bietet auch L-T vielfältige Serviceleistungen an, die auf die Anforderungen und Bedürfnisse der regional tätigen oder national agierenden Kunden ausgerichtet sind. Kundenbezogene Ordersätze für Systemkunden, spezifische Sortimentskataloge für die unterschiedlichen Geschäftsarten oder abgestimmte, regelmäßige Aktionsangebote stellen lediglich das Fundament dar, auf dem weitere Leistungen aufbauen:

- Auf seinen regionalen Hausmessen präsentiert L-T neben attraktiven Angeboten auch aktuelle Sortimente nationaler sowie regionaler Industriepartner, innovative Systeme und Services sowie neue Erkenntnisse zur wirtschaftlichen Betriebsführung oder zu moderner Ladeneinrichtung.
- Der Convenience-Markt lebt von Innovationen. Im Fokus des L-T-Neuheiten Service steht die ständige, aktionsunabhängige Aktualisierung der Sortimente der Handelspartner. Die Kunden erhalten regelmäßig Ankündigungen zu neuen Produkten, ihrem Markt, ihrem Potenzial, zu Platzierungsmöglichkeiten und technischen Daten. Nehmen Kunden daran teil, erhalten sie den Artikel automatisch, sobald er lieferfähig ist.
- Die von L-T vermittelten Schulungsangebote behandeln Themen wie Shopkompetenz, betriebswirtschaftliche Steuerung, Führungs- und Marketingtechnik ebenso wie Personal- und Organisationsentwicklung.
- Der L-T-Kunden-Newsletter, der zu besonderen Anlässen erscheint, widmet sich jeweils einem Schwerpunktthema, das für den unternehmerischen Erfolg der Handelspartner relevant ist. Als Sammlung bieten die Newsletter ein praktisches Nachschlagewerk für die tägliche Praxis am Point of Sale (PoS).

Konzepte

Die L-T-Vertriebskonzepte zeichnen sich durch ausgewogene Gesamtlösungen aus, die für den Handelspartner Sortimente, Beratung und Umsetzung bündeln.

„Frisch & lekker"-Bistro ist beispielsweise ein Komplett-System für den Direktverzehr. Es beinhaltet neben einem umfangreichen Backwarenangebot ein mehrteiliges Ladenbaumodul sowie die gesamte Ausstattung. Ein zugehöriges Dienstleistungspaket bündelt sowohl Rentabilitätsberechnungen als auch Schulungen zur Warenpräsentation, zu Hygienevorschriften und zum Bedienen der Öfen.

Im Vordergrund des Tiefkühlkost-Systems „Ice, cool & lekker" steht die Orientierung an Verbraucherwünschen – unabhängig von bestimmten Herstellern. Das Produktangebot umfasst die Top-Artikel aller wichtigen Marken: im Sommer viel Eis und im Winter auch Tiefkühlkost. Auf Basis einer Shopanalyse stellt L-T dem Handelspartner eine Tiefkühltruhe zur Verfügung.

Auch das Multimedia-Sortiment von L-T präsentiert sich als System-Konzept. Das Angebot umfasst CDs, CD-ROMs, DVDs, Videos sowie Taschenbücher und stellt für jede Absatzstelle mit Regalen und Displays das passende Verkaufsförderungsmittel zur Verfügung. Regelmäßige Sortimentswechsel garantieren ein aktuelles Angebot aus den Bestseller-Charts.

Die Trinkgewohnheiten der Menschen sind unterschiedlich und stark regional geprägt. Besonders deutlich wird das im Segment der Mineralwässer und Biere. Damit die L-T-Kunden den Verbraucherwünschen im Convenience-Shop adäquat entsprechen können, wurde das 100-prozentige Tochterunternehmen „Getränkeland" gegründet. Dahinter steht ein Konzept, das mit mehr als 100 Kooperationspartnern des Getränkefachgroßhandels die Belieferung und Vermarktung von Mehrweg-Getränken unterstützt.

Mit seinen Einzelhandelskonzepten geht L-T über das Angebot einzelner Systembausteine hinaus: TABAK-BÖRSE® und Kioland sind am Markt etablierte Marken für attraktive Fachgeschäfte, die leistungsbereiten Partnern die Chance zu einer erfolgreichen Selbstständigkeit bieten. So unterstützt das partnerschaftlich ausgerichtete Konzept TABAK-BÖRSE® den Einzelhändler mit einem professionellen, bundesweit einheitlichen Erscheinungsbild des Geschäftes sowie einer Reihe von zusätzlichen Dienstleistungen, die unentgeltlich angeboten werden. Diese beginnen bereits im Vorfeld der Einrichtung einer TABAK-BÖRSE®, wo anhand einer Standort- sowie einer Rentabilitätsanalyse die Erfolgsaussichten der Geschäftsgründung ermittelt werden. Wichtig ist, dass der Handelspartner gut von den Einnahmen leben kann. Denn letztendlich ist diese Art der Absatzstellensicherung für L-T nur von Bedeutung, wenn der Handelspartner wirtschaftlich gesund ist.

Die ideale Größe eines Geschäfts liegt bei 25 bis 50 qm, je nach Standort und Sortiment. Bis auf wenige Ausnahmen findet der Verbraucher in allen TABAK-BÖRSEN® die fünf Grundbausteine Tabakwaren, Zeitschriften, Lotto-Toto, Convenience-Sortimente und Telefonkarten, wobei L-T den Sortimentsspiegel im Regal bei allen wichtigen Produktgruppen gleich mitliefert. Darüber hinaus vermittelt L-T weitere Sortimentsanbieter, die der Geschäftsinhaber in sein Geschäft aufnehmen möchte. Auf diese Weise wird den standortspezifischen Gegebenheiten sowie der Wettbewerbssituation Rechnung getragen und das Verkaufsprogramm den Bedürfnissen der Endverbraucher angepasst.

Die Teilnahme am Konzept TABAK-BÖRSE®, das bereits mehr als 850 Geschäfte in Deutschland zählt, ist kostenlos. L-T erhebt also keine „Franchisegebühren“ oder ähnliches. Das Unternehmen behält sich als Bedingung lediglich die Einhaltung der Standards vor sowie eine zeitliche Lieferbindung.

3. Sortimente

Trends zu erkennen und frühzeitig aufzugreifen, heißt im Convenience-Markt, der Zeit einen Schritt voraus zu sein. Die L-T Einkäufer überprüfen fortlaufend das bestehende Sortiment, vergleichen Abverkaufszahlen und tauschen wenig gefragte Produkte gegen neue Artikel aus. Sie stehen im ständigen Dialog mit den Industriepartnern und sprechen mit ihnen über die speziellen Bedürfnisse des Convenience-Marktes, über neue Produkte, neue Packungsgrößen und Angebotsformen.

Von den rund 36.000 Artikeln, die heute das L-T-Sortiment umfasst, zählen etwa 6.000 zum Kernsortiment aus schnelldrehenden Marktführern und ertragsstarken Marken der Warenbereiche Getränke, Süß- und Tabakwaren. Mit dem Ergänzungssortiment erfüllt L-T geschäfts- und standortspezifische, regionale sowie saisonale Anforderungen. Hierzu gehören Frischeprodukte, Lebensmittel, Drogeriewaren und klassische Nonfood-Produkte. Überproportional entwickelt haben sich in den letzten Jahren neue Sortimente wie Eis und Tiefkühlkost, Taschenbücher, CDs sowie Telekommunikations- und Mediaprodukte. Insbesondere der Bereich PrePaid-Telefonkarten wird seine dynamische Entwicklung fortsetzen. Ein breites Sortiment eigener Marken in den Warenbereichen Getränke, Tabakwaren, Süßwaren, Snacks, Lebensmittel und Eis bietet den Handelspartnern lukrative Ertragschancen mit hochwertigen Produkten und eine gute Alternative zu den Herstellermarken.

Zur optimalen Potenzialausschöpfung ist der L-T-Einkauf zentral organisiert. Er gliedert sich in die klassischen Warenbereiche Getränke, Süßwaren, Lebensmittel/Drogerie und Non-Food. Den Tabakwaren- und Telekommunikationseinkauf steuert als hundertprozentige Tochter die L-T Tabakwareneinkaufs- und Dienstleistungs GmbH & Co. KG. Sie ist darüber hinaus für alle Dienstleistungsverträge sowie für die Beschaffung von Kraftfahrzeugen und die Betriebs- und Geschäftsausstattung zuständig. Die beiden Einkaufsbereiche verantworten alle national gelisteten Sortimente. Sie wählen die Lieferanten aus und beurteilen in regelmäßigen Abständen die Zusammenarbeit nach definierten Kriterien. Um regionalen Anforderungen gerecht zu werden und nah beim Kunden vor Ort zu sein, sind für L-T drei regionale Warenmanager im Einsatz, die für die regionalen und lokalen Food-Sortimente zuständig sind.

4. Logistik

Nicht nur die Vielzahl unterschiedlicher Outlets im Convenience-Bereich sowie ihre verkehrstechnische Lage stellen eine besondere Anforderung an die L-T-Logistik. Vor allem die Tatsache, dass sie häufig über keine oder nur sehr begrenzte Lagerflächen verfügen, bestimmen die Liefermengen und den Lieferrhythmus.

L-T hat sich auf eine absolute Feindistribution spezialisiert, die den vielen tausend Kunden innerhalb von 24 bis 48 Stunden die zuverlässige Lieferung in einem festgelegten Zeitfenster garantiert.

Vernetzung

L-T verwaltet seine Food-/Nonfood-Sortimente in zwei Warenwirtschaftssystemen, die über vollautomatisierte Schnittstellen gekoppelt sind.

Mehr als 2.300 User greifen täglich auf das Warenwirtschaftsystem zu, das etwa 36.000 aktive Artikel- sowie 70.000 aktive Kundendaten verwaltet. Ein bundesweites Datennetz verknüpft alle Daten- und Prozessketten miteinander und sorgt für einen reibungslosen Warenfluss. Das hochverfügbare Rechenzentrum für dieses Warenwirtschaftssystem befindet sich in einem speziellen Sicherheitsbereich in der Frechener Unternehmenszentrale.

Warenfluss

„Die richtige Ware zum richtigen Zeitpunkt am richtigen Ort" – dies ist die Messlatte, an die L-T seinen Anspruch an operative Spitzenleistung und hundertprozentigen Service anlegt. Und der fängt bereits bei der Auftragserteilung an. Vom Fax über den Anruf des L-T-Telefonservice, den Außendienst bis zu Electronic Data Interchange (EDI): Den Kunden stehen vielfältige Möglichkeiten offen, ihre Ware zu bestellen – rund um die Uhr an sieben Tagen in der Woche.

Unterstützt von modernen Steuerungssystemen, kümmern sich die Mitarbeiterinnen und Mitarbeiter in den Lägern darum, dass die Kunden mit den Lieferungen zufrieden sind. Mit der jetzt eingeführten beleglosen Kommissionierung über das System „Pick by Voice" hat L-T in eine zukunftsweisende Logistiktechnologie investiert und zählt damit zu den Vorreitern in Deutschland. Ziel ist es, die Kommissionierqualität und damit die Kundenzufriedenheit weiter zu erhöhen. Die Mitarbeiter erhalten darüber hinaus regelmäßig Schulungen zu den qualitativen Anforderungen an die Ware und die Hygienestandards. Insbesondere der Umgang mit pluskühlpflichtigen und tiefgekühlten Produkten steht dabei im Fokus. Gemäß HACCP-Standard (HACCP = Hazard Analysis Critical Control Point) hat L-T eine Logistikkette für pluskühlungspflichtige Produkte aufgebaut, die eine lückenlose Kühlung von der Anlieferung an das jeweilige Lager bis in den Shop des Kunden gewährleistet. Spezielle Kühlcontainer sind mit Temperaturmessgeräten ausgerüstet, die in regelmäßigen Abständen die Temperatur automatisch messen, speichern und auswertbar zur Verfügung stellen.

Für die Warendistribution steht ein Fuhrpark von mehr als 800 LKW unterschiedlicher Größe zur Verfügung. Auch hier achtet L-T penibel auf den korrekten Umgang mit der Ware. Dies umfasst entsprechende Schulungen der Fahrer genauso wie das technische Equipment der Fahrzeuge.

L-T garantiert im Bereich Food festgelegte Restlaufzeiten innerhalb der Mindesthaltbarkeitsdaten und eine sehr hohe Lieferbereitschaft sowohl im Food- als auch im Tabakwarensegment.

Integriertes Qualitätsmanagement-System

Abläufe zu hinterfragen und ständig nach Verbesserungspotenzialen zu suchen, ist integraler Bestandteil der Unternehmensorganisation. Um dies nach innen und außen zu dokumentieren, hat L-T als erstes Convenience-Fachgroßhandelsunternehmen der deutschen Lebensmittelbranche im Juni 2000 das Qualitätsmanagementsystem ISO 9001 eingeführt und sich erfolgreich zertifizieren lassen. Gemeinsam mit dem Hygienemanagementsystem HACCP gehört ISO 9001 zu einem Integrierten Managementsystem.

In einem regelmäßigen Quality Report erfasst L-T darüber hinaus seine Systemleistung und misst die Kundenzufriedenheit. Er liefert aussagefähige Daten zu Themen wie Lieferbereitschaft, Reklamationen und Anzahl der belieferten Kunden.

II. Einstieg ins virtuelle Convenience-Geschäft

1. Service

Nutzbringende Informationen, Leistungen und Konzepte werden auch weiterhin integraler Bestandteil des L-T-Servicepakets für seine Handelspartner sein. Zu den neuen Leistungen, mit denen das Unternehmen bislang unbekannte Geschäftsfelder eröffnet, zählt das Multimediamodul TOP•SPOT.

Das Multimediamodul TOP•SPOT

TOP•SPOT ist ein multimedialer Werbeträger am PoS, der als Kombination aus Kassen- und Werbedisplay funktioniert. Der dem Endverbraucher zugewandte 10"-Monitor kommt präferiert an hochfrequentierten Kassenstandorten wie zum Beispiel in Tankstellenshops, Kiosken, Flughäfen oder Bahnhöfen zum Einsatz.

Strategisch zählt TOP•SPOT zum Service-Portfolio der Kundenbindungsmaßnahmen, die über das reine Warengeschäft hinaus gehen. Zudem ist L-T durch die Kontakte zur Markenartikel-Industrie und zu Agenturen in der Lage, die Vermarktung der Werbung ohne große zusätzliche Aufwendungen optimal zu steuern.

Das Werbekonzept ist so ausgelegt, dass der Kunde, während er den Kassiervorgang im Bildschirm beobachtet, auf demselben Monitor eigens produzierte oder bekannte Produkt-Spots in wiederkehrenden Intervallen sieht. Ein Schleife mit einer Laufzeit von etwa 1,5 Minuten umfasst maximal zehn Werbespots. Die Intervalllaufzeit orientiert sich an der durchschnittlichen Verweildauer des Endverbrauchers an der Kasse.

Übersicht 1: TOP•SPOT in der Kassenzone eines Tankstellenshops

Das TOP•SPOT-Konzept garantiert den Werbetreibenden somit eine hohe Reichweite in der Zielgruppe „Shopkunde". Die Positionierung direkt an der Kasse sorgt neben einer hohen Aufmerksamkeit und Akzeptanz für die konsequente Fortführung der kommunikativen Botschaft direkt am PoS.

Ein zusätzlicher Nutzen entsteht dem Werbetreibenden dadurch, dass TOP•SPOT in der Regel Werbung für Produkte spielt, die der Endverbraucher unmittelbar im Shop kaufen kann. Ein Markttest belegt, dass die mit TOP•SPOT beworbenen Produkte höhere Abverkaufszahlen erzielen.

Für die Verwender des TOP•SPOT, wie zum Beispiel die Tankstellenbetreiber, fallen keine Systemkosten an. Diese werden vollständig durch L-T getragen. Im Rahmen der Vermarktung entsteht daher für alle Beteiligten eine am Nutzen orientierte Win-Win-Situation.

2. Sortimente

a) Innovative Sortimentspolitik

Innovative Sortimentspolitik ist neben der operativen Spitzenleistung und dem breiten Serviceangebot einer der Bausteine, die zum Erfolg des Unternehmens beitragen. Eine der strategisch bedeutsamsten Produkteinführungen sind Anfang der neunziger Jahre Telefonkarten und später PrePaid-Karten für Handys gewesen. Diese Segmente stehen auch weiterhin im Fokus der Sortimentsentwicklung. Mit dem L-T e-Loading-Terminal eröffnet L-T ein neues Geschäftsfeld im Bereich Telekommunikation, das den Einstieg ins virtuelle Convenience-Geschäft darstellt.

b) Elektronische PrePaid-Karten

PrePaid-Karten für Mobil-Telefone haben sich in den letzten Jahren insbesondere für Tankstellen-Shops zu einem bedeutenden Umsatz- und Frequenzbringer entwickelt. Die Hälfte aller Deutschen telefoniert mobil, mehr als 50 Prozent davon mit PrePaid-Guthaben. L-T bietet mit PIN-Printing über ein Online-E-Loading Terminal ein System, das die Umsätze in diesem Bereich noch attraktiver macht. Denn während die herkömmlichen PrePaid-Karten auf Grund ihrer Wertigkeit vom Shop-Betreiber besondere Sorgfalt bei der Disposition und Lagerung verlangen, bietet PIN-Printing PrePaid-Umsätze kombiniert mit den Vorteilen und der Einfachheit einer modernen, elektronischen Abwicklung auf höchster Sicherheitsstufe.

Beim PIN-Printing zahlt der Kunde zunächst je nach Netzbetreiber und gewünschter PrePaid-Aufladung einen Betrag an der Kasse. Nach Eingabe des Betrags und des Netzbetreibers in das L-T-E-Loading-Terminal druckt es einen fälschungssicheren PIN-Voucher. Darauf ist, wie bei der herkömmlichen PrePaid-Karte, eine PIN angegeben. Die weitere Handhabung ist identisch mit dem bisherigen Vorgehen: der Kunde ruft seinen Netzbetreiber an, gibt die PIN durch und lässt das Guthaben freischalten. Insofern entspricht der PIN-Voucher einer auf elektronischem Wege im Geschäft erstellten PrePaid-Karte auf fälschungssicherem Papier.

Die Vorteile des PIN-Printing auf einen Blick:

- Disposition und Lagerung entfallen.
- Out-of-Stock-Situation entfällt.
- Vorfinanzierung durch den Händler entfällt.

- Kapitalbindung entfällt.
- Liquidität erhöht sich, denn der Kunde zahlt sofort, die Rechnung an den Händler erfolgt erst später.

Das E-Loading-Terminal ist auf eine einfache und sichere Handhabung hin entwickelt worden. Um es in Betrieb zu nehmen, benötigt der Händler lediglich einen Stromanschluss und eine Telefonanbindung über den bestehenden Telefonanschluss.

c) Internet Pay Cards

Mit dem Vertrieb der paysafe-card fügt L-T dem Sortiment des Convenience-Shop ein weiteres Produkt im Bereich Telekommunikation hinzu, das der Verbraucher in diesem Absatzkanal nicht nur akzeptiert sondern erwartet. Die paysafe-card ist eine PrePaid-Karte für das Internet. Sie funktioniert wie herkömmliche Handy-PrePaid-Karten und ermöglicht leichte, risikofreie und anonyme Zahlungsvorgänge im Internet. Sie dient jedem, der keine Kreditkarte für den Einkauf im Internet verwenden möchte.

Findet der Verbraucher in einem der paysafe AG angeschlossenen Webshop ein Produkt oder eine Dienstleistung, gibt er einen 16-stelligen freigerubbelten PIN-Code ein und schließt damit den Einkauf ab. Sollte der offene Betrag das aktuelle Guthaben der Karte übersteigen, kann der Restbetrag mit bis zu neun weiteren paysafecards beglichen werden. Die „<18“ paysafe-card für Jugendliche ist für den Einsatz auf nicht-jugendfreien Seiten gesperrt.

3. Warenfluss

Bereits heute wickelt L-T mehr als 50 Prozent seines Umsatzvolumens über elektronischen Datenaustausch ab, sowohl was die Kunden- als auch die Lieferantenanbindung betrifft. Dieses Volumen wird L-T unter Zuhilfenahme von Internettechnologien weiter ausbauen und professionalisieren.

L-T Onland

L-T hat wie kaum ein anderes Großhandelsunternehmen eine extrem heterogene Kundenstruktur. Daraus erwachsen spezielle Anforderungen an ein virtuelles Convenience-Geschäft, die nach einfachen und praktikablen Lösungen verlangen. Was aber wird vom Kunden tatsächlich als optimale Lösung gefordert und genutzt?

Diese Frage wurde von vielen Unternehmen nur unzureichend untersucht. Wunderschön anzusehende Internetshops entstanden, die jedoch von der eigentlichen Zielgruppe nicht oder nur wenig genutzt wurden. L-T hat sich der anfänglichen Begeisterung nicht angeschlossen und sich stattdessen für einen Feldtest entschieden.

Übersicht 2: Beispiel „Aktueller Warenkorb“

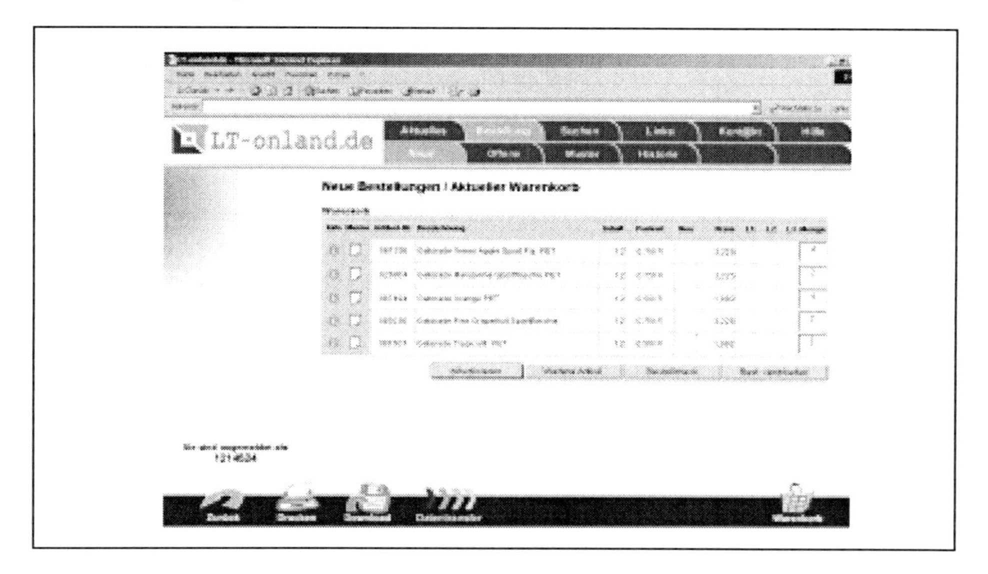

Ziel des Tests war es, anhand der gewonnenen Erkenntnisse künftig ein maßgeschneidertes Online-Portal für alle L-T-Kunden zu schaffen, das neben der Möglichkeit online Ware zu bestellen auch als Informationsplattform dient. Die Projektgruppe bestand aus L-T-Mitarbeitern sowie Mitarbeitern der hundertprozentigen L-T-Tochtergesellschaft sdh, den Firmen advanced concepts sowie T & A Systeme GmbH. Unter dem Titel LT-onland.de haben sie innerhalb von vier Monaten einen B2B-Shop entwickelt, der bei über 70 Kunden über mehrere Monate getestet wurde.

Um den Kundennutzen zu erhöhen, bietet LT-onland.de zusätzlich zum Web-basierten Shop die Möglichkeit, die Bestellmenge über ein mobiles Gerät zu erfassen. Die Kunden sind damit in der Lage, die Bedarfsmengen direkt am Regal zu erfassen, artikelbezogene Informationen abzurufen und die Bestellung später über das Internet zu versenden. Ergänzend zum Online-Shop wurde hierzu ein spezielles Programm auf Windows

CE-Basis erstellt. Als mobiles Erfassungsgerät dient ein Pocket-PC mit integriertem Scanner, der die Barcodes problemlos einliest.

Übersicht 3: Beispiel „Ansicht Artikelzusatzinformation“

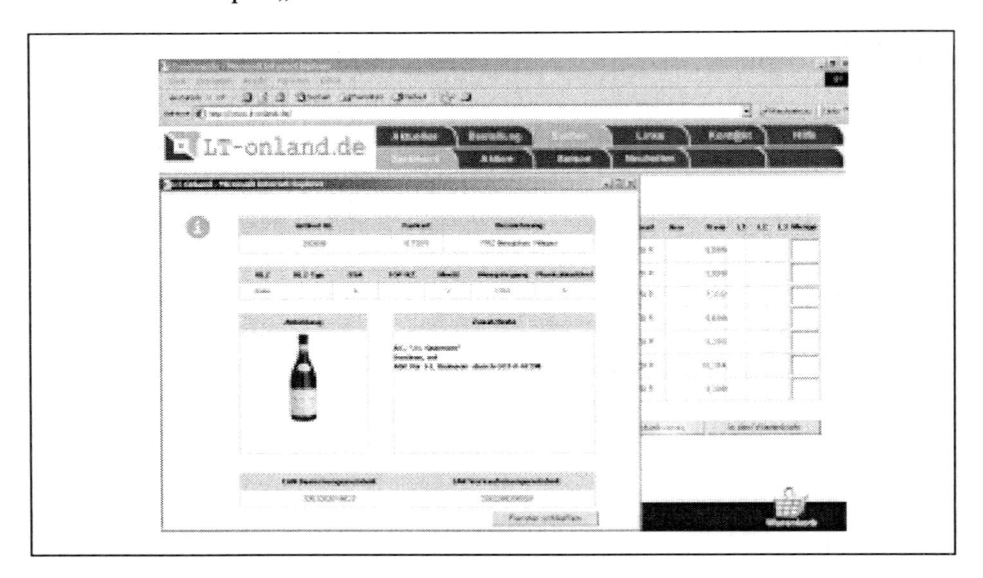

Web-basierte Funktionen von LT-onland.de sind:

- Informationen
  - über den Convenience Markt
  - neue Verordnungen, Steuererhöhungen
  - neue Artikel
- Bestellungen
- Artikelsuche nach Name oder EAN Detailinformationen zum Artikel
- Artikelabbildungen
- Anzeige der drei letzten Bestellmengen pro Artikel
- Bestellungen
- Online Artikelauswahl
- mobile Bestellerfassung
- Anlegen von Musterbestellungen
- Artikelsuche innerhalb von Sortimentsstrukturen
- Kontakt per E-Mail zu LEKKERLAND-TOBACCOLAND

♦ umfangreiche kontextsensitive Hilfsfunktion.

LT-onland.de wurde bewusst schlicht designt. Eine einfache klare Gliederung bringt den Kunden schnell zu den gewünschten Funktionen. Die Navigation erfolgt über eine dreistufige Navigationsleiste, so dass der Kunde ohne Probleme die Funktionen wechseln kann.

Erste Befragungen zum Test des B2B-Portals ergaben, dass die Kunden LT-onland.de als zukunftsträchtige Innovation aufnehmen. Der leicht verständliche Aufbau des Shops findet eine hohe Akzeptanz und trägt im Wesentlichen zur positiven Bewertung der Kunden bei.

L-T ist mit LT-onland.de der Einstieg in das virtuelle Convenience-Geschäft gelungen.

III. Zusammenfassung

1. Positionierung heute

In der Handelshierarchie, die zum Konsumenten führt, sieht sich L-T als klassischer Großhändler und Mittler zwischen Industrie und Einzelhandel.

Übersicht 4: Die „Handelshierarchie" zwischen Hersteller und Konsument

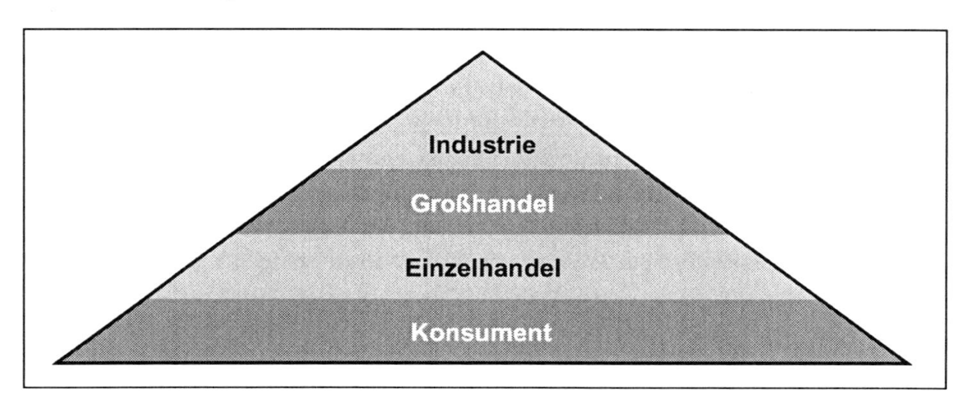

Hierbei gilt es, die Wertschöpfungskette in den einzelnen Wertschöpfungsstufen von der Beschaffung/Einkauf, Lagerung, Kommissionierung, Auslieferungslogistik bis zum Vertrieb an den PoS dauerhaft zu optimieren. Indem der Einzelhandel die Wertschöpfungsstufen wertschätzt, ist L-T in der Lage, die Leistungsstandards in den einzelnen Prozessen auf einem hohen Niveau zu konzentrieren und dementsprechend in der Summe Vorteile in der Ertragslage des Einzelhandels darzustellen.

Die aufgezeigten Leistungsbausteine belegen, dass L-T sich nicht nur zum Vollsortimenter entwickelt hat, sondern der Einzelhandel durch permanente Innovationen an der zukunftsorientierten Sortimentsentwicklung partizipiert. L-T handelt nach der Erkenntnis: „Der Lieferant ist nur so gut, wie es seine Kunden zulassen". Darin liegt der Ansporn für L-T, sich selbst permanent zu analysieren und zu optimieren, und dies nicht nur als Lieferant, sondern auch als Ergebnispartner für den Einzelhandel. Durch die L-T-Leistungen garantiert L-T die Existenzfähigkeit des Einzelhandels.

2. Strategien für die Zukunft

a) Marktplatz der Zukunft

Die Vorteile, die L-T als Vollsortimenter bietet, sind ausführlich beschrieben worden. Damit ergeben sich allerdings auch Gefahrenpotenziale, die es möglichst niedrig zu halten bzw. auszuschalten gilt.

In seiner künftigen Unternehmensphilosophie sieht sich L-T als Systemkopf mit eigenen Kernkompetenzen, der durch das Aufschalten von Kompetenzen über einen Marktplatz eine Kompetenzbündelung erreicht.

Die Definition der Kernkompetenzen liegt in der klassischen Sortimentspolitik von Food- und Tabakwaren sowie Telefon- und Prepaid-Karten. Sie erklären sich durch Sortimentstiefe und Sortimentsbreite sowie daraus entstandenen Umsatzvolumina. Um künftigen Anforderungen des Convenience-Geschäftes zu entsprechen, wird L-T über einen Marktplatz von stufengleichen Lieferanten permanent Ausschau halten nach geeigneten Lieferanten für neue Warengruppen X, Dienstleistungen Y und Ideen Z.

Übersicht 5: Marktplatz zur Kompetenzbündelung

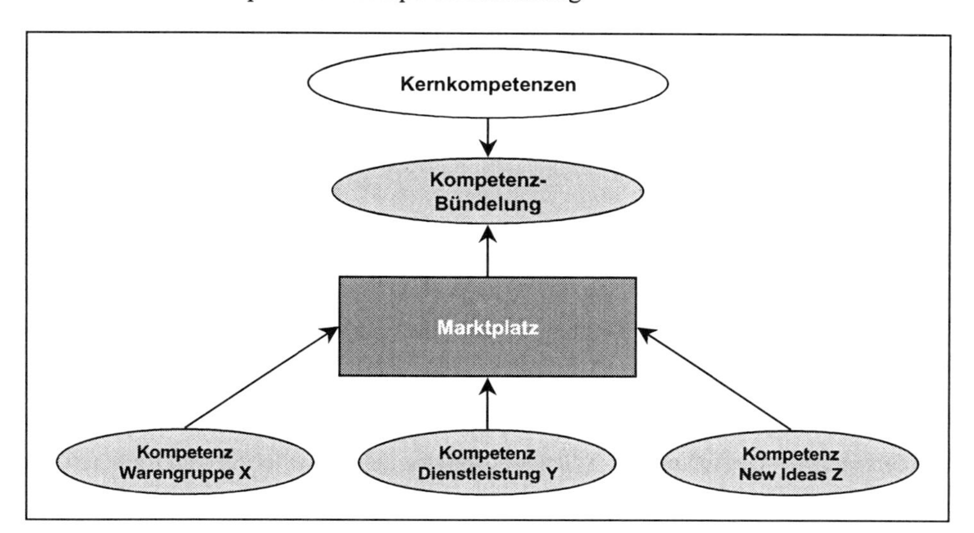

Über so neu zu gestaltende strategische Allianzen mit diesen Spezialisten, die für sich wiederum Kernkompetenzen bündeln, ist L-T in der Lage, als Systemkopf den Kunden „alles aus einer Hand“ zu bieten, angefangen von der Auftragsübermittlung bis zur Fakturierung und Datenaustausch über Leistungskennziffern. Dabei spielt das körperliche Handeln der Ware oder Dienstleistungen nicht die vordergründige Rolle für das Handeln über L-T-Warehouses, wenn die strategischen Partner in der Lage sind, ihre Produkte im Namen und für Rechnung von L-T selbst optimal zu liefern.

b) Europäische Ausrichtung

LEKKERLAND Deutschland und tobaccoland Deutschland sind durch die Fusion zu LEKKERLAND-TOBACCOLAND als ein rein deutsches Unternehmen mit der operativen Ausrichtung auf Deutschland aufgestellt. Durch die zum Teil deckungsgleichen Gesellschafter der Organisation LEKKERLAND Europa Holding und LEKKERLAND International ist eine europaweite Verflechtung gegeben. LEKKERLAND Europa ist in sieben europäischen Ländern operativ tätig, die LEKKERLAND International Organisation ist in weiteren 15 europäischen Ländern tätig.

Die bereits heute von der Geschäftsführung L-T abgeschlossenen Verträge mit internationalen Mineralölgesellschaften (z.B. Shell und Esso) sind als europäische Rahmenvereinbarungen abgeschlossen. Zusätzlich wurde auf Basis dieser Rahmenvereinbarung für Deutschland ein operativer Vertrag geschlossen für die geschäftlichen Tätigkeiten zwischen der jeweiligen Länder-Mineralölgesellschaft und L-T Deutschland. Durch den Abschluss der europäischen Rahmenvereinbarungen sind die außerhalb Deutschlands gelegenen LEKKERLAND-Gesellschaften in der Lage, adäquate länderspezifische Lieferverträge mit den Mineralölgesellschaften abzuschließen.

Eindeutig erklärtes Ziel ist, dass L-T Deutschland mit LEKKERLAND Europa und LEKKERLAND International eine Plattform findet, die sowohl die strategische Ausrichtung der Unternehmen als auch die operative Umsetzung ermöglicht. Dementsprechend sind auch die Verhandlungen mit den Produktherstellern und Dienstleistern bereits europäisch angelegt.

Sowohl die internationalen Mineralölgesellschaften als auch europäisch agierende Handelsunternehmen sehen in L-T den Vollsortimenter, Dienstleister und Lieferant, so dass Supply Chain Management und Merchandising als selbstverständliche Lösungsansätze für L-T verpflichtend sind.

Abschnitt E

Marktorientierte Restrukturierung einer Verbundgruppe in einem kompetitiven Markt: Die CENTRO Handelsgesellschaft GmbH & Co. KG

Gerd Schade und Moritz Havenstein

I. Einleitung

Viele Unternehmen des freien Kfz-Teilegroßhandels haben sich auf Grund des zunehmenden Wettbewerbs, in dem sie untereinander stehen und der vom (Automobil-) herstellergebundenen Teil des Aftermarkets für Kfz-Teile und -Zubehör ausgeübt wird, in Verbundgruppen organisiert. Stand zunächst die Einkaufsbündelung im Vordergrund, so werden zunehmend auch Vertriebs- und Marketingaktivitäten von den horizontalen Kooperationen, deren Ursprünge bereits in den siebziger Jahren gelegt wurden, übernommen. Neben der CENTRO als Dachorganisation der Bosch-Vertragsgroßhändler können derzeit die folgenden Kooperationen im Kfz-Teilegroßhandel als die wichtigsten angesehen werden: Auto-Teile-Ring (ATR), CARAT, COPARTS und TEMOT. Nach wie vor gibt es jedoch eine Vielzahl von insbesondere kleineren, regionalen Großhändlern, die keiner Kooperation angehören.

Im vorliegenden Beitrag soll die Entwicklung der CENTRO von der Gründung im Jahre 1972 bis zur heutigen Dachorganisation der Bosch-Vertragsgroßhändler aufgezeigt werden. Es lassen sich dabei vier Entwicklungsphasen erkennen, die maßgeblich durch die jeweilige Situation der Bosch-Vertragsgroßhändler bestimmt wurden.

Übersicht 1: Entwicklungsphasen der CENTRO

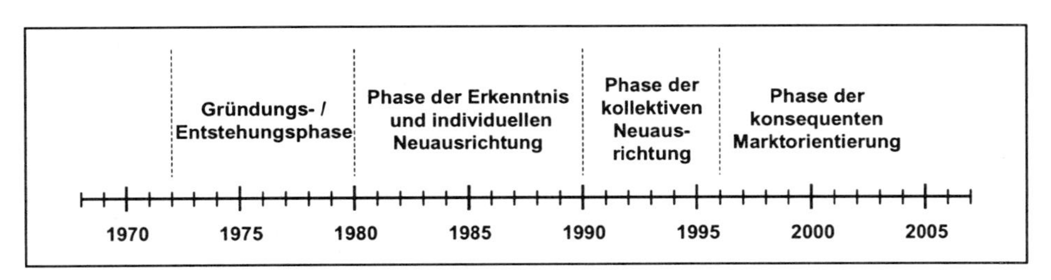

Die Gliederungsstruktur der folgenden Ausführungen orientiert sich an diesen Phasen. Zunächst werden jedoch einige relevante Begriffe näher erläutert.

II. Begriffsbestimmungen

1. Der Aftermarket für Kfz-Teile und -Zubehör

In der deutschen Automobilindustrie liegt die Fertigungstiefe, also der Anteil der von den Automobilherstellern selbst gefertigten Teile eines Fahrzeugs, nach Untersuchungen des Verbandes der Automobilindustrie derzeit unter 25 Prozent. Somit wird der weitaus größere Anteil der Fahrzeugkomponenten von den Kfz-Teileherstellern produziert. Die Erzeugnisse der Kfz-Teilehersteller gehen als einzelne Teile oder zunehmend als vorgefertigte Module in die Fahrzeugfertigung ein. Diese Verflechtungen zwischen den Kfz-Teileherstellern und Automobilherstellern bezeichnet man als den Erstausrüstungsmarkt, der hier allerdings nicht betrachtet wird. Vielmehr geht es um den Handelsmarkt für Kfz-Teile und -Zubehör, der auch im deutschen Sprachraum zunehmend als „(Automotive-)Aftermarket“ bezeichnet wird. Dieser Markt ist relevant, wenn ein in Betrieb befindliches Fahrzeug Ersatz- bzw. Verschleißteile benötigt oder mit Zubehör ausgestattet werden soll. Im Folgenden wird ausschließlich der PKW-orientierte Markt betrachtet, dessen Struktur in Übersicht 2 dargestellt wird.

Die Automobilhersteller bedienen den Aftermarket sowohl mit Teilen, die sie produzieren, als auch mit solchen, die sie von den Kfz-Teileherstellern beziehen und unter der eigenen Herstellermarke vertreiben. Die Großhandelsfunktion für diese sog. Original-Ersatzteile wird dabei von den Automobilherstellern bzw. Importeuren selbst ausgeübt, indem diese Ersatzteilzentren betreiben, aus denen die Werkstätten (überwiegend der eigenen Organisation) beliefert werden. Darüber hinaus gibt es größere Autohäuser bzw. Vertragswerkstätten, die kleinere Werkstätten versorgen.

Der nicht-(Automobil-)herstellergebundene oder auch freie Teil des Aftermarkets wird zum einen von den in der Erstausrüstung vertretenen Kfz-Teileherstellern bedient. Die parallele Tätigkeit in der Erstausrüstung und im Aftermarket bringt häufig Konfliktpotenzial mit den Automobilherstellern mit sich. Zum anderen gibt es Kfz-Teilehersteller, die ausschließlich für den Aftermarket produzieren und nicht in der Erstausrüstung vertreten sind.

Übersicht 2: Distributionsstruktur im Aftermarket für Kfz-Teile und -Zubehör

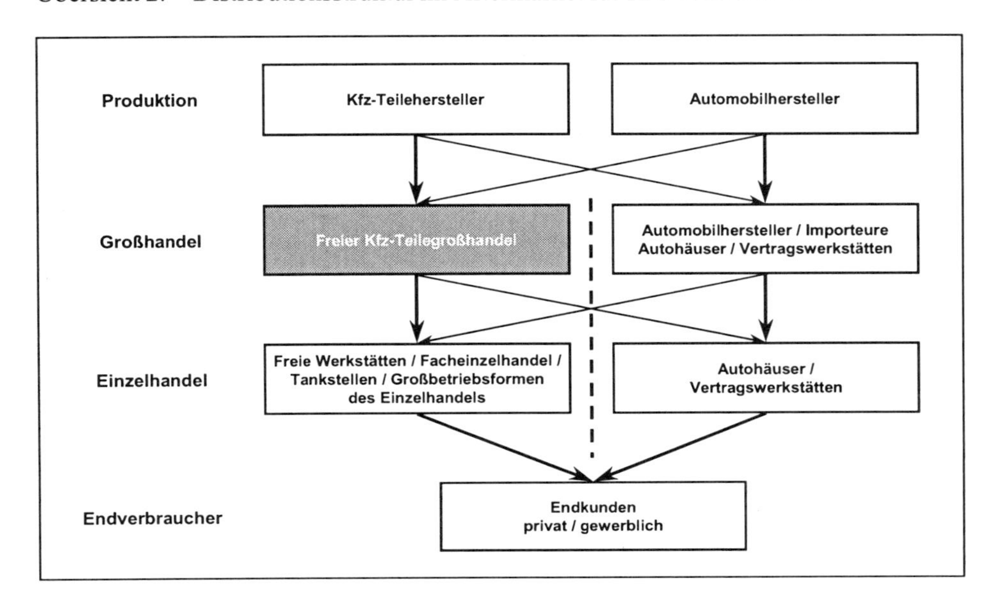

Die Großhandelsstufe im linken Ast der Übersicht 2 wird bestimmt vom freien Kfz-Teilegroßhandel. Dieser beliefert überwiegend freie – also nicht (Automobil-)herstellergebundene – Werkstätten sowie Facheinzelhändler, Tankstellen und Großbetriebsformen des Einzelhandels (z.B. Warenhäuser, Supermärkte), die Kfz-Teile und -Zubehör an Endverbraucher verkaufen. Zudem werden größere gewerbliche Endverbraucher, die eigene Werkstattkapazitäten vorhalten, häufig direkt vom Großhandel bedient.

Genauso wie die freien Werkstätten vereinzelt Original-Ersatzteile von den Handelsorganisationen der Automobilhersteller beziehen, kaufen die Autohäuser bzw. Vertragswerkstätten aus Gründen der zeitnahen Verfügbarkeit und/oder des niedrigeren Preisniveaus auch beim freien Kfz-Teilegroßhandel. Insgesamt zielen die Automobilhersteller jedoch mit verschiedenen Maßnahmen darauf ab, den eigenen Anteil am Aftermarket zu verteidigen bzw. auszubauen, so dass insbesondere der in der Übersicht 2 rechts dargestellte Ast des Aftermarkets als weitgehend in sich geschlossen gilt.

Ausschlaggebend für die Marktverteilung zwischen dem herstellergebundenen und dem freien Ast des Aftermarkets ist letztendlich die Entscheidung der Endverbraucher. Tendenziell ist festzustellen, dass Fahrzeughalter bzw. Fuhrparkverwalter (private/gewerbliche Endkunden) jüngerer Fahrzeuge Inspektionen und Reparaturen von der Vertragswerkstatt durchführen lassen, was auch mit dem Garantieanspruch in Zusammenhang steht. Mit zunehmendem Fahrzeugalter wächst jedoch die Bereitschaft, freie Werkstätten aufzusuchen, da diese in der Regel preiswerter sind. Für das Sortiment des freien Kfz-Teilehandels bedeutet dies, dass Ersatzteile für neue Fahrzeugtypen oder herstellerübergreifende technische Neuerungen erst mit einem gewissen Time-lag nach Markteinführung relevant werden. Auf der anderen Seite gehen jedoch auch Impulse vom freien Teil des Aftermarkets an die Erstausrüstung insofern aus, als dass über diesen bediente Nachrüstungswünsche (z.B. Sonnendach, Klimaanlage, Standheizung, Car-Hifi, Mobilfunk, Navigation) nach einiger Zeit von den Automobilherstellern optional oder serienmäßig für Neufahrzeuge angeboten werden.

Die im Aftermarket für Kfz-Teile und -Zubehör gehandelten Erzeugnisgruppen und ihre Marktvolumina ergeben sich aus nachfolgender Übersicht.

Übersicht 3: Marktvolumen Kfz-Teile und -Zubehör nach Erzeugnisgruppen 1999

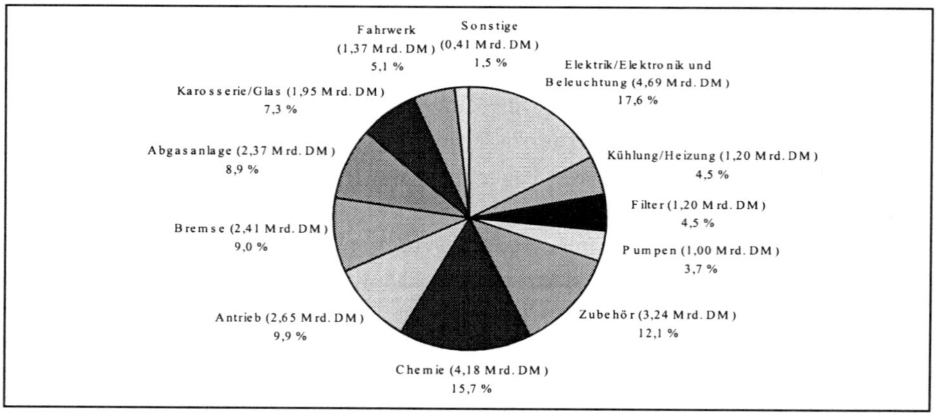

Fahrwerk (1,37 Mrd. DM) 5,1 %
Sonstige (0,41 Mrd. DM) 1,5 %
Elektrik/Elektronik und Beleuchtung (4,69 Mrd. DM) 17,6 %
Kühlung/Heizung (1,20 Mrd. DM) 4,5 %
Filter (1,20 Mrd. DM) 4,5 %
Pumpen (1,00 Mrd. DM) 3,7 %
Zubehör (3,24 Mrd. DM) 12,1 %
Chemie (4,18 Mrd. DM) 15,7 %
Antrieb (2,65 Mrd. DM) 9,9 %
Bremse (2,41 Mrd. DM) 9,0 %
Abgasanlage (2,37 Mrd. DM) 8,9 %
Karosserie/Glas (1,95 Mrd. DM) 7,3 %

Quelle: BBE.

Wurde der Aftermarket bisher auf allgemeiner Ebene betrachtet, so konzentrieren sich die folgenden Ausführungen auf den freien Kfz-Teilegroßhandel.

2. Der freie Kfz-Teilegroßhandel

Wie in anderen Branchen auch übernimmt der Großhandel im Aftermarket für Kfz-Teile und -Zubehör klassische Funktionen der Markterschließung, Sortimentsgestaltung, Lagerhaltung, Mengenbündelung und Belieferung. Dabei ist zu berücksichtigen, dass der freie Kfz-Teilegroßhandel mit durchschnittlich annähernd 40.000 Artikeln im Bestand ein sehr breites Sortiment vorhält, dem ein kurzfristiger, häufig mehrmals täglicher Bedarf auf Seiten der Kunden gegenübersteht. Von großer Bedeutung ist zudem die kundengerechte Abwicklung der Warenrücknahmen bei Fehlbestellungen sowie das Handling von Altteilen bei Austauschprodukten und die damit verbundene Pfandwertthematik. Charakteristisch für den Kfz-Teile-Aftermarket ist darüber hinaus die hohe technische Komplexität und Entwicklungsdynamik der Produkte. Dies geht für den Großhandel einher mit der Forderung nach technischer Beratungskapazität – sowohl im Verkauf als auch durch technische Hotlines – sowie dem Angebot von technischen Schulungen für die Kundengruppe der Werkstätten. Darüber hinaus wird den über Werkstattkonzepte angebundenen Kunden eine DV-technische Beratung und Schulung sowie Unterstützung bei regionalen Marketingaktivitäten geboten.

Die genannten Faktoren stellen zum einen hohe Anforderungen an die betreffenden Großhandelsbetriebe, sichern auf der anderen Seite allerdings auch deren Existenz, da es anderen Marktteilnehmern nur schwer möglich ist, dieses Funktionsspektrum abzudecken. Dies zeigt sich aktuell im schwierigen Markteinstieg der rein internetbasierten Geschäftsmodelle im Aftermarket.

Der freie Kfz-Teilegroßhandel ist geprägt durch überwiegend mittelständische Unternehmen. Es ist dabei zu unterscheiden zwischen unabhängigen Fachgroßhändlern sowie Werksvertretern. Letztere sind vertraglich an einen oder in der Regel mehrere Kfz-Teilehersteller gebunden und erhalten meist Alleinvertriebsrechte für bestimmte Marktgebiete. Als Gegenleistung verpflichten sich die Werksvertreter, keine konkurrierenden Teile anderer Hersteller zu vertreiben. Eine Ergänzung unvollständiger Sortimente durch komplementäre Produkte anderer Hersteller ist dadurch jedoch nicht ausgeschlossen. Zudem übernehmen Werksvertreter für ihre Vertragspartner häufig weitergehende Funktionen, wie die Kundendienstabwicklung und die Versorgung der Hersteller mit Marktinformationen.

Da viele Werksvertreter ihre Sortimente beständig erweitert haben, ist die Abgrenzung zu den Fachgroßhändlern häufig nicht mehr eindeutig zu ziehen. Eine Reihe von Teileherstellern haben zudem in der jüngeren Vergangenheit die bestehenden exklusiven bzw. selektiven Vertriebsstrukturen aufgebrochen, so dass die (ehemaligen) Werksvertreter einem zunehmenden Wettbewerbsdruck ausgesetzt sind. Wie sich im weiteren Verlauf des Beitrages noch zeigen wird, trifft dies insbesondere auch auf die Bosch-Vertragsgroßhändler zu.

3. Die Bosch-Vertragsgroßhändler

Die Bosch-Vertragsgroßhändler, nachfolgend gemäß der Bosch-Nomenklatur als BG abgekürzt, haben sich aus der Bosch Dienst-Organisation heraus entwickelt, deren Ursprung bereits in den zwanziger Jahren liegt. Ausschlaggebend für die Aufnahme von Großhandelsaktivitäten der größeren Bosch Dienste war die Entscheidung von Bosch, über das bestehende Netzwerk der Partner-Organisation Produkte zu vertreiben, für die diese mehrstufige Distributionsstruktur als zielführend im Sinne der Nutzung kosteneffizienter Strukturen bei gleichzeitig hoher Marktausschöpfung angesehen wurde. Für die Großhandelsaktivitäten wurde jedem BG ein eindeutig definiertes und vertraglich abgesichertes Gebiet zugeteilt. Mitte der sechziger Jahre gab es 98 BG, die im Zuge des Auf- und Ausbaus der Handelsaktivitäten die Kfz-Werkstattfunktion nicht aufgegeben, sondern als Bosch Dienst grundsätzlich parallel weitergeführt haben.

Aus dieser Historie resultieren eine Reihe von Besonderheiten, die bis in die Gegenwart prägend für die BG-Organisation sind. So haben die BG durch den eigenen Werkstattbetrieb eine ausgeprägte Kompetenz in den Bereichen der Kfz-Technik und Werkstattausrüstung, was sie besonders befähigt, ihren Kunden neben Schulungen eine individuelle technische Beratung anzubieten. Auf Grund der unternehmerischen Vergangenheit als Bosch Dienst handelt es sich bei den meisten BG um generationenübergreifende Familienbetriebe, wobei bereits zu Beginn der achtziger Jahre ein Prozess der Konzentration in Gang gesetzt wurde, der bis heute andauert. Dieser Prozess war zwangsläufig begleitet von einer vielfachen Neuordnung der Vertragsgebiete.

Im Gegensatz zu anderen Werksvertretern waren die BG nur an einen Hersteller gebunden, was bis heute einen maßgeblichen Einfluss auf die Geschäftstätigkeit ausübt. Allerdings hat sich die Bindung zwischen den BG und Bosch in den letzten Jahren deutlich gelockert. Das BG-Sortiment war in den siebziger und achtziger Jahren sowie bis in die neunziger Jahre ein Abbild der Bosch-Produktpalette. Im Kfz-Sektor lagen die Sortimentsschwerpunkte demzufolge in den Bereichen Kfz-Elektrik und -Elektronik, Diesel, Werkstattprüftechnik sowie in den Produktsegmenten Mobile Kommunikation und Autoradio der Bosch-Tochtergesellschaft Blaupunkt. Darüber hinaus wurden Bosch-Elektrowerkzeuge, -Hausgeräte und -Funktechnik im Sortiment geführt.

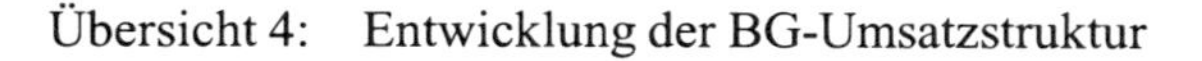
Übersicht 4: Entwicklung der BG-Umsatzstruktur

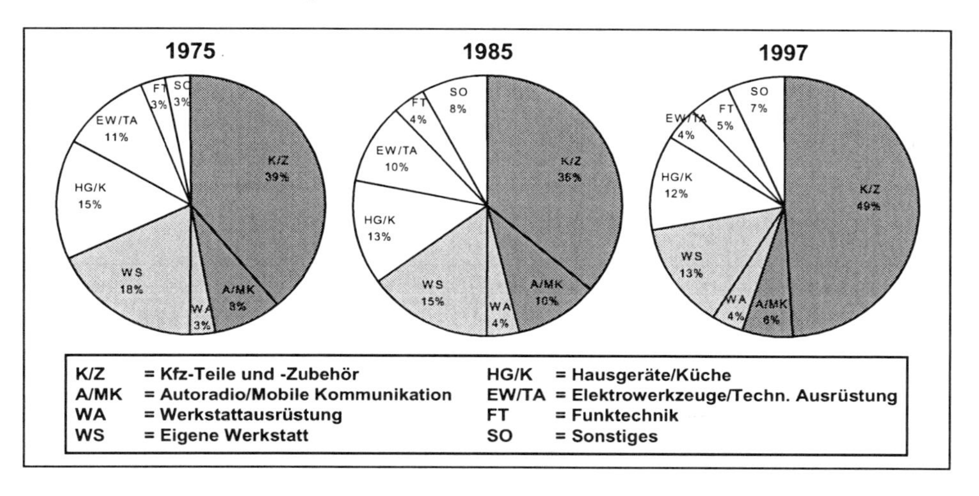

Die in Übersicht 4 dunkelgrau hinterlegten Bereiche Kfz-Teile und -Zubehör sowie Autoradio und Mobile Kommunikation stellen die langfristige strategische Stoßrichtung der BG-Organisation dar. So lag deren gemeinsamer Anteil am Gesamtumsatz in den Jahren 1975 und 1985 noch deutlich unter 50 Prozent, während er im Jahre 1997 bereits 55 Prozent betrug. In Zusammenhang mit diesen Kerngeschäftsfeldern sind zudem die hellgrau gekennzeichneten eigenen Werkstätten in ihrer Funktion als Kompetenzbringer sowie der Bereich Werkstattausrüstung von Bedeutung.

Die Kundenstruktur der BG-Organisation ist prinzipiell identisch mit der des gesamten Kfz-Teilegroßhandels, allerdings mit anderen Schwerpunkten. So decken die Bosch Dienste den Großteil ihres Bedarfs über die BG und stellen somit eine bedeutende Kundengruppe dar. Zudem sind die kleineren regional und mitunter nur lokal tätigen Großhändler auf Grund der BG-Werksvertreter-Funktion als Käufergruppe überdurchschnittlich repräsentiert.

III. Gründungs-/Entstehungsphase

1. Marktsituation und BG-Entwicklung

Anhand von indizierten Kennziffern wird in der folgenden Übersicht die Umsatz- und Beschäftigungsentwicklung im Kfz-Teilegroßhandel von 1970 bis 1979 dargestellt. Es ist ein nachhaltiger Anstieg des Umsatzes bei langfristig tendenziell abnehmender Mitarbeiterzahl zu erkennen, was auf eine Rationalisierung der Strukturen hindeutet.

Übersicht 5: Entwicklung des Umsatzes und der Zahl der Mitarbeiter im Großhandel mit Kraftfahrzeugteilen von 1970 bis 1979 (indiziert)

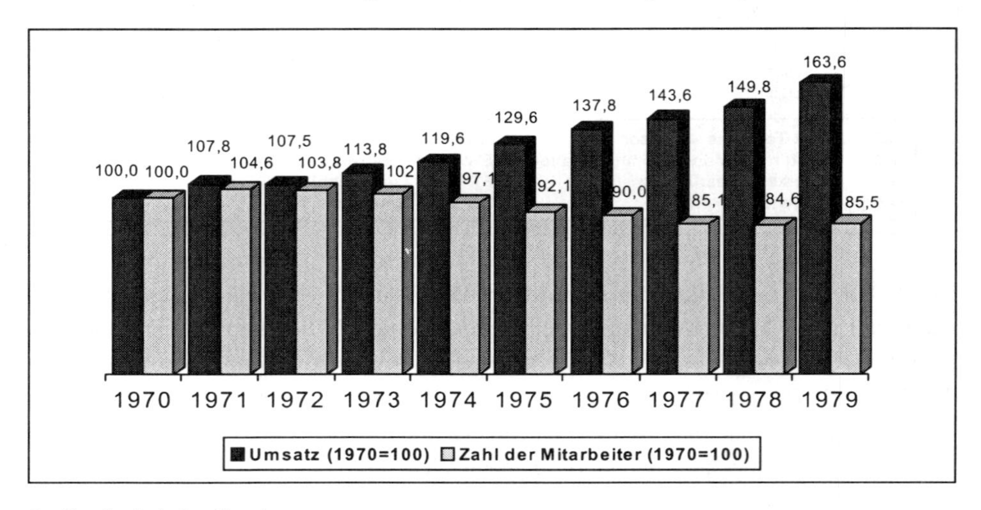

Quelle: Statistisches Bundesamt.

Aus BG-Sicht gab es durch die weitgehenden Alleinvertriebsrechte für die Bosch-Erzeugnisse der Kfz-Elektrik nur wenig Konkurrenz im Kerngeschäft. Die in Übersicht 5 dargestellte positive Entwicklung des Großhandels mit Kraftfahrzeugteilen konnte in dieser Periode von der BG-Organisation nachvollzogen werden. Jeder BG betrieb in seinem eindeutig definierten Vertragsgebiet ein recht sicheres, überschaubares und auskömmliches Geschäft als Werksvertreter. Die sortiments- und gebietsmäßige Beschränkung der BG-Verträge förderte eine intensive Marktbearbeitung durch jeden BG, was sich letztlich in einer gesamthaft hohen Marktausschöpfung für Bosch-Erzeugnisse niederschlug. Bis Ende der siebziger Jahre reduzierte sich die Anzahl der BG auf 84 Betriebe. Hierbei handelte es sich nicht um einen geplanten Anpassungsprozess, sondern vielmehr um Entscheidungen einzelner BG, das Großhandelsgeschäft aufzugeben.

2. Entstehung der CENTRO

Die CENTRO wurde 1972 gegründet als „CENTRO Einkaufsring technischer Fachgroßhändler GmbH" mit Sitz in Nürnberg (später München). Gründungsgesellschafter waren insgesamt 21 BG aus dem süddeutschen Raum, die alle über gleich große Geschäftsanteile verfügten. Geschäftszweck war laut Gründungsurkunde die Beratung der BG hinsichtlich eines zweckmäßigen Artikelprogramms, „das als Ergänzungsprogramm zu den vertraglich zu vertreibenden Artikeln der Firma Robert Bosch GmbH geführt werden soll". Zudem war es Aufgabe der CENTRO, „mit den Lieferanten über Einkaufskonditionen der von ihr betreuten Erzeugnisgruppen" zu verhandeln. Organisatorisch manifestierte sich der Einfluss von Bosch auf die CENTRO darin, dass Bosch einen Sitz im CENTRO-Verwaltungsrat erhielt, der bis zum Jahre 1998 Bestand hatte.

Der Formulierung des Geschäftszwecks folgend, konzentrierten sich die Aktivitäten der CENTRO in den siebziger Jahren gemäß der Elektrik-Kompetenz der BG auf komplementäre Produkte, so dass das angestammte Bosch-Sortiment keinesfalls tangiert wurde. Bedeutend waren hier das Geschäft mit PKW-Standheizungen sowie die Ende der siebziger Jahre aufkommende Klimaanlagen-Nachrüstung. Die CENTRO-Aktivitäten erstreckten sich darüber hinaus auch auf Teilbereiche der Kfz-Chemie. Im Geschäftsfeld der Werkstattausrüstung wurden zur Abrundung der traditionellen Bosch-Prüftechnik (z.B. Motortester, Abgastester, Rollenprüfstände) Hebebühnen über die CENTRO beschafft.

Bis Ende der siebziger Jahre erfolgte eine schrittweise Aufnahme und Integration aller anderen BG, so dass die CENTRO schließlich über eine bundesweit flächendeckende Vertriebsstruktur verfügte. Dies ist bis heute ein entscheidendes Argument bei der Verhandlung zentraler Rahmenvereinbarungen mit Lieferanten.

Es kann festgehalten werden, dass die CENTRO in dieser Periode vom Grundsatz her als Einkaufskooperation fungierte, allerdings in einem eng abgesteckten Rahmen. Mit dem herstellerorientierten Sortiment aus Bosch-Erzeugnissen und dem CENTRO-Ergänzungssortiment deckten die BG zu dieser Zeit nur einen geringen Teil des im Aftermarket gehandelten Erzeugnisspektrums (siehe Übersicht 3) ab, was sich in den folgenden Phasen noch als deutlicher Schwachpunkt erweisen sollte.

IV. Phase der Erkenntnis und individuellen Neuausrichtung

1. Marktsituation und BG-Entwicklung

Übersicht 6 zeigt die Marktentwicklung auf der Grundlage indizierter Zahlen für Westdeutschland von 1980 bis zum Jahre 1989. Auf Grund einer geänderten Erhebungssystematik ist hier allerdings der Großhandel mit Reifen enthalten.

Übersicht 6: Entwicklung des Umsatzes und der Zahl der Mitarbeiter im Großhandel mit Kraftfahrzeugteilen und -reifen von 1980 bis 1989 (indiziert)

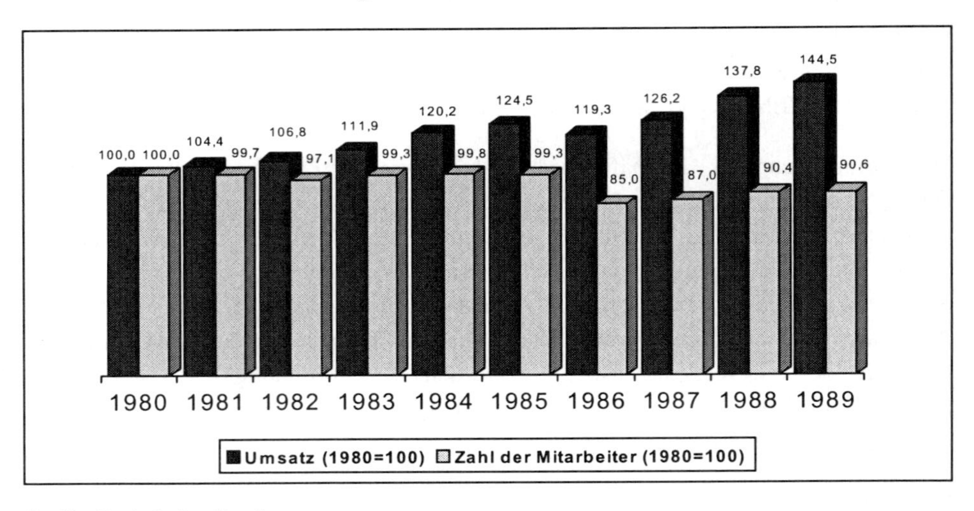

Quelle: Statistisches Bundesamt.

Wie bereits in den siebziger Jahren zeigte sich auch in dieser Periode insgesamt eine deutliche Umsatzzunahme bei gleichzeitigem Rückgang der Mitarbeiterzahlen. Die BG-Organisation wies bis Mitte der achtziger Jahre jedoch nur schwache, eindeutig unter der Marktentwicklung liegende Umsatzzuwächse auf. Danach lag eine stagnierende und im Folgenden sogar abnehmende Umsatzentwicklung vor. Allerdings bezieht sich diese Aussage auf das gesamte BG-Sortiment. Eine wesentliche Ursache ist darin zu sehen, dass Bosch im Geschäftsfeld Elektrowerkzeuge den zweistufigen Vertrieb über die BG in der zweiten Hälfte der achtziger Jahre auf Direktvertrieb umgestellt hat.

Bei einem wichtigen Bereich aus dem Kerngeschäft der BG-Organisation, dem Autoradio, entwickelten sich die Rahmenbedingungen ebenfalls nachteilig. So stieg hier die Erstausrüstungsquote bis Ende der achtziger Jahre auf rund 90 Prozent an, was insgesamt mit einem abnehmenden Geschäftsvolumen für den Aftermarket einherging. In dem verbleibenden Handelsmarkt zeichnete sich überdies eine Umsatzverschiebung vom kraftfahrzeugorientierten Handel zu Gunsten der von den Herstellern direkt belieferten Fachmärkte für Unterhaltungselektronik ab – ein Prozess, der bis weit in die neunziger Jahre wirken sollte.

In dieser Zeit war allgemein eine Entwicklung zu verzeichnen, in der größere Kunden zunehmend auf Direktbelieferung durch die Hersteller drängten. Dies bedeutete für die BG im Kerngeschäftsfeld eine stärkere Konzentration auf die Kundengruppe der Kfz-Werkstätten, die auf Grund ihrer abnehmenden Bereitschaft zur Lagerhaltung bei gleichzeitig geforderter schneller Warenverfügbarkeit für eine enge Zusammenarbeit mit dem freien Kfz-Teilegroßhandel prädestiniert sind.

Allerdings waren insbesondere die Werkstätten zunehmend bestrebt, ihre Einkäufe auf wenige Großhändler mit jeweils breitem Sortiment zu konzentrieren. Während andere Kfz-Teilegroßhändler ihr Sortiment um Erzeugnisse der Kfz-Elektrik und -Elektronik vervollständigten, haben sich die BG weiterhin schwerpunktmäßig auf diesen Bereich beschränkt. Gerade aber im Segment Kfz-Elektrik führten die Bemühungen der Automobilhersteller um mehr Zuverlässigkeit zu einem drastischen Rückgang des Reparaturaufkommens, weil Verschleißteile und wartungsintensive Bauteile mehr und mehr durch elektronische, wartungsfreie Komponenten ersetzt wurden. Trotz der stark zunehmenden „Elektronisierung“ der Kraftfahrzeuge hat die Reparaturanfälligkeit durch die geschilderte Entwicklung abgenommen und der BG-relevante Markt somit relativ an Volumen verloren.

Nachteilige Auswirkungen auf das Kerngeschäft gingen zudem davon aus, dass sich der (Automobil-)herstellergebundene Ast des Aftermarkets noch stärker abgeschottet hat. So konnten die BG eine Reihe von Bosch-Kernerzeugnissen, wie z.B. Batterien, Zündkerzen, Wischblätter, Scheinwerfer nicht mehr im bisherigen Umfang an die Vertragswerkstätten verkaufen, da deren Bezugsbindung an die jeweiligen Muttergesellschaften ausgebaut wurde. Umso wichtiger war es für die BG, sich verstärkt auf die Kundengruppe der freien Kfz-Werkstätten zu konzentrieren.

Zudem hat mit den Bosch Diensten die wichtigste Kundengruppe der BG darunter gelitten, dass die Vertragswerkstätten ihre Kompetenzen ausgeweitet haben. Bisher hatten viele Vertragswerkstätten Spezialreparaturen im Bereich Diesel und Elektrik/Elektronik nicht selbst durchgeführt, sondern an die Bosch Dienste weitergeleitet, die auf Grund ihrer Kenntnisse und technischen Ausrüstung für die Durchführung dieser Reparaturen prädestiniert waren. Derartige Tätigkeiten wurden von den Vertragswerkstätten nun immer häufiger selbst durchgeführt, so dass mit diesem „Zuweisgeschäft“ ein wichtiger Umsatzträger für die Bosch Dienste und indirekt auch für die BG gravierend an Bedeutung verloren hat. Vor dem Hintergrund dieser Entwicklungen sahen auch viele Fahrzeugbesitzer keine Veranlassung mehr, den Bosch Dienst aufzusuchen, da dieser im Gegensatz zur Vertragswerkstatt nur ein begrenztes Leistungsspektrum zu bieten hatte.

Gesamthaft stellte sich auf Grund der geschilderten Entwicklungen deutlich heraus, dass das herstellerorientierte und damit begrenzte Sortiment für die BG keinesfalls mehr ausreichend war.

2. Ansätze der Neuorientierung

Insbesondere durch den Wegfall der Großhandelsumsätze mit Elektrowerkzeugen waren die BG zu weitreichenden Rationalisierungsmaßnahmen gezwungen. Zudem sollte der durch die Vertriebsumstellung entfallende Umsatz nach den Vorstellungen von Bosch durch zusätzlichen Kfz-Umsatz zu Lasten kleinerer BG weitgehend kompensiert werden. Dies war nur möglich durch Gebietsübernahmen und Fusionen, so dass sich die Anzahl der BG von 84 im Jahre 1980 auf 60 in 1985 und schließlich auf 50 Betriebe im Jahre 1989 reduziert hat.

Zum anderen wurden auf Grund der geschilderten Marktsituation in den Kerngeschäftsfeldern Ansätze einer sortimentsmäßigen Neuausrichtung (z.B. Tuning-Zubehör, Glasdach, mechanische Produkte) verfolgt. Hierbei handelte es sich zunächst allerdings überwiegend um Maßnahmen einzelner BG, die nicht untereinander abgestimmt waren und auch nicht über die CENTRO abgewickelt wurden. Bosch reagierte auf das Sortimentsdefizit der BG insofern, als dass Mitte der achtziger Jahre parallel zu den bisherigen Bosch-Kernerzeugnissen mit dem Aufbau eines Mechanik-Programms begonnen wurde (1985: Abgas, Bremse; 1988: Kupplung; 1993: Stoßdämpfer). Allerdings erfolgte zunächst eine moderate, auf die Versorgung der Bosch Dienste gerichtete Vermarktung, die jedoch im weiteren Verlauf auch vorsichtig auf andere Kundengruppen ausgedehnt wurde.

Die Sortimentserweiterungen in dieser Phase, die die BG an einem größeren Markt (siehe Übersicht 3) partizipieren ließen, wurden entweder von Bosch oder den BG selbst initiiert und nur vereinzelt zentral über die CENTRO abgewickelt. Außerdem war bzgl. der eigentlichen CENTRO-Sortimente häufig eine mangelnde Einkaufsloyalität der BG zu beklagen. Obwohl die BG-Anzahl bereits deutlich abgenommen hatte, war sie für ein homogenes Gruppenverhalten offensichtlich immer noch zu hoch. Die aus der Flächendeckung der CENTRO-Organisation resultierenden Verhandlungspotenziale gegenüber Lieferanten wurden demzufolge nicht ausgeschöpft. Die CENTRO konnte die achtziger Jahre nicht nutzen, um ein marktorientiertes, d.h. am Bedarf der Werkstätten ausgerichtetes Sortiment aufzubauen; vielmehr hat sich das CENTRO-Ergänzungssortiment im Vergleich zur Gründungs- und Entstehungsphase kaum weiterentwickelt.

Im Jahre 1988 erweiterte sich die Zuständigkeit der CENTRO um die österreichische BG-Organisation. Es erfolgte zudem im Jahre 1990 eine Standortverlagerung der CENTRO in Richtung der geografischen Mitte der (alten) Bundesrepublik von München in den Frankfurter Raum (Hochheim).

V. Phase der kollektiven Neuausrichtung

1. Marktsituation und BG-Entwicklung

Die Jahre 1990 bis 1992 waren durch eine wiedervereinigungsbedingte Sonderkonjunktur geprägt, von der auch der Aftermarket für Kfz-Teile und -Zubehör profitierte. Allerdings deutet die Umsatzentwicklung in den Folgejahren 1993 bis 1996 trotz einer weiteren Zunahme des PKW-Bestandes auf einen stagnierenden Markt hin, wenn man die durchschnittliche Inflationsrate von 2,5 Prozent berücksichtigt. Ausschlaggebend dafür war, dass die Durchschnittsausgaben für Ersatz- und Verschleißteile (ohne Zubehör) pro PKW rückläufig sind. Diese Entwicklung ist auf eine nachhaltige Qualitätsverbesserung und damit längere Haltbarkeit der elektrischen und mechanischen Ersatz- und Verschleißteile zurückzuführen, was letztendlich eine geringere Reparaturanfälligkeit und verlängerte Fahrzeug-Wartungsintervalle bewirkt.

Übersicht 7: Entwicklung des Umsatzes und der Zahl der Mitarbeiter im Großhandel mit Kraftwagenteilen und Zubehör von 1993 bis 1996 (indiziert)

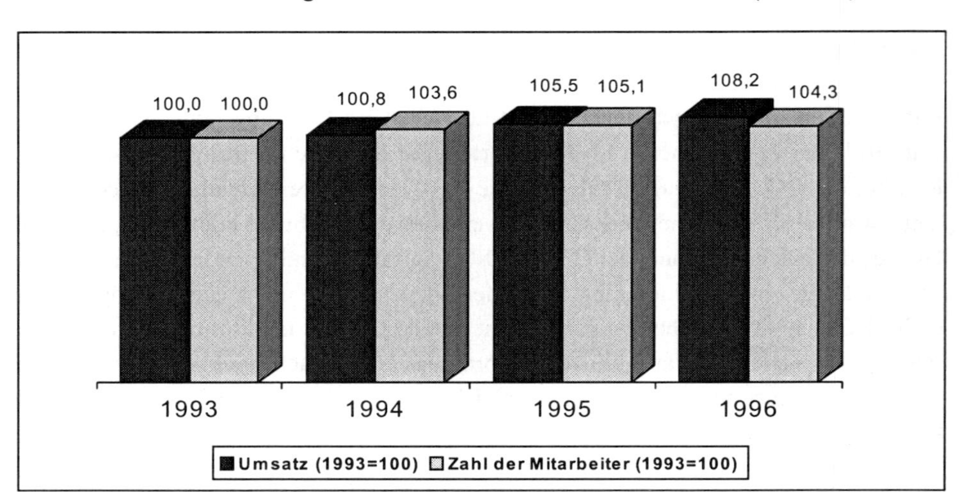

Quelle: Statistisches Bundesamt.

Während die Mitarbeiterzahl in den achtziger Jahren trotz Umsatzzuwächsen abgenommen hatte, ist sie in der hier betrachteten Periode hingegen weitgehend konstant geblieben. Der Grund dafür ist nicht in einer Abkehr von Rationalisierungsbestrebungen zu sehen, sondern vielmehr in gestiegenen Anforderungen der Kunden an den Großhandel, was mit einem entsprechenden zusätzlichen Personalbedarf einherging. So resultierte aus der zunehmenden Komplexität der Kfz-Technik, aber auch aus dem DV-Einsatz in der Werkstatt, Beratungsbedarf. Gleichzeitig nahm bei den Werkstätten die Bereitschaft der Lagerhaltung weiter ab, was in Kombination mit Forderungen der Endkunden nach einer schnellen Durchführung der Reparatur eine gesteigerte Logistikleistung der Großhändler erforderlich machte.

In dieser Phase bereinigte sich die Branche in Form von Unternehmenszusammenschlüssen und -übernahmen. Dies galt insbesondere für die BG-Organisation, in der sich die Anzahl der Betriebe nahezu halbiert hat. Ausschlaggebend dafür war der 1989 vorgestellte Strukturplan für die Entwicklung der BG-Organisation in den neunziger Jahren, den Bosch auf Grund der schwierigen Rahmenbedingungen in den BG-Kerngeschäftsfeldern aufgelegt hatte. Durch die Schaffung größerer Wirtschaftsräume und die somit mögliche Zentralisierung von Funktionen sollten Synergiepotenziale erschlossen werden. Bei den Fusionen und Übernahmen wurden zwar keine Vertriebsgebiete aufgegeben, jedoch erfolgte in vielen Fällen eine Zentralisierung, die mit der Schließung regionaler Vertriebs- und Lieferstützpunkte verbunden war. Die so aufgegebenen Standorte wurden häufig von Wettbewerbern mit Vollsortiment besetzt, die zumindest den Kurzfristbedarf regionaler Werkstätten an sich ziehen konnten. Diese Marktanteilsverluste im angestammten Geschäft bei gleichzeitig stagnierender Gesamtmarktentwicklung führten zu erheblichem Umsatzrückgang bei der BG-Organisation. Dadurch waren weitere strukturelle Anpassungen erforderlich, was sich abermals in einer deutlichen Abnahme der Mitarbeiterzahl ausdrückte.

Auf Grund der aus der Elektrik-/Elektronik-Ausrichtung resultierenden Probleme der Bosch Dienste wurde im Jahre 1990 eine strategische Neuausrichtung der Bosch Dienste beschlossen, die eine erhebliche Ausweitung des Leistungsspektrums, insbesondere hinsichtlich mechanischer Arbeiten vorsah. Im Jahre 1992 wurden die Anforderungen an die Bosch Dienste verschärft, was eine sinkende Anzahl der Betriebe zur Folge hatte. Parallel wurde jedoch von Bosch das zusätzliche Konzept Freie Werkstattpartner (FWP) initiiert, um den BG die Möglichkeit zu geben, die wichtige Kundengruppe der freien Werkstätten sowie ehemalige Bosch Dienste langfristig an sich zu binden. Im Rahmen des FWP-Konzepts bieten die BG den angebundenen Werkstätten Schulungen, Zugang zu technischen Informationen, eine Technik-Hotline sowie DV-Beratung an. Darüber hinaus wird den Partnern die Möglichkeit der Außensignalisation „Bosch Kraftfahrzeugausrüstung" gewährt. Allerdings führte das immer noch bestehende BG-Sortimentsdefizit bei den über das FWP-Konzept angebundenen Kunden noch stärker als bei den Bosch Diensten dazu, dass deren Gesamtbedarf nur zum Teil abdeckt werden konnte und der „Rest" von den BG-Wettbewerbern zu beziehen war.

2. Die „neue" Rolle der CENTRO

Die zuvor geschilderte BG-Geschäftsentwicklung hat bei allen CENTRO-Beteiligten zu der Erkenntnis geführt, die in der zweiten Hälfte der achtziger Jahre BG-individuell eingeleitete und auch von Bosch gestützte Hinwendung zu einem kundenorientierten Sortiment deutlich zu forcieren. In einem weitgehend gesättigten Markt stellte sich somit für die BG die schwierige Aufgabe, Wettbewerber in deren angestammten Produktbereichen durch ein mindestens ebenbürtiges, wenn nicht besseres Preis-/ Leistungsverhältnis zu verdrängen. Parallel dazu musste bei den Kunden zunächst das Bewusstsein dafür erzeugt werden, dass der BG überhaupt kompetenter Lieferant für derartige Produkte ist.

Die BG erkannten, dass zur Bewältigung dieser Aufgabe die CENTRO so wichtig war wie nie zuvor. Nur durch sie war es möglich, wettbewerbsfähige Einkaufspreise mit neuen Lieferanten zu verhandeln und eine flächendeckende, professionelle Umsetzung der neuen Sortimente innerhalb der gesamten Organisation zu gewährleisten. Deswegen haben die BG trotz ihrer schwierigen Geschäftslage erhebliche finanzielle Anstrengungen unternommen, um die CENTRO zu stärken. Förderlich hierfür war sicherlich auch der Konzentrationsprozess in der BG-Organisation und die damit einhergehende erhöhte Konsensfähigkeit.

Die Herausforderung für die CENTRO bestand darin, auf der einen Seite die BG beim erforderlichen Sortimentsausbau zu unterstützen und Empfehlungen der BG sowie Marktanforderungen systematisch auszuwerten und zu bündeln. Auf der anderen Seite war jedoch eine Konzentration auf eine begrenzte Anzahl von Lieferanten erforderlich, um hier jeweils größere Einkaufsvolumina und damit bessere Konditionen erwirken zu können. Dies war insofern ein schwieriger Prozess, als dass in der gesamten BG-Organisation nicht nur erhebliche Unterschiede in Bezug auf die im Sortiment geführten Produktfelder bestanden, sondern auch für gleiche Produktfelder eine Vielzahl unterschiedlicher Lieferantenbeziehungen gepflegt wurden. Aus diesem Grund wurde im Rahmen der Neuausrichtung der CENTRO ein BG-übergreifender Arbeitskreis eingerichtet, mit dem Ziel der Definition eines Kernsortiments, zu dessen Aufnahme und Vermarktung sich jeder BG gegenüber der CENTRO satzungsmäßig verpflichtete.

Während Input durch die BG an die CENTRO bisher in unkoordinierter und punktueller Form erfolgte, wurden durch den „Arbeitskreis Sortiment“ diese Ideen und Anregungen gebündelt und als Entscheidungsvorlage aufbereitet. Auf Grund der positiven Erfahrungen wurden in den Folgejahren weitere Arbeitskreise zu verschiedenen Themen eingerichtet. Es wurde so ein Instrumentarium etabliert, durch das eine Vielzahl von Projekten auf CENTRO-Ebene professioneller und letztendlich auch kostengünstiger realisiert werden konnte, als dies bei einer BG-individuellen Entwicklung möglich gewesen wäre. Die Basisarbeit bzgl. des Sortiments fand ihren Abschluss in mehreren von CENTRO und Bosch veranstalteten Regionaltagungen, auf denen im Sinne von Kickoff-Veranstaltungen das Kernsortiment gegenüber den BG-Verantwortlichen penetriert wurde. Dabei wurde auch eine Signalwirkung nach außen (Lieferanten) erzielt.

Bosch hat den Prozess der CENTRO-Neuausrichtung unterstützend begleitet. Vor diesem Hintergrund ist auch die Standortverlagerung der CENTRO im Jahre 1996 nach Karlsruhe zu sehen. Es sollte so eine engere Zusammenarbeit und Abstimmung mit

Bosch in Bezug auf die Sortimentsplanung, Verkaufsförderungs- und Werbemaßnahmen sowie hinsichtlich des Katalogwesens ermöglicht werden.

VI. Phase der konsequenten Marktorientierung

1. Marktsituation und BG-Entwicklung

Unter Berücksichtigung der durchschnittlichen Inflationsrate für die Jahre 1997 bis 2000 von 1,4 Prozent zeichnete sich auch in dieser Periode eine stagnierende Gesamtmarktentwicklung ab. Trotzdem stieg die Mitarbeiterzahl auf Grund erhöhter Anforderungen an den Großhandel weiter an.

Übersicht 8: Entwicklung des Umsatzes und der Zahl der Mitarbeiter im Großhandel mit Kraftwagenteilen und Zubehör von 1997 bis 2000 (indiziert)

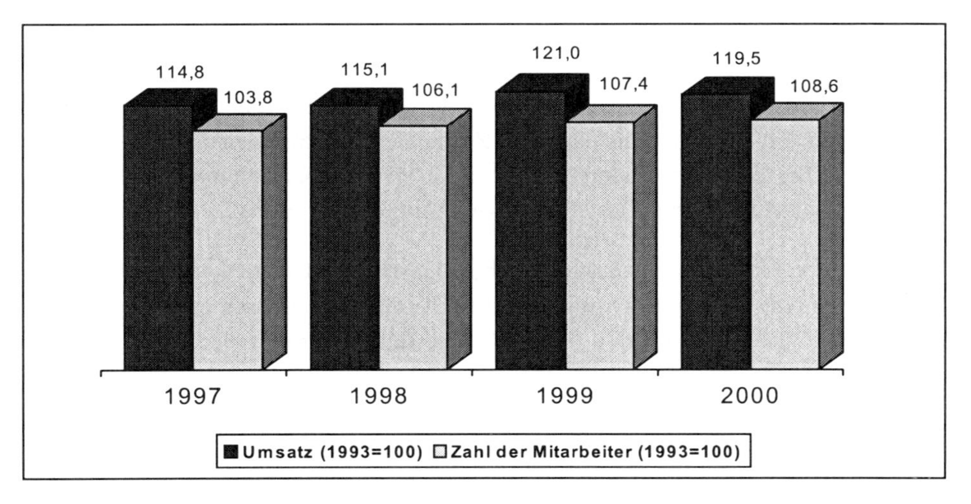

Quelle: Statistisches Bundesamt.

Die Automobilhersteller verstärkten in dieser Phase weiterhin ihre Aktivitäten zur langfristigen Bindung der Kunden an die Vertragswerkstätten. Im freien Kfz-Teilemarkt ist zudem eine Professionalisierung bestehender und Etablierung neuer Werkstattsysteme, die in direktem Wettbewerb zu den BG-Partner-Organisationen Bosch Dienst und FWP stehen, zu verzeichnen. Obwohl die Bosch Dienste ihr Leistungsspektrum bereits sukzessive erweitert hatten, wurden sie von den Endkunden nach wie vor primär als Elektrik-/Elektronik-Spezialisten wahrgenommen. Um die Neuorientierung marketingtechnisch zu untermauern, wurde 1999 das Bosch Dienst- durch das Bosch Service-Konzept ersetzt. Erhöhte Anforderungen und erhebliche Umstellungskosten führten zunächst wiederum zu einer Bereinigung des Netzes.

Weitgehende Auswirkungen auf die BG-Organisation und damit auch auf die CENTRO hatte der 1997 von Bosch vorgestellte Strukturplan. Kernelement dieses Plans war die Aufhebung der BG-Exklusivvertriebsrechte durch Bosch sowie der Entfall der vertraglich fixierten Gebietsgrenzen. Auch wenn die BG weiterhin den Status des Bosch-Vertragsgroßhändlers haben, bekamen sie nun auch in dem bisher weitgehend abgesicherten Geschäft mit Bosch-Kfz-Produkten Konkurrenz von anderen Großhändlern. Auf der anderen Seite war es den BG von nun an möglich, zu Bosch in direktem Wettbewerb stehende Erzeugnisse zu führen.

Da die BG-Konkurrenten schon lange als sog. Vollsortimenter aufgestellt waren und nun auch noch die Möglichkeit hatten, Bosch-Sortimente zu vertreiben, verschärfte sich der Druck auf die BG, den langwierigen und aufwändigen Prozess der kundenorientierten Sortimentsgestaltung zu vollenden. Der in Ansätzen aufkommenden Konkurrenz in Form der Online-Anbieter im Kfz-Teile-Aftermarket wurde durch die Etablierung von Internet-Bestellmöglichkeiten in Zusammenarbeit mit den Software-Systemhäusern der BG begegnet. Dadurch konnten die Vorteile des stationären, klassischen Handels mit einer effizienten Bestellabwicklung kombiniert werden.

Das bisher von jedem einzelnen BG betriebene Geschäft mit Warenhäusern und Märkten wurde Anfang 1999 in das neu gegründete BG-Gemeinschaftsunternehmen System Partner Autoteile GmbH & Co. in Karlsruhe überführt, um somit eine größere Professionalität und effizientere Abwicklung zu gewährleisten. In der BG-Organisation fand eine nochmalige Konzentration von 28 zum Zeitpunkt der Strukturplanvorstellung auf 15 Einheiten zu Beginn des Jahres 2002 statt.

2. Entwicklung und aktuelle Struktur der CENTRO

Nachdem durch die Festlegung eines Kernsortiments in der Vorperiode die Grundlagenarbeit erfolgt war, galt es nun, die geschilderte Konfliktsituation der bestehenden Lieferantenvielfalt zu überwinden und das Kernsortiment auf BG-Ebene umzusetzen. Dazu mussten die BG bestehende individuelle Lieferantenbeziehungen aufkündigen und die äquivalenten CENTRO-Kernsortimentslieferanten einpflegen. Dies war zum einen mit organisatorischen Kosten verbunden und erforderte darüber hinaus erhebliche Vertriebsanstrengungen. Vor diesem Hintergrund hatte die CENTRO insbesondere in den Jahren 1997 und 1998 viel Unterstützung und Überzeugungsarbeit bei den BG zu leisten. Natürlich erfolgte parallel ein Ausbau sowie eine dynamische Anpassung des Kernsortiments, initiiert durch den weiterhin tätigen „Arbeitskreis Sortiment".

Durch die letztendlich erfolgreiche Umsetzung des Kernsortiments im Markt konnte das über die CENTRO abgewickelte Einkaufsvolumen erheblich ausgebaut werden. Im Zuge der Aufgabe der Mechanik-Sortimente (Abgas, Bremse, Kupplung, Stoßdämpfer) durch Bosch wurde der CENTRO im Jahre 1998 zudem eine erweiterte Einkaufskompetenz für diese Erzeugnisse übertragen.

Übersicht 9: Entwicklung des BG-Einkaufsumsatzes mit CENTRO-gelisteten Lieferanten ohne Bosch (indiziert)

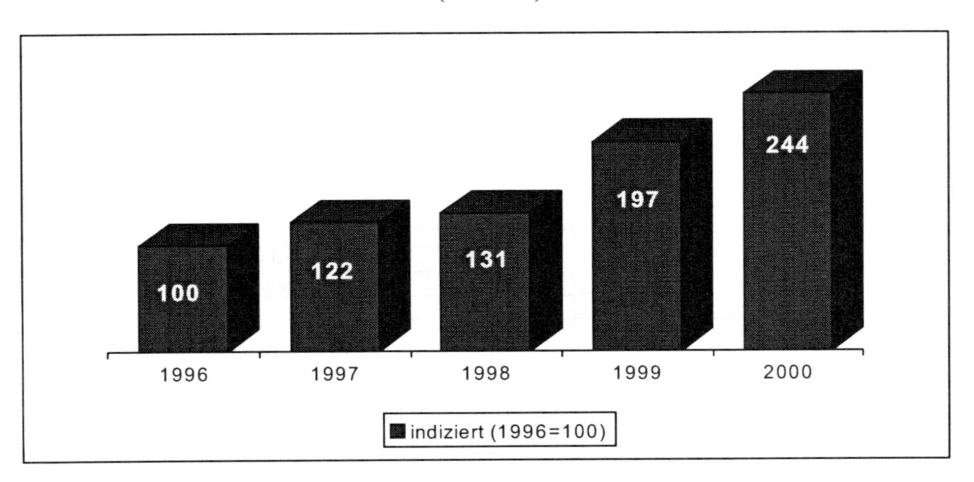

Wie in Übersicht 9 zu erkennen, konnten die Einkaufsumsätze der BG mit CENTRO-gelisteten Lieferanten auf Grund der gemeinschaftlichen Anstrengungen erheblich ausgebaut werden. Die an diese Einkaufsvolumina gekoppelten Lieferantenboni haben sich sogar deutlich überproportional erhöht, da durch die Konzentration auf wenige Lieferanten eine jeweils höhere Bonuseinstufung erzielt werden konnte. Der Durchbruch zu einer schlagkräftigen Einkaufskooperation war somit gelungen.

Trotz des erheblich gestiegenen Einkaufsvolumens und einer über die Einkaufsfunktion hinausgehenden Erweiterung des Aufgabenspektrums, die später beschrieben wird, haben sich die durch die CENTRO verursachten Kosten moderat entwickelt. Bei Berücksichtigung der Umsatzsteigerung zeigt sich sogar eine Halbierung der relativen Kosten im Zeitraum von 1996 bis 2000. Parallel zu den üblichen, an die BG auszuschüttenden Lieferantenboni wurden neuerdings auch Zentralboni zur Deckung der von der CENTRO verursachten Overhead-Kosten verhandelt. Dadurch konnte die seit den Anfängen der CENTRO übliche pauschale, nicht zweckgebundene Kostenumlage auf die CENTRO-Gesellschafter, also die BG, im Jahre 2000 abgeschafft werden.

Die positive Entwicklung der Kosten-/Leistungs-Relation ist insbesondere darin begründet, dass die schlanke Struktur der CENTRO, wie sie in Übersicht 10 dargestellt ist, grundsätzlich beibehalten wurde. Das kooperative Element der Verbundgruppe manifestiert sich in der Gesellschafterversammlung, die einen Verwaltungsrat für den Zeitraum von drei Jahren wählt. Wesentliche Entscheidungen sind von der Geschäftsführung mit dem Verwaltungsrat abzustimmen.

Übersicht 10: Organisationsstruktur der CENTRO im Jahre 2001

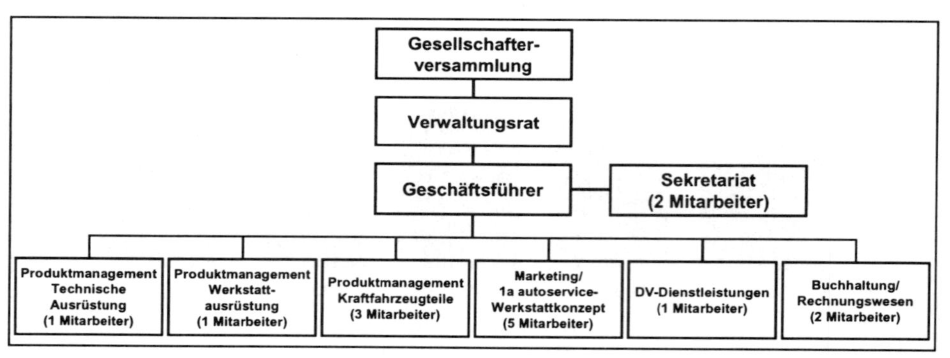

Aus dem Organigramm wird bereits ersichtlich, dass das Aufgabenspektrum der CENTRO neben der Einkaufsfunktion neuerdings auch Marketingaktivitäten umfasst, die im Folgenden näher erläutert werden.

3. Meilensteine der Marktorientierung

a) Beginn des Marketingauftritts

Neben der Professionalisierung der Einkaufsfunktion ist die hier geschilderte Phase gekennzeichnet durch eine neu aufkommende Marketingorientierung der CENTRO. War die CENTRO gegenüber den BG-Kunden bisher nur vereinzelt durch Eigenmarken in Erscheinung getreten, so wurden nun BG-Image-Broschüren sowie Akquisitionsunterlagen und Saisonprospekte für das FWP-Konzept zentral durch CENTRO erstellt. Darüber hinaus wurde 1996 der quartalsweise erscheinende „Werkstatt-Report" ins Leben gerufen, in dem BG-übergreifend einheitliche Angebote für Produkte der Werkstattausrüstung aber auch für damit in Zusammenhang stehende Dienstleistungen wie Einweisung und Leasing veröffentlicht werden. Noch deutlicher äußert sich die marketingtechnische Begleitung der BG-übergreifenden Sortimentsanpassung in umfassenden Katalogen für die Bereiche Kfz-Chemie und Werkstattausrüstung.

Nennenswert ist in diesem Zusammenhang der erstmalige eigenständige Marketingaußenauftritt der CENTRO und der BG auf der Messe automechanika im Jahre 1998. Dadurch sollten in erster Linie die bestehenden FWP-Betriebe, aber auch sonstige freie Werkstätten als potenzielle Konzeptkunden angesprochen werden. Im Jahre 1999 wurde der angesprochene neue Auftrag der CENTRO, „gemeinsame Marketing- und Vertriebsstrategien zu entwickeln und umzusetzen", neben der klassischen Aufgabe der zentralen Einkaufsverhandlungen mit BG-Lieferanten in jeweils gleichlautenden Geschäftsbesorgungsverträgen zwischen den BG und der CENTRO fixiert.

b) Zertifizierung

Im Kontext der Marktorientierung ist zudem das strategische Ziel einer Homogenisierung des BG-Marktauftritts zu sehen. Um die flächendeckende Einhaltung einheitlicher Leistungsstandards zu gewährleisten, hat CENTRO mit jedem BG eine individuelle Vereinbarung getroffen, in der sich dieser zur Einhaltung eines festgelegten Anforderungsprofils (in Bezug auf Sortiment, Vertrieb, Dienstleistungen und Logistik) obligiert. Auf Basis einer Studie des Instituts für Handel und Internationales Marketing an der Universität des Saarlandes wurde im Mai 1999 dieses „Soll-Profil eines künftigen CENTRO-Großhändlers" verabschiedet. Jeder BG hat sich diesbezüglich einem Zertifizierungsverfahren zu unterwerfen, im Rahmen dessen er hinsichtlich seines erreichten Ist-Zustandes überprüft wird.

In der ersten Jahreshälfte 2001 wurde die Überprüfung aller BG in Bezug auf das vereinbarte Profil durch das oben genannte Institut vorgenommen. Die Analyse erstreckte sich auf mehrere Untersuchungsebenen, wodurch eine hohe Objektivität, Genauigkeit und Vergleichbarkeit der Daten gewährleistet wurde. So wurden in den einzelnen Betrieben Intensiv-Interviews mit der Geschäftsführung und Verantwortlichen verschiedener Funktionsbereiche durchgeführt sowie Geschäftsunterlagen eingesehen. Darüber hinaus erfolgten umfangreiche Befragungen der über Werkstattkonzepte angebundenen Kunden (1a autoservice und Bosch Service) sowie Testanrufe bei der Bestellannahme und der Technischen Hotline. Daten über das Sortiment wurden zentral über die DV-Systemhäuser der BG eingeholt.

Auf Basis der erhobenen Daten wurde für jeden BG ein individuelles Leistungsprofil erstellt und eine Empfehlung hinsichtlich der Zertifizierung ausgesprochen. Neben dem Soll/Ist-Abgleich der einzelnen Kriterien wurden zudem die Durchschnittswerte über die gesamte BG-Organisation angegeben. So konnten jedem BG individuelle Verbesserungspotenziale aufgezeigt werden. Nicht zuletzt deshalb haben alle Beteiligten bzw. Betroffenen den Prozess der Zertifizierung aktiv und unterstützend begleitet.

c) Kundenbindung durch neue Medien

Als weitere Meilensteine der Marktorientierung können der elektronische Teilekatalog „CENTROdigital" sowie das speziell auf Kfz-Werkstätten ausgerichtete Softwarepaket „Entry" angesehen werden.

Bei CENTROdigital handelt es sich um ein Informationssystem auf CD-ROM zum Auffinden von Ersatzteilen sowie den jeweiligen Verkaufs- und Einkaufspreisen, das darüber hinaus auch Arbeitswerte, Inspektionsdaten und technische Einstellwerte liefert. Interessant aus BG-Sicht ist vor allem, dass sich die CENTROdigital an dem Sortiment und den Lieferanten der BG orientiert und dass Schnittstellen zu den Internet-Bestellportalen der BG bestehen. Ab dem Frühjahr 2002 wird die CENTROdigital zusätzlich im Internet zur Verfügung stehen.

Bei Entry handelt es sich um eine kaufmännische Softwarelösung für Kfz-Werkstätten zum Vorhalten der Kunden- und Fahrzeugstammdaten, die überdies auch die eigenen Firmen-, Lieferanten- und Bestell-Daten verwaltet. Zusätzlich kann die Werkstatt ihre Kunden durch die Serienbrieffunktion über fällige TÜV- und AU-Termine informieren sowie Werbeaktionen in Form von Mailings bekannt machen. Für die BG ist die Verwendung von Entry bei ihren Kunden insofern interessant, als dass aus dem Lagerstamm, bei Unterschreitung des Mindestbestands, Bestellungen zum BG generiert werden können. Selbstverständlich bestehen auch bei Entry Schnittstellen zu den Internet-Bestellportalen der BG, der CENTROdigital und weiteren gängigen Teilekatalogen.

d) 1a autoservice-Werkstattkonzept

Die bedeutendste marktorientierte Initiative der CENTRO war die Entwicklung des Werkstattkonzepts 1a autoservice als Ablösung des FWP-Systems. Letzteres wurde seit der Gründung im Jahre 1992 massiv forciert und zählte mit zuletzt 2.400 Partnern zumindest unter quantitativen Gesichtspunkten zu den erfolgreichsten Werkstattsystemen in Deutschland. Allerdings hat das Konzept auf Grund der Heterogenität der Partnerbetriebe sowie durch den fehlenden Außenauftritt kein klares Profil aufgewiesen.

Bei dem neuen Konzept wurden die bewährten Systembausteine Schulungen, Zugang zu technischen Informationen, Technik-Hotline sowie DV-Beratung beibehalten. Wesentliche Neuerung ist der Anspruch, eine Reparatur- und Dienstleistungsmarke mit Endverbraucheransprache zu etablieren. Aus diesem Grunde wurde nicht wie bei dem FWP-Konzept eine primär an die angebundenen Werkstätten gerichtete und für den Endverbraucher diffuse Bezeichnung gewählt, sondern mit „1a" eine griffige Formulierung, die Assoziationen zu guter Qualität weckt. Die Markierung wird durch Gestaltungselemente im entsprechenden Konzeptdesign aber auch durch Anzeigen, Beilagen, Verkaufsförderungsaktionen und Werbeartikel untermauert. Eine Parallele zum FWP-Konzept besteht insofern, als dass das Logo „Bosch-Kraftfahrzeugausrüstung" in den 1a autoservice-Auftritt integriert wurde.

Im Rahmen des 1a autoservice-Konzepts wurde ein klares Anforderungsprofil definiert, das die Pflicht zur Außensignalisation und zur Abnahme des Startpakets beinhaltet und darüber hinaus die Mindestanzahl an Werkstattarbeitsplätzen sowie persönliche, technische und bauliche Voraussetzungen festschreibt. Zudem wird von den angebundenen Werkstätten der Warenbezug beim BG im angemessenen Verhältnis zum Gesamtbedarf sowie die Teilnahme an jeweils zwei Werbeaktivitäten und technischen Schulungen pro Jahr gefordert. Insbesondere diese Forderungen zielen darauf ab, die Intention derartiger Konzepte – die langfristige Kundenbindung – zu realisieren. Die Hauptzielgruppe für das 1a autoservice-Konzept waren zunächst die 2.400 ehemaligen FWP. Allerdings gehören auch gekündigte Vertragswerkstätten, bisher ungebundene Werkstätten sowie Bosch Dienste, die die verschärften Standards des neuen Bosch Service-Konzepts nicht erfüllen, zu den potenziellen Systempartnern. Im Unterschied zum FWP-Konzept liegt die Systemführerschaft und konzeptionelle Verantwortung für das 1a-Konzept allein bei der CENTRO.

Seit der Vorstellung des Konzepts wurde eine Vielzahl von Werbemaßnahmen durchgeführt, die sich an (potenzielle) Partner und zunehmend auch an Endverbraucher richten. Im Hinblick auf die erstgenannte Zielgruppe werden Wettbewerbe unter den 1a-Betrieben und eine Vielzahl regionaler Veranstaltungen ausgerichtet. Zudem stand der zweite Marketingauftritt der CENTRO auf der automechanika gegen Ende des Jahres 2000 ganz im Zeichen von 1a autoservice, was auf der gesamten Messe mit erheblichen Werbemaßnahmen für das Konzept untermauert wurde. Die Endverbraucher werden zum einen durch regionale Werbekampagnen der 1a-Partner aber auch durch überregionale Maßnahmen, wie Zeitschriftenwerbung und gemeinsamer Internet-Auftritt angesprochen. Besonders hervorzuheben ist die exklusive Zusammenarbeit mit dem Axel Springer Verlag im Rahmen des Auto Bild-Portals für den Bereich Markt und Service.

Insgesamt konnten durch diese Maßnahmen in nur zwei Jahren – wie aus Übersicht 11 ersichtlich – 950 Partnerbetriebe akquiriert werden.

Übersicht 11: Entwicklung der Anzahl der 1a autoservice-Betriebe

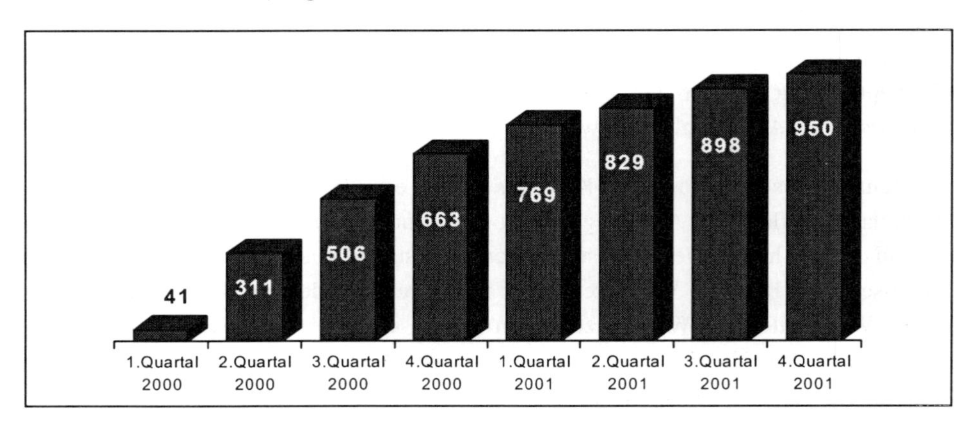

Die BG können ihren Kunden somit zwei qualitativ hochwertige, unterschiedlich positionierte Werkstattkonzepte anbieten und dadurch eine breite Marktabdeckung erzielen. Parallel dazu bestehen auf BG-Ebene häufig individuelle Anbindungsvereinbarungen, die auf einen einheitlichen Außenauftritt verzichten und sich somit an Kunden richten, die sich keinem der hier vorgestellten Konzepte anschließen wollen bzw. können.

VII. Zusammenfassung und Ausblick

In der letzten Phase ist es der CENTRO sowohl gelungen, ihrer Rolle als Einkaufskooperation von Großhändlern voll gerecht zu werden, als auch im Sinne eines Marketingdienstleisters für ihre Gesellschafter eine professionelle, flächendeckende und kosteneffiziente Realisierung von Marketingmaßnahmen zu ermöglichen.

Es wird deutlich, dass die früher dominierende vertikale Hersteller (Bosch) - Handels (BG) - Beziehung zu Gunsten der verstärkten horizontalen Kooperation zwischen den BG auf Basis der Dachorganisation CENTRO an Bedeutung verloren hat. Durch die Neuausrichtung der CENTRO können die BG regionale Marktgegebenheiten berücksichtigen und individuell darauf reagieren sowie ihre langjährigen, häufig persönlichen Kundenkontakte pflegen, ohne dabei auf die Effizienzvorteile einer national tätigen, schlagkräftigen Organisation zu verzichten. Allerdings hat sich herausgestellt, dass die angestrebten Entwicklungen noch lange nicht abgeschlossen sind und dass z.B. noch große Potenziale in der Erhöhung des Umsatzanteils bei den eigenen Konzeptkunden zu sehen sind. Dadurch konnten bereits nachhaltige Marktanteilsverschiebungen zu Gunsten der BG erzielt werden.

Weitere langfristige Potenziale für das System aus professionellen Werkstattbetrieben (Bosch Service, 1a autoservice) und einer flächendeckenden, zeitnahen Verfügbarkeit eines Vollsortiments durch die BG ergeben sich in Bezug auf strategische Allianzen mit Flottenbetreibern oder auch mit neuen Kfz-Vertriebskanälen.

Abschnitt F

Outsourcing durch Einschaltung eines Systemlieferanten: Die AGIS Industrie Service GmbH & Co. KG

Michael Berghausen

I. Einleitung

Als mittelständisch strukturierter technischer Großhändler, mit Sitz im niederrheinischen Viersen, ist die AGIS Industrie Service GmbH & Co. KG (im Folgenden AGIS genannt) in den Bereichen Arbeits- und Brandschutz, Schlauchtechnik, Betriebseinrichtung, Antriebstechnik usw. seit ca. 50 Jahren tätig. Abgesehen vom klassischen Handelsgeschäft ist insbesondere die Auseinandersetzung mit der unternehmensspezifischen Beschaffungssituation des Kunden und die Generierung von Kostenvorteilen ein wichtiger strategischer Erfolgsfaktor. Eine Lösung, die AGIS vorschlägt, ist, als Systemlieferant die C-Artikel-Beschaffung der Kunden zu übernehmen.

Der folgende Beitrag gibt einen ersten Überblick über die vielfältigen Aktivitäten der AGIS und versucht, einige zur Zeit intensiv diskutierte Konzepte zur Beschaffungsoptimierung darzustellen und zu bewerten. Eigene Erfahrungen aus dem operativen Geschäft sollen den Beitrag praxisnah gestalten.

Nach einer kurzen Darstellung alternativer Formen der Systembelieferung widmet sich der letzte Abschnitt ausführlich dem eigentlichen Kernthema, der Einschaltung eines Systemlieferanten durch die Kunden der AGIS.

Die inhaltliche Bedeutung des Begriffes Systemlieferant ist sehr vielfältig und es ist schwer, eine einheitliche Definition zu finden. Aus diesem Grunde wird im Folgenden der Begriff Systemlieferant außerordentlich strapaziert, ohne ihn jedoch eindeutig zu definieren. Eines ist jedoch sicher, Systemlieferanten wie die AGIS arbeiten mit System, das heißt, sie versuchen ihre Kernkompetenzen systematisch im Markt zu platzieren, um dadurch Wettbewerbsvorteile zu erzielen.

II. Strategische Grundüberlegungen zum industriellen Beschaffungsprozess

1. Ausgangssituation

Zehn Jahre nachdem Tim Berners-Lee das Fundament für das Internet entwickelt hat, ist das weltweite Datennetz aus allen Bereichen der Wirtschaft und Gesellschaft nicht mehr wegzudenken. Insbesondere die Einkaufsabteilungen in den Unternehmen durchleben heute eine revolutionäre Veränderung ihres traditionellen Business.

Die Beschaffung externer Güter und Dienstleistungen stellt einen wesentlichen Kostenfaktor in Unternehmen dar. Während die Beschaffungsprozesse direkter Produktionsgüter in der Vergangenheit bereits weitestgehend rationalisiert und automatisiert wurden, blieb der Prozess, der mit der Beschaffung indirekter Güter in Verbindung steht, zumeist vernachlässigt.

Doch gerade hier stehen die Prozesskosten in keinem Verhältnis zum Wert der beschafften Güter. Geprägt durch komplexe Genehmigungswege, ungeeignete Organisationsstrukturen und mangelnde technische Unterstützung der Beschaffungsaktivitäten zeichnet sich der Beschaffungsprozess indirekter Güter durch hohe Prozesskosten und lange Durchlaufzeiten aus.

Übersicht 1: Formen der Marktverhältnisse

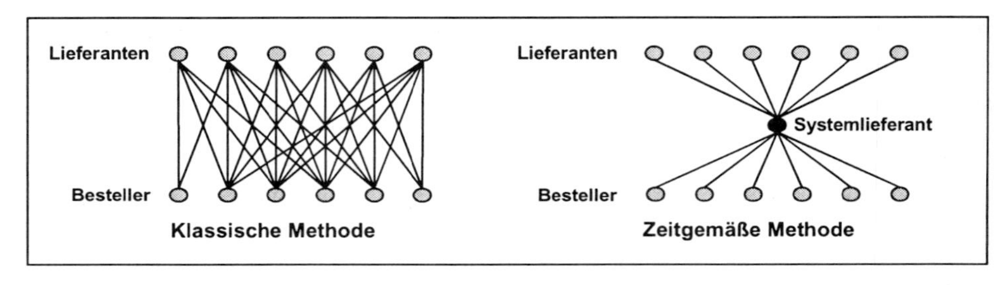

Quelle: Müller-Hagedorn/Spork 2000, S. 58.

Die Dezentralisierung des Beschaffungsprozesses unter der Nutzung geeigneter Technologien zur Koordination und Überwachung der Beschaffungsaktivitäten kann hier einen wesentlichen Beitrag zur Ergebnisverbesserung in der Beschaffung leisten. Gleichzeitig müssen leistungsfähige Instrumente genutzt werden, welche in der Lage sind, sowohl die internen als auch die externen Kommunikationsprozesse zu integrieren und darüber hinaus die operativen und strategischen Aufgabenbereiche des Beschaffungsprozesses indirekter Güter zu unterstützen.

Die Leistungen, die der Systemlieferant dem Kunden bieten muss, reichen von der Optimierung der Beschaffungsprozesse über die Konzentration der Lieferantenstruktur bis hin zur Schaffung von Transparenz und Kostenkontrolle. Die AGIS erreicht durch diese Vorgehensweise vor allem eine höhere Kundenbindung und damit langfristige Vorteile gegenüber den Mitbewerbern. Darüber hinaus bietet sich die Möglichkeit, als

Systemlieferant den eigenen Geschäftsbetrieb auszubauen und die Position gegenüber seinen Lieferanten durch ein höheres Einkaufsvolumen zu stärken.

2. Industrielle Beschaffungsprozesse und deren Kosten

Insbesondere im Bereich des industriellen Einkaufs haben sich in den letzten Jahren erhebliche Veränderungen ergeben. Ausgehend vom „Lopez-Syndrom" Anfang der neunziger Jahre stellte man verstärkt fest, dass bei der Versorgung mit B- und C-Teilen mittlerweile Preisuntergrenzen erreicht sind (siehe hierzu Preisentwicklung bei Kugellagern SKF, INA, FAG im Zeitraum 1994 bis 1999). Es stellt sich heraus, dass der Produktpreis alleine nicht mehr im Vordergrund steht, sondern verstärkt der gesamte Beschaffungsprozess analysiert wird. Hierbei hat sich bei vielen Unternehmen folgendes herauskristallisiert:

Das Einkaufsvolumen von Unternehmen bestimmt den Abwicklungs- und Verwaltungsaufwand, der sich u.a. aus der Zahl der Lieferanten, der Anzahl der Artikel, der Menge der Eingangsrechnungen und der Lieferscheine sowie der Anzahl der Auftragsbestätigungen ergibt.

Übersicht 2: Kosten pro Einkaufsvolumen (bezogen auf je 500,- Euro EK-Volumen)

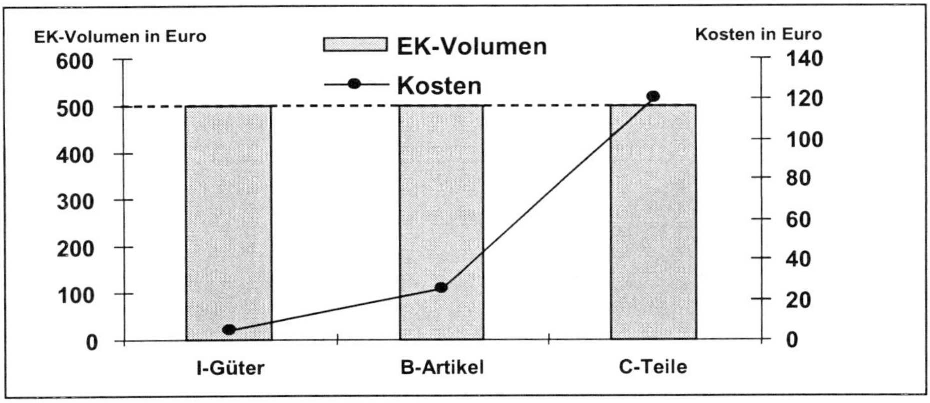

EK-Volumen in Euro
EK-Volumen
Kosten
Kosten in Euro
600
500
400
300
200
100
0
140
120
100
80
60
40
20
0
I-Güter
B-Artikel
C-Teile

Quelle: Gartner Group 2001.

Insbesondere im Bereich der Industrie sehen sich die Unternehmen mit einem hohen Beschaffungsaufwand konfrontiert, egal, ob es sich dabei um Investitionsgüter (I-Güter), B- oder C-Artikel handelt. Die C-Artikel, die den kleinsten Teil des Beschaffungsvolumens ausmachen, verursachen aber mit den höchsten Arbeitsaufwand und damit unverhältnismäßig hohe Kosten in der gesamten Wertschöpfungskette. Hier kann der richtige Partner vor Ort Unterstützung leisten. Durch die Übernahme des Beschaffungsmanagements von einem Systemlieferanten werden beispielsweise Wareneingang, Bestellabwicklung und Rechnungsprüfung stark entlastet. „Beide Marktpartner können durch diese zeitgemäße Methode profitieren" (Morawitz 2000, S. 10).

Jede Beschaffung verursacht Kosten, die das eingekaufte Produkt entsprechend verteuern. Wenn es sich um wichtige Investitionsgüter handelt, stehen diese Kosten in einem sinnvollen Verhältnis. Aber wie sinnvoll ist dieses Aufwand-Nutzen-Verhältnis, wenn sich dadurch ein simpler Arbeitshandschuh im Preis verzehnfachen kann – zumal ein Arbeitshandschuh zu den geringwertigen Materialien gehört?

Empirische Untersuchungen zeigen, dass C-Materialien ca. drei bis fünf Prozent des Einkaufvolumens ausmachen. Aber sie beanspruchen die Einkaufsabteilung über alle Maße: 60 Prozent aller Bestellvorgänge eines Unternehmens sind Bestellvorgänge für C-Materialien und indirekte Güter. Rein mengenmäßig sind 75 Prozent aller Lieferanten und 85 Prozent aller Artikel den C-Materialien zuzuordnen. Von denen jeder, wie gezeigt, bezogen auf ein Einkaufsvolumen von 500 Euro im Durchschnitt 120 Euro kostet (vgl. AGIS 2000, S. 2). Diese Kosten sind auf jeden Fall vermeidbar.

Übersicht 3: Nutzen-Aufwand-Analyse für Einkaufsvolumina

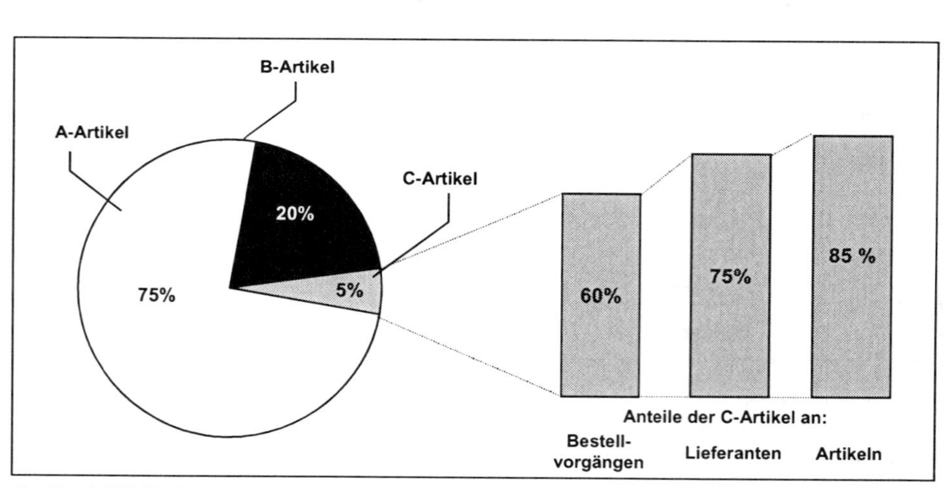

Quelle: AGIS 2000, S. 23.

3. Der Prozesskostenansatz

Ausgehend von den eingangs erwähnten Aussagen, liegt das Innovationspotenzial darin, sich vom klassischen Produkt-Preis-Einkauf zu verabschieden und viel stärker in Prozessketten zu denken. Dies ist oftmals für „klassische Einkäufer" schwierig, da dies ein „Umdenken auf der ganzen Linie" erfordert.

Es kommt nicht darauf an, nur die Preise zu senken, sondern überflüssige Prozesskosten zu vermeiden. Die Anstrengungen des Einkaufs, einen günstigen Beschaffungspreis zu erzielen, schöpfen nur einen minimalen Teil des möglichen Einsparungspotenzials aus. Denn zu den gesparten „Pfennigen" addieren sich nach wie vor die Prozesskosten. Und diese können nicht „heruntergehandelt" werden, da sie den eigenen Prozess betreffen. Demnach wäre es das Beste, einen wesentlichen Teil dieser Prozesskosten erst gar nicht anfallen zu lassen.

Übersicht 4: Beschaffungsprozesskette nach Einschaltung eines Systemlieferanten

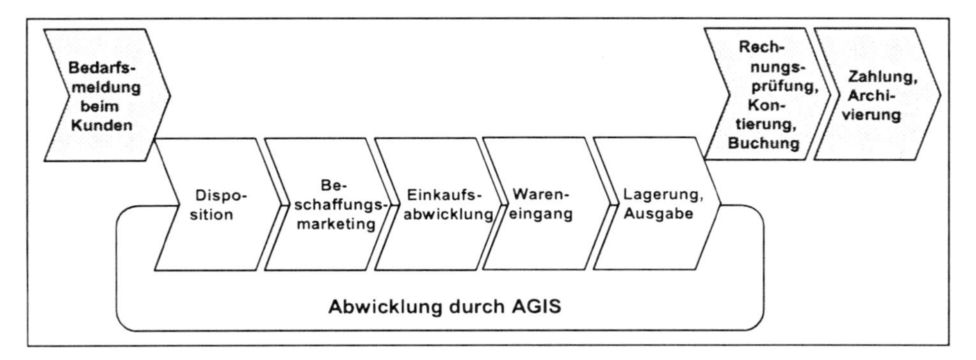

Quelle: in Anlehnung an AGIS 2000, S. 3-5.

Bei der Betrachtung des Gesamtprozesses ergeben sich vielfältige Ansätze, die zur Einsparung interner Prozesskosten führen können. Eine Reduzierung der Kreditoren ist ein erster Schritt. Ein zweiter Schritt ist die Konzentration auf Kernlieferanten (siehe Übersicht 1), um eine effektivere und zeitsparendere Einkaufsabwicklung zu erreichen. Hieraus resultieren ebenfalls Einsparungen von Prozesskosten. Voraussetzungen für eine erfolgreiche Anwendung des Single-Sourcing und damit einhergehender Prozesskostenreduktion sind neben gegenseitigem Vertrauen in erster Linie ein intensiver persönlicher Kontakt und die Einhaltung eines hohen Service-Levels (24 Std./7 Tage). Im Laufe der Geschäftsbeziehung ist eine regelmäßige Positionsbestimmung wichtig, damit die Marktpartner jederzeit in der Lage sind, flexibel auf die Wünsche, Ansprüche und Veränderungen des Kunden zu reagieren.

III. Alternative Formen der Systembelieferung

1. Kundenindividuelle Systeme

Durch die rasante technische Entwicklung, vor allem im Bereich des E-Commerce und der Standardisierung von Arbeitsabläufen und -prozessen in der Industrie, ist der Technische Großhandel immer wieder gefragt, auf aktuelle Gegebenheiten des Marktes zu reagieren. Dies führt zu einer Vielzahl von kundenindividuellen Absprachen und Eigentümlichkeiten, die einer persönlichen Betreuung bedürfen. Diese Absprachen beschränken sich nicht nur auf die üblichen Preisabsprachen und Lieferbedingungen zwischen Lieferant und Kunde, sondern gehen weit darüber hinaus. Ein besonderes Augenmerk ist vielfach die intensive Betreuung sowie die Unterstützung bei der Magazin- bzw. Lagerpflege vor Ort. Durch die Entwicklung im E-Business können einige Händler mit ihren Artikeln den Kunden mittlerweile auch problemlos über das Internet bedienen (z.B. über Internetshops).

Die Dezentralisierung des Beschaffungsprozesses unter Nutzung geeigneter Technologien zur Koordination und Überwachung der Beschaffungsaktivitäten kann hier einen wesentlichen Beitrag zur Ergebnisverbesserung in der Beschaffung leisten. Gleichzeitig müssen leistungsfähige Instrumente genutzt werden, welche in der Lage sind, sowohl die internen als auch die externen Kommunikationsprozesse zu integrieren und darüber hinaus die operativen und strategischen Aufgabenbereiche des Beschaffungsprozesses indirekter Güter zu unterstützen.

2. Katalogsysteme

Trotz der rasanten Entwicklung des Internets steht der Katalog hoch im Kurs, birgt er doch jede Menge Vorteile für den Kunden. Kataloge bieten Herstellern und Händlern die Möglichkeit, ihre Produkt- oder Dienstleistungsangebote direkt beim Käufer bzw. Interessenten zu präsentieren. Gedruckte Kataloge sind so weit verbreitet, dass sie von Verbrauchern ganz selbstverständlich angenommen werden. Der Umgang mit gedruckten Katalogen bedarf keiner Gewöhnung in der Handhabung, wie das bei Produktdarstellungen am Bildschirm oft der Fall ist. Des Weiteren erlaubt der gedruckte Katalog eine bessere Darstellungsqualität und ist, trotz des technischen Fortschritts, im Gegensatz zum PC fast überall verfügbar (vgl. Hentrich 2001, S. 21).

Dennoch weisen gedruckte Kataloge einige Nachteile für den Händler, wie auch für den Käufer auf (vgl. Hentrich 2001, S. 22-25). Für den Händler sind da zum einen die hohen Produktions- und Distributionskosten sowie die mangelnde Flexibilität bei der Preisgestaltung oder bei Sonderangeboten zu nennen. Für den Käufer lassen sich die mangelnde Aktualität des Sortiments, unzureichende Information über Verfügbarkeit und Lieferzeit sowie Schwierigkeiten beim Produkt- und Preisvergleich aufzeigen. Kataloge auf CD-ROM zeigen ebenso gleiche Nachteile bezüglich Handhabung und Aktualität auf, so dass der Weg hin zum elektronischen Katalog der nächste logische Schritt auf dem Weg der kundenindividuellen Betreuung ist (vgl. Hentrich 2001, S. 26).

Elektronische Produktkataloge ermöglichen die Dezentralisierung des Beschaffungsprozesses, indem sie den Bedarfsträgern sämtliche Informationen zur Bedarfserkennung und Bestellabwicklung bereitstellen. Dies ermöglicht die dezentrale Auslösung von Bestellungen und trägt somit zur Entlastung der Einkaufsmitarbeiter von operativen Aufgaben in der Beschaffung bei. (vgl. Lüninck, 2001).

Übersicht 5: eBusiness ohne Standards / eBusiness nach Implementierung von BMEcat

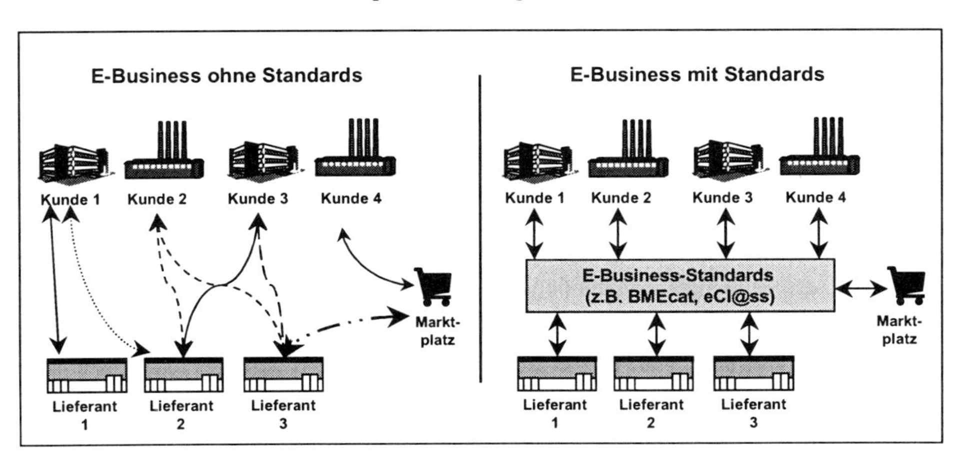

Quelle: Trautenmüller 2001, S. 6.

Seit kurzem setzt sich bei den kundenindividuellen Systemen auch ein neuer Transaktionsstandard im E-Business durch, das so genannte BMEcat. Der „Bundesverband Materialwirtschaft, Einkauf und Logistik e.V." hat in Zusammenarbeit mit namhaften Universitäten und Großunternehmen einen „Standard für die Beschreibung und den Austausch von Produktkatalogdaten" entwickelt (vgl. Trautenmüller 2001, S. 6). In Verbindung mit der sich durchsetzenden Produktklassifizierung „eCl@ss" bietet dieser Standard eine ideale Schnittstelle zwischen ERP-Systemen von Lieferanten, Händlern und Kunden und somit eine weitere, schnelle und günstige Alternative für die Einkaufsabwicklung.

3. Das AGIS-System

Neben dem schon erwähnten kundenindividuell angepassten Katalog hat sich auch die AGIS intensiv mit den neuen Technologien auseinandergesetzt und für ihre Kunden einen elektronischen Katalog entwickelt, der zukünftig den Vertrieb wie auch die Beschaffung vereinfachen soll.

Zukünftig kann der Kunde Bestellvorgänge komplett über das eigene Warenwirtschaftssystem in Verbindung mit einem Internetanschluss abwickeln. Hierfür stellt die AGIS ihren Kunden die Software „AGIS-MOVE" zur Verfügung. Dieses Programm wird vor Ort installiert und kann, je nach Version, individuell für jeden beliebigen Arbeitsplatz konfiguriert werden. „AGIS-MOVE" ist ein kundenspezifisch angepasster Katalog, in dem jeder autorisierte Mitarbeiter frei bestellen kann. Das Sortiment ist, ähnlich wie bei der gedruckten Version, vorher mit der Geschäftsleitung bzw. dem Einkauf abgestimmt worden. Je nach Kunde gibt es verschiedene Möglichkeiten, wie die Mitarbeiter bestellen können. Eine gängige Methode ist die Ausstattung der Abteilungen mit Budgets für den Einkauf von C-Materialien. Mit dem definierten Budget und der Software kann nun zum Beispiel der Vorarbeiter zu jeder Zeit per Fax oder E-Mail bei der AGIS bestellen, ohne eine interne Genehmigung oder Unterschrift einholen zu müssen. Eine andere Methode ist das Einschalten einer zentralen Einkaufsstelle (je nach Größe des Unternehmens eine zentrale Stelle pro Abteilung), bei der die Bestellungen zentral verwaltet werden.

Wie vorne erläutert wurde, ist es das zentrale Ziel, Prozesse zu schmälern oder gar nicht erst anfallen zu lassen. Genau das passiert hier! Die Verantwortlichkeit liegt jetzt in *den* Händen, die dem eigentlichen Geschehen am nächsten stehen. Darüber hinaus wird noch eine Menge Zeit und Geld dadurch eingespart, dass der Bestellprozess jetzt nicht mehr 4,5 Tage (durchschnittlicher Wert AGIS-Kunden), sondern nur noch ca. 15 Minuten dauert.

Die Methoden, die Unternehmen bei der Einkaufsabwicklung anwenden, sind neben der Firmenphilosophie und dem Vertrauen in die Mitarbeiter ebenso abhängig von der technischen Ausstattung (PC-Arbeitsplätze, Internet-Zugang usw.) und den Computerkenntnissen der Mitarbeiter.

IV. Innovatives Beschaffungsmanagement

1. Outsourcing versus Systemversorgung

Der Begriff Outsourcing beschreibt die Möglichkeiten zur Optimierung von Unternehmensfunktionen und -prozessen durch die Beauftragung von externen Dienstleistern mit Leistungen, die zuvor durch unternehmensinterne Funktionseinheiten erbracht worden sind.

Outsourcing ist das Ergebnis einer "make-or-buy"-Entscheidung darüber, ob eine Leistung im eigenen Unternehmen zu erbringen ist (make) oder ein Leistungsangebot externer Unternehmen genutzt werden soll (buy).

Die meisten strategischen Überlegungen in der Beschaffung beginnen mit der Festlegung der eigenen Wertschöpfungstiefe und damit der Aufgabenteilung zwischen Unternehmen und Lieferanten (vgl. Boutellier/Locker 1998, S. 15).

Heute ist die Dynamik der Märkte und das Spezialisierungsangebot so hoch, dass das Risiko von Fehlinvestitionen stark gestiegen ist. Aus diesem Grund versuchen Unternehmen, im Fall der AGIS hauptsächlich Industriebetriebe, ihren Bereich der C-Teile-Beschaffung ganz oder teilweise an außenstehende Dienstleister abzugeben. Ergebnis ist dann eine Kostenreduzierung durch Abbau von indirekten Produktionsfaktoren und durch Einsparung von Prozessschritten im Unternehmen selbst.

So werden von der AGIS zum Beispiel Teil- oder Komplettmagazine in Unternehmen übernommen und dann eigenständig verwaltet. Kosten für die Lagerfläche, das Personal und für die gelagerten Güter fallen hier nur bei der AGIS an. Die Logistik und Disposition übernimmt ebenfalls die AGIS. Für die AGIS entsteht der letztendliche Vorteil und die daraus resultierende „Win-Win-Situation“ für beide Seiten erst dann, wenn viele Kunden das Angebot nutzen. Hieraus resultiert eine größere Auftragsmenge bei den Herstellern, daraus bessere Konditionen, ein höherer Umsatz und somit eine eine größere Gewinnmarge für die AGIS. Der Kunde profitiert von niedrigeren Prozesskosten, geringeren Personalkosten, Einsparungen im Investitions- und Anlagegüterbereich, einem hohen Standard des Service-Levels und einer hohen Qualität der Produkte.

Ob und in welchem Umfang Outsourcing durchgeführt werden kann, obliegt einer genauen vorhergehenden Untersuchung der Prozesse beim Kunden und seiner Prozesskompatiblität mit der AGIS. Des weiteren spielt die Bereitschaft des Kunden, sich von einem begrenzten Lieferantenkreis abhängig zu machen, eine weitere wesentliche Rolle bei der Auswahl der Outsourcing-Methode.

Alternativen bietet die AGIS zum Beispiel damit, nur spezielle Warengruppen zu bedienen, wie der Vertrieb von „*Persönlicher-Schutz-Ausrüstung*" (kurz: *PSA*). Hier bleibt das Magazin oder Lager im herkömmlichen Sinne erhalten, der Vorteil ergibt sich hier aus dem Umfang der angebotenen Artikel aus einer Hand. Waren bisher zum Beispiel drei Lieferanten für drei verschiedene Artikel nötig, reduziert sich der Lieferantenstamm danach auf einen Lieferanten, die AGIS. Durch das umfangreiche Angebot im PSA-Bereich kann damit die Nachfrage befriedigt werden.

Ob ein komplettes Outsourcing von Beschaffungsaktivitäten die richtige Entscheidung ist, muss kundenindividuell analysiert werden. Aus der Erfahrung des Verfassers wird jedoch davor gewarnt, so genannte Pauschalentscheidungen zu treffen. Aus diesem Grunde ist es auch nicht möglich, eine Wertung zu Gunsten der einen oder anderen Variante abzugeben. Für den einen Automobilzuliefererbetrieb ist das Outsourcing der gesamten Beschaffungsaktivitäten die richtige Entscheidung, für den benachbarten Anlagenbauer beinhaltet das Katalogsystem mit weitestgehender Integration in die eigenen Beschaffungsaktivitäten die vorteilhaftere Variante.

Als Fazit bleibt, dass der Schritt zum Outsourcing verbunden sein muss mit der Akzeptanz, sich des Know-hows von externen Spezialisten zu bedienen, während die Systemversorgung darauf abzielt, kundeninterne Prozesse beizubehalten, aber möglichst weit zu optimieren.

2. Activity Based Purchasing

a) Prozessbetrachtung und -analyse

Ausgehend von der bereits diskutierten Gesamt-Prozessbetrachtung, vertritt die AGIS den sog. „Activity Based Purchasing“-Ansatz. Dieser geht davon aus, dass eine Beschaffungsaktivität grundsätzlich „Activity Based“, also prozessorientiert, erfolgen sollte. Der Einkäufer sollte nicht nur den Produktpreis einzelner Materialien berücksichtigen, sondern vielmehr schauen, aus welcher Aktivität heraus dieser Bedarf ursprünglich entstanden ist, ob er wiederkehrenden Charakter hat und welche Werte mit den zu beschaffenden Materialien verbunden sind.

So steht am Anfang einer Kundenbeziehung die eingehende Betrachtung der internen Beschaffungsprozesse vor Ort. Es folgt eine Ist-Aufnahme der Zeiten, Kosten und Merkmale des Einkaufsprozesses mit anschließender Darstellung. Hieraus entwickeln sich später die optimierten Prozesse in Verbindung mit Vorschlägen der AGIS. Der Schwerpunkt liegt in der ausführlichen Betrachtung der Beschaffung von indirekten Gütern oder C-Artikeln., den Eigenarten des Kunden sowie des bisherigen Lieferantenstamms.

Übersicht 6: Inhouse – typische IST-Kosten bis 120 Euro pro Bestellung

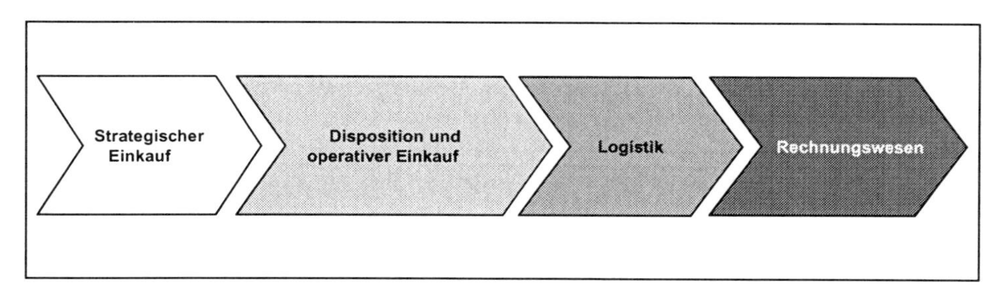

Quelle: Siemens 2001, S. 4.

In der Prozessanalyse geht es darum, die aufgenommen Daten und Prozesse zu untersuchen, d.h. zu überlegen, wie und wo Kosten, Zeit, Personal und Raum eingespart werden können.

Wie schon vorne (Abschnitt III.1) erwähnt, ist die Entscheidung der zukünftigen Beschaffungsmethode abhängig von der strategischen Ausrichtung und der Bereitschaft des Kunden, einen Technischen Großhandel als Systemlieferant zu akzeptieren. Dies kann an einem Beispiel verdeutlicht werden.

Das Unternehmen A mit fünf Produktionsstandorten in der Region Viersen bezieht zur Zeit PSA-Produkte von 18 Lieferanten. Durch die zentrale Ausgabe an einem Lagerort kommt es zu einer hohen Kapitalbindung, bedingt durch einen großen Vorrat.

Die AGIS hat daraufhin mit dem Unternehmen die Höhe der Prozesskosten, die bisherigen Beschaffungspreise sowie die Beschaffungsdefizite ermittelt, mit dem Ziel, effizientere und effektivere Beschaffungsmodelle zu implementieren. In diesem Beispiel wurden dem Unternehmen zwei Modelle vorgestellt, die diesen Optimierungspotenzialen gerecht werden. Zum einen ein warengruppengestütztes Katalogsystem und zum anderen die Übernahme des PSA-Magazines (und Eingliederung in das AGIS-Lager).

Als Ziele wurden eine vereinfachte und verbesserte Beschaffung, eine hohe Versorgungssicherheit sowie eine deutliche Kosteneinsparung ausgegeben.

Die Analyse ergab, dass bei Modell 1 eine Kostenersparnis von 10-15 Prozent erreicht werden kann, bei einer Verfügbarkeit der Artikel von zwei bis drei Tagen. Modell 2 wies eine Einsparung von 15-20 Prozent auf, bei einer Verfügbarkeit von zwei Tagen. Diese Einsparungen wurden erreicht durch eine Bündelung der Lieferanten, den Wegfall von Warenbuchungen sowie einer nicht mehr durchzuführenden Bestandsführung im kundenseitigen Warenwirtschaftssystem SAP. Des Weiteren wurden bei der Auswahl der Warengruppen Schwerpunkte gelegt, so dass dadurch die Versorgungssicherheit erhöht werden konnte.

Das Unternehmen A entschied sich für Modell 1, also die Einführung eines warengruppengestützten Katalogsystems. Durch die Festlegung einer begrenzten Anzahl von Artikeln konnte die Versorgung garantiert werden und gleichzeitig die Kapitalbindung verringert werden, da weniger Artikel auf Lager gehalten werden mussten.

Übersicht 7: Nach erfolgreichem Outsourcing – sichtbar reduzierte Kosten

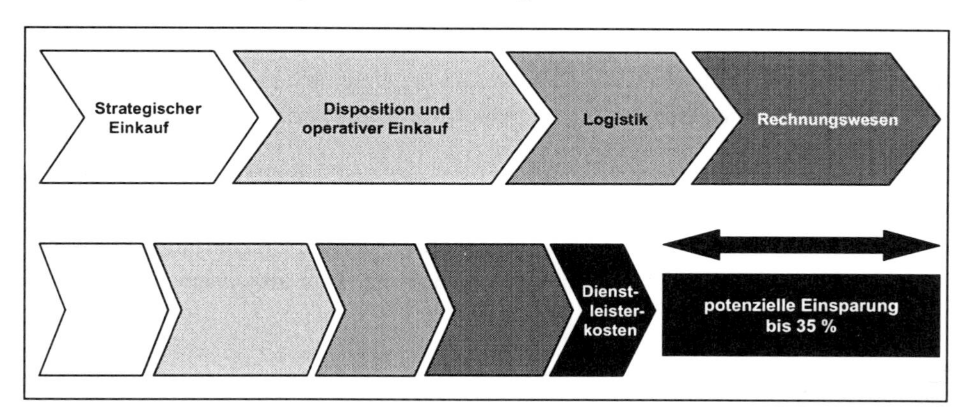

b) Prozessbewertung

Am Abschluss der Prozessanalyse steht immer die Prozessbewertung, also die kritische Auseinandersetzung mit den gefundenen Optimierungspotenzialen und den Wünschen und Vorstellungen des Kunden.

Wie das obige Beispiel gezeigt hat, fiel die Entscheidung zu Gunsten des Katalogsystems, welches die Beschaffung vereinfacht, dem Unternehmen aber die Kontrolle über das eigene Lager lässt. Wichtig für die AGIS ist hier auch die Prozesskompatibilität gegenüber dem Unternehmen. Wenn sich Teilprozesse untereinander nicht transformieren lassen, ist unter Umständen ein anderer Weg zu wählen. Ebenso ist es wichtig, auch schon im Vorfeld die Hard- und Softwarekomponenten des ERP-Systems (ERP = Enterprise Resource Planning) beim Kunden zu klären, um eventuell notwendige Schnittstellen konfigurieren zu können.

Für die zukünftige Zusammenarbeit gilt es nun, nicht nur die Einführung des Katalogsystems zu vollziehen. Vielmehr ist es gerade in der heutigen Zeit wichtig, den Kundenkontakt intensiv zu pflegen und mit dem Kunden gemeinsam an weiteren Optimierungspotenzialen zu arbeiten oder Alternativen (z.B. im Bereich der internetgestützten Beschaffung) zu entwickeln.

c) Implementierungsalternativen

Das o.g. Beispiel zeigt, dass es mehrere Möglichkeiten gibt, die Dienste eines Systemlieferanten in Anspruch zu nehmen. Es hat sich bei Unternehmen A im Endeffekt eine Outsourcing-Variante gefunden, die für beide beteiligten Partner von Vorteil ist.

Es ist also nicht immer ratsam, ganze Bereiche oder Teilbereiche eines Unternehmens auszugliedern und unter professionelle (externe) Leitung zu stellen. Der positive Synergieeffekt kann auch erreicht werden, wenn man „nur" die Beschaffungsabwicklung verändert oder sich moderner Kommunikations- und Transaktionsmechanismen bedient.

Die Erfahrung der letzten Jahre hat gezeigt, dass die Entscheidung für die Einschaltung eines Systemlieferanten von mehreren Faktoren abhängig ist. Hierzu zählen insbesondere die strategische Ausrichtung des Unternehmens, die Unternehmensgröße, das Innovationspotenzial, die Fähigkeit über den eigenen „Tellerrand" zu schauen und die wesentliche Konzentration auf die eigentlichen Kernkompetenzen.

Die AGIS hat in dieser Form für und mit renommierten Kunden des Hauses individuelle Systeme entwickelt. Während die GDX-Automotive GmbH & Co. KG sich für das Katalogsystem AGIS-Move entschieden hat, setzt die Masterfoods GmbH auf teilweises Outsourcing ihrer Beschaffungsaktivitäten für den Bereich Betriebshygiene.

Für die AGIS sind am Ende *drei Alternativen* übrig geblieben, die den Grundgedanken des Systemlieferanten in seiner unterschiedlichen Implementierungstiefe beschreiben:

- Das ist zum einen das Katalogsystem „AGIS-MOVE", das auf Basis der sog. *Electronic-Procurement-Systeme (EPS)*, aufgebaut ist. Diese werden oft auch als *Desktop-Purchasing-Systeme* bezeichnet und sind Anwendungslösungen, die auf der Seite des Kunden implementiert werden, um speziell den Beschaffungsprozess indirekter Güter zu unterstützen. Sie ermöglichen den Bedarfsträgern in den Abteilungen die dezentrale Bestellung von Gütern und Dienstleistungen aus einem elektronischen Produktkatalog und entlasten die Einkäufer von den nicht wertschöpfenden Beschaffungsaktivitäten der Bedarfserkennung und Bestellabwicklung. Die Potenziale von EPS und „AGIS-MOVE" liegen vorrangig in den operativen Aufgabenbereichen der Durchführungsphase des Beschaffungsprozesses.
  EPS differenzieren sich von herkömmlichen Warenwirtschaftssystemen durch ihre einfache und flexible Bedienung, die Orientierung an den Bedürfnissen weitgehend

ungeschulter Endbenutzer, die Fokussierung auf die Beschaffung indirekter Güter bzw. Dienstleistungen und die vergleichsweise geringen Lizenz- und Benutzungskosten. Sie werden in den Unternehmen entweder als Stand-alone-Lösung oder integriert in die entsprechenden Inhouse-Systeme eingesetzt (vgl. auch Lüninck, 2001). Das EPS „AGIS-MOVE“ kann jedoch nur mit dem Lieferanten AGIS genutzt werden, eine Erweiterung auf andere Lieferanten ist nicht möglich und auch nicht gewollt.

- Beim *Outsourcing* übernimmt AGIS als Systemlieferant komplette Beschaffungsprozesse eines Unternehmens. Dies kann der gesamte Beschaffungsprozess sein, es können aber auch nur bestimmte Warengruppen aus diesem Prozess übernommen werden. So hat die Firma Masterfoods GmbH in Viersen, ein Unternehmen das zum amerikanischen MARS-Konzern gehört, AGIS mit der gesamten Beschaffung für Betriebshygiene beauftragt. Bestandsführung vor Ort, Bedarfsermittlung, Lieferung und kompetente Beratung übernehmen AGIS-Mitarbeiter, Masterfoods muss sich lediglich am Ende des Monats mit einer Rechnung auseinandersetzen, die von der AGIS für die erbrachten Leistungen erstellt wird. Jedoch finden sich auch Unternehmen, die teilweise komplette Magazine abgeben wollen. So hat die Saint Gobain Performance Plastics GmbH jüngst entschieden, ihr PSA-Magazin für 650 Mitarbeiter aufzugeben und dieses komplett an die AGIS zu übertragen. Der einzige Lieferant für PSA (Persönliche Schutzausrüstung) ist seitdem AGIS.
- Letztlich gibt es noch die *kundenindividuellen Mischformen* des Systemlieferanten. Diese reichen von der ersten Reduzierung der Kreditoren, über Warengruppenbündelung bis hin zu Internet-gestützten Beschaffungsaktivitäten. Jedoch sind diese Mischformen in ihrer Ausprägung lange nicht so weit in die Geschäftsprozesse des Kunden integriert wie die beiden Alternativen „AGIS-MOVE“ und Outsourcing.

Allen drei Varianten ist jedoch gemeinsam, dass im Zuge der gesamten Wertschöpfungskette für die beteiligten Partner eine Win-Win-Situation geschaffen werden muss. Diese führt auf der einen Seite zu einer verbesserten Beschaffung inklusive Optimierung der eigenen Prozesse und auf Seiten des Handelspartners AGIS zu einer Ausweitung des Geschäftes mit der Möglichkeit, die Dynamisierung der eigenen Kernkompetenzen weiter voranzutreiben um auch zukünftig wettbewerbsfähig am Markt agieren zu können.

V. Fazit

Industrielle Beschaffungsprozesse unterliegen zur Zeit einer erheblichen Dynamisierung. Insbesondere die Einsparungen der Prozesskosten haben einen erheblichen Einfluss auf das betriebswirtschaftliche Gesamtergebnis und damit die Wettbewerbsfähigkeit eines Unternehmens. Der Verbesserung des Beschaffungsprozesses durch den Einsatz geeigneter Instrumente aus dem Umfeld des Systemlieferanten und des Electronic Commerce kommt bereits heute eine herausragende Bedeutung in den Unternehmen zu.

Einige Unternehmen haben die Potenziale, die im Einsatz dieser fortschrittlichen Technologien bestehen, bereits erkannt. Auf Grund der teilweise beachtlichen Kosten sowie der internen Veränderungsprozesse, die mit der Einführung solcher Lösungen zwingenderweise in Verbindung stehen, haben viele Unternehmen bis heute jedoch mit der praktischen Umsetzung dieses Themas gezögert (vgl. Lüninck 2001).

Für die meisten Kunden der AGIS war die Entscheidung für einen Systemlieferanten zumeist verbunden mit weiteren Einsparpotenzialen im Bereich der Prozesskosten. Insbesondere im Hinblick auf Kapitalbindung, Einkaufsabwicklung, Material- und Magazinmanagement, Kreditorenanzahl und Verwaltung des eigenen Artikelstammes konnten erhebliche Vorteile erzielt werden.

Erhebliches Verbesserungspotenzial lässt sich aber auch durch die Nutzung eines EPS (wie z.B. AGIS-MOVE) mit vergleichsweise geringer Leistungsfähigkeit erzielen. Ein vielzitiertes Beispiel hierfür ist der Flughafen Frankfurt, der durch den Einsatz des EPS von CAContent (Procure CA) die Prozesskosten einer Bestellung von 276 DM auf 35 DM reduzieren und die Durchlaufzeit von 30 Tagen auf zwei Tage verkürzen konnte. (vgl. auch Lüninck 2001).

Handlungsbedarf ist jedoch gegeben, da die vorhandenen Potenziale für eine Beschaffungsoptimierung zu eindeutig sind und darüber hinaus extrem vielversprechend, so dass ein weiteres Zögern schnell zu Wettbewerbsproblemen führen wird. Unternehmen, die bislang der Nutzung fortschrittlicher Technologien (z.B. der Nutzung eines Systemlieferanten) im Einkauf eher kritisch gegenüber standen, sollten daher beginnen, die vorhandenen Instrumente adäquat einzusetzen.

Abschnitt G

Die Beschaffung von Konsumgütern auf asiatischen Märkten: Die Markant Trading Organisation Ltd. als Service Provider

Helmut Schwarting, Dominik Krauss-Pellens und Tobias Gröling

I. Die Markant Trading Organisation (Far East) Ltd.

Die Markant Trading Organisation (Far East) Ltd. – im Folgenden als MTO bezeichnet – ist eine Beschaffungsagentur, die vornehmlich für die Markant Deutschland (Zentrale Handelsgesellschaft ZHG) und deren Mitgliedsunternehmen, aber auch für weitere unabhängige Einkaufspartner in anderen europäischen Ländern sowie Nord- und Südamerika Importgeschäfte mit Fernost abwickelt.

Gegründet wurde die MTO 1988 in Hongkong als Tochtergesellschaft der Markant AG, Schweiz, und sie arbeitet seither eng mit der Markant Handels und Service GmbH in Deutschland, einer weiteren Tochtergesellschaft, zusammen. Ziel der Markant AG ist es, durch Handelskooperation die Eigen- und Selbstständigkeit des mittelständischen Handels zu gewährleisten. Die Mitglieder der Markant ziehen Vorteile aus der Zusammenarbeit der selbstständigen Groß- und Einzelhandelsunternehmen. Der Schwerpunkt der Kooperation liegt im Bereich Einkauf. Die MTO wurde hier ins Leben gerufen, um den fernöstlichen Markt direkt, ortsnah und flexibel für die Markant und ihre Mitglieder zu erschließen.

Der ursprüngliche Daseinszweck der MTO besteht darin, durch Bündelung von Aufträgen verschiedener Einkaufspartner höhere Bestellmengen bei Lieferanten in Fernost zu platzieren. So kann mit größerer Verhandlungsmacht aufgetreten werden, um günstigere Einkaufskonditionen zu erzielen.

Bei der MTO wird derzeit in zwei Geschäftsarten untergliedert:

- *Agenturgeschäft*: Ein Teil der Aufträge wird über das Agenturgeschäft abgewickelt. Lokale Mitarbeiter der MTO agieren hierbei als Kontaktperson zwischen den Einkäufern aus Übersee und den Verkäufern in Fernost. MTO übernimmt folglich die Aufgaben der Preisverhandlung, Auftragsplatzierung, -abwicklung und -überwachung, Koordination von Qualitätskontrollen, Zusammenstellen und Überwachen der nötigen Verschiffungsdokumente sowie die Zwischenfinanzierung des Auftrages. So genannte MTO-Merchandiser planen für die Einkäufer und begleiten sie bei ihren Einkaufsreisen in Fernost. Bei vielen Geschäften ist die Unterstützung durch einen chinesischen Merchandiser allein auf Grund der Sprach- und Ortskenntnisse sowie des kulturellen und produkttechnischen Know-hows unabdingbar.

- *Verrechnungsgeschäft*: Arbeiten Einkaufspartner bereits über einen längeren Zeitraum mit einem bekannten und zuverlässigen Lieferanten zusammen, besteht die Möglichkeit, auf das so genannte Verrechnungsgeschäft überzugehen. In diesem Fall wird kein MTO-Merchandiser mehr in die Auftragsplatzierung zwischengeschaltet. Die MTO stellt zu günstigen Konditionen nur den Service der Finanzierung bereit, kann jedoch auch darüber hinaus weiterhin Qualitätskontrollen koordinieren [1]. Der konkrete Vorgang der Auftragsplatzierung und die damit verbundenen Aufgaben werden jedoch von dem Einkaufspartner direkt mit dem Lieferanten abgewickelt. Das Verrechnungsgeschäft bietet sich auch bspw. für Lieferanten aus Übersee an, die selber in Fernost fertigen bzw. fertigen lassen. Die Kommunikation über den Auftrag kann in diesen Fällen oft bereits in Übersee und in Landessprache (bspw. in Deutsch) stattfinden. Die Einschaltung eines MTO-Merchandisers erweist sich in den genannten Fällen als nicht mehr zwangsläufig notwendig.

Auf Grund der derzeitigen Veränderung des allgemeinen Einkaufsverhaltens der verschiedenen Einkaufsgruppen, die später noch detailliert beschrieben werden, wird es die oben ausgeführte Aufteilung in der jetzigen Form zukünftig nicht mehr geben. Statt dessen werden die Dienstleistungen der MTO in mehrere Bausteine aufgeteilt, um Leistungen gezielter und kostengerechter anbieten zu können.

Ein weiterer Service für alle Einkaufspartner der MTO besteht in der Durchführung administrativer Organisationsaufgaben wie beispielsweise Routenplanung und -vorbereitung von Lieferantenbesuchen, Visa-Beantragungen für den Aufenthalt in der Volksrepublik China, Hotelzimmer-, Zug- und Flugticketreservierung u.a.

II. Entwicklung des asiatischen Marktes

Die Entwicklung des Imports aus Fernost kann in eine strukturelle und eine räumliche Entwicklung aufgespalten werden. *Räumlich* gesehen, verschoben sich die klassischen Exportländer über die letzten Jahrzehnte von ursprünglich Japan über Korea und Taiwan zur Volksrepublik China als derzeit stärkstem Export-Land. Die Darstellung dieses räumlichen Trends stellt natürlich zu einem gewissen Grad eine Generalisierung dar. Im Detail müsste die räumliche Verschiebung der Produktionsstätten einzelner Warengruppen untersucht werden, die jedoch über den Umfang dieser Fallstudie hinausgeht. Die Tatsache der räumlichen Verschiebung ist hauptsächlich auf das Lohnniveaugefälle unterschiedlicher Staaten zurückzuführen. Triebkraft der Standortwechsel sind meist westliche Großunternehmen (Markenhersteller) auf der Suche nach neuen, kostengünstigeren Produktionsstätten, denen nach einer mehr oder weniger langen Periode des Kostenvorteils Importeure bzw. der importierende Einzelhandel nachfolgt. Ein weiterer Einflussfaktor auf die räumliche Verschiebung sind Festlegungen von bestimmten Quoten hauptsächlich für Textilprodukte und Schuhe. Quota-Regelungen werden bspw. durch die EU für bestimmte Warengruppen und bestimmte klassische Export-Länder definiert, um heimische Produktionsstätten vor komparativen Kostenvorteilen aus Fernost zu schützen. Eine Abwanderung der Produktion in bisher Quota-unbelastete Länder wird hierdurch provoziert. Produktionsstätten in den genannten Ländern werden vornehmlich durch Fabrikanten aus Korea, Taiwan und Hongkong in Joint Ventures eingerichtet. *Strukturell* gesehen war eine enorme Intensivierung des Importvolumens und Verbreiterung des Importsortiments über die Jahre festzustellen.

1960 - 1980

Anfang der sechziger Jahre beginnen Importeure auf Grund steigender Preise in den bisherigen Export-Ländern Europas mit ersten Importen von Fernost nach Deutschland. Als Hauptbeschaffungsmarkt in der genannten Periode ist sicherlich Japan zu nennen. Später ist ein Übergang auf die Republik Korea (Südkorea), Taiwan und Hongkong festzustellen.

Dominiert wird der fernöstliche Export-Markt zu diesem Zeitpunkt durch

- europäische und amerikanische Hersteller, die einen Teil ihrer Produktion nach Fernost auslagern, um Markenware bei gleicher Qualität deutlich kostengünstiger zu fertigen und
- große Handelsunternehmen bzw. Versender.

Bedingt durch schmalere Sortimente in den Märkten Europas und Nordamerikas wurden zu dieser Zeit in der Regel sehr große Auftragsmengen für einzelne Artikel platziert.

1980 - 2000

Zu Beginn der achtziger Jahre beginnt der Boom für Hongkong und das Importgeschäft aus Fernost: "Hongkong hat sich zum Mekka der Einkäufer deutscher Handelshäuser entwickelt", schreibt das Manager Magazin Ende der achtziger Jahre (Hirn 1987,

S. 142). Die Einkäufer wechseln von ihren bisherigen Lieferanten in Japan und Korea zu Herstellern in Taiwan und Hongkong. Auch die Warenbeschaffung aus Thailand nimmt zu dieser Zeit Gestalt an.

Betont durch seine günstige zentrale Lage gilt Hongkong als Stützpunkt für die Exportgeschäfte. Deutsche Unternehmen wie Neckermann, Quelle, Hertie, Kaufring eröffnen erste Einkaufsbüros in Hongkong, die das gesamte Südostasien-Geschäft abwickeln. Die stark steigende Zahl an Fernost-Importen rechtfertigt die Existenz eigener Einkaufsbüros mit direkterer und flexiblerer Geschäftsabwicklung vor Ort. Zur Marktbeobachtung werden „nur kleinere Büros in Seoul, Taipeh, Manila oder Singapur“ (Hirn 1987, S. 144) unterhalten. Auch die MTO wird 1988 in Hongkong gegründet und durch weitere Mitarbeiter in Singapur, Bangkok und Taipei unterstützt.

Neben Ländern wie Taiwan, Thailand und Hongkong beginnen bereits erste Exporte aus der Volksrepublik China, die als Produzentenland an Interesse gewinnt.

Auch weitere Vertriebsorganisationen widmen sich zunehmend dem Import. SB-Warenhäuser, Discounter und Baumärkte verstärken den direkten Import und versuchen, durch gezielten Import und mit einem Ausbau ihrer Sortimente einen Gegenpol zu Importeuren und großen Herstellern zu schaffen. Diese enorme Ausdehnung der Sortimente führte zwangsläufig zu einer Verteilung der Importmengen auf immer mehr Artikel, so dass in dieser Zeit im Mittel die Auftragsmengen pro Artikel rückläufig sind. Andererseits drängen einige Discounter auf den Markt, die auf Grund ihrer Filialanzahl mit Auftragsgrößen arbeiten, die den klassischen Handel weit hinter sich lassen. Hier werden neue Maßstäbe gesetzt – wenn auch für eine überschaubarere Anzahl von Artikeln. Allerdings, bedingt durch strengere Regulatorien hinsichtlich Produktsicherheit sowie der Vereinheitlichung europäischer Normen im Rahmen der Europäischen Union, wurde und wird der Aufwand bezogen auf technische Dokumentation der Importartikel immer größer.

Der "Inverkehrbringer" in die EU wird nach dem deutschen bzw. europäischen Recht als Hersteller betrachtet („Quasihersteller“) und haftet hiernach in erster Instanz für Schäden am Produkt bzw. Schäden, die durch das Produkt verursacht werden (Produkthaftungsgesetz). Da Hersteller in Fernost nicht nur den europäischen Markt bedienen und qualitätstechnische Anforderungen auch für andere Staaten strenger werden, sehen sich hier auch die Lieferanten einer neuen Herausforderung gegenüber, gesetzlichen Anforderungen der jeweiligen Exportländer zu kennen und in ihren Produkten zu berücksichtigen [2]. Dieser Trend wird mittel- bis langfristig eine Umstrukturierung des Imports provozieren: Hersteller in Fernost werden ihr Sortiment straffen und enger mit Qualitätsicherungsunternehmen bzw. Zertifizierungsbüros kooperieren (müssen), um den gesetzlichen Anforderungen potenzieller Exportländer zu genügen. Importeure werden, um die mit dem erhöhten technischen Aufwand, der strengeren Qualitätssicherung [3] und dem damit einhergehenden größeren Haftungsrisiko in der EU verbundenen Kosten zu decken, Waren in größeren Volumina und in engerer Zusammenarbeit mit zuverlässigen Lieferanten kaufen. Der Einzelhandel wird sich aus den genannten Gründen aus kritischen Bereichen des Importes (komplexe, technische Artikel) bis zu einem gewissen Grade zurückziehen und, wie auch der Importeur, dafür gezielter und in größerem Volumen Ware einführen. Langfristig wird aber der Einzelhandel kaum den eigenen Import durch Warenbeschaffung beim inländischen Importeur substituieren können. Eine direkte Verbindung zu den Lieferanten in Fernost ist nötig, um Artikelpreise der Importeure im eigenen Land objektiv beurteilen und damit Preisvorteile aus eigenem Import nutzen zu können. Ein Import von kleineren Mengen an technisch aufwändigen Aktionsartikeln wird sich hingegen langfristig für den Einzelhandel nicht mehr rentieren.

Übersicht 1: Entwicklung des US-Dollars gegenüber der DM

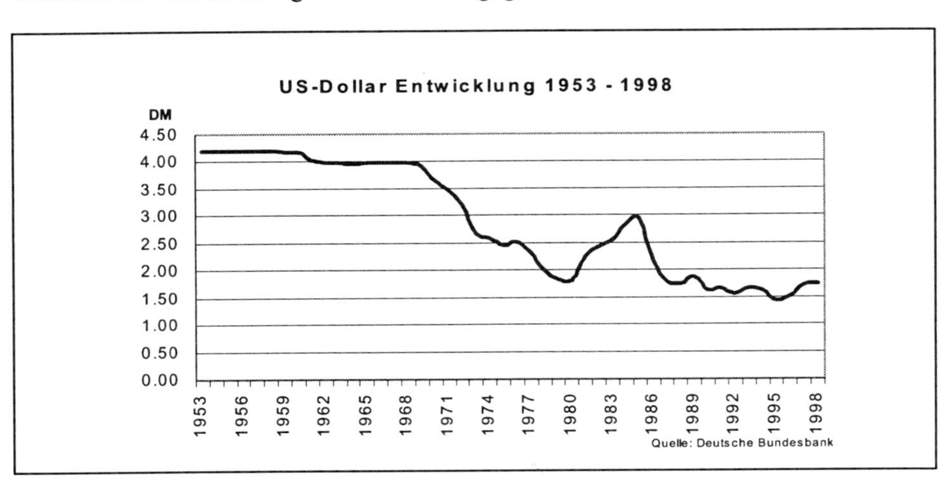

Quelle: Deutsche Bundesbank.

Ein weiterer für den Import entscheidender Faktor ist die Entwicklung des US-Dollars. Warengeschäfte in Fernost werden grundsätzlich noch in US-Dollar (siehe Übersicht 1) abgewickelt [4]. Sinkt der US-Dollar gegenüber der Deutschen Mark, werden Importgeschäfte bei konstanten restlichen Preisdeterminanten rentabler. In den Jahren 1970-1980 sowie 1985-1990 ist der Dollar sehr stark gefallen, was Importe aus Fernost favorisierte.

III. Der Importeur

Mit dem Terminus „Importeur" ist die Art von Unternehmer gemeint, die als Groß- bzw. Zwischenhändler Ware aus Fernost importiert und sie in Deutschland/Europa an Einzelhändler weiterveräußert [5]. Bezogen auf Umsatzvolumen wickelt MTO etwa 60 Prozent des Tagesgeschäftes mit deutschen Importeuren ab. Charakteristika der Importeure sind:

- schmaleres, aber tieferes Artikelprogramm
- weniger Aktionsartikel, mehr Sortimentsartikel [6]
- höhere Lieferantenkonzentration
- stärkeres Interesse an Qualitätssicherung der Artikel
- komplexerer Kommunikationsaufwand, da unter Umständen auch die Kundenwünsche des Importeurs in dem Importgeschäft berücksichtigt werden müssen
- häufig Import in Eigenmarken und damit verbunden die Einschaltung eines Verpackungsdesignunternehmens
- über die Summe ihrer Produkte höheres Haftungsrisiko, da sie als Inverkehrbringer im Raum der EU als Hersteller betrachtet werden.

Ziel einer Großzahl von Importeuren ist es, möglichst alle von ihnen gehandelten Artikel in das Sortiment der bedeutenden Einzelhändler zu bringen. Auf Grund der stetigen Konzentration im Einzelhandel ist der Wettbewerb der Warenversorgung mit Importartikeln bedeutend gestiegen. Hinzu kommt, dass derzeit auch ein rigoroser Preiswettbewerb des Einzelhandels vorherrscht. Dies gilt speziell bei Aktionsartikeln, bei denen selbst bei großen Mengen kaum noch Gewinne erzielt werden. Auf Grund dieses Preiskampfes verstärkt der Importeur seine Wettbewerbsfähigkeit durch die Leistung der Innovation, der Bevorratung und des Services. Der Importeur wird dadurch gezwungen neue Quellen zu finden und versucht, durch intensive Produktentwicklung, Design und ggf. auch Gebrauchsmusterschutz einen Vorteil zu erzielen. Durch garantierte Bevorratung, Just-in-Time-Belieferung, Rücknahme von Restanten usw. bietet der Importeur Alternativen zum in der Regel preiswerteren Eigenimport des Einzelhandels.

IV. Der Einzelhändler

Der Import für den Einzelhandel unterliegt starken Veränderungen. Einerseits haben Konzentration wie durch die Markant und die MTO sowie Verschmelzungen verschiedener Einzelhändler dazu geführt, dass wieder größere Stückzahlen auch in Fernost beschafft werden können, um Vorteile in der Bündelung zu optimieren. Auf der anderen Seite hat der Einzelhändler beim Eigenimport die Möglichkeit, seine Produkte in Eigenmarke oder spezieller Verpackung liefern zu lassen, um sich so von der Kundenmasse des Importeurs abzuheben und dadurch wiederum, trotz der kleinen Menge, einen Wettbewerbsvorteil zu erlangen. Zugleich sind jedoch auch neue Herausforderungen entstanden: Das Konzept „*Supply Chain Management*“ fordert zeitlich optimierte Belieferung und die Bedingung „never out of stock“, so dass der Quadratmeter der Verkaufsfläche umsatzmaximierend genutzt werden kann. Durch automatische Übermittlung der Abverkäufe über Scannerkassen an inländische Lieferanten muss sich der Einzelhandel nicht mehr mit einem Lager belasten, sondern überträgt die Aufgabe der Bevorratung und kurzfristiger Nachlieferung für Ware aus Fernost an den Importeur. Sollte der Importeur nicht rechtzeitig nachliefern können, drohen ihm ggf. Vertragsstrafen als Ausgleich für den entgangenen Umsatz des Einzelhändlers.

Anders verhält es sich für den Eigenimport. Hier muss sich der Einzelhandel selbst dieser Herausforderung stellen. Problematisch ist gerade bei Saisonartikeln oder Eigenmarken die Prognose des Abverkaufs, der sich stark abweichend von der Planung entwickeln kann. Dies wiederum kann in zu hohen Beständen und Abschriften oder leeren Regalen und unzufriedenen Kunden resultieren.

Hinzu kommt bei Importen aus Fernost die oben angesprochene Haftungsproblematik. Der Inverkehrbringer gilt im Sinne des Produkthaftungsgesetzes als Hersteller und hat demnach dafür Sorge zu tragen, dass der entsprechende Artikel allen gesetzlichen Bestimmungen und Normen entspricht.

Durch das Gerätesicherheitsgesetz, die Bedarfsgegenständeverordnung und vielen mehr gilt es Maßnahmen zu ergreifen die gewährleisten, dass importierte Ware nicht mit Mängeln und Risiken behaftet sind. Bei einigen Artikeln muss sodann auch ein Kundendienst Garantiefälle und Reparaturen behandeln. Eigene Abteilungen für Qualitätssicherung müssen sich mit diesem Sachverhalt auseinandersetzen – dies wiederum lohnt sich erst ab einer gewissen Größenordnung bzw. Stückzahl oder Auftragswerte. Für Einzelhändler ist der Bezug vom inländischen Lieferanten demnach die sinnvollere

Alternative. Zwar überträgt der Einzelhandel diese Verantwortung nur an den inländischen Importeur, was einen hohen Grad an Spezialisierung und Kompetenz des Importeurs auf diesem Gebiet voraus setzt. Der Importeur kann jedoch den Vorteil nutzen, größere Bestellungen zu tätigen, während der Einzelhandel in der Regel nur für seine eigenen Verkaufsaktivitäten Ware beschafft.

V. Prognose/Trend

Speziell für den Service der MTO bleibt festzuhalten, dass der Import verschiedener Warengruppen komplizierter wird. Anzuführen sind hierbei die genannten gesetzlichen Sicherheitsvorschriften, Prüfung entsprechender technisch relevanter Unterlagen sowie die Qualitätssicherung. Wie bereits ausgeführt, wird daher auch zukünftig der Einzelhandel in geringerem Maße Eigenimporte durchführen und dafür verstärkt mit Importeuren zusammenarbeiten. Auch die Einzelhandelseinkäufer der MTO suchen dementsprechend im Eigenimport-Geschäft überwiegend den Aktionsartikel und weniger ein kontinuierliches Sortimentsgeschäft. Auf Grund des sinkenden Einzelhandelsimports wird die MTO zukünftig die Zusammenarbeit mit Importeuren verstärken. MTO kann hierbei globale Anlaufstelle für Importeure werden, die kein eigenes Büro in Hongkong haben und Serviceleistungen in Bezug auf den Handel mit Fernost direkt vor Ort in Anspruch nehmen möchten.

Des Weiteren wird auch weiterhin die Kommunikation zwischen Lieferanten in Fernost und den Einkäufern aus Übersee mit einem geringeren Aufwand stattfinden können. Nicht nur auf Grund moderner Kommunikationsmittel wie E-Mail und Internet, sondern auch auf Grund der sich verbessernden Englischkenntnisse auf beiden Seiten. Eine ständige Begleitung durch MTO-Merchandiser ist daher nicht mehr zwingend notwendig. Somit wird auch das bereits erwähnte Agenturgeschäft bei MTO an Bedeutung verlieren bzw. muss neu definiert werden. Im Zuge dieser Veränderung wird, wie bereits oben erwähnt, eine Angleichung im MTO-Service-Katalog vorgenommen. Statt wie bisher (und im Agenturgeschäft üblich) eine prozentuale Provision auf den Umsatz des Einkaufspartners für alle Dienstleistungen zu erhalten, wird es in Zukunft verschiedene Bausteine geben, um Leistungen gezielter anbieten und in Rechnung stellen zu können.

Zur zukünftigen Entwicklung des Fernost-Geschäfts allgemein ist in erster Linie der Beitritt von China in die Welthandelsorganisation (WTO) im Dezember 2001 anzuführen. Aus dieser Tatsache resultierend, kann mit großer Wahrscheinlichkeit davon ausgegangen werden, dass China in den kommenden Jahren als Handelspartner für andere Länder weiter stark an Bedeutung gewinnen wird.

Außerdem hat die WTO-Mitgliedschaft Chinas zur Folge, dass in einem überschaubaren zeitlichen Rahmen einige, wenn nicht alle, auferlegte Export-Kontingente aufgelöst werden. Hierzu sind noch nicht alle Zeitpläne veröffentlicht. Mit der bestehenden Aussicht, ohne Quoten und Restriktionen exportieren zu können, wird China seinen Handel in alle Welt jedoch mit Sicherheit ausbauen und insbesondere in den Bereichen Textil und Schuhe an Bedeutung und Leistungsfähigkeit gewinnen.

Mit der zu erwartenden Expansion des weltweiten Handels der Volksrepublik China werden einige Städte in China Rollen übernehmen, die noch vor einiger Zeit Seoul, Taipei oder Hongkong innehatten. Shanghai ist dabei an erster Stelle zu nennen, aber auch Xiamen und Guangzhou (Kanton) werden sicherlich zu den neuen Handelsmetropolen gehören. In Guangzhou finden zweimal jährlich bedeutende Handelsmessen statt, die bereits jetzt von vielen Einkäufern besucht werden. Bedeutende chinesische Hersteller werden vermutlich in den oben genannten Städten Verkaufsbüros und so genannte „Showrooms" (Ausstellungsräume) einrichten. Neben den Herstellern wird sich auch eine Vielzahl von Handelsunternehmen in den Zentren des Exports etablieren.

In Bezug auf die Trends im fernöstlichen Handel ist auch das Internet für zukünftige Aktivitäten in Asien von Bedeutung. Einige Hersteller stellen ihr Unternehmen inklusive Produkte und Dienstleistungen bereits auf einer eigenen Homepage vor und sind zusätzlich noch bei Online-Datenbanken (z.B.globalsources.com) „gelistet", so dass ein Teil des Beschaffungsmarktes transparenter wird. Einige Firmen spezialisieren sich zurzeit auf die Aufbereitung dieser Informationen bzw. erleichtern die Suche nach Herstellern von bestimmten Warengruppen oder Produkten. Der nächste Schritt wird die Integration dieser Informationen über Schnittstellen in das eigene EDV-System des Käufers sein, so dass Artikel-Stammdaten von asiatischen Herstellern problemlos übernommen werden können. Vermutlich lassen sich somit auch Bestellungen direkter bearbeiten. Die Bearbeitung der Aufträge – seit Jahren fest in den Händen der Einkaufsagenturen in Fernost – verlagert sich ggf. nach Deutschland oder die Agentur in Hongkong bzw. China bearbeitet die Aufträge online auf dem EDV-System des Einkaufspartners.

VI. Stolpersteine

1. Allgemein

Dass die Dienstleistungen der MTO auch mittelfristig noch nicht überflüssig sein werden, lehrt die Praxiserfahrung im Fernostgeschäft Tag für Tag. Auch wenn Globalisierungsprozesse die Welt kleiner werden lassen, der chinesische Markt sich dem Westen kulturell und wirtschaftlich öffnet und Handelshemmnisse abgebaut werden [7], klaffen Theorie und Praxis im Importgeschäft doch noch zuweilen recht weit auseinander.

2. Zeitverschiebung

Ein – auf den ersten Blick triviales aber dennoch nicht zu unterschätzendes – Problem liegt bspw. in der Zeitverschiebung zwischen Deutschland und Fernost. Müssen dringend Entscheidungen hinsichtlich einer Lieferung getroffen werden, kann sich im Zweifelsfall ein Liefertermin um eine Woche verschieben, da das zeitliche Überlappungsfenster nicht ausreichte, um entscheidende Fragen zu klären. Oft können jedoch banale Fragen oder Probleme von Mitarbeitern der MTO an Hand von Erfahrungswerten selbstständig und ohne Rücksprache mit den Einkäufern beantwortet und damit eine Lieferterminverzögerung vermieden werden. Während der europäischen Winterzeit liegt zeitlich beinahe ein ganzer Arbeitstag zwischen Ostasien und Mitteleuropa!

3. Sprache

Während Englisch als internationales Kommunikationsmittel für Alltagsprobleme in größeren Städten Chinas sicherlich ausreichend ist, treten doch häufig Kommunikationsprobleme bei geschäftlichen Detailfragen auf. Unzureichende Englischkenntnisse bei Einkäufern in Kombination mit nicht vorhandenen Englischkenntnissen bei Lieferanten kann ein Geschäft schnell zum Scheitern verurteilen. Auch wenn der Fremdsprachenstandard in China steigt, sind derzeit noch in der alltäglichen Geschäftsabwicklung Chinesisch-Kenntnisse [8] unvermeidlich. Missverständnisse hinsichtlich sensitiver Details können durch den Einsatz der Merchandiser auf diesem Wege weitgehend vermieden werden.

4. Kommunikationsmittel

Die klassischen Kommunikationsmittel wie Telefon und Telefax werden auch im Fernostgeschäft in starkem Maße durch das anwenderfreundliche E-Mail-System substituiert. Durch E-Mail können auch Kostenvorteile gegenüber hohen Telefon- und Telefaxkosten genutzt werden. Immer mehr Lieferanten sind im World Wide Web vertreten und können per elektronischer Post erreicht werden. Allerdings unterliegt in China das Internet weiterhin staatlicher Zensur und technische Probleme mit Telefonleitungen (über die auch Internetanschlüsse laufen) liegen an der Tagesordnung. Festlandchinesen benutzen meist chinesische Software, deren Schriftzeichen mitunter Kompatibilitätsprobleme mit westlichen Anwendungsprogrammen provozieren.

5. Liefertermin

In den seltensten Fällen ist die georderte Ware unverzüglich nach dem Eingang der Bestellung in Fernost verfügbar. Vielmehr löst sie erst die Beschaffung des Produktionsmaterials aus, so dass im Anschluss an die Materiallieferung die Herstellung der entsprechenden Artikel beginnt. Zu der Verschiffungszeit von circa einem Monat muss der Importeur demnach auch eine Materialbeschaffungs- und Produktionszeit von 30 bis 50 Tagen einrechnen sowie ggf. die Auslieferung zu Kunden oder Filialen berücksichtigen, um Aktionen, Neu- und Nachbestellungen usw. entsprechend planen zu können.

6. Qualität

Auch wenn immer mehr fernöstliche Fabriken gemäß ISO (International Organization for Standardization) zertifiziert werden und damit einen gewissen gleichbleibenden Qualitätsstandard ihrer Produkte vermuten lassen müssten, lehrt die Praxis manchmal gegenteilige Beispiele. Um fernöstliche Produktqualität beurteilen zu können, muss man sich über den fernöstlichen Produktionsprozess Gedanken machen. Während in westlichen Ländern der Produktionsprozess weitgehend automatisiert ist, wird in Fernost noch der größte Teil von Hand gefertigt. Dass hierbei eine absolut gleichbleibende Produktqualität nicht zu 100 Prozent gewährleistet werden *kann*, liegt in der Natur der Dinge und sollte von Einkäufern berücksichtigt werden. Die Erwartungshaltung im Westen entspricht nicht immer dem technisch Möglichen in Fernost.

"Hersteller" in Fernost sind darüber hinaus in vielen Fällen lediglich auf den Prozess der Endmontage spezialisiert. Oftmals wird das Gehäuse eines Produktes selber gefertigt, alle weiteren Teile und Komponenten werden durch Zukauf beschafft [9]. Diese Struktur bietet einen sehr hohen Grad an Flexibilität – geht jedoch auch zu Lasten der gleichbleibenden Qualität. Zulieferanten werden bereits bei geringen Preisvorteilen gewechselt oder Rohmaterial bzw. Halbfertigprodukte werden je nach Bedarf dort beschafft, wo sie kurzfristig verfügbar sind [10]. Oft setzen Fabriken ihre Prioritäten eher auf hohe Durchlaufgeschwindigkeit und maximale Auslastung als auf eine gleichbleibende und bestmögliche Produktqualität. Dies bedeutet nun wiederum nicht, dass in Fabriken Qualität überhaupt nicht kontrolliert wird. Im Gegenteil: Durch das geringe Lohnniveau in bspw. der Volksrepublik China ist ein nicht zu unterschätzender Anteil von Fabrikarbeitern in der Qualitätssicherung angestellt. I.d.R. wird jeder produzierte Artikel an mehreren Stellen im Produktionsablauf von Qualitätssicherungs-Mitarbeitern durch Sichtprüfung oder einfache Messungen überprüft. Dass trotz dieser Maßnahmen Diskrepanzen zwischen geforderter und gelieferter Qualität entstehen können, ist in den folgenden Umständen begründet:

- Produkte werden meist von Hand gefertigt, was eine schwankende Qualität prädestiniert (s.o.).
- Produkte werden von Hand überprüft, was eine weitere Fehlerquelle darstellt.
- Hauptproblem ist jedoch sicherlich: Wie ist Qualität definiert? Auch dieser Punkt mag trivial erscheinen, stellt die Praxis aber vor ein nicht unerhebliches Problem. Wie kann man eine Fabrik in einem anderen Kulturkreis und mit anderen Einstellungen und Erwartungen an Produkte in Einklang mit den eigenen Produkterwartungen bringen? Kosmetische Defekte, die den Marktwert eines Produktes in Deutschland bereits erheblich schmälern, werden in Fernost vielleicht gar nicht als Defekte angesehen. Fabriken liefern ihre Produkte außerdem in eine Vielzahl an Ländern mit unterschiedlichen Qualitätsansprüchen.

Hier ist es Aufgabe des Einkäufers bzw. des Importeurs, sein gewünschtes Produkt [11] und seine Qualitätsanforderungen an das Produkt klar und unmissverständlich zu formulieren und der Fabrik rechtzeitig vor Produktionsbeginn mitzuteilen. Eine Aufgabe, die zum derzeitigen Zeitpunkt von Importabteilungen meist noch viel zu schwach gewichtet wird. Qualitative Mängel oder Missverständnisse hinsichtlich der Produkte selber sind oft die Folge. Das heißt, Qualitätsdefekte resultieren oftmals aus ungenügender Kommunikation zwischen Lieferanten und Einkäufer hinsichtlich der geforderten Qualität.

Ein bevorzugtes Mittel, objektiv Qualität – zumindest stichprobenartig – vor Verschiffung im Sinne des Kunden zu überprüfen, besteht in der Beauftragung eines externen Dienstleisters. Eine Vielzahl von Qualitätssicherungsunternehmen [12] bieten einen international standardisierten Service [13] in Form einer stichprobenartigen Endkontrolle an. Aus der fertig in Exportkartons verpackten Ware wird eine vordefinierte Losgröße zufällig entnommen und auf Defekte überprüft. Hierbei ist zu beachten, dass diese Endkontrolle natürlich nur so effektiv und aufschlussreich sein kann, wie die Vorgaben an den Dienstleister detailliert waren. Weiterhin mag erstaunen, dass der internationale Standard nicht etwa verlangt, dass die komplette Losgröße frei von Defekten ist, sondern dass Qualitätsabweichungen und Qualitätsdefekte zu einem gewissen vorab festgelegten Prozentsatz akzeptiert werden.

7. Gesetzliche Bestimmungen

Durch das Zusammenwachsen der Europäischen Union und der Vereinheitlichung gesetzlicher Bestimmungen hinsichtlich der Einfuhr von Waren in die Europäische Union steigt der abwicklungstechnische Aufwand von Importgeschäften kontinuierlich. Wie oben angesprochen, wird nach europäischem Recht der Importeur mit dem Hersteller gleichgesetzt und ist in erster Instanz für die importierten Produkte haftbar.

CE und CE-Konformitätserklärung

Gewisse Produkte oder Produktkategorien unterliegen europäischen Richtlinien bzw. in nationales Recht übernommenen europäischen Richtlinien. Als Beispiele sind hier u.a. Spielzeuge, Artikel die innerhalb bestimmter Spannungsgrenzen betrieben werden oder Produkte mit potenzieller elektromagnetischer Störanfälligkeit bzw. potenzieller aktiver elektromagnetischer Störung zu nennen. Fallen Produkte unter eine derartige Richtlinie, müssen diese mit dem CE-Zeichen markiert werden [14]. Durch eine Markierung erklärt der Inverkehrbringer, dass das Produkt den zu Grunde liegenden Gesetzen entspricht. Für die meisten der bisher bestehenden EU-Richtlinien muss der Inverkehrbringer darüber hinaus eine so genannte Konformitätserklärung unterschreiben bzw. vorweisen, in der die Einhaltung der geltenden Normen schriftlich bestätigt wird. Obwohl der Importeur nicht der Hersteller ist, sondern nur nach dem Gesetz als Hersteller behandelt wird, liegt es in seinem Verantwortungsbereich sicherzustellen, dass die Produkte des Herstellers aus Fernost auch tatsächlich die europäischen sicherheitstechnischen Anforderungen erfüllen. Hierbei verlässt sich der Importeur meist auf von technischen Laboratorien durchgeführte Produkttests, die eine Konformität mit den relevanten Normen zertifizieren. Problematisch ist an dieser Prozedur, dass derartige Produkttests nur an einem zur Verfügung gestellten Testmuster durchgeführt und bescheinigt werden. Ob später die bestellten Produkte exakt in Konformität mit dem seinerzeit dem Testlabor zur Verfügung gestellten Testmuster sind, kann ohne eine weitere Laboruntersuchung nicht festgestellt werden. Man importiert und haftet also im Vertrauen auf den Lieferanten.

GS-Markierung

Ein sehr verbreitetes und auch ins Bewusstsein des Endverbrauchers vorgedrungenes Qualitätszeichen, das die Einhaltung des deutschen Gerätesicherheitsgesetzes offenbaren soll, ist das von anerkannten Zertifizierungsstellen vergebene GS-Zeichen [15]. Hier taucht nun allerdings die selbe Problematik auf, die bereits bei der Konformität mit den europäischen Direktiven oben angesprochen wurde. Das GS-Zeichen wird vergeben, wenn ein zur Verfügung gestelltes Muster dem Gerätesicherheitsgesetz entspricht. Ob die Ware, die später in den Verkehr kommt, ebenfalls dem Gerätesicherheitsgesetz entspricht, kann ohne weiteren Test nicht geprüft werden. Hier besteht bei vielen Endverbrauchern der Irrglaube, dass ein erworbener GS-geprüfter Artikel in der Produktion auf sicherheitsrelevante Kriterien getestet wurde. Dies muss tatsächlich nicht immer zwangsläufig der Fall sein und sollte von Einkäufern bei der Auswahl komplexerer technischer oder sicherheitsrelevanter Artikel berücksichtigt werden.

VII. Fazit

Dauerhaft bleibt Fernost für die Beschaffung von Nonfood-Konsumgütern interessant. Die wichtigste Rolle wird als Produktionsland die Volksrepublik China spielen. China wird dabei in den kommenden Jahren seine Position weiter festigen, einige chinesische Städte werden, wie einst Tokio, Seoul, Taipei und Hongkong, zu zentralen Handelsmetropolen und Anlaufstellen für Handel und Industrie.

Viele Unternehmen werden eine Warenbeschaffung in Asien, insbesondere in China, nicht ohne Unterstützung vor Ort betreiben können. Große Organisationen können es sich leisten, in den wichtigsten Städte eigene Büros einzurichten. Wer keine eigenen Büros hat, wird sich weiterhin einer Agentur bedienen müssen.

MTO wird sich auf veränderte Rahmenbedingungen einstellen und als Serviceanbieter mit differenzierten Leistungen für potenzielle und bestehende Importeure weiterhin zur Verfügung stehen.

Anmerkungen

[1] Das Verrechnungsgeschäft ist für die Mitglieder der Markant möglich.

[2] Die angesprochenen technischen Anforderungen gelten natürlich für unterschiedliche Produktkategorien in unterschiedlichem Maße.

[3] Qualitätssicherung kann in diesem Zusammenhang dann auch zusätzlich entsprechend als "Einhaltung der erforderlichen gesetzlichen Bestimmungen" interpretiert werden.

[4] Die Zeit wird zeigen, ob der Euro eine realistische Substitution für den US-Dollar ist.

[5] Die Bezeichnung Importeur ist also dementsprechend etwas irreführend, da der Einzelhandel selber in Fernost auch als "Importeur" auftritt. Allerdings haben sich die Bezeichnungen "Importeur" und "Einzelhändler" im Tagesgeschäft für die beiden angesprochenen Gruppen durchgesetzt, so dass auch in diesem Praxisbeispiel nicht von der Terminologie abgewichen werden sollte.

[6] Unter Aktionsartikeln versteht man den einmaligen Import eines bestimmten Artikels, der i.d.R. zu günstigen Preisen weiterverkauft wird. Sortimentsartikel, sind Wiederholungsartikel, die zum Standardprogramm des Einzelhandels gehören.

[7] So z.B. durch den Eintritt Chinas in die Welthandelsorganisation WTO.

[8] Hier ist das Hochchinesisch (Mandarin) gemeint, das trotz unterschiedlicher regionaler Dialekte von allen Festlandchinesen gesprochen wird.

[9] Z.T. ist lediglich das Werkzeug bzw. die Produktionsform Eigentum des Herstellers.

[10] U.U. kommen sogar innerhalb eines Loses die Rohmaterialen und Halbfertigprodukte unterschiedlicher Zulieferanten zur Verwendung.

[11] Diese Aussage mag etwas irritieren: Zu beachten ist aber, dass fernöstliche Fabriken durch den hohen Anteil an Handarbeit ausnehmend flexibel sind. Oft wird ein von der Fabrik vorgeschlagenes Produkt von Einkäufern in Form, Funktion, Farbe und Verpackung noch modifiziert bzw. abgeändert, so dass es sich tatsächlich um ein für den einzelnen Kunden "maßgeschneidertes" Produkt handeln kann.

[12] In Hongkong bspw. TÜV Rheinland, SGS Ltd. oder Professional Quality Control System.

[13] Siehe hierzu: MIL-STD 105E. Ursprünglich entwickelt vom US-amerikanischen Militär.

[14] Wird ein Produkt, das einer EU-Richtlinie unterliegt, nicht mit CE markiert, wird dies – wie im umgekehrten Fall – als Ordnungswidrigkeit geahndet.

[15] Das GS-Zeichen wurde vom Bundesministerium für Arbeit und Sozialordnung bekannt gemacht und steht für "Geprüfte Sicherheit".

Drittes Kapitel:

E-B2B – Virtueller Großhandel

Abschnitt A

E-Commerce im Produktionsverbindungshandel: Der handwerkguide.com der Adolf Würth GmbH & Co. KG

Harald Unkelbach

I. Einleitung

Für ein *klassisches Direktvertriebsunternehmen* wie die Würth-Gruppe stellt das Internet eine große Herausforderung dar. Für ein Unternehmen, in dem mehr als die Hälfte aller Mitarbeiter im Außendienst, also im Direktvertrieb, tätig ist, ist das Internet sicherlich eine Bedrohung der bisherigen klassischen Vertriebsform. Der elektronische Handel oder der Handel im Internet hat das Einkaufsverhalten verändert und wird den Beschaffungsmarkt in der Zukunft noch stärker verändern als bisher. Damit müssen sich notgedrungen auch die Vertriebsstrategien grundlegend ändern.

Die bisher eindeutige Ansprache des Kunden über den Außendienst bekommt Alternativen. Die Organisation des Unternehmens, die weitestgehend über den Außendienst auf den Kunden gerichtet ist, muss damit auch die möglichen neuen Vertriebskanäle unterstützen. Die Logistikkonzepte müssen darauf ausgerichtet werden. Eine Änderung der gesamten Unternehmensorganisation wird dazu notwendig sein. Für ein Unternehmen, das sich dem Handel verschrieben hat, ist es also eine Frage des Überlebens, sich mit den Veränderungen auf dem Markt, hervorgerufen durch das Internet, so intensiv wie möglich zu beschäftigen und neue Kundenbindungsinstrumente zu entwickeln.

II. Die Würth-Gruppe und der E-Commerce

1. Die Würth-Gruppe

1945 gründete Adolf Würth eine Großhandelsfirma für Schrauben und Muttern im hohenlohischen Künzelsau (Baden-Württemberg). Nach seinem frühen Tod im Jahre 1954 übernahm sein Sohn Reinhold Würth im Alter von 19 Jahren die Geschäftsführung. Damals wurde ein Umsatz von 146.000 DM erzielt. Der erste Schritt in die Globalisierung wurde 1962 getan mit der Gründung der ersten Auslandsgesellschaft in den Niederlanden.

Heute zählen über 260 Gesellschaften in 79 Ländern der Welt zur Würth-Gruppe. Im Jahre 2000 wurde ein Umsatz von 10,05 Milliarden DM erreicht, mit etwas über 36.000 Mitarbeitern weltweit, von diesen sind über 18.000 im Außendienst tätig.

Das Kerngeschäft bezieht sich auf den Handel mit *Produkten aus der Verbindungstechnik* für den professionellen Verbraucher. Die weltweit ungefähr zwei Millionen

Kunden kommen aus der Handwerkerschaft und der Industrie. Die klassischen Würth-Gesellschaften liefern nicht an den Privatverbraucher. Die Kunden können in die Bereiche Autopflege- und Reparaturbetriebe, in die Holzverarbeitende Betriebe (z.B. Schreiner), in das Metallhandwerk (Schlosser), in Haustechnik (Elektro-, Sanitärbetriebe) und in die am Bau tätigen Betriebe gruppiert werden. Hinzu kommen in immer stärker werdenden Maße Mittel- und Großindustriebetriebe. Das Artikelsortiment enthält im Kern 80.000 Artikel; dieses Angebot ist für die verschiedenen Auslandsgesellschaften sehr unterschiedlich. Das Kernprogramm besteht aus einem breiten Angebot von Schrauben und Muttern, chemisch-technischen Produkten zum Kleben und Pflegen und den dazu notwendigen Werkzeugen und Vorrichtungen. Zusätzlich werden Bevorratungs- und Entnahmesysteme für die Würth-Kunden angeboten. Damit ist die Würth-Gruppe im klassischen C-Teile-Bereich tätig. Der Anteil dieses Produktangebotes liegt bei maximal 10 Prozent des Gesamteinkaufsvolumens eines Kunden.

Der klassische Vertriebsweg von Würth ist der Direktverkauf über den Außendienst. Tag für Tag werden weltweit über 250.000 Kunden besucht. Dabei werden nicht nur die Bedarfe abgefragt, sondern neue Artikel vorgestellt und platziert. Ein bedeutender Teil der Außendienstarbeit ist auch die Marktforschung und das Erkunden neuer Problemfeldern in der Anwendung, die zu neuen Produktinnovationen führen.

2. Die Rahmenbedingungen bei Würth

Die Würth-Gruppe wird *dezentral* geführt. Damit ist jede Gesellschaft selbst verantwortlich für den Markt, für Gewinn und Verlust im jeweiligen Land. Kunden eines Landes werden ausschließlich durch die entsprechende Landesgesellschaft bedient. Es gibt keinen grenzüberschreitenden Verkauf an Kunden.

Damit ist jede Landesgesellschaft auch verantwortlich für das eigene Marketing, für die angebotenen Produkte und damit auch für die richtige Kennzeichnung dieser Produkte. Dies ist insbesondere bei chemischen Produkten ein Problem, da selbst in der EU darüber sehr unterschiedliche Vorschriften, z.B. zwischen Deutschland und Österreich, bestehen.

3. Adolf Würth GmbH & Co. KG in Deutschland

Der Weltmarkt im E-Commerce stellt sich in den verschiedenen Ländern sehr unterschiedlich dar, obwohl er auf Grund der Medienstruktur ein globaler Markt ist. In den

USA, als Beispiel, ist der E-Commerce-Markt völlig anders gelagert als in Deutschland. Dort ist auf Grund der großen Entfernungen das Mail-Order-System ein über 150 Jahre alter, eingeführter und akzeptierter Vertriebskanal, während der Direktvertrieb eher eine untergeordnete Rolle spielt. Damit sind auch die Voraussetzungen für die Nutzung von E-Commerce dort vollständig anders.

Im Folgenden wird daher der deutsche Markt betrachtet und das dort tätige Unternehmen der Würth-Gruppe mit seinen über 500.000 Kunden. Die Adolf Würth GmbH & Co. KG ist die Ursprungszelle der Würth-Gruppe. Sie beschäftigt inzwischen über 4.600 Mitarbeiter, wovon über 2.400 im Außendienst sind. Zusätzlich gibt es ein Netz von 100 Niederlassungen in der Bundesrepublik. Diese Niederlassungen haben ihre Aufgabe in der regionalen Präsenz und der lokalen Marktbearbeitung. Sie dienen nicht als lokales Logistik- und Distributionszentrum, sondern haben vor Ort ein eingeschränktes Sortiment für den Notfall für den Kunden parat. Aus dem Zentrallager in Künzelsau werden täglich durchschnittlich 100.000 Positionen an die Kunden ausgeliefert. Zielsetzung ist es für die Logistik, jeden Auftrag nach Erteilung durch den Kunden innerhalb von zwei Tagen beim Kunden zu haben. Daher sind alle Außendienstmitarbeiter mit einem PC und mit allen notwendigen Daten ausgestattet. Es besteht die Möglichkeit der Direktübertragung mit Handys für die Kundenaufträge. Alle Niederlassungen sind selbstverständlich im IT-Netz eingebunden. Für den Einkauf und die Logistik ist die Zielsetzung, einen möglichst hohen Servicegrad zu erzielen. Dabei ist der Servicegrad definiert als die Anzahl der Positionen, die sofort bei Kundenbestellung komplett an den Kunden ausgeliefert werden können. Ziel ist es natürlich, 100 Prozent zu erreichen; ein Wert unter 98 Prozent ist nicht akzeptabel.

4. Die Marktbedingungen für Würth

Der Markt im Bereich dieser Verbindungstechnik ist aufgesplittet in Hunderte von Anbietern, also ein typisch *polypolistischer Markt*. Jeder Eisenwarenhändler ist Wettbewerber. Obwohl die Adolf Würth GmbH & Co. KG mit 1,7 Mrd. DM Umsatz (2001) in Deutschland Marktführer ist, so liegt doch der durchschnittliche Marktanteil über alle Branchen unter 5 Prozent.

Die Produkte in diesem Bereich sind für den Handwerker mehr ein notwendiges Übel. Sie werden eher verstanden als Kostenbringer, als dass sie eine aktive Rolle im Marketing gegenüber den Kunden des Handwerks spielen würden. Mit weniger als zehn Prozent Anteil gemessen am Gesamteinkaufsvolumen eines Handwerkers sind diese Artikel absolut nebensächlich. Gemessen aber am gesamten Artikelspektrum, das ein Handwerker benötigt, machen sie 80 bis 85 Prozent seiner Artikel aus. Ferner ist der Wert pro Artikel äußerst gering. Festzustellen ist, dass sich der Handwerker mit diesen Artikeln möglichst gar nicht befassen möchte. Das Beste wäre, sie wären jederzeit ausreichend für ihn verfügbar. Es sind jedenfalls keine Artikel, die er langfristig disponieren will und in die er viel Zeit investiert. Wie kann in einem solchen Umfeld nun E-Commerce betrieben werden?

5. Würth und E-Commerce

Versteht man unter E-Commerce vereinfachend die zur Verfügungsstellung von elektronischen Einkaufs-, Bestell- und den dazu notwendigen Informationssystemen, so beschäftigt sich Würth bereits seit Mitte 1985 mit diesem Thema (vgl. Unkelbach 2000, S. 65ff.). Zu dieser Zeit wurden Teile des Artikelstammes Kunden auf Diskette im Format „Datanorm" zur Verfügung gestellt. Es wurde weiterhin eine bestellfähige BTX-Anwendung aufgebaut – mit gleichem Erfolg wie das gesamte Medium BTX. 1996 wurde die erste CD-ROM veröffentlicht mit dem Gesamtkatalog und Produktbeschreibungen, Bildern, Anwendungsbeispielen und Bestellmöglichkeit über Fax. Es wurden hier über 100.000 CD-ROMs von den Kunden angefordert.

Seit 1993 stellte Würth seinen Kunden für die Bestellabwicklung einen PC kostenfrei zur Verfügung. Dieser PC war ausgestattet mit dem Artikelstamm und den mit den Kunden vereinbarten Preisen. Zusätzlich gab es eine telefonische Wählverbindung, um Bestellungen zu übertragen und um detaillierte Preisauskünfte und Artikelstamm-Updates zu erhalten. Es waren 2.000 Geräte im Einsatz.

Eine weitere Entwicklung stellte ab 1995 der so genannte *ORSYmat* dar. Würth stellt seinen Kunden ein Regalsystem zur Verfügung, in dem sie alle von Würth bezogenen Artikel übersichtlich und dispositionsfreundlich lagern können, das sog. ORSY-Regal (ORSY ist eine Abkürzung aus ORdnung und SYstem). Der ORSYmat ist ein geschlossenes System mit verschiedenen Fächern, in denen die Artikel jeweils lagern. Gesteuert wird dieses System mit einem PC, über den ein Artikel ausgewählt werden kann. Die entsprechende Klappe der Box öffnet sich und der Kunde kann den Artikel entnehmen. Mit der Entnahme wird über eine entsprechende Datenübermittlung an den Firmenserver ein Rechnungssatz für den Kunden erstellt und ein Nachschub veranlasst. Hiervon sind 500 Geräte im Einsatz.

Im Internet ist Würth seit 1995 mit der Adresse www.wuerth.com und einer Homepage und weiteren Informationsseiten über das Unternehmen vertreten. Ein bestellfähiger Katalog wurde Anfang 1998 im Internet zur Verfügung gestellt. Über die Kundennummer und über einen zugeteilten PIN hatte der Kunde Zugriff auf seine Daten. Gleichzeitig erhielt er Informationen über neue Produkte, Sicherheitsdatenblätter, Auslieferungsdaten usw. In diesem Katalog waren selbstverständlich auch entsprechende Suchfunktionen vorhanden. Bei den verschiedensten Kundenveranstaltungen wurde dieser *Online-Katalog* vorgestellt und stieß dort bei fast allen Kunden auf großes Interesse. Etwa 10.000 Kunden wollten die Software mit zusätzlich 50 Stunden kostenloser Online-Nutzung haben. Tatsächlich ließen sich etwas über 1.000 Kunden registrieren. 110 haben von diesen bisher bestellt. Dies zeigt die gesamte Problematik des E-Commerce in einem solchen Umfeld.

III. Der Würth-handwerkguide

1. Würth-Strategie und Unternehmensstrategie

Die mit E-Commerce gemachten Erfahrungen waren mehr als ernüchternd. Im E-Commerce waren Komponenten geschaffen worden, die additiv zu dem bisherigen Vertriebskanal hinzukamen. Sie schufen aber für den Kunden keinen akzeptablen Mehrwert. Es scheint eher das Gegenteil der Fall zu sein. Der Kunde muss sich mit Dingen beschäftigen, mit denen er sich in der Vergangenheit in keiner Weise beschäftigen wollte. Natürlich gab es Handwerker, die diese neuen Medien ausprobierten und nutzten – aus rein persönlichem Interesse daran. Aber eine Strategie lässt sich darauf nicht aufbauen. Es ist also zu analysieren, welchen Mehrwert Würth mit diesen neuen Medien für die Kunden schaffen kann. Unter diesem Ansatz muss die Unternehmensstrategie neu geprüft werden. Was machte Würth in der Vergangenheit erfolgreich, was sind die Stärken von Würth? Was braucht der Kunde? Welche Probleme kann Würth für ihn lösen? Welchen Service benötigt er? Was kann Würth dem Kunden bieten?

Eine der wesentlichen Stärken von Würth ist der gut ausgebaute und organisierte Außendienst. Würth wartet nicht ab, bis der Kunde kommt, sondern der Kollege im Außendienst besucht den Kunden. Er arbeitet für den Kunden, indem er ihm lästige Arbeit abnimmt. Er übernimmt Dispositionsarbeiten in einem Bedarfsfeld, das für den Kunden sehr aufwändig zu bearbeiten ist. Es sind Tausende von Artikel mit einer äußerst geringen Wertigkeit. Für diesen Service ist der Kunde auch bereit, einen angemessenen Preis zu bezahlen. Der Außendienstmitarbeiter sieht beim Besuch des Kunden auch, welche Projekte bearbeitet werden. Er spricht mit ihm über zukünftige Tätigkeiten. Dadurch erhält er gezielt Informationen über zukünftige Bedarfe und Problemstellungen. Damit kann er sehr frühzeitig mit entsprechenden Produktangeboten und Lösungen reagieren. Produkte können vor Ort demonstriert werden, neue Produkte bekannt gemacht und vorgeführt werden. Der Verkäufer ist erster Ansprechpartner bei Problemen und Reklamationen. Durch diesen Kontakt baut sich eine intensive Kundenbeziehung auf. Der Außendienstmitarbeiter ist dadurch auch in der Lage, Einfluss auf den Auftragswert zu nehmen, zusätzliche Positionen anzubieten und zu erhalten. Allerdings ist dies auch der teuerste Vertriebskanal.

Der Außendienst ist dem Push-Marketing zuzuordnen. E-Commerce-Anwendungen gehören dagegen eindeutig zum *Pull-Marketing*. Der Kunde muss aktiv werden für die Bestellung. Er bestellt nur das Notwendigste, das er aktuell benötigt. Dies stellt er meistens fest, wenn er das Produkt unmittelbar benötigt; im Prinzip also, wenn es ihm fehlt. Welchen Spaß macht es einem Kunden, via Internet ein Päckchen Schrauben zu bestellen?

Lösungen im E-Commerce können also nur in der Richtung sein, Verfahren zu finden, dem Kunden unbeliebte Arbeit abzunehmen, ihm für seine Kunden zusätzliche Vorteile zu bieten und frühzeitig die Information zu erhalten, was der Kunde wann braucht. Die Erfahrungen in der Vergangenheit im Bereich E-Commerce haben gezeigt, dass Einzelmaßnahmen keinerlei Vorteile bringen und sie nur vereinzelt angenommen werden. Es galt daher, ein integriertes System zu entwickeln, das die angesprochenen Schwächen und Nachteile besser lösen kann.

2. Handwerk und Internet

Die Verbreitung und Nutzung des Internets nimmt weiterhin verstärkt zu. So nutzten im Jahr 2001 20,4 Millionen Bundesbürger aktiv das Internet, darunter sind sechs Millionen zwei- bis dreimal wöchentlich im Internet. Die Zahl der Online-User hat sich im Vergleich zum Vorjahr verdoppelt (10,1 Millionen). Neben der E-Mail-Funktion ist die Informationssuche nach wie vor die Hauptanwendung im Internet. 12,5 Millionen Bundesbürger planen nach einem Bericht des Handelsblatts im Oktober 2001, sich innerhalb des nächsten Jahres einen Internetanschluss zuzulegen. Vor diesem Hintergrund verhält sich das Handwerk eher konservativ. Ca. 50 Prozent der rund 850.000 deutschen Handwerksbetriebe sind in irgendeiner Weise im Internet aktiv, 30 Prozent haben einen Internetauftritt. Weitere 30 Prozent der Betriebe planen in naher Zukunft den Aufbau einer eigenen Homepage. Eine Vorreiterrolle spielt die Kfz-Branche. 94 Prozent der Autohäuser haben einen eigenen Internetzugang. Von diesen haben 76 Prozent eine eigene Homepage. Die Reparatur- und Servicebetriebe dagegen besitzen nur zu 31 Prozent einen Internetzugang. Von diesen hat nur ein Drittel eine eigene Homepage. Gerade im Gebrauchtwagenmarkt hat sich die Nutzung des Internet in den letzten beiden Jahren mehr als verfünffacht. Nutzten noch im Jahr 1999 vier Prozent der Gebrauchtwagenkäufer das Internet als Informationsquelle, so waren es im Jahre 2001 schon über 22 Prozent.

Auch der Handwerker erkennt somit immer mehr das Internet als Informationsquelle. Zusätzlich besteht der Wunsch, über das Internet neue Kunden zu gewinnen. Die Handwerksbetriebe reagierten bisher zurückhaltend auf das Internet, da dies für die meisten ein fremdes Medium ist. Die Einstiegskosten über externe Berater und Provider sind für einen Handwerksbetrieb relativ hoch. Auch die Pflege und Aktualisierung sind sehr kostenintensiv.

3. Das Konzept des Würth-handwerkguides

a) Überblick

Mit einem neuen B2B-Konzept wollte Würth *drei Problemfelder* abdecken:

- Einerseits sollte ein direkter Zugang via Internet zu den Kunden geschaffen werden, ohne dass dieser sich jedes Mal bei Würth anmelden muss. Man wollte also permanent einen virtuellen Außendienstmann bei den Würth-Kunden haben.
- Als zweites wollte Würth seinen Kunden einen leichten, preiswerten Internetauftritt ermöglichen, um sich selbst im Internet darstellen zu können und seine Leistungen seinen Kunden transparent machen zu können.
- Zuletzt sollte der Kunde Möglichkeiten erhalten, eigene Marketing-Aktivitäten zu entfalten und bei der Suche nach Handwerkern von seinen potenziellen neuen Kunden leicht gefunden zu werden.

Diese drei Anforderungen wurden realisiert mit dem handwerkguide.com.

In Zusammenarbeit mit der Firma guideguide AG wurde der Würth-handwerkguide entwickelt. Grundlage waren die von guideguide konzipierte Guidebox und die Software NCOS (Network Computer Operating System) (vgl. Schwartz 2001, S. 305ff.).

Dazu wurden *drei Komponenten* entwickelt:

- das Portal und die Suchmaschine handwerkguide.com
- branchenspezifische Software zur Erstellung eines eigenen Auftrittes für jeden Handwerker
- das Internetbüro „meinwürth".

Die drei Komponenten wurden verbunden durch die Guidebox, die auch gleichzeitig den Einstieg in das Internet für den Handwerker darstellte.

Übersicht 1: Die Komponenten des Würth-handwerkguides

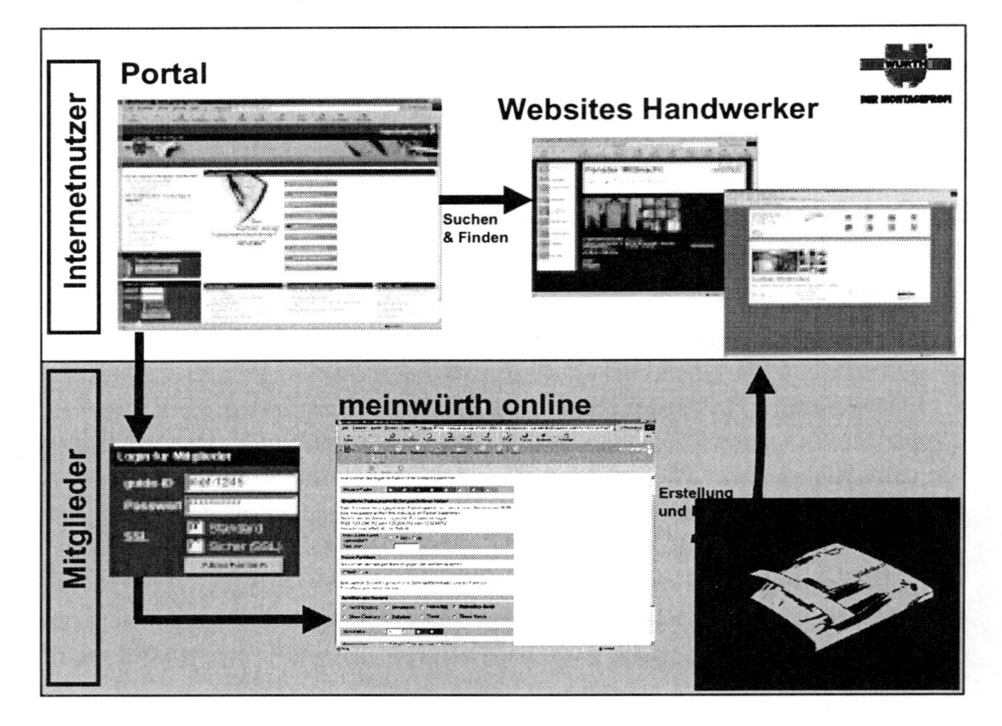

b) Die Guidebox

Die Guidebox ist eine kleine Box, die alles enthält, damit ein Unternehmen seine eigene Homepage erstellen kann. Dazu ist zunächst kein eigener Internetanschluss nötig. Die Guidebox enthält ein Handbuch, einige Formulare und eine Kamera. Innerhalb einer halben Stunde kann der Handwerker die Formulare ausfüllen und damit seinen eigenen Internetauftritt definieren. Mit der Kamera kann er Fotos seines Betriebes, seiner Produkte, seiner Mitarbeiter aufnehmen, die er dann in seinen Internetauftritt einbinden kann. Die Formulare sind scannbar.

Übersicht 2: Die Versionen der Guidebox

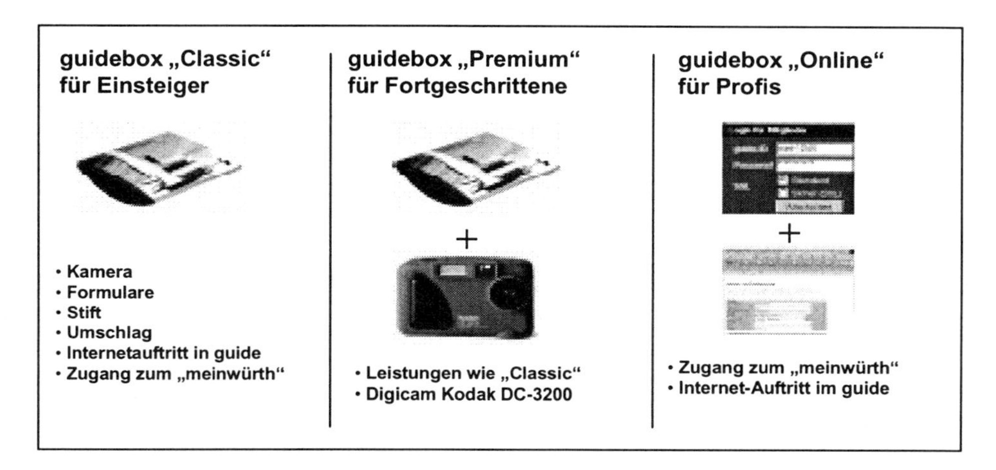

Diese Guidebox wird in drei Versionen angeboten:

- Die *Guidebox „Classic“* ist vorgesehen für Einsteiger, ausgestattet mit einer Einwegkamera. Dies wird dann zusammen mit den Formularen zu Würth geschickt. Innerhalb von 48 Stunden stehen die daraus erstellte Homepage und die digitalisierten Bilder dem Kunden zur weiteren Bearbeitung zur Verfügung. Gleichzeitig enthält die Guidebox auch den Zugang zur Internetsoftware „meinwürth“.
- Die *Guidebox „Premium“* ist für Fortgeschrittene gedacht und enthält statt der Einwegkamera eine Digitalkamera. Damit kann der Kunde auch für die Zukunft, wann immer er will, neue Bilder einscannen und damit jederzeit seinen Internetauftritt aktualisieren.
- Für die Kunden, die schon einen Internetanschluss haben, gibt es die Möglichkeit, über die so genannte *Guidebox „Online“* sich einen entsprechenden Auftritt online zu gestalten. Dazu sind die notwendigen Formulare und Software im Internet abrufbar.

c) Die Kunden-Website

Über die eingesandten Formulare und die aufgenommenen Bilder in der Kamera erhält der Kunde dann seine Website erstellt, mit den von ihm gewünschten Unterseiten.

Übersicht 3: Beispiel einer Kunden-Homepage

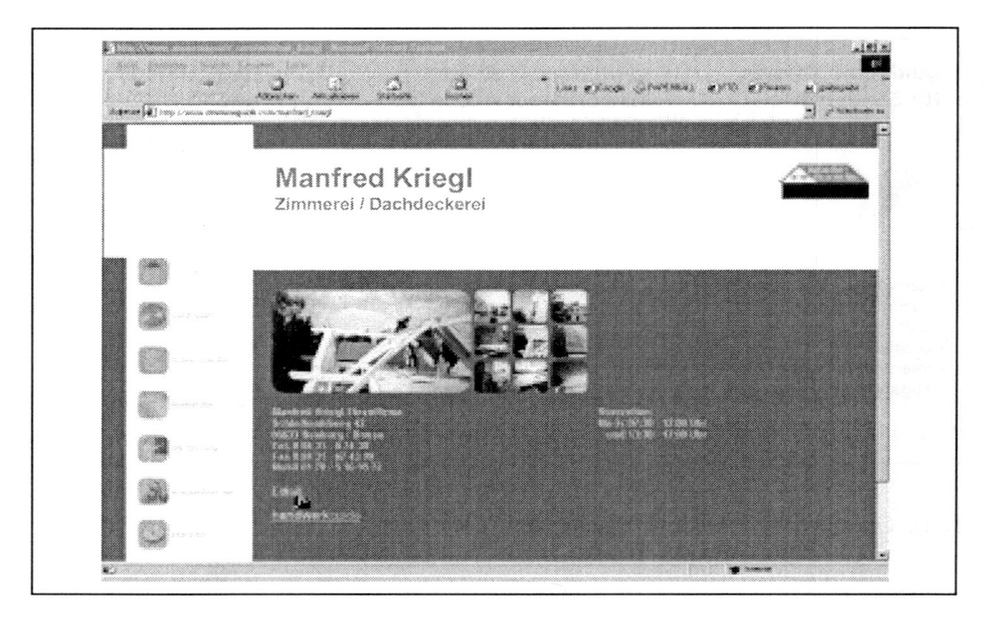

Neben Firmeninformationen, die er mit Bildern verdeutlichen kann, hat der Kunde die Möglichkeit, seine Leistungen und seine Spezialitäten zu definieren. Diese werden dann auch als zusätzliche Suchbegriffe für die Suchmaschinen benutzt. Weiterhin kann er Ansprechpartner und Mitarbeiter vorstellen. Ein Lageplan ist auf Wunsch integriert. Referenzen über gelungene Projekte sind ebenso Bestandteile des Internetauftritts.

Hiermit ist es dem Kunden möglich, sehr ausführlich seine potenziellen Kunden über die Leistungsfähigkeit und die Angebote seines Unternehmens zu informieren.

Übersicht 4: Beispiele für Kunden-Unterseiten

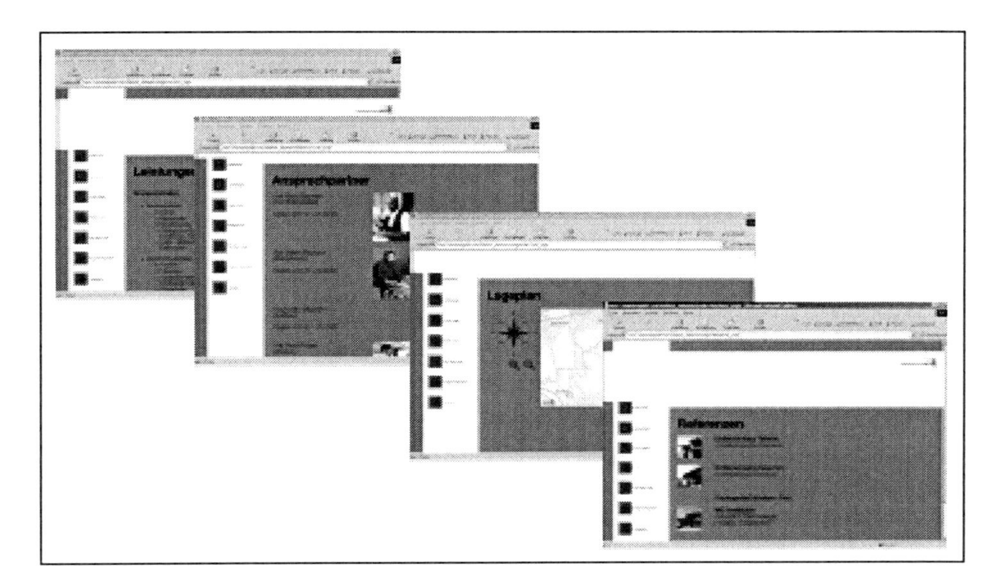

d) Die Suchmaschine handwerkguide.com und das Portalkonzept

Präsent zu sein im Internet ist leider zu wenig. Es kommt darauf an, immer gefunden zu werden, wenn irgendwo von irgendjemand nach einem Bedarf gesucht wird, den man befriedigen kann. Daher kommt den Suchmaschinen eine besondere Bedeutung zu. Wesentlich für Suchmaschinen sind der Bekanntheitsgrad und die Bedienerfreundlichkeit. Die berühmten Gelben Seiten im Telefonbuch sind jedem bekannt, ihr Informationsgehalt ist natürlich äußerst gering. Ziel von Suchmaschinen muss es sein, den Bekanntheitsgrad der Gelben Seiten zu erreichen, aber mit allen zusätzlichen Vorteilen, die das Internet an Informationsmöglichkeiten bietet. Daher war es von Anfang an klar, nicht nur einen universellen Handwerkguide zu entwickeln, der alle Branchen einheitlich abdeckt, sondern branchenspezifische Guides aufzubauen. Dies erleichtert zum einen die Suche. Zum zweiten aber ist es wichtig, auf die unterschiedlichen Anforderungen in den verschiedenen Branchen zu reagieren und diese Profile auch differenziert darstellen zu können. Die Beschreibung und der Auftritt eines Autohauses im Internet sind nach Verständnis der Kunden wesentlich anders als der eines Schlossereibetriebes. Die Definition und Beschreibung des Leistungsangebotes eines Elektrobetriebes unterscheidet sich ebenso ganz deutlich von einer Schreinerei. Damit sich die Kunden von

Würth in den angebotenen Guides wieder finden und sich damit identifizieren können, wurden neun unterschiedliche Branchenguides entwickelt.

Übersicht 5: Die Branchenguides

- **bauunternehmen**guide
- **sanitär**guide
- **dachdecker**guide
- **schreiner-/tischler**guide
- **elektro**guide
- **zimmerei**guide
- **metall**guide
- **kfz-werkstatt**guide
- **logistik**guide

Diese Differenzierung war ein wesentlicher Baustein innerhalb des Konzeptes. Ein Metallbauer sieht sich in seinem Profil vollständig anders als ein Dachdecker. Daher stoßen so genannte Universalguides im Handwerkbereich, die alle Handwerksberufe unter einer Oberfläche abbilden wollen, auf keine Akzeptanz. Hier ist das Selbstverständnis der einzelnen Handwerksbranchen zu groß und der Wunsch nach Differenzierung ist nicht zu überhören. Über die Suchmaschine handwerkguide.com erhält man einen schnellen Einstieg in die verschiedenen Branchenguides.

Der handwerkguide wird über entsprechende Werbung (z.B. Bandenwerbung in Fußballstadien, Fachzeitschriften) bekannt gemacht. In den einzelnen Guides ist selbstverständlich möglich, die Suche zu spezifizieren nach Postleitzahl, Handwerk, Spezialisierungen oder Schlüsselbegriffen, die im Text der einzelnen Internetauftritte der Handwerker vorhanden sind. Auch über die Portale von T-Online wird man zum handwerkguide geführt und selbstverständlich auch über wuerth.com oder wuerth.de. Weitere Portalanbieter werden und wollen den handwerkguide mit aufnehmen. In den großen globalen Suchmaschinen wird der handwerkguide inzwischen sehr weit vorne (unter den ersten zehn) in der Hitliste aufgeführt.

Übersicht 6: Die Suchmaschine handwerkguide.com und das Portalkonzept

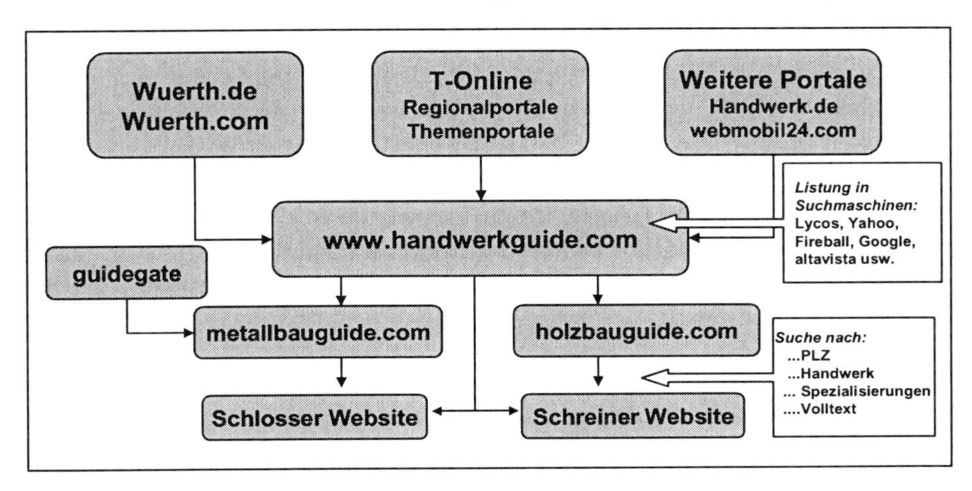

Übersicht 7: Suchfunktion im Internet

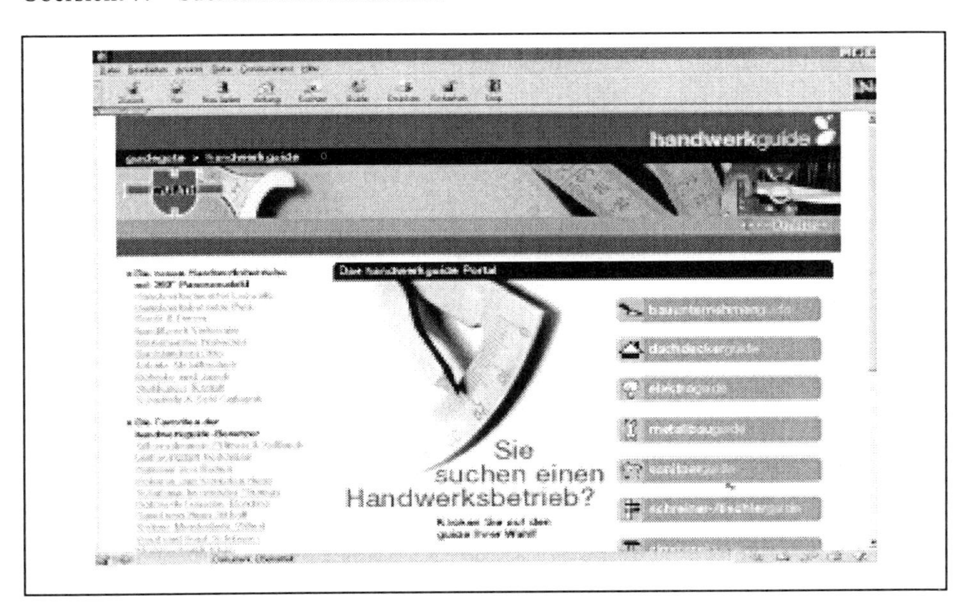

e) Das Internetbüro „meinwürth"

Die wesentliche Komponente für Würth stellt natürlich das Internetbüro „meinwürth" dar. Basierend auf der von guideguide entwickelten Software NCOS werden dem Handwerker verschiedene Software und Hilfen angeboten. Dieser Bereich ist nur dem Handwerker zugänglich mit seinem entsprechenden PIN. Es ist somit eine individualisierte geschlossene Benutzergruppe. Dieses Internetbüro enthält wesentliche Komponenten, die für die Organisation und für den einzelnen Handwerkerbetrieb von großer Bedeutung sind. Hier wird auch der gesamte Service dargestellt, der dem Handwerker von Würth geboten wird.

Übersicht 8: Komponenten von „meinwürth"

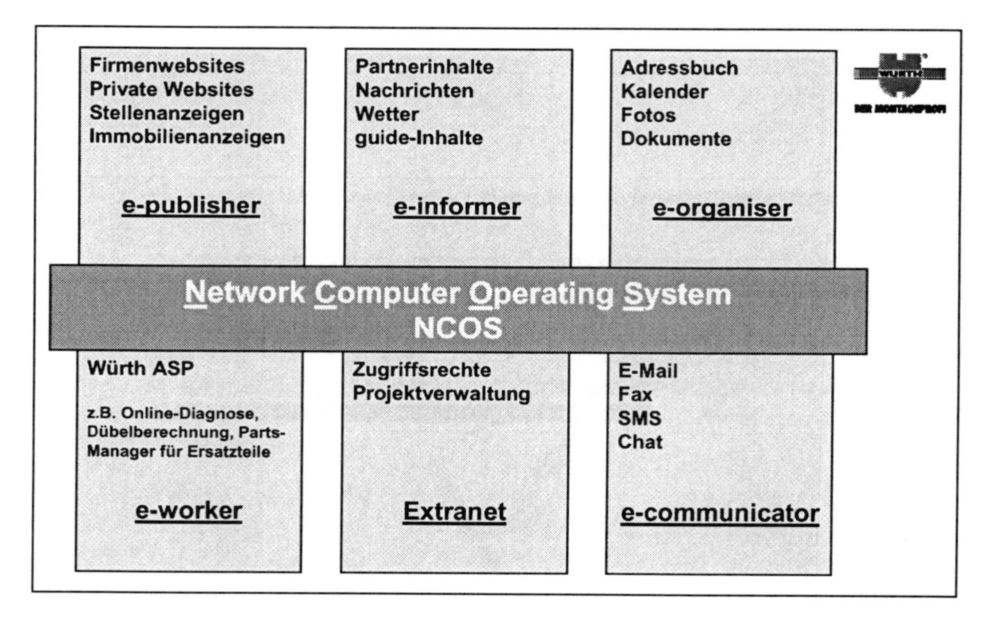

Zunächst gibt es den *e-publisher*. Hier sind alle Möglichkeiten für den Handwerker gegeben, seinen eigenen Internetauftritt zu verwalten und ständig online zu aktualisieren. Er benötigt hier keinerlei Unterstützung von außen. Er benötigt auch keine Kenntnisse von Funktionsweisen und Zusammenhänge des Internets. Er kann hiermit sofort online seine vorgenommenen Änderungen in seinem Auftritt kontrollieren und weiter optimieren. Damit ist es ihm möglich, seinen Internetauftritt aktuell und interessant zu halten. Ferner hat er die Möglichkeit, private Websites zu erstellen, Stellenanzeigen aufzubauen und im Internet zu platzieren. Zusätzlich erhält er eine Zugriffsstatistik auf seine Seiten.

Der Bereich *e-organiser* enthält Adressbuch-Funktionen. Hier kann er alle seine Kundenadressen verwalten und sie für Kundenanschreiben und Mailaktionen nutzen. Auch ist darin ein komplettes Dateimanagement integriert, wo der Kunde verschiedene Dateien, Textbausteine usw. erstellen und verwalten kann. Die Kalenderfunktion enthält alle für seine Branche wichtigen Termine, Messen, Ausstellungen und kann selbstverständlich individuell gepflegt werden. Auch die Fotoverwaltung ist integriert. Hier kann er seine digitalisierten oder mit der Digitalkamera aufgenommenen Fotos einspielen und sie je nach Wunsch in seinen Internetauftritt einbinden oder aber an seine Kunden schicken.

Der Bereich *e-informer* enthält für seine Branche wichtige Informationen. Diese werden von verschiedenen Anbietern gespeist. Hier geht es um Nachrichten aus der Branche, relevante Gesetzesänderungen, Urteile usw. Auch erhält er dort Nachrichten und Informationen aus dem Hause Würth. Dies ist eine wesentliche Komponente für die Kundenbindung zwischen Würth und dem Handwerkerkunden. Es sind auch verschiedene Links eingerichtet auf Informationsanbieter verschiedenster Art.

Im Kommunikationsbereich *e-communicator* sind die Komponenten E-Mail, Fax und SMS zusammengefasst. Hier erhält er alle Nachrichten, die per E-Mail für ihn bestimmt sind, Anfragen von seinen Kunden, Nachrichten von seinen Partnern und Lieferanten usw. Er kann in diesem System ebenso mit allen anderen E-Mailadressen kommunizieren. Auch der Bereich SMS über die Handys wird immer wichtiger. Hier ist es möglich, mit Montagetrupps auf Baustellen zu kommunizieren, Tageseinsätze zu überwachen und zu optimieren. Auch ist ein Chat-Raum eingerichtet, in dem verschiedenste Probleme diskutiert und kommuniziert werden können.

Über den Bereich Nutzergruppen wird ein *Extranet* aufgebaut. Dies ermöglicht die Verwaltung von Projekten mit der Vergabe von entsprechenden Zugriffsrechten. Hier werden ebenso Ausschreibungen für die verschiedensten Bauwerke oder Projekte zur Verfügung gestellt, an denen sich der Kunde beteiligen kann. Terminpläne und Einsatzpläne für vergebene Bauvorhaben sind vorgesehen. Immer wichtiger wird die nahtlose Einbindung der verschiedenen Handwerker in den unterschiedlichsten Gewerken bei Bauvorhaben. Hier sind Möglichkeiten geschaffen worden, eine Projektverwaltung zwischen den verschiedensten Gewerken zu ermöglichen. So kann sich der Kunde frühzeitig über den Stand eines Bauwerkes informieren, an dem er beteiligt ist.

Übersicht 9: Das Internetbüro „meinwürth“

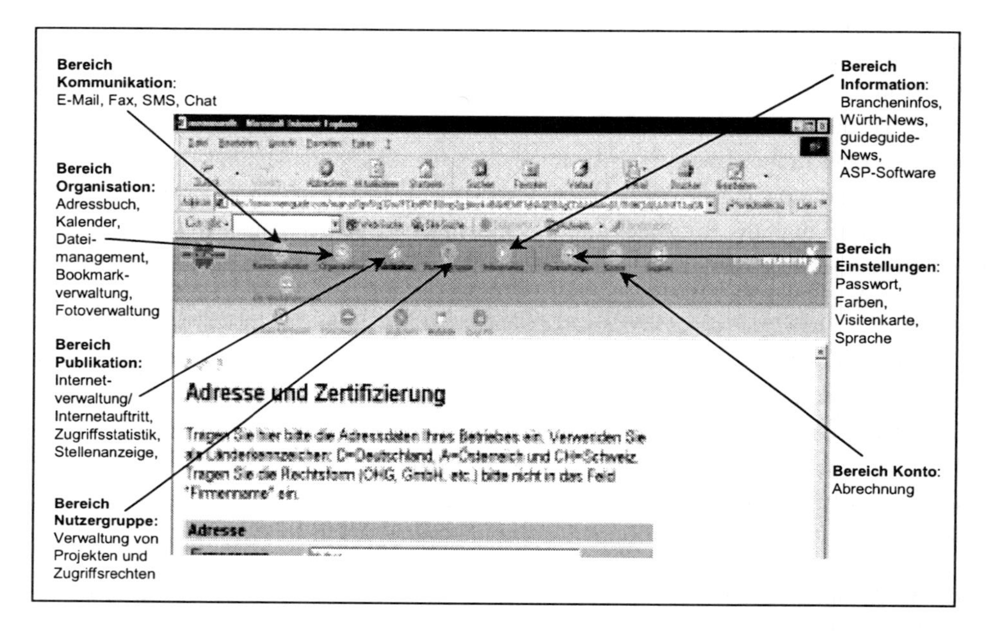

Eine wesentliche Komponente im *Internetbüro „meinwürth“* stellen natürlich die ASP-Komponenten (ASP = Application Service Providing) dar. Hier werden die verschiedenen Softwareprogramme, die Würth entwickelt hat, dem Handwerker zur Verfügung gestellt. Damit muss sich der Kunde nicht mehr auseinandersetzen, für solche Anwendungen eigene Software zu installieren. Er hat immer die aktuellste Version zur Verfügung. Sein eigenes System wird damit nicht belastet. Dieser Bereich wird für die Zukunft eine wesentliche Rolle spielen. Immer weniger Anwender werden bereit sein, Software auf ihre eigenen Systeme zu spielen, die nur manchmal benötigt wird, die pflegeintensiv ist oder gar die Rechner- und Speicherkapazität intensiv nutzen. Es werden für die Zukunft immer mehr ASP zur Verfügung gestellt werden. Als erste Anwendungen sind die gesamten Sicherheitsdatenblätter dabei. Hier kann der Kunde sehr leicht diese gesetzlich notwendigen Informationen abrufen, ohne selbst für sich eine Verwaltung dafür aufbauen und ständig aktualisieren zu müssen. Abrufbar ist ebenso eine Ersatzteileverwaltung für die verschiedensten Maschinen aus dem Würth-

Programm. Ein besonderes Problem stellt die Berechnung der Auszugslasten von Dübeln dar. Hier müssen die unterschiedlichen Vorschriften für Decken und Fassaden beachtet werden. Auch neue Vorschriften im Brandschutz und die daraus abzuleitenden Materialien und Verarbeitungen sind als Softwareprogramm abrufbar. Ein weiteres Problem sind die neuen Wärmeschutzverordnungen. Hier müssen z.B. bei dem Einbau von Fenstern und Türen Dämmwerte erreicht werden, die neues Material, neue Befestigungstechnik und neue Verarbeitung notwendig machen. Es ergibt sich insgesamt also eine Vielzahl von künftigen Anwendungen.

Eine neue Komponente, die Würth den Autohäusern zur Verfügung stellt, ist die so genannte *Online-Diagnose*. Mit dieser Online-Komponente ist es möglich, für die verschiedenen Autohäuser Autos von unterschiedlichen Herstellern zu testen und zu diagnostizieren. Dazu wird das zu diagnostizierende Auto mit Hilfe eines Service-Steckers an einen PC angeschlossen. Mit der entsprechenden Software wird über das Internet eine Diagnose für das Auto erstellt, auf Grund der hinterlegten Werte für diesen Autotyp. Gleichzeitig wird ein Reparaturvorschlag mit entsprechenden Arbeitsanweisungen und Arbeitswerten erstellt. Das Autohaus muss nicht mehr in Diagnosesysteme für jeden Hersteller investieren. Dass mit dieser Diagnose natürlich auf die entsprechenden von Würth zu liefernden Teile hingewiesen wird, muss nicht besonders erwähnt werden.

4. Der Nutzen für Würth

Der Handwerksbetrieb erhält mit dem Würth-handwerkguide einen sehr kostengünstigen, umfangreichen und professionellen Internetauftritt. Er kann alle Funktionen des Internets unmittelbar nutzen. Durch das Internetbüro „meinwürth" erhält der Kunde zusätzliche Möglichkeiten zur Organisation seines Betriebes.

Würth hat umgekehrt damit einen direkten Zugang zum Kunden. Auf diesem Zugang kann die Kommunikation mit dem Kunden neu aufgebaut werden. Der Kunde muss sich nicht, um mit Würth kommunizieren zu wollen, bei Würth anmelden. Durch die Anmeldung zu „meinwürth" wird automatisch auch eine Anmeldung zu Würth aufgebaut. Die bisherigen Erfahrungen haben gezeigt, dass jeder Kunde mehrmals täglich in seinem Internetbüro arbeitet. Damit besteht für das Haus Würth die Möglichkeit, jeden einzelnen Kunden gezielt mit für ihn relevanten Informationen zu versorgen. Die zur Verfügung gestellte Software für die Lösungen von Kundenproblemen stellt damit einen unmittelbaren Bezug zu den Produkten von Würth durch den integrierten Würth-

Online-Katalog her. Hat der Kunde ein Problem mit irgendeiner Befestigung, so wird er automatisch auf die dazu von Würth angebotenen Produkte im Katalog geführt. Somit entfällt für den Kunden jegliches Suchen nach dem benötigten Material. Selbstverständlich sind dann auch Bestellfunktionen integriert.

Übersicht 10: Beispiel für die Einbindung von Würth-Software und -Katalog in „meinwürth"

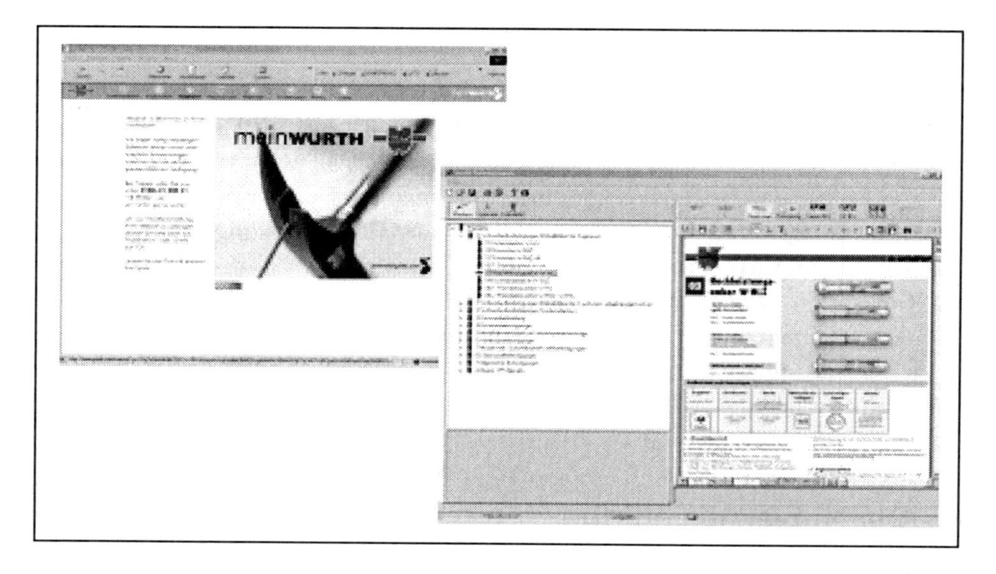

Da das System über den Würth-Außendienst mit angeboten wird, hat der Kunde auch Vertrauen zu diesem System. Er hat jederzeit eine ihm vertraute Ansprechperson, die ihm weiterhilft. Auch der Außendienst nutzt dieses System, um dem Kunden zusätzliche Angebote zu machen, Besuche zu avisieren und Anfragen zu beantworten.

Es zeigt sich aber, dass zusätzlicher Service angefragt wird. So wurde die Logistikkette zum Kunden verändert. Es werden dem Kunden kleine Scanner angeboten, mit denen er Ware nachdisponieren kann. Dafür wurden Etiketten für die Verpackungen entwickelt, die der Kunde auf seinem Regal anbringen kann. Diese Etiketten sind alle mit Barcode versehen. Der Kunde kann dieses Etikett abscannen und vom Scanner direkt über Internet seinen Bedarf an Würth weiterleiten, ein Service, der immer stärker genutzt wird. Auch ist es dem Kunden möglich, über diese Artikel seine Inventur abzuwickeln. Bei den Kunden, bei denen dieses System installiert ist, kann Würth heute deutliche Umsatzzuwächse verzeichnen.

IV. Ausblick

Würth ist sicher, mit dem Handwerkguide den Kunden einen Service zur Verfügung zu stellen, der die Kommunikation mit ihnen auf eine neue Basis stellen kann. Dazu wird das Kunden-Beziehungsmanagement (CRM) weiter ausgebaut. Die eingerichteten Call Center zur Betreuung der Kunden bei Anfragen und Informationen über Produkte und Anwendungen sind nicht ausreichend. Für die Zukunft wird stärker die Reaktionsgeschwindigkeit eine bedeutende Rolle spielen (vgl. Greenberg 2001). Entscheidend für die weitere Entwicklung wird der Service sein, der hinter den Angeboten steht. Hier kommt es auf die Schnelligkeit und auf die Qualität an. Wer darin den Kunden enttäuscht, hat ihn verloren. Der Kunde wird sich auch immer weniger mit verschiedenen Systemen auseinandersetzen wollen. Verschiedene Systeme bedeuten zusätzlichen Aufbau von Know-how und sind immer eine Quelle für Fehler. Deswegen werden weitere Serviceprovider in die Internetanwendungen integriert werden (vgl. Gerbert u.a. 2001).

Der *Begriff E-Commerce* erscheint auch zu einseitig zu sein, da er doch sehr stark das Wort „Commerce“ betont. Bei Würth spricht man inzwischen von „Web“-Service, um deutlich zu machen, es ist mehr als Handel, es ist mehr als Verkaufen. Würth will allen seinen Kunden diesen Service bieten.

Nach wie vor wird aber der Außendienst als tragende Säule des Vertriebes angesehen. Er hält den unmittelbaren persönlichen Kontakt zum Kunden. Sicher wird sich die Rolle des Außendienstes verändern. Aber nach wie vor ist er derjenige, der durch persönliche Präsenz dem Kunden weiterhin Vertrauen vermittelt.

Abschnitt B

Internet-Portale als virtuelle Marktplätze: Die WorldWide Retail Exchange WWRE

Peter Jueptner und Jürgen Kahmann

I. WorldWide Retail Exchange (WWRE)

Die WorldWide Retail Exchange (WWRE) ist der führende vertikale Marktplatz für die gesamte Konsumgüterwirtschaft (also Handelsunternehmen und Konsumgüterhersteller) und wurde im März 2000 von siebzehn der weltweit größten Handelsunternehmen als eigenständiges Unternehmen mit einem unabhängigem Management gegründet. Die WorldWide Retail Exchange wurde nicht mit dem Ziel eines Börsenganges gegründet, daher werden anfallende Gewinne an die Mitgliedsunternehmen ausgeschüttet. Am Ende des Jahres 2001 zählten weltweit 57 Handelsunternehmen und ein Industrieunternehmen zu den Mitgliedsunternehmen der WWRE. Jedes der Mitgliedsunternehmen der WorldWide Retail Exchange erwirbt durch seinen Beitritt einen Anteil am Eigenkapital des Unternehmens. Das Umsatzvolumen der Mitgliedsunternehmen lag im Jahr 2001 bei über 845 Milliarden US-Dollar. Die Gründung und das Wachstum von WWRE wurden und werden unter anderem von folgenden Prinzipien getragen:

- Offenheit
- Nutzung der besten verfügbaren Technologien
- Fokus auf die Verbesserung der Effizienz und der Reduzierung von Kosten in der Konsumgüterwirtschaft
- Agieren als eigenständiges Unternehmen
- gleichwertige Gebührenstruktur für alle Mitglieder
- absolute Vertraulichkeit der Transaktionsdaten.

Die folgenden sieben wertschöpfenden Aspekte bestimmen dabei im wesentlichen den Nutzen der WWRE für ihre Mitgliedsunternehmen:

- Angebot von stabilen, integrierten und skalierbaren Lösungen zu niedrigen Kosten
- gemeinsame Investition in das Outsourcing von B2B-Technologie, die die Kosten für jedes einzelne Unternehmen im Vergleich zu einem privaten Marktplatz reduziert
- Möglichkeit zur Vernetzung mit anderen Handelsunternehmen und Konsumgüterherstellern
- wertschöpfende Dienstleistungen durch einen vertrauenswürdigen Partner zu wettbewerbsfähigen Preisen

- Teilnahme an kooperativen Aktivitäten aller Mitgliedsunternehmen
- Vereinfachung von komplexen Transaktionen und komplexer Interaktion durch Automatisierung
- Einführung von weltweiten Branchen-Standards.

Die WWRE stellt daher konsequent eine weltweit verfügbare, über das Internet leicht zugängliche Plattform, ein „Zentrum der Informationsvernetzung" (Patel/Woolven 2001, S. 3), für jedes seiner Mitgliedsunternehmen zur Verfügung. Die individuelle Nutzung durch die Mitgliedsunternehmen bestimmt das jeweilige Potenzial zur Erzielung von Wettbewerbsvorteilen (vgl. Patel/Woolven, 2001, S. 7). Der Mehrwert eines Marktplatzes wie der WoldWide Retail Exchange steigt exponentiell mit Zahl der Mitgliedsunternehmen (siehe Übersicht 1).

Übersicht 1: Das Prinzip von WWRE

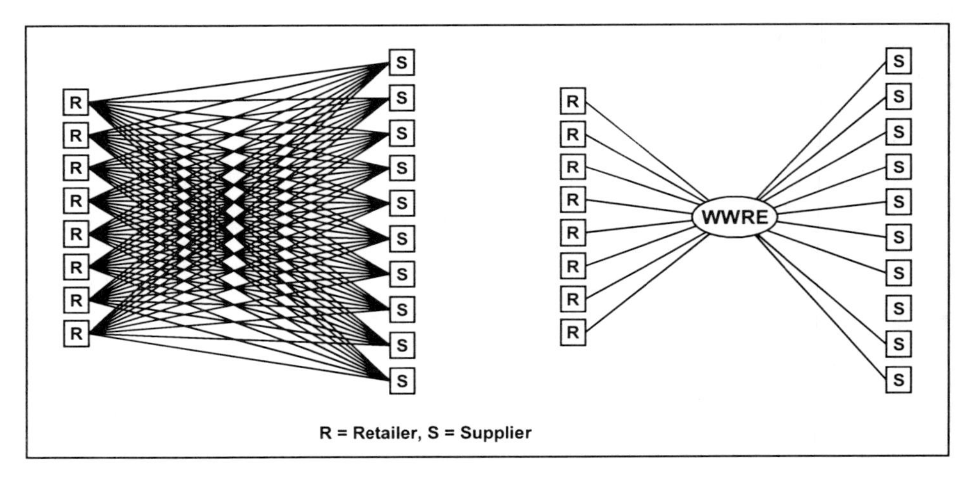

Ein vertikaler Branchenmarktplatz wie die WWRE ermöglicht es dabei seinen Mitgliedsunternehmen, den erwarteten Nutzen durch

- eine drastische Reduzierung der notwendigen Verbindungen,
- eine Konsolidierung der Kontaktpunkte und
- eine kritische Masse von relevanten Geschäftspartnern

zu erzielen.Die WWRE bietet als globaler vertikaler Marktplatz für Handels- und Industrieunternehmen die Plattform für unternehmensübergreifende Kooperation in der

Wertschöpfungskette. Durch das Zusammentreffen von Angebot und Nachfrage auf einer weltweit verfügbaren Plattform wird die Markttransparenz deutlich gesteigert. Für Handelsunternehmen erschließen sich dadurch neue Bezugsquellen, neue Märkte und neue Produktangebote. Die hohe Bandbreite und die standardisierten Schnittstellen zu Lieferanten und Konsumgüterherstellern verbessern die Leistungen des Category Managements, ermöglichen die Reduzierung von Sicherheitsbeständen und helfen Out-of-Stock-Situationen in den Regalen der Einzelhändler zu reduzieren.

Das Geschäftsvolumen, das im Rahmen der Beschaffung der Mitgliedsunternehmen über den Marktplatz WWRE im Jahr 2001 gehandelt wurde, betrug nahezu zwei Milliarden US-Dollar. Die erzielten Einsparungen betrugen ca. 270 Mio. US-Dollar. Einige der Mitgliedsunternehmen konnten so bereits ihren ursprünglichen Investitionsbetrag amortisieren. Dabei wurden indirekte Güter und Dienstleistungen, z.B. IT-Hardware, Reinigungsdienste und Frachten, aber auch eine steigende Anzahl direkter Güter aus den unterschiedlichsten Warenbereichen gehandelt. Für das Jahr 2002 wird bereits ein Vielfaches dieses Geschäftsvolumens erwartet. Zukünftig wird das kooperative Einkaufsvolumen ebenfalls signifikant gesteigert. Im Rahmen dieser Aktivitäten wird die WWRE eine aktive Management-Rolle annehmen und weitere Dienstleistungen wie z.B. Chancen-Analyse und Moderation der Verhandlungen anbieten.

II. Das Serviceangebot der WWRE

1. Überblick

In der Vergangenheit wurden in den Unternehmen die innerbetrieblichen Prozesse effizienter und harmonischer gestaltet. Das Geschäftsmodell und das Serviceangebot der WWRE zielen auf die Effizienzsteigerung und die Harmonisierung *unternehmensübergreifender Prozesse*. Übersicht 2 veranschaulicht dies am Beispiel zweier idealtypischer Prozessketten von Handelsunternehmen und Herstellern/Lieferanten.

Die von WWRE entwickelten und angebotenen Produkte und Dienstleistungen lassen sich in zwei Kategorien einteilen,

- WWRE Procurement/Sourcing und
- WWRE Supply Chain Collaboration.

Diese enthalten jeweils unterschiedliche Lösungskomponenten. Primäres Ziel dieses integrierten Serviceangebotes der WWRE ist die Reduzierung von Kosten über die gesamte Wertschöpfungskette hinweg. Das Serviceangebot der WWRE wird durch strategische Allianzen mit Anbietern von Dienstleistungen und Produkten (z.B. GlobalSources für die Beschaffung im asiatisch-pazifischen Raum, Agribuys für den Einkauf von Frischeprodukten u.a.) ergänzt.

Übersicht 2: WWRE - B2B-Prozess-Ablauf

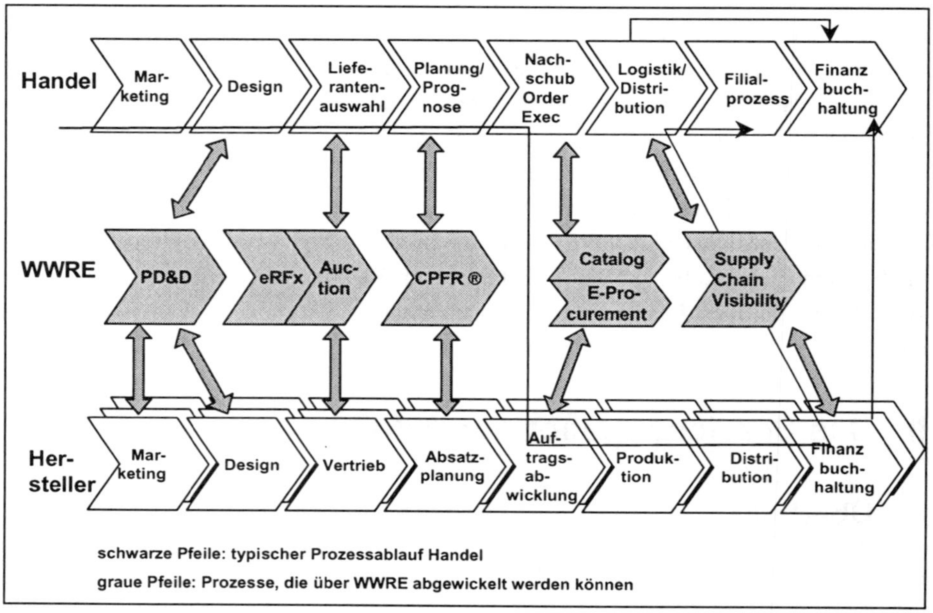

schwarze Pfeile: typischer Prozessablauf Handel

graue Pfeile: Prozesse, die über WWRE abgewickelt werden können

2. WWRE Procurement/Sourcing

a) Überblick über die WWRE Procurement/Sourcing-Leistungen

Die WWRE erhöht als führender globaler Marktplatz in der Konsumgüterwirtschaft die Transparenz von Angebot und Nachfrage für ihre Mitgliedsunternehmen. Dadurch erschließen sich für die Mitglieder neue Möglichkeiten zur Beschaffung von Produkten, z.B. durch die Suche nach neuen Produkten und/oder Lieferanten, im Falle von Herstellern auch die Suche nach neuen Kunden. Die große Anzahl von aktiven Mitgliedsunternehmen bei der WWRE schafft zugleich die erforderliche kritische Masse zur Bündelung von Nachfrage sowohl im Bereich von direkten als auch indirekten Gütern und bildet ein klares Alleinstellungsmerkmal der WWRE.

Folgende Übersicht bietet einen Überblick über die einzelnen Produktkomponenten der WWRE für die Lösung Procurement/Sourcing.

Übersicht 3: WWRE Sourcing/Procurement-Komponenten

Individuelle „Reverse Auctions"	**Zugang über Lieferantenkatalog**
Collaborative auctions and other sourcing initiatives	WWRE pricing with limited indirect suppliers (PCs, office supplies, ocean freight)
Demand aggregation (intra- and inter-company)	Currency exchange rate quotation
Electronic quotation and request for information	Net landed cost calculator (pilot)
E-Procurement order execution	Electronic invoice presentment*
Sealed bid quotation (best offer)	E-Procurement spend analysis*
Parallel negotiation	Vendor invoice payment*
Forward Auctions	Escrow funds management*
Surplus goods disposal – sell off	Vendor certification services –production
Surplus goods disposal – donation	Vendor certification services – financials
Asian sourcing (Global Sources)	
Fresh Produce procurement – Agribuys	

* in Entwicklung

Im Folgenden werden einige der Komponenten kurz erörtert.

b) Auktionen

Mit Hilfe des internetbasierten Tools WWRE Auctions & Negotiations wird die klassische Handelsform der Auktion virtuell genutzt. Diese Form der Verhandlung führt in der Regel zum günstigsten Angebot hinsichtlich Preis, Qualität oder Service. Das wichtigste Auktionstool von WWRE ist die umgekehrte Auktion, bei der ein Einkäufer mit mehreren Verkäufern interagieren kann. Der Preis wird bei einer umgekehrten Auktion dynamisch durch Gebote bestimmt, die von den Verkäufern über einen vorher festgelegten Zeitraum abgegeben werden. Der Anbieter mit dem günstigsten Gebot gewinnt die Auktion. Beispiele für bisher über die WWRE im Rahmen von Auktionen beschaffte Artikel sind Papiertücher, Plastiktüten, Kassenrollen, Etiketten, Schutzhandschuhe, Kopierpapier, Kartuschen, Schrumpfhaubenfolie, Diesel-Benzin und Einkaufswagen.

c) E-Procurement

WWRE E-Procurement kombiniert strategische Einkaufsprinzipien mit Technologie, um niedrigere Einstandspreise zu erzielen, Prozesse zu verschlanken und zu beschleunigen. Gleichzeitig werden die relevanten Einkaufsinformationen für zukünftige Einkaufsentscheidungen aggregiert und analysiert. Übersicht 4 veranschaulicht den WWRE E-Procurement-Prozess grafisch.

Übersicht 4: WWRE E-Procurement im Überblick

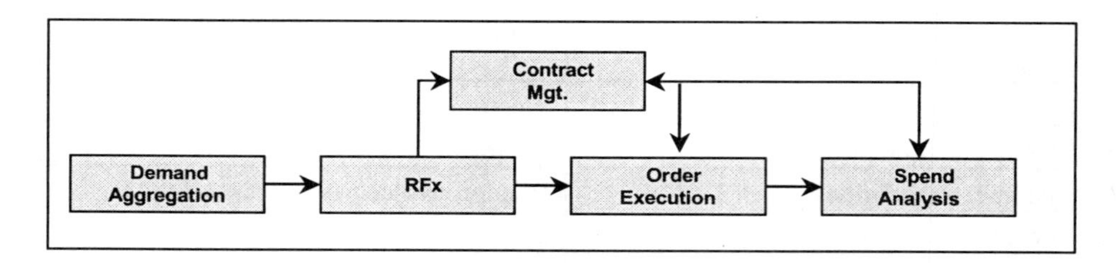

Demand Aggregation

Mit Hilfe von Demand Aggregation (Nachfragebündelung) können Einkaufsvolumina entweder innerhalb eines Unternehmens/Konzerns oder über Unternehmensgrenzen hinweg gebündelt werden, um über ein erhöhtes Einkaufsvolumen niedrigere Einstandspreise zu erzielen (siehe Übersicht 5). Innerhalb eines Unternehmens kann Demand Aggregation genutzt werden, um z.B. bestimmte Verbrauchsartikel (MRO- oder C-Güter) zu standardisieren und in größeren Mengen zu beschaffen.

Funktionell unterstützt das Tool dabei die Initiierung, die Verwaltung und das Schließen eines Einkaufspools, die Definition der relevanten Spezifikationen, die Basis zur Verhandlung über zusätzliche Spezifikationen (Anpassung von Mengen, Preisbestimmung, weitere Bedingungen und Anbieterauswahl).

Übersicht 5: Prinzip der Nachfragebündelung

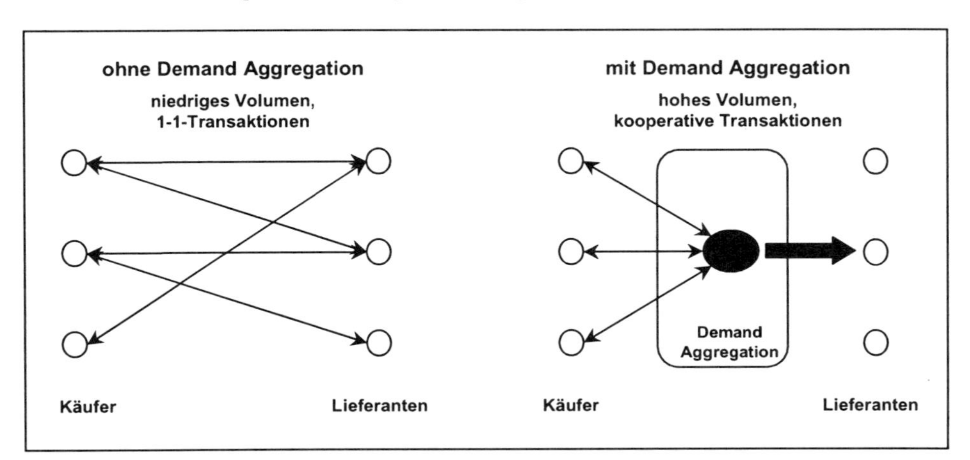

Demand Aggregation kann darüber hinaus für die Zusammenarbeit zwischen zwei oder mehreren Mitgliedsunternehmen im Rahmen der Beschaffung unter Berücksichtigung gesetzlicher Bestimmungen genutzt werden. Unabhängig davon, ob die Nachfragebündelung innerhalb eines Unternehmens oder über mehrere Mitgliedsunternehmen hinweg stattfindet, folgt gewöhnlich auf den Abschluss dieses Vorgangs eine Informations-, Preis- oder Angebotsanfrage (RFx), ein Kassageschäft oder eine Auktion. Im Rahmen von kooperativen Beschaffungsaktivitäten übernimmt WWRE die Vermittlerrolle, garantiert die Vertraulichkeit, stellt Warengruppen-Expertise zur Verfügung, tritt als neutraler Host auf, organisiert die Veranstaltung mit und sorgt für den erforderlichen Know-how-Transfer zwischen den beteiligten Handelspartnern.

Request for information, quotation, proposal (RFx)

Mit RFx bietet die WWRE die Möglichkeit, Informationen, Preise oder Angebote online anzufordern. Dabei können die Antworten von Lieferanten online verfolgt werden. Über das Dienstleistungsangebot der x-Anfragen können Unternehmen standardisierte Anfragen erstellen, anpassen und versenden. Dabei stehen Kontrakt-Abrufe, das Zusammenstellen von Lieferanteninformationen aus allgemeinen Datenbanken und die Vorauswahl von Lieferanten oder Käufern zur Verfügung. Über die RFx-Komponente können darüber hinaus die Antworten der Lieferanten empfangen und analysiert werden. Folgende Möglichkeiten der Anfragen sind derzeit realisiert.

Request For Information (RFI)

Eine RFI (Informationsanfrage) wird durchgeführt, um wichtige Informationen über Artikel von ausgewählten Lieferanten einzuholen. Ergänzend können umfangreiche Zusatzinformationen zur betreffenden Anfrage übermittelt werden. Das Ziel einer Informationsanfrage ist es, so viele Informationen wie möglich über ein bestimmtes Produkt oder eine Dienstleistung zu erhalten.

Request For Quotation (RFQ)

Eine RFQ (Preisanfrage) wird durchgeführt, um Preisinformationen zu bestimmten Artikeln einzuholen und eine Liste der günstigsten Anbieter zusammenzustellen. Wenn ein Einkäufer eine Anfrage durchführt, kann ein potenzieller Anbieter beliebig viele Informationen über das Produkt zur Verfügung stellen. Bei einigen Anbietern umfasst dies beispielsweise Produktbeschreibungen, Lieferbedingungen und weitere Daten.

Request For Proposal (RFP)

Eine RFP (Angebotsanfrage) wird durchgeführt, um zusätzliche Informationen zu einem Artikel und zu Preisen oder verfügbaren Mengen einzuholen. Ein potenzieller Anbieter sendet daraufhin die entsprechenden Daten zurück. Der Einkäufer kann mit dem Anbieter über bestimmte Einzelheiten des Angebots weiter verhandeln.

Order Execution

In der Komponente WWRE Order Execution sind Katalog, Beschaffung und Ausgabenanalyse nahtlos integriert. Der Schwerpunkt liegt auf der bedarfsorientierten, katalogbasierten Beschaffung von Verbrauchsmaterialien, Hilfsstoffen etc. (MRO- bzw. C-Güter). Funktionell wird dabei die gesamte Prozesskette von der Bestellanforderung bis zur Wareneingansmeldung unterstützt. Als Voraussetzung für Order Execution unterstützt die WWRE dabei die Erstellung der allgemeinen und mitgliederspezifischen Kataloge durch eine intensive Zusammenarbeit mit den Lieferanten.

3. WWRE Supply Chain Collaboration

a) Überblick über die WWRE Supply Chain Collaboration-Leistungen

Die Erleichterung und das Ermöglichen der Zusammenarbeit zwischen Handelsunternehmen und Konsumgüterherstellern, häufig auch als Collaborative Commerce bezeichnet, stellt eine grundlegende Anforderung an einen globalen Marktplatz wie die WWRE dar. Durch internetbasierte Werkzeuge wird dabei z.B. die Umsetzung der ECR-Strategien ermöglicht.

Folgende Übersicht bietet einen Überblick über die Komponenten der WWRE für die Kooperation in der Wertschöpfungskette.

Übersicht 6: WWRE Supply Chain Collaboration-Komponenten

VICS CPFR (Collaborative planning, forecasting, and replenishment)**	**Promotionmanagement**
Item management and item description normalization	Direct Store Delivery (DSD) price & promotion management
Supplier financing*	Collaborative invoice settlement*
Product Design and Development (PD&D) *	Trade promotion settlement*
Tracking and tracing and logistics management*	Transportation management*

* in Entwicklung

** VICS = Voluntary Inter-Industry Commerce Standards Association

Im Folgenden werden einige der Komponenten kurz erörtert.

b) WWRE CPFR – Collaborative Planner

Die CPFR-Komponente der WWRE ist ein internetbasiertes Werkzeug, das sowohl bei Handelsunternehmen als auch bei Konsumgüterherstellern oder Hosting-Providern eingesetzt werden kann. Die Architektur setzt auf Modulen auf, die eine zukünftige Erweiterbarkeit und Skalierbarkeit der Lösung ermöglichen. Den Anwendern wird die Funktionalität über einen Internet-Browser zur Verfügung gestellt. Die integrierte Lösung der WWRE unterstützt die neun Schritte des VICS CPFR-Modells (siehe Übersicht 7).

Übersicht 7: VICS CPFR-Modell

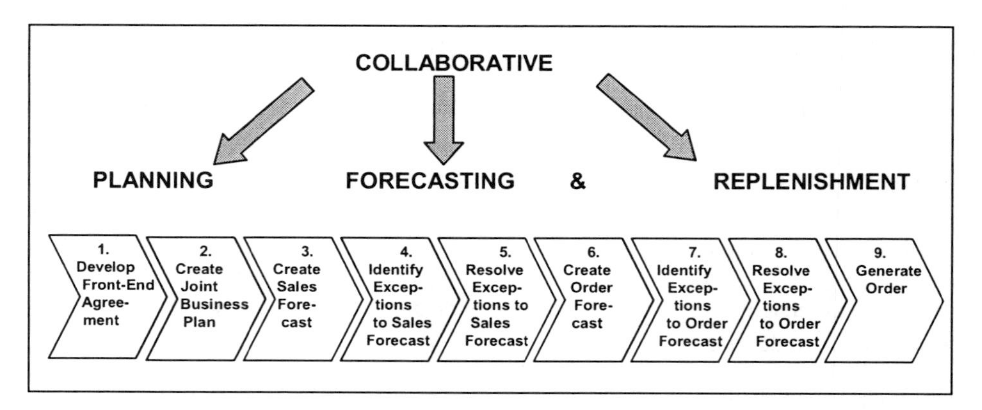

Der neunstufige VICS CPFR-Prozess läßt sich in drei große Phasen einteilen. Allen Phasen ist die Eigenschaft „collaborative" gemeinsam.

Kooperation (Collaborative)

Frühere Initiativen zu unternehmensübergreifendem Supply Chain Planning wie z.B. Continous Replenishment (CRP) oder Vendor Managed Inventory (VMI) stellen die gemeinsame Verantwortung der beteiligten Partner für die vereinbarte Zielerreichung nicht explizit in den Vordergrund. Im CPFR-Modell ist diese Verantwortung im Design verankert. Sowohl der Partner auf der Handelsseite als auch der Partner auf der Seite des Herstellers entwickeln Pläne und stimmen diese mit Hilfe des Tools ab, um letzten Endes eine höhere Kunden- bzw. Konsumentenzufriedenheit zu erzielen (das richtige Produkt, in der richtigen Menge, zur richtigen Zeit und am richtigen Ort). Die Umsetzung und der Erfolg dieser Planung wird im Prozessverlauf kontinuierlich gemessen.

Planung (Planning)

Im Rahmen der Planung werden das sog. Front-End Agreement und der Joint Business Plan erstellt. Das Front-End Agreement beinhaltet Absprachen über Art und Umfang der vereinbarten Kooperation. So wird eine Strategie für die betrachteten Warengruppen und Artikel entwickelt, die Ziele der beiden Partner werden harmonisiert (z.B. Verbesserung des Kundenservice, Erhöhung des Lieferbereitschaft, operative Effizienzsteigerung), die auszutauschenden Informationen werden festgelegt (z.B. Prognosedaten, Absatzzahlen, Bestandszahlen), die Frequenz des Informationsaustauschs wird definiert (z.B. täglich oder wöchentlich) und die Rollen und Verantwortlichkeiten werden zugewiesen.

Im Rahmen des Joint Business Plan werden die konkreten Warengruppen und Artikel definiert, die Ziele und Kennzahlen (Logistik, Marketing, Finanzen) spezifiziert, die Schwellenwerte festgelegt und ein Aktionskalender (Anzahl der Aktionen mit Angabe der prozentualen Steigerung für Umsatz/Absatz, Aktionsbudget, Prognose für Umsätze und Bestände) erstellt. WWRE CPFR unterstützt dabei funktionell die Speicherung des Front-End Agreement und des Joint Business Plan. Darüber hinaus hat die WWRE einen CPFR-Implementierungsleitfaden entwickelt, der neben einer Prozessbeschreibung auch Vorlagen für die Erstellung des Front-End Agreement und des Joint Business Plan enthält.

Prognose (Forecast)

In dieser Phase werden zu Beginn die Umsatzprognosen erstellt. Auf dieser Basis wird der Prozess der Kooperation (täglich bzw. wöchentlich) gestartet, um mögliche Abweichungen zu den Vereinbarungen im Front-End Agreement identifizieren und ggf. Anpassungen vornehmen zu können. Im Anschluss an diesen Schritt werden gemeinsam Bestellprognosen erstellt mit dem Ziel, eine endgültige Bestellung für den betrachtetem Zeitraum ermitteln zu können. WWRE CPFR unterstützt dabei funktionell die Überwachung und die Ausnahmemeldung im Rahmen des gemeinsamen Geschäftsprozesses.

Bestandsführung (Replenishment)

Das Ergebnis dieses Prozessschrittes ist die endgültige Bestellung (in elektronischer Form), die im Warenwirtschaftssystem des Handelsunternehmens und/oder dem VMI- oder ERP-System des Herstellers weiterverarbeitet werden kann. Eine weitere Möglichkeit stellt die Weiterverarbeitung im Rahmen der WWRE E-Procurement-Lösung dar. In Übersicht 88 wird der Nutzen von CPFR veranschaulicht. Die Vermeidung von Unter- und Überbeständen im Rahmen von Kooperationsprojekten hat direkte Auswirkungen auf den Gewinn und die Zufriedenheit der Kunden durch Vermeidung von sog. Out-of-Stocks.

Übersicht 8: Potenziale durch CPFR

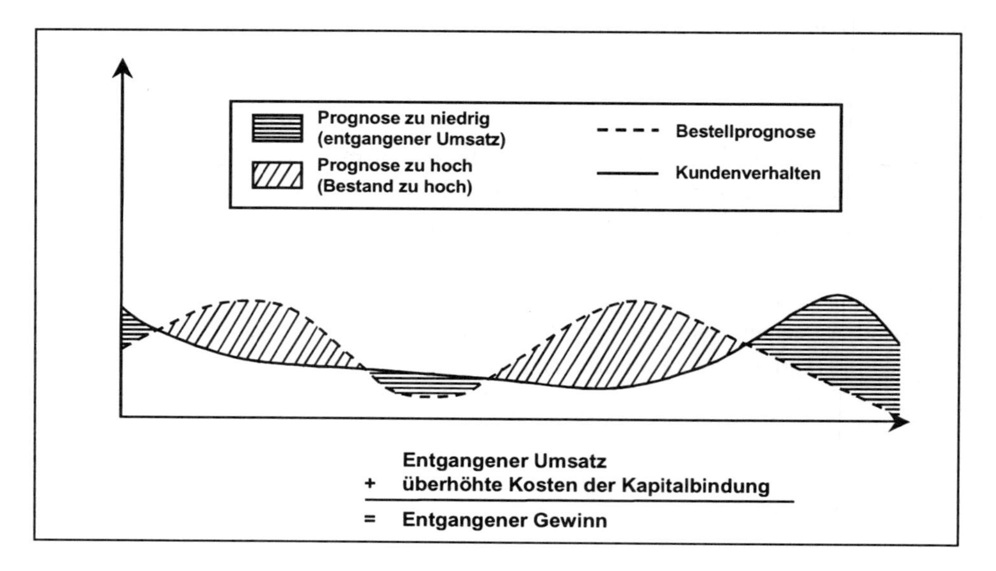

Die Ergebnisse der ersten über WWRE CPFR abgewickelten Kooperationsprojekte bestätigen diese Überlegungen. Die beteiligten Unternehmen berichten im Einzelnen von Bestandsreduzierungen von über 30 Prozent, reduzierten Durchlaufzeiten von bis zu 25 Prozent, einer Verbesserung der Prognosegenauigkeit um bis zu 35 Prozent, einer Steigerung der Geschwindigkeit bei der Einführung von neuen Produkten um 60 Prozent, einer Verbesserung der Lieferbereitschaft um bis zu 25 Prozent und einer signifikanten Reduzierung von Bestandslücken während laufender Aktionen. Zu diesen quantitativen, „harten" Ergebnissen kommen noch qualitative, „weiche" hinzu. So berichten die Partner von verbesserten Beziehungen, einer Verringerung von Ineffizienz durch die Transparenz in der Wertschöpfungskette, einem Fortschritt in der Fähigkeit, die Bedürfnisse ihrer Kunden noch besser zufrieden zu stellen, und der Verhinderung von kritischen Engpasssituationen durch die Kenntnis der gegenseitigen Prognose.

c) Supply Chain Visibility

Mit der WWRE-Lösung für die Visibilität der Wertschöpfungskette stehen internetbasierte Werkzeuge zur Verfügung, mit deren Hilfe logistische Informationen über die gesamte Supply Chain hinweg verfolgt werden können, von der Bestellbestätigung eines Lieferanten bis hin zur Wareneingangsbestätigung eines Handelsunternehmens. Diese Informationen können als Basis sowohl für Entscheidungen im Tagesgeschäft als auch für strategische Überlegungen genutzt werden. Die WWRE-Lösung besteht aus den folgenden drei Komponenten:

- *Domestic Supply Chain Visibility*: Verfolgungen von Bestellungen und Bestellpositionen nationaler oder regionaler Lieferungen eines Herstellers an das Distributionszentrum eines Handelsunternehmens
- *International Supply Chain Visibility*: Verfolgungen von Bestellungen und Bestellpositionen von internationalen Lieferungen, Hafen-Verladezeiten, Ankunfts-/Ablegezeiten, Transitinformationen usw., Ermitteln von Landed Costs, also Einstandspreis inklusive aller Steuern, Abgaben, Zölle usw.
- *Transport Optimization & Management*: Transportbündelung, Routenplanung, Auswahl von Frachtführern, Tariffierung, Vertragsmanagement, Reservierung u.a.

d) Product Design and Development

Product Design and Development (PD&D, Produktdesign und -entwicklung) ist eine Web-basierte Umgebung zur Unterstützung von Entwicklungs- und Designprozessen, z.B. bei der Entwicklung von Eigenmarken, dem Design von Verkaufsdisplays, dem Textildesign oder der Planung von Filial-Layouts. Mit Hilfe von Product Design and Development können mehrsprachige Teams weltweit zusammenarbeiten, um neue Produkte oder Verpackungen u.a. online kooperativ zu entwickeln. Die WWRE-Lösung PD&D sammelt Informationen, die während der Konzeptentwicklung und der Designphase zusammengetragen wurden. Die Anwender können diese Informationen dann zur internen Kooperation oder zur Zusammenarbeit mit externen Geschäftspartnern (z.B. Agenturen) nutzen, um die Produktspezifikationen endgültig festzulegen und einen Lieferanten/Hersteller auszuwählen. Nach der Auswahl eines Lieferanten können mit Hilfe einer leistungsfähigen Workflow-Management-Lösung alle notwendigen Genehmigungsschritte des Unternehmens für die Freigabe der Produktion durchlaufen und unterstützt werden.

e) WorldWide Item Management

Die Synchronisation von Artikelstammdaten ist die Grundlage der Zusammenarbeit von Handel und Industrie. Mit Hilfe von effizienter Datensynchronisation lässt sich die Genauigkeit von Bestellungen und Rechnungen verbessern und damit die Kosten durch verminderten Korrektur und Prüfungsaufwand verringern. Durch eine effektive und effiziente Datensynchronisation lassen sich die Kosten für die Verwaltung der Artikelstammdaten durch eine verringerte manuelle Bearbeitung reduzieren. Die WWRE bietet eine Lösung für den globalen Austausch von Stammdaten. Dies basiert sowohl auf einem WWRE-eigenen Datenkatalog als auch auf der möglichen Zusammenarbeit mit lokalen/nationalen Datenkatalogen wie z.B. SINFOS in Deutschland. Der WWRE-Datenkatalog enthält dabei über 250 Attribute und berücksichtigt unterschiedliche Branchen, so Lebensmittel, Elektronik, Drogerie etc. Im Rahmen des WorldWide Item Managements werden die Funktionen zur Pflege und Anlage von Inhalten, das Laden und die Pflege der Daten, die Artikelanlage und -synchronisation, die Artikelsuche und der Artikel-Download unterstützt. Dabei werden weiterhin mitgliedsspezifische Kataloge für die Datensynchronisation, mitgliedsspezifische Kataloge für die E-Procurement-Lösung im Rahmen der Beschaffung von indirekten Gütern und öffentliche Kataloge für die Beschaffung („Yellow Pages“) unterschieden. Das WWRE-Datenmodell ist dabei völlig kompatibel mit globalen Standards.

III. Grundlagen für den globalen Handel

Die Integration von Geschäftsprozessen über die gesamte (globale) Wertschöpfungskette ist nur durch die Akzeptanz und Anwendung von globalen Standards möglich. Für die WorldWide Retail Exchange als führenden globalen Marktplatz ist die Teilnahme an branchenweiten Standardisierungsinitiativen und -gremien und die Anwendung dieser offenen Standards eine Selbstverpflichtung. Durch die Repräsentanz ihrer breiten Mitgliederbasis befindet sich die WWRE in einer Position, die es erlaubt, effektiver an der Definition, der Akzeptanz und der Verbreitung von Standards mitzuwirken, als ein einzelnes Unternehmen der Konsumgüterwirtschaft es alleine könnte. Standards beziehen sich in diesem Zusammenhang vor allem auf

- standardisierte Artikelbeschreibung,
- standardisierte Artikeldaten-Synchronisation (Interoperabilität) und
- standardisierte unternehmensübergreifende Geschäftsprozesse, durch eine einheitliche Methode zur Prozessbeschreibung und durch de-facto-Prozessstandards durch den universellen Einsatz spezifischer Software Applikationen.

Die Verwendung einheitlicher Standards zur Beschreibung und zum Austausch von Artikeldaten versetzten Handelsunternehmen und Hersteller u.a. in die Lage, Abweichungen im Rahmen der Rechnungsstellung zu minimieren, Fehler bei Frachtpapieren zu eliminieren und eine effizientere Aktionsabwicklung durchzuführen. Standardisierte Geschäftsprozesse verteilen die Kosten für die Automatisierung von Aktivitäten wie der Rechnungsprüfung, der Wegeverfolgung von Importsendungen und der Pflege und Neuanlage von Artikelstammdaten gleichmäßig auf die beteiligten Unternehmen in der Wertschöpfungskette. Dabei kann man davon ausgehen, dass die Prozessstandardisierung der Artikeldatenstandardisierung in einem zweiten Schritt folgt.

Die WWRE arbeitet mit ihren Mitgliedsunternehmen, mit deren Handelspartnern, Standardisierungsagenturen und Branchenverbänden zusammen, um Standardisierungsaktivitäten zu priorisieren und deren Entwicklung und Verbreitung zu beschleunigen. Auf Basis dieser Arbeit konnten bereits zahlreiche Change Requests und Best Practice-Erfahrungen an die unterschiedlichen Standardisierungsinstanzen übermittelt werden. Dabei werden gleichzeitig bereits heute globale Standards wie Global Data Alignment System (GDAS), Global Trade Item Numbers (GTIN), Global Location Numbers (GLN), Global Data Synchronization and Product Classification in den WWRE-Lösungen implementiert.

Die WWRE hat auf Basis der ersten Projekte einen Implementierungsleitfaden für kooperative Geschäftsbeziehungen zwischen ihren Mitgliedsunternehmen und ihren Handelspartnern erstellt. Sie hat darüber hinaus Best-of-breed-Partner für ihre Mitgliedsunternehmen ausgewählt und zertifiziert diese im Hinblick auf die Anwendung globaler Standards. Im Rahmen des WWRE-Katalogmanagements kommen bereits heute globale Standards beim Laden von Artikelstammdaten von Handelspartnern der Mitgliedsunternehmen zum Einsatz. Dadurch wird eine höchstmögliche Datenqualität und Konsistenz für die Katalogsuche ermöglicht. Die WWRE arbeitet mit wichtigen Partnern aus der Konsumgüterwirtschaft zusammen, um die Verwendung und die Verbreitung globaler Standards zu verfolgen und ihren Mitgliedsunternehmen Unterstützung im Rahmen von Implementierungsprojekten unter Verwendung des Implementierungsleitfadens zur Verfügung zu stellen.

Das Internet mit seinen Möglichkeiten und Vorteilen hat seinen Nutzen für die Konsumgüterwirtschaft bereits bewiesen. Dabei kann man davon ausgehen, dass das Internet und internetbasierte Technologien und Applikationen über einen Zeitraum von zehn Jahren die bevorzugten Mittel der Wahl für Unternehmen sein werden, um schrittweise kostenintensive und weniger weit verbreitete Technologien wie Virtual Private Networks (VPN) und sogar Funktionalitäten von Warenwirtschaftssystemen zu ersetzen.

Die WorldWide Retail Exchange ist aufgrund ihrer breiten Mitgliederbasis in der Lage, die Produktivität und die Effizienz der Wertschöpfungskette der Konsumgüterwirtschaft auf ein neues Niveau anzuheben. Unternehmen, die diese Chancen, die sich durch einen weltweiten virtuellen Marktplatz bieten nutzen, werden deutliche Wettbewerbsvorteile gegenüber ihren Mitbewerbern erzielen, die diese Chance nicht oder zu spät nutzen.

Abschnitt C

Beschaffungsplattformen der Konsumgüterindustrie: Die CPGmarket.com

Yves Barbieux

I. Die Entwicklung des B2B-E-Commerce

Im ersten Quartal des Jahres 2000 stellte sich die E-Commerce-Landschaft noch völlig anders dar als heute. Im Gefolge der Business-to-Consumer-Revolution (B2C) entwickelte sich Business-to-Business (B2B) mit einem Potenzial, das alles bisher Dagewesene im E-Commerce in den Schatten stellte. Die Folge war eine wahre Flut von Ankündigungen neuer elektronischer Marktplätze (E-Marktplätze) in nahezu jeder Branche, ein Paradigmenwechsel bei Business-Prozessen wurde verkündet, Potenziale für massive Einsparungen entdeckt, und der NASDAQ-Index erreichte ungeahnte Höhen.

Zwischenzeitlich hat sich die Landschaft verändert. Der kaum durch Tatsachen begründete Optimismus wurde offenkundig durch einen fundierten Realismus abgelöst, der Enthusiasmus für B2B hat sich verflüchtigt, Technologiewerte fielen in den Keller. Was ist da schief gelaufen? War das Konzept der elektronischen Marktplätze am Ende doch keine so gute Idee?

Übersicht 1: Der „Reiseverlauf“ in der E-Marktplatz-Entwicklung

Phase	Zeitraum	Entwicklung
Kurzfristig – Anfangsphase	**2001**	♦ Akteure entwickeln Schwerpunkte ♦ Bewertung durch die Nutzer ♦ Modelloptimierung der E-Marktplätze ♦ Vorläufige Konsolidierung
Mittelfristig – überdurchschnittliches Wachstum der E-Marktplätze	2002-2003	♦ Gewinner zeichnen sich ab (Nutzerbindung) ♦ E-Marktplätze erweitern Plattformen ♦ Verstärkte Konsolidierung ♦ Intensivere Nutzerintegration
Langfristig – E-Marktplätze als „Gemeingut“	2004+	♦ Gewinner stehen fest ♦ Rentabilität ♦ Vertikale und geografische Expansion

Ein Bedarf an elektronischen Marktplätzen besteht mit Sicherheit nach wie vor. Neu ist allerdings die Erkenntnis, dass für die Veränderung der Geschäftsabläufe in den Organisationen ein beträchtliches Maß an Zeit und Arbeit investiert werden muss, eine Tatsache, die viele der Pioniere im B2B-Bereich in ihren Geschäftsplänen ignorierten und die den Schluss nahelegt, dass der Reifungsprozess doch mehr Zeit in Anspruch nehmen wird als ursprünglich angenommen. Kurz: Die Branche begibt sich auf eine beschwerliche, aber lohnende Reise. Analysten haben sich Gedanken darüber gemacht, wie diese „Reise" ihrer Meinung verlaufen wird (siehe Übersicht 1). Ihrer Meinung nach wird auf einen zunächst langsamer als erwartet verlaufenden Start ein überdurchschnittliches Wachstum folgen.

II. Eine wichtige Chance für elektronische Marktplätze

Zwar ist der europäische Markt stark fragmentiert und dezentralisiert, doch werden mehr als 80 Prozent der Geschäftstransaktionen zwischen Lieferanten und Herstellern in der Konsumgüterindustrie innerhalb Europas abgewickelt. Aus triftigen wirtschaftlichen Gründen wird normalerweise die große Mehrzahl der Güter in der Konsumgüterindustrie innerhalb einer Kontinentalregion beschafft, produziert und konsumiert. Es besteht somit ein eindeutiger Bedarf an einem europäischen E-Marktplatz, der alle Partner miteinander verbindet und ihnen das Instrumentarium an die Hand gibt, mit dem sie ihre Effizienz verbessern können, ohne dabei die spezifischen Besonderheiten außer Acht zu lassen, die die Komplexität, aber auch das Potenzial des europäischen Marktes ausmachen. Die Vielfalt Europas eröffnet bei der Entwicklung von Marktplätzen im Internet bedeutende Chancen, allerdings sind hierbei verschiedene Faktoren zu beachten, von denen hier nur die wichtigsten genannt sind:

- unterschiedliche Normen, Standards und Protokolle je nach lokalen und regionalen Präferenzen
- eine fragmentierte Lieferbasis, zumeist mit regionalem oder länderspezifischem Schwerpunkt - nur sehr wenige gesamteuropäische oder globale Lieferquellen
- ein vielsprachiges Umfeld mit unterschiedlichen Währungen und unterschiedlichen Rechtsvorschriften
- Kenntnis der lokalen Märkte, u. a. wirtschaftliche Bedingungen und Kenntnis der lokalen Verbrauchermärkte und der Trends.

Angesichts des unablässigen Kostensenkungsdrucks vonseiten immer komplexer organisierter Einzelhandelsketten, die mittlerweile auch europaweit operieren, sieht sich die europäische Konsumgüterindustrie gezwungen, ihren Lieferketten immer noch mehr Leistung abzuverlangen. Die Konsumgüterindustrie ist, insgesamt gesehen, für entsprechende Reaktionen nicht gerade ideal positioniert, betrachtet man ihre stark dezentralisierte Organisation, bei der Planung, Einkauf und Produktion für ein einziges Unternehmen häufig von mehreren verschiedenen Zentren abgewickelt werden.

Seit jeher ist das Management der Lieferketten für direkte und indirekte Waren und Dienstleistungen ein aufwändiger Prozess, der in den Unternehmen vielfach fragmentiert und dezentralisiert erfolgt, was die Optimierung der Abläufe, die Straffung der Beschaffungskosten und die Vermeidung von Mehrfachaufwand schwierig macht. Das Fehlen wirksamer und einfach anzuwendender Instrumente für die Abwicklung und Verwaltung der Interaktion zwischen Einkäufern und Verkäufern hat negative Folgen für die Kostenstruktur der Unternehmen und die Qualität des Kundendienstes. Die Lieferketten in der Konsumgüterindustrie haben hinsichtlich ihrer Komplexität und strategischen Bedeutung eine rasche Entwicklung durchlaufen. Angesichts ihrer weit reichenden Implikationen werden sie von den Unternehmensleitungen mittlerweile als zentrale Schwerpunktbereiche gesehen. Dies erfordert nicht nur eine Kombination aus hervorragendem Management und erstklassigen Lieferkettenmanagement-Tools, sondern setzt auch die Einsicht voraus, dass das Lieferkettenmanagement nicht auf die eigene Organisation beschränkt bleiben kann, sondern die Zusammenarbeit mit den übrigen Beteiligten der Lieferkette erfordert.

Bis vor kurzem gab es kein wirksames Instrumentarium, das all diesen Faktoren Rechnung getragen hätte. Ein im Internet organisierter elektronischer Marktplatz könnte die Plattform für die Schaffung einer „Handelszentrale“ für die europäische Konsumgüterindustrie bieten, mit der das gesamte Aufgabenspektrum abgedeckt, Zugang zu einem breit gefächerten, integrierten Liefermarkt geschaffen und Chancen entwickelt werden könnten, die bislang nicht realisierbar waren.

III. Ein elektronischer Marktplatz für die europäische Konsumgüterindustrie

1. Gründung und Dienstleistungsangebot

Die CPGmarket.com S.A. wurde im März 2000 als erster E-Marktplatz für die europäische Konsumgüterindustrie (Consumer Packaged Goods Industry, CPG-Industrie) gegründet. Die Weltmarktführer der Konsumgüterbranche, die Danone-Gruppe, Henkel und Nestlé S.A., sowie SAPMarkets als führender Anbieter für E-Commerce-Plattformen konzipierten CPGmarket.com als ein auf die Bedürfnisse der Branche ausgerichtetes, Internet-gestütztes Beschaffungs- und Supply Chain-Unternehmen mit umfassendem Dienstleistungsangebot, das für Hersteller und Lieferanten der Konsumgüterindustrie gleichermaßen von Nutzen sein soll. Ziel von CPGmarket.com ist die Schaffung einer Plattform, die den mitwirkenden Einkäufern und Verkäufern aus der Konsumgüterindustrie die Voraussetzungen bietet, um interne und externe Effizienzzuwächse zu realisieren und damit das Potenzial für Kostensenkung und besseren Kundendienst zu schaffen.

Vor dem Hintergrund des immer aggressiver werdenden Konkurrenzkampfs lässt sich die Strategie von CPGmarket.com mit einem Wort zusammenfassen: *Fokussierung.*

Bereits jetzt bietet CPGmarket.com konkrete Wettbewerbsvorteile, so

- gezieltes Eingehen auf die komplexen Bedingungen und die Anforderungen eines vielgestaltigen europäischen Marktes, z.B. unterschiedliche Währungen, Sprachen, Zollbestimmungen,
- Konzentration auf die „upstream supply chain" zwischen Konsumgüterherstellern und ihren Lieferanten, d.h. den vorgelagerten Teil der Liefer- und Produktionskette in der Konsumgüterindustrie,
- schnelle Markteinführung von Dienstleistungen, die die Kunden sofort nutzen können (Aufbau tragfähiger und intensiver Beziehungen zu den Kunden, indem beträchtliche Investitionen für ihre Integration aufgewendet werden und ein Leistungspotenzial geschaffen wird, das CPGmarket.com gegenüber anderen Anbietern deutlich hervorhebt), und

- pragmatische, auf die konkreten Bedürfnisse der Konsumgüterindustrie ausgerichtete Lösungsansätze – zentrales Ziel ist der Aufbau eines integrierten Dienstleistungsangebots, das den Kunden sämtliche Dienstleistungen aus einer Hand bietet.

CPGmarket.com basiert im Wesentlichen auf einer SAP-E-Business-Plattform; hier finden Unternehmen alles, was sie brauchen, um online zu kaufen und zu verkaufen, aber auch für den kooperativen Austausch von Informationen über die Branche.

CPGmarket.com unterstützt Hersteller und Lieferanten der Konsumgüterindustrie bei der Verwaltung ihrer Lieferketten im gesamten Spektrum ihrer geschäftlichen Zusammenarbeit („Complete Commerce Cycle"). Dies beginnt bei der Suche nach neuen Kunden oder Lieferanten und der Platzierung von Aufträgen und führt über die Planung und Abwicklung des Tagesgeschäfts bis hin zur Bewertung der Effektivität der Geschäftsbeziehung.

Übersicht 2: Zentrale Dienstleistungen von CPGmarket.com

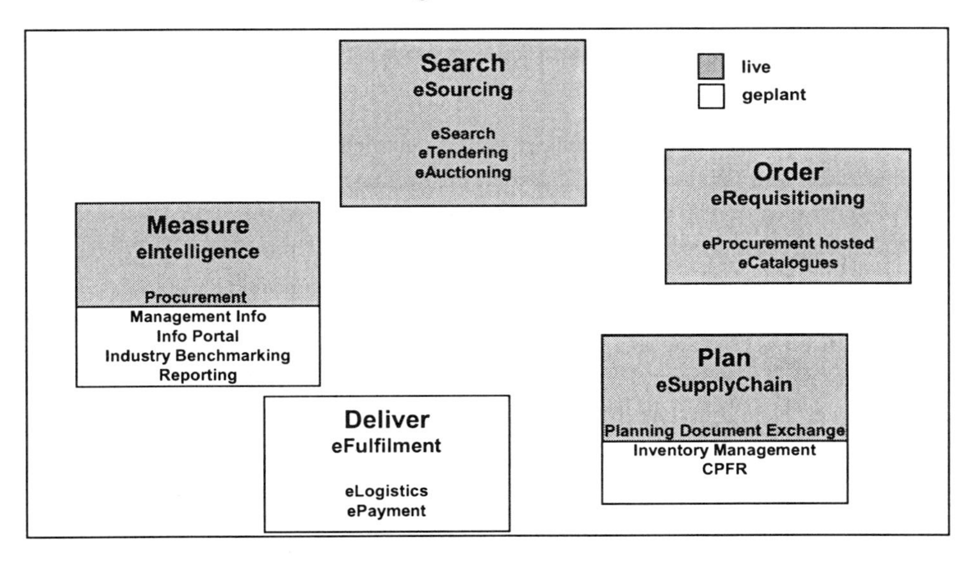

CPGmarket.com hat hierfür fünf zentrale Dienstleistungen entwickelt, die für die einzelnen Schritte des „Commerce Cycle" stehen (siehe Übersicht 2).

Die ersten Pilotprojekte liefen im Juli 2000 an, und bereits im Oktober, noch nicht einmal sechs Monate nach Gründung des Unternehmens, waren zwei zentrale Dienstleistungen bereits in Betrieb:

- *eSourcing* für die Online-Verwaltung des gesamten Beschaffungsprozesses von der Lieferantensuche bis hin zur Organisation von Ausschreibungen und Auktionen
- *eRequisitioning*, ein Tool für den Online-Einkauf über elektronische Kataloge.

Zwischenzeitlich sind bereits Tausende von Lieferanten aus ganz Europa registriert und über 500 Hersteller erhielten Schulungen. Im März und April 2001 erweiterte CPGmarket.com sein Angebot um zwei weitere Dienstleistungen:

- *eSupplyChain*, ein Toolset für die kooperative Produktionsplanung und Bestandsverwaltung
- *eIntelligence*, einen integrierten Informationsdienst.

2. eSourcing als Dienstleistung des elektronischen Marktplatzes

Ziel von eSourcing ist die Bereitstellung von Tools, die den gesamten Prozess der Lieferantensuche und -auswahl von der Bedarfsfeststellung bis hin zur Vertragsaushandlung unterstützen. eSourcing verkürzt den Zeitaufwand für Käufer und Verkäufer beträchtlich und führt zu einem für den Verkäufer fairen und transparenten Prozess bei gleichzeitigen Einsparungsmöglichkeiten im Einkauf für den Käufer.

Beispielhaft beschreibt Piroska Sukyok, Produktmanagerin bei ICC Chemol, die Vorteile für ihr Unternehmen: „Für osteuropäische Unternehmen sind die Chancen, von Konsumgüterherstellern angefragt zu werden, bisher noch nicht so gut. Durch CPGmarket.com werden wir auch von den führenden Unternehmen der Food- und Nonfood-Industrie in Europa wahrgenommen."

Die wichtigsten bisherigen Erfolge im Bereich eSourcing (Stand: Dezember 2001):

- Über 650 Events (Auktionen, Ausschreibungen, Informationsanfragen) wurden im Jahr 2001 erfolgreich durchgeführt.
- Mehr als 2.300 Lieferanten ließen sich in der CPGmarket.com-Datenbank registrieren.

- Über 530 Einkäufer sind im E-Marktplatz aktiv.
- Das Handelsvolumen liegt über 220 Mio. Euro.
- Einsparungen von bis zu 65 Prozent wurden bei einzelnen Vorgängen erzielt; im Schnitt lagen die Einsparungen zwischen 10 und 15 Prozent.
- Handel fand mit unterschiedlichsten Gütern statt: Lebensmitteln und verwandten Produkten, Verpackungen, chemischen Produkten, Werbematerial, Anlagen und Maschinen, Büromaterial, Dienstleistungen.
- Ein Online-Registrierungs- und -Schulungstool für Lieferanten wurde entwickelt.
- Service und Schulungen finden in fünf Sprachen statt: Englisch, Französisch, Deutsch, Italienisch und Spanisch.

Übersicht 3: Das eSourcing-Tool von CPGmarket.com

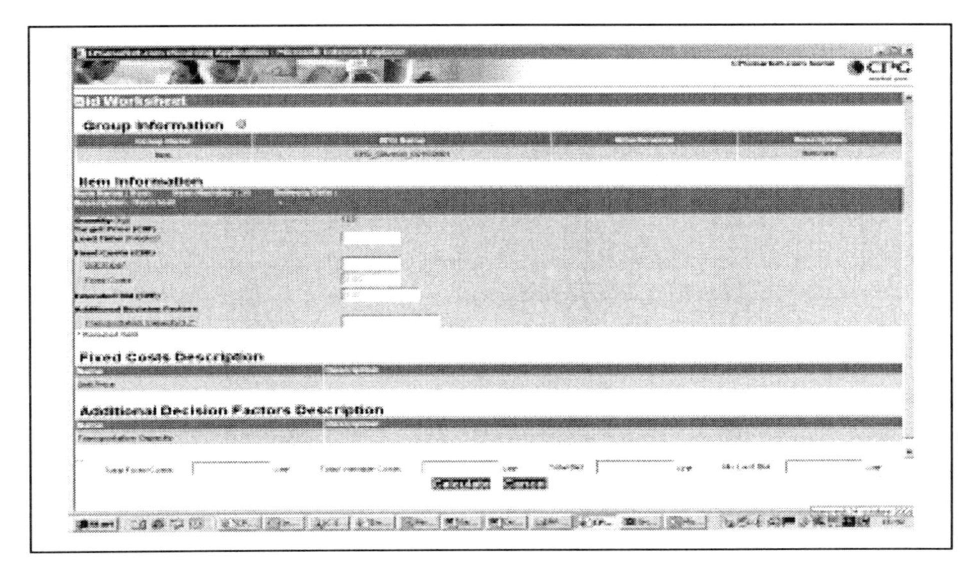

3. eRequisitioning als Dienstleistung des elektronischen Marktplatzes

Die Dienstleistung eRequisitioning bietet Einkäufern wie Lieferanten eine stärker standardisierte und kostengünstigere Möglichkeit zur Einführung von E-Procurement in ihrer Organisation. Die wird für die Danone-Gruppe von Enrique de Juan Fane, Direktor Einkauf Danone, bestätigt: „Unsere Mitbewerber ebenso wie unsere Lieferanten bekunden großes Interesse an dieser neuen Arbeitsmethode. Die benutzerfreundliche Oberfläche und die vordefinierten Freigabeverfahren verringern den Aufwand für Verwaltung und repetitive Arbeiten deutlich."

Übersicht 4: Das eRequisitioning-Tool von CPGmarket.com

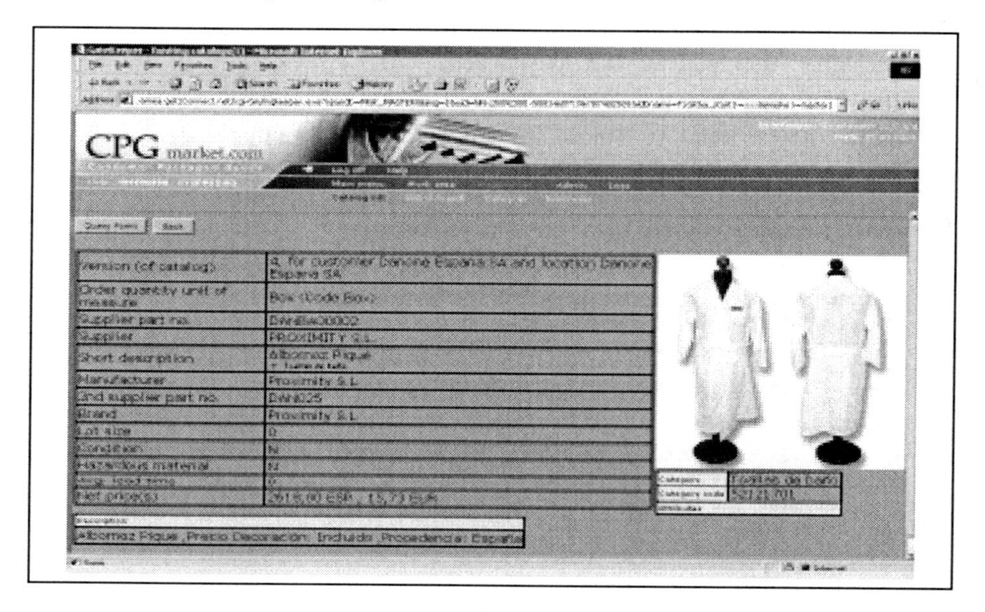

Im Mittelpunkt von eRequisitioning stehen die nachfolgend beschriebenen Optionen.

Auf dem E-Marktplatz gehostete elektronische Kataloge

CPGmarket.com fungiert als zentraler Host für Lieferantenkataloge im E-Marktplatz. Das Angebot mit den folgenden Leistungsmerkmalen steht damit allen Nutzern offen:

- mehrere Sprachen und Währungen
- Standardformat und -gliederung
- feststehende und konfigurierbare Kataloge
- zentrale Bereitstellung von Contents und Tools zur freien Content-Gestaltung
- individuelle oder offene Preisgestaltung
- Such- und Vergleichsfunktionen.

Auf dem E-Marktplatz gehostete eProcurement-Anwendung

CPGmarket.com bietet in seinem E-Marktplatz eine eProcurement-Anwendung für seine Kunden, so dass diese auf Kauf und Installation eines eigenen Systems verzichten können. Damit steht Unternehmen, für die die Entwicklung einer eigenen Lösung zu aufwändig wäre oder die ihre internen IT-Kosten senken wollen, eine strategische Option zur Verfügung.

Nicht gehostete Beschaffungs-Tools

CPGmarket.com-Kunden haben auch die Möglichkeit, gegebenenfalls ihre eigenen E-Procurement-Tools einzusetzen. Hierfür werden die Tools an den E-Marktplatz angebunden. Der Nutzer greift über den E-Marktplatz auf die elektronischen Kataloge zu, platziert seinen Auftrag mit seinen eigenen Beschaffungstools und schickt den Auftrag über den E-Marktplatz an die Lieferanten.

Die wichtigsten bisherigen Erfolge im Bereich eRequisitioning (Stand: Dezember 2001):

- über 360 Nutzer online
- 18 Kataloge von 13 verschiedenen Lieferanten im E-Marktplatz verfügbar
- fortlaufende Einbindung weiterer Kataloge
- Tools für die Online-Aktualisierung und -Validierung.

4. eSupplyChain als Dienstleistung des elektronischen Marktplatzes

Die Dienstleistung eSupplyChain zielt darauf ab, die Kosten der Lieferkette zwischen Herstellern und Lieferanten zu senken, indem diese ihre Operationen nach den Grundsätzen des Collaborative Planning, Forecasting, and Replenishment (CPFR) planen und synchronisieren. Wie Philipp Schack, Geschäftsführer von Karl Hoell, konkretisiert: „Durch die Dienstleistung eSupplyChain gestaltet sich die Kommunikation unserer Produktionsdaten und der Belegaustausch deutlich effizienter und schneller als bisher. Über eine einzige Schnittstelle, den E-Marktplatz, haben wir zudem Zugang zu allen wichtigen Produktions- und Bestandsdaten, so dass wir unseren Produktionsplan entsprechend anpassen konnten."

Übersicht 5: Beispiel für das eSupplyChain-Tool von CPGmarket.com

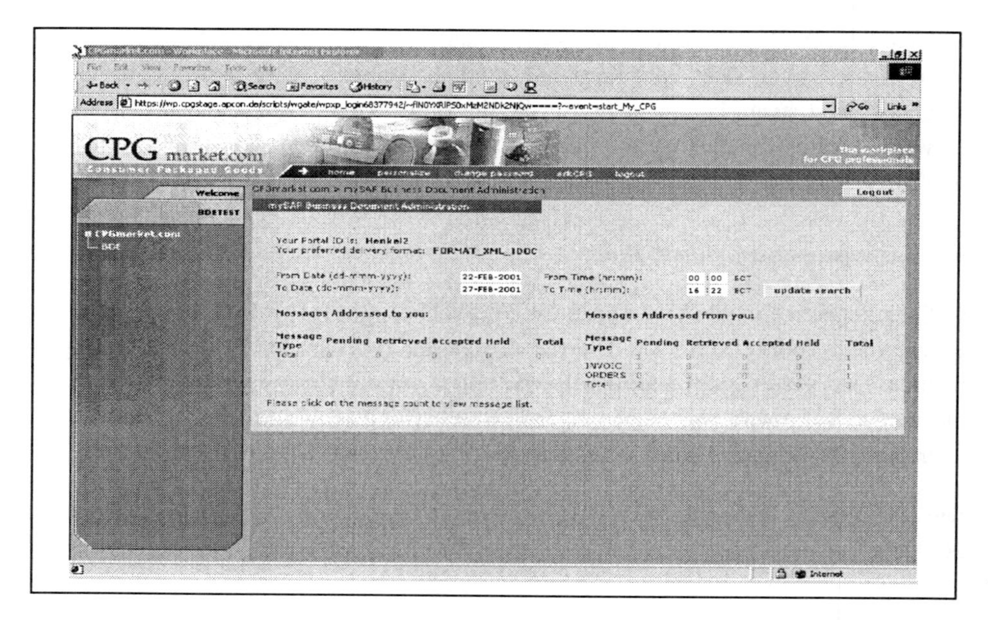

Die wichtigsten bisherigen Erfolge im Bereich eSupplyChain (Stand: Dezember 2001):

- Data Exchange Services seit April 2001 verfügbar:
  - Unterstützung von derzeit elf Belegarten, u.a. Bestellung, Lieferplan, Versandanzeige, Wareneingang, Rechnung
  - Austausch von über 20.000 Einzelpositionen
  - Integration von Lieferanten aus Deutschland und Österreich im E-Marktplatz
  - Planung der Integration von europaweit mehr als 30 weiteren Lieferanten in den kommenden Monaten.
- Collaboration Services seit April 2001 angelaufen:
  - Integration von Lieferanten aus ganz Europa über die Collaboration Services
  - Austausch von Prognose- und Bestandsdaten
  - Austausch von Produktions- und Verbrauchsdaten
  - Austausch von Liefer- und Wareneingangsdaten

5. eIntelligence als Dienstleistung des elektronischen Marktplatzes

CPGmarket.com hat sich zum Ziel gesetzt, Einkäufer und Verkäufer in der Konsumgüterindustrie mit den für sie relevanten Neuigkeiten und Informationen zu versorgen. Im Rahmen der Dienstleistung eIntelligence bietet CPGmarket.com unter anderem Informationen aus den Bereichen Marktforschung und Benchmarking sowie Branchenumfragen, aktuelle Berichte und Markttrenddaten. Thomas Weber, Senior Buyer Commodities, Nestlé Deutschland, sieht dabei in diesem Tool für Nestlé einen erheblichen Nutzen: „eIntelligence wird den Einkaufsabteilungen von Nestlé dabei helfen, ihre Daten über Neuigkeiten und Preisbewegungen in der Nahrungsmittel-, Zutaten- und Verpackungsindustrie auf dem Laufenden zu halten. Das hilft uns bei Verhandlungen und beim Erkennen neuer Chancen und Risiken im Markt. Die Einkaufsabteilungen in der gesamten Konsumgüterindustrie werden von dieser zentralen Informationsquelle profitieren, erspart sie ihnen doch aufwändige Recherchen. Aber auch die Lieferanten erhalten neue Informationen über ihre Spezialgebiete, die ihnen bisher kostenbedingt vielleicht nicht zugänglich waren."

Die Dienstleistung eIntelligence wertet externe Informationsquellen ebenso aus wie interne Informationen auf der Grundlage der Daten der über CPGmarket.com abgewickelten Transaktionen. Diese Vergleichsdaten und Statistiken stellen für die CPGmarket.com-Kunden eine wichtige und bislang einzigartige Informationsquelle dar.

Die wichtigsten bisherigen Erfolge im Bereich eIntelligence (Stand: Dezember 2001):

- über 100 Nutzer seit Anfang März
- sieben externe Content-Anbieter in einem Portal integriert
- täglich 40-200 branchenrelevante Meldungen und Berichte
- Kommentare/Marktanalysen aus anerkannten Fachquellen
- 500 Spotmarkt-Preise für Lebensmittel- und Verpackungsrohstoffe
- Diagrammanwendung mit historischen Preisdaten
- integriertes Business Data Warehouse für die Berichtserstellung anhand von Transaktionsdaten.

Übersicht 6: Das eIntelligence-Tool von CPGmarket.com

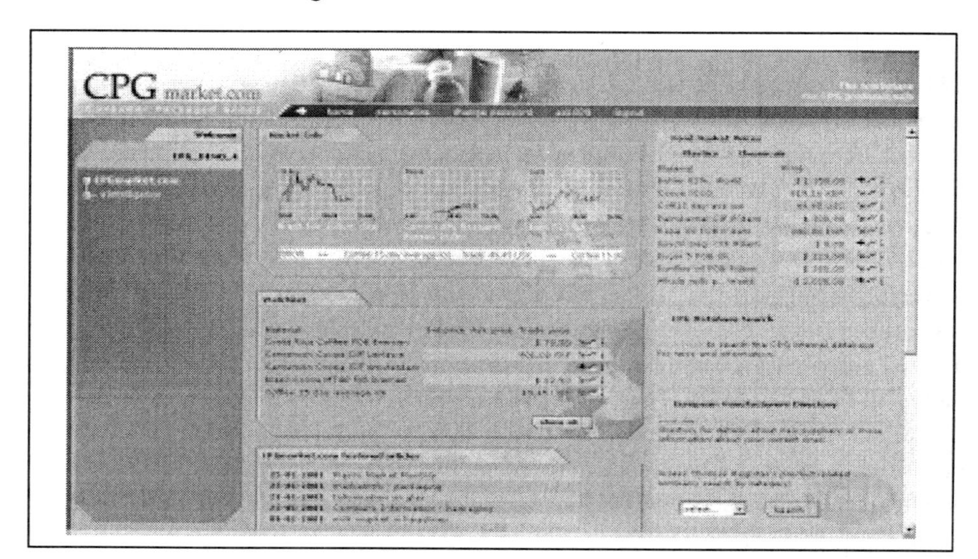

6. eFulfilment als Dienstleistung des elektronischen Marktplatzes

CPGmarket.com trägt der Tatsache Rechnung, dass die Menge an Beschaffungstransaktionen, die über den E-Marktplatz laufen, ein enormes Potenzial bietet, um festzustellen, wo eine Lieferkonsolidierung zur Optimierung der Logistikkosten sinnvoll erscheint. eFulfilment beinhaltet elektronische Logistik- und Zahlungsfunktionen, mit denen CPGmarket.com zum gegebenen Zeitpunkt seinen Kunden ein vollständig integriertes Dienstleistungspaket von der Anfrage über die Lieferung bis hin zur Zahlung anbieten wird. „Diese Dienstleistung wird Module für die Online-Zahlungsabwicklung und für die Optimierung der Gütertransportlogistik enthalten. Sie wird eine direkte Anbindung an die übrigen CPGmarket.com-Dienstleistungen erhalten, dadurch steigt die operative Effizienz, und es erwachsen Synergien zwischen den einzelnen Funktionalitäten" (Jan Putzeys, Vice President Business Development and Strategy, CPGmarket.com).

Zwar müssen für die Beteiligung am E-Marktplatz keine spezifischen technischen Voraussetzungen erfüllt werden, doch sollte jedem Einkäufer oder Verkäufer klar sein, dass bestimmte Bedingungen gegeben sein müssen, damit er das von CPGmarket.com angebotene Dienstleistungsspektrum in vollem Umfang nutzen kann. Die Bedingungen im Einzelnen:

- entsprechende Ausrichtung der Prozesse für eine möglichst optimale Nutzung der integrierten Transaktionsprozesse von CPGmarket.com
- Schaffung der technischen Voraussetzungen für eine zuverlässige Anbindung an den E-Marktplatz (SAP ist hierfür nicht zwingend erforderlich)
- angemessene Schulung und Vorbereitung der Mitarbeiter für die Teilnahme am E-Commerce.

IV. Schnelle und zuverlässige Integration der Kunden

Die Integration der Teilnehmer ist unabdingbare Voraussetzung. Für die große Mehrzahl der E-Marktplätze ist dies ein wichtiges und aktuelles Thema, deshalb bildet die Integration der Kunden auch einen Schwerpunkt der Aktivitäten von CPGmarket.com.

CPGmarket.com hat ein eigenes Team mit der zugehörigen Organisation aufgebaut, das den Teilnehmern bei allen Aspekten der Integration (d.h. nicht nur bei den technischen Fragen) Hilfestellung leistet. Diese Unterstützung ist eingebunden in eine umfassende Implementierungsmethodik mit entsprechendem Support-Tool, die als „*Customer Integration Cookbook*" bezeichnet wird. Dieses Handbuch stellt CPGmarket.com allen Teilnehmern zur Verfügung, damit sie das Rad nicht neu erfinden müssen, sondern vielmehr von den bisherigen Erfahrungen profitieren können. Es enthält, neben den Leitlinien für die Implementierung, sämtliche Informationen, die die Teilnehmer brauchen, um die Leistungsmerkmale der CPGmarket.com-Anwendungen zu verstehen und auch ihren Geschäftspartnern zu vermitteln, um die Auswirkungen der CPGmarket.com-Integration auf ihre Geschäftsprozesse zu beurteilen und um zu bestimmen, welche Ressourcen sie für die erfolgreiche Implementierung benötigen.

Darüber hinaus bietet CPGmarket.com die Gewähr, dass die Kunden aus der Konsumgüterindustrie an der Konzeption der einzelnen Dienstleistungen beteiligt werden. Einer der Grundsätze von CPGmarket.com lautet, dass die Investoren aus der Branche selbstverständlich auf die Gestaltung der angebotenen Produkte und Dienstleistungen Einfluss nehmen. Dies geschieht über die Advisory Councils oder Beiräte. Der Schwerpunkt ihrer Aktivitäten richtet sich auf folgende Aspekte:

- bestehendes Dienstleistungsangebot

- technische Standards
- zukünftige Dienstleistungen.

Die Investoren sind eingeladen, sich auf freiwilliger Basis an den einzelnen Foren zu beteiligen, um den Gedankenaustausch zwischen CPGmarket.com und der Industrie voranzubringen. Den Vorsitz der verschiedenen Beiräte, die mindestens einmal im Monat zusammentreten, führt jeweils ein Mitglied der Geschäftsleitung.

CPGmarket.com hat sich das Ziel gesetzt, mit einem umfassenden Angebot an Dienstleistungen für Einkauf und Supply Chain Management zum führenden Internet-Marktplatz in Europa zu werden. Der Marktplatz steht allen Unternehmen der Konsumgüterindustrie, unabhängig von ihrer Größe, offen.

Derzeit stellt CPGmarket.com seine Dienstleistungen 28 renommierten Aktionären, darunter bedeutende Hersteller und Lieferanten der Konsumgüterindustrie, sowie weiteren Geschäftspartnern zur Verfügung. CPGmarket.com bietet den Teilnehmern ein komplettes Paket an Online-Dienstleistungen zur Optimierung ihrer Geschäftsprozesse in jeder einzelnen Phase des Beschaffungs- und Produktionszyklus.

Durch die gemeinsame Nutzung der technischen Plattform und der Infrastruktur und durch die gemeinsame Wahrnehmung von Planungsfunktionen können alle Teilnehmer, Hersteller wie Lieferanten, Kosten und Zeitaufwand für die Verwaltung deutlich verringern.

Für die Zukunft ist die Vernetzung aller beteiligten Partner in der Produktentwicklung – von der Marktforschung bis hin zu Logistik, Planung und Transportmanagement – vorgesehen. Dies senkt die Kosten für Planung und Produkteinführung und trägt damit zu einer Beschleunigung der Innovationstätigkeit bei.

Abschnitt D

Horizontale Marktplätze zur Effizienzsteigerung des Einkaufs: Der B2B-Handel auf trimondo.com

Dieter Gritschke

I. Ausgangssituation und Entwicklung von trimondo

1. Unternehmenshistorie

Die Unternehmenshistorie von trimondo ist vergleichsweise kurz, sie entspricht dem mittlerweile häufiger vorkommenden Modell „Old Economy trifft New Economy". trimondo.com ist das Marktplatz-Produkt der trimondo GmbH, einem Joint venture von Lufthansa AirPlus und Deutsche Post eBusiness. Beide Muttergesellschaften sind zu jeweils 50 Prozent beteiligt. Gegründet wurde die GmbH zum 1. August 2001.

Vorausgegangen war einerseits ein Partnerauswahlprozess der Deutschen Post eBusiness. Sie suchte sowohl ein E-Procurement-System zur eigenen Nutzung, als auch einen strategischen Einstieg in den eigenen Betrieb von B2B-Marktplätzen (analog evita im B2C-Bereich). Parallel startete ein Suchprozess der Lufthansa AirPlus nach einem Logistikpartner zur Erweiterung des Produktportfolios. Der erste Kontakt fand bereits im März 2000 statt, die Verhandlungen führten zur Unterzeichnung des Joint Venture-Vertrags im Mai 2001 und wurden durch die offizielle Aufnahme des Geschäftsbetriebs im August 2001 finalisiert.

2. Entwicklung und Übersicht des trimondo-Leistungsangebotes

a) Produktportfolio

Das heutige Angebot von trimondo basiert auf dem Produktportfolio eines komplementären Geschäftsfeldes der Lufthansa AirPlus, das sich seit 1996 mit dem betrieblichen Einkauf beschäftigte. Abgeleitet vom Grundgedanken der Lufthansa AirPlus-Produkte in ihrem Kerngeschäft Business Travel Management – der Reduzierung von Prozesskosten – war die Intention ein System zu schaffen, das es auch dem Einkaufsbereich von Unternehmen ermöglicht, substanziell Prozesskosten zu reduzieren. Anstoß hierzu gab zunächst die Erkenntnis, dass bedingt durch Kostensenkungsprogramme in den Unternehmen und Druck auf die Lieferanten die Stückpreise der Artikel bereits so stark gedrückt wurden, dass bei einer reinen Einstandspreis-Betrachtung kaum noch weitere Kostensenkungspotenziale bestehen. Dem gegenüber zeigen Untersuchungen, dass im Bereich der sog. C-Materialien noch hohe Optimierungsmöglichkeiten bei den Beschaffungsprozessen bestehen. Folgende Übersicht zeigt das Ungleichgewicht zwischen dem Volumen der sog. C-Materialien und den damit verbundenen Beschaffungsvorgängen, der Lieferantenanzahl und der Artikelanzahl. Demnach machen C-Artikel nur fünf Prozent des Gesamtvolumens im betrieblichen Einkauf aus, verursachen jedoch 60 Prozent der Beschaffungsvorgänge, binden 75 Prozent der Lieferanten und entsprechen 85 Prozent der gesamten Artikel.

Übersicht 1: Beschaffungsvolumen vs. Beschaffungsvorgänge

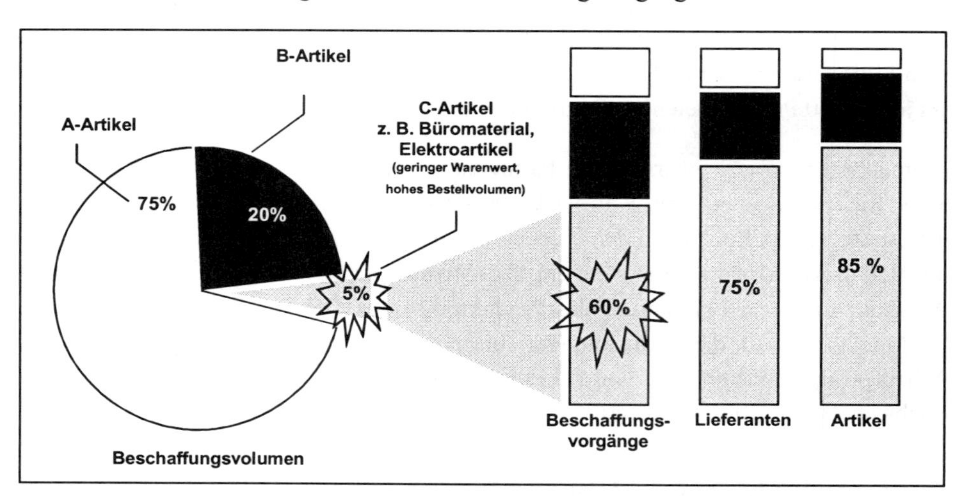

Hier zeigt sich die Hebelwirkung, die eine Reduzierung der Prozesskosten auf die Beschaffungskosten hat. Gelingt es, die Prozesskosten signifikant zu reduzieren, sinken die TCO (Total Cost of Ownership) des Einkaufs erheblich. Vor diesem Hintergrund war es eindeutiges Ziel, sich mit Dienstleistungen zur *Prozesskostenoptimierung im Einkauf* zu positionieren.

Der erste Schritt ist 1997 die Einführung der Lufthansa AirPlus PurchaseCard® basierend auf Know-how und Infrastruktur aus dem Kerngeschäftsfeld Business Travel Management. Die Karte stellt eine Zahlungsoption auf Basis einer Kreditkarte dar, die jedoch in einem geschlossenen System zwischen einkaufenden Unternehmen und deren Lieferanten eingesetzt wird. Mit dieser Karte autorisieren Unternehmen ausgewählte Mitarbeiter zum Einkauf (z.B. von Büromaterial) bei vorher festgelegten Lieferanten. Wesentlicher Aspekt dabei ist einerseits die Dezentralisierung der Beschaffungsstrukturen bei gleichzeitiger zentraler Kontrolle, da einzelne Bedarfsträger direkt unter Angabe der ihnen zugeordneten Kartennummer beim Lieferanten bestellen können; andererseits die konsolidierte Sammelrechnung, die die Umsätze bei allen angeschlossenen Lieferanten beinhaltet. Diese vom Finanzamt anerkannte Rechnung mit separatem Ausweis der Mehrwertsteuer auszustellen, ist möglich durch die Übernahme des sog. „echten Factorings" durch Lufthansa AirPlus. Es bedeutet den Abkauf der Forderungen des Lieferanten gegenüber dem Besteller.

Die Karte wird umgehend ergänzt durch *ProMIS*, ein excelbasiertes Tool zur Analyse der abgerechneten Umsätze, welches das *Einkaufs-Controlling* wesentlich erleichtert. ProMIS wird anschließend durch die webbasierte Version ProMISonline ergänzt, die mehr für die kurzfristige Analyse durch die Bedarfsträger konzipiert ist.

Kundenfeedback, Marktbeobachtung und Projekte mit Unternehmensberatern führen zum logischen nächsten Schritt, auch den eigentlichen Bestellvorgang durch ein System zu unterstützen. So wird 1998 *ProNet* als *internetbasierte Beschaffungsplattform* realisiert. Hiermit wird im ASP-Modus (Application Service Provider) ein gehostetes System zur Verfügung gestellt, in dem einkaufende Unternehmen aus einem individuell für sie zusammengestellten Multilieferantenkatalog bestellen können. ProNet stellt dabei als neutrale Plattform die *Funktion eines Intermediärs* dar und übernimmt selbst keinerlei Handelsfunktionen. Die Unternehmen selbst bestimmen die Auswahl der Lieferanten. Sie können bereits existierende Rahmenvereinbarungen mit ihren bekannten Lieferanten ins System übernehmen oder mit neuen, bereits in ProNet integrierten, Lieferanten neue Kontrakte schließen. Die PurchaseCard und ProMIS könnten als optionale Dienstleistungen ergänzt werden.

Dieses Marktplatzangebot wird sukzessive um weitere, ergänzende Software-Lösungen erweitert, so beispielsweise den Artikel-Manager für die Lieferantenseite – ein Tool, mit dem elektronische Kataloge erstellt werden können, was eine wesentliche Hilfe für Lieferanten, die bis dato noch nicht „E-ready" sind, darstellt. Ein anderes Beispiel ist der TX-Editor, mit dem Lieferanten auf einfache Weise eine Datei mit den erforderlichen Transaktionsdatensätzen erstellen können, falls sie diese nicht durch ein Warenwirtschaftssystem erzeugen können.

Um die Abdeckung der Beschaffungsprozesskette und damit die Integration zu komplettieren, wird schließlich eine Lösung für die Logistikseite gesucht. Um nicht außerhalb der eigenen Kernkompetenz zu agieren, wird beschlossen, diese Seite über einen Partner abzudecken. Durch das Joint Venture mit dem europaweit führenden Logistiker

Deutsche Post ist es gelungen, ein komplettes Angebot von prozessunterstützenden Modulen für den betrieblichen Einkauf bereitzustellen. Von der Bestellung über die Auslieferung und Bezahlung bis zur Auswertung kann im Sinne eines „One-Stop-Procurement" mit trimondo als einzigem, zentralen Dienstleister die komplette Beschaffungsprozesskette abgedeckt werden. Consulting-Dienstleistungen für den Einkauf runden das Bild ab. In seiner heutigen Form beinhaltet der Marktplatz die in der folgenden Übersicht 2 gezeigten Services.

Übersicht 2: Service-Übersicht

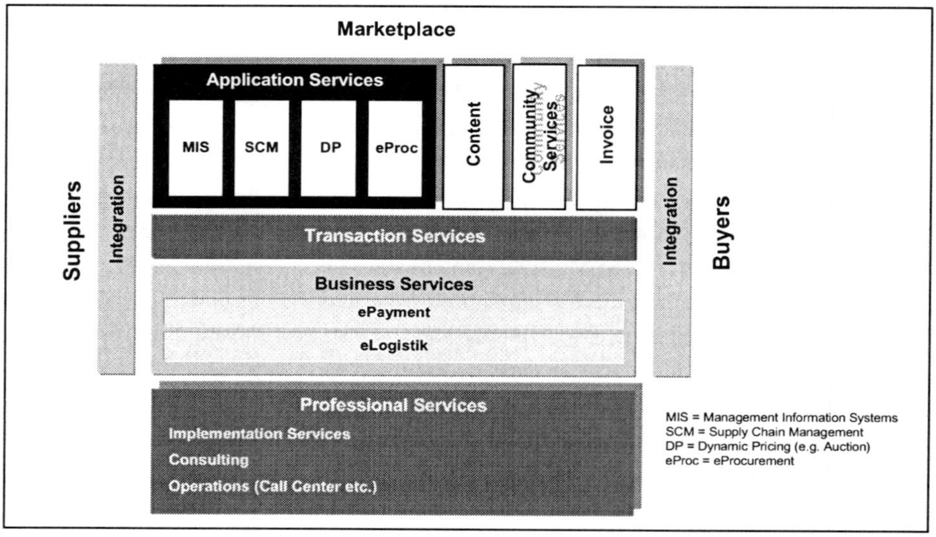

Marketplace
Suppliers
Integration
Application Services
MIS
SCM
DP
eProc
Content
Community Services
Invoice
Integration
Buyers
Transaction Services
Business Services
ePayment
eLogistik
Professional Services
Implementation Services
Consulting
Operations (Call Center etc.)
MIS = Management Information Systems
SCM = Supply Chain Management
DP = Dynamic Pricing (e.g. Auction)
eProc = eProcurement

b) Positionierung

Betrachtet man die wesentlichen strategischen Gruppen der E-Procurement-Dienstleister, kann eine Einordnung von trimondo innerhalb dieses heterogenen Wettbewerbsumfelds vorgenommen werden. Die Unternehmenshistorie und das aufgebaute Produktportfolio führen zu einer klaren Platzierung innerhalb der Typologisierung der E-Procurement-Dienstleister.

Übersicht 3: Typologisierung von E-Procurement-Dienstleistern

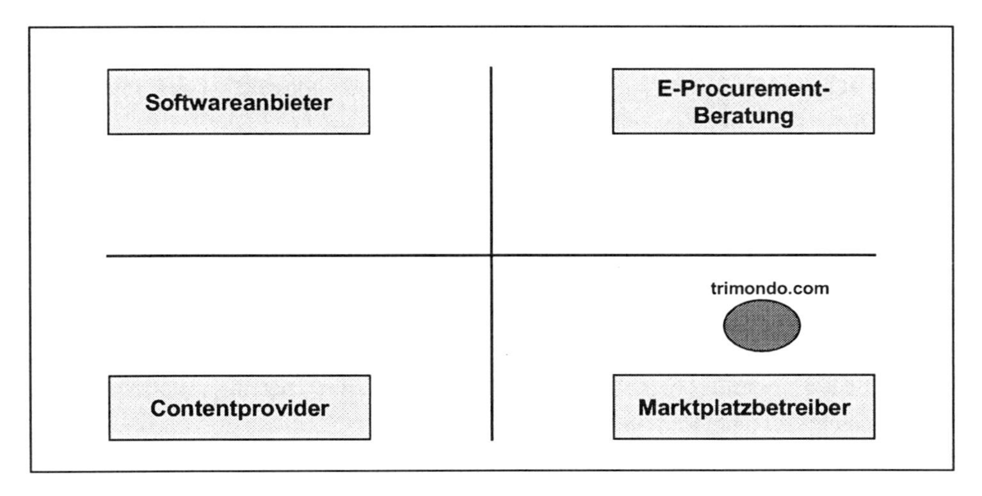

Dementsprechend hat sich trimondo folgendes Mission Statement gesetzt: „Wir sind Betreiber eines europaweit führenden, internetbasierten Marktplatzes für horizontalen Bedarf (Schwerpunkt: MRO) und Anbieter von Dienstleistungen rund um den Marktplatz unter der Maxime einer konsequenten Serviceorientierung und dem Ziel, mit unseren Leistungen den Nutzen unserer Kunden zu optimieren."

Gehandelte Waren

Auf einem horizontalen Marktplatz werden vornehmlich branchenübergreifende, nicht produktionsrelevante Güter und Dienstleistungen gehandelt. Das Warenangebot konzentriert sich in erster Linie auf sog. C-Artikel (nicht strategisch, nicht produktionsrelevant, nicht hochpreisig) oder sog. MRO-Güter (Maintenance, Repair and Operations). Typische Beispiele sind hier Büromaterial, Computerausstattung, Werkzeuge und Büromöbel. Im Sortiment von trimondo befinden sich darüber hinaus mittlerweile auch Waren wie Chemikalien, Laborbedarf, Berufskleidung, Sanitärbedarf und Verpackungsmaterial. Grundsätzlich sind über ein Katalogsystem, wie es den meisten Marktplätzen zu Grunde liegt, sämtliche eindeutig beschreibbaren, also standardisierbaren oder katalogisierbaren Güter und Dienstleistungen handelbar. Vor dem Hintergrund der sich langsam etablierenden Initiativen zur Standardisierung und Harmonisierung von Waren, wird die Zahl der tatsächlich gehandelten Waren zukünftig noch steigen. Beispiele für solche Standards, die der Klassifizierung und eindeutigen Beschreibung von Waren dienen, sind UNSPSC und eClass. UNSPSC steht für Universal Standard Products and Services Classification und wird von ECCMA (Electronic Commerce Code Management Association), einer internationalen Nonprofit-Organisation, entwickelt. eClass geht zurück auf eine Initiative der Chemieindustrie, ist aber mittlerweile auch für andere Branchen einsetzbar.

c) Geschäftsmodell

Als ASP-Modell und Betreiber einer neutralen Plattform lebt trimondo von einem Skalengeschäft, d.h. ganz wesentlich vom Traffic, der auf der Plattform stattfindet. Es müssen daher möglichst viele Transaktionen forciert werden. Da die Nutzung der Plattform sowohl beim Besteller als auch beim Lieferanten Einsparungen bei den Prozesskosten bewirkt, werden beide Seiten bei der Finanzierung beteiligt, wobei auf eine verursachungsgerechte Verteilung Wert gelegt wird.

Auf Bestellerseite ergeben sich drei relevante *Einnahmequellen*:

- *Implementation-Packages*: Einmalige Gebühr für die initiale Erfassung der Systemnutzer-Stammdaten sowie sämtlicher Zusatzdaten und der Schulungen der Nutzer durch ein Implementation-Team. Mit zunehmender Größe des Unternehmens und Menge an Niederlassungen empfiehlt es sich, eine höhere Anzahl an Packages abzunehmen.
- *Nutzerabhängige Lizenzgebühren*: In Abhängigkeit von der Anzahl der Nutzer im Unternehmen werden jährlich Gebühren für die Bereitstellung und Wartung des Systems berechnet.
- *Nutzungsabhängige Transaktionsgebühren*: Bei jedem Bestellvorgang fallen pro Bestellposition Transaktionsgebühren an. Deren Höhe hängt von der Höhe des Einzelumsatzes ab.

Auf Lieferantenseite ergeben sich folgende *Gebühren*:

- *Startpaket*: Einmalige Gebühr für die initiale Einstellung und eventuelle Konvertierung des elektronischen Katalogs, beinhaltet ausserdem Software, Beratung und technische Hotline.
- *Handling fee*: Prozentualer Abschlag für die Weiterleitung der Transaktionen in die weiterverarbeitenden Systeme des Lieferanten.

- Wird die *PurchaseCard* als Zahlungsfunktion eingesetzt, wird auf Lieferantenseite ein Disagio für die Übernahme des Kreditrisikos sowie der Inkassofunktion durch das kartenemittierende Unternehmen fällig. Für den Besteller ist die Karte üblicherweise kostenfrei.

Dieses Gebührenmodell gilt für die Nutzer der sog. Standardlösung, d.h. der Nutzung der kompletten Produktarchitektur des Marktplatzes, in dem über das gehostete Standard-Front-End auf den Marktplatz zugegriffen wird. Eine offene Produktarchitektur ermöglicht weitere Vermarktungsmodelle, bei denen die Bandbreite von der unternehmensindividuell gestalteten Benutzeroberfläche bis zum Betrieb eines sog. Third-Party-Marktplatzes für andere Organisationen reicht.

d) Zielgruppen

Bestellerseite

Kernzielgruppe von Marktplätzen wie trimondo sind Großunternehmen und Konzerne, da die Effekte der Prozesskostenreduzierungen erst ab einer bestimmten Umsatzgröße wirklich realisiert werden können. Obwohl sie zahlenmäßig die kleinste Gruppe darstellen, sind sie vom Umsatz her betrachtet jedoch das größte Marktsegment.

Ergänzt wird diese Zielgruppe durch den größeren, technologisch innovativen Mittelstand. Dieser hat ähnliche Bedürfnisse wie Großunternehmen, kann aber oftmals leichter von „standardisierten" Lösungen überzeugt werden.

Eine weitere, vom Umsatzvolumen her sehr attraktive Zielgruppe ist der öffentliche Sektor. Bedingt durch bürokratische Hürden wie Verdingungsverordnung usw. rückt dieses Segment von seiner Priorität her jedoch nach hinten.

Lieferantenseite

Bedingt durch die neutrale Position des Marktplatzes liegt die Auswahl von Lieferanten nicht direkt in der Hand von trimondo. Vielmehr wird die Auswahl selbst vom Besteller vorgenommen, trimondo obliegt die Integration des gewünschten Lieferanten ins System. Unter dem Aspekt einer möglichst reibungslosen und schnellen Integration gibt es aus Marktplatzsicht jedoch ein Idealprofil für Lieferanten:

- hat ein breites Sortiment

- hat ein hohes Serviceniveau
- kann Katalogdaten in Standardformaten (z.B. BMEcat) liefern
- kann erforderliche Schnittstellen für Rechnungs- bzw. Zusatzdaten bedienen
- kann die für die Logistik erforderlichen Schnittstellen bedienen
- ist potenzieller Lieferant für die Zielgruppe der Bestellunternehmen.

e) Partnerschaften

Will ein Marktplatz nicht außerhalb seiner *Kernkompetenzen* agieren, bedarf es zur Abdeckung des Dienstleistungsspektrums für die komplette Beschaffungsprozesskette einer Reihe von Partnerschaften. Diese Tatsache war schon die Basis für die Gründung von trimondo als Partnerschaft zweier Dax 30-Unternehmen. Neben wirtschaftlichen Vorteilen für den Marktplatz steht die Erweiterung des Kundennutzens im Vordergrund. Partnerschaften können für eine Reihe von Zielen geschlossen werden. Beispielhaft für eine Funktionspartnerschaft ist das Abkommen mit einer international tätigen Auktionsplattform, die trimondo das Angebot eines Dynamic Pricing, d.h. das Durchführen von Auktionen und Ausschreibungen, ermöglicht. Folgende weiteren Partnerschaften sind für einen Marktplatz naheliegend:

- Vertriebspartnerschaften
- Technologiepartnerschaften
- Implementierungspartnerschaften
- Contentpartnerschaften.

II. Facetten eines Marktplatzsystems

1. Grundsatzentscheidungen

Grundsätzlich bestehen für einen Dienstleister im Bereich der Einkaufsoptimierung diverse Optionen bzgl. Technologiewahl und der Ausgestaltung seines Leistungsangebots. Es gilt, frühzeitig eigene Kernkompetenzen und langfristig einsetzbare Technologien zu erkennen und die Weichen der Entwicklung in die entsprechende Richtung zu stellen.

B2B vs. B2C

Zwei Gründe waren ausschlaggebend für die B2B-Ausrichtung von trimondo: die Unternehmenshistorie mit Lufthansa AirPlus und die Prognosen sämtlicher relevanter Research-Institute, die dem B2B-Handel langfristig deutlich höhere Umsätze vorhersagen als dem B2C-Handel.

Software-Lieferant vs. Marktplatzbetreiber

trimondo entschied sich für das Modell eines Marktplatzbetreibers im ASP-Modus. Einstands- und IT-Infrastrukturkosten sind für die einsetzenden Unternehmen hierbei deutlich geringer als bei einer gekauften E-Procurement-Software, die im Unternehmen selbst implementiert, betrieben und gepflegt werden muss.

Horizontaler Marktplatz vs. Vertikaler Marktplatz

Vertikale Marktplätze bilden sich innerhalb einer Branche heraus. Die eindeutige Zugehörigkeit von trimondo in einer bestimmten Branche war nicht abzuleiten. Diese Abgrenzung darf allerdings auch nicht zu streng verstanden werden, da sowohl die zu Grunde liegende Technologie für beide Varianten geeignet ist als auch die Trennschärfe immer geringer wird.

Internet vs. Intranet

Aus Marktplatzbetreiber-Sicht ist die Frage bzgl. Internet vs. Intranet zweitrangig. Alle Interessenten für das trimondo-System konnten von den Vorteilen einer Internet-Lösung überzeugt werden (siehe auch ASP-Thematik oben).

Basistechnologie: Architektur

Die IT-Struktur von trimondo ist in einer 3-Schichten-Architektur mit doppelter Firewall aufgebaut, deren Sicherheit durch die ISS zertifiziert wurde. Es handelt sich um ein parallelisiertes, hochverfügbares und ausfallsicheres System, das durch ein mehrstufiges Online-Backup-Konzept unterstützt wird. Die SSL-Verschlüsselung (128 Bit) in Kombination mit dem zertifizierten Firewallsystem sorgen für die größtmögliche Sicherheit der Daten. Datenbanken und Server von Oracle und IBM gewährleisten Zuverlässigkeit.

Basistechnologie: Programmiersprache html vs. Java-Applets

Der Marktplatz wurde vollständig in html entwickelt und enthält keinerlei Java-Applets. Applets verursachen lange Ladezeiten und werden aus Sicherheitsgründen nicht auf allen Firmenbrowsern zugelassen.

Basistechnologie: Nutzung von Open-Source-Produkten vs. kommerziellen Produkten

Auf Grund des ungleich günstigeren Preis-Leistungsverhältnisses, dem Vorteil der Unterstützung offener Standards (J2EE) sowie der Unabhängigkeit von bestimmten Herstellern werden Open-Source-Produkte wie der Web-Server Apache, das JavaServerPage-Modul Tomcat und der Applicationserver JBoss eingesetzt, die unter Linux betrieben werden.

2. Die Beschaffungsprozesskette

trimondo hat es sich zur Aufgabe gemacht, Lösungen zur effizienten Beschaffungsorganisation und Prozesskostenoptimierung im Einkauf anzubieten. Um Informationen über die Ist-Bestellabläufe in deutschen Unternehmen zu sammeln und einen Soll-Beschaffungsprozess zu definieren, wurde die KPMG Unternehmensberatung GmbH beauftragt, eine unabhängige Benchmark-Studie in den Beschaffungs- und Einkaufsbereichen deutscher Unternehmen durchzuführen. Eines der wesentlichen Ergebnisse ist in Übersicht 4 dargestellt. Sie zeigt, dass ein typischer Beschaffungsprozess acht Schritte umfasst und durchschnittlich neun Mitarbeiter aus sieben Organisationseinheiten daran beteiligt sind.

Die Optimierungsmöglichkeiten liegen auf der Hand: durch ein unterstützendes System können einzelne Prozessschritte (die dunkel markierten 2, 4, 7, 8) ganz oder teilweise entfallen oder automatisiert werden.

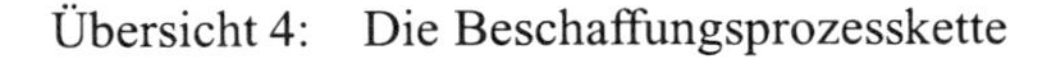

Übersicht 4: Die Beschaffungsprozesskette

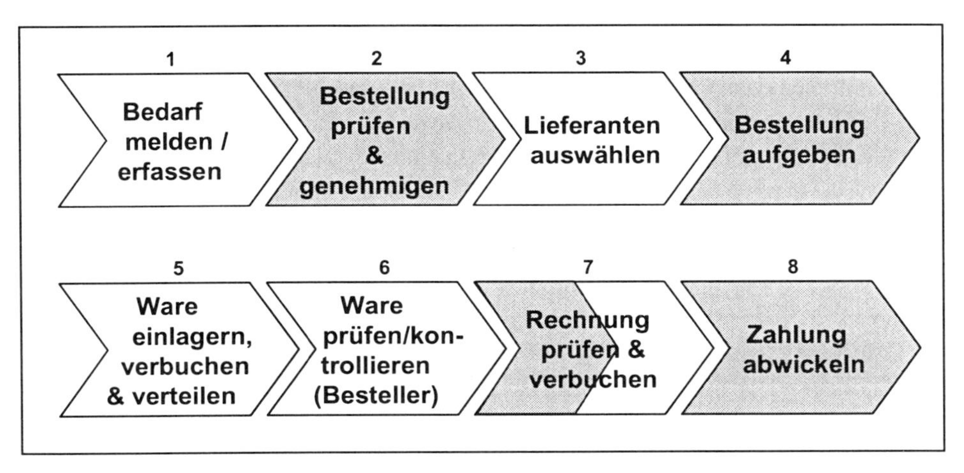

Im Idealfall sieht der Beschaffungsprozess wie folgt aus: Bedarfsmeldung und Bestellaufgabe werden in einem Prozessschritt über das Front-End eines Marktplatzes ausgeführt. Der Anforderer ist der Bedarfsträger. Die Bestellung geht direkt ins Warenwirtschaftssystem des Lieferanten. Die Bestellfreigabe erfolgt über die individuelle Bestell-Limit-Steuerung innerhalb der Marktplatz-Software, die gleichzeitig eine Budgetkontrolle gewährleistet. Die Ware wird direkt an die Kostenstelle bzw. den Besteller ausgeliefert und von diesem auch geprüft. Die Sammelrechnung geht elektronisch direkt in die Finanzsysteme. Zahlungsfreigabe und -abwicklung erfolgen automatisch durch das einkaufsunterstützende System.

Die durchschnittlichen Kosten eines Bestellvorgangs wurden anhand des Arbeitsaufwands der einzelnen Arbeitsschritte mit rund 90 Euro errechnet. Bei Einsatz des optimierten Soll-Prozesses können nach einer Studie von KPMG aus dem Jahre 1997 die Kosten auf ca. 50 Euro gesenkt werden. Dies bedeutet eine Reduzierung um rund 44 Prozent. Einzelne trimondo-Kunden haben solche Analysen intern selbst durchgeführt und Prozesskostenreduzierungen um bis zu 80 Prozent ermittelt.

3. Der Implementierungsprozess

Die Implementierung eines Marktplatzsystems bei Bestellern und Lieferanten ist die bedeutendste, weil auch erfolgskritische Phase in der Zusammenarbeit mit dem Marktplatzbetreiber. Eine perfekte Implementierung legt den Grundstein für einen reibungslosen Verlauf des Tagesgeschäfts. Auf Grund dieser hohen Bedeutung werden Besteller und Lieferanten während des Implementierungsprozesses von einem speziell ausgebildeten Implementation-Team betreut. Dies erfolgt teilweise vor Ort und durch telefonische Einweisung. Der Projektverlauf der Implementierung ist abhängig davon, ob der Besteller nur die trimondo-Marktplatzfunktionalität nutzt oder zusätzlich auch die Abrechnungsleistungen von Lufthansa AirPlus in Anspruch nimmt. Die häufigste Variante ist die parallele Implementierung von Marktplatz und Abrechnung.

Übersicht 5: Implementierungsprozess

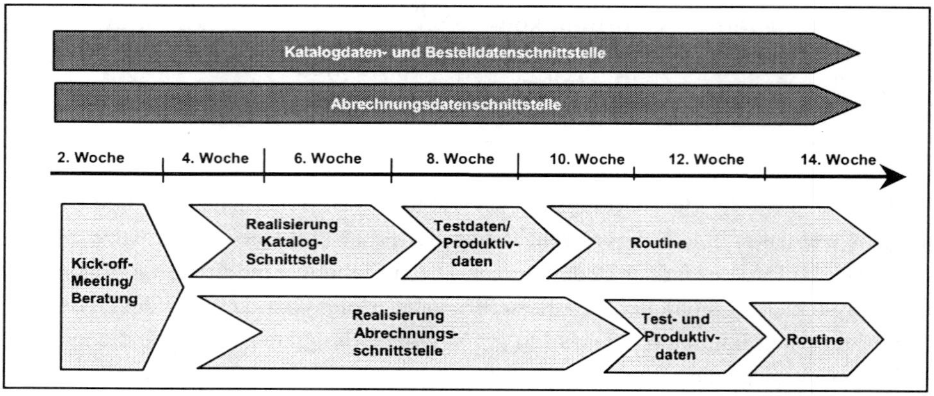

Nach Eingang der Vertragsunterlagen vereinbart ein Mitarbeiter des Implementation-Teams einen Termin für das *Kick-off-Meeting*. Erfahrungsgemäß empfiehlt sich die Durchführung einer Lieferantenkonferenz gemeinsam mit dem Bestellunternehmen.

Zunächst erfolgen die Festlegung der Projektorganisation und eine ausführliche Schnittstellenberatung. In der siebten Woche sollten Lieferanten *Testdaten* zur Verfügung stellen, so dass nach zwei Monaten der *Produktivkatalog* auf dem Marktplatz bereitgestellt ist und die erste Bestellung erfolgen kann. Sowohl Test- als auch spätere Produktivdaten sollten in dem vom Marktplatz vorgegebenen Datensatzformat geliefert werden, um schnellstmögliche Verarbeitung zu gewährleisten.

Nach zwei weiteren Wochen Betreuung im *Routinebetrieb* ist die Implementierungsphase beendet und es erfolgt die *Übergabe an das Serviceteam*.

Die Implementierung der *Abrechnungsdatenschnittstelle* erfolgt parallel zur Marktplatzanbindung. Implementation-Team und Lieferanten treffen gemeinsam die nötigen Vorbereitungen für die Abrechnungsschnittstelle und nehmen eine telefonische Einweisung vor. Kurz nach Eingang der ersten Bestelldaten sollten von den Lieferanten bereits die ersten Abrechnungsdaten an Lufthansa AirPlus übermittelt werden.

Bei Durchführung des Implementierungsprojekts in der dargestellten Weise kann von einem störungsfreien Übergang in den Routinebetrieb ausgegangen werden.

Weitere, jedoch seltener vorkommende Varianten sind die sequenzielle Implementierung von Marktplatz und Abrechnung oder die ausschließliche Nutzung der Marktplatzfunktionalität.

Voraussetzungen der Implementierung

Auf Bestellerseite sollte grundsätzlich vor Beginn einer Implementierung, besser noch vor der Entscheidung für eine E-Procurement-Lösung, eine ausreichende Analyse der eigenen Prozesse stattgefunden haben, um die Anpassungs-Notwendigkeiten zu erkennen. Weiterhin ist sowohl eine ausreichende personelle wie auch finanzielle Ressourcenausstattung in der Implementierungsphase notwendig. Unabdingbar ist das Backing der Geschäftführung für die Projektteams auf Besteller- und Lieferantenseite, um bei evtl. auftretenden Widerständen das Projekt dennoch komplett durchziehen zu können. Auf Lieferantenseite ist u.U. ein initialer finanzieller Aufwand erforderlich, um die eigenen Systeme so vorzubereiten, das sie z.B. Katalogdaten in marktplatzkonformer, lesbarer elektronischer Form erstellen können, elektronisch eintreffende Bestellungen verarbeiten und Abrechnungsdaten elektronisch erstellen können.

III. Lessons learned

Berücksichtigt man die komplette Zeitspanne seit der Herausgabe der ersten Purchase-Card 1997, so kann trimondo heute auf eine ca. fünfjährige Erfahrung im Bereich der Einkaufsoptimierung zurückblicken. Die wesentliche Erkenntnisse lassen sich in den im Folgenden dargestellten Lessons learned zusammenfassen.

Organisation/Prozesse/Menschliche Komponente

Change Management: Die gesamte Implementierung wie auch die spätere Nutzung einer Marktplatz-Lösung im Routinebetrieb ist mehr ein Change Management- denn ein IT-Thema. Um sämtliche Kostensenkungspotenziale heben zu können, müssen Organisationsstrukturen und Prozesse angepasst werden.

Hier spielt die menschliche Angst vor Veränderungen und neuen Technologien – gerade in traditionellen Industrien – eine große Rolle. Die Geschäftsführung muss für die Akzeptanz der neuen Lösung sorgen, sie muss das Projekt promoten, Projektleitung und -team müssen hundertprozentig dahinter stehen und die System-Nutzer motivieren und unterstützen. Andernfalls besteht die Gefahr, dass das System boykottiert oder umgangen wird.

Zeitfaktor

Der Zeitfaktor sollte in vielerlei Hinsicht nicht unterschätzt werden:

- Die Marktakzeptanz von E-Procurement-Systemen/Marktplatzlösungen insgesamt dauerte deutlich länger als erwartet. Lufthansa AirPlus (weniger trimondo) mussten anfänglich selbst eine sehr aktive Rolle bei der Marktvorbereitung spielen. Selbst heute sind viele Unternehmen von der Notwendigkeit zum Umstieg auf ein umfassendes elektronisches Einkaufssystem überzeugt, setzen selbst aber noch keines ein. Hier spielt sicherlich auch die hohe Intransparenz des Marktes sowie geringe Erfahrungswerte eine Rolle, die viele Unternehmen veranlasst abzuwarten (vgl. Lamers 2001).
- Die Zeitspanne von der ersten Verkaufspräsentation eines Systemanbieters bis zur Entscheidung und zum Vertragsabschluss wird häufig unterschätzt. Durch die mit der Implementierung und Nutzung einhergehenden Eingriffe in Strukturen und Prozesse im Unternehmen sind eine Vielzahl von relevanten Gremien in die Entscheidung mit einzubeziehen. Diese Vorbereitungsphase kann mehrere Monate beanspruchen.
- Der Zeitbedarf für die Implementierung des Systems im Unternehmen wurde anfänglich deutlich geringer vermutet. Der erhöhte Zeitbedarf hängt in erster Linie mit der momentan noch mangelnden Kommunikationsfähigkeit von IT-Systemen auf Besteller- und Lieferantenseite zusammen.

Technik

Zum Betrieb eines Marktplatzes sind umfangreiche personelle IT-Ressourcen notwendig um Wartung, Betrieb, Weiterentwicklung und Anpassung zu gewährleisten. Auch wenn teilweise auf externe IT-Ressourcen im Rahmen von Outsourcing zurückgegriffen werden kann, kann auf internes Know-how nur selten verzichtet werden. Keine käufliche Marktplatz-Software ist direkt ohne Anpassungen einsetzbar, so dass hier neben den hohen Lizenzkosten zusätzlich mit Consulting-Investitionen zu rechnen ist. Selbst namhafte Standard-Software bürgt nicht für reibungslosen Einsatz. Dies gilt im Übrigen genauso für Buy-Side-Softwarelösungen, die an Stelle einer Marktplatz-Nutzung zur Beschaffungsunterstützung in bestehende Unternehmensprozesse integriert werden.

Mehr Unternehmen als erwartet (mehr auf Lieferanten- denn auf Bestellerseite) sind dabei noch nicht „E-ready", d.h. in der Lage elektronische Kataloge zu generieren, Bestelldaten elektronisch zu verarbeiten und Rechnungsdaten elektronisch zu erzeugen.

Auf Grund mangelnder, bzw. noch nicht ausreichend durchgesetzter Standards sind zudem Schnittstellen zwischen den Marktplatz- und den Unternehmenssystemen nach wie vor problematisch bzw. erfordern einen erhöhten Anpassungsaufwand auf beiden Seiten.

Geschäftsmodell/Content

Auch von Seiten des Geschäftsmodells und/oder des zu bietenden Contents können heute – basierend auf der Erfahrung von trimondo eine Reihe von Anforderungen abgeleitet werden:

- Um das Gesamtpotenzial an Kostenreduzierungen voll auszuschöpfen, muss die Integration in die Backend-Systeme (insbesondere ERP) gesichert werden.
- Partnering ist wichtig, um Funktionalitäten außerhalb der eigenen Kernkompetenzen anbieten zu können. Hier ist sorgfältiges Selektieren von Partnern notwendig. Wichtig für den Kunden des Marktplatzes ist, dass er weiterhin einen zentralen Ansprechpartner behält und die Systeme der Kooperationspartner reibungslos aufeinander abgestimmt sind.
- Die Qualität des Marktplatzes hängt unmittelbar mit der Qualität des Content (Managements) zusammen. Ein Marktplatz muss selbst für qualitativ hochwertigen Content sorgen. Dies kann er durch eigene Erstellung oder Zusammenarbeit mit

zuverlässigen Partnern wie einem Full Service Provider der ihm die Anwendung als Third-Party-Marktplatz betreibt. Sich hier nur auf die Zusammenarbeit mit externen Partnern zu verlassen ist gefährlich und wird von vielen Unternehmen mit E-Procurement-Eigenentwicklungen unterschätzt.

- Transaktionsgebühren als Vergütung sind nicht out. Marktplatzlösungen, die Prozesskosten reduzieren, sind in der Lage, ausreichend viele Transaktionen auf dem Marktplatz zu erzeugen, um dieses Geschäftsmodell zu nutzen.
- Ein Marktplatz muss für alle Beteiligten eine Win-Win-Situation schaffen. Geschäftsmodelle, die die Marktmacht einseitig zu Lasten z.B. der Lieferantenseite ausnutzen, sind langfristig nicht haltbar.
- Marktplatzanbieter können kein komplett standardisiertes Produkt anbieten, sondern müssen in einem gewissen Rahmen immer die Flexibilität haben, auf kundenindividuelle Anforderungen einzugehen.

Abschließend kann gesagt werden, dass die Nutzung von elektronischen Marktplätzen den Unternehmen nachgewiesenermaßen Kosteneinsparungen bringt. Sollten die Potenziale evtl. auch nicht ganz so hoch sind, wie in den anfänglichen Zeiten der Dotcom-Euphorie von den Research-Unternehmen prognostiziert – weil auch hier der Zeitaspekt vernachlässigt wurde – sind die Nutzenpotenziale doch signifikant.

IV. Ausblick

1. Weitere Entwicklung von MRO-Marktplätzen

Aus trimondo-Warte ist zu beobachten, dass die von den namhaften Research-Unternehmen prognostizierte Konsolidierungswelle unter Marktplätzen früher als erwartet einsetzt. Mit Beginn des Dot-com-Sterbens ging die Zahl der neu aufkommenden Dienstleister stetig zurück. Momentan ist von langfristigen Überlebenschancen für eine einstellige Zahl von „großen“ MRO-Marktplätzen in Deutschland auszugehen. Daneben dürfte es eine deutlich größere Anzahl von „kleineren“, stark spezialisierten Marktplätzen geben.

Das heute schon sichtbare Verschwimmen von trennscharfen Grenzen zwischen horizontalen und vertikalen Marktplätzen wird sich fortsetzen. Schon heute gibt es sich selbst als vertikal bezeichnende Marktplätze, die de facto ein horizontales Sortiment haben.

2. Weitere Entwicklung von trimondo

Für die weitere Entwicklung des trimondo-Marktplatzes wurden drei klare strategische Eckpfeiler festgelegt, unter denen sich alle zukünftigen Projekte subsumieren lassen werden:

- weitere Erhöhung der Liquidität
- weiterer Ausbau von Services
- Internationalisierung.

Die Reihenfolge ist einerseits als Priorisierung zu sehen, andererseits ist naheliegend, dass sich die Projekte in den einzelnen Teilbereichen zeitlich überlagern werden.

Um den Gedanken des „One-Stop-Procurement“ weiter zu stützen, wird der Ausbau weiterer Services vorangetrieben. Beispielhaft sind hier weitere logistische Dienstleistungen zu nennen, weitere E-Payment-Lösungen, die sich in Richtung E-BPP (Electronic Bill Presentment and Payment) bewegen werden, sowie Services, die der Unterstützung des Supply Chain Managements dienen. Auch der Ausbau der anderen Geschäftsmodelle neben der Standardlösung, z.B. ein „Standard-Light“-Angebot zum schnellen Start oder der Betrieb eines Third-Party-Marktplatzes stehen auf der Agenda. Die Integration weiterer Partner ist dafür sowohl notwendig als auch erwünscht. Die Roadmap aller vorgesehenen Entwicklungen wird auch weiterhin ständig kritisch unter der Maßgabe überprüft, dass die Maßnahmen beim Kunden einen zusätzlichen Nutzen generieren müssen.

In Summe betrachtet sieht sich trimondo in der komfortablen Lage, sowohl in Punkto kritische Masse (durch die beiden Partner) als auch der Vielfalt der angebotenen Leistungen zur Abdeckung der kompletten Beschaffungsprozesskette eine führende Position innerhalb des Marktsegments der horizontalen Marktplätze für MRO-Güter erreicht zu haben und diese zukünftig weiter ausbauen zu können.

Abschnitt E

E-Procurement-Lösungen als Dienstleistung einer Verbundgruppe des Großhandels: CaTradeNet als Beschaffungsplattform der E/D/E

Thomas Vogel und Christoph Grote

I. Die Ausgangssituation

1. Einführung

Unternehmen im B2B-Handel und somit sehr stark auch die Verbundgruppen des Groß- und Einzelhandels stehen seit dem verstärkten flächendeckenden Einsatz elektronischer Vertriebs- und Beschaffungsformen neuen Herausforderungen gegenüber. War es zuvor möglich, Kundenbeziehungen über den persönlichen Kontakt zwischen Einkäufer und Verkäufer zu halten und gegebenenfalls auszubauen, rücken heute immer stärker elektronische Bindungsmechanismen zum Kunden in den Mittelpunkt. Zwar bleibt der persönliche Kontakt auch weiterhin eminent wichtig, doch angesichts von Kosten- und Wettbewerbsdruck bei Einkäufern und Verkäufern nimmt die Nutzung des Internet inklusive einer elektronische Bestellübertragung sowie die papierlose Rechnungsbegleichung eine immer stärkere Rolle ein.

Die Bereitstellung solcher Mechanismen auf Seiten des Verkäufers wird genauso zum Muss wie die Nutzung der Mechanismen auf Seiten des Einkäufers. Es lässt sich sogar sagen, die Fähigkeit des Lieferanten, seine Waren elektronisch abzubilden und entsprechende Online-Produktkataloge bereitzustellen, wird die Existenz oder Nicht-Existenz eines Lieferanten bestimmen.

2. E-Procurement – eine Begriffserklärung

Fachzeitschriften wie auch die wissenschaftliche Literatur machen die Veränderung der Beziehungen zwischen Lieferanten und Einkäufer vor allem an einem Begriff fest: E-Procurement. Eingereiht in die heute allgemein gebrauchten und fast schon zum Wortschatz gehörenden Begriffe E-Commerce und E-Business, markiert er als Subsumierung alle Mechanismen, die den künftigen globalen Handel ausmachen. E-Procurement wird dabei allerdings häufig missbräuchlich nur aus der Perspektive des Einkäufers betrachtet. Die Rolle der Lieferantenseite wird infolgedessen häufig nicht ausreichend gewürdigt. Um diesen ungleichen Rollenzuordnungen aus dem Weg zu gehen, wird nicht selten auch eine Unterteilung in die Begriffe E-Procurement und E-Sales vorgenommen. Autoren, die dieser Einteilung folgen, ordnen dabei E-Procurement ganz dem Einkäufer zu, während E-Sales die Verkäuferseite determiniert.

Übersicht 1: Segmentierung des E-Commerce-Marktes

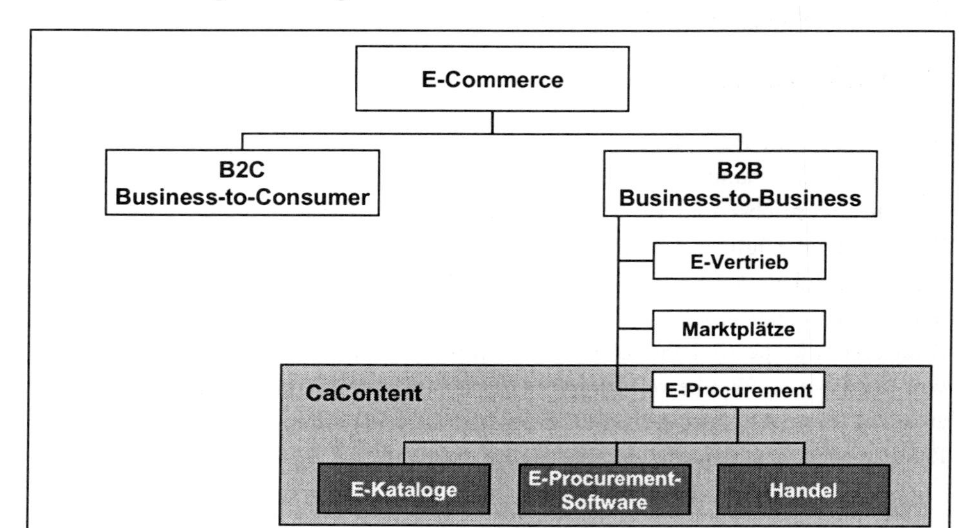

Quelle: CaContent.

E-Procurement, das sind im Verständnis der Autoren alle elektronischen Aktivitäten rund um den Einkauf. Hierzu zählen grundsätzlich alle Methoden und Mechanismen, mit denen über das Internet oder EDI-Verbindungen ein Warenaustausch gegen Bezahlung angestoßen und vertraglich geregelt wird. E-Procurement ist allerdings generell nicht auf eine Branche oder ein bestimmtes Warensegment beschränkt. Auch eine Limitierung auf ein nationales Hoheitsgebiet ist auf Grund des weltweit verfügbaren Internets nicht gegeben.

E-Procurement umfasst grundsätzlich alle Warenklassen, d.h. es können über E-Procurement-Systeme gleichermaßen A-, B- und C-Güter gehandelt werden. Der weltweite Markt an E-Procurement-Systemen bietet inzwischen für alle Güterklassen eigene Systeme an. In aktueller Zeit stellt sich jedoch mehr und mehr heraus, dass C-Güter handelnde Systeme, so genannte Desktop Purchasing-Systeme, von den Nutzern bevorzugt werden. Möglicherweise lässt sich diese Tendenz aber auch mit der noch vorhandenen Unsicherheit bei den Anwendern erklären und der damit verknüpften Beschränkung auf niedrigpreisige Teile. E-Procurement-Systeme, über die gehandelt wird, können sich auf Waren einer Branche beschränken, so dass man von vertikalen

Systemen spricht. Sie können aber auch Güter mehrerer Branchen und Verwendungsgruppen enthalten. In diesem Fall ist der Begriff horizontal gängig.

3. Erfolgsgründe der E-Procurement-Systeme

Während vor fünf Jahren noch kaum etwas über E-Procurement zu hören und lesen war, wird die Öffentlichkeit heute fast täglich über Entwicklungen in diesem Bereich informiert. Die Bandbreite der Meldungen reicht von Unternehmen, die neue Kunden gewonnen haben, über System- und Produkterweiterungen bis hin zu Nachrichten von Analysten und Unternehmensberatern, die die Rationalisierungs- und Einsparpotenziale eines E-Procurementsystems preisen. Nicht zu unrecht, denn die Verbilligung des Beschaffungsprozesses an sich sowie die Kostenpotenziale, die sich durch ganz neue Einkaufsvolumina ergeben, sind eklatant. Doch auch die in der Regel kurzen Implementierungsphasen von E-Procurement-Systemen sowie die schnellen ROI-Intervalle machen E-Procurement zu einem Renner im E-Business und distanzieren somit manch andere, zunächst hochgelobte Idee im Zusammenhang mit Internettechnologie.

Betrachtet man die Situation in den Unternehmen – insbesondere beim Mittelstand – so sind die finanziellen Einsparpotenziale eines elektronischen Beschaffungsvorgangs leicht nachvollziehbar. Denn der Einkauf, insbesondere von Gebrauchs- und Verbrauchsmaterialien, ist dort in der Regel durch drei Begriffe gekennzeichnet: langsam, teuer und ineffektiv. Egal, ob ein Bleistift, eine Druckerpatrone oder ein Bürostuhl bestellt werden soll, die Beschaffungskette beginnt stets beim Blättern in Papierkatalogen. Mühsam wird der benötigte Artikel gesucht, anschließend werden Artikelmenge und Bestellnummer in ein Papierformular übertragen. Dem Blättern und Schreiben folgt die Genehmigung durch den Vorgesetzten. Und je nachdem wie beschäftigt dieser ist, lässt die Unterschrift eine Stunde oder auch schon einmal eine Woche auf sich warten. Das Ende der Bestellung markiert schließlich der Versand des Auftrages per Fax oder per Post an einen oder mehrere Anbieter. Trifft die Ware dann ein, beginnt die nächste, kostspielige Etappe – die Rechnungsprüfung. Hier wird zunächst geprüft, ob alle Artikel in der richtigen Menge eingegangen sind und ob der Preis eingehalten wurde. Danach erfolgt die Zuordnung zu den jeweiligen Kostenstellen, auf die die jeweiligen Artikel gebucht werden müssen. Und am Ende steht ein weiteres Genehmigungsverfahren: Denn nun muss der Vorgesetzte die geprüfte Rechnung freigeben.

Wie eine betriebswirtschaftliche Studie der CaContent GmbH aus Mainz-Kastel, Anbieter von E-Procurement-Lösungen, zeigt, beläuft sich die Bestellung eines Bleistiftes nach dem oben geschilderten Prinzip auf durchschnittlich 182 Minuten Arbeitszeit und kostet bis zu 276 Mark. Dabei gilt: Je mehr Mitarbeiter mit der Bestelladministration beschäftigt sind, desto teurer und ineffizienter wird der Prozess. Hinzu kommt, dass die Einkäufer im Unternehmen dadurch bis zu 80 Prozent ihrer Zeit mit administrativen Aufgaben verbringen – lediglich 20 Prozent der Arbeitszeit bleiben für den Einkauf strategisch wichtiger Artikel. Erhöht werden die hohen Prozesskosten zusätzlich noch durch nicht genutzte Rabatte. Da bei den Unternehmen in der Regel nicht definiert wird, welche Farbe beispielsweise ein Ordner haben soll und welcher Hersteller den Papierkorb liefert, erhöht sich die Zahl der Lieferanten eines Unternehmens von Jahr zu Jahr: Doch gerade die vielen Klein- und Kleinstbestellungen sind es, die viel Zeit und Geld kosten, vor allem aber verhindern, dass attraktive Mengenrabatte genutzt werden können.

Übersicht 2: Ablauf des Beschaffungsprozesses

	Bedarfsidentifikation	Bestellanforderung (BANF)	Genehmigungsverfahren	Budget- und Mittelkontrolle	Anlagenbuchhaltung	Freigabe der BANF	Marktsondierung	Angebotsanalyse	Bestellschreiben	Wareneingangskontrolle	Transport zum Besteller	Rechnungseingangsbuchung	Rechnungsprüfung	Zahlungsanweisung
alt – Dauer: 182 Minuten, Kosten 276,- DM, Durchlaufzeit: 16 Tage														
Dauer in Min.	20	15	15	5	7	3	15	20	10	15	25	10	17	5
Dauer in Min.	15		autom.		Einzelfall				autom.	3	Outsourcing		autom.	autom.
neu – Dauer: 18 Minuten, Kosten 35,- DM, Durchlaufzeit: 1-2 Tage														

Quelle: CaContent.

Mit Hilfe so genannter intelligenter E-Procurement-Lösungen lässt sich dieser Beschaffungsprozess deutlich beschleunigen und vereinfachen und in den meisten Fällen kann sogar die Materialkostenquote erheblich gesenkt werden. Voraussetzung für eine Ausnutzung solcher Kosten- und Zeitvorteile ist jedoch, dass sowohl der Bestellprozess als auch die Sortimentsgestaltung und das Lieferantenhandling verändert werden. Mit anderen Worten: Bevor nicht ein klares Konzept zur Umstellung des Beschaffungsprozesses entwickelt ist, sollte man sich mit der Auswahl eines E-Procurement-Systems Zeit lassen.

Der erste Schritt für ein erfolgreiches Business Reengineering im Bereich Beschaffung ist die konsequente Verlagerung der Beschaffungsprozesse in das Internet oder Intranet. In Zukunft wird Beschaffung internetbasiert sein. Konkret heißt das: Statt in Papier-Katalogen zu suchen, erfolgt die Artikelsuche über Online-Produktkataloge. Diese sind heute so aufbereitet, dass sich auch Internet-ungeübte Benutzer leicht damit zurechtfinden. Der Anwender trägt lediglich in der Katalogsuchfunktion einen Begriff ein und erhält innerhalb von Sekunden das gewünschte Produkt. Bei Unsicherheiten, ob der Artikel auch tatsächlich der richtige ist, helfen in der Regel Produktbilder sowie ein produktbeschreibender Langtext. Und es geht noch komfortabler. Regelmäßig bestellte Artikel können in Systemen beispielsweise einfach per Mausklick als Standardartikel definiert und somit zukünftig über ein gesondertes Menü ganz einfach nachbestellt werden. Nachdem die Produktauswahl abgeschlossen ist, werden die Produkte – ebenfalls per Mausklick – an einen virtuellen Warenkorb übergeben. Dieser informiert nochmals detailliert über Preise, Verfügbarkeit der Artikel und eventuell anfallende Transportkosten. Durch die einfache Steuerung per Maus entfällt nicht nur das zeitaufwändige Ausfüllen von Bestellformularen, sondern auch die Zeit für den Versand der Bestellung auf dem herkömmlichen Wege per Fax oder Post.

Und genauso einfach wird bei Problemen verfahren: Sollte die Lieferung fehlerhaft oder unvollständig sein, sorgt ein integriertes Beschwerdemanagement zügig für Abhilfe.

Zusätzliche Zeit- und Kostenvorteile entstehen durch den Wegfall langwieriger Genehmigungsverfahren: Jedem Einkäufer im Unternehmen können hierzu individuelle Budgets und Einkaufsmaximalgrenzen eingeräumt werden, ebenso individuelle Zugriffsberechtigungen für die einzelnen im System hinterlegten Kataloge. Wird das Budget überschritten, stoppt das System automatisch die Bestellung. Damit entfallen zeitraubende und kostenintensive Genehmigungsverfahren, wie man sie heute in den meisten Unternehmen kennt, ganz.

II. Folgen von E-Procurement für Händler und Einkäufer

Wie dargelegt, wird E-Procurement zu einem der wichtigsten Bausteine im künftigen Handel. E-Procurement wird zwar nicht das gesamte klassische Bestell- und Einkaufswesen verändern, doch wird die Elektronik mehr und mehr Einzug halten. Bereits heute wickeln Unternehmen sechs Prozent ihres Einkaufs über E-Procurement ab. Es wird erwartet, dass sich dieser Anteil in den nächsten Jahren vervielfachen wird. Schon 2003 sollen rund 14 Prozent des Handelsvolumens elektronisch abgewickelt werden – das sind rd. 825 Mrd. DM.

Übersicht 3: B2B-E-Procurement in Deutschland – in Mrd. DM

	2000	2001	2002	2003
Gesamt	346	440 (+27 %)	589 (+34 %)	825 (+40 %)
Internet	113	190	319	534
Klassisches EDI	233	250	270	291
Anteil am B2B-Transaktionsvolumen	6 %	8 %	10 %	14 %

Quelle: Boston Consulting Group 2000.

Für die am Handelsprozess Beteiligten heißt das, sich auf diese Herausforderungen einzustellen und mit geeigneten Maßnahmen darauf zu reagieren. Für den Händler oder Lieferant steht dabei die Erstellung von elektronischen Warenverzeichnissen an oberster Stelle. Will er nicht bei der Umstellung seines Kunden auf elektronische Bestellformen von der weiteren Belieferung ausgeschlossen werden und Umsatz verlieren, muss er präventiv bereits heute in Maßnahmen investieren, um seine Bestände zu E-Procurement-fähigem Content umzuarbeiten.

Da ein Lieferant oder Händler auf Grund der nicht vorhandenen Kompetenz im Bereich der Erstellung von Online-Katalogen jedoch diese Umstellung kaum selbst vornehmen kann, ist er auf sachkundige Hilfestellung durch Dienstleister angewiesen. Denn egal, ob Marktplatz oder E-Procurement-System – effektiv wird Einkaufen über das Netz nur dann, wenn Optik und Funktionalität der eingesetzten Kataloge stimmen. Diese müssen grafisch so aufbereitet sein, dass sie auch von Internet-unerfahrenen Mitarbeitern einfach und sicher bedient werden können.

Übersicht 4: Standards: Austausch von Katalogen durch Nutzung des BMEcat

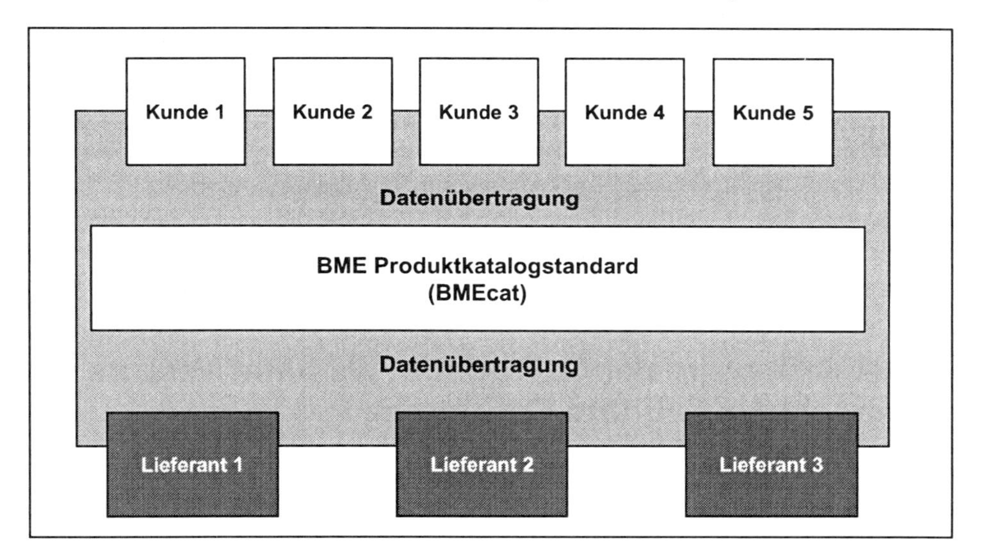

Basis solcher Kataloge sind heute Artikel-Stammdaten, die um entsprechende zusätzliche Informationen, wie zum Beispiel Bildinformationen, angereichert werden. Besonders effektiv wird E-Procurement auch nur dann, wenn in einem System mehrere Kataloge gleichzeitig nutzbar sind. So scheiterten in der Vergangenheit einige Marktplätze daran, dass gerade diese Voraussetzung nicht erfüllt wurde. Und nicht selten traf hierbei auch die Katalogersteller eine Mitschuld: Denn mehr als 160 verschiedene Datenformate für elektronische Produktkataloge machten eine Einbindung in ein System praktisch unmöglich. Zur Lösung dieses Problems trug 1999 die Einführung eines einheitlichen Online-Produktkatalog-Standards mit Namen BMEcat bei. Dieser Standard wurde vom Bundesverband für Materialwirtschaft, Einkauf und Logistik (BME) in Zusammenarbeit mit einer Reihe von Unternehmen, darunter CaContent, entwickelt.

BMEcat sorgt seither dafür, dass die meisten neu entstehenden Kataloge in diesem Format angelegt werden – und somit kompatibel zu allen gängigen Bestell- und Portalsystemen sind.

Einen weiteren Standard im Bereich Materialklassifizierung stellt eCl@ss dar. Diese weltweite Klassifizierungsnorm erlaubt darüber hinaus eine eindeutige Identifikation aller Produkte auf elektronischen Marktplätzen.

Während Händler und Lieferanten Kataloge bereitstellen müssen, ist auf Einkäuferseite die Nutzung des richtigen E-Procurement-Systems die Messgröße. Denn auch bei der Einführung von E-Procurement-Systemen gleicht kein Unternehmen dem anderen. Egal, ob es die Mitarbeiterzahl, die produzierten Waren oder die eingesetzte betriebswirtschaftliche Software (ERP-Systeme) ist – jedes Unternehmen benötigt eine ganz spezielle, individuelle Beschaffungslösung. Die Angebote im Markt reichen dabei von Bestellsystemen mit klassischer Papierrechnung über Intranet-Plattformen mit ERP-Anbindung bis hin zu vollständig papierlosen SAP-R/3-Anbindungen. Auch bei der Nutzung der Systeme ist heute Flexibilität angesagt. Sollen keine Systeme gekauft werden, helfen so genannte Mietsysteme (ASP-Modell).

III. Die Gründung der CaTradeNet als Joint Venture zwischen E/D/E und CaContent

1. Partner des Joint Ventures

Die Erkenntnis, dass E-Procurement bei Unternehmen jeder Größe und Branche zum kommenden Thema wird, sorgte auch beim E/D/E seit längerem für intensive Aktivitäten in dieser Richtung. Als Unternehmen mit über fünf Milliarden Mark Umsatz und damit der Nummer 1 im europäischen Hartwarenhandel musste und muss E/D/E stark daran interessiert sein, seinen Mitgliedsfirmen und deren Kunden Hilfestellung bei den neuesten Entwicklungen im Bereich E-Business zu geben.

Welche wirtschaftliche Bedeutung diese Orientierung an Innovationen hat, machen die Zahlen und die Geschäftsbereiche deutlich: E /D/E wickelt heute den Einkauf für über 1.460 Mitgliedsfirmen aus den Bereichen Werkzeuge und Maschinen, Baubeschläge und -elemente, Sanitär und Heizung sowie Stahl und Befestigungstechnik auf internationalen Märkten ab. Die Zahl der an diese Mitglieder angeschlossenen Kunden beläuft sich noch einmal auf mehrere Tausend. Doch nicht nur von den Vorteilen des gemeinsamen Einkaufs profitieren die mittelständischen Groß- und Einzelhandelsmitglieder. E/D/E bietet ihnen auch eine professionelle Dienstleistungspalette und modernste Kommunikationstechnologien. Rund 750 Mitarbeiter stehen dafür in der Firmenzentrale in Wuppertal als kompetente, flexible Ansprechpartner zur Verfügung. Folgende Warensegmente werden durch E/D/E abgedeckt:

- Baustoffe
- Holz-/Bauelemente
- Werkzeuge
- Bau-, Möbel- und Türbeschläge
- Arbeitschutz
- Sanitär-/Heizungsinstallation
- Malerbedarf
- Bodenbeläge
- Industriebedarf
- Regal-/Ordnungssysteme usw.

Das Wissen um die Bedeutung des E-Procurement allein konnte dem E/D/E nicht genügen. Neben der Beratung der Mitgliedsfirmen musste auch neueste Technologie angeboten werden. Folge dieser Einschätzung war am 19. September 2001 die Gründung der CaTradeNet mit Sitz in Wuppertal. Es ist ein Joint Venture mit der CaContent GmbH, Mainz. Gegründet im Oktober 1997 zählt diese heute zu den führenden Anbietern von elektronischen Lösungen zur Beschaffung von Katalogartikeln. CaContent versteht sich als E-Procurement Networker – ein Experte, der rund um die elektronische Beschaffung verschiedene internet- und intranetbasierende Produkte sowie alle dazugehörigen Dienstleistungen anbietet.

Darüber hinaus zählt die Erstellung von Online-Produktkatalogen und das Consulting in allen materialwirtschaftlichen Fragen zum Leistungsspektrum. Heute greifen bereits mehr als 1.200 Unternehmen auf Leistungen von CaContent zurück. Sie profitieren nicht nur vom Know-how im Bereich Beschaffungsoptimierung, sondern erzielen auf Grund der *virtuellen Einkaufskooperationen* und den verbundenen Mengenrabatten auch erhebliche Einsparungen bei den Materialpreisen. Aktuelle Analysen und Studien von KPMG und Arthur Andersen bestätigen die exzellente Marktsituation. Beide Unternehmen zählen CaContent zu den führenden E-Procurement-Anbietern in Europa.

2. Leistungen von CaTradeNet

Mit der Gründung von CaTradeNet reagierten die beiden Partnerunternehmen auf die wachsende Bedeutung des E-Procurement. In dem Joint Venture bündeln sich die Kompetenzen eines Großhändlers bzw. einer Verbundgruppe mit denen eines Anbieters von Bestellsystemen sowie im Bereich der Katalogerstellung. In CaTradeNet fließen somit die Erfahrung und die Kompetenzen von mehr als 1.200 Kundenprojekten sowie die Reputation und die Glaubwürdigkeit eines seit 70 Jahren am Markt aktiven Lieferanten ein.

Ein weiterer Vorteil besteht darin, dass auf beiden Seiten bereits Ressourcen vorhanden sind, so dass keine Investitionen in Gebäude und Sachleistungen erfolgen muss. Der Personalbedarf erstreckt sich auf den Vertrieb.

Übersicht 5: Geschäftsmodell: Sicht des Kunden

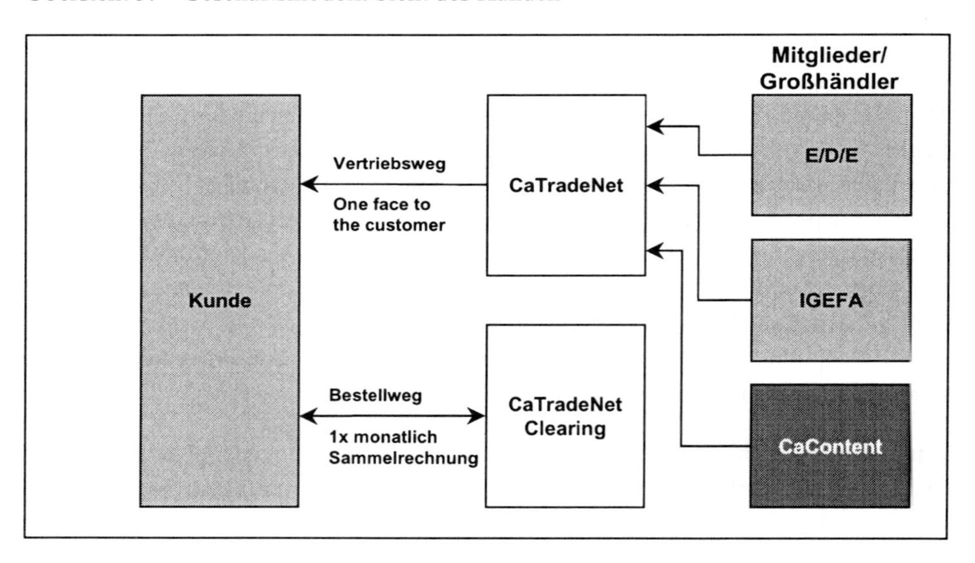

Im Mittelpunkt der Geschäftstätigkeit von CaTradeNet stehen der Vertrieb und die Bereitstellung von kompletten E-Procurement-Lösungen, über die die Kunden der E/D/E-Mitglieder Verbrauchs- und Gebrauchsmaterialien online auswählen und bestellen können. Das heißt für das einzelne E/D/E-Mitglied: Mit CaTradeNet existiert eine Organisation, die sich ausschließlich um das Thema E-Procurement kümmert.

Es bestehen Ansprechpartner, die in allen Fragen der Software, des Projektmanagements sowie der IT-Einführung beraten und betreuen. CaTradeNet und CaTradeNet Clearing sind die zentralen Ansprechpartner für den Kunden („One face to the customer"), was Logistikmanagement, Software und Software-Dienstleistungen, aber auch die Bestellabwicklung betrifft. Er erhält nur eine monatliche Sammelrechnung für alle Bestellungen (One-Stop-buying).

Für das einzelne E/D/E-Mitglied hat dies entscheidende Vorteile. Über CaTradeNet können bedeutende Marktanteile im Bereich des industriellen und kommunalen Einkaufs gesichert werden. Die Kompetenz von CaTradeNet im Rücken und die langjährige Geschäftsbeziehung vor Augen, kann offensiv auf den Kunden zugegangen werden und Innovationskraft vorgeführt werden.

Selbst wenn das bestellende Unternehmen erst in mehreren Jahren auf elektronische Beschaffungsformen umstellt, ist die Kompetenz bereits heute sichtbar gemacht worden. Kompetenz und Innovationskraft sind bei weitem das beste Mittel, um Kunden langfristig zu binden. Die Kombination aus übergreifender E-Procurement-Lösung und der regionalen Marktpräsenz des Händlers wird so zum wesentlichen Erfolgsfaktor.

Die Gründung der CaTradeNet und CaTradeNet Clearing erhöht die Sortimentsbreite und -tiefe der Mitglieder, sorgt für neue Kunden und eine verstärkte Kundendurchdringung (weitere Kunden-Lieferanten können mit aufgenommen werden). Der bewährte Vertriebsweg bleibt dabei erhalten, wird zusätzlich aber um die elektronische Beschaffung ergänzt.

Übersicht 6: Geschäftsmodell: Sicht des Großhändlers, E/D/E und IGEFA-Mitglied

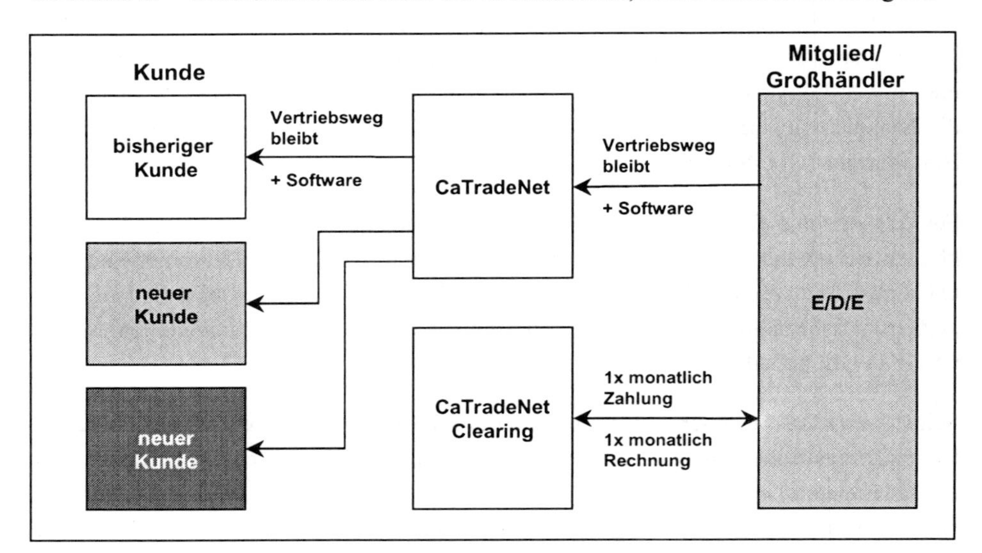

Allein die Fähigkeit, elektronische Bestellsysteme anzubieten, reicht für den Erfolg jedoch nicht aus. Parallel zu den elektronischen Bestellsystemen musste und muss konsequent am Content, sprich an den bestellbaren Artikeln, gearbeitet werden. Will das E/D/E-Mitglied auch bei elektronischen Bestellungen Lieferant bleiben, müssen Kataloge und Warenverzeichnisse auf dem neuesten Stand der Technik sein. Darüber hinaus müssen die Preise, die Rechnungsstellung und die Logistik stimmen.

Übersicht 7: Leistungen: breit gefächerte Warensortimente

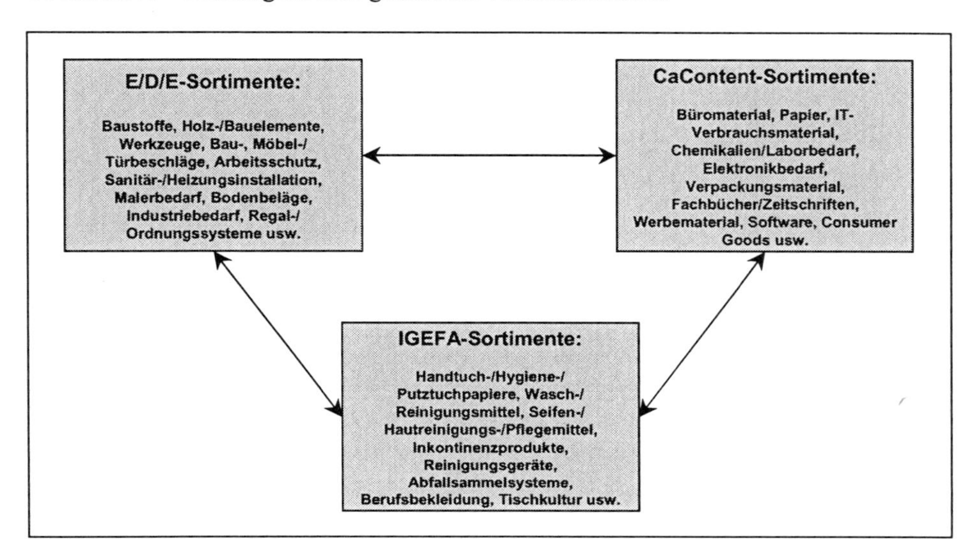

Im Rahmen der CaTradeNet wurde aus diesem Grund ein Katalogsystem geschaffen, mit dem der Kunde effektiv und einfach beschaffen kann. Entscheidet er sich für ein Bestellsystem der CaTradeNet, erhält er damit automatisch auch Zugriff auf ein umfassendes C-Artikel-Warenspektrum. Das Spektrum deckt nahezu alle C-Artikel ab, die für den gewerblichen Bedarf benötigt werden.

Das über CaTradeNet angebotene Produktspektrum schließt alle vom E/D/E gelieferten Waren sowie darüber hinaus auch Büromaterialien, Verpackungs- und Elektroinstallationsmaterialien sowie andere Produkte des täglichen gewerblichen Bedarfs ein (siehe Übersicht 7). Um das Warenangebot kontinuierlich erweitern zu können, steht die CaTradeNet einer Beteiligung weiterer Partner offen gegenüber.

Zur Gewährleistung der Just-in-Time-Lieferung besteht Zugriff auf die Läger der E/D/E-Mitgliedsunternehmen sowie auf modernste Logistikzentren des E/D/E und weiterer Partner.

Viertes Kapitel:

B2B-Handel in neuen Branchen und Sektoren

Abschnitt A

Liberalisierung des Strommarktes als Basis neuer Geschäftsmodelle: Der Click&Trade-Börsenhandelsservice der Nordic Powerhouse GmbH

Arne Petersen und Gabriele Rahn

I. Einführung

Die Präsenz im Internet ist für die Energiewirtschaft inzwischen weit mehr als eine Imagefrage. Dabei reicht es längst nicht mehr, eine ansprechende Homepage zu präsentieren. Der strategische Einsatz von E-Business zur Kundengewinnung und Optimierung der Geschäftsabläufe gewinnt auf dem deregulierten Strommarkt zunehmend an Bedeutung. Die Nordic Powerhouse GmbH hat mit dem „Click&Trade-Börsenhandelsservice“ ein Online-Produkt entwickelt, mit dem Stadtwerke und industrielle Großverbraucher ihren Energiebezug via Internet optimieren können.

II. Deregulierung des Strommarktes als Basis der Entstehung des Stromgroßhandels

1. EU-Stromrichtlinie als Rahmen für die Deregulierung

Die EU-Binnenrichtlinie Strom hat 1997 den rechtlichen Rahmen für den Liberalisierungsprozess in der europäischen Stromwirtschaft geschaffen. Ziel der Richtlinie (96/92/EG) war die Umsetzung des europäischen Energiebinnenmarktes durch Einführung von Wettbewerb auf allen Wertschöpfungsstufen der Energiewirtschaft. Erst auf dieser Grundlage wurde es neuen Wettbewerbern möglich, Kunden zu gewinnen und eine Nutzung der Stromnetze zu wirtschaftlichen Bedingungen zu erzwingen [1].

Die Stromversorgung gehört zu den wichtigsten Leistungen in einer Volkswirtschaft. Sie war und ist auch heute noch in fast allen Ländern einer staatlichen Kontrolle unterstellt und wurde ganz bewusst vom Wettbewerb ausgeschlossen. Durch kartellrechtliche Ausnahmebestimmungen geschützt, dominierten vor der Liberalisierung einige wenige Verbundunternehmen die nationalen Strommärkte.

2. Der deutsche Strommarkt

Mit einem Stromabsatz von 470 TWh und gut 43 Millionen Kunden ist der deutsche Strommarkt der größte in Europa. Von der Produktion entfallen gut 90 Prozent auf die Stromversorger. In Deutschland gibt es etwa 900 Stromunternehmen. Aus den früher acht großen Verbundunternehmen sind nach Fusionen und Kooperationen inzwischen vier Großkonzerne entstanden. Innerhalb der EU verfügt Deutschland über einen Marktanteil von rund 22 Prozent.

Im Gegensatz zu den europäischen Nachbarn entschied sich Deutschland für eine vollständige Marktöffnung für alle Kundengruppen. Die EU-Binnenrichtlinie Strom wurde durch das Deutsche Energiewirtschaftsgesetz (EnWG) vom 28. April 1998 in nationales Recht umgesetzt. Wesentliche Inhalte des neuen EnWG sind die Aufhebung der Konzessions- und Demarkationsverträge, die bis dahin durch Ausnahmebestimmungen vom Kartellrecht freigestellt waren. Danach mussten Stromverbraucher und das Stadtwerk einer Region einen Liefervertrag schließen (Kontrahierungszwang). Das Stadtwerk wiederum bezog den Strom ausschließlich von seinem „zuständigen" Versorger (Demarkation).

Seit der Liberalisierung hat sich der deutsche Strommarkt deutlich verändert. Direkter Wettbewerb, der Kampf um Marktanteile und sinkende Strompreise kennzeichneten die Entwicklung seit Anfang 1998.

3. Entstehung des Stromgroßhandels

Der wachsende Wettbewerbsdruck zwang die Energie-Unternehmen, sich neu zu positionieren. Prinzipiell stand nun jeder „Vollversorgungsvertrag", der die rund-um-die-Uhr-Lieferung zu einem festen Preis garantiert, zur Disposition. Produktionskosten konnten nicht mehr einfach an den Kunden weitergereicht werden, eine günstige Energiebeschaffung konnte schnell zum entscheidenden Wettbewerbsvorteil werden. Die bisherige vertikale Wertschöpfungskette von Produktion und Vertrieb wurde um den Stromgroßhandel ergänzt.

Gab es bis zur Marktöffnung bereits einen Handel mit Energie-Kontrakten unter den Energie-Produzenten, um momentane Überschüsse auszugleichen und eine sichere Versorgung zu gewährleisten, wurde dieser Handel nun intensiviert, da die Absatzmärkte schlechter kalkulierbar wurden für die Marktteilnehmer. Mit der überarbeiteten Verbändevereinbarung II (VV II), die in Deutschland den diskrimierungsfreien Netzzugang auf Hochspannungsebene regelt, stand dem nationalen Stromgroßhandel nichts mehr im Wege. Damit wurde Strom zur Ware, die auf verschiedenen Märkten gehandelt werden konnte und die, auf Grund ihrer spezifischen Produkteigenschaften, eine hohe Volatilität aufweist. Strom ist nicht speicherbar, d.h. Angebot und Nachfrage müssen laufend ausgeglichen und Reservekapazitäten vorgehalten werden [2].

Die traditionelle Form des Stromhandels ist der so genannte *„Over the Counter"-Handel* (Over the Counter = OTC). OTC ist ein bilaterales Geschäft, bei dem sich zwei Vertragspartner über eine individuelle Stromlieferung einigen. Mit dem steigenden Handelsvolumen wuchs auch der Bedarf nach Vereinfachung, d.h. Standardisierung der Produkte. Energiekontrakte wurden standardisiert hinsichtlich des zu Grunde liegenden physischen oder synthetischen Produktes, des Energievolumens (MWh), ihrer Laufzeit und ihrer Zahlungsstrom-Methodik.

Das Profil der Marktplätze hat sich in dieser Zeit gewandelt. Standen sich bei dem traditionellen OTC-Handel die Marktteilnehmer zunächst persönlich gegenüber, um miteinander ein Geschäft abzuschließen, tendierten die Märkte nun zu einem anonymisierten und elektronischen Handel. Eine immer größere Zahl von Handelspartnern drängte auf den deutschen Markt, darunter auch zahlreiche amerikanische Player. Die ehemaligen Verbundunternehmen und große Weiterverteiler (Stadtwerke) gründeten eigene Stromhandelsabteilungen, den so genannten „Trading Floor". Im Sommer 2000 ging zunächst die Strombörse in Leipzig (LPX) an den Start, einige Zeit später folgte die Frankfurter Strombörse EEX. An beiden Handelsplätzen werden Stromkontrakte zur Lieferung am nächsten Tag (Day ahead) gehandelt, entweder auf Stunden- oder Tagesbasis. Im März 2001 nahm die EEX auch den Terminhandel mit Stromkontrakten auf.

Dieser dynamische Markt stellt hohe Anforderungen an eine professionelle Lastprognose und optimierte Beschaffungsstrukturen. Analysten gehen davon aus, dass es sich für Unternehmen erst bei einem Nachfragevolumen von acht bis zehn Terrawattstunden (TWh) pro Jahr lohnt, eigene Handelskompetenzen aufzubauen. Die Energieeinkäufer bei Verteilerunternehmen und Großverbraucher in der Industrie stehen also zunehmend vor einem komplexen Beschaffungsprozess. Durch eine strukturierte Energiebeschaffung lassen sich Chancen aktivieren, angesichts des wachsenden Wettbewerbsdrucks steigt der Bedarf an Bezugsoptimierung und zusätzlichen Margen. Auf der anderen Seite erfordern langwierige Vertragsverhandlungen einen großen Personal- und Zeitaufwand. Hohe Transaktionskosten stehen kurzen Vertragslaufzeiten und kurzfristiger Bezugsoptimierung gegenüber, Informationen über die Marktentwicklung und erzielbare Preise sind nur aufwändig zu erhalten, für viele Teilnehmer ist die Markttransparenz gerade wegen der Liberalisierung gering. Andererseits induzieren niedrige Marktpreise häufig beträchtliche Einsparmöglichkeiten.

4. Gründung der HEW Energiehandel

In diesem dynamischen Umfeld startete der HEW Trading Floor 1998 als erster eigenständiger Energiehandel. Die Möglichkeiten des liberalisierten Strommarktes wurden in den darauf folgenden zwei Jahren konsequent genutzt. Die HEW Energiehandel war als eine der ersten an der norwegischen und holländischen Strombörse akkreditiert, die deutschen Strombörsen in Leipzig und Frankfurt folgten im Jahr 2000. Besondere Aufmerksamkeit widmet die Energiehandel dem E-Business.

III. Die Entstehung des Click&Trade-Börsenhandelsservice der Nordic Powerhouse

1. Die erste Idee - Entwicklung einer Internet-Handelsplattform

Der Stromgroßhandel entwickelte sich in den liberalisierten Ländern mit großer Geschwindigkeit – das wirkte sich selbstverständlich auch auf den elektronischen Handel aus. Die erste Entwicklung des Stromhandels vollzog sich über den „OTC-Markt“, natürlich offline.

Einhergehend mit der Etablierung traditioneller (Spot-)Börsen wurde klar, dass die Stromhandelsnetzwerke des OTC-Marktes nicht nur als geschlossene Systeme weniger Händler und Makler bestehen bleiben. Technisch ausgereifte Internet-Handelsplätze stellten die Grundlage für einen breiten Zugang von einer großen Anzahl von Marktteilnehmern dar.

Zur Zeit der großen Internet-Euphorie entbrannte der Kampf um Marktanteile bzw. um Liquidität zwischen etablierten Börsen (LPX und EEX), Start-Up-Unternehmen und großen Playern im Internet wie beispielsweise Houston Street oder Automated Power Exchange (APX).

Als traditioneller Energiehändler setzte Enron Ende 1999 seine Online-Strategie erstaunlich schnell und erfolgreich um – exorbitante Handelsumsätze in den Bereichen Strom und Gas wurden in kürzester Zeit erzielt und lange wurde der „Enron Screen“ als liquider Referenz-Marktplatz für Standard-Produkte allgemein anerkannt.

In dieser positiven und euphorischen Atmosphäre des E-Business, Rekordwerten am Neuen Markt und angesichts des sich rasant entwickelnden Strommarktes war es für die damalige HEW Stromhandel klar, die Chancen des Großhandels an Internet-Marktplätzen zu erschließen. Mit dem Launch der ersten Internet-Handelsplattform für den Verkauf von Spotmengen, d.h. die stündliche Lieferverpflichtung von Energie im kurzfristigen – also heute für morgen – Geschäft, stellte HEW Stromhandel unter dem Logo „Click&Trade" Anfang 2000 einen „vorbörslichen" Spotmarkt vor.

Mit dieser Plattform hatte HEW-Stromhandel jene Händler im Fokus, die für den täglichen Bilanzkreisausgleich Energiemengen bei geringen Volumina zu Marktpreisen einkaufen oder ihren eigenen Leistungspreis in Spitzenzeiten (Peak) optimieren wollen.

Zu dieser Zeit war „Click&Trade" die einzige Plattform, auf der Stundenkontrakte gehandelt werden konnten. Damit stellte sie faktisch das Pendant zur Enron-Online-Plattform dar – statt der standardisierten Forward-Kontrakte wurden hier jedoch Stunden, sprich Spotmengen, gehandelt.

Die in den ersten Abschnitten geschilderten sehr anspruchsvollen Herausforderungen – unabhängig davon, ob Geschäfte im Internet oder OTC abgewickelt werden – an traditionelle und neue Marktteilnehmer im Stromhandel, sowie die schnell und stetig liquide werdenden Börsen in Leipzig (LPX) und Frankfurt (EEX) führten den HEW-Energiehandel zu einer Weiterentwicklung des Geschäftsmodells mit einer serviceorientierten Ausprägung.

Die jüngste Entwicklung in der Börsenlandschaft – die geplante Vereinigung von LPX und EEX – sowie die Einführung des Future-Marktes unterstreicht die allgemeine Akzeptanz der Börsen im Markt. Die Idee des „Click&Trade-Börsenhandelsservice" nahm Gestalt an.

2. Vom Stundenhandel als Market Maker zum Börsenhandelsservice als Geschäftsmodell

Als wichtigen Wachstumsfaktor der Börsen gilt es zu bewerten, inwieweit neben den etablierten Handelshäusern auch die kleineren Stadtwerke und Industrieunternehmen die nicht unerheblichen Einsparpotenziale einer strukturierten Energiebeschaffung erkennen und für sich nutzen werden.

Die mit der Öffnung des Strommarktes verbundene Wahlmöglichkeit für Endkunden bewirkt Fluktuationen auf der Absatzseite eines jeden Weiterverteilers – dadurch entstehen erhebliche Risikopositionen (Long-/Shortpositions) auf Grund des sich nicht (mehr) deckenden Vertriebs- und Bezugsportfolios. Das Auslaufen von so genannten „Vollversorgungsverträgen"e sie zur Zeit vielfach noch üblich sind, werden die Anforderungen an diese (zukünftigen) Marktteilnehmer zusätzlich steigern.

Klar wird, dass ein strukturierter Beschaffungsprozess in jedem Fall die Spotbörsen als Instrument für die kurzfristige Bezugsoptimierung einschließen muss. Für ein kleineres Weiterverteilungsunternehmen stellt die Realisierung eines Beschaffungsweges, der dies leistet, eine große Herausforderung dar. HEW Stromhandel – seit März 2001 Nordic Powerhouse GmbH – bietet diesen Unternehmen mit dem „Click&Trade – Exchange" Börsenhandelsservice Hilfe bei der Lösung dieser Aufgabe.

3. Senkung der Transaktionskosten im Stromgroßhandel als ein Vorteil der Nordic Powerhouse Click&Trade Exchange

Die Frage, inwieweit und mit welcher Geschwindigkeit sich ein Börsen-Handelsplatz mit seinen Produkten – egal ob physisch oder derivativ – neben einem gut- bzw. „über"-brokten OTC-Markt etablieren wird, ist im Wesentlichen von den Kosten abhängig, die ein Teilnehmer zur Durchführung einer Transaktion (Deal) entrichten muss.

Derzeit ist der Handel an einem Börsenhandelsplatz mit erheblichen Kosten verbunden. Der Händler wird in der Regel mit einer einmaligen Beitrittsgebühr, einer Jahresgebühr und einem transaktionsabhängigen Anteil belastet. Darüber hinaus ist der Händler im Fall der Eurex- bzw. Xetra-Anbindung (Handelssysteme der Deutschen Börse für den Kassa- bzw. Terminhandel) aufgefordert, Systemkosten pro Handelsplatz (Terminal) zu entrichten.

Für kleinere Unternehmen, die in der Regel eine kurzfristige Optimierung des Bezugs- bzw. des Erzeugungsportfolios vornehmen möchten, kann dies bereits zu stark margenmindernden Kosten führen, was wiederum zum Entzug dieser Liquidität von den Börsen in den OTC- bzw. Makler-Markt führt.

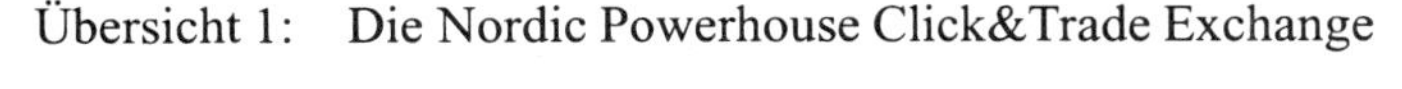

Übersicht 1: Die Nordic Powerhouse Click&Trade Exchange

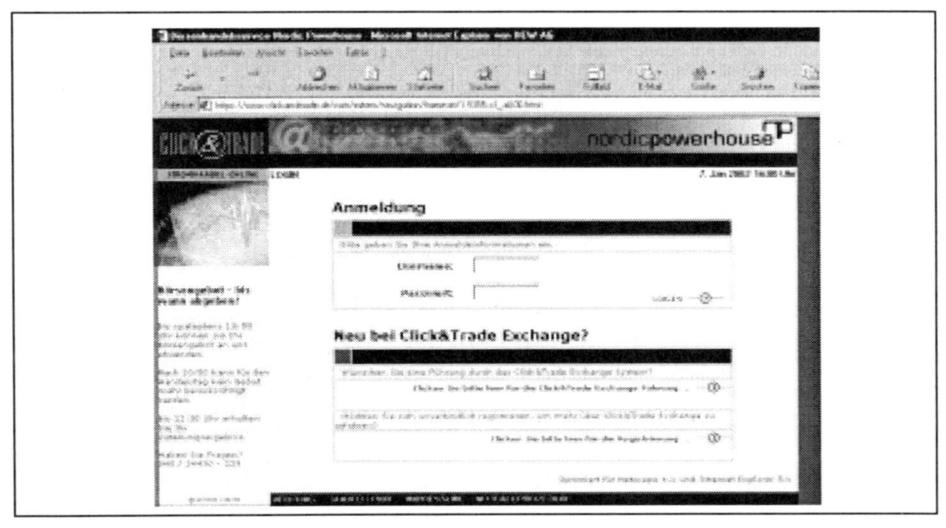

Nordic Powerhouse GmbH öffnet diesen kleineren Unternehmen mit seinem Börsenhandelsservice „Click&Trade Exchange“ die Tür zu dem Börsenhandel. Mit „Click&Trade Exchange“ partizipieren sie an der Leipziger Strombörse (LPX), ohne dort selbst akkreditiert zu sein. Das ist vor allem dann von Vorteil, wenn die zu handelnden Mengen ein eigenes Engagement im Börsenhandel nicht rechtfertigen. Die Kunden erzielen mit dem Service Börsenpreise bei geringem Aufwand, da die Servicegebühr transaktionsabhängig ist und keine fixe Kosten anfallen.

Das Internet-Handelssystem von Nordic Powerhouse basiert auf dem Stundenhandel an der LPX. Entsprechend dem eigenen Bedarf können die Kunden bei „Click&Trade Exchange“ Börsengebote für einzelne Stunden zum Kauf oder Verkauf einstellen. Dabei haben sie die Wahl zwischen einer Market Order (preisunabhängiges Gebot) oder einer Preisvorgabe. Die Zuteilung erfolgt bis 12.30 Uhr und beruht auf dem Matching-Ergebnis an der LPX. Analog zur LPX liegt das Mindestvolumen bei 0,1 MWh.

Übersicht 2: Börsengebote bei der Nordic Powerhouse Click&Trade Exchange

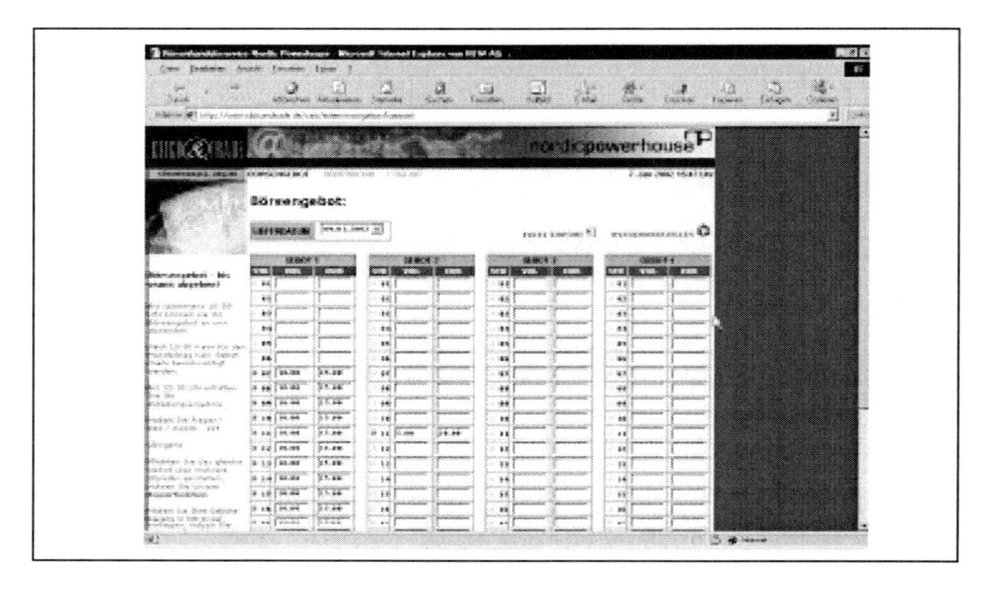

Übersicht 3: Beispiel: Market Clearing-Preise am 7. Januar 2002

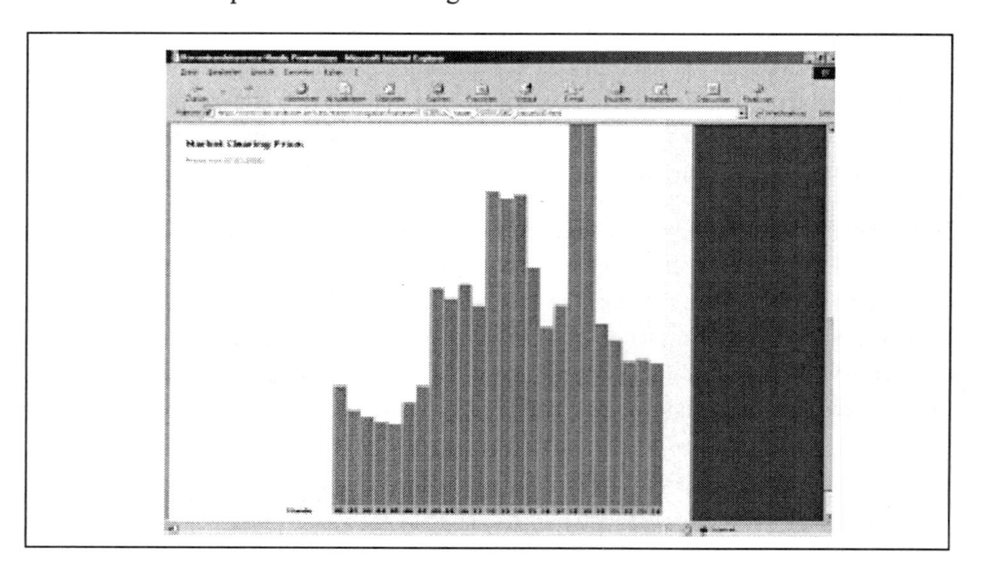

Für zusätzliche Transparenz sorgt das Orderbook, in dem die Gebote jederzeit eingesehen und bis zum Handelsschluss noch korrigiert werden können. Mit der Möglichkeit, eigene Dateien aus der Prognose-Anwendung als Excel-Dateien direkt in die Gebotsliste zu laden, wird das komfortable Tool abgerundet.

Übersicht 4: Orderbook bei der Nordic Powerhouse Click&Trade Exchange (offenes Gebot)

Übersicht 5: Orderbook bei der Nordic Powerhouse Click&Trade Exchange (geschlossenes Gebot)

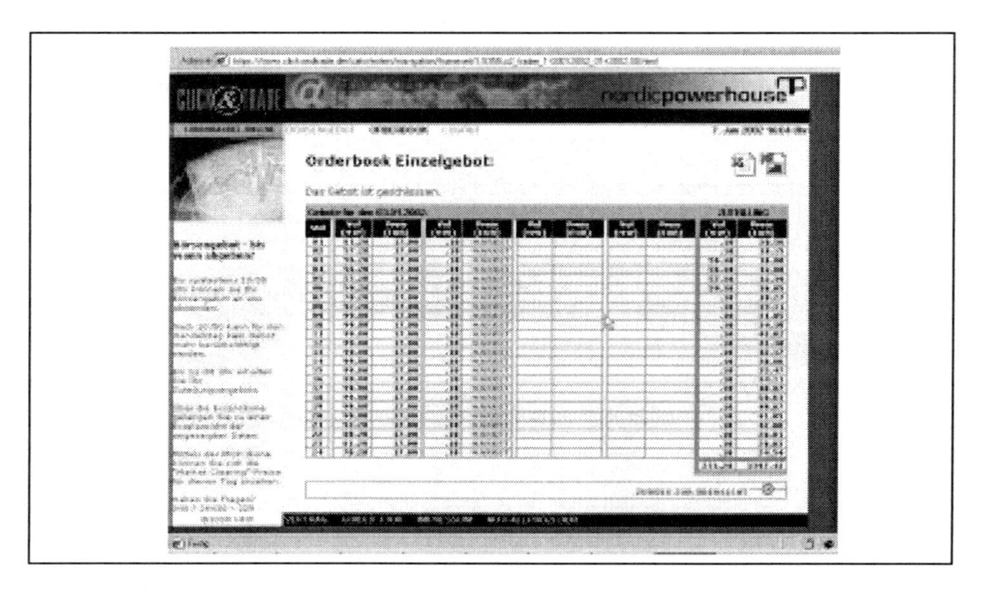

Voraussetzung für den Online-Stromhandel sind handelsübliche PC's mit Internetzugang (Modem bzw. ISDN-Adapter) und einem Browser Microsoft Internet Explorer ab Version 5.0 bzw. Netscape 4.7. Nachdem der Interessent einen Nutzungsvertrag gegengezeichnet hat (über einen Download abrufbar), ist es sofort möglich, Gebote zu erstellen.

Zusammenfassend glaubt Nordic Powerhouse, dass es gelungen ist, mit „Click&Trade Exchange" einen praxisgerechten, internetgestützten Service anzubieten, der den Anforderungen der kleineren und mittleren „Portfoliooptimierer" gerecht wird – d.h. eine hohe Funktionalität in Bezug auf das Erstellen von Geboten und das Reporting aufweist, weniger spezifische Systemfunktionalität. Das Handelssystem hat sich am Markt etabliert, es gibt mittlerweile einen festen Kundenstamm, der darauf handelt.

Erfahrungsgemäß beziehen Unternehmen dieser Größenordnung physische Strommengen von ca. 50 bis 100 GWh pro Jahr im kurzfristigen Handel. Sollte das Unternehmen keine eigene Bilanzkreisverantwortung übernehmen wollen oder können, so ist es möglich, die Belieferung bei einem fremden Dienstleister administrieren zu lassen (das so genannte „scheduling“ – d.h. die Fahrplananmeldung bei dem zuständigen Übertragungsnetzbetreiber).

4. Weitere Entwicklung – die Physik als Underlying zum finanziellen Geschäft

Mit der Einführung des Terminmarktes (Future-Markt) am 1. März 2001 an der EEX wurde ein neuer Abschnitt der Marktreife im Stromsektor erreicht. Mit der Abbildung von Derivaten auf physische Strommengen, d.h. Terminkontrakte mit rein finanzieller Erfüllung (Cash Settlement) durch die Börse als Clearing-Instanz, konnte man von nun an – neben dem spekulativen Handel mit diesen Instrumenten – auch Preisabsicherung von Bezugs- bzw. Erzeugungsmengen realisieren. Allen Unkenrufen zum Trotz wird dieser Markt erwartungsgemäß – dem skandinavischen Beispiel Nord Pool folgend – nach Überwindung der anfänglichen Hürden an Liquidität zunehmen. Natürlich ist der Terminmarkt für Unternehmen nur dann für Preisabsicherungszwecke nutzbar, wenn auch ein Zugang zum Spotmarkt vorhanden ist. Für eine optimale Absicherung mit Terminmarktprodukten muss der Abrechnungspreis eines Futures auch als Einstandspreis im Spotmarkt erzielt werden können.

Auch hier werden Unternehmen kleinerer und mittlerer Größe – seien es Weiterverteiler oder Industrieunternehmen – entweder ganz oder teilweise im Rahmen eines Portfolio-Management-Mandates auf Börsen- *und* auf von dem Bundesaufsichtsamt für das Kreditwesen (BAKred) akkreditierte Dienstleister zurückkommen.

„Click&Trade Exchange“ wird auch in diesem Kontext – durch Einbettung in den Finanzdienstleistungsbereich der Nordic Powerhouse GmbH – einen wertvollen Service in diesem Marktsegment leisten.

Darüber hinaus ist die Ausweitung von „Click&Trade Exchange“ auf andere paneuropäische Spot-Märkte eine Variante, die insbesondere kleineren Trading Floors gerecht wird.

Anmerkungen

[1] Vgl. zur Liberalisierung im Strommarkt auch den entsprechenden Abschnitt im Beitrag von Morschett im Ersten Kapitel dieses Sammelwerkes.

[2] Regelmäßige Einflussfaktoren wie Last-Schwankungen in Abhängigkeit von der Temperatur und der Jahres- bzw. Tageszeit sind in der Regel bereits im Preis abgebildet. Unerwartete Wettereinflüsse oder kurzfristige Einschränkungen in der Übertragungskapazität bzw. der Verfügbarkeit von Kraftwerken durch Wartungsarbeiten führen dagegen auf Grund des geringeren Energieangebots häufig zu Preisausschlägen.

Abschnitt B

Liberalisierung des Gasmarktes als Basis neuer Geschäftsmodelle: Die Aquila Energy GmbH

Jörg Spicker

I. Die Liberalisierung der Energiewirtschaft

1. Einleitung

Die leitungsgebundene Energiewirtschaft war in Deutschland über Jahrzehnte ein natürliches Monopol. Das neue Energiewirtschaftsgesetz und das Kartellgesetz haben die Gebietsbeschränkungen der Strom- und Gasversorgungsunternehmen aufgehoben und damit erstmals flächendeckend die Möglichkeit für Wettbewerb geschaffen. Prinzipiell kann sich jeder Gaskunde alternativer Lieferanten bedienen und ist nicht mehr an den bisherigen Versorger gebunden [1].

In der Praxis sind die Handlungsmöglichkeiten derzeit (Stand: Dezember 2001) allerdings noch begrenzt. Nur wenige Stadtwerke, kaum Industriekunden und keine Endverbraucher waren bisher in der Lage, ihren Lieferanten zu wechseln. Ursächlich hierfür sind u.a. die Schwierigkeiten, die das in Deutschland eingeführte System des *verhandelten Netzzugangs* mit sich bringt. Zudem unterschätzen am Wechsel interessierte Gaskunden vielfach den Aufwand und die Risiken, die die „neue Gaswelt" mit sich bringt.

In dieser „neuen" Welt wird erfolgreich ein Geschäftsmodell etabliert, das aus der angelsächsischen Energiewirtschaft übernommen und auf deutsche Verhältnisse angepasst wurde. Es handelt sich um die Funktion eines *Energiegroßhändlers* (engl. *„Energy Merchant"*), der neben der reinen Energiebeschaffung und -lieferung auch vielfältige Produkte und Dienstleistungen anbietet, die in der liberalisierten Energiewirtschaft unverzichtbar sind. Die Aquila Energy GmbH wurde 1999 als Tochter der amerikanischen Aquila Inc. gegründet, die in den USA seit 15 Jahren erfolgreich im dortigen liberalisierten Gas- und Strommarkt tätig ist. In den USA zählt Aquila seit Jahren zu den fünf größten Energiehändlern überhaupt.

Bevor das Geschäftsmodell eines Energiegroßhändlers erläutert wird, soll zunächst auf einige Aspekte der Liberalisierung des deutschen Gasmarktes eingegangen werden.

2. Bisherige Struktur des deutschen Gasmarktes

a) Ausgangssituation

Die deutsche Gasindustrie hat die Beschaffungsaufgabe in der Vergangenheit zweigeteilt:

- Die Gasimporteure kaufen das Erdgas auf den internationalen Beschaffungsmärkten von großen Produzenten sowie aus inländischer Produktion. Zu den Lieferländern gehören neben den Niederlanden insbesondere Russland, Norwegen und Dänemark, seit einigen Jahren auch Großbritannien.
- Regionalversorger, Stadtwerke und Industriekunden lösten ihre Beschaffungsaufgabe ausschließlich durch Einkauf bei diesen Importeuren, den deutschen Produzenten bzw. bei der ihnen jeweils vorgelagerten Stufe. Andere Beschaffungswege standen ihnen nicht zur Verfügung, weil die Importeure resp. die deutschen Produzenten auch über das Ferntransportnetz verfügten (und verfügen), das sie vor der Liberalisierung anderen Unternehmen nur in Ausnahmefällen zur Verfügung stellten.

Diese Zweiteilung führte zu der in Übersicht 1 dargestellten Struktur der deutschen Gasindustrie.

Übersicht 1: Struktur der deutschen Gasindustrie

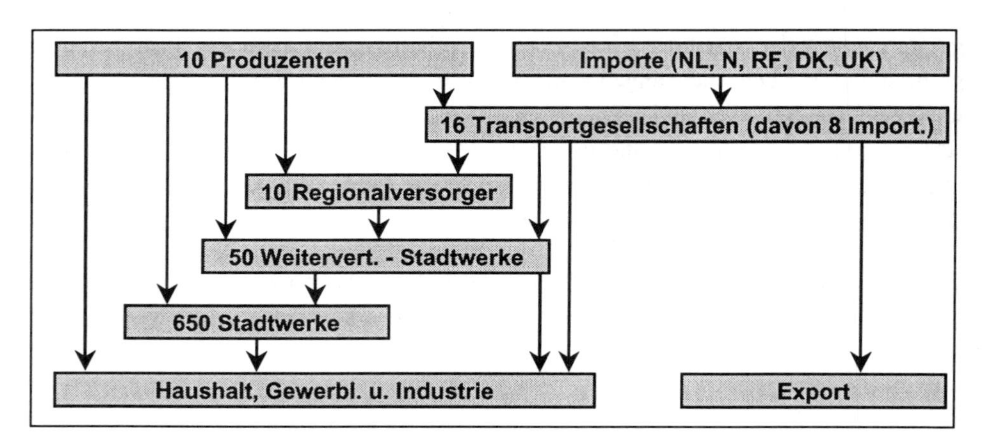

Die auf der Import- und Regionalversorgungsstufe tätigen Unternehmen hatten ihre Versorgungsgebiete demarkiert. Durch explizite oder stillschweigende Abkommen gab es faktisch keinen Wettbewerb in der Gasindustrie, sondern Beschaffungsmonopole für die jeweiligen Versorgungsgebiete. Zwei Ereignisse führten zum Aufbrechen dieser über Jahrzehnte gewachsenen Struktur.

b) Erster Wettbewerb durch Pipeline-Bau

In den frühen neunziger Jahren entschloss sich die BASF, zur Versorgung ihrer eigenen Produktionsstätten und weiterer Kunden in Deutschland aus der starren Lieferkette auszubrechen. Über Tochtergesellschaften, insbesondere die Wingas GmbH, begann sie mit dem Bau eines eigenen Pipeline-Netzes, um die Demarkation zu umgehen. Mittlerweile verfügt die Wingas über ca. 1.900 km Pipelines (zum Vergleich: der größte Ferntransporteur Ruhrgas betreibt ca. 10.500 km Pipelines).

Dieser so genannte Pipeline-zu-Pipeline-Wettbewerb hat jedoch seine Grenzen dort, wo die Verlegung von Stichleitungen zu den neuen Hochdrucknetzen einen möglichen Wettbewerbsvorteil eines neuen Anbieters aufzehrt. De facto sind daher alle diejenigen Abnehmer von den Vorteilen eines alternativen Anbieters ausgeschlossen, die eine bestimmte Grenzentfernung zu den Hochdruckleitungen überschreiten. Nach zehn Jahren konkurrierendem Pipelinebau in Deutschland sind dies immer noch die Mehrzahl der Kunden. Schätzungen zufolge sind maximal 20 Prozent des gesamten Gasabsatzes in Deutschland durch die Wingas-Systeme erreichbar. Hinzu kommt, dass Pipelinebau insbesondere aus umweltpolitischen Gründen zunehmend schwieriger umzusetzen und volkswirtschaftlich nicht immer sinnvoll ist.

c) Erweiterter Wettbewerb durch neue gesetzliche Bestimmungen

Eine grundlegende Veränderung hat hier der Gesetzgeber durch das neue GWB und das EnWG geschaffen, das insbesondere nach seiner für Anfang 2002 geplanten Novellierung in Umsetzung der EU-Gasrichtlinie den Netzzugang zum Regelfall erhebt. Im Unterschied zu allen anderen EU-Staaten hat sich Deutschland für das Modell des verhandelten Netzzugangs entschieden. Verhandlungen erfolgen dabei auf zwei Ebenen:

- Auf Verbands- bzw. politischer Ebene haben die Verbände BGW, VKU, BDI und VIK [2], basierend auf den Erfahrungen im Strom, eine so genannte Verbändevereinbarung (VV Gas) in einem weit über ein Jahr dauernden Prozess ausgehandelt und unterzeichnet. Die derzeit gültige Fassung vom 4.7.2000 ist durch zwei Nachträge vom 15.3.2001 und 21.9.2001 ergänzt worden.

- Auf Unternehmensebene muss das den Netzzugang begehrende Unternehmen mit dem Netzbetreiber einen Transportvertrag abschließen. Da die Verbändevereinbarung jedoch keine Rechtsverbindlichkeit besitzt, bedarf der Netzzugang auch in diesem Fall einer Verhandlung.

Unternehmen sind gemäß der Verbändevereinbarung verpflichtet, ihre wesentlichen geschäftlichen Bedingungen zu veröffentlichen, zu denen sie den Gastransport durchführen. Dazu gehören insbesondere die Anhaltswerte für die Netzzugangstarife sowie die Eckpunkte der Regelungen, die der dann abzuschließende Transportvertrag beinhaltet.

3. Klassische Lieferbeziehungen im deutschen Gasmarkt

Die Kunden-Lieferanten-Beziehung im deutschen Gasmarkt war bis zur Liberalisierung durch klassische *Vollversorgungsverträge* gekennzeichnet. Der Kunde bezieht dabei seinen gesamten Gasbedarf von dem einzigen Versorger, der ihm zur Verfügung steht. Der Vertrag läuft i.d.R. über viele Jahre bis zu mehreren Jahrzehnten.

Klassische Konkurrenzenergie zum Erdgas war das Heizöl. Diese Situation führte zur Ausbildung des so genannten „anlegbaren Preises": der Preis für Erdgas orientiert sich am alternativen Brennstoff Heizöl und wird zu diesem Zweck an Heizölnotierungen des Statistischen Bundesamt gebunden, also „angelegt". Der Erdgaspreis verändert sich mit diesen Notierungen, z.B. in monatlichen oder vierteljährlichen Abständen. Oft werden Notierungen auch über ein oder zwei Quartale gemittelt und mit einem Quartal Verzögerung („timelag") angewandt.

Die Beschaffungsverhandlung war damit im Wesentlichen auf eine Preiswiederverhandlung reduziert. Die Anlegbarkeit konnte sich im Zeitablauf ändern, wenn Industrieunternehmen bspw. verstärkt schweres Heizöl oder Kohle einsetzten. Preisvorteile ließen sich ansonsten allenfalls dann erzielen, wenn Neuanschlüsse in größerem Umfang anstanden.

Dieser begrenzte Verhandlungsspielraum änderte sich erst mit dem Markteintritt von Wingas. Um Marktanteile zu gewinnen, operierte die Wingas anfangs mit niedrigen Festpreisen, die ein Kunde über mehrere Jahre abschließen konnte. Hierdurch kamen neue Preissysteme zum Zuge, die die klassische Ölpreisbindung ergänzten oder ersetzten. Zwar waren nur wenige Unternehmen bereit, ihren Lieferanten vollständig zu wechseln; viele Unternehmen nutzten aber die Möglichkeit der Diversifizierung.

Eine weitere grundlegende Änderung ergab sich erst durch die Möglichkeit des Netzzuganges. Voraussetzung für alternativen Bezug war nun nicht mehr die „zufällige" Nähe zu einer Leitung der Wingas; das Gesetz gegen Wettbewerbsbeschränkungen (GWB) schaffte vielmehr im Grundsatz die Möglichkeit, auf die Netze des bisherigen Lieferanten in Form von Durchleitung oder Netznutzung zuzugreifen.

4. Erweiterte Handlungsmöglichkeiten durch die Liberalisierung

Durch die Liberalisierung ergeben sich für Marktteilnehmer neue Handlungsmöglichkeiten. War bisher ein Wechsel des Anbieters fast ausschließlich über den Bau einer Stichleitung möglich, kann nun eine Gasbeschaffung über Alternativen erfolgen. Verschiedene Alternativen unterscheiden sich in ihren Chancen und Risiken.

Bestehende langfristige Abnahmeverpflichtungen lassen oft keine alternativen Gaseinkaufsverträge zu. Je nach Vertragsdauer und Abschlussdatum kann ein solcher Vertrag aber unwirksam sein. Vor dem Hintergrund des zunehmenden Drucks auf die Marktöffnung sind immer mehr Lieferanten bereit, über die Vertragsgestaltung zu sprechen und ggf. Vertragsänderungen vorzunehmen.

Soll die Beschaffung nicht mehr an den bestehenden Übergabestellen erfolgen, muss sich der Gaskunde mit dem Thema Gastransport beschäftigen. Dieses Thema ist auch ein Jahr nach Inkrafttreten der VV Gas immer noch kompliziert und schwierig zu handhaben. Ursächlich hierfür sind

- das komplizierte Netzzugangsmodell in Deutschland, das aus drei Stufen mit unterschiedlichen Systemen besteht,
- das System des verhandelten Netzzugangs, das Deutschland als einziges Mitglied der EU gewählt hat (hiermit liegt kein verlässlicher Rechtsrahmen vor), und
- das mangelhafte Unbundling der herkömmlichen Versorger, das keiner übergeordneten Kontrolle unterworfen wird – die integrierten Handelstöchter der Netzbetreiber verfügen weiterhin über Wettbewerbsvorteile, die neuen Marktteilnehmern den Eintritt schwer machen.

Die Bearbeitung dieser komplexen Thematik überlassen viele Großkunden wie Stadtwerke oder Industriebetriebe daher den Energiegroßhändlern, die Mengen in erheblichem Umfang einkaufen. Sie können auch die Transportfragen lösen, da sie häufiger mit den Transportunternehmen verhandeln und dadurch bessere Konditionen erreichen resp. die Risiken beherrschen.

5. Neue Risiken im liberalisierten Energiemarkt

Der Bezug bei einem neuen Lieferanten oder die Teilnahme an Spotmärkten bieten vielfältige Chancen für die Marktteilnehmer, z.B. niedrigere Preise, Know-how-Gewinn für die Zukunft, strategische Positionierung. Der liberalisierte Energiemarkt bringt aber auch vielfältige Risiken mit sich, wie die Erfahrungen aus anderen Ländern belegen. Einen Überblick gibt Übersicht 2.

Übersicht 2: Risiken in liberalisierten Energiemärkten

Risikoart	Beschreibung	Abhilfe
Mengenrisiken	Bezogene Gasmengen lassen sich nicht mehr mit Sicherheit absetzen.	Kauf von Optionen
Preisrisiken	bei Bindung an neue oder stärker volatile Indizes	Preissicherungs-Strategien (Hedging)
Kreditrisiken	Neue Geschäftspartner kommen ihren Liefer- und/oder Zahlungsverpflichtungen nicht nach.	sorgfältige Bonitätsprüfung, ggf. Sicherheiten der Mutterhäuser
Offene Positionen	bei Bindung an Indizes, bei denen Marktpreisschwankungen hoch sind	Portfolioaufbau/-management, Hedging
Prognoserisiken	Energiebedarf muss möglichst exakt prognostiziert werden.	gutes Datenmaterial, spezielle Programme
Transformationsrisiken	Großhandelsprodukte müssen in bedarfsgerechte Absatzprodukte umgewandelt werden.	Portfolioaufbau/-management
Währungsrisiken	bei Einkauf in Fremdwährung, z.B. britischen Pfund	Währungshedging
Organisationrisiken	ungenügend ausgebildetes Personal, fehlende Kontrollen	unternehmensweites Risikomanagement

Umfassender Know-how-Aufbau und zielgerichtetes Risikomanagement sind für Unternehmen unerlässlich, die in diesem Markt Chancen nutzen und Risiken beherrschen wollen. Die Risiken steigen, je weiter „upstream", also je näher der Gasproduktion sich ein Unternehmen engagieren will; die Risiken sind bei direkter Teilnahme an internationalen Spotmärkten am größten.

Unternehmen, die das nicht wollen oder können, greifen zunehmend auf einen neuen Typus von Geschäftspartner zurück, der diese Erfahrungen aus anderen Märkten mitbringt. Diese Märkte zeichnen sich durch teilweise deutlich größere Volatilität der Preise, also ausgeprägtere Preisschwankungen über kurze Zeiträume, aus. Einige neue Marktteilnehmer sind durchaus gewillt, ihre Expertise im Risikomanagement mit Kunden und Partnern zu teilen.

II. Das Geschäftsmodell des Energy Merchants

1. Einleitung

Um die Arbeitsweise von Energiegroßhändlern wie Aquila Energy zu verstehen, sollen zunächst die Grundlagen von Risikomanagement, Energiederivaten und deren wirksame Nutzung dargestellt werden. Unter Nutzung dieser Instrumente können Energiehändler auch in Zeiten des Preisverfalls Gewinne machen, während andere Firmen mit mangelhaftem Risikomanagement Verluste erleiden.

Energiehändler suchen Preisneutralität

Das Geschäftsmodell des Energiehändlers unterscheidet sich stark von dem traditionellen Modell des Versorgers. Der Energiehändler sieht seine Hauptrolle in der vollen Akzeptanz und Nutzung des deregulierten, kompetitiven Großhandelsmarktes für Strom und Gas. Seine Strategie richtet sich weniger auf den Aufbau von Assets (wie z.B. Kraftwerken oder Pipelines) oder die Schaffung von neuen regionalen Monopolen. Stattdessen zielt er mehr auf die Vorteile der Arbitrage und des Risikomanagements in einem freien Markt.

Energiehändler versuchen, preisneutral zu sein. Im Gegensatz zu Produzenten, deren Einnahmen mit den zyklischen Veränderungen von Angebot und Nachfrage nach Energie steigen und fallen, liefern Händler Werte ungeachtet von preislichen Veränderungen. Energiehändler bieten speziell zugeschnittene Lösungen zum Risikomanagement. Während Produzenten versuchen, zu wachsen, indem sie mehr Energie anbieten, wachsen Händler, indem sie den Kunden speziell für sie zugeschnittene Energie anbieten, eine Energielieferung, die mit weniger Risiko behaftet ist.

2. Grundlagen des Geschäftsmodells

Ein Energiehändler verwendet nicht nur Finanzkontrakte für Energie zum Hedgen und zum Risikomanagement, sondern betrachtet physische Anlagen nach gleichen Maßstäben. Daher wird zum Beispiel ein Kraftwerk in den Händen eines Energiehändlers zur Call-Option auf den Preis des Stromes und ein Gasspeicher kann eine Zeit-Option für den Handel zwischen den jetzigen und zukünftigen Werten der Ware Gas darstellen. Durch diese physischen Werkzeuge, kombiniert mit den finanziellen Instrumenten von Energiederivaten, ist es Energiehändlern möglich, mit größerer Effizienz und Zuverlässigkeit Energie zu liefern, während gleichzeitig Preisstabilität garantiert wird.

Übersicht 3: Das integrierte Geschäftsmodell von Aquila

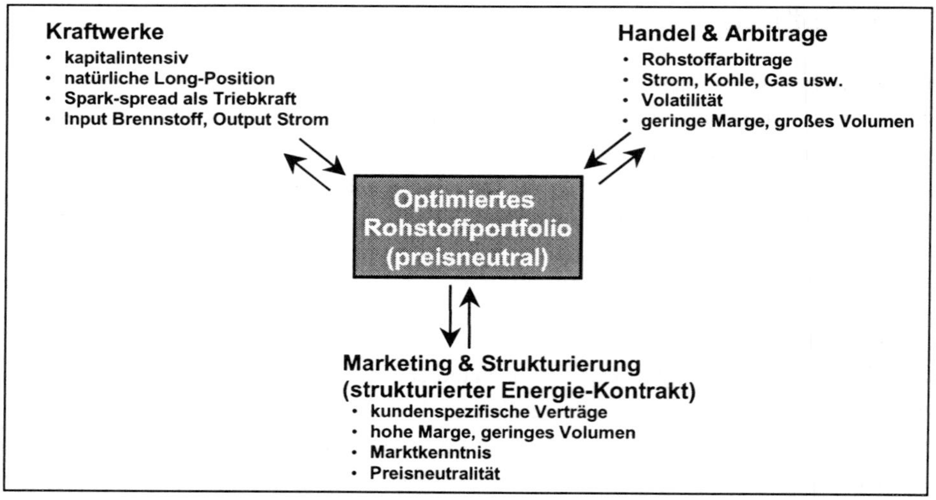

Quelle: Salomon Smith Barney.

Derivate sind eine Kombination von zwei Grundelementen – Futures und Optionen, von denen jedes getrennt oder in Kombination verkauft oder gekauft werden kann. Diese können mit natürlichen Long-Positionen von Basiswerten kombiniert und dann zur Schaffung einer Anzahl von speziell zugeschnittenen Optionen in einem einzigen strukturierten Kontrakt eingesetzt werden.

Hierzu verwenden Energiehändler ein Geschäftsmodell, das den Großhandel mit physischen Assets und strukturierten Verträgen verbindet. Die Wirkungsweise dieses Modells zeigt Übersicht 3 am Beispiel von Aquila.

Unter Verwendung dieser Grundbausteine erzielen der Handel mit Derivaten Gewinn durch zwei Methoden:

- durch die Strukturierung von Geschäften
- durch die Arbitrage mit dem Rohstoff Energie und Spekulation.

3. Vertragsstrukturierung

Beim Modell der Vertragsstrukturierung findet der Händler einen Kunden, der einen besonders außergewöhnlichen Liefervertrag benötigt, in dem zum Beispiel eine flexible Menge eines Rohstoffes mit einer Vielzahl von Kaufoptionen über einen flexiblen Zeitraum geliefert werden soll.

Dazu wird der Kontrakt bewertet, indem er in die Kombinationen der Basiselemente der Derivate zuzüglich der physischen Assetpositionen und zusätzlichen Gewinnmöglichkeiten unterteilt wird. Der Kontrakt wird an den Kunden mit einem Aufpreis verkauft.

Die Strukturierung erfolgt mit Hilfe von vier Basiselementen, die in Übersicht 4 dargestellt sind.

Da der Händler jetzt einen Vertrag über Derivate mit dem Kunden eingegangen ist, verhalten sich nun Verbindlichkeit und Risiko seiner Position genau umgekehrt zu der des Kunden. Wenn der Vertrag des Kunden eine Netto-Long-Position darstellt, ergibt sich für den Händler jetzt eine Netto-Short-Position in gleicher Höhe. Er ist nun den Fluktuationen der Rohstoffpreise ausgesetzt. Das dadurch entstehende Risiko kann individuell auf der Basis von historischen Daten berechnet werden. Durch die Aufspaltung des gesamten Produktes in einfache Derivatkomponenten muss der Händler auf diese Kontrakte keinen Aufpreis über den Marktwert bezahlen. Er neutralisiert das Verlustrisiko, wahrt Marktneutralität und sichert seine Gewinne ab, d.h. die Differenz zwischen dem Verkauf des strukturierten Produktes an den Kunden und den kombinierten Kosten der gegengerechneten Basisderivate.

Übersicht 4: Grundlagen von Derivaten

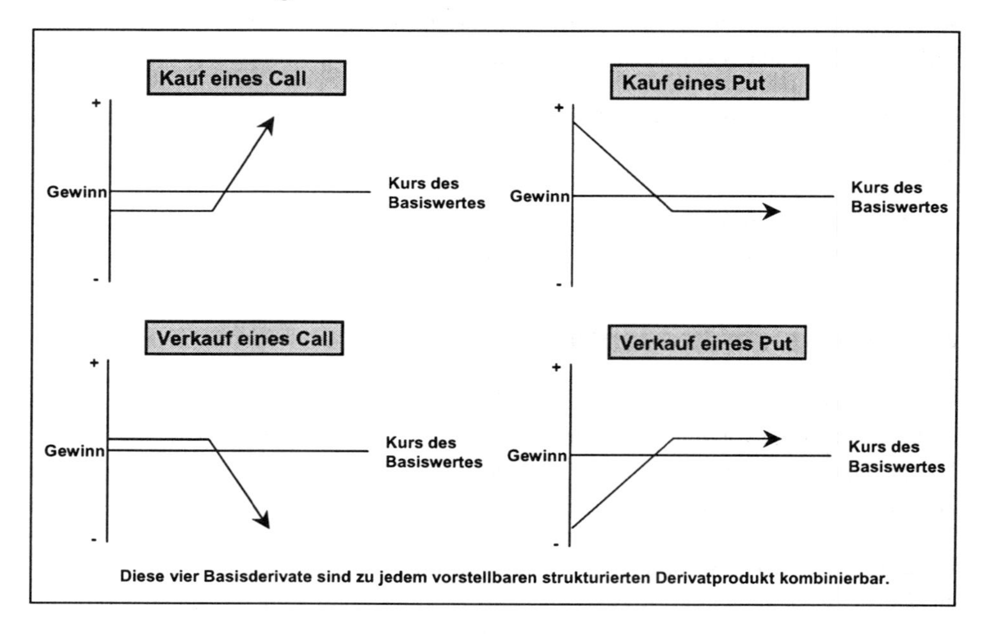

Übersicht 5: Beispiel eines strukturierten Produktes

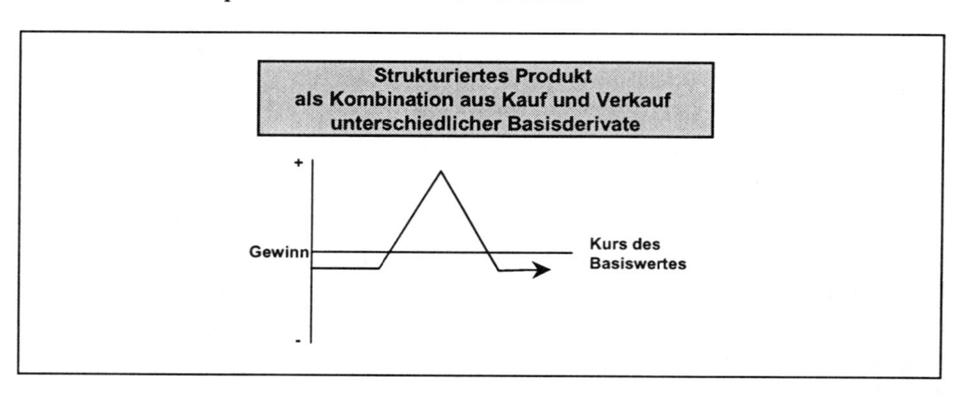

Eine Kombination von Derivaten mit unterschiedlichen Einstiegspreisen kann z.B. wie in Übersicht 5 gezeigt aussehen: Der Käufer dieses Produktes würde Gewinn machen, so lange der Basispreis in der Mitte bliebe. Bei steigendem oder fallendem Basis-Preis blieben die Verluste des Käufers unverändert. Umgekehrt würde der Verkäufer bei variierendem Anlagenpreis gewinnen und bei stabilem Preis einen Verlust machen.Ein Energiehändler kann solche Produkte liefern und entweder Käufer oder Verkäufer sein. Bei diesem Geschäft würde der Energiehändler gleichzeitig eine gleiche Kombination von Basisderivaten entweder kaufen oder verkaufen, um das Verlustrisiko dieses strukturierten Produktes auszugleichen und bliebe dabei die ganze Zeit preisneutral.

4. Energiederivate

Energiespezifische Derivate funktionieren größtenteils genauso wie die oben beschriebenen Basisderivate. Obwohl zu den Energiederivaten natürliche, austauschbare Stoffe wie Erdgas, Öl, Kohle und Strom gehören (mit all den damit verbundenen Verteilungs- und Umwandlungskosten) und ihre Berechnung etwas komplizierter ist, bleibt das Grundmodell für ihren Handel gleich. Zusätzlich haben Energiederivate oft einmalige Eigenschaften, die in keiner anderen Industrie zu finden sind. Sie spiegeln viele realistische Merkmale der Energiewirtschaft wider.

Ein solches Beispiel sind Kohleschüttelkosten. Kohle wird normalerweise per Eisenbahn durch das Land transportiert und kann vor ihrer Verwendung einige Monate gelagert werden. Während der Lagerung stehen die Waggons normalerweise im Freien. Sinkt die Temperatur unter Null, gefriert die Kohle in den Waggons oft zu einer festen Masse, die nicht so einfach auf den Bändern der Kraftwerke transportiert werden kann. Daher muss die Kohle zur weiteren Verwendung von Schüttlern in kleine Stücke „geschüttelt" werden.

Darüber hinaus können die Schüttelkosten sehr unterschiedlich sein. Gute Schüttler sind riesige Roboter, die den Eisenbahnwaggon buchstäblich greifen und schütteln. Schlechte Schüttler sind Arbeitsmannschaften mit Vorschlaghämmern. Die Berechnungsmethoden der Energiehändler sind soweit entwickelt, dass sie zwischen diesen beiden Schüttelarten unterscheiden und diese Information in die Bewertungen der Derivate einfließen lassen. Händler wie Aquila sind durch den Besitz von Stromerzeugungsanlagen in der Lage, Kosten realistisch zu modellieren, wodurch genauere und tiefergehende Einschätzungen möglich sind.

Energiehändler als Risikomanager

Ein Handels- und Arbitragemodell versucht, spezifische, genaue und einmalige Informationen zu nutzen, um taktisch Gewinn aus dem Handel mit energetischen Rohstoffen zu ziehen

Strom, Gas, Kohle und Öl sind gegenseitig austauschbar. Gas, Kohle und Öl sind im Gegensatz zu Stromerzeugungsanlagen unterschiedliche Energieträger, und Strom ist das alleinige Ergebnis der Umwandlung. Damit können Stromanlagen als Umwandlungsoptionen zwischen dem Input von Brennstoffen und dem Output Strom betrachtet werden. Der Wirkungsgrad ist als Faktor für die Umwandlungskosten zu berechnen. Die effizientesten Energiehändler versuchen, beim Handel die Informationen aus möglichst vielen Märkten zu verstehen und nutzen dabei den Vorteil der unterschiedlichen Kosten für diese Brennstoffarten.

Die Energieträger unterliegen auf Grund der in verschiedenen Regionen bestehenden Transportprobleme typischerweise einem unterschiedlichen Grad von Angebot und Nachfrage. Ölpipelines, Stromnetze und Schienensysteme ermöglichen die Arbitrage zwischen den Regionen. Die effizientesten Energiehändler beobachten viele Regionen, um den Vorteil der regionalen Arbitrage zu nutzen.

Der integrierte Enegiehändler betrachtet seine Kraftwerksanlagen als Optionen in seinem Nettoportfolio. Kraftwerke können ein- und ausgeschaltet werden und transformieren eingesetzte Brennstoffe in erzeugte Energie. Soweit auf Kraftwerke durch Handel und Marketing zugegriffen werden kann, sind sie nicht unbedingt eine treibende Wachstumskraft für den integrierten Händler. Ein Zuwachs von Kraftwerkskapazität ist nur einer von vielen Faktoren, der Einnahmen erhöhen kann.

III. Aquila Energy GmbH – ein neuer Energiehändler in Deutschland

1. Das Wachstum der Energiemärkte

Weltweit gibt es für Energiehändler bedeutende Wachstumsmöglichkeiten. In den USA wurde der Gasmarkt ab Mitte der achtziger Jahre dereguliert, in England ab Beginn der neunziger Jahre. Der Strommarkt der USA wurde 1996 dereguliert, ähnlich die Strommärkte in Australien und Neuseeland. In Europa wachsen derzeit die nationalen Energiemärkte zu einem Binnenmarkt zusammen, wobei der Gasmarkt dem Strommarkt mit zwei bis drei Jahren Verzögerung folgt.

Übersicht 6: Wachstum der Energiehandelsmärkte weltweit (in Millionen US-Dollar außer bei den Aktiendaten)

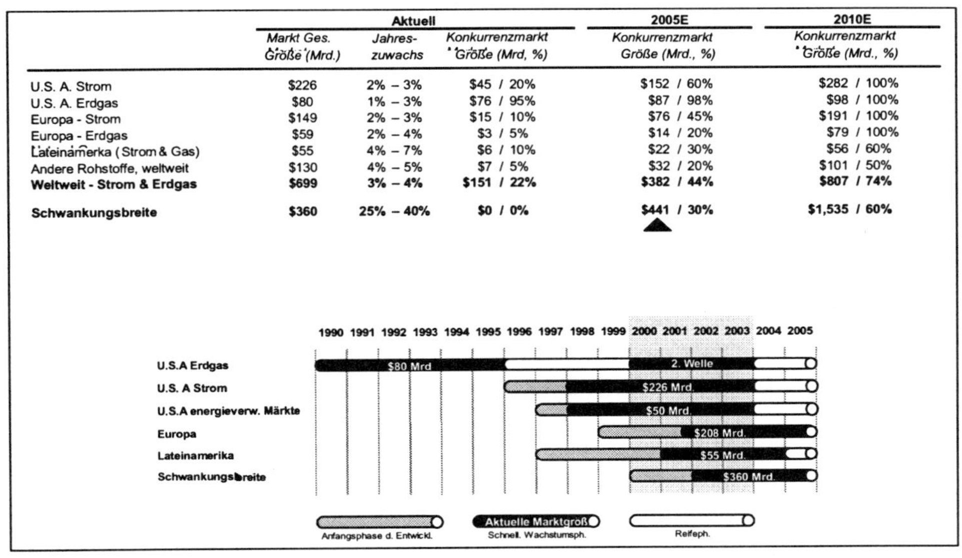

	Aktuell			2005E	2010E
	Markt Ges. Größe (Mrd.)	Jahres-zuwachs	Konkurrenzmarkt Größe (Mrd, %)	Konkurrenzmarkt Größe (Mrd., %)	Konkurrenzmarkt Größe (Mrd., %)
U.S. A. Strom	$226	2% – 3%	$45 / 20%	$152 / 60%	$282 / 100%
U.S. A. Erdgas	$80	1% – 3%	$76 / 95%	$87 / 98%	$98 / 100%
Europa - Strom	$149	2% – 3%	$15 / 10%	$76 / 45%	$191 / 100%
Europa - Erdgas	$59	2% – 4%	$3 / 5%	$14 / 20%	$79 / 100%
Lateinamerka (Strom & Gas)	$55	4% – 7%	$6 / 10%	$22 / 30%	$56 / 60%
Andere Rohstoffe, weltweit	$130	4% – 5%	$7 / 5%	$32 / 20%	$101 / 50%
Weltweit - Strom & Erdgas	**$699**	**3% – 4%**	**$151 / 22%**	**$382 / 44%**	**$807 / 74%**
Schwankungsbreite	**$360**	**25% – 40%**	**$0 / 0%**	**$441 / 30%**	**$1,535 / 60%**

Quelle: Salomon Smith Barney.

Das Geschäftsmodell des Energiehändlers kann in einem regulierten Markt nicht existieren, in einem deregulierten Markt aber ist es von enormem Mehrwert. Erfahrungen mit der Deregulierung des Erdgasmarktes der USA in den achtziger Jahren lassen erwarten, dass die jährlichen Wachstumsraten der Erträge der Händler in den nächsten Jahren bei 20-25 Prozent liegen werden. Einen Überblick zeigt Übersicht 6.

Kundennachfrage nach Risikomanagement

Letztendlich bringt der Bedarf der Kunden nach Risikomanagement das Wachstum in diesem Sektor voran. Die Kunden der Energiehändler sind Gas- und Ölfirmen, die Rohstoffe verkaufen möchten, Energieversorger und -verteiler, die Strom kaufen möchten, sowie unabhängige Stromproduzenten, die sowohl die Kosten für den Brennstoffeinsatz als auch die Gewinne aus dem erhaltenen Strom stabilisieren wollen. Keiner dieser Kunden muss eine eigene Handelsabteilung aufbauen, mit entsprechenden

Investitionen in Personal und Infrastruktur. Ähnlich wie bei einer Versicherungsgesellschaft macht es viel mehr Sinn, das Risikomanagement Energiehändlern zu überlassen.

2. Erfolgsfaktoren für Aquila Energy

Größe des Geschäftes

Die Preisvolatilität in Energiemärkten wird vom Gesetz der großen Zahl beeinflusst. Durch zahlreiche Lieferverträge in möglichst vielen Regionen schafft ein internationaler Energieanbieter eine natürliche interne Absicherung. Sein Risiko, aus den Preisbewegungen bei Rohstoffen einen unerwarteten Verlust zu erleiden, wird minimiert. Firmen mit dem größten Marktanteil haben die am besten vorhersagbaren Einnahmen aus dem Großhandel mit Energie. Diese Firmen erzielen auch die höchsten Margen und bieten den Kunden die innovativsten Absicherungen. Kleinere Firmen werden hauptsächlich dafür bezahlt, dass sie physisch die Ware vom Punkt A zum Punkt B bewegen – ein Geschäft mit einer niedrigen Marge – oder sie sind gezwungen, beim Managen von Preisen für Kunden ein unnötiges Risiko einzugehen.

Durch seine Tätigkeit in vielen liberalisierten Märkten bringt Aquila Energy hervorragende Voraussetzungen mit, um durch Größe erfolgreich zu sein. In Europa ist Aquila seit über zehn Jahren in Großbritannien aktiv. Seit 1999 hat Aquila systematisch Positionen auf dem Kontinent aufgebaut, zunächst in Skandinavien und Deutschland. Durch die Verknüpfung dieser Märkte und die Expansion in benachbarte Länder (insbesondere Österreich, Schweiz und die Benelux-Länder) ist die erforderliche Größe entstanden, um Risiken zu minimieren.

Umfang des Produktangebotes

Für den Erfolg eines Energieanbieters ist die Fähigkeit des Risikomanagements sowohl auf den Märkten für den Einsatz von Brennstoffen (z.B. Erdgas) als auch auf den stromerzeugenden Märkten entscheidend. Der Handel mit Erdgas und Strom ist für den Anbieter von Energie daher eine natürliche Absicherung. Unternehmen mit geringer Präsenz im Erdgasmarkt gehörten während der Preisspitzen im amerikanischen Strommarkt in 1998, 1999 und 2000 zu den Verlierern. Die führenden Anbieter haben zudem ihr Angebot um andere verwandte energetische Rohstoffe wie Kohle erweitert, ihre Produktpalette aber auch um den Handel mit Emissionsrechten und Wetterderivaten erweitert.

Erprobte Fähigkeiten in liberalisierten Märkten

Erfahrene Energiehändler wie Aquila Energy haben in ihrem Wirtschaftsbereich schon über Jahre ihre klare Führung demonstriert. In diesem Geschäft zählt Erfahrung mit unterschiedlichen Situationen. Die Unternehmen, die im Laufe der Zeit eine intellektuelle Kapitalbasis aufgebaut haben, sind gegenüber Spätstartern anhaltend im Vorteil. Im Sommer 1998 wurden in den USA durch die Preisspitzen im Strommarkt mehr als 45 der weniger erfahrenen Stromanbieter gezwungen, aus dem Geschäft auszusteigen. Unternehmen wie Aquila haben in diesem Zeitraum ihre Gas- und Stromverkäufe mehr als verdoppelt, da sie über entsprechende Verträge und Absicherungsmöglichkeiten verfügten. Größe an sich wird zu einem ein Vorteil für Unternehmen der ersten Stunde, da Neulinge feststellen, dass sie ungeheure Schwierigkeiten beim Aufbau der Transaktionsvolumen haben, die für effizientes Risikomanagement benötigt werden.

Aquila war bislang in jedem deregulierten Energiemarkt erfolgreich. Das Geschäftsmodell konnte jeweils so modifiziert werden, dass es den unterschiedlichen Anforderungen der verschiedensten Länder gerecht wurde.

Integration von physischen Anlagen und Handel

Energiehändler definieren sich nicht über das Eigentum (oder Nichteigentum) von Kraftwerken und Rohstoffen. Sachanlagevermögen und Derivate sind oft untereinander austauschbare Bestandteile eines marktneutralen Portfolios. In dem Maße, wie das Unternehmen sie als integriertes Ganzes betrachtet und sie auch als solches behandelt, macht das die Expertise des Energiehändlers aus. Andere Marktteilnehmer mit Handels- und Anlageaktivitäten, die nicht integriert sind, werden wahrscheinlich nicht einen solchen Zuwachs verzeichnen wie ein Energiehändler.

Zur Unterstützung ihrer Handelsaktivitäten hat auch Aquila in strategische Assets investiert. In den USA werden Pipelines, Gasspeicher und Kraftwerke an strategischen Lokationen betrieben. Auch in Großbritannien wurde einer der ersten unabhängigen Gasspeicher errichtet sowie in Kraftwerksprojekte investiert. Eine analoge Strategie ist für den europäischen Kontinent geplant.

3. Die Rolle der neuen Marktteilnehmer in Deutschland

Neue Teilnehmer treten in Märkten immer dann auf, wenn sich Rahmenbedingungen grundlegend verändern. Diese Veränderungen sind sicher für den deutschen Gasmarkt geplant und teilweise auch bereits eingetreten. Die neu auftretenden Marktteilnehmer lassen sich grundsätzlich in zwei Kategorien einteilen:

- Unternehmen, die in Nachbarländern starke bis dominierende Positionen einnehmen, zum Teil sogar Monopole bilden; im Zuge der europaweiten Liberalisierung befürchten oder erleiden sie Verluste in ihrem Heimatmarkt und suchen einen Ausgleich in Nachbarländern. Teilweise gibt es zwischen diesen Unternehmen und den bisherigen deutschen Lieferanten Absprachen über Marktaufteilungen, die allerdings als Folge der Marktöffnung immer seltener Bestand haben.
- Unternehmen insbesondere aus dem anglo-amerikanischen Raum, die in ihren Heimatländern (USA, Großbritannien, teilweise auch Kanada, Australien) bereits seit vielen Jahren Liberalisierung erlebt haben.

Insbesondere die Rolle letzterer Unternehmen darf nicht unterschätzt werden. Ihr Beitrag zur Marktöffnung äußert sich nicht nur in alternativen Angeboten. Oft sind sie auch bereit, weitergehende Schritte zu unternehmen, um die Marktöffnung tatsächlich zu realisieren. Als Beispiele sind zu nennen

- das Anrufen der Kartellämter und das Einleiten und Austragen von Gerichtsverfahren, die zur Durchsetzung von Rechtsansprüchen immer häufiger herangezogen werden müssen,
- eine ausgedehnte Lobbytätigkeit und Öffentlichkeitsarbeit u.a. im politischen Raum, durch die Probleme der Liberalisierung überhaupt erst breit diskutiert werden, und
- eine weitgehende Zusammenarbeit mit den EU-Behörden in Brüssel, um eine von offiziellen Regierungsstellen unabhängige Darstellung der Fakten zu ermöglichen.

Diese Tätigkeiten werden neue Marktteilnehmer dauerhaft nur dann auf sich nehmen, wenn ihr Markterfolg in Deutschland mittelfristig gesichert erscheint. Es ist daher im Interesse der Liberalisierung zu begrüßen, wenn diese Unternehmen nicht dazu „missbraucht" werden, die Preise beim bisherigen Lieferanten mit dem Ziel eines günstigeren Neuabschlusses zu drücken, anstelle ernsthaft einen Lieferantenwechsel anzustreben.

Neue Produkte

Der sich liberalisierende Erdgasmarkt bringt Veränderungen mit sich, die sich auch an neuen Kundenwünschen messen lassen. Darauf aufbauend sind verschiedene Produkte entwickelt worden, die zunehmend auf dem deutschen Markt angeboten werden und die physische Lieferung des Erdgases ergänzen:

- *Ölpreissicherungen*: Der Kunde kauft vom neuen Marktteilnehmer kein Gas im physischen Sinne, sondern eine Preisabsicherung z.B. für einen Ölpreisindex, der Bestandteil der Preisformel mit seinem bisherigen Lieferanten ist. Steigt dieser Index über einen bestimmten Wert, erhält der Kunde vom neuen Anbieter einen finanziellen Ausgleich. Hierfür zahlt der Kunde dem neuen Anbieter eine Prämie. Das Geschäft kann auch beidseitig ausgestaltet werden, so dass der neue Anbieter bei einem sinkenden Ölpreis vom Kunden einen finanziellen Ausgleich erhält.
- *Wetterderivate*: Hierbei handelt es sich um einen finanziellen Ausgleich, der bei Eintreten bestimmter Wetterbedingungen fällig wird, z.B. bei Unterschreiten von Temperaturgrenzwerten. Ein Kunde kann dadurch erhöhte Leistungspreise ausgleichen. Kombinationen mit physischen Lieferungen sind möglich, also Erhöhung der Lieferung bei Unterschreiten bestimmter Grenztemperaturen.

Prinzipiell sind alle Strukturen denkbar, die an den Finanzmärkten üblich sind.

Neue Dienstleistungen

Marktveränderungen bringen für alle Marktteilnehmer auch Unsicherheiten mit sich. Die Antwort der Energiehändler auf diese Unsicherheiten lautet Informationsvielfalt und Know-how-Transfer. Obwohl Energiehändler vom Informationsvorsprung vor Konkurrenten profitieren, sind sie dennoch bereit, ihre Expertise mit anderen zu teilen. Grund für diesen auf den ersten Blick paradoxen Ansatz ist die Überlegung, dass die Energiemärkte letztlich liquider werden, je mehr Marktteilnehmer sich sachkundig im Markt bewegen. Größere Liquidität bedeutet aber auch weitere Möglichkeiten zur Absicherung der Handelsaktivitäten.

Aquila hat u.a. folgende Dienstleistungen entwickelt, um unerfahrene Marktteilnehmer an die neue Energiewelt heranzuführen:

- *Preisinformationen*: Kunden werden spezifisch aufbereitete Informationen über die Preisstellung von Erdgas oder Strom an verschiedenen Marktorten zur Verfügung gestellt. Neben den Preisen für den Energieträger werden auch Konkurrenzenergien wie Heizöl oder Kohle erfasst, zusätzlich auch Temperaturdaten sowie Transporttarife.

- *Front Office Service*: Eine Kunde erhält die Möglichkeit, in Form eines Trainings die Funktionsweise liberalisierter Energiemärkte kennen zu lernen. Das modular aufgebaute Programm reicht von Grundkursen in Derivaten über die Entwicklung von Risikomanagementsystemen bis hin zum Aufenthalt auf dem Trading-Floor, um die Praxis hautnah zu erleben.

Die Liberalisierung des Gasmarktes muss für die Marktteilnehmer nicht mit Schrecken verbunden sein. Energiehändler wie Aquila Energy sorgen dafür, dass die Ziele der Liberalisierung erreicht werden: größere Angebotsvielfalt, erhöhte Versorgungssicherheit, neue Produkte und Dienstleistungen und nicht zuletzt niedrigere Preise zum Wohle des Standorts Deutschland und Europa.

Anmerkungen

[1] Siehe hierzu auch den Beitrag von Morschett im Ersten Kapitel.

[2] Die Abkürzungen stehen für Bundesverband der Deutschen Gas- und Wasserwirtschaft (BGW), Verband kommunaler Unternehmen (VKU), Bundesverband der Deutschen Industrie (BDI) und Verband der Industriellen Energie- und Kraftwirtschaft (VIK).

Abschnitt C

Unabhängige Broker als Portfolio- und Risikomanager in der Beschaffung im Energiemarkt: Die Energy & More Energiebroker GmbH & Co. KG

Wolf Bernhard von Bernuth

I. Energie – Entstehung eines neuen Marktes

1. Vom postmonopolistischen Energie- zum Wettbewerbsmarkt

Im monopolistischen Strommarkt umfasste der Begriff Energiehandel historisch

- den so genannten Verbundhandel unter den integrierten Verbundunternehmen,
- den Absatz an Regional- und Kommunalversorger im Großhandel und
- den Verteilhandel bzw. Vertrieb an die Endverbraucher (Industrie-, Gewerbe- und Haushaltskunden).

Die Verträge mit Abnehmern außerhalb des Verbundhandels hatten durch horizontale und vertikale Demarkationen Ausschließlichkeitscharakter und gaben dem industriellen und kommunalen Kunden keine Möglichkeit einer marktorientierten Beschaffung. Einziger Ausweg war gegebenenfalls der Aufbau von Eigenerzeugungskapazitäten. Dagegen war der Verbundhandel neben der Erfüllung technischer Restriktionen und der Reservestellung für Kraftwerksausfälle ein effektives Instrument zur netzüberschreitenden Optimierung des Erzeugungseinsatzes. Hier gab es einen (allerdings nur näherungsweise als Markt zu bezeichnenden) Handelsplatz. Die Nutzung dieses „Handelsplatzes" war zusätzlich von der Möglichkeit des technischen Zugriffs auf das Verbundnetz abhängig.

Mit dem Wegfall der Demarkation und der Zielsetzung eines diskriminierungsfreien Netzzugangsmodells sind die Voraussetzungen für einen liquiden Handel auf allen Ebenen gegeben. Dieser findet sein wirtschaftliches Gleichgewicht nicht mehr durch staatlich genehmigte bzw. für unbedenklich erklärte Preise, sondern durch die Wettbewerbskräfte des freien Marktes.

Trotz eines für die Abwicklung eines Wettbewerbsmarktes untauglichen Marktmodells, wie es in der ersten Verbändevereinbarung für Strom in Deutschland formuliert worden war, kam es durch eine große Zahl von am Markt tätigen bereits etablierten und neuen Stromhändlern zu einem außerordentlichen intensiven Wettbewerbsumfeld. Die im Endverbrauchermarkt durchsetzbaren Preise fielen zeitweise erheblich unter die Preise der Großhandelsebene. Seit Mitte 2000 begann sich diese Situation zu normalisieren.

Inzwischen wird nur noch zwischen zwei Handelsarten unterschieden,

- dem Großhandel zwischen (Energiehandels-)Unternehmen mit dem Ziel der Maximierung der jeweils eigenen Handelsmarge angesichts hoher Preisvolatilitäten, aber ohne Verbrauchsabsicht, und
- dem Verteil- oder Einzelhandel an Endkunden mit dem Ziel der Maximierung der Handelsmarge auf Seiten des Händlers bzw. des preisstabilen und kostengünstigen Energieeinkaufs auf Seiten des Endkunden.

Der frühere Verbundhandel spielt im Hinblick auf technische Erfordernisse wie Leistungs-/Frequenzregelung und Spannungs-/Blindleistungsoptimierung im Verhältnis zum Groß- bzw. Einzelhandel nur noch eine zunehmend kleinere Nischenrolle im Gesamthandelsmarkt und wird inzwischen als Systemdienstleistungen bezeichnet.

Der Gasmarkt wird von vergleichbaren Strukturen und Entwicklungstendenzen geprägt, allerdings zeitversetzt (vgl. Innes/v. Bernuth 2001). Die in Deutschland vorherrschende oligopolartige Situation im Gasgewinnungs- bzw. Importbereich lässt offen, in welchem Ausmaß sich echter Wettbewerb entwickeln wird bzw. ohne die Schaffung von klaren regulatorischen Rahmenbedingungen entwickeln kann.

2. Neue Funktionen in der Wertkette des Energiemarktes

Die sich im Monopol gebildete Wertkette der Stromversorgung orientierte sich angesichts fehlender Wettbewerbskräfte an der technischen Struktur der Energieversorgung. Durch völlig unterschiedliche Werttreiber und Erfolgsfaktoren sowie durch gesetzliche Rahmenbedingungen wird die vormals in einem Unternehmen integrierte Abwicklung zunehmend in nicht nur organisatorisch, sondern auch rechtlich getrennte Einheiten aufgeteilt. Zu nennen sind hier auf der Stromseite im Wesentlichen Kraftwerksgesellschaften, die sich zum einen durch hohen Kapitalbedarf für Errichtung und Betrieb der Erzeugungsinfrastruktur charakterisieren. Auf der Marktseite sind für Kraftwerksgesellschaften möglichst niedrige Grenzkosten in der Erzeugung der hauptsächliche Werttreiber. Die in der Vergangenheit in ein Versorgungsunternehmen integrierten Netzbereiche sind und bleiben ein natürliches Monopol. Werttreiber aus Sicht des Netzbetreibers sind möglichst hohe im jeweiligen Regulierungsumfeld durchsetzbare Netznutzungsentgelte. Umgekehrtes gilt für den Netznutzer. Kritischer Erfolgsfaktor für einen funktionierenden Wettbewerb auf dem Netz sind Form und Ausmaß rechtsstaatlicher Kontrolle bzw. Regulierung (vgl. v. Bernuth 2001b). Letztes wesentliches

Glied der Wertkette im Monopol war die Energiewirtschaft, deren Kernfunktion in der Vergangenheit in der effizienten Abrechnung der Energieverbräuche und Verwaltung der zugehörigen Zahlungsflüsse bestand. Kritischer Erfolgsfaktor für die Energiewirtschaft sind leistungsfähige, IT-basierte Abrechnungssysteme. Im Gasmarkt wird die Wertstufe der Erzeugung aus deutscher Sicht durch den Import oder die direkte Gewinnung von Erdgas ersetzt.

In einem monopolistischen Umfeld für Strom und Gas waren marktliche Optimierungsfunktionen wie Verkauf, Handel, Einkauf sowie die zugehörigen Marktplätze/Börsen ähnlich wie in der früheren Planwirtschaft Osteuropas nicht erforderlich. Diese Funktionen sind im liberalisierten Umfeld für den Endkunden teilweise unbemerkt neu entstanden. Energiehändler bemühen sich um möglichst günstige Kontrakte beim Einkauf, halten die entsprechenden Positionen in ihren Büchern und realisieren eine möglichst hohe Marge beim Weiterverkauf, wenn der Marktpreis zwischenzeitlich gestiegen ist. Falls der Marktpreis nach dem Kauf durch einen Händler unerwartet fällt, wird der Händler nur mit großer Not (d.h. kurz vor Fälligkeit des Kontraktes) unterhalb seines Einstiegspreises verkaufen. In der Wertschöpfung hinzu kommen gegebenenfalls noch Portfoliomanagementhonorare des Händlers.

Öffentlich-rechtliche Börsen und private Internetplattformen betreiben zunehmend liquide Marktplätze und sorgen für ein hohes Maß an Preistransparenz.

Energiebroker übernehmen als Dienstleister ohne eigene Handelspositionen das Energieportfoliomanagement des Kunden als dessen Stell- und Interessenvertreter und stellen damit ein Gegengewicht zum Händler dar: Die Auswahl der richtigen Einkaufszeitpunkte und gleichzeitige Optimierung der verschiedenen Beschaffungsquellen wie Händler/Börsen gegeneinander aus Sicht des Kunden gegen Management Fee. Zur Vermeidung von Zielkonflikten hält ein Energiebroker wie Energy & More nie eigene Positionen und realisiert damit per Geschäftsansatz nie eine eigene Handelsmarge (vgl. v. Bernuth 1999b).

3. Zusammensetzung der Vollversorgung aus zahlreichen Preisbestandteilen

Die herkömmliche Vollversorgung besteht aus zahlreichen einzelnen Preisbestandteilen, die im Rahmen des Einkaufs von Energie einzeln kalkuliert und anschließend aufaddiert werden. Die größten einzelnen Kostenkomponenten einer herkömmlichen Energieversorgungsrechnung sind im allgemeinen Entgelte für den planbaren Teil der Energienachfrage, danach kommen Netznutzungsentgelte, Kosten für ungeplante Abweichungen von der geplanten Bezugsmenge sowie eine größere Zahl von nicht beeinflussbaren Steuern und Abgaben. Im Gasbereich kommen zur Kostenstruktur noch Entgelte für die Nutzung von Gasspeichern hinzu. Zunehmend setzt sich der getrennte Ausweis der verschiedenen Kostenkomponenten einer Energieversorgung auf einer Rechnung durch. Aus Sicht des industriellen oder kommunalen Nachfragers besteht der größte und dauerhaft beeinflussbare Kostenblock aus der geplanten Energiebezugsmenge über eine bestimmte Laufzeit. Gleichzeitig bestehen hier aus Nachfragersicht die höchsten Preisrisiken.

II. Energieeinkauf als komplexes Warentermingeschäft

1. Bildung von Energie-Standardprodukten am Großhandelsmarkt

Seit Sommer des Jahres 2000 wird an zwei deutschen Energiebörsen (EEX und LPX) ein Spotmarkt betrieben: ein Marktplatz für den Ein- und Verkauf von Energie für den Verbrauch am nächsten Tag. Im Rahmen von Auktionen und im fortlaufenden Handel wird an den Börsen, ähnlich wie bei Aktien, der jeweils aktuelle Preis für Energie festgestellt. Am Spotmarkt wird der Preis für eine Lieferung am nächsten Tag fixiert, am Terminmarkt können Preise bis zu vier Jahre im Voraus fixiert werden.

Um physischen Strom handelbar zu machen, werden verschiedene Produkte definiert, die durch ihre Standardisierung leicht handelbar sind. Der kleinste am Großhandelsmarkt gehandelte Stromlieferungsvertrag, ein Stundenkontrakt, umfasst die Lieferung einer Leistung von einem Megawatt während einer festgelegten Stunde. Die in dieser Lieferungsstruktur gehandelte Arbeit umfasst damit eine Megawattstunde (1 MWh). Für jede Stunde eines Tages wird über den Stundenkontrakt ein eigener Stromlieferungsvertrag und damit ein neues Standardprodukt definiert. Stundenkontrakte für Strom können mit Stand Mitte 2001 jeden Tag für die einzelnen Stunden des nachfolgenden Tages gekauft werden. Eine langfristigere Absicherung von Preisen für Einzelstunden war Mitte 2001 nicht möglich. Im Spotmarktbereich wird es in Zukunft in Deutschland sowohl einen noch kurzfristigeren Intraday-Handel wie auch einzelne Stundenprodukte für mehrere Tage im Voraus geben.

Zur Erhöhung der Preis- und damit Planungssicherheit werden Einzelstunden zu neuen Produkten, so genannten Blöcken, zusammengefasst. So werden seit Anfang 2000 außerbörslich und seit Mitte 2000 auch börslich so genannte Baseload- und Peakload-Blöcke als Day-Ahead-Produkte gehandelt. Baseloadblöcke umfassen alle 24 Einzelstunden eines Tages, zu Peakloadblöcken werden nur die zwölf Einzelstunden von 8:00 Uhr morgen bis 20:00 Uhr abends zusammengefasst. Für jeden der Blöcke werden jeden Tag eigene Preise für eine Lieferung am nächsten Tag (= Day Ahead) festgestellt.

Zur weiteren Erhöhung der Planungssicherheit werden die durch die Tagesblöcke gebildeten Strukturen nun ihrerseits zu weiteren physischen Produkten zusammengestellt. Diese können wieder nach Lieferdauer und Lieferzeitraum unterschieden werden. So existierten Mitte 2001 am deutschen physischen Strommarkt neben den beschriebenen Stunden- und Tagesprodukten auch Wochenprodukte, Monatsprodukte, Quartalsprodukte und Jahresprodukte jeweils in Base- und Peakload-Struktur. Viele der Produkte können nicht nur für den nächsten Monat, das nächste Quartal oder das nächste Jahr gekauft werden, sondern sind in ihrer Lieferfristigkeit für mehrere Zeitperioden in der Zukunft beschaffbar bzw. handelbar. So waren etwa Mitte 2001 Jahresprodukte mit einem Lieferzeitraum von bis zu vier Jahren im Voraus (bis 2005) verfügbar (vgl. v. Bernuth 2000d).

2. Extreme Preisschwankungen bei Standardprodukten

Strom ist nicht lagerbar. Ein Stromlieferkontrakt über eine Baseloadlieferung ist erst durch den Lieferzeitraum eindeutig definiert. Im Gegensatz zu anderen lagerfähigen Commodities kann Strom nicht gegen Zahlung von Lagerhaltungskosten und/oder Zins (= Cost-of-Carry) für einen späteren Verbrauch gelagert werden, wenn er zum vereinbarten Zeitpunkt nicht benötigt wird. Abwarten, bis sich der Preis für ein bestimmtes Produkt wieder erholt hat, ist für den Händler über den Lieferzeitpunkt hinaus nicht möglich.

Diesen Effekt wollen sich Anbieter und Nachfrager zunutze machen. Im liberalisierten Markt kann der Nachfrager versuchen, seine Einkaufsentscheidung so lange herauszuzögern (= Short-Positionen offen halten), bis kurz vor dem tatsächlichen Verbrauchsdatum der Händler im letzten Moment seine Positionen besonders günstig abgibt, weil andernfalls die (Long-)Positionen im Handelsbuch des Händlers durch ihre Nichtlagerfähigkeit wertlos verfallen. Andersherum wird der Händler mit seiner Long-Position abwarten, bis der Kunde sich zu den nunmehr hohen einstellenden Marktpreisen eindecken muss, wenn es auf Energieverbrauch nicht verzichten möchte. Zusammenfassend gilt durch die Nichtlagerfähigkeit von Strom für jede einzelne Stunde eines Jahres: Wenn der Gesamtmarkt für diesen Zeitraum Überschuss(=Long)-Positionen in den Büchern hat, wird der Preis fallen, wenn im Gesamtmarkt Überschussnachfrage vorhanden ist (Überwiegen der Short-Positionen) wird der Preis steigen (vgl. Furiani/ v. Bernuth 2000). Durch die Nichtlagerfähigkeit entwickeln sich für den Strommarkt aus anderen Märkten unbekannt hohe Volatilitäten. So liegen die Preisunterschiede für Stundenprodukte bei ca. 2000 Prozent im Verlaufe eines Jahres.

Bei der Zusammenfassung der Stundenprodukte zu Tagesprodukten für den jeweils nächsten Tag sinkt die Volatilität durch das größere Vertragsvolumen erheblich ab. Dies ist in Übersicht 1 anhand der außerbörslichen (= OTC) Preisentwicklung des Baseload-Tagesproduktes (Day Ahead) aufgezeigt. Hier lag die Preisspanne von Januar 2001 bis Oktober 2001 nur noch zwischen 16,85 EUR/MWH und 32 EUR/MWH, dies ergibt ein Preisrisiko von „nur" noch ca. 90 Prozent zwischen Tiefst- und Höchstpreisphasen.

Übersicht 1: Schwankungsbreite von 90 Prozent für das Day Ahead-Tagesprodukt Baseload am OTC-Markt von Jan. – Okt. 2001

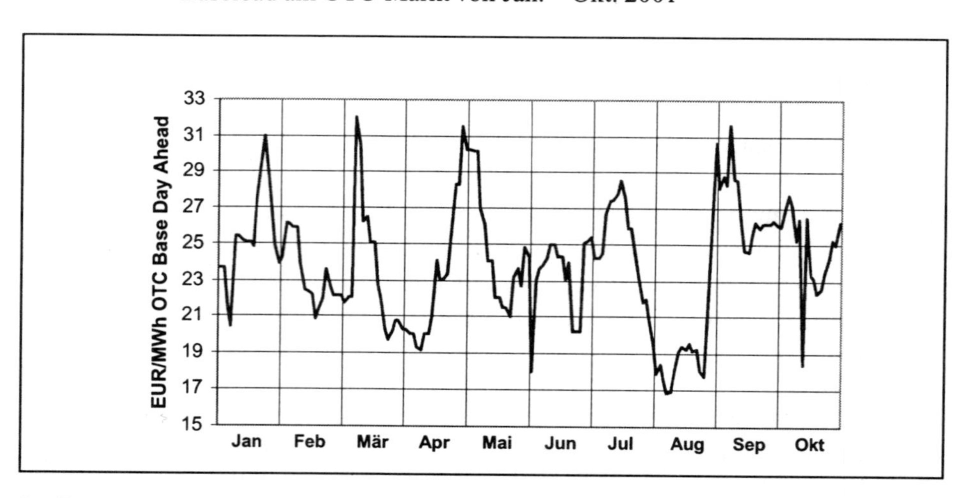

Quelle: Marktdatenbank von Energy & More.

Unmittelbar nachvollziehbar ist, dass Peakload-Produkte durch die Nutzung von Energie zu „teuren" Tagesstunden gemessen in EUR/MWh teurer sind als Baseload-

Produkte. Empirisch lässt sich zeigen, dass auch die Volatilitäten im Bereich der Peakload-Produkte tendenziell höher sind als im Bereich der Baseload Produkte. So schwankte der Preis für außerbörsliche (= OTC) Peakload-Tagesprodukte von Januar 2001 bis Oktober 2001 zwischen 21,30 EUR/MWh und 41,75 EUR/MWh. Wie in Übersicht 2 erkenntlich, ergibt sich hiermit ein Preisrisiko von ca. 96 Prozent zwischen den Tief- und Hochpreisphasen.

Übersicht 2: Schwankungsbreite von 96 Prozent für das Day Ahead-Tagesprodukt Peakload am OTC-Markt von Jan. – Okt. 2001

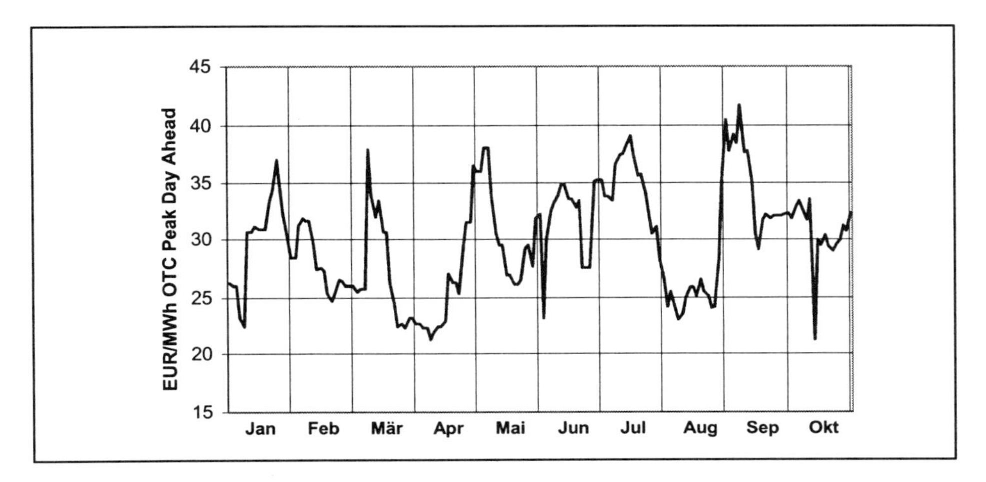

Quelle: Marktdatenbank von Energy & More.

Je großvolumiger die gehandelten Produkte und je länger der Lieferzeitraum in der Zukunft liegt, desto geringer werden die Volatilitäten. So schwankte der Preis für in weiter zeitlicher Entfernung liegende außerbörsliche Baseload-Jahresprodukte mit Lieferung während des Jahres 2003 von Januar 2001 bis Oktober 2001 zwischen 21,28 EUR/MWh und 24,98 EUR/MWh. Wie in Übersicht 3 erkenntlich, ergibt sich hiermit mehr als ein Jahr vor Lieferaufnahme ein Preisrisiko von „nur" ca. 17 Prozent zwischen den Tief- und Hochpreisphasen.

Übersicht 3: Schwankungsbreite von 17 Prozent für das Jahresprodukt 2003 Baseload (Cal 03) am OTC-Markt von Jan. – Okt. 2001

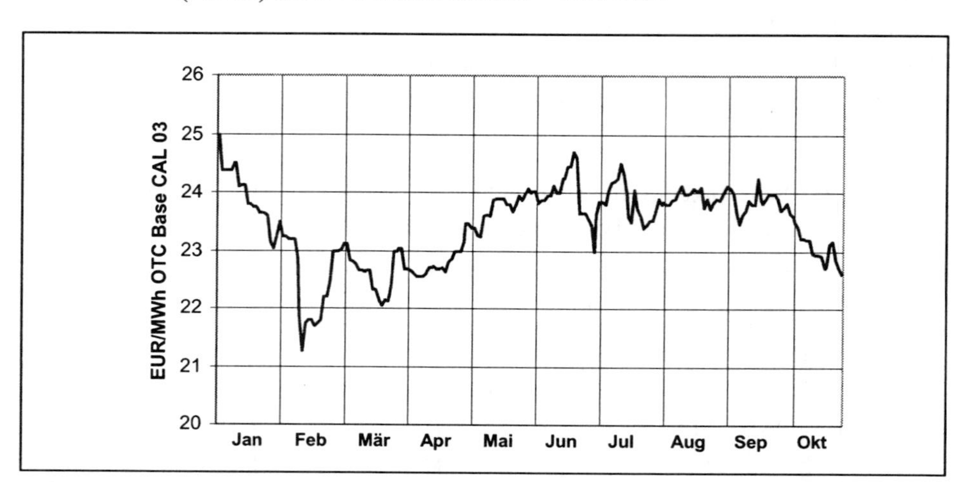

Quelle: Marktdatenbank von Energy & More.

3. Hohes Risiko der herkömmlichen Vollversorgung

Zu dem Zeitpunkt, zu dem ein herkömmlicher Stromversorgungsvertrag von einem Händler kalkuliert wird, werden nun die verschiedenen verfügbaren Standardprodukte herangezogen und die gewünschte Lastkurve mengenmäßig hieraus zusammengesetzt. Dies ist anhand einer Tageskalkulation mit Stunden- und Tagesprodukten beispielhaft in Übersicht 4 gezeigt.

Ähnliche Überlegungen wie oben ergeben sich bei der Kalkulation eines Jahresangebotes. Hierfür werden entsprechend längerfristige Stromgroßhandelsprodukte so aufeinandergetürmt, dass sich physisch die Lastkurve des Kunden ergibt. Unsicherheiten bei bei der Mengenprognose werden vom seriösen Händler mit entsprechenden Risikoaufschlägen z.B. anhand der Schwankungen von Einzelstunden kalkuliert. Bei hoher Prognoseunsicherheit werden erst kurzfristig bekannte Über- oder Nachschussmengen über den Verkauf oder Kauf von Stundenprodukten nachgebildet (vgl. v. Bernuth 2001d).

Übersicht 4: Großhandelsbausteine für die Kalkulation eines Tageslastprofils

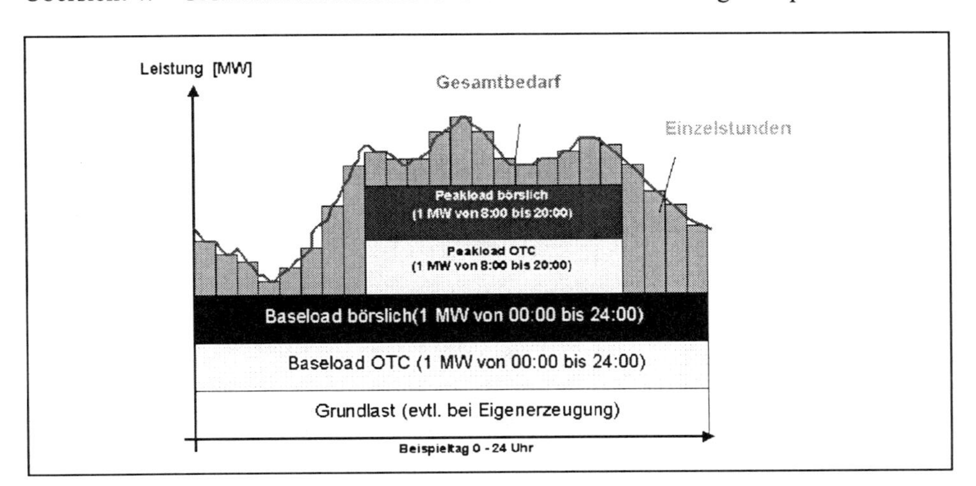

Der aus Sicht eines Händlers für den Kunden resultierende Preis richtet sich nach dem jeweiligen aktuellen Marktpreis der zu Grunde liegenden Einzelprodukte zum Zeitpunkt der Kalkulation. Dies ist unabhängig vom Einkaufszeitpunkt des Großhandelsstromproduktes des Händler, zu dem der Preis deutlich niedriger gewesen sein kann. Der jeweilige Großhandelsmarktpreis stellt in der individuellen Kalkulation des seriösen Händlers die Preisuntergrenze deshalb dar, da er im gegenwärtigen Marktumfeld zu diesem Preis die Produkte auch einzeln an Kunden am Großhandelsmarkt verkaufen kann. Der Nachfrager hat in diesem Umfeld genauso wenig einen Verhandlungshebel über die Ausnutzung von Wettbewerbseffekten wie beim Aktienkauf über eine seriöse Bank. Aus Übersicht 5 geht die Preisbildung eines Händlers am Angebotsdatum 2. Oktober 2001 für eine Jahres-Vollversorgung eines Kunden mit 5.900 Benutzungsstunden pro Jahr im Jahr 2002 hervor. Der Durchschnittspreis für dieses Lastprofil lag basierend auf aktuellen Marktpreisen am 2. Oktober 2001 bei 27,37 EUR/MWh. Hinzu kommt zunehmend ein Portfoliomanagementhonorar für die Strukturierung des Kundenlastprofils auch für den Händler.

Ebenfalls beispielhaft ist in Übersicht 5 aufgezeigt, dass die Auswahl der Produkte, die zur Preiskalkulation herangezogen werden, einen Einfluss auf die Preisgestaltung haben. So lag etwa der Marktpreis für das Jahresprodukt Baseload 2002 am 2. Oktober 2001 bei 22,45 EUR/MWh, während der Durchschnittspreis der vier Quartalsprodukte mit einer Bewertung von 22,49 EUR/MWh um 0,04 EUR/MWh oder

4 TEUR/100 GWh teurer war. Die physische Stromlieferung ist identisch. Der preisliche Unterschied zwischen der Kombination aus Peakload-Quartalsprodukten und dem Peakload-Jahresprodukt war am 2. Oktober 2001 mit 8 TEUR/100 GWh doppelt so hoch.

Übersicht 5: Beispielhafte Kalkulation einer Jahreslieferung zu einem Stichtag aus Großhandelsbausteinen

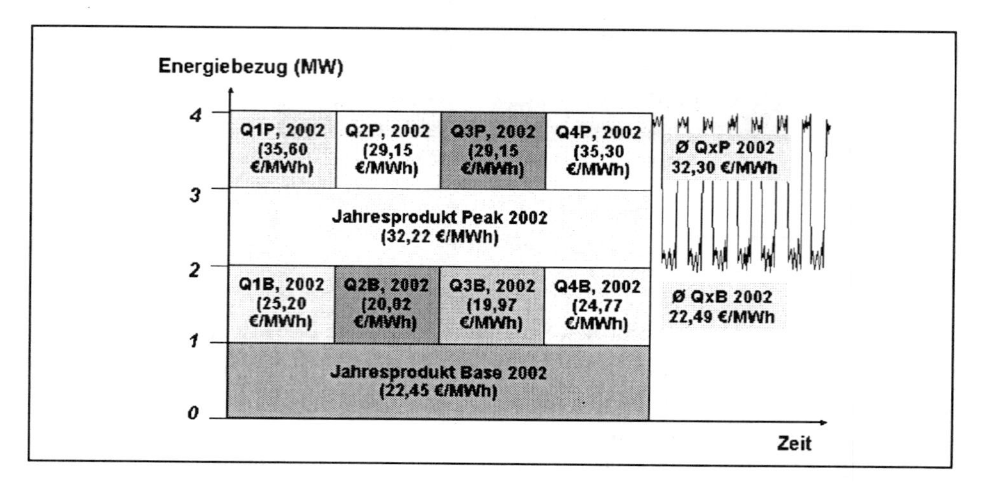

Eine der kleineren Herausforderungen für den Nachfrager liegt darin, aus einer Vielzahl möglicher Produktkombinationen die für ihn und nicht die für den Händler optimale Produktkombination an diesem Stichtag zu ermitteln. Eine noch viel größere Herausforderung für den Nachfrager liegt darin, den „richtigen" Zeitpunkt zum Abschluss für die Gesamtmenge zu erreichen, wo sich der Marktpreis für seine Produktkombination auf dem Tiefstpunkt und nicht in einer Hochpreisphase befindet.

Angesichts der hohen und teilweise gegenläufigen Preisschwankungen für die einzelnen Großhandelsprodukte ist diese Vorgehensweise mit der Gesamtmenge zunehmend mit einem Lottospiel zu vergleichen. Entweder wird die Gesamtmenge zufällig zu einem Tiefstpreis gekauft oder es muss genauso zufällig die Preisstellung in einer Hochpreisphase des Marktes akzeptiert werden. Selbst bei Jahresvolatilitäten von nur 40 Prozent für Jahresprodukte sind mit der Fortsetzung einer herkömmlichen Vollversorgung häufig Preisrisiken in Millionenhöhe verbunden, die man aus Sicht der Geschäftsleitung zu vermeiden sucht.

Ein sehr viel größerer Spielraum in der Preisgestaltung für den eigenen Energiebezug besteht in der kontinuierlichen Nutzung des Marktes über die Zeitachse. Angesichts der in den Übersichten 1, 2 und 3 beispielhaft aufgezeigten hohen Preisschwankungen für die einzelnen Stromgroßhandelsprodukte gilt es, für jedes einzelne benötigte Produkt die jeweilige Tiefpreisphase zu nutzen.

Übersicht 6: Hohe Preisschwankungen pro Einzelprodukt mit Gesamtpreisrisiko von 34 Prozent (817 TEUR pro 100 GWh)

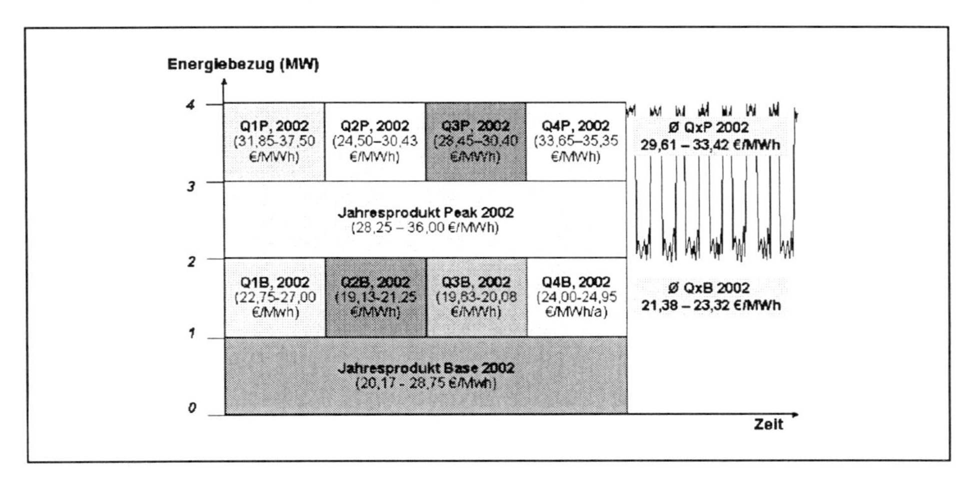

Wie aus Übersicht 6 hervorgeht, schwankte der Preis für die Einzelprodukte, die für eine Belieferung für das Jahr 2002 erforderlich sind, pro Einzelprodukt erheblich. In Summe für das ganze Paket ergaben sich bei Ausnutzung der Preisschwankungen im Verlaufe des Jahres 2000 und 2001 Gesamtpaketpreise zwischen 24,21 EUR/MWh bis 32,38 EUR/MWh. Dies bedeutet ein Preisrisiko von ca. 34 Prozent auf den Niedrigstwert bzw. 817 TEUR pro 100 GWh.

4. Bezugsrechte (Optionen) zur Steuerung von Mengenrisiken

Mengenmäßige Grundlage für die Planung eines Nachfrageportfolios bzw. für die Kalkulation von Angeboten durch den Händlern ist das benötigte Lastprofil. Mit Abschluss eines auf einem Lastprofil beruhenden Liefervertrags entsteht sowohl eine

Lieferverpflichtung des Händlers als auch eine Bezugsverpflichtung des Einkäufers (=Take-or-Pay) auf Basis des zu Grunde liegenden Lastprofils.

Häufig ist allerdings die endgültige Form des Lastgangs für die Zukunft nicht bekannt oder nur mit hohem Kostenaufwand prognostizierbar und einhaltbar. Nur Teilmengen werden mit Sicherheit benötigt. Eine pauschale Abgeltung des entstehenden Mengenrisikos durch einen deutlich höheren Preis ist häufig nicht erwünscht.

Einen Ausweg bieten physische Optionen auf den Bezug von Strom. Nur wenn die im Rahmen einer Bezugsoption (Call-Option) definierten Mengen auch tatsächlich benötigt werden, wird die Option ausgeübt und die Mengen werden zum in der Option festgelegten Strike-Preis geliefert. Bei Nichtausübung verfällt die Option, das für die Option gezahlte Entgelt verbleibt als Versicherungsprämie beim Stillhalter.

5. Entwicklung vom Energie- zum Finanzmarkt

Neben niedrigen Beschaffungspreisen ist für den Einkäufer ein hohes Maß an Planungssicherheit wichtig. Eine Vermeidung von hohen Preisrisiken ist für viele Nachfrager weitaus wichtiger als der absolut tiefste Einkaufspreis. Im Rahmen eines aktiven physischen Portfoliomanagements werden die benötigten Positionen zu Niedrigpreisphasen sukzessive aufgefüllt. Mit zunehmender Auffüllung des eigenen Portfolios besteht zunehmende Planungssicherheit durch abgesicherte Preise. In Bezug auf die gekauften physischen Mengen besteht eine Abnahme- und Bezugsverpflichtung.

Zur Verhinderung des Zusammenbruchs des gesamten Marktes beim Ausfall einiger Marktteilnehmer auf der Händler- oder Nachfragerseite werden zwischen den Handelsparteien (hierzu gehört auch der am Großhandelsmarkt einkaufende Endkunde) zunehmend gegenseitige Sicherheiten, das so genannte Colateral, vereinbart. Bei monatlicher Zahlungsweise der tatsächlich gelieferten Energie und einem Zahlungsziel mit Ende des auf die Lieferung folgenden Monats umfassen die Sicherheiten üblicherweise den Lieferwert von ca. zwei Monaten eines Produktes. Durch das Stellen von Sicherheiten wird Kapital auf beiden Seiten im größeren Maßstab gebunden.

Durch den Einsatz von Finanzinstrumenten mit finanzieller Erfüllung kann das Ausmaß an zu stellenden Sicherheiten reduziert werden. Beim Kauf eines Jahresfutures über eine Energiebörse wird beispielweise nicht mehr die darin verbriefte Energiemenge physisch geliefert, sondern es wird lediglich ein finanzieller Ausgleich zum Spotmarktpreis während der Lieferung geschaffen. Damit ist mit Kauf des Futures der entsprechende Spotmarktpreis abgesichert. Um Zahlungsverpflichtungen abzusichern, muss nur noch die Differenz zwischen dem Preis des Underlying und dem Futurepreis als Sicherheit bereitgestellt werden. Im Ergebnis ist dies ein sehr viel geringerer Betrag als bei physischen Forwards.

Im neuen Energiemarkt werden diese Absicherungsinstrumente für den größeren Energieeinkäufer getrennt vom dem zu Grunde liegenden Produkt, dem Underlying „Strom", als eigene Finanzprodukte verfügbar sein. Als standardisierte Produkte werden sie über Börsen gehandelt, zur Absicherung von spezifischen Bedürfnissen werden sie am so genannten OTC-Markt bilateral vereinbart. Auf der Anbieterseite kommen zu den Energiehändlern die entsprechenden Handelsabteilungen der Banken sowie Hedge-Fonds-Manager hinzu.

Der Einkäufer muss für seinen Bedarf die angebotenen Produkte aus seiner Sicht geschickt kombinieren. Die ständige Neukombination aus einer Vielzahl aus physischen Lieferverträgen und insbesondere finanziellen Absicherungsinstrumenten wird als finanzielles Energieportfoliomanagement bezeichnet. Einfache Formen solcher Absicherungsinstrumente sind z.B. Futures auf Strom. Ein Stromfuture ermöglicht den Kauf von Strom auf Ziel. So kann z.B. durch den Kauf eines Januarfutures schon im September der zum Kaufdatum im September gültige Preis für die Stromlieferung im Januar gesichert werden. Monatsfutures auf Strom werden seit dem Jahr 2001 an den Terminmärkten der Energiebörsen gehandelt. Die Anzahl der an Börsen und außerbörslich gehandelten Produkte wird stark zunehmen. Bilaterale, also nicht über Börsen vereinbarte Stromfutures, können als Stromforwards von den börsenüblichen Standardmengen abweichen und damit den Besonderheiten der Einkäuferbedürfnisse gerecht werden.

Futures gehören zu den so genannten symmetrischen Finanzinstrumenten mit je nach Entwicklung des Marktes gleichen Zahlungsverpflichtungen für beide Handelspartner des Futures.

Asymmetrische Finanzinstrumente sind verschiedenste finanzielle Optionen, die dem Käufer eines Optionsrechtes ein Recht, aber keine Verpflichtung zur Ausübung eben der Option geben. Der Kauf einer Call-Option gegen Zahlung einer „Versicherungsprämie" (= Optionspreis) etwa gibt dem Energieeinkäufer das Recht (aber nicht die Verpflichtung) auf den Kauf von Strom zum vereinbarten Basispreis. Diese Option wird der Energieeinkäufer dann ausüben, wenn der Marktpreis den vereinbarten Basispreis überschreitet. Auf der Gegenseite stehen für den Kraftwerksbetreiber Put-Optionen zur Verfügung, die zum Verkauf zu einem definierten Mindestpreis berechtigen.

Zur Abbildung der speziellen Bedürfnisse können die Rechte in Optionen an die verschiedensten Rahmenbedingungen geknüpft werden. Auch für den Energiemarkt sind vielfältigst gestaltete Optionsrechte denkbar. Insbesondere dann, wenn spezielle Kundenbedürfnisse in Form von Optionen abgedeckt werden müssen, ist für die Strukturierung und faire Bepreisung dieses Geschäfts ein erhebliches Maß an finanzwirtschaftlichem Know-how für die Energiewirtschaft aufzubauen. Dieses Know-how stellt der Energiebroker Energy & More als einen Teil seiner Dienstleistung mit Parteinahme für seine Auftraggeber bereit.

Im Rahmen des Energieportfoliomanagements erlauben beliebige Kombinationen von zunehmend komplexeren Absicherungsinstrumenten die Abbildung individueller Risikomanagementstrategien für den Energieeinkäufer. So können durch den Kauf von Caps Energiepreisobergrenzen gesichert werden. Floors definieren Energiepreisuntergrenzen. Die Kombination aus einem Cap und einem Floor bilden einen Collar, einen Energiepreiskorridor, innerhalb dessen der Einkäufer Chancen und Risiken realisiert. Energiepreisrisiken, die über die Bandbreite des Collars hinausgehen, werden auf der Risiken- und Chancenseite durch den jeweiligen Gegenpart, den Stillhalter, aufgefangen.

6. Aktives Nachfrage-Portfoliomanagement zur Steuerung der unvermeidbaren Preisrisiken

Die Marktentwicklungen erfordern ein ausbalanciertes Nutzen von Chancen bei Tiefstpreisen und Absichern von Risiken bei Höchstpreisen. Insbesondere die Risiken sind nach oben offen, während die nutzbaren Chancen im Energiemarkt gering sind. Zur Vermeidung der bei einer Vollversorgung theoretisch unbegrenzt hohen Preisrisiken nach oben wird die zukünftige Nachfragemenge sukzessive am Markt eingekauft.

So kann eine Messgröße für den Einkauf etwa lauten: 50 Prozent der für 2003 benötigten Baseload-Menge soll bis Ende 2001 preislich abgesichert sein. Eine dazu gehörende risikovermeidende Einkaufsregel kann lauten: Kaufe eine Menge x immer dann, wenn sich der Preis für dieses Produkt binnen einer Woche um 10 Prozent nach unten bewegt hat. Behalte die gekauften Mengen unabhängig von ihrer weiteren Preisentwicklung.

Eine aggressivere und stärker ertragsorientierte Messgröße für den Einkauf kann etwa lauten: Entweder sollen 50 Prozent der für 2003 benötigten Baseload-Menge bis Ende 2001 preislich abgesichert sein oder 20 Prozent des Durchschnittspreises der Cal 03-Baseload-Menge während 2001 sollen in 2001 als Gewinn realisiert sein. Die hierzu gehörende ertragsoptimierende Einkaufsregel könnte dann lauten: Kaufe immer dann, wenn sich der Preis für dieses Produkt binnen einer Woche um 10 Prozent nach unten bewegt hat. Falls Zwischengewinne größer 15 Prozent Prozent auf den Einkaufspreis möglich, verzichte auf Preisabsicherung und realisiere Zwischengewinne.

An die Stelle eines einzigen „historischen" Lieferanten tritt aus Sicht des Einkäufers ein flexibel und nach Preiskriterien gestaffeltes Beschaffungsportfolio aus einer Vielzahl von Stromlieferverträgen, unterschiedlichen Strompreisen und dahinter stehenden unterschiedlichen Stromhändlern wie in Übersicht 7 dargestellt (vgl. v. Bernuth 2001a). Mit zunehmender Marktentwicklung werden zunehmend Finanzinstrumente zur aktiven preislichen Strukturierung des eigenen Nachfrageportfolios herangezogen.

Übersicht 7: Durch unabhängigen Portfoliomanager gestaffeltes Energienachfrageportfolio zur optimalen Nutzung von Zeitpunkt und Marktbreite

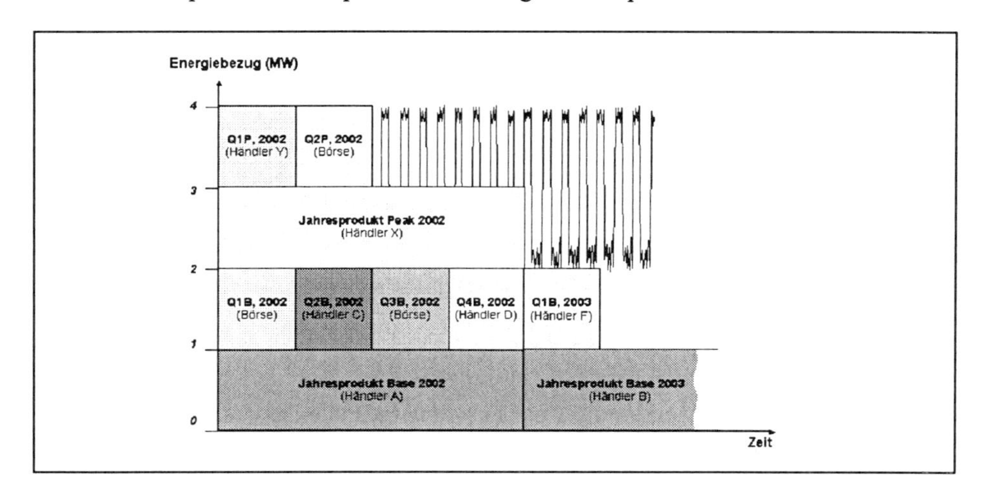

Ein solches Portfolio muss kontinuierlich betreut werden. Hierfür sind erhebliche Investitionen in geeignetes Personal, in IT-Systeme usw. erforderlich. Eine Alternative

ist die Fremdvergabe der Betreuung. Hier ist darauf zu achten, dass der ausgewählte Portfoliomanager keinen Zielkonflikten zwischen der Optimierung seines eigenen Portfolios (= Maximierung der Handelsmarge) und der Optimierung von Fremdportfolios ausgesetzt ist. Zielkonflikte bestehen für einen Händler zum Beispiel darin, durch Marktentwicklungen unerwünscht gewordene Positionen im eigenen Portfolio im Kundenportfolio „abzuladen“. Dieser Zielkonflikt lässt sich nur dadurch verhindern, dass der ausgewählte Dienstleister keine eigenen Positionen, weder auf der Longseite (=Verkauf) noch auf der Shortseite (=Einkauf) hält. Energy & More hält per Geschäftsansatz keine eigenen Positionen.

7. Energieeinkauf aus haftungsrechtlicher Sicht

Mit dem Gesetz zur Kontrolle und Transparenz im Unternehmensbereich (KonTraG) wurde u.a. § 91 AktG um folgenden Absatz 2 erweitert: „Der Vorstand hat geeignete Maßnahmen zu treffen, insbesondere ein Überwachungssystem einzurichten, damit den Fortbestand der Gesellschaft gefährdende Entwicklungen früh erkannt werden“.

Das Aktiengesetz enthält jedoch keine Konkretisierung, welche Maßnahmen im Detail die gesetzlichen Vertreter zu treffen haben. Die konkrete Umsetzung der Pflicht zum Treffen von „geeigneten“ Maßnahmen ist von der Art und Größe und damit u.a. auch von der Branche, den betriebenen Geschäften sowie von der Struktur und dem Kapitalmarktzugang des jeweiligen Unternehmens abhängig, d.h. unternehmensindividuell zu beurteilen.

Nach § 91 Abs. 2 AktG sind geeignete Maßnahmen zu treffen, um zu gewährleisten, dass den „Fortbestand der Gesellschaft gefährdende Entwicklungen früh erkannt werden“. Bereits nach Generalklausel des bisherigen § 93 Abs. 1 AktG ist der Vorstand gehalten, im Rahmen seiner Organisationspflicht dafür Sorge zu tragen, dass Schäden vom Unternehmen ferngehalten werden, insbesondere unangemessen risikobehaftete Geschäfte unterbleiben.

An dieser Stelle sei ausdrücklich darauf hingewiesen, dass derivative Instrumente grundsätzlich die selben Marktpreisrisiken in sich bergen wie die zu Grunde liegenden physischen Großhandelsprodukte, da sich sowohl die herkömmlichen Vollversorgungsverträge als auch entsprechende finanzielle Instrumente durch eine eine Kombination aus den zu Grunde liegenden Instrumenten risiko- und chancenmäßig nachbilden lassen.

Die Haftung von Vorständen und Geschäftsführern rückt in diesem Zusammenhang zunehmend in den Blickpunkt der Öffentlichkeit (vgl. Vortisch/Innes/v. Bernuth 2001). Dazu beigetragen hat u.a. der Bundesgerichtshof (BGH) mit seiner Entscheidung (VI ZR 345/99), dass der Verjährungsbeginn von Schadensersatzansprüchen bei mehreren Gesamtschuldnern auch dann unabhängig voneinander festzustellen ist, wenn es sich hierbei einerseits um Organe und Mitarbeiter von juristischen Personen handelt und andererseits um das Unternehmen selbst. Das Urteil vom Dezember 2000 besagt, dass auch nach Jahren noch leitende Manager auf Schadensersatz verklagt werden können.

Mit einem Urteil aus 1997 (II ZR 175/96) entschied der BGH, dass der Aufsichtsrat einer Aktiengesellschaft verpflichtet sei, Schadensersatzansprüche gegen Vorstandsmitglieder geltend zu machen. Es ist davon auszugehen, dass das Urteil Ausstrahlungskraft auch in den Bereich einer GmbH-Führung entfaltet.

Über die Haftungsrisiken, denen leitende Manager und Aufsichtsorgane ausgesetzt sind, sind sich viele nicht im Klaren. Um im Wettbewerb bestehen zu können, müssen sie häufig unter enormen Zeitdruck Entscheidungen treffen und dabei Tag für Tag hohe Risiken eingehen. Je nach absoluter oder relativer Bedeutung der Energiekosten für ein Unternehmen sind angesichts der extrem hohen Preisvolatilitäten auch diese Entscheidungen von großer finanzieller Tragweite. Nicht immer können zudem delegierte Aufgaben akribisch geprüft und kontrolliert werden.

Wo ist die Grenze zwischen mutiger Unternehmensführung einerseits und Pflichtverletzung andererseits zu ziehen? Seit jeher sind Führungskräfte bei sämtlichen Entscheidungen durch das AktG (§93) oder GmbHG (§43) der Sorgfalt eines ordentlichen Kaufmanns verpflichtet. Eine wachsende Zahl von Unternehmenszusammenbrüchen hat zu neuen gesetzgeberischen Maßnahmen geführt: Mitte 1998 trat das Gesetz zur Kontrolle und Transparenz im Unternehmensbereich (KonTraG) in Kraft. Dabei geht es nicht zuletzt um Fälle, bei denen der eingetretene Schaden auf mehr oder minder schwerwiegende Mängel in der Organisation der Firma zurückgeführt werden kann.

Das Management ist verpflichtet, eine betriebliche Struktur zu etablieren und zu kontrollieren, die Schäden gegenüber seinem Unternehmen weitgehend vermeidet. Hierzu zählt je nach absoluter oder relativer Bedeutung der Energiekosten für die eigene Kostenstruktur sicherlich auch ein Risikomanagement zur Begrenzung der negativen Effekte der diskutierten hohen Preisschwankungen am Energiemarkt. Die Kontrollfunktion erstreckt sich hierbei nicht nur auf den eigenen Verantwortungsbereich, sondern auch auf den Kollegen im jeweiligen Leitungsorgan.

auch auf den Kollegen im jeweiligen Leitungsorgan. Deutsche Manager haften hierbei im Innenverhältnis gegenüber ihrem Unternehmen.

Standardmäßige Überwachungssysteme wie Funktionentrennung, Vieraugenprinzip oder Beachtung der Buchführungsvorschriften reichen jedoch nicht aus, um sich in kritischen Fällen als Manager einer haftungsrechtlichen Verantwortung zu entziehen.

Die Unternehmensspitze kann sich zwar durch Delegation von ihren Leitungsaufgaben entlasten, von haftungsrechtlicher Rechenschaft aber nur dann, wenn es ein angemessenes Kontroll- und Überwachungssystem gibt. In den Fokus rückt der durch das KonTraG neugefasste § 91 AktG, der den Vorstand verpflichtet, ein Früherkennungs- und Überwachungssystem einzurichten.

Daneben ist aus haftungsrechtlicher Sicht eine Definition, Dokumentation und laufende Überwachung der zugehörigen Aufbau- und Ablauforganisation vonnöten. Diese Strukturen werden im allgemeinen im Rahmen eines Managementberatungsprojektes wie z.B. dem Dienstleistungsangebot E&M-EnergyConsult definiert und dokumentiert.

Für bestimmte Gesellschaften ist darüber hinaus im Rahmen der Jahresabschlussprüfung gem § 317 Abs. 4 zu beurteilen, „... ob der Vorstand die ihm nach § 91 Abs 2. AkTg obliegenden Maßnahmen in einer geeigneten Form getroffen hat und ob das danach einzurichtende Überwachungssystem seine Aufgaben erfüllen kann."

III. Steuerung von Risiken und Chancen des Kunden durch den unabhängigen Portfoliomanager Energy & More

1. Verzicht auf Eigenhandel zur Sicherung der Unabhängigkeit

Der Händler oder Dienstleister mit eigenen Positionen optimiert sein eigenes Beschaffungsportfolio, versucht zu Tiefstpreisen zu kaufen und mit der nächsten Preisbewegung nach oben die gekauften Mengen mit möglichst hoher Marge weiterzuverkaufen (vgl. v. Bernuth 2000f). Im Ein- und Verkauf orientiert er sich am jeweils aktuellen Marktpreis. Eine aktive Minimierung seiner Handelsmargen durch objektive Beratung führt spätestens dann zu einem Interessenskonflikt, wenn der Händler eigene Positionen hält, die er bei schnellen und vom Kunden kaum nachvollziehbaren Marktpreisbewegungen kurz vor Fälligkeit noch oberhalb seines eigenen Einstiegspreises verkaufen möchte. Ein ähnlicher Konflikt gilt für den Dienstleister mit eigenen Short-Positionen. Deckt er mit einem guten Einkaufsgeschäft zunächst seinen eigenen Bedarf oder gibt er dieses Geschäft ohne zu zögern an seinen Kunden weiter (vgl. v. Bernuth 2000e)?

Für den Einkäufer von Strom bedeuten die hohen Volatilitäten eine bisher nicht gekannte zusätzliche Herausforderung. Zusätzlich zum bisherigen, im allgemeinen technisch geprägten Tagesgeschäft kommen umfangreiche und inhaltlich völlig neue Anforderungen auf den Einkäufer von Strom zu. Um die eigenen Beschaffungsprozesskosten im Griff zu halten und dennoch mit den Marktentwicklungen umgehen zu können, wird beim Nachfrager häufig nur eine Steuerungskompetenz für den Energieeinkauf aufgebaut und die laufende Abwicklung des Management des eigenen Portfolios an einen die Kundeninteressen vertretenden Energiebroker wie Energy & More abgegeben.

Im Gegensatz zu anderen Brokern positioniert sich Energy & More nicht neutral zwischen den Vertragsparteien und ist einzig und alleine am Zustandekommen (irgend)eines Vertrages interessiert. Energy & More positioniert sich klar auf der Nachfragerseite im Energiemarkt und managt die Nachfrageportfolios seiner Kunden als Dienstleister und erhält hierfür ein Management Fee. Zur Vermeidung der Interessenkollisionen eines Dienstleisters/Händlers mit eigenen Positionen nimmt Energy & More niemals eigene Positionen, weder auf der Long- noch auf der Short-Seite (vgl. v. Bernuth 2000c).

Aus dem bisherigen Einmal-Einkaufsvorgang für einen Energielieferungsvertrag wird zur Risikostreuung und Chancennutzung eine sehr viel größere Zahl von Einzeleinkaufsvorgängen.

Stellvertretend für den Kunden übernimmt Energy & More

- die ständige Beobachtung und Analyse des Großhandelsmarktes,
- die Entwicklung und laufende Überprüfung/Anpassung von zur Risikoneigung des Kunden passenden Einkaufsstrategien,
- die Durchführung von Kauf- und Verkaufsvorgängen,
- das laufende Portfolio- und Risikoreporting sowie im Bedarfsfalle
- die Abwicklung der physischen Lieferung über Energy & More-eigene Bilanzkreise.

Sofern der historische Lieferant eines Kunden zu jedem Zeitpunkt der günstigste Anbieter im Markt ist, werden in Absprache mit dem Kunden die jeweiligen Großhandelsprodukte bei diesem Händler beschafft.

Unter der sicherlich vereinfachenden Annahme, dass alle am Markt vertretenen Händler ihr Geschäft mit der gleichen inhaltlichen Qualität beherrschen, ergibt sich am Energiemarkt ein Nullsummenspiel, in dem zu einem Zeitpunkt der eine Händler zu günstigeren Preisen (und immer noch eigenem Gewinn) verkaufen kann und zu einem anderen Zeitpunkt ein anderer Händler. Der Nachfrager ist daher gezwungen, die gesamte Marktbreite für jeden einzelnen Einkaufsvorgang zu nutzen.

Zur Erfüllung seiner Aufgaben stellt Energy & More eine größere Zahl von Tools bereit, die in der Folge auszugsweise angesprochen werden. Im Vorfeld der Strategiefindung und Einführung eines aktiven Portfoliomanagements unterstützt Energy & More den Kunden als Managementberater.

2. E&M-EnergieAuction als Instrument zur effizienten Nutzung der Marktbreite

Neben der Bestimmung des optimalen Zeitpunktes für jeden einzelnen Teileinkauf bleibt die herkömmliche Frage der Nutzung des Wettbewerbs durch Preisvergleich zwischen den verschiedenen Händlern. Herkömmliche papierbasierte Ausschreibungen mit anschließenden Verhandlungen sind zu langsam für den Energiemarkt. Entweder wird das Telefon oder ein Reverse Auction-Mechanismus wie die internetbasierte E&M-EnergyAuction oder der Energiebörsenzugang von Energy & More zur Nutzung der Marktbreite eingesetzt. Eine Reverse Auction-Plattform für Strom hat Energy & More als weltweit erster Anbieter bereits Ende 1999 bereitgestellt.

Übersicht 8: E&M-EnergyAuction – die Reverse Auction-Plattform von Energy & More zur schnellen Nutzung der Marktbreite

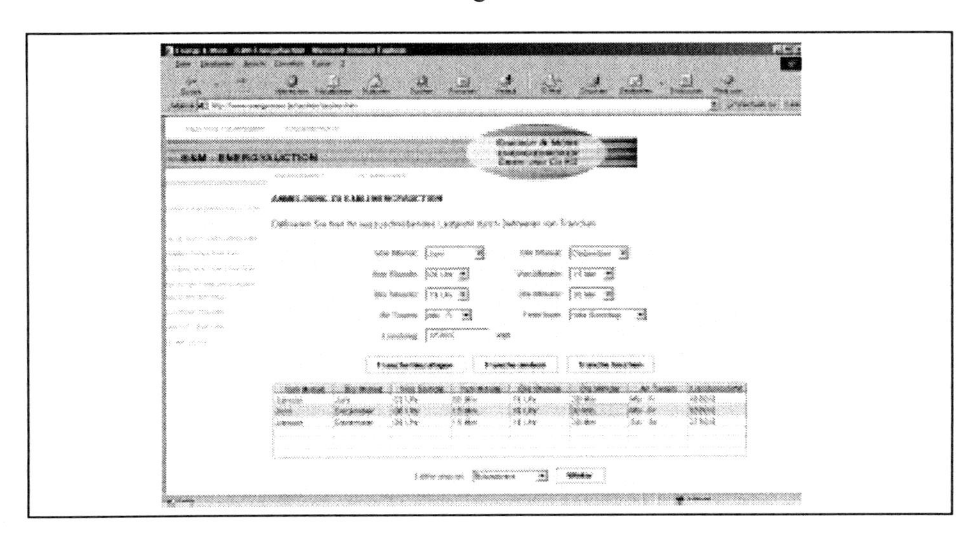

Bei der Reverse Auction-Plattform gibt der Nachfrager ein verbindliches Kaufangebot mit der Möglichkeit der Vorgabe eines Maximal- bzw. Zielpreises vor. Dies bestätigt er durch seine Unterschrift unter einen im Rahmen der Auftragserfassung generiertes Auftragsformular. Anhand eines Lastprofileditors gemäß Übersicht 8 kann der Nachfrager auch individuelle Nachfragestrukturen definieren. Nach Freigabe der Auktion durch Energy & More wird eine größere Zahl von Energiehändlern per E-Mail automatisiert benachrichtigt. Es erfolgt nun ein Bietprozess in Form einer Reverse Auction. Jeweils der günstigste Anbieter hält das Gebot. Jedes wirksame Gebot wird am Bildschirm und per E-Mail automatisiert bestätigt. Falls ein Bieter das Gebot nicht mehr hält, weil er unterboten wurde, wird er ebenfalls zusätzlich per E-Mail informiert und kann beliebig oft nachbieten. Der Zeitraum für die Abgabe von Geboten kann vom Kunden parametrisiert werden und wird sich mit der Weiterentwicklung des Energiemarktes von wenigen Tagen schnell auf wenige Minuten verkürzen müssen. Der günstigste Bieter, der gleichzeitig die vom Nachfrager gesetzte Höchstpreisgrenze unterschreitet, erhält den verbindlichen Zuschlag. Auf Basis des hinterlegten Vertrages werden nach Abschluss der Reverse Auction und damit mit Abschluss eines verbindlichen Energieliefer- bzw. Bezugsvertrages die Konditionen und Lieferbedingungen noch einmal per Briefpost bestätigt. Nachfrager und Bieter sparen aufwändige persönliche Verhandlungen.

3. Risikomanagementsoftware von Energy & More zur laufenden Bestimmung der individuellen Kundenposition

Angesichts der ständigen Preisschwankungen ist es verständlich, dass ein Nachfrager täglich nachvollziehen können möchte, wie viel seine individuelle Nachfrage für die kommenden drei Jahre bewertet zu aktuellen Marktpreis wert ist. Falls im Rahmen eines aktiven Portfoliomanagements bereits einzelne Positionen abgesichert sind, stellt sich die gleiche Frage für die noch nicht abgesicherten Nachfragemengen und nach einer Profit/Loss-Rechnung für die bereits eingekauften Positionen.

Hier erstellt Energy & More basierend auf seinen Softwaretools die entsprechenden Berichte für den Kunden. Der Kunde nutzt diese Zahlen im Rahmen seines unternehmensübergreifenden Risikomanagements. Ansprechpartner von Energy & More für diese Fragestellungen des Energiebezugs ist im allgemeinen die kundeninterne Treasury-Abteilung.

4. Managementberatung durch Energy & More bei der organisatorischen Vorbereitung des Nachfragers

Bevor ein kontinuierliches Energieportfoliomanagement aufgenommen werden kann, müssen allein aus rechtlicher, aber auch aus ablauf- und ggf. aufbauorganisatorischer Sicht entsprechende Vorbereitungen getroffen werden. Dies geschieht im allgemeinen im Rahmen eines Organisationsprojektes, wie es Energy & More unter dem Namen E&M-EnergyConsult anbietet. Zur Erreichung des unternehmensweiten Optimums werden neben der Technik im Allgemeinen der Einkauf, das Treasury Department und Vertreter aus dem Bereich IT in einer Projektgruppe zusammengeführt (vgl. o.V. 2000).

Im ersten Schritt müssen von der Projektgruppe die unternehmensindividuellen Vorgehensweisen von der Strategie über Abläufe bis hin zu den Instrumenten eines operativen Risikomanagements definiert und geschaffen werden. Die vielfältigen im Unternehmen vorhandenen Ansätze spiegeln im allgemeinen den unterschiedlichen fachlichen Hintergrund und auch politische Fragen einer optimalen Aufgabenverteilung innerhalb eines Unternehmens wider. Häufig widersprechen sich die verschiedenen im Unternehmen vorhandenen Ansätze fundamental und/oder sind sachlich falsch. In der Startphase von E&M-EnergyConsult werden die unterschiedlichen Ansätze aufgenommen, auf Relevanz für das Tagesgeschäft geprüft und zu einem ganzheitlichen

Ansatz aus Sicht des Auftraggebers zusammengeführt. Basierend auf der somit gemeinsam definierten Strategie werden die zur Umsetzung erforderlichen Abläufe festgelegt. Hierbei werden all diejenigen Mitarbeiter in die Prozessdefinition einbezogen, für die sich am zukünftigen Arbeitsablauf etwas ändern wird. Somit wird ein ansonsten erheblicher Schulungsaufwand gleich vorweggenommen. Aus den Abläufen werden mit Hilfe von Moderationstools die entsprechenden Änderungen in den Stellenbeschreibungen abgeleitet und anschließend im Organisationshandbuch dokumentiert. Im allgemeinen reichen geeignete Verschiebungen von Aufgabenstellungen zwischen betroffenen Mitarbeitern aus, um den neuen Anforderungen gerecht zu werden. Solange kein eigener Handelsraum mit eigenem Front-, Middle- und Back-Office aufgebaut werden soll, sind zusätzliche Investitionen in neue Stellen im allgemeinen nicht erforderlich. Im dritten Schritt des E&M-EnergyConsult Projektes werden die zur Prozessunterstützung erforderlichen Instrumentarien definiert.

In einer Umsetzungsphase werden ggfs. notwendige technische Maßnahmen zum Beispiel im Bereich der Lastprognose realisiert. Die definierten Verfahren werden zunächst trocken geübt, um die allfälligen operativen Risiken (z.B. falsch ausgefüllt Formulare usw.) weitgehend auszuschalten.

Entsprechend den jeweiligen Marktentwicklungen wird anschließend sukzessive das tägliche Portfoliomanagementgeschäft aufgenommen und mit dem Kauf einzelner Absicherungspositionen begonnen.

Für das laufende Tagesgeschäftes des Portfoliomanagements ist für den Durchführenden die Vorhaltung von Personal, IT-Infrastruktur und Marktplatzzugängen erforderlich. Obwohl die Durchführung aus Sicht der Interessen des Einkäufers und nicht eines Händlers durchgeführt werden soll, werden die hohen Fixkosten eines eigenen Handelsraumes häufig gescheut.

Den Ausweg bietet die Abwicklung des Portfolio- und Risikomanagements durch einen Energiebroker/Portfoliomanager als Dienstleister, der keine eigenen Long- oder Short-Positionen hält und daher voll die Interessen des Nachfragers vertreten kann.

Der Energiebroker bietet anhand seiner vorhandenen Infrastruktur die nahtlose Übernahme von täglichen Energieportfolio- und Risikomanagementaktivitäten, die der Kunde nicht selber ausführen möchte. Der Kunde wird auch im hochvolatilen Energiebereich vom Preis- und Risikonehmer zum Preis- und Risikogestalter (vgl. Lüderwald/v. Bernuth 2001).

IV. Zusammenfassung

Zur Vermeidung der durch hohe Preisvolatilitäten hohen Preisrisiken ist für größere Industrienachfrager und kommunale Versorger aus wirtschaftlicher und rechtlicher Sicht die zügige Einführung eines aktiven Portfoliomanagements unvermeidbar. Die für das Jahr 2001 empirisch feststellbaren Preisrisiken für einfache Jahresverträge für 2002 lagen bei ca. 40 Prozent oder ca. 800 TEUR pro 100 GWh.

Ein Lieferant/Händler/Dienstleister mit eigenen Positionen auf der Long- oder Shortseite hat eigene Handelsinteressen und kann daher die Einkaufsinteressen seiner Vertragspartner nicht ohne Zielkonflikte vertreten.

Zunehmend wird daher auf einen unabhängigen Portfoliomanagement-Dienstleister wie Energy& More zurückgegriffen. Der Dienstleister sollte zur Vermeidung von Interessenskonflikten nie eigenen Positionen, weder auf der Long- noch auf der Shortseite, nehmen. Seine Fachkompetenz muss er durch langjährige Erfahrung im Energie- und relevanten Finanzmärkten sowie Referenzkunden nachweisen. Die für den IT-Dienstleister notwendige Infrastrukturen sind im Wesentlichen softwarebasiert. Hierzu gehören Portfoliobewertungs- und Risikomanagementsysteme genauso wie Reverse Auction-Plattformen und möglichst automatisierte Zugänge zu Energiebörsen.

Der Aufbau eines eigenen Handelsraums mit qualifiziertem Personal, mit dem Kauf und der laufenden Pflege von komplexen, energiespezifischen IT-basierten Risikomanagement-Systemen und teuren Zugängen zu Börsen und anderen Marktplätzen rechnet sich auch für große industrielle Verbraucher und kommunale Energiebezieher im Vergleich zur Nutzung eines externen Dienstleisters nicht. Energieportfoliomanager haben durch die hohen notwendigen Anfangsinvestitionen signifikante Markteintrittsbarrieren und sehen dafür zum Ausgleich einem stark wachsenden europaweiten Marktumfeld entgegen.

Literatur

Abaco, Nicholas (1993): Strategic Choices of the Shogo Shosha (Ph.D. thesis), University of California Irvine.

AGIS (Hrsg.) (2000): Arbeitshandschuh ab 249 DM, AGIS, Viersen.

Alt, Rainer (1997): Interorganisationssysteme in der Logistik, (DUV) Wiesbaden.

Auer, Sarah; Koidl, Roman M. (1997): Convenience Stores: Handelsform der Zukunft; Praxis, Konzepte, Hintergründe, (Deutscher Fachverlag) Frankfurt am Main.

Backhaus, Klaus (1999): Industriegütermarketing, 6. Aufl., (Vahlen) München.

Barth, Klaus (1999): Betriebswirtschaftslehre des Handels, 4. Aufl., (Gabler) Wiesbaden.

Bartlett, Brent L. (1998) Product Specialization among Japanese Wholesalers: The Role of Policy and Consequences for Market Access, Papers and Proceedings of the Conference on Japanese Distribution Strategy, Honolulu.

Batzer, Erich; Greipl, Erich (1974): Marktstrukturen und Wettbewerbsverhältnisse im Großhandel in den Ländern der Europäischen Gemeinschaften, (Duncker & Humblot) Berlin.

Batzer, Erich; Lachner, Josef; Meyerhöfer, Walter (1991): Der Handel in der Bundesrepublik Deutschland – Strukturelle Entwicklungstrends und Anpassungen an veränderte Markt- und Umweltbedingungen, (ifo-Institut für Wirtschaftsforschung) München.

Batzer, Erich; Lachner, Josef; Täger, Uwe Chr. (1991): Der Großhandel in den neuen Bundesländern – Anpassung an die Erfordernisse einer modernen Marktwirtschaft. ifo Studien zu Handels- und Dienstleistungsfragen 41, (ifo Institut) München.

BBE (Hrsg.) (1999): Der Großhandel in Deutschland – 1999/2000, Köln.

Bergmann, Burckhard (2001): West Europe gas market looks confidently forward, in: Pipe Line & Gas Industry, 84. Jg., Nr. 5, S. 41-44.

Bernuth, Wolf B. von (1999a): Auktionen andersrum – Beispiel aus dem Energie-Einkauf, in: Frankfurter Allgemeine Zeitung, Beilage E-Conomy – E-Business, E-Commerce, E-Services, 13.06.

Bernuth, Wolf B. von (1999b): Der Energiebroker – Die Liberalisierung erweitert auch die Palette der Berufsbilder, in: Frankfurter Allgemeine Zeitung, Energiebeilage, 23.11.

Bernuth, Wolf B. von (2000a): Das Internet definiert neue Spielregeln im Energiemarkt – Die Reverse Economy wird Wirklichkeit, in: Unternehmermagazin, April.

Bernuth, Wolf B. von (2000b): Fixkosten für Bilanzkreise sind Wettbewerbsblocker, in: Marktplatz Energie, Juli.

Bernuth, Wolf B. von (2000c): Nichthandeln bedeutet Rückschritt – Strategische Weichenstellungen für den Energieeinkauf, in: Frankfurter Allgemeine Zeitung, Beilage Finanzinstrumente, 20.09.

Bernuth, Wolf B. von (2000d): Der Energieeinkauf wird zum komplexen Warentermingeschäft – Die internationalen Energiemärkte befinden sich in einem tiefgreifenden Wandel, in: Handelsblatt, Bereich Finanzinnovationen, 05.10.

Bernuth, Wolf B. von (2000e): Handeln mit Kilowatt im Sekundentakt – Energiebroker handeln Strom, Gas im Kundenauftrag – komplexes Management des Energieportfolios, in: Die Welt, 10.11.

Bernuth, Wolf B. von (2000f): Energiehandel im Kundenauftrag – Wie Energiebroker den Strommarkt erschließen, in: Frankfurter Allgemeine Zeitung, Energiebeilage, 21.11.

Bernuth, Wolf B. von (2001a): Energy-by-Call – Herkömmliche Vollversorgung versus eigenes Energieportfoliomanagement, in: Handelsblatt, 17.01.

Bernuth, Wolf B. von (2001b): Verbindliche Regeln – Netzbetreiber und Regulierung, wie lange geht es noch ohne?, in: Handelsblatt, 23.05.

Bernuth, Wolf B. von (2001c): Regulierung im deutschen Energiemarkt – eine Notwendigkeit?, in: Wirtschaftswelt Energie, Juni.

Bernuth, Wolf B. von (2001d): Gegen die Risiken am Strommarkt gibt es wirksame Mittel – Die sehr volatilen Energiemärkte erfordern aktives Portfoliomanagement von den Einkaufsabteilungen, Handelsblatt, Bereich Finanzinnovationen, 26.09.

Biehl, Bernd (2001): Profis sorgen für Ordnung im OTC-Regal, in: Lebensmittel Zeitung, Nr. 17 vom 27.04., S. 40.

Bôeki Kishakai (2000): ohne Titel, Tokio.

Bogaschewsky, Ronald; Müller, Holger (2001): b2b Marktplatzführer: Virtuelle Handelsplattformen für Deutschland, (Bundesverband Materialwirtschaft, Einkauf und Logistik e.V.) Frankfurt.

Boston Consulting Group (2000): B2B-E-Commerce in Deutschland, München.

Boutellier, Roman; Locker, Alwin (1998): Beschaffungslogistik: mit praxiserprobten Konzepten zum Erfolg, (Hanser Verlag) Wien.

Bretzke, Wolf-Rüdiger (2001): Die Zukunft elektronischer Transportmarktplätze: Nur wenige kommen durch, in: MyLogistics – Das Logistikportal, http://www.my-Logistics.net/De/News/themen/key/news15213/jsp, Meldung vom 04.07.

Bretzke, Wolf-Rüdiger; Ploenes, Patrick; Gesatzki, Roman (2001): Die „dot.com"-Welle in der Transportindustrie, Studie der KPMG, Düsseldorf.

Brückmann, Matthias (1999): Energiemarkt im Wandel, in: Betrieb & Energie, o.Jg., Nr. 5, S. 26-29.

Bundesverband des Groß- und Außenhandels BGA (2000): Geschäftsbericht 2000/2001, Berlin.

Burkhardt, Andre (2001): Liberalisierung des Erdgasmarktes in den USA und Deutschland – Unterschiede, in: Energiewirtschaftliche Tagesfragen, 51. Jg., Nr. 4, S. 212-216.

Calof, Jonathan L.; Beamish, Paul W. (1995): Adapting to Foreign Markets: Explaining Internationalization, in: International Business Review, 4. Jg, S. 115-131.

Conextrade (Hrsg.) (2001): Building Bridges Between Businesses: The Swiss B2B eMarketplace Study, (Conextrade AG) Zürich.

Costco (Hrsg.) (1998): Annual Report 1998, Issaquah/WA.

Costco (Hrsg.) (2000): Annual Report 2000, Issaquah/WA.

Curtius, Friedrich (2000): Stromhandel als Herausforderung, in: Energiewirtschaftliche Tagesfragen, 50. Jg., Nr. 9, S. 626-633.

Dieckheuer, Gustav (1998): Internationale Wirtschaftsbeziehungen, 4. Aufl., (Oldenbourg) München-Wien.

Dietz, Dirk (2001): Größe als schlagendes Argument, in: Lebensmittel Zeitung, Nr. 25 vom 22.06., S. 41-42.

Dohet-Gremminger, Annick (1997): Markstrategien im Großhandel, (Deutscher Universitäts Verlag) Wiesbaden.

Dolles, Harald (1997): Keiretsu - Emergenz, Struktur, Wettbewerbsstärke und Dynamik japanischer Verbundgruppen, (Peter Lang) Frankfurt a.M.

Dolles, Harald (1999): Keiretsu: Strukturelle Merkmale und wettbewerbsstrategische Handlungen vertikaler und horizontaler Verbundgruppen in Japan, in: Eisenhofer-Halim, Hannelore; Pörtner, Peter; Wöhlbier, Holger (Hrsg.): Facetten des modernen Japan, (Peter Lang) Frankfurt a.M. u.a., S. 379-431.

Dudenhausen, Roman; Döhrer, Andreas; Gravert-Jenny, Ulrike (1999): Strom- und Gashandel in Stadtwerken, in: Energiewirtschaftliche Tagesfragen, 49. Jg., Nr. 5, S. 302-305.

Eigenstetter, Rainer (2001): C-Shop on top, (HypoVereinsbank, Unternehmensbereich Privat- und Geschäftskunden) München.

Eli, Max (1977): Sogo Shosha – Strukturen und Strategien japanischer Welthandelsäuser, (Econ) Düsseldorf-Wien.

Eli, Max (1988): Japans Wirtschaft im Griff der Konglomerate, (FAZ) Frankfurt.

Ellwanger, Niels; Dudenhausen, Roman; Hüther, Marc; Schmitz, Holger (2001): Internetbasierte Großhandelsmärkte als Konkurrenz zu Energiebörsen, in: Energiewirtschaftliche Tagesfragen, 51. Jg., Special e-world of energy, Nr. 1/2, S. 4-7.

Engelhardt, Werner H.; Kleinaltenkamp, Michael (1988): Marketing-Strategien des Produktionsverbindungshandels, Arbeitspapiere zum Marketing Nr. 23, hrsg. von Engelhardt, Werner H.; Hammann, Peter, Bochum.

EU-Kommission (2001): Vollendung des Energiebinnenmarktes, Mitteilung der Kommission an den Rat und das Europäische Parlament, Brüssel.

Falk, Bernd; Wolf, Jakob (1992): Handelsbetriebslehre, 11. Auflage, (Verlag Moderne Industrie) Landsberg a.L.

Fraunhofer Institut Arbeitswirtschaft und Organisation (Hrsg.) (2000): MediaVision Klima Marktstudie Elektronische Marktplätze, (Fraunhofer IRB Verlag) Stuttgart.

Friedrich, Ingo (2000): Europa 2000 und der Handel, in: Bundesverband des Deutschen Groß- und Außenhandels; Greipl, Erich; Spary, Peter (Hrsg.): Dem Handel verpflichtet, (BGA) Berlin, S. 118-124.

Furiani, Marc; Bernuth, Wolf B. von (2001): Stromeinkauf ist komplexes Warentermingeschäft, in: Wirtschaftswelt Energie, Juli/August.

Gehe AG (Hrsg.) (2001): Einzelhandel, http://www.gehe.de/deutsch/divisions/ pharmacy_retail/retail2.htm, 11.09.

Get AG (Hrsg.) (2001): Was ist Pooling?, http://www.get-strom.de, 21.08.

Gerbert, Philipp; Brich, Alex; Schneider, Dirk; Schnetkamp, Gerd (2001): Digital Strom, Fresh Business Strategies from the Electronic Marketplace, (Capstone Publishing Limited) Oxford.

Greenberg, Paul (2001): CRM at the Speed of Light: Capturing and Keeping Customers in Internet Real Time, (Osborne/McGraw-Hill) Berkeley U.S.A.

Greipl, Erich (2000): Auf dem Weg in die Händlergesellschaft – Die neue strategische Position der Intermediäre, in: Bundesverband des Deutschen Groß- und Außenhandels; Greipl, Erich; Spary, Peter (Hrsg.): Dem Handel verpflichtet, (BGA) Berlin, S. 144-148.

Grillmaier, Gustav (2001): Entwicklung im Großhandel im Jahr 2000, in: Wirtschaft und Statistik, o. Jg., Nr. 3, S. 181-185.

Hall, John Whitney (1968): Das japanische Kaiserreich, (Fischer) Frankfurt a.M.

Hampl, Peter (1998): Europäische Marketing- und Einkaufsallianzen: EMD, in: Zentes, Joachim; Swoboda, Bernhard (Hrsg.): Globales Handelsmanagement, (Deutscher Fachverlag) Frankfurt a.M., S. 307-324.

Hansen-Kuhn, Karen (1996): Free Trade Agreement of the Americas, in: Foreign Policy in Focus, 1. Jg., Nr. 27, S. 1-4.

Hentrich, Johannes (2001): B2B-Katalogmanagement-E-Procurement und Sales mit XML, (Galileo Press) Stuttgart.

Herzog, Karen (2000): Stand der Reformen/Wirtschaftsentwicklung, in: FAZ; Rödl & Partner (Hrsg.): Mittel- und Osteuropa Perspektiven – Jahrbuch 2000/2001, (FAZ) Frankfurt a.M., S. 6-11.

Hilpert, Hanns G. (1994): Strategische Unternehmensverflechtungen in Japan (Keiretsu): Vorteile im internationalen Wettbewerb? in: ifo-Schnelldienst, o. Jg., Nr. 27, S. 17-24.

Hilpert, Hanns G. (2002): Sôgô Shôsha Quo Vadis? The Strategies of the Japanese General Trading Houses in the Chinese Market, in: Haak, René, Hilpert, Hanns G. (Hrsg.): Focus China: The New Challenge for Japanese Management, (Iudicium) München (im Druck).

Hilpert, Hanns G.; Laumer, Helmut; Martsch, Silvia; Nassua, Thomas (1998): Markterschließung und Distributionswege in Japan – Die Erfahrungen deutscher Unternehmen, (ifo Institut für Wirtschaftsforschung) München.

Hirn, Wolfgang (1987): Hier boomt es gewaltig, in: Manager Magazin, Nr. 6, S. 142-153.

Hirschmeier, Johannes S.V.D. (1964): The Origins of Entrepreneurship in Meiji Japan, (Harvard University Press) Cambrige.

Hoffmann, Marcus (1998): Außenhändler im Wettbewerb auf den Weltmärkten, (Deutscher UniversitätsVerlag) Wiesbaden.

Hudetz, Kai (2000a): E-Commerce – Chancen und Risiken für den Großhandel, in: Müller-Hagedorn, Lothar (Hrsg.): Zukunftsperspektiven des E-Commerce im Handel, (Deutscher Fachverlag) Frankfurt a.M., S. 317-335.

Hudetz, Kai (2000b): Prozessinnovationen im Großhandel, (Kohlhammer) Stuttgart.

HypoVereinsbank (Hrsg.) (2000): Logistik – Das Rückgrat der New Economy, München.

Ihde, Gösta (2001): Transport – Verkehr – Logistik, 3. Aufl., (Vahlen) München.

Innes, William; Bernuth, Wolf B. von (2001): Wollen Sie kaufen? Mit der zunehmenden Reife des Gasmarktes werden die Schwankungen an Intensität zunehmen, in: Die Welt, 6. April.

Institut für Außenwirtschaft (1998): Operativ-strategische Auswirkungen des Euro auf das Exportgeschäft, (BGA/Gerling AG) Köln.

Itôchû Shôji Chôsabuhen (Hrsg.)(1997): Seminâru Nihon no Sôgô Shôsha, Dainiban, (Tôyô Keizai Shinpôsha) Tokio.

Japan Foreign Trade Council (2000): ohne Titel, (JFTC) Tokio.

Kaplan, Steven; Sawhney, Mohanbir (2000): E-Hubs: The New B2B Marketplaces, in: Harvard Business Review, 78. Jg., Nr. 3, S. 97-103.

Kasseborn, Kristian (2000): Energievertrieb im Wandel, in: Energiewirtschaftliche Tagesfragen, 50. Jg., Nr. 12, S. 910-913.

Kersten, Wolfgang (2001): Geschäftsmodelle und Perspektiven des industriellen Einkaufs im Electronic Business, in: Zeitschrift für Betriebswirtschaft, 71. Jg., Ergänzungsheft 3, S. 21-37.

Kleinaltenkamp, Michael (1994): Typologien von Business-to-Business-Transaktionen – Kritische Würdigung und Weiterentwicklung, in: Marketing-ZFP, 16. Jg., Nr. 2, S. 77-88.

Koch, Eckart (1998): Internationale Wirtschaftsbeziehungen, Bd. 1 – Internationaler Handel, 2. Aufl., (Vahlen) München.

Kojima, Kiyoshi; Ozawa, Terutomo (1984): Japan's General Trading Companies – Merchants of Economic Development, (OECD) Paris.

Kom-Strom AG (Hrsg.) (2001): Portfolio-Management, http://www.kom-strom.de/dienstleistungen/portfolio.html,20. August.

Koster, Karel (1996): Die Zukunftsperspektiven des deutschen Fachgroßhandels, (S + W) Hamburg.

Kroeber-Riel, Werner; Weinberg, Peter (1999): Konsumentenverhalten, 7. Aufl., (Vahlen) München.

Krubasik, Edward G.; Schrader, Jürgen (1990): Globale Forschungs- und Entwicklungsstrategien, in: Welge, Martin K. (Hrsg.): Globales Management: Erfolgreiche Strategien für den Weltmarkt, (Poeschel) Stuttgart, S. 17-27.

Kutschker, Michael; Bäurle, Iris (1997): Three + One: Multidimensional Strategy of Internationalization, in: management international review, 37. Jg., Nr. 2, S. 103-125.

Lachner, Josef; Täger, Uwe (1997): Entwicklungen in den Handelskooperationen unter handels- und wettbewerbspolitischen Aspekten, (ifo Institut) München.

Lambert, Douglas; Stock, James (1993): Strategic Logistics Management, (Irwin) Homewood/IL.

Lambertz, Josef (1995): Auswirkungen der Anwendung der NACE Rev. 1 auf die Ergebnisdarstellung der Binnenhandelsstatistiken, in: Wirtschaft und Statistik, o. Jg., S. 53-57.

Lamers, Richard (Hrsg.): Executive Summary – Studien Review 2001 – Internet & E-Business, (Symposion Publishing) Düsseldorf.

Lenz, M.; Ohlen, O.; Arni, A.: Business-to-Business Marketplaces in Europe, (Universität St. Gallen) St. Gallen.

Lerchenmüller, Michael (1995): Handelsbetriebslehre, 2. Aufl., (Kiehl) Ludwigshafen.

Liebmann, Hans-Peter; Zentes, Joachim (2001): Handelsmanagement, (Vahlen) München.

Linkert, Karin (1998): Der Großhandel im Europäischen Wirtschaftsraum, in: Mitteilungen des Instituts für Handelforschung an der Universität zu Köln, 50. Jg., Nr. 8, S. 165-172.

Lüderwald, Kai; Bernuth, Wolf B. von (2001): Vom Energiepreisnehmer zum Energiepreisgestalter – Hohe Preisvolatilitäten an den Energiemärkten erfordern aktives Portfoliomanagement beim Einkäufer, in: Wirtschaftswelt Energie, September.

Lüninck, Joachim Frhr. von (2000): Electronic Procurement Systeme und elektronische Marktplätze- Das Einkaufen wird revolutioniert, internes Papier, Cap Gemini Ernst & Young Consulting GmbH, Stuttgart.

Marquis, Günter (2001): Wettbewerb ist keine Einbahnstraße, in: Handelsblatt, Nr. 99 vom 23.05., S. B1.

Mathieu, Günter (1989): Wo bin ich?, in: Absatzwirtschaft, 32. Jg., Nr. 3, S. 66-67.

MC-Wetter GmbH (Hrsg.) (2001): Dienstleistungen – Energie, http://www.mc-wetter.de/produkte/energie.html, 11.9.

Meissner, Hans Günther (1995): Strategisches internationales Marketing, 2. Aufl., (Oldenbourg) München u.a.

Meissner, Hans Günther; Gerber, Stephan (1980): Die Auslandsinvestition als Entscheidungsproblem, in: Betriebswirtschaftliche Forschung und Praxis, 32. Jg., Nr. 3, S. 217-228.

Metro AG (Hrsg.) (2001): Konzernstrategie & Ausblick, Präsentation anlässlich des Analystentreffens am 10. Mai 2001, S. 20, http://www.metro.de/DE/INVESTORS/ pdf/presentation2001/konzernstrategie.pdf,20.08.

Morawitz, Alexander (2000): Systemlieferanten, (Draftex) o.O.

Moriya, Takashi (2001): Sôgô Shôsha no Keieikanri: Gôrika to Rôdômondai [Die Betriebsführung der Sôgô Shôsha: Rationalisierungen und das Mitarbeiterproblem], (Morikawashôten) Tokio.

Müller, Klaus (1984): Die Entwicklung der Wirtschaft bis 1867, in: Hammitzsch, Horst (Hrsg.): Japan-Handbuch, 2. Aufl., (Franz Steiner) Stuttgart, Sp. 2045-2058.

Müller-Hagedorn, Lothar (1997): Der Produktionsverbindungshandel: Ökonomische Bestimmungsfaktoren seiner Position, in: Backhaus, Klaus u.a. (Hrsg.): Marktleistung und Wettbewerb. Strategische und operative Perspektiven der marktorientierten Leistungsgestaltung, (Gabler) Wiesbaden, S. 425-448.

Müller-Hagedorn, Lothar (1999): Ansatzpunkte zur Steigerung der Wettbewerbsfähigkeit des Großhandels, in: Mitteilungen des Instituts für Handelsforschung an der Universität zu Köln, 51. Jg., Nr. 2, S. 21-35.

Müller-Hagedorn, Lothar (2000): Die Bedeutung des E-Commerce für den Großhandel, in: Bundesverband des Deutschen Groß- und Außenhandels; Greipl, Erich; Spary, Peter (Hrsg.): Dem Handel verpflichtet, (BGA) Berlin, S. 92-97.

Müller-Hagedorn, Lothar (2001): Großhandelsmarketing, in: Tscheulin, Dieter K.; Helmig, Bernd (Hrsg.): Branchenspezifisches Marketing. Grundlagen – Besonderheiten – Gemeinsamkeiten, (Gabler) Wiesbaden, S. 465-495.

Müller-Hagedorn, Lothar; Schuckel, Marcus (1997): Der Handel in der amtlichen Statistik., in: von der Lippe, Peter; Rehm, Norbert; Strecker, Heinrich; Wiegert, Rolf (Hrsg.): Wirtschafts- und Sozialstatistik heute, (Verlag Wissenschaft und Praxis) Sternfels-Berlin, S. 110-140.

Müller-Hagedorn, Lothar; Spork, Sven (2000): Handel ohne Großhandel?, in: Foscht, Thomas; Jungwirth, Georg; Schnedlitz, Peter (Hrsg.): Zukunftsperspektiven für das Handelsmanagement, (Deutscher Fachverlag) Frankfurt a.M., S. 55-75.

Nakatani, Iwao (2001): IT Kakumei to Shôsha no Miraizô - e Mâketto Purêsu he no Chôsen [Die Internet-Revolution und die Zukunft der Handelsgesellschaften – Die Herausforderungen des elektronischen Handels], (Tôyô Keizai Shinpôsha) Tokio.

Nakatani, Iwao (Hrsg.)(1998): Portrait of Tomorrow's Trading Firms. Summary of the Final Report From a Special Research Project of the Same Title promoted by Japan Foreign Trade Council, Inc., (JFTC) Tokio.

Niegsch, Claus; Straßberger, Florian (2001): Europas Strommärkte im Umbruch, in: Handelsblatt, Nr. 99 vom 23.05., S. B5.

NordicPowerhouse (Hrsg.) (2001): Energy Trading, http://websrv02.hew.de/nph /index/, 21.08.

o.V. (2000): „Energiebroker" sollen Schwachstellen finden – Wie Unternehmen Strom- und Gaskosten sparen können, in: Handelsblatt, 10.08.

o.V. (2001a): Paris bremst Stromliberalisierung, in: Handelsblatt, Nr. 54 vom 16.03., S. 9.

o.V. (2001b): Frankreich verzögert die Öffnung der Strom- und Gasmärkte, in: Handelsblatt, Nr. 60 vom 26.03., S. 3.

Oberender, Peter; Menke, Dagmar (2001): Strategische Allianzen öffentlicher Betriebe/Einrichtungen: Das Beispiel Gesundheitswesen, in: Zentes, Joachim; Swoboda, Bernhard (Hrsg.): Perspektiven der Zentralregulierung, (Deutscher Fachverlag) Frankfurt a.M., S. 341-363.

OECD (Hrsg.) (1997a): Globalisation and Small and Medium Enterprises, Vol. 1: Synthesis Report, Paris.

OECD (Hrsg.) (1997b): Globalisation and Small and Medium Enterprises, Vol. 2: Country Studies, Paris.

Ohr, Renate (1989): Internationale Handelsabkommen, in: Macharzina, Klaus; Welge, Martin (Hrsg.): Handwörterbuch Export und Internationale Unternehmung, (Schäffer-Poeschel) Stuttgart, Sp. 775-781.

Olesch, Günter (1998): Internationale Beschaffungskooperationen, in: Zentes, Joachim; Swoboda, Bernhard (Hrsg.): Globales Handelsmanagement, (Deutscher Fachverlag) Frankfurt a.M., S. 283-305.

Oschmann, Annette; Rosmanith, Uwe (1997): Apotheken am Tropf – Deutschlands Apotheker blicken in eine ungewisse Zukunft, in: Der Handel, Nr. 9 vom 01.09., S. 26.

Ossenberg-Engels, Jürgen (2001): Erfolg mit „Click & Mortar“ im Pharmahandel, in: Marketing- und Management-Transfer, o.Jg., Oktober, S. 12-21.

Patel, Tarun; Woolven, Jon (2001): Guide to B2B exchanges, (IGD Business Publications) Watford.

Pauer, Erich (1995): Die Rolle des Staates in Industrialisierung und Modernisierung, in: Foljanty-Jost, Gesine; Thränhardt, Anna-Maria (1995) (Hrsg.): Der schlanke japanische Staat. Vorbild oder Schreckbild, (Leske + Budrich) Opladen, S. 28-47.

Petersen, Jens; Rademacher, Jörg (2000): Handelskanäle für Energieversorger, in: Energiewirtschaftliche Tagesfragen, 50. Jg., Nr. 9, S. 644-645.

Picot, Arnold; Reichwald, Ralf; Wigand, Rolf (2001): Die grenzenlose Unternehmung, 4. Aufl., (Gabler) Wiesbaden.

Pirk, Kay-Thomas; Türks, Manfred; Mayer, Stephan (1998): Leistungstiefenoptimierung in der Logistik, in: Krieger, Wienfried; Klaus, Peter (Hrsg.): Gabler Lexikon Logistik, (Gabler) Wiesbaden, S. 256-262.

Roehl, Thomas W. (1983): An Economic Analysis of Industrial Groupings in Post-War Japan (Ph.D. thesis), University of Washington.

Rosenbloom, Bert (1987): Marketing Functions and the Wholesaler-Distributor: Achieving Excellence in Distribution, (Distribution Research Education Foundation) Washington.

Rudolph, Thomas (2000): Erfolgreiche Geschäftsmodelle im europäischen Handel: Ausmass, Formen und Konsequenzen der Internationalisierung für das Handelsmanagement, (Thexis) St. Gallen.

Rudolph, Thomas; Maag, Matthias (1999): Der Großhandel im Transformationsprozess, in: iomanagement, 68. Jg., Nr. 12, S. 24-28.

Ruhland, Frank (2000): Lieferantenpartnerschaften aus Sicht eines Energie-Einzelhändlers, in: Energiewirtschaftliche Tagesfragen, 50. Jg., Nr. 12, S. 930-935.

Russi, Dag P. (1993): Elemente einer strategischen Planung im Großhandel, (Josef Eul) Bergisch Gladbach u.a.

Scheib, Philipp; Remmler, Olaf (2001): Elektronischer Energiehandel mit System, in: Handelsblatt, Nr. 99 vom 23.05., S. B6.

Schlitt, Petra (1999a): Mehr als „Lärm um nichts" – Der Strukturwandel im Markt der OTC-Produkte ist in vollem Gange, in: Lebensmittel Zeitung, Nr. 21 vom 28.05., S. 44.

Schlitt, Petra (1999b): Selbstmedikations-Markt wächst weiter, in: Lebensmittel Zeitung, Nr. 40 vom 08.10., S. 18.

Schmäh, Marco (1996): Wettbewerbliche Bedeutung der Be- und Verarbeitung im technischen Handel, in: Meyer, Anton (Hrsg.): Grundsatzfragen und Herausforderungen des Dienstleistungsmarketing, (Gabler) Wiesbaden, S. 75-296.

Schmäh, Marco (1999): Anarbeitungsleistungen als Marketinginstrumente im Technischen Handel, (Deutscher Universitätsverlag) Wiesbaden.

Schmidt, Axel; Freund, Werner (1995): Strukturwandel im mittelständischen Großhandel der Bundesrepublik Deutschland, Schriften zur Mittelstandsforschung Nr. 60, (Schäffer-Poeschel) Stuttgart.

Schmitt, Dieter (2000): Freihandel und Handelshemmnisse – Liberalisierung der Energiemärkte, in: Zentes, Joachim; Swoboda, Bernhard (Hrsg.): Fallstudien zum Internationalen Management, (Gabler) Wiesbaden, S. 35-44.

Schroeter, Stefan (2001): Stromkauf per PC, in: Handelsblatt, Nr. 99 vom 23.05., S. B5.

Schwarz, Helmut (2000): Getränkelogistik: Fallbeispiel Hövelmann, in: Baumgarten, Helmut; Wiendahl, Hans-Peter; Zentes, Joachim (Hrsg.): Logistik-Management, Berlin – Heidelberg, Springer Experten System – Loseblattwerk, Kap. 14.01, S. 1-27.

Schwartz, Michael (2001): guideguide – eine B-to-B-Plattform für E-Business, in: Gora, Walter; Bauer, Harald (Hrsg.): Virtuelle Organisationen im Zeitalter von E-Business und E-Government, (Springer-Verlag) Berlin-Heidelberg-New York, S. 305.

Seyffert, Rudolf (1972): Wirtschaftslehre des Handels, 5. Aufl., (Westdeutscher Verlag) Opladen.

Sieber, Pascal (1997): Internet-Unterstützung Virtueller Unternehmen, in: Schreyögg, Georg; Sydow, Jörg (Hrsg.): Gestaltung von Organisationsgrenzen, (de Gruyter) Berlin u.a., S. 199-234.

Siemens (Hrsg.) (2001): Outsourcing von C-Teile Beschaffung, Siemens SPLS, München.

Spary, Peter (2000): 9 Jahre Präsidentschaft Dr. Michael Fuchs, in: Bundesverband des Deutschen Groß- und Außenhandels; Greipl, Erich; Spary, Peter (Hrsg.): Dem Handel verpflichtet, (BGA) Berlin, S. 198-204.

Statistisches Bundesamt (1981): Fachserie 6, Handel, Gastgewerbe, Reiseverkehr, Handels- und Gaststättenzählung 1979, Heft 1, Unternehmen des Großhandels, (Kohlhammer) Stuttgart-Mainz.

Statistisches Bundesamt (1987): Fachserie 6, Handel, Gastgewerbe, Reiseverkehr, Handels- und Gaststättenzählung 1985, Heft 1, Unternehmen des Großhandels, (Kohlhammer) Stuttgart-Mainz.

Statistisches Bundesamt (1994): Klassifikation der Wirtschaftszweige mit Erläuterungen, Ausgabe 1993, (Metzler-Poeschel) Stuttgart.

Statistisches Bundesamt (1995): Fachserie 6, Handel, Gastgewerbe, Reiseverkehr, Handels- und Gaststättenzählung 1993, Großhandel und Handelsvermittlung, (Metzler-Poeschel) Stuttgart.

Statistisches Bundesamt (1996): Fachserie 6, Binnenhandel, Gastgewerbe, Tourismus, Reihe 1.2.: Beschäftigung, Umsatz, Wareneingang, Lagerbestand und Investitionen im Großhandel 1993/1994, (Metzler-Poeschel) Stuttgart.

Statistisches Bundesamt (2000a): Fachserie 6, Binnenhandel, Gastgewerbe, Tourismus, Reihe 1.2: Beschäftigung, Umsatz, Wareneingang, Lagerbestand und Investitionen im Großhandel, (Metzler-Poeschel) Stuttgart.

Statistisches Bundesamt (2000b), Fachserie 6: Binnenhandel, Gastgewerbe, Tourismus, Reihe 7.3: Beschäftigte, Umsatz, Wareneingang, Lagerbestand und Investitionen im Großhandel 1998, (Metzler-Poeschel) Stuttgart.

Statistisches Bundesamt (2001a): Statistisches Jahrbuch 2001, (Metzler-Poeschel) Stuttgart.

Statistisches Bundesamt (2001b): Fachserie 6, Binnenhandel, Gastgewerbe, Tourismus, Reihe 3.1: Beschäftigte und Umsatz im Einzelhandel (Messzahlen), (Metzler-Poeschel) Stuttgart.

Statistisches Bundesamt (2001c): Fachserie 14, Finanzen und Steuern, Reihe 8, Umsatzsteuerstatistik 1999, (Metzler-Poeschel) Stuttgart.

Statistisches Bundesamt (2002): Fachserie 6: Binnenhandel, Gastgewerbe, Tourismus, Reihe 1.1: Beschäftigte und Umsatz im Großhandel (Messzahlen).

Statistisches Bundesamt (versch. Jg.), Fachserie 14, Finanzen und Steuern, Reihe 8, Umsatzsteuer, (Metzler-Poeschel) Stuttgart versch. Jahrgänge.

Stein, Torsten (2000): Europarechtliche Aspekte der Logistik, in: Baumgarten, Helmut; Wiendahl, Hans-Peter; Zentes, Joachim (Hrsg.): Logistik-Management, Berlin – Heidelberg, Springer Experten System – Loseblattwerk, Kap. 3.02.01, S. 1-21.

Stihl, Hans Peter (2000): Globalisierung: Herausforderung und Chance für den Handel, in: Bundesverband des Deutschen Groß- und Außenhandels; Greipl, Erich; Spary, Peter (Hrsg.): Dem Handel verpflichtet, (BGA) Berlin, S. 63-66.

Stuhldreier, Frank; Ellerkmann, Frank (2000): Cooperate to compete – ein Kooperationsgestaltungsleitfaden für den Großhandel, (Praxiswissen) Dortmund.

Swoboda, Bernhard (1998): Technologiedynamik als Katalysator der Internationalisierung von Absatzaktivitäten – Status quo und strategische Optionen für den Handel, in: Scholz, Christian; Zentes, Joachim (Hrsg.): Strategisches Euro-Management, Bd. 2, (Schäffer-Poeschel) Stuttgart, S. 3-23.

Swoboda, Bernhard (2000): Bedeutung internationaler strategischer Allianzen – Ein dynamischer Ansatz, in: Meyer, Jörn-Axel (Hrsg.): Jahrbuch der KMU-Forschung, (Vahlen) München, S. 107-129.

Swoboda, Bernhard (2001): Zahlungssysteme und Wertkettenoptimierung, in: Zentes, Joachim; Swoboda, Bernhard (Hrsg.): Perspektiven der Zentralregulierung, (Deutscher Fachverlag) Frankfurt a.M., S. 135-163.

Swoboda, Bernhard (2002a): Dynamische Prozesse der Internationalisierung – Managementtheoretische und empirische Perspektiven des unternehmerischen Wandels, (Gabler) Wiesbaden.

Swoboda, Bernhard (2002b): The Relevance of Timing and Time in International Markets – Analysis of Different Perspectives, Frameworks and Empirical Results, in: Scholz, Christian; Zentes, Joachim (Hrsg.): Strategic Management – A European Perspective, Bd. 3, (Gabler) Wiesbaden, S. 85-113.

Swoboda, Bernhard; Janz, Markus (2001): Einordnung des Pay on Scan-Konzeptes in die modernen Ansätze zur unternehmensübergreifenden Wertkettenoptimierung in der Konsumgüterwirtschaft, in: Trommsdorff, Volker (Hrsg.): Jahrbuch Handelsforschung 2001/2002, (BBE) Köln.

Swoboda, Bernhard; Meyer, Stephan (1999): MittelstandsBarometer 1999. Internationalisierung mittelständischer Unternehmen, (Institut für Handel und Internationales Marketing an der Universität des Saarlandes und Deutsche Gesellschaft für Mittelstandsberatung) Saarbrücken-Stuttgart.

Täger, Uwe (1995): Betriebstypen im Großhandel, in: Tietz, Bruno; Köhler, Richard; Zentes, Joachim (Hrsg.): Handwörterbuch des Marketing, 2. Aufl., (Schäffer-Poeschel) Stuttgart, Sp. 255-274.

Täger, Uwe (2000): Strukturelle Entwicklungen im Großhandel aus der Sicht der empirischen Wirtschafts- und Handelsforschung, in: Bundesverband des Deutschen Groß- und Außenhandels; Greipl, Erich; Spary, Peter (Hrsg.): Dem Handel verpflichtet, (BGA) Berlin, S. 106-115.

Tietz, Bruno (1993): Großhandelsperspektiven für die Bundesrepublik Deutschland bis zum Jahre 2010, (Deutscher Fachverlag) Frankfurt a.M.

Tietz, Bruno; Greipl, Erich (1994): Das Leistungsprofil des Großhandels in Bayern, (Deutscher Fachverlag) Frankfurt a.M.

Tietz, Bruno; Rothhaar, Peter (1988): Kundendynamik und Kundenpolitik im Selbstbedienungsgroßhandel, (Poller) Bonn.

Tietz, Bruno; Schoof, Heinrich (1970): Handbuch für Grosshandelszentren und Industrieparks, (gdi-Verlag) Rüschlikon-Zürich.

Trautenmüller, Thomas (2001): Vorstellung BMEcat, (VTH Forum E-Commerce) Düsseldorf.

Trimble, Niall (2001): How will gas market liberalisation develop in Germany and the Benelux countries, in: Power Economics, 5. Jg., Nr. 4, S. 18-22.

UBS (Hrsg.): UBS Outlook: Großhandel – 11 Thesen zur Stärkung der Wettbewerbsfähigkeit, (UBS) Zürich.

Unkelbach, Harald (2000): E-Commerce im Hause Würth, in: Heilmann, Heidi (Hrsg.): Wettbewerbsmotor Neue Medien, (Schäffer-Poeschel) Stuttgart, S 63-79.

VCH – Verband Chemiehandel (2001): Der Chemiehandel in Zahlen – 1998, unter: http://www.vch-online.de/inhalte/stats/stat98.html,26.11.

Voigt, Kai-Ingo (2001): Desintermediation im B2B-Bereich – Perspektiven aus Sicht der Produzenten, in: Zeitschrift für Betriebswirtschaft, 71. Jg., Ergänzungsheft 3, S. 21-37.

Vortisch, Björn; Innes, William D.; v. Bernuth, Wolf B. (2001): KonTraG erfordert aktives Management des Energiepreisrisikos, Wirtschaftswelt Energie, November.

Wrona, Thomas (1999): Globalisierung und Strategien der vertikalen Integration, (Gabler) Wiesbaden.

Yamanaka, Toyokuni (1989): Sôgô Shôsha: Sono Hatten to Riron [Die Sôgô Shôsha: Ihre Entwicklung und Deutung], (Bunshindô) Tokio.

Yoshihara, Kunio (1982): Sôgô Shôsha: The Vanguard of the Japanese Economy, (Oxford University Press) Oxford.

Young, Alexander K. (1986): Sôgô Shôsha - Japan's Multinational Trading Companies, (Charles E. Tuttle) Tokio.

Zentes, Joachim (1992): Kooperative Wettbewerbsstrategien im internationalen Konsumgütermarketing, in: Zentes, Joachim (Hrsg.): Strategische Partnerschaften im Handel, (Poeschel) Stuttgart, S. 3-31.

Zentes, Joachim (1998a): Global Sourcing – Strategische Allianzen – Supply Chain Management: Neuorientierung des Beschaffungsmanagements im Handel, in: Scholz, Christian; Zentes, Joachim (Hrsg.): Strategisches Euro-Management, Bd. 2, (Schäffer-Poeschel) Stuttgart, S. 133-146.

Zentes, Joachim (1998b): Internationalisierung europäischer Handelsunternehmen – Wettbewerbs- und Implementierungsstrategien, in: Bruhn, Manfred; Steffenhagen, Hartwig (Hrsg.): Marktorientierte Unternehmensführung, 2. Aufl., (Gabler) Wiesbaden, S. 159-180.

Zentes, Joachim (2001): Stand und Entwicklungstendenzen der Zentralregulierung, in: Zentes, Joachim; Swoboda, Bernhard (Hrsg.): Perspektiven der Zentralregulierung, (Deutscher Fachverlag) Frankfurt a.M., S. 3-23.

Zentes, Joachim; Schramm-Klein, Hanna (2001): Multi-Channel-Retailing – Ausprägungen und Trends, in: Hallier, Bernd (Hrsg.): Praxisorientierte Handelsforschung, (EHI) Köln, S. 290-296.

Zentes, Joachim; Swoboda, Bernhard (1997): Grundbegriffe des Internationalen Managements, (Schäffer-Poeschel) Stuttgart.

Zentes, Joachim; Swoboda, Bernhard (1998a): Globalisierung des Handels, in: Zentes, Joachim; Swoboda, Bernhard (Hrsg.): Globales Handelsmanagement, (Deutscher Fachverlag) Frankfurt a.M., S. 3-24.

Zentes, Joachim; Swoboda, Bernhard (Hrsg.) (1998b): Globales Handelsmanagement, (Deutscher Fachverlag) Frankfurt a.M.

Zentes, Joachim; Swoboda, Bernhard (2000a): Auswirkungen des Electronic Commerce auf den Handel, in: DBW, 60. Jg., S. 687-706.

Zentes, Joachim; Swoboda, Bernhard (2000b): Liberalisierung und Deregulierung – Antriebskräfte der Globalisierung des Handels, in: Foscht, Thomas; Jungwirth, Georg; Schnedlitz, Peter (Hrsg.): Zukunftsperspektiven für das Handelsmanagement, (Deutscher Fachverlag) Frankfurt a.M., S. 39-54.

Zentes, Joachim; Swoboda, Bernhard (2001a): Virtuelle Allianzen – Ansatzpunkte für neue Formen der Zentralregulierung, in: Zentes, Joachim; Swoboda, Bernhard (Hrsg.): Perspektiven der Zentralregulierung, (Deutscher Fachverlag) Frankfurt a.M., S. 365-384.

Zentes, Joachim; Swoboda, Bernhard (2001b): Grundbegriffe des Marketing, 5. Aufl., (Schäffer-Poeschel) Stuttgart.

Zentes, Joachim; Swoboda, Bernhard (2001c): Vertiefung und Reduktion der Engagements in Auslandsmärkten – Ausprägungen und Gründe der Penetration und De-Investition, in: Grabner-Kräuter, Sonja; Wührer, Gerhard A. (Hrsg.): Trends im internationalen Management: Strategien, Instrumente und Methoden, (Trauner) Linz, S. 233-258.

Zentes, Joachim; Swoboda, Bernhard (Hrsg.) (2001d): Perspektiven der Zentralregulierung, (Deutscher Fachverlag) Frankfurt a.M.

Autoren

Yves Barbieux, Chairman von CPGmarket.com, studierte Ingenieurwesen an der Ecole Centrale (1961), hat ein Diplom von der Paris IAE (1967) und einen Master of Business Administration der Harvard Business School (1973). Yves Barbieux begeann seine Karriere als Site Director in Peru und Agency Director in Venezuela für das Unternehmen Soletanche. 1973 wechselte er zur Nestlé-Gruppe, bei der er in unterschiedlichen Geschäftsführungspositionen bei Tochtergesellschaften in Venezuela, Belgien, Thailand, Frankreich und Italien tätig war. In Frankreich war er involviert in der Restauration einer Produktionsstätte, die als historisches Monument eingestuft ist und die heute die Zentrale von Nestlé Frankreich ist. Zur Ehrung dieser Aktivität wurde er Chevalier des Arts et des Lettres. Yves Barbieux ist auch Chevalier de la Légion d'Honneur, Chevalier du Mérite Agricole and Chevalier de l'Ordre du Mérite. Yves Barbieux wurde im Juli 2000 zum Präsidenten von CPGmarket.com ernannt.

Dipl.-Kfm. *Michael Berghausen*, von Hause aus Controller, studierte an der Universität Essen Wirtschaftswissenschaften und war nachfolgend ca. 3 Jahre für die Schmalbach-Lubeca AG im Bereich Beteiligungscontrolling tätig. Im Anschluss arbeitete er als Senior-Consultant bei der Arthur Andersen Managementberatung innerhalb internationaler Projekte speziell im Bereich Prozess-Redesign und Implementierung von Management-Informationssystemen. Seit 1999 ist Michael Berghausen Geschäftsführer der AGIS Industrieservice; seit Januar 2001 ist er Geschäftsführender Gesellschafter der AGIS Industrie Service GmbH & Co. KG. Er beschäftigt sich hier schwerpunktmäßig mit der Einführung prozessorientierter Katalogsysteme für den Beschaffungsbereich von Industrieunternehmen.

Reinhard Berkemeier, Jahrgang 1975, hat 1994 seine Ausbildung bei Bremke & Hoerster begonnen. Nach deren Abschluss 1996 war er bis Anfang 2000 als Verkaufsberater im Großhandel für selbstständige Einzelhändler (LEH) im Bezirk Hochsauerland verantwortlich. Seit Januar 2000 leistete er unterstützende Arbeit beim Aufbau der GV Service GmbH & Co. KG, Arnsberg. Seit März 2001 ist er für den Vertrieb des Großverbraucher-Lieferservice verantwortlich und seit Oktober 2001 ist er Bereichsleiter der GV Service. Von 1996 bis 1999 absolvierte Reinhard Berkemeier ein Studium zum Handelsfachwirt IHK; seit 2001 absolviert er ein Studium zum Betriebswirt IHK.

Nach einer Schreinerlehre studierte Dr. *Wolf B. von Bernuth* (Dipl.-Ing., Dipl.-Kfm., Dipl.-Volksw.) an Universitäten in New York, Karlsruhe, Hagen, Paris, Colchester und Frankfurt Elektrotechnik/Informatik sowie Betriebs-/Volkswirtschaft und promovierte im Bereich Controlling zum Dr. rer. pol. Nach Tätigkeit in der Industrie war er sieben Jahre als Management Consultant in den Strategiebereichen der Management Consulting Unternehmen Accenture und danach Gemini Consulting tätig, dort zuletzt als Verantwortlicher für den Geschäftsbereich Energie. In der Frühphase des liberalisierten Energiemarktes wurde er 1999 Mitbegründer und Geschäftsführer des Energieportfoliomanagement-Unternehmens Energy & More Energiebroker GmbH und Co. KG. Energy & More übernimmt für seine Kunden aus Industrie und kommunaler Versorgung den Energieeinkauf als zunehmend komplexes Warentermingeschäft.

Anton F. Börner, Präsident des Bundesverbandes des Deutschen Groß- und Außenhandels (BGA), Jahrgang 1954, studierte Betriebswirtschaftslehre an der Friedrich-Alexander-Universität Erlangen-Nürnberg. Nach dem Examen trat er 1979 in das elterliche Unternehmen ein. Seit 1983 leitet er die Firma Börner + Co., Sanitär-Heizungsgroßhandel in Ingolstadt, ein mittelständisches Unternehmen mit 300 Beschäftigten, als persönlich haftender Gesellschafter. Anton F. Börner wurde am 16. November 2000 zum Präsidenten des BGA gewählt, seine Amtszeit hat offiziell am 1. Januar 2001 begonnen. Von 1991 bis 2000 war er Vorsitzender des Deutschen Großhandelsverband Haustechnik e.V., Bonn, seit 1998 ist er gewähltes Mitglied des BGA-Präsidiums, seit 2001 Mitglied des Präsidiums der Bundesvereinigung Deutscher Arbeitgeberverbände (BDA). Auf europäischer Ebene ist er seit 1992 Mitglied des europäischen Fachverbandes F.E.S.T. (Fédération Européenne des Grossistes en Appareils Sanitaires et de Chauffage) und seit 2000 Vizepräsident von EuroCommerce in Brüssel, dem Gesamtverband des Handels. Seit Dezember 2000 ist er als Vertreter des Handels Mitglied des Verwaltungsrates der Kreditanstalt für Wiederaufbau (KfW). Seit 2000 ist er auch Vizepräsident der Bundesvereinigung Deutscher Handelsverbände e.V. (BDH). Seit 2001 ist Anton Börner zugleich Mitglied im Außenwirtschaftsbeirat des Bundeswirtschaftsministerium, Mitglied des Vorstandes des Ost-Ausschusses der Deutschen Wirtschaft, Mitglied des Beirates des Ausstellungs- und Messeausschusses der Deutschen Wirtschaft (AUMA) und Mitglied des Kuratoriums des Instituts für Wirtschaftsforschung (ifo Institut). Er ist international erfahren und spricht Englisch, Französisch, Italienisch sowie Spanisch fließend und hat Grundkenntnisse in Arabisch, Japanisch, Neugriechisch und Portugiesisch.

Sebastian Busch, lic. oec. HSG, Jahrgang 1975, studierte von 1994 bis 1998 Wirtschaftswissenschaften mit dem Schwerpunkt Technologiemanagement an der Universität St. Gallen. 1998 machte er seinen Abschluss als Lizentiat der Wirtschaftswissenschaften (lic. oec. HSG). Seit 1999 ist er Doktorand und wissenschaftlicher Mitarbeiter am Institut für Marketing und Handel der Universität St. Gallen. Am Gottlieb Duttweiler Lehrstuhl für Internationales Handelsmanagement bei Professor Dr. Thomas Rudolph beschäftigt er sich mit Forschungsprojekten im Groß- und Einzelhandel. Sein Forschungsschwerpunkt liegt auf den durch E-Commerce in verschiedenen Handelsbranchen eingeleiteten Veränderungen.

Dr. *Harald Dolles*, geboren 1961 in Nürnberg, studierte von 1979 bis 1984 Betriebswirtschaftslehre an der Georg-Simon-Ohm-Fachhochschule in Nürnberg (Organisation und Datenverarbeitung, Abschluss: Dipl. Betriebswirt) und anschließend von 1984 bis 1990 an der Friedrich-Alexander-Universität, Erlangen-Nürnberg, mit Studienaufenthalten an der Jôchi Universität, Tokio, und an der Sichuan Universität, Chengdu (Volksrepublik China). Nach dem Studienabschluss arbeitete er von 1990 bis 1992 als wissenschaftlicher Mitarbeiter am Lehrstuhl für BWL und Unternehmensführung an der Friedrich-Alexander-Universität und von 1993 bis 1996 als wissenschaftlicher Mitarbeiter am Lehrstuhl für BWL, insbesondere Internationales Management an der gleichen Universität. 1991 hatte er einen Forschungsaufenthalt an der Hitotsubashi Universität, Tokio. 1996 promovierte Harald Dolles zum Dr. rer. pol. Von 1996 bis 2001 war er wissenschaftlicher Assistent am Lehrstuhl für Personalwesen und Führungslehre an der Universität Bayreuth und zuständig für das Fach „Personal und Organisation" im Studiengang Sportökonomie. In dieser Zeit absolvierte er mehrere Forschungsaufenthalte in Japan und in der Volksrepublik China sowie visiting positions an der P.J. Šafárik Universität, Košice (Slowakische Republik), an der Gakushûin University, Tokio, und an der Indiana University, Bloomington (USA). Seit August 2001 ist er wissenschaftlicher Mitarbeiter am Deutschen Institut für Japanstudien, einem Auslandsforschungsinstitut des Bundesministeriums für Bildung und Forschung mit Sitz in Tokio.

Dipl.-Kfm. *Dieter Gritschke*, Jahrgang 1962, studierte nach dem Abitur Betriebswirtschaftslehre an der Universität Frankfurt. 1987 schloss er das Studium ab. Von 1988 bis 1996 war Dieter Gritschke in internationalen Werbeagenturen als Kundenberater tätig. Von 1996 bis 2001 war er bei der Lufthansa AirPlus im Bereich ePayment Solutions tätig, zunächst im Produktmanagement, dann als Leiter Sales

Support und anschließend als Leiter Business Development. Seit August 2001 ist Dieter Gritschke als Leiter Business Development bei der trimondo GmbH.

Tobias Gröling studiert European Business Administration in Berlin und Cambridge und arbeitet im Rahmen seines Studiums an einem wirtschaftswissenschaftlichen Projekt bei der Markant Trading Organisation (Far East) Ltd. in Hongkong.

Dr. *Christoph Grote*, Jahrgang 1959, ist seit 1995 beim E/D/E. Zunächst war er als Leiter Kundenbindungssystem im Sanitärgroßhandel tätig, seit 2000 ist er Mitglied der Geschäftsleitung (Prokurist). Er ist verantwortlich für die strategische Mitgliederentwicklung, u.a. für C-Teile-Management. Seit 2001 ist Christoph Grote zusätzlich Geschäftsführer des Joint Ventures für E-Procurement-Lösungen, der CaTradeNet GmbH.

Dipl.-Kfm. *Moritz Havenstein*, Jahrgang 1971, hat nach dem Abitur 1991 eine Ausbildung zum Groß- und Außenhandelskaufmann in der St. Remberti Weinhandels GmbH, Bremen, absolviert. Von 1993 bis 1998 hat er an der Universität des Saarlandes Betriebswirtschaftslehre studiert. Seit dem Abschluss des Studiums ist Moritz Havenstein als wissenschaftlicher Mitarbeiter am Lehrstuhl für Betriebswirtschaftslehre, insb. Außenhandel und Internationales Management der Universität des Saarlandes und zugleich am Institut für Handel und Internationales Marketing an der Universität des Saarlandes tätig. Seine Forschungschwerpunkte sind Distributionsstrategien im Aftermarket für Kfz-Teile und -Reifen sowie Markenstrategien für Komponenten und Einsatzstoffe.

Dr. *Hanns Günther Hilpert*, geboren 1959 in Saarbrücken, machte von 1979 bis 1981 eine Ausbildung zum Industriekaufmann in der AG der Dillinger Hüttenwerke, Dillingen/Saar, und zwei halbjährige Stagen in den Unternehmensdependancen in London und Paris. Von 1981 bis 1987 studierte er Volkswirtschaftslehre an der Universität des Saarlandes, Saarbrücken. Nach der Teilnahme am DAAD Stipendiumsprogramm "Sprache und Praxis in Japan" von 1987 bis 1989 war Hanns Günther Hilpert bis 1999 Wissenschaftlicher Referent in der Studienstelle Japan/Asien am ifo Institut für Wirtschaftsforschung, München. Zugleich hatte er von Februar bis März 1991 ein Forschungsstipendium in der Foundation for Advanced Information and Research (FAIR), Tokio, und von November 1994 bis Februar 1995 ein Forschungsstipendium im Research Institute for Capital Formation (RICF), The Japan Development Bank, Tokio. 1997 promovierte er an der Freien Universität

Berlin mit einer Dissertation zum Thema "Wirtschaftliche Integration in Ostasien in raumwirtschaftlicher Analyse". Seit Juli 1999 ist er Wissenschaftlicher Mitarbeiter am Deutschen Institut für Japanstudien, Tokio.

Dipl.-Kfm. *Markus Janz*, Jahrgang 1972, hat nach dem Abitur von 1993 bis 1998 an der Universität des Saarlandes und am University College Dublin Betriebswirtschaftslehre studiert. Seit dem Abschluss des Studiums ist Markus Janz als wissenschaftlicher Mitarbeiter am Lehrstuhl für Betriebswirtschaftslehre, insb. Außenhandel und Internationales Management der Universität des Saarlandes und zugleich am Institut für Handel und Internationales Marketing an der Universität des Saarlandes tätig. Seine Forschungsschwerpunkte sind Kernprozesse des Handelsmanagements sowie die Beschaffung im Handel.

Dipl.-Wirtschaftsing. *Peter Jueptner* ist seit Dezember 2000 Chief Commercial Officer (CCO) von WorldWide Retail Exchange. Er ist für das operative und strategische Management der Organisation einschließlich aller verkaufsrelevanten Bereiche verantwortlich. Vor seinem Wechsel zu WWRE war er bei Campbell Soup Co. als Manager in den Geschäftsbereichen Getränke und Lateinamerika tätig, die zusammen einen Umsatz von 700 Millionen US-Dollar erreichten Vor dieser Position unterstanden ihm bei Campbell die strategische Planung und der Finanzbereich des Geschäftsbereiches Getränke. Vor seinem Eintritt bei Campbell Soup Co. war Peter Jueptner Senior Manager bei der Boston Consulting Group in Deutschland. Während seiner Tätigkeit dort verbrachte er zwei Jahre in Tokio und Hongkong. Er begann seine berufliche Laufbahn bei Siemens als Spezialist für Informationssysteme. Peter Jueptner ist Diplom-Wirtschaftsingenieur (Universität Karlsruhe) und hat einen Abschluss als MBA der Vanderbilt University in Nashville, Tennessee.

Dipl.-Kfm. *Jürgen Kahmann* ist seit Januar 2001 bei WorldWide Retail Exchange als Director of Partner Programs tätig. In dieser Eigenschaft betreut er in Europa vornehmlich die deutschsprachigen Mitgliedsunternehmen der WorldWide Retail Exchange. Vor seinem Wechsel zu WWRE arbeitete Jürgen Kahmann fünf Jahre bei der CSC Ploenzke AG als Berater und zuletzt als Business Development Manager Handel und Konsumgüterindustrie Deutschland. Jürgen Kahmann verfügt über eine große Projekterfahrung im Bereich Geschäftsprozessoptimierung und Systemintegration im Handel, u.a. in der Einführung von SAP Retail und Business Intelligence Systemen. Er begann seine berufliche Laufbahn bei der allkauf-SB-

Warenhaus GmbH im Bereich Filialorganisation für die Bereiche ECR und Absatzmarketing. Jürgen Kahmann studierte Betriebswirtschaftslehre an den Universitäten Stuttgart und Mainz und hat einen Abschluß als Diplom-Kaufmann.

Dipl.-Kff. *Eva Knörr*, Jahrgang 1977, hat nach dem Abitur von 1997 bis 2001 an der Universität des Saarlandes Betriebswirtschaftslehre studiert. Seit dem Abschluss des Studiums ist Eva Knörr als Wissenschaftliche Mitarbeiterin am Lehrstuhl für Betriebswirtschaftslehre, insb. Außenhandel und Internationales Management der Universität des Saarlandes und zugleich am Institut für Handel und Internationales Marketing an der Universität des Saarlandes tätig. Zu ihren derzeitigen Forschungsschwerpunkten gehören die Strategien im Groß- und Außenhandel sowie die Analyse von Potenzialen des Einsatzes elektronischer Sortimentsoptimierungssysteme im Handel.

Dominik Krauss-Pellens studierte Wirtschaftswissenschaften an der Ludwig-Maximilians-Universität München und ist in Hongkong seit 2 Jahren beruflich tätig. Bei der Markant Trading Organisation (Far East) Ltd. ist er für Fragen der Qualiätssicherung zuständig.

Dr. *Dirk Morschett*, Jahrgang 1970, hat Betriebswirtschaft an der Universität des Saarlandes, Saarbrücken, und der University of California at Los Angeles studiert. Seit März 1996 ist er wissenschaftlicher Mitarbeiter am Lehrstuhl für Betriebswirtschaftslehre, insb. Außenhandel und Internationales Management der Universität des Saarlandes. Er ist zugleich wissenschaftlicher Mitarbeiter am Institut für Handel und Internationales Marketing und Referent am Europa-Institut der Universität des Saarlandes (MBA Europe-Programm). Im Oktober 2001 schloss Dr. Morschett seine Promotion zum Thema „Retail Branding“ ab. Zu seinen Forschungsgebieten gehören Handelsmanagement, Konsumgütermarketing und Internationales Management.

Univ.-Professor Dr. *Lothar Müller-Hagedorn* studierte Wirtschaftswissenschaften an den Universitäten in Saarbrücken und Würzburg. 1969 wurde er bei Univ.-Professor Dr. Rudolf Gümbel am Lehrstuhl für Allgemeine Betriebswirtschaftslehre und Betriebswirtschaftslehre des Handels der Technischen Universität Berlin promoviert. 1975 habilitierte er sich für das Fach Betriebswirtschaftslehre an der Johann-Wolfgang-Goethe-Universität in Frankfurt. Von 1975 bis 1991 war er Professor für Betriebswirtschaftslehre, insbesondere Marketing an der Universität

Trier und am Centre Universitaire in Luxembourg. Seitdem ist er Direktor des Seminars für Allgemeine Betriebswirtschaftslehre, Handel und Distribution an der Universität zu Köln, des dortigen Instituts für Messewirtschaft und Distributionsforschung sowie des Instituts für Handelsforschung an der Universität zu Köln. Er ist Autor zahlreicher Veröffentlichungen zu dem Themen Handel und Marketing und Mitherausgeber der Zeitschrift für betriebswirtschaftliche Forschung.

Jürgen Ossenberg-Engels, Jahrgang 1948, ist Mitglied des Vorstands der GEHE AG Stuttgart. Nach dem Studium der Betriebswirtschaft war Jürgen Ossenberg-Engels ab 1975 bei den Unternehmen Marktkauf GmbH, Bielefeld, und AVA AG, Bielefeld tätig. 1980 nahm er eine Tätigkeit bei der Pharma Bauer KG, Neustadt, auf. Seit 1981 ist er bei der GEHE AG, Stuttgart, zuletzt als Vorstand. Von 1994 bis 1997 war er gleichzeitig Vorstandsvorsitzender des Bundesverbandes des pharmazeutischen Großhandels PHAGRO e.V.

Dipl.-Ing. *Arne Petersen*, Jahrgang 1962, war von 1991 bis 1999 bei der Deutsche Shell AG/Shell Europe Oil Products in verschiedenen Positionen tätig, so als Referent und Teamleiter im Retailbereich, u.a. auch Leistungsbeschaffung und Zentraler Stromeinkauf für Deutsche Shell AG, unter Einbindung in europäische Projektgruppen. Seit Januar 2000 ist Arne Petersen bei der Hamburgische Electricitäts Werke AG (seit 04/2001 umfirmiert in Nordic Powerhouse GmbH) als Key Account- und Product Manager tätig. Er ist Product Manager im Bereich des Energiehandels der Nordic Powerhouse GmbH (ehemals HEW Stromhandel) und in der Projektleitung für E-Business-Projekte, Produktentwicklung und -implementation.

Gabriele Rahn, Journalistin, Jahrgang 1960, ist seit April 2001 Pressereferentin der Nordic Powerhouse GmbH, Hamburg. Zuvor war sie Redakteurin bei M@dis, dem Online-Marktinformationsdienst der HEW, und als freie Journalistin für verschiedene Publikationen tätig. Bis 1998 war Gabriele Rahn in der Redaktion des EID Energie-Informationsdienst.

Univ.-Professor Dr. *Thomas Rudolph*, Jahrgang 1962, arbeitete nach dem Studium der Betriebswirtschaftslehre an der Universität Mannheim sowie seiner Promotion und Habilitation an der Universität St. Gallen am Institut für Marketing und Handel der Universität St. Gallen als Kompetenzzentrumsleiter. Im Jahre 2000 übernahm er den Gottlieb Duttweiler Lehrstuhl für Internationales Handelsmanagement an der Universität St. Gallen. Er fungiert ferner als Direktor des Instituts für Marketing und Handel und ist dort auch Mitherausgeber der Marketingzeitschrift Thexis. Zu seinen Forschungsschwerpunkten im Handel gehören die Positionierung und Profilierung im Handel, Formen der Internationalisierung, das Management komplexer Veränderungsprozesse wie z.B. ECR, die Nutzung des Internets, der Großhandel und Management Education. Er lehrte internationales Handelsmanagement im Jahre 1998 an der Brigham Young University, Provo/Utah und arbeitete 2001 an der University of Florida in Gainesville.

Dr. *Gerd Schade*, geboren am 13.12. 1952 in Essen, studierte von 1971 bis 1976 Betriebswirtschaftslehre an der Westfälischen Wilhelms-Universität (WWU) in Münster. Nach dem Examen arbeitete er als wissenschaftlicher Assistent am Institut für Revisionswesen an der WWU und promovierte 1980 zum Dr. rer. pol. Anschließend trat er in die Geschäftsführung des Bosch-Vertragsgroßhändlers Wagener + Schade GmbH u. Co., Essen, ein. Seit 1987 ist Gerd Schade geschäftsführender Gesellschafter dieses Unternehmens und seiner Beteiligungsgesellschaften. Seit Juli 2000 ist er zudem Geschäftsführer der BOSS + SCHADE Autoteile GmbH u. Co. KG, Essen, die heute die Kfz-Teilegroßhandelsfunktion der früheren Bosch-Großhändler in Essen, Dortmund und Bielefeld ausübt. Seit 1996 ist Gerd Schade Vorsitzender des Verwaltungsrates der CENTRO Handelsgesellschaft mbH u. Co. KG in Karlsruhe, der Dachorganisation der deutschen und österreichischen Bosch-Vertragsgroßhändler.

Helmut Schwarting ist in Hongkong aufgewachsen. Nach seinem Dienst als Offizier bei der Bundeswehr und einer kaufmännischen Ausbildung in Hamburg ist er seit 1983 in Hongkong im Handel tätig. 1990 übernahm er die Geschäftsführung der Markant Trading Organisation (Far East) Ltd.

Dipl.-Kfm. *Helmut Schwarz* studiert nach seinem Abitur in Freiburg von 1976 bis 1981 Betriebswirtschaftslehre an der Universität Mannheim. Von 1982 bis 1987 war er bei der Tengelmann-Gruppe, Mühlheim/Ruhr, in unterschiedlichen Positionen tätig, so als stellvertretender Bereichsleiter und als Referent der Geschäftsführung. Seit 1987 ist Helmut Schwarz bei der Hövelmann Ahr Getränke Logistik, Oberhausen. Derzeit ist er als stellvertretender Geschäftsführer u.a. verantwortlich für das Logistikzentrum in Oberhausen.

Dr. *Jörg Spicker* ist Geschäftsführer der Aquila Energy GmbH in Essen. Er verantwortet den Aufbau des Geschäftes dieses führenden Energie- und Risikomanagementunternehmens in Deutschland. Aquila bietet Stadtwerken und anderen großen Energieabnehmern in Deutschland neben physischer Lieferung von Strom und Gas eine Fülle von Risikomanagementprodukten und anderen Dienstleistungen an. Bis 1999 war er bei der Ruhrgas AG über zehn Jahre in verschiedenen kommerziellen und technischen Positionen tätig war, zuletzt als Abteilungsleiter im Einkauf für Nordseegas. Von 1994 bis 1995 arbeitete Jörg Spicker für Tenneco Gas Marketing in Houston, Texas, wo er verantwortlich für die Entwicklung und Implementierung eines integrierten Gas-Managementsystems war. Er war dort auch an der Analyse von Geschäftsprozessen und an Gasspeicherprojekten beteiligt. Von 1985 bis 1988 war Jörg Spicker als Berater in der GriPS mbH tätig, einem Unternehmen, das Software für Dispatchingzentralen sowie Vorhersagemodelle entwickelt. Jörg Spicker ist promovierter Diplom-Physiker (Astrophysiker) und studierte an der Ruhr-Universität Bochum. Titel seiner Dissertation war „Turbulenz in der Großen Magellansche Wolke".

Dipl.-Kfm. *Sven Spork*, geboren in Frankfurt am Main, studierte Betriebswirtschaftslehre an der Universität zu Köln, der Norges Handelshøyskole in Bergen, Norwegen, und an der Università Commerciale Luigi Bocconi in Mailand. Seit 1998 ist er wissenschaftlicher Mitarbeiter von Prof. Dr. Lothar Müller-Hagedorn am Seminar für Allgemeine Betriebswirtschaftslehre, Handel und Distribution der Universität zu Köln. Zudem war er zeitweise Gastdozent für Marketing am John E. Dolibois European Center der Miami University (Oxford/Ohio), in Differdange, Luxemburg.

Privatdozent Dr. *Bernhard Swoboda*, Jahrgang 1965, hat nach dem Abitur 1985 Betriebswirtschaft an den Universitäten Gießen und Essen studiert. Seit Januar 1991 ist er wissenschaftlicher Mitarbeiter und nach der Promotion durch die Rechts- und Wirtschaftswissenschaftliche Fakultät der Universität des Saarlandes, Saarbrücken, seit 1996 Wissenschaftlicher Assistent am Lehrstuhl für Betriebswirtschaftslehre, insb. Außenhandel und Internationales Management der Universität des Saarlandes. Dr. Swoboda ist zugleich Wissenschaftlicher Mitarbeiter am Institut für Handel und Internationales Marketing und Referent am Europa-Institut der Universität des Saarlandes (MBA Europe Programm). Im Dezember 2000 habilitierte sich Dr. Swoboda und erwarb die Venia Legendi für Allgemeine Betriebswirtschaftslehre. Er war Scholar an der Berkeley University und Lehrbeauftragter an den Universitäten Gießen, Santiago de Chile, WHU Koblenz und St. Gallen. Zu seiner Forschung gehören Handelsmanagement, Konsumgütermarketing und Internationales Management. Zu Beginn des Jahres 2002 hat er einen Ruf an die Universität Trier erhalten.

Dr. *Uwe Chr. Täger*, Jahrgang 1943, absolvierte nach einer Lehre als Industriekaufmann das Studium der Betriebswirtschaftslehre in München und Göttingen, Von 1965 bis 1970 war er Mitglied im SFB 24 und wissenschaftlicher Assistent am Lehrstuhl für Absatzwirtschaft I an der Universität Mannheim. In den Jahren 1970 bis 1976 war Uwe Chr. Täger Projektleiter bei der Prognos AG in Basel. Nach seinem Wechsel zum ifo Institut für Wirtschaftsforschung war Uwe Chr. Täger zunächst Referent für die Chemische Industrie, bevor er 1980 in die Abteilung Absatzwirtschaft wechselte und dort 1988 Forschungsgruppenleiter und 1992 Leiter der Abteilung Handel und Wettbewerb wurde. Derzeit ist Uwe Chr. Täger Leiter des Bereichs Strukturwandel und Branchen des ifo Instituts.

Dr. *Harald Unkelbach* war nach dem Studium der Mathematik, Betriebswirtschaftslehre und Physik an der Universität Mainz als Assistent tätig. Anschließend arbeitete er als Unternehmensberater für Betriebsorganisation, Logistik, Informationstechnologie. Seit 1978 ist Harald Unkelbach in der Würth-Gruppe. Er ist Mitglied der Führungskonferenz (Führungsgremium der gesamten Würth-Gruppe mit 260 aktiven Firmen in 79 Ländern und 10 Mrd. DM Umsatz im Jahr 2000), verantwortlich für die Informatik der Würth-Gruppe und Leiter der Akademie Würth. Harald Unkelbach ist Sprecher der Geschäftsleitung der Adolf Würth GmbH & Co. KG (Muttergesellschaft in Deutschland).

Thomas Vogel, Jahrgang 1964, studierte, nach einer Tätigkeit als Facheinkäufer bei einem Automobilzulieferer, von 1987 bis 1990 Betriebswirtschaftslehre an der Verwaltungs- und Wirtschaftsakademie Stuttgart. Von 1990 bis 1997 war er als Leiter Einkauf in der Möbel- und Ladenbaubranche tätig, bevor er Leiter Einkauf/Marketing und Prokurist der Office World Deutschland/Schweiz wurde. Seit 2000 ist Thomas Vogel Director Content Management bei der Cacontent GmbH, Mainz-Kastel. Seit 2001 ist er Geschäftsführer der CaTradeNet GmbH, einem Joint Venture der CaContent GmbH mit der E/D/E, Wuppertal, im Bereich E-Procurement.

Univ.-Professor Dr. *Joachim Zentes*, Jahrgang 1947, war im Anschluss an seine Promotion 1975 und Habilitation 1979 an der Universität des Saarlandes, Saarbrücken, Lehrbeauftragter an den Universitäten Metz und Regensburg sowie Professor für Betriebswirtschaftslehre, insb. Marketing an den Universitäten Frankfurt/Main und Essen. Seit 1991 ist er Inhaber des Lehrstuhls für Betriebswirtschaftslehre, insbesondere Außenhandel und Internationales Management der Universität des Saarlandes, Direktor des Instituts für Handel und Internationales Marketing an der Universität des Saarlandes sowie Direktor der Abteilung Betriebswirtschaftslehre des Europa-Instituts der Universität des Saarlandes. Joachim Zentes war Gastprofessor in Fribourg, Warschau, Basel und Santiago de Chile. Joachim Zentes ist Mitherausgeber der Zeitschrift Marketing – Zeitschrift für Forschung und Praxis, Mitglied in Beiräten und Aufsichtsräten von mehreren Unternehmen sowie Mitglied verschiedener Forschungsinstitutionen.

Wolfgang Zinn, Jahrgang 1945, machte sich mit 21 Jahren als Tabakwarengroßhändler in Essen selbständig. 1978 gründete er die Zigarren Zinn GmbH, die 1987 mit zwei weiteren Großhändlern zur Tabak-Union Rhein-Ruhr Vertriebs GmbH fusionierte. 1992 brachte er das Unternehmen in die tobaccoland GmbH & Co. KG, Mönchengladbach, ein und wechselte in die Geschäftsführung des Unternehmens. Dort war er ab 1996 Sprecher der Geschäftsführung und für die Bereiche Systemkunden, Zentraleinkauf und Öffentlichkeitsarbeit zuständig. Als Geschäftsführer der LEKKERLAND-TOBACCOLAND GmbH & Co. KG, Frechen, leitete Wolfgang Zinn die Bereiche Vertrieb und Marketing. Zum 31. Dezember 2001 hat Wolfgang Zinn diese Position niedergelegt und begleitet das Unternehmen seit 1. Januar 2002 als Generalbevollmächtigter Consultant.